CULINARIA
GRIECHENLAND
GRIECHISCHE SPEZIALITÄTEN

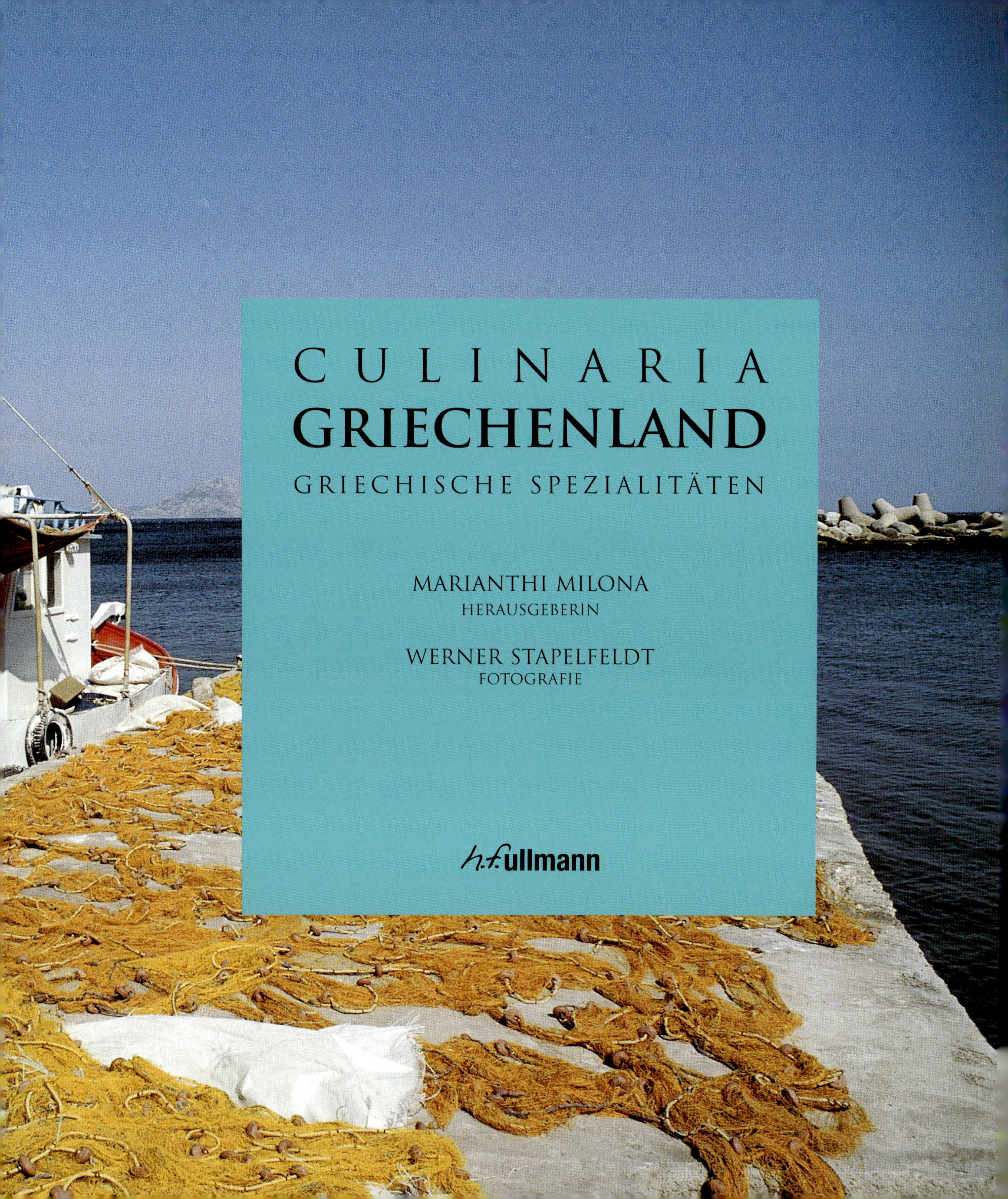

CULINARIA
GRIECHENLAND
GRIECHISCHE SPEZIALITÄTEN

MARIANTHI MILONA
HERAUSGEBERIN

WERNER STAPELFELDT
FOTOGRAFIE

h.f.ullmann

Hinweise zu Abkürzungen und Mengenangaben

1 g	= 1 Gramm = 1/1000 Kilogramm
1 kg	= 1 Kilogramm = 1000 Gramm
1 l	= 1 Liter = 1000 Milliliter
1 ml	= 1 Milliliter = 1/1000 Liter
1/8 l	= 125 Milliliter = etwa 8 Esslöffel
1 EL	= 1 gestrichener Esslöffel
	= 15–20 Gramm bei trockenen Zutaten (je nach Gewicht)
	= 15 Milliliter bei flüssigen Zutaten
1 TL	= 1 gestrichener Teelöffel
	= 3–5 Gramm bei trockenen Zutaten (je nach Gewicht)
	= 5 Milliliter bei flüssigen Zutaten

Löffelangaben beziehen sich bei trockenen Zutaten immer auf die verarbeitete Rohware, beispielsweise:
1 EL gehackte Zwiebeln,
aber: 1 Zwiebel, geschält und gehackt

Mengenangaben in den Rezepten:
Wenn nicht anders angegeben, sind die Rezepte für vier Personen berechnet – ausgenommen Drinks (jeweils pro Person).

Art Direktion: Peter Feierabend
Projektmanagement: Franziska Sörgel
Redaktion: Andrea Euerle & Andrea Görldt
Lektorat: Christian Heße & Martina Schlagenhaufer
Design & Layout: metzgerei strzelecki_grafikdesign
Food-Fotografie: Heinz Troll
Bildredaktion: Silke Haas
Covergestaltung: Carol Stoffel
Foto Covervorderseite: © Molly Hunter/StockFood
Foto Coverrückseite: © Tandem Verlag GmbH/Werner Stapelfeldt

ISBN der Originalausgabe: 978-3-8331-1051-1

Sonderausgabe

Printed in China

ISBN 978-3-8331-4505-6

10 9 8 7 6 5 4 3 2 1
X IX VIII VII VI V IV III II I

Nach einer Idee von Ludwig Könemann

BULGARIEN
MAZEDONIEN
ALBANIEN
Makedonien
Thrakien
GRIECHENLAND
TÜRKEI
SCHWARZES MEER
Marmarameer
Ägäisches Meer
Nordägäische Inseln
Sporaden
Ionische Inseln
Ionisches Meer
Mirtoonisches Meer
Kykladen
Dodekanes
Meer von Kreta
MITTELMEER
Kreta
Epirus
Thessalien
Zentralgriechenland
Attika
Peloponnes
Chalkidiki
Thermaischer Golf
Strymonischer Golf
Golf von Saros
Dardanellen
Golf v. Patras
Golf von Korinth
Saronischer Golf
Argolischer Golf
Messenischer Golf
Lakonischer Golf
Edirne
Kardžali
Orestiás
Tekirdağ
orlu
Suflion
Marica
Komotini
Xanthi
Nestos
Alexandrupolis
Kesan
Gelibolu
Bandirma
Canakkale
Balkesir
Edremit
Mytilini
Lesbos
Akhisar
Manisa
Salihli
Izmir
esme
Chios
1297 m
Psara
Aydin
Samos
1433 m
Ikaria
S ke
Milas
Yatağ
Patmos
Leros
Kalymnos
Bodrum
Kos
Kefalos
Marmaris
Data
Symi
Tilos
Rhodos
1215 m
Lindo
Astipaläa
Saria
Karpathos
Kasos
Kap Sideros
Sitia
Ierapetra
Iraklion
Knossos
Psiloritis 2456 m
Rethymnon
Chania
Kap Spatha
Sfinarion
Pal ochora
Chora Sfakion
Timbaki
Gavdos
Titov Veles
Štip
Kičevo
Prilep
Strumica
Petrič
Durr s
Tirana
Ohrid
Bitola
Vlor
Vjose
Sarand
Korfu
Igumenitsa
Ioannina
Konitsa
Metsovon
2637 m
2469 m
Arta
Preveza
Lefkas
Vonitsa
Amfilochia
Astakos
Fyli
Acheloos
Ithaki
Kefallinia
Argostolion
Zykinthos
Zykinthos
Serr
Kilkis
Drama
Philippi
Kavala
Struma
Thassos
1203 m
Samothraki
1611 m
Imbros
Limnos
Myrina
Edessa
Jiannitsa
Axios
Florina
Thessaloniki
Kastoria
Ptolemais
Aliakmon
Kozani
Katerini
Olymp 2917 m
Uranupolis
Athos 2039 m
Kallithea
Elasson
Ossa 1978 m
Tyrnavos
Aia
Meteora-Kl ster
Kalambaka
Trikala
Larissa
Pinios
Karditsa
Volos
Alonnissos
Skopelos
Skyros
Tymfristos 2315 m
Karpenission
Lamia
Isti a
Mantudion
1743 m
Kymi
Agrinion
2510 m
Thermon
Amfissa
Delphi
Amfiklia
Messolongi
Desfina
Levadia
Chalkis
Theben
Styra
1398 m
Patras
Kalavryta
Kiaton
Lutrakion
Megara
Rafina
ATHEN
Pir us
Keratea
Lech na
Aj. Trias
2376 m
Korinth
Gastuni
Langadia
Levidon
Argos
Nafplion
Olympia
Krestena
Tripolis
Andritsena
Kyparissia
Filia
Filiatra
Gargaliani
Kalamata
2407 m
Sparta
Leonidion
Pylos
Methoni
Skala
Kap Akritas
Gythion
Monemvasia
Neapolis
Kap Maleas
Kap Tainaron
Kythira
Kythira
Attika
gina
Ägina
Poros
Kranidion
Hydra
Astros
Andros
Andros
Tinos
Tinos
Kea
Syros
Mykonos
Kythnos
Serifos
Sifnos
Paros
Paros
Naxos
Naxos
1001 m
Amorgos
Milos
Sikinos
Ios
Anafi
Santorin (Thira)
0
50 km
N
MITTELMEER
Kap Andreas
Kyrenia
Lefkossia
Famagusta
Olympos 1951 m
Larnaca
Paphos
Limassol
ZYPERN

INHALT

VORWORT

Ein makedonischer Koch behauptete einmal, eine gute Küche sei jene, die einfach, bunt, wohltuend und reichhaltig ist. Mit dieser Aussage steht er in der Tradition seiner antiken Ahnen. Denn Esskunst in der Antike beruhte auf vier Säulen, die noch immer die zeitgenössische griechische Küche charakterisieren: Frische, Vitaminreichtum, Simplizität und Vielfalt. Schon die alten Griechen vermengten vorhandene und neu entdeckte Zutaten miteinander und probierten die diversen Möglichkeiten der Zubereitung und Kombination. Da fanden schon einmal Schwein und Fisch im Kochtopf zueinander. Oder man bereitete Pfannengerichte aus Obst, Nüssen und Gemüse. Altes Wissen und raffinierte Technik vermischt sich zu einer der vielleicht gesündesten Küchen in Europa.

Kaum jemand kennt die wahre griechische Küche. Das dürfte vor allem daran liegen, dass man in den griechischen Restaurants der Diaspora nur eine kleine immer wiederkehrende Auswahl findet, die kaum über Gyros, Suwláki oder Tzatzíki hinausreicht.

Dieses Buch soll den Leser zu einer kulinarischen Entdeckungsreise verführen, auf der man eine variantenreiche Küche kennen lernen wird, die so unterschiedlich ist wie die einzelnen Regionen des Landes: In den Bergen Wildgerichte, an den Küsten frische Fischvariationen, im Hinterland Gemüseteller und Obst. Auf den Inseln dominiert eine einfache traditionelle Küche mit Meeres- und Hülsenfrüchten, die auf den wasserarmen Böden gedeihen. Doch ein Ariadnefaden zieht sich durch alle Regionen, von Thrakien bis auf die Kykladen: Am liebsten werden frische Produkte des eigenen Gartens verwendet – im Zyklus der Jahreszeiten. Keine griechische Köchin wird im Frühjahr Weißkohlsalat zubereiten wollen oder im Dezember nach frischen Pfirsichen fragen. Und noch eine Eigenheit vereint dieses zergliederte Land: Egal in welcher Region, eines scheint seit der Antike unverändert geblieben zu sein – der Dreiklang von Brot, Olivenöl und Wein. Keine Tafel wird ohne diese Elemente auskommen. Brot zu jeder Tages- und Nachtzeit. Nur mit dem besten Öl wird gebacken, gebraten, gewürzt. Und griechische Weine werden in manchen Regionen noch aus Trauben gekeltert, die bereits Platon kannte und liebte.

Trotz des starken Einflusses fremder Kulturen, die in Griechenland während des gesamten Mittelalters geherrscht haben, hat das Land sein kulinarisches Erbe bewahrt und mit neuen exotischen Strömungen vermischt. Niemand fragt sich heute mehr, was davon noch osmanisch, jüdisch, italienisch oder griechisch ist. Es werden laufend neue Kombinationen erschaffen, die für eine gelungene multikulturelle Kochkunst am Mittelmeer beispielhaft sind. Griechisches Essen erinnert an laue Sommerabende, an sanftes Meeresrauschen, an betörende Jasmindüfte – Impressionen, die sich in den Restaurants mit dem Duft von heißem Olivenöl zu einer exotischen Note vereinen. Dieses Buch soll die Neugier und die Lust wecken, mehr über dieses Essen zu erfahren. *Marianthi Milona*

ΑΘΗΝΑ

Oben: Wachsoldaten paradieren in griechischer Nationaltracht vor dem Parlamentssitz.
Hintergrund: Eine der berühmtesten Akropolisansichten ist die Korenhalle des Erechtheion.

ATHEN

Ein Athener ›*andrón*‹

Im Restaurant

Alles Hummer

Zum Hafen

Metaxa

Bei Musik und Tanz

Vorspeisen-Kultur

Aus der Hand

In der Konditorei

In der Plaká

Athen ist eine Geschichte für sich. Kaum jemand wird die Hauptstadt Griechenlands ohne das Bild einer Stadt betreten, die als Geburtsstätte abendländischer Kultur schlechthin, als Wiege der Demokratie gilt. Und niemand wird diese Stadt finden, zumindest nicht gleich. Besucher, die einen Ort mit einer stabilen, kontinuierlich gewachsenen Anbindung an seine eigene große Vergangenheit erwarten, finden sich in einem Kunstprodukt wieder, das seine Existenz genau ihrer humanistisch geprägten Vorstellung verdankt, denn die Entscheidung, 1834 gerade die unbedeutende Provinzstadt, die Athen geworden war, zur neugriechischen Hauptstadt auszurufen, war maßgeblich auch von ausländischen Philhellenen beeinflusst.

Die Zeit, in der Athen all das war, was man sich bis heute darunter vorstellt, liegt etwa 2500 Jahre zurück. Die Stadt erlebte ihren wirtschaftlichen und politischen Höhepunkt. Über den hunderten kleiner *›poleis‹* – unabhängigen, von adligen Eliten selbst verwalteten Gemeinden, in denen die einfache Landbevölkerung zwar frei, aber nicht gleich war –, in die ›ganz Griechenland‹ gegliedert war, stand Athen als Megapolis. Hier wurde per Gesetzgebung die Vorherrschaft der Aristrokratie verhindert und eine breite Mitbestimmung und Aufwertung der freien Bevölkerung *(›demos‹)* garantiert. Reformen des Kleisthenes legten 510 v. Chr. den Grundstein für jede spätere Demokratie. Bald darauf schufen die Athener selbst den Mythos, schon immer Zentrum der Zivilisation gewesen zu sein. Während die Stadt im 4. Jahrhundert v. Chr. ihre wirtschaftliche und politische Bedeutung einbüßte, konnte sie noch etwa 500 Jahre exklusive Stätte der Gelehrsamkeit, der verfeinerten Lebensart (und der Kochkunst) bleiben, bis sie auch diesen Status ab dem 2. Jahrhundert n. Chr. zu verlieren begann. Was überdauert hat, ist der Ruhm.

Unter den gegebenen Umständen konnte sich das heutige, rasant gewachsene Athen mit seinen fünf Millionen Einwohnern, dem Parlamentssitz, dem größten Beamtenapparat, mit der prosperierenden Medienindustrie und der größten Kapitalkonzentration des Landes nur schwer tun mit dem übermächtigen Ruhm. Doch inzwischen sind die Anknüpfungspunkte an die ehemalige politische, wirtschaftliche und intellektuelle Bedeutung nicht zu übersehen, und was die Lebensart betrifft, besteht wohl wenig Grund zur Unzufriedenheit. Inmitten antiker Säulenarchitektur haben die exklusivsten Restaurants eröffnet, und alle sind sie gut besucht. Athen hat kulinarisch aufgerüstet.

Als Stadt mit einer – wenn auch nicht ungebrochenen – kulinarischen Vergangenheit fühlt sich Athen diesem Erbe in den letzten Jahren wieder stärker verpflichtet und pflegt infolgedessen auch die Erzeugnisse gehobener Destillierkunst.

café

Das ›Archäon Gevsis‹, was soviel heißt wie ›antiker Geschmack‹, hat sich optisch der altgriechischen Küche verschrieben.

Egal, aus welcher Richtung man sich der Stadt nähert, als erstes wird man die hoch über Athen thronende Akropolis gewahr. Wie viele ihrer Bauwerke erfuhr auch der Parthenon diverse Umnutzungen: vom Tempel der Stadtpatronin Athena zur Kirche, später zur Moschee; er wurde für Bauvorhaben ausgeschlachtet und geriet unter Beschuss.

EIN ATHENER ›ANDRON‹

Etwa um 400 v. Chr. gibt es im Wohnhaus jedes besser gestellten Athener Bürgers einen speziellen Raum, genannt *›andron‹*, ein ›Männerzimmer‹ mit der Funktion eines Esszimmers. Es ist der Ort, an dem der Hausherr seine männlichen Gäste bewirtet und den die Frauen seines Haushalts dann um keinen Preis betreten. In der Regel nehmen Männer und Frauen ihre Mahlzeiten nicht gemeinsam ein, selbst wenn sie sich zum Essen im gleichen Raum aufhalten, werden erst die Männer bedient. Die Abmessungen des *›andron‹* erlauben gewöhnlich die bequeme Aufstellung von sieben Liegen mit Tischen davor. Wie konsequent man zu Tisch liegt oder sitzt, ist umstritten. Bei einer Einladung zum Essen sieht die Speisenfolge gewöhnlich *›propómata‹*, Appetitanreger, vor, gefolgt von *›sítos‹* (›was satt macht‹) und *›ópson‹*

PALLAS ATHENA

Die Geburt der Athena gehört zu den wunderbaren Ereignissen des antiken Mythos. Ihrem Vater Zeus wurde einst prophezeit, dass seine erste Frau Metis nach einer ihm ebenbürtigen Tochter einen ihm überlegenen Sohn gebären sollte. Da er selbst seinen Vater gestürzt hatte und nicht ebenso enden wollte, entschloss er sich, die schwangere Metis zu verschlingen. Als die Zeit der Geburt nahte, wurde ihm allerdings klar, dass er voreilig gehandelt hatte. Er rief Prometheus oder Hephaistos, den Gott der Handwerker herbei, dass man ihm helfe. Einer von ihnen spaltete sein Haupt mit einer Axt, und aus dem Kopf entsprang die Göttin Athena in voller Rüstung! Als Kriegsgöttin ist sie die Gegenspielerin von Ares, dem Gott des wilden Schlachtgetümmels. Sie ist die Beschützerin besonders der griechischen Heimat, sie steht auf Seiten der Helden wie Odysseus und wird so auch zur Göttin des Friedens. Ihrer amazonenhaften, jungfräulichen Erscheinung verdankt sie ihren Beinamen Pallas, das heißt ›das Mädchen‹. Mit Poseidon, dem Gott des Meeres und der Unterwelt, wetteifert sie um die Schutzherrschaft für Attika und die Stadt Athen. Als dieser mit seiner Harpune auf einen Felsen der Akropolis schlägt und eine Salzwasserquelle hervorsprudeln lässt, bringt Athena ganz in der Nähe einen Ölbaum zum Sprießen. Die Götter und die Bewohner Athens erkennen den Ölbaum als das wertvollere Geschenk und sprechen ihr die Schutzherrschaft über die Stadt zu, die aus diesem Grund fortan auch ihren Namen führt. Die auf der Akropolis hausenden Eulen, jene klugen Vögel mit den weitsichtigen Augen, werden so vermutlich zu Athenas bekanntestem Attribut und machen sie zur Göttin der Weisheit.

(›was man mit dem Brot isst‹). Danach lässt man die Tische heraustragen und reinigen, bevor sie mit allen Utensilien für *›oínos‹*, den Wein, und *›tragémata‹* (›was man mit dem Wein isst‹) zurück ins Zimmer gebracht werden. Nun schließt sich entweder eine harmlose Trinkerei *(›pótos‹)*, ein formelles Gelage *(›sympósion‹)* oder aber ein wildes Besäufnis *(›kómos‹)* an. Doch zurück zum *›deipnon‹* und seiner Speisenfolge. Als besonders Appetit anregend gilt neben Oliven alles, was stärker gewürzt ist, aber auch saftiges, leicht säuerliches Obst wie Äpfel oder Pflaumen. *›Sítos‹* sind alle Speisen, die sich auf die traditionellen Grundnahrungsmittel Linsen, Gerste und Weizen in verschiedenen Zubereitungen konzentrieren. *›Ópson‹* umfasst Gemüse, Käse, Eier, Fisch und Meeresfrüchte, auch Fleisch, Geflügel und Wild. An Gemüsen sind etwa Sellerie, Spargel, Mangold, Brennessel, Kohlsorten, Böden der Kardone (eine Vorläuferin der Artischocke), Fenchel, Zwiebeln, Lauch, Pilze und Salat zu bekommen. Gurken und Kürbisse sind vermutlich noch relativ jung auf Athener Märkten. Man isst keine Wurzeln von Möhren, und Tomaten gibt es noch nicht. Die Auswahl an Gewürzkräutern lässt kaum Wünsche offen. Die Auswahl an Fisch, Fleisch, Geflügel und Wild ist reichhaltig. Als *›tragémata‹*, Nachtisch, können Kuchen, frisches Obst und Trockenfrüchte wie Rosinen und Feigen sowie Nüsse serviert werden.

Die Qualität aller Zutaten wird genau registriert, Produkte aus bestimmten Regionen werden besonders geschätzt und nach Athen importiert. Köche erlangen Berühmtheit, die Bedeutung der Kochkunst als Bereicherung des Alltags wird viel diskutiert, aber man sieht auch eine enge Verbindung zwischen Ernährung und Heilung, was zur Folge hat, dass heute mehr antike Rezepte aus medizinischen Texten denn aus ›Kochbüchern‹ bekannt sind. Der Einkauf von Lebensmitteln, die Zubereitung der Gerichte und das Essen selbst ist im klassischen Athen so erwähnenswert, dass entsprechende Szenen häufig in Komödien dargestellt werden, woraus sich immerhin eins schließen lässt: gutes Essen wird ernst genommen.

Die Vorstellung eines antiken Nachtischs: Nüsse, Früchte und Rosinen mit Honig, dazu ein Becher Honigwein.

CHIRINÓ ME DAMÁSKINA

Schweinefilet mit Pflaumen

4 Schweinefilets, je 250 g
20 ungeschwefelte Pflaumen, entsteint
1 Dose (500 g) Erbsen, abgetropft
natives Olivenöl extra
100 g Knoblauch, zerdrückt
400 g Artischockenherzen, vorgegart
200 ml Weiß- oder Rotweinessig
200 ml Balsamico-Essig
400 g Tannenhonig
Salz
frisch gemahlener schwarzer Pfeffer

Das Fleisch längs auf-, aber nicht ganz durchschneiden, ausbreiten und mit Salz und Pfeffer würzen. Auf jedes Stück 5 Pflaumen geben, zusammenrollen und mit Küchengarn umwickeln. 10–15 Minuten über Holzkohle grillen. In der Zwischenzeit die Erbsen mit Olivenöl, Salz, Pfeffer und wenig Essig im Mixer pürieren und beiseite stellen. Wenn das Fleisch gar ist, das Küchengarn entfernen, das Fleisch in Scheiben schneiden und mit etwas Püree auf Tellern anrichten. Olivenöl im Topf erhitzen und Knoblauch samt Artischockenherzen dazugeben. Mit Salz und Pfeffer würzen und unter Rühren kurz anbraten. Die Artischockenherzen auf den Tellern verteilen. In einer kleinen Pfanne beide Essigsorten mit Honig aufkochen. Sobald die Soße sämig wird, vom Herd nehmen und über das Schweinefleisch geben. Dazu einen halbtrockenen Weißwein anbieten.

Kaisergranat auf Salatbett ist ein schlichtes, aber zeitlos gutes Rezept.

IM RESTAURANT

Die Großstadtmetropole Athen hat in den letzten Jahren auf den ständig wachsenden Einfluss europäischer Küche in Griechenland mit einem breit gefächerten gastronomischen Angebot reagiert, das einheimisches wie fremdes Publikum in Erstaunen versetzt hat. Eine bunte Auswahl an Restaurants ist entstanden. Von Indien bis Japan, von Frankreich bis Italien sind aller Herren Länderküchen in Griechenlands Vorzeigestadt Athen vertreten und versprechen einen bislang wenig ausgekosteten kulinarischen Zauber, der Genießer täglich aufs Neue rund um die Welt entführt. Gleichzeitig haben es sich ambitionierte griechische Köche zum Ziel gesetzt, traditionelle heimische Gerichte nach allen Regeln der Kochkunst zu- und in exklusivem Ambiente aufzubereiten. Das hat sich ausgezahlt. Athen bietet gegenwärtig die abwechslungsreichste und innovativste Restaurantkulisse ganz Griechenlands. Längst beeindruckt die Stadt ihre Besucher nicht mehr am nachhaltigsten durch die weltberühmten Relikte vergangener Größe, sondern mindestens ebenso tief durch eine zielgerichtete, an Genuss und Lebensfreude orientierte Küchen- und Restaurantvielfalt. Ein Aufenthalt in Athen kann zum kulturellen wie zum kulinarischen Erlebnis werden, das man so schnell nicht vergisst.

Links: Zu den ersten Adressen zählt zweifellos das ›Dáfnis‹ mit seinen aufwändigen Wandmalereien im aprikotfarbenen Ambiente. Staatsmänner und Bohemiens sind hier gleichermaßen willkommen.

Unten: Musikalische Unterhaltung gehört zum Standard jedes guten Restaurants. Gediegenheit und Atmosphäre gehen in der griechischen Gastronomie einher mit guter griechischer Volksmusik.

Oben: Das renommierte Fischrestaurant ›Waroulko‹ lässt sich gut mit einem kurzen Ausflug nach Piräus verbinden. Hier serviert Chefkoch Lefteris seine berühmten Fischkreationen.

Links: Das ›Maritsa‹ steht für die junge Restaurantkultur Athens. In modernem Ambiente wird gehobene Traditionsküche geboten.

Unten: Jedes Restaurant, das etwas auf sich hält, beschäftigt einen Rezeptionisten. Er begrüßt die Gäste am Entrée und lädt ein, die Menükarte zu studieren.

ALLES HUMMER

Hummer haben in der griechischen Küche noch immer eine Sonderstellung, denn sie sind viel zu selten in griechischen Gewässern anzutreffen, als dass sie je zu einer Alltagsspeise hätten werden können. Dieser Beigeschmack der Exklusivität kommt Athener Chefköchen, die das kulinarische Renommee ihrer Stadt kräftig aufpoliert haben, gerade recht. Damit es an Hummer hier nicht mangelt, haben sich an den Küsten Attikas Hummerfarmen ausgebreitet, der beste Hummer wird jedoch nach wie vor auf der Sporaden-Insel Alónissos gefangen. Die gehobene Athener Gesellschaft ist offen für jegliche Exotik, die sich mit der griechischen Küche geschmacklich verbinden lässt. Das gilt auch für die verschiedensten Hummervariationen, denen die Köche Nikos Sarantos und Sotiris Evangelou auf ihren Reisen durch Europa begegneten und von denen sie sich, nach Hause zurückgekehrt, weidlich inspirieren ließen. Die einzelnen Bestandteile des von Sarandos hier zusammengestellten ›Hummer-Menüs‹ sind auf große Anerkennung gestoßen und werden seitdem als kulinarische Attraktion in Athens Plaza-Hotel gern bestellt.

MENU

Hummersalat auf Frühlingskartoffeln
Astakóssalata me mikrés fréskies patátes

Hummermedaillons auf Gemüse-Spaghetti
mit Zitronengras-Dressing
Fetúles astakú me spagéto prásino kai sáltsa lemonóchortu

Crêpes, gefüllt mit gedünstetem Hummer auf einem
Bett von Safran-Sauce
Krépes me astakó sotarisméno se kroko

Hummercreme, mit Metaxa aromatisiert
Kréma astakú, aromatisméni me Metaxa

Hummer Thermidor an Wildreis und Gemüse-Julienne
Astakós Thermidor me ágrio rízi kai lachaniká à la Julienne

Mousse au chocolat mit karamellisierten Williamsbirnen
Mousse sokoláta me achladia karamelisé

Kaffee oder Tee
Kafés i tsái

Früchtezauber
Frutolichudiés

ZUM HAFEN

Oft und gern besungen, lockt Piräus Tag für Tag eine große Zahl von Besuchern an. Viele von ihnen nehmen das Angebot wahr, im Turkolimano, dem türkischen Hafen, wie eine der drei Buchten genannt wird, in die am Ufer aufgereihten Fischtavernen und Restaurants einzukehren, um von dort den Blick auf die Boote und das Meer zu genießen. Und nicht nur den, schließlich ist der Blick in die Töpfe ebenso lohnend, liefern doch täglich Fischer aus den nahen Fanggründen Fische und Meeresfrüchte, die auf kürzestem Weg zu schmackhaften Delikatessen verarbeitet werden. Für die Athener ist Piräus Ausgangspunkt von Schiffsreisen zu den griechischen Inseln und nach Westeuropa, sehr viel häufiger jedoch nahe Vergnügungsmeile an warmen Abenden und am Wochenende.

SARDÉLES LEMONÁTES

Sardellen in Zitronensoße

Olivenöl zum Braten
5 große Kartoffeln, geschält und in Scheiben geschnitten
3 Knoblauchzehen, in feine Scheiben geschnitten
$^1/_2$ scharfe Paprikaschote
1,5 l frisches Wasser
1 kg Sardellen, filetiert
1 Bund glatte Petersilie, fein gehackt
125 ml Olivenöl
2 EL Butter
Saft von 2 Zitronen
Salz

Die Kartoffeln, den Knoblauch und die Paprikaschote in etwas Öl sehr leicht anbräunen, mit kaltem Wasser aufgießen und ca. 30 Minuten kochen lassen. Temperatur reduzieren, Schaum abschöpfen und unter Beigabe der Sardellen weitere 10 Minuten köcheln lassen. Zum Schluss Butter, Zitronensaft und Petersilie zugeben und mit Salz abschmecken.

BAKALIÁROS ME SPANÁKI

Hecht mit Spinat

600 g Spinat
30 g Butter
2 TL Roter Pfeffer
1 Prise Kreuzkümmel
1 Zitrone
4 Filets vom Hecht
1 l Fischsud

Spinat in wenig Salzwasser ca. 12 Minuten dämpfen, abgießen und mit Kreuzkümmel und rotem Pfeffer in zerlassener Butter schwenken. Für die Soße auf der Basis des Fischsuds eine Sauce Mousseline herstellen, mit Retsína abschmecken. Filets säubern, mit Zitrone säuern und ziehen lassen. In vorsichtig erhitztem Sud zusetzen, er muss perlen, darf aber keineswegs sprudelnd kochen. Sobald der Sud wieder ›perlt‹, ca. 10 Minuten gar ziehen lassen. Vorsichtig aus dem Sud heben und sofort auf heißen Tellern servieren und mit zerstoßenem roten Pfeffer dekorieren.

JARÍDES SAJANÁKI

Gebackene Garnelen in Tomatensoße

3 EL Olivenöl zum Braten
400 g Tomaten, entstielt und gewürfelt
3 Knoblauchzehen, in feine Scheiben geschnitten
$^1/_2$ rote Paprikaschote, fein gehackt
800 g geschälte Garnelen
1 Bund glatte Petersilie, fein gehackt
100 g milder Schafskäse, zerbröselt
Salz

Den Backofen auf 180 °C vorheizen.
Das Olivenöl in einer Kasserolle erhitzen, Tomaten, Knoblauch, Paprikaschote, Garnelen und Petersilie zugeben und bei mittlerer Hitze 15 Minuten köcheln lassen.
Den Schafskäse unterrühren, weitere 2 Minuten kochen lassen und alles in einen Tontopf geben.
Den Tontopf in den Ofen schieben und alles 10 Minuten überbacken.
Warm servieren.

METAXA

Es ist mehr als nur ein Weinbrand, fast ist es schon eine Legende. 1880 ließ sich Spyros Metaxa in Piräus nieder, erwarb kurz darauf im Süden Attikas ausgedehnte Weinberge, wo er verschiedene Weine miteinander kombinierte und unter Anwendung traditioneller Verfahren seinen ersten Weinbrand daraus destillierte, den er ab 1888 in eigener Fabrik herstellte und unter seinem Namen vertrieb. Seine ersten Abnehmer fand er in der griechischen Oberschicht, bei König Georg I., in Serbien, Russland und Äthiopien. Der Erfolg kam so schnell, dass er bereits 1890 in Odessa eine zweite Destillerie eröffnen konnte. Als fünf Jahre später auch Sultan Abdul Hamid dem Metaxa zusprach, standen dessen Schöpfer selbst in Isanbul Tür und Tor offen.

Metaxa-Weinbrand wird bis heute unverändert nach dem Verfahren des Spyros Metaxa hergestellt. Ausgangsmaterial sind Weine der Traubensorten Savatianó, Sultanína und Korinthiaki, aus denen in zwei Verfahren, die den unterschiedlichen Charakteren der Weine gerecht werden, ein Weinbrand von 82–86 % vol destilliert wird. Dieser Grundbrand reift mehrere Jahre in Fässern aus Limousineiche. Den alljährlichen Alkoholverlust aus den Fässern nennen die Kellermeister ›Tribut an die Engel‹. Dieses Destillat entwickelt bereits den für Metaxa charakteristischen weichen Geschmack und seinen goldenen Farbton. Vor der Weiterverarbeitung wird es durch eine Kräutermischung geführt, die aber bis auf die Mitwirkung von Rosenblättern gut gehütetes Betriebsgeheimnis bleibt. Dann wird das Destillat mit reifen Muskatweinen aus Limnos und Samos verschnitten oder ›vermählt‹ und reift abermals in Eichenfässern, bis es sein unverwechselbares Bukett voll ausgebildet hat und der gewünschten Qualität entspricht.

Oben (von links nach rechts; die Anzahl der Sterne gibt das Mindestalter an): Metaxa 7 Sterne Amphora; Metaxa 5 Sterne Classic; Grande Fine (15 Jahre) in handgefertigter Porzellankaraffe.
Unten, links: Metaxa Private Reserve 25 Jahre (nur in Griechenland)

In den Kupferdestillationsapparaten findet gewissermaßen die Geburtsstunde des Metaxa statt.

Der Reifegrad des in meterhohen Fässern lagernden Metaxa wird regelmäßig geprüft.

Jedes Fass trägt eine Tafel, auf der das genaue Abfülldatum vermerkt werden muss.

Das jährlich entnommene Probeglas wird symbolisch den Göttern des Olymp geopfert.

BEI MUSIK …

Der Ursprung des Wortes ›Musik‹ ist griechisch, es bezog sich zunächst jedoch nicht im engeren Sinn nur auf die Tonkunst, sondern meinte alle musischen Künste, also auch den Tanz, der zu den ältesten Ausdrucksformen der Menschheit zählt. Jünglinge tanzen in Homers ›Odyssee‹, Sirenen singen oder geben jedenfalls Töne von sich, Pan bläst die Syrinx, Athena kurzfristig die Doppelflöte, Apollon zupft die Leier – vermutlich ist es nichts Besonderes, wenn traditionsgebundene Lieder und Tänze noch immer im Alltag der Griechen verankert sind. Sogar in den Städten sieht man nicht selten selbst junge Leute Schrittfolgen tanzen, deren Urspünge zum Teil Jahrhunderte alt sind. Bis heute lernen griechische Kinder einige der bekanntesten Volkstänze ihres Landes in der Schule.

Wenn man heutzutage von griechischer Musik spricht, meint man gewöhnlich Lieder, die im 19. Jahrhundert entstanden sind und eine historische oder politische Bedeutung haben. Viele davon waren Protest- und Widerstandslieder, mit denen sich die Menschen identifizieren konnten.

Die bedeutendste griechische Musikgattung des letzten Jahrhunderts ist der *rembétiko*, der in den Armenvierteln Athens entstand, als sich um 1923 dort die ersten griechischstämmigen Flüchtlinge aus Kleinasien niederließen, die ihr gesamtes Hab und Gut verloren hatten. Ohne finanzielle Mittel, ohne Arbeit und an den Rand der Gesellschaft gedrängt, trafen sie sich abends in den einfachsten Lokalen, um ihrer Schwermut musikalisch Ausdruck zu verleihen. Heute wird der *rembétiko* mit amerikanischem Blues verglichen, der unter ähnlichen Umständen geboren wurde. Die seit den 1950er Jahren salonfähige Musik hat sich kaum verändert, wohl aber die Umstände des Vortrags. Was einst die Klage der Heimatlosen war, ist heute zur Unterhaltung ausgelassener Abende geworden, an denen nicht nur getanzt und gesungen, sondern auch viel gegessen und kräftig getrunken wird.

Tamburi, die klassische Trommel, wird kräftig geschlagen und bringt dumpfe Töne hervor.

Nach dem Vorbild der antiken *lyra* wird das dreisaitige Instrument wie eine Geige gespielt.

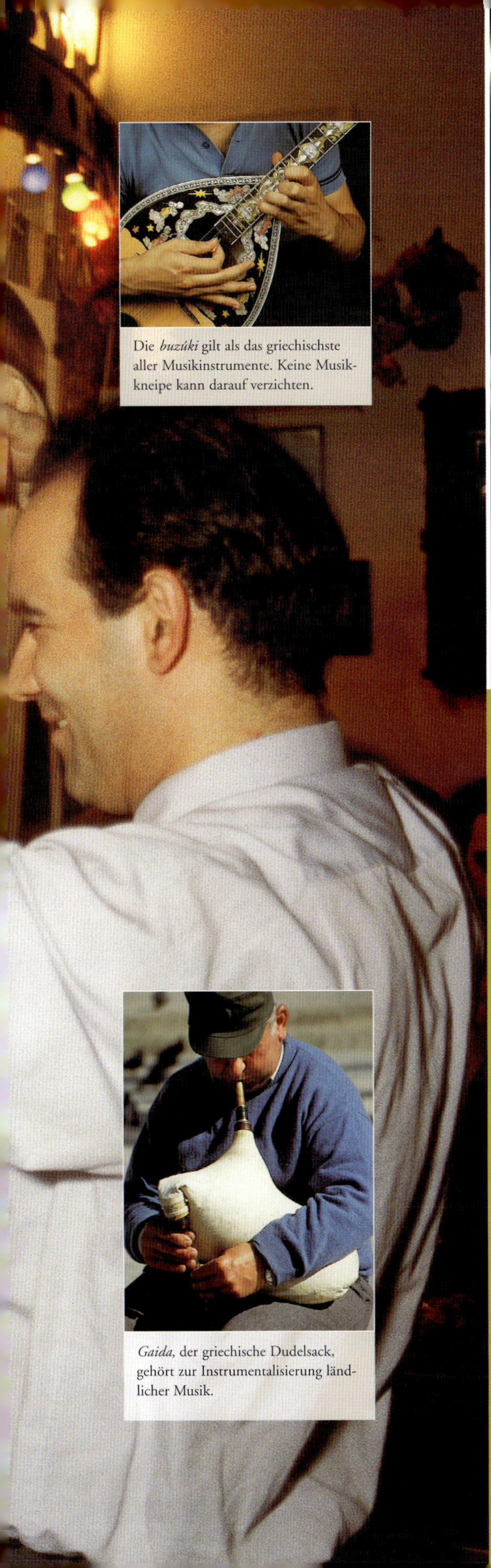

Die *buzúki* gilt als das griechischste aller Musikinstrumente. Keine Musikkneipe kann darauf verzichten.

Gaida, der griechische Dudelsack, gehört zur Instrumentalisierung ländlicher Musik.

… UND TANZ

Bei Kreistänzen ruralen Ursprungs unterscheidet man nach Tempo und Art der Schritte grundsätzlich zwei Gruppen: *Sirtós* sind langsame Kreistänze mit schleifenden, schleppenden Schritten. *Pidiktós* sind temporeicher, die Tänzer hopsen, hüpfen, stampfen und springen. Kreistänze verlaufen immer entgegen dem Uhrzeigersinn.

Unter den fünf bekanntesten der 150 griechischen Tänze finden sich mit *kalamatianós* und *tsámikos* zwei jahrhundertealte Bauerntänze, mit *seibékikos, chasápikos* und *tsiftetéli* drei Tänze der urbanen Volkskultur des 20. Jahrhunderts.

Kalamatianós: Der aus Kalamata auf der Peloponnes stammende Tanz wird von mehreren Personen in einer Reihe aufgeführt, die sich an den Händen halten. Der Anführer tanzt Variationen des lang-kurz-kurzen Grundschritts.

Tsámikos: Dieser in Epirus beheimatete Tanz ist auch unter dem Namen ›Taschentuchtanz‹ bekannt, weil der Anführer und der zweite Tänzer die gegenüberliegenden Ecken eines Taschentuchs halten. Der Kreistanz im Dreivierteltakt wird vorwiegend von Männern getanzt. Zur Zeit des Unabhängigkeitskrieges galt er als der Tanz der Gebirgskämpfer. Auf dem Höhepunkt des *tsámikos* führt der Anführer komplizierte, geradezu akrobatische Sprünge vor.

Seibékikos: Er war ursprünglich ein Männertanz, wird aber inzwischen auch von Frauen getanzt. Dieser Improvisationstanz wird von einer Person ausgeführt oder von zwei Personen, die sich umkreisen. Auch Anthony Quinn tanzt in dem weltberühmten Film ›Alexis Sorbas‹ so etwas wie einen *seibékikos.* Dieser Tanz gilt als schwierig, weil er keine festen Bewegungsabläufe kennt. Er beruht allein auf der individuellen Interpretation des Tänzers.

Chasápikos: Bei diesem ›Tanz der Metzger‹ halten sich Männer und Frauen mit ausgestreckten Armen an den Schultern. Grundmotiv der Schrittfolge sind drei seitliche Schritte nach rechts, drei nach links und zwei Kreuzschritte nach vorn. Die Bewegungen des *chasápikos* sind langsam und würdevoll. Der Ursprung dieses Tanzes ist ungegewiss, man hat ihn mit dem byzantinischen *makellárikos* (*makellaris* wie Metzger) in Verbindung bringen wollen. Der *sirtáki* ist eigentlich eine vereinfachte Version des *chasápikos* und wurde für Anthony Quinn in der Rolle des Alexis Sorbas nach der Musik von Mikis Theodorakis eigens kreiert. Dass diese Notlösung zum berühmtesten Tanz Griechenlands avancieren würde, konnte damals niemand vorhersehen. Wo der *chasápikos* angespannt und konzentriert wirkt, ist der *sirtáki* locker, lebhaft und nimmt gegen Ende noch an Tempo zu.

Tsiftetéli: Auch bei diesem ursprünglich türkischen Tanz, der mit seinen kreisenden, betont sinnlichen Bewegungen früher als reiner Frauentanz dem *chasápikos* gegenüberstand, ist die Geschlechtertrennung inzwischen gefallen.

VORSPEISEN-KULTUR

Seine Vorspeisen, *mesédes,* sind die Visitenkarte des griechischen Restaurants. Im *mesés* demonstriert das Haus, was seine Küche zu leisten vermag. Immerhin steht griechischen Vorspeisen die gesamte Produktpalette von Fleisch, Fisch, Gemüsen und Milcherzeugnissen offen, sie reichen von raffiniert einfach bis zu gekonnt kreativ und spiegeln nicht selten die Hauptgerichte. Sie werden warm oder kalt gegessen, sind die Ouvertüre zum oder das Hauptgericht selbst – ganz nach Gusto des Gastes.
Vor allem in den Städten zieht es um die Mittagszeit das große Heer der Angestellten grüppchenweise in die unzähligen kleinen Restaurants, die in den letzten Jahren versteckt in den Häuserzeilen eröffneten und mittlerweile zu gesuchten Adressen wurden. Im *mesedopolio,* dem Laden, der so weit das Auge reicht nichts als *mesés* bietet, wird mit Sicherheit für jeden Geschmack das Richtige dabei sein. Ouzo, der griechische Anisschnaps, ist treuer Begleiter aller *mesédes.* Ob mit Eis, Wasser oder pur getrunken, seine Aufgabe ist es, das appetitanregende Gefühl zu unterstützen, das *mesédes* hervorrufen. ›Appetit machen‹ ist denn auch die Bedeutung des ursprünglich türkischen Worts *mesés.* Das schaffen die Vorspeisen zweifellos, doch wenn man nicht acht gibt, dann gelingt ihnen noch etwas anderes: sie machen viel zu rasch viel zu satt, einfach weil man neugierig ist, von allem zu probieren. Erfahrene *Mesédes*-Genießer wird man immer an der Zurückhaltung erkennen können, mit der sich ihre Gabel mal eines Stücks Tintenfisch, anschließend einer Kartoffel, als nächstes vielleicht einer Olive oder doch lieber eines Fleischbällchens bemächtigt. Zwischendurch unterhält man sich, bricht vom Brot ab, nippt an seinem Ouzo-Glas, nimmt einen Schluck Wasser, und auf jeden Fall nimmt man sich Zeit. In einer Tischgemeinschaft, deren Mitglieder alle völlig unbefangen von allen Tellern wählen, hat ganz selbstverständlich ein Stück rurales, ursprüngliches Griechenland überdauert, denn in der Vergangenheit demonstrierten und erneuerten ganze Dorfgemeinschaften ihren sozialen Zusammenhalt über ähnliche Formen gemeinschaftlichen Essens.
Griechenlands Regionen offenbaren lokale Eigenheiten ihrer Küchen nicht zuletzt in Auswahl und Zubereitung ihrer landestypischen *mesédes.* So darf man den *mesés* durchaus als eine Art Botschafter begreifen: In einer ehemals stark osmanisch geprägten Gegend werden zum Beispiel die Einflüsse des Orients überwiegen, während in den einstigen venezianischen Hoheitsgebieten eher westliche Düfte wehen. Auf den griechischen Inseln wird die Auswahl der *mesédes* nach wie vor von den inseleigenen Produkten bestimmt sein, und auf dem griechischen Festland schmecken die Vorspeisen kräftiger als im Süden des Landes. Auf engstem Raum erschließt sich die ganze Vielfalt der griechischen *mesédes* in den Großstädten, wo die Herkunft des Wirts und die Vorlieben seiner Stammkunden die Auswahl in der Küche bestimmen. Und das von morgens bis abends, denn die griechische Vorspeisenkultur ist eine Rund-um-die-Uhr-Esskultur: *Mesédes* gibt es jederzeit, auch wenn man abends um 23 Uhr noch einkehrt.

TZATZÍKI

Joghurt mit Gurken und Knoblauch

1 kleine Salatgurke, geschält und geraspelt
500 g Joghurt
3 Knoblauchzehen, zerdrückt
2 EL gehackte Minze
2 EL natives Olivenöl extra
1 EL Weißweinessig
Salz
gehackte Minze zum Garnieren

Die Gurkenraspel salzen und kurze Zeit in Wasser ziehen lassen, dann leicht ausdrücken. Joghurt in einer Schüssel mit den Gurkenraspeln vermischen. Den Knoblauch durch eine Knoblauchpresse drücken und dazugeben. Minze, Olivenöl und Weißweinessig unterrühren und mit Salz abschmecken. Bis zum Verzehr, mindestens aber 30 Minuten, in den Kühlschrank stellen. Vor dem Servieren mit etwas gehackter Minze bestreuen. *Tzatzíki* wird meist nur mit Brot als Vorspeise gereicht. Es passt aber auch gut zu allem Gebratenem und Gegrilltem.

MELITZANOSSALÁTA

Auberginenpüree

1 kg Auberginen
3 Knoblauchzehen, zerdrückt
60 ml natives Olivenöl extra
Weinessig nach Geschmack
1 Bund glatte Petersilie, fein gehackt
1/2 Paprika, fein gewürfelt
1 kleine Tomate, geviertelt
Salz

Den Backofen auf 180 °C vorheizen. Die Auberginen waschen, gut abtrocknen und auf ein Rost in den Backofen legen. So lange backen, bis die Haut etwas verbrannt und das Innere ganz weich ist. Dabei mehrmals wenden. Die Auberginen aus dem Backofen nehmen, mit kaltem Wasser abschrecken und sofort die Haut abziehen. Die Auberginen klein schneiden, in eine Schüssel geben und mit den zerdrückten Knoblauchzehen verrühren. Mit Salz würzen und tropfenweise das Olivenöl unterrühren. Unter ständigem Rühren Weinessig nach Belieben hinzufügen und die Petersilie hineingeben. Falls das Püree noch nicht fein genug ist, kann man noch einmal kurz mit dem Pürierstab nacharbeiten. Mit Salz abschmecken. Dann das Püree auf einem Teller anrichten und mit Paprikawürfeln und Tomatenvierteln garnieren. Auberginenpüree wird gewöhnlich mit anderen Vorspeisen serviert, man reicht frisch gebackenes Weißbrot und ein Glas Ouzo dazu!
Hinweis: Statt des Weinessigs kann man die Säure auch in Form von Zitronensaft zuführen.

Der bunte Reichtum griechischer Vorpeisen entfaltet seine ganze Pracht in einem Arrangement kleiner gedeckter Tische, wo die einzelnen Gerichte von allen Seiten aus gut zu erreichen sind.

ESSGEWOHNHEITEN

Hinsichtlich des Essens beginnt der griechische Tag eigentlich nicht vor dem Mittag, denn statt des ›klassischen‹ Frühstücks mit Muße und gekochtem Ei gibt es kleines Gebäck – süß oder salzig, je nach Geschmack – zum Kaffee, sozusagen im Vorbeigehen. Mittags wird dagegen das große kalte bis lauwarme Buffet der ungezählten Möglichkeiten eröffnet: frische Salate, gekochte, eingelegte oder pürierte Gemüse, gegrilltes Fleisch oder gebratener Fisch. Bei aller Vielfalt bleiben die einzelnen Portionen angenehm überschaubar. Gewöhnlich handelt es sich um *étima fagitá*, schon am Vormittag fertig gestellte und daher mehr oder weniger abgekühlte Speisen, im Gegensatz zu *tis óras*, den frisch zubereiteten. Die Hauptmahlzeit des Tages nimmt man erst in den frühen Nachtstunden ein, denn vor 22 oder 23 Uhr geht man nicht aus. Damit schließt sich der Kreis, und das kaum existierende Frühstück macht Sinn, ist zu dem Zeitpunkt der Abstand zur letzten Mahlzeit doch vergleichsweise kurz.

Brot ist unverzichtbarer Bestandteil jedes Essens, ganz gleich ob Teigwaren oder Salate auf den Teller kommen, und es kann ständig nachbestellt werden. Noch ist es üblich, Gemüse und Obst mit der, statt gegen die Jahreszeit zu essen, was ein großer Vorzug der griechischen Küche ist. Ein weiterer: Abgepacktes Fertigessen und Tiefkühlkost aus dem Supermarkt sind ein sehr junges Phänomen und fast auf die Städte beschränkt, wo sie besonders von berufstätigen Frauen nicht ungern in Anspruch genommen werden.
Essen ist mehr als nur Nahrungsaufnahme, es dient bewusst auch der Pflege sozialer Kontakte, was vielleicht angesichts der Sirupfrüchte und des süßen Gebäcks besonders augenfällig wird, das gern, und mit Vorliebe in Gesellschaft, und völlig ohne falsche Scham nachmittags zu Mokka und einem Glas Wasser zelebriert wird.
Neben den Ess- pflegen gläubige Griechen recht strenge Nicht-Essgewohnheiten und verzichten nach Vorgabe der orthodoxen Kirche im Jahresablauf unterschiedlich lange auf bestimmte Nahrungsmittel in wechselnder Zusammenstellung.

MESÉDES-AUSWAHL

Supiá majirefti: Gekochter Tintenfisch gilt in ganz Griechenland als Spezialität. Dazu wird küchenfertiger Tintenfisch langsam und schonend weich gekocht und in einer kräftigen Tomatensoße warm serviert.

Fassólia piaz: Mittelgroße, nicht zu weich gekochte weiße Bohnen, frische Lauchzwiebeln und Petersilie werden in einer Soße aus Olivenöl, Essig bzw. Zitrone, Salz und Pfeffer angemacht und kalt serviert.

Koliós: Salzig eingelegte Makrelenfilets, deren Gräten man kaum noch spürt, werden in reichlich Olivenöl kräftig gebraten, kommen noch heiß auf den Tisch und sind erst mit einem Glas Ouzo komplett.

Kopanistí: Feinst gehackte Erbsen, Möhren, Kartoffeln und eingelegte Gurken, mit einem streichfähigen Edelpilzkäse aus Schafsmilch verrührt, bereitet man im Voraus zu, damit alles gut durchziehen kann.

Gáwros fúrnu: Sardellen, die in der geschlossenen Hitze des Backofens garen, entfalten im Gegensatz zu den gegrillten mehr Eigenaromen, die nicht von Röstnoten überlagert sind.

Rewíthia: Kichererbsen in Tomatensoße und mit Kräutern geschmort werden meist als warme Vorspeise serviert. Als Variante sind gekochte Kichererbsen auch kalt und wie Salat zubereitet erhältlich.

Chtapódi: Die kleingeschnittenen Fangarme von Oktopus (Krake) schmoren lange auf schwacher Hitze mit Olivenöl und Tomaten, bis sie ganz zart und eine ideale Kombination mit Nudeln darstellen.

Supiá spanáki: In Stücke geschnittener, geschmorter Tintenfisch ergibt mit eben zusammengefallenem Blattspinat eine interessante warme Vorspeise, deren Reiz noch durch Schafskäse erhöht werden kann.

Tsirossaláta: Getrockneter gesalzener Hering wird sehr fein püriert und anschließend mit reichlich Olivenöl und vielen frischen Kräutern verrührt. Mit Gewürzen kann man sparsam umgehen.

Antzúјes: Ein ganzer Teller voll mit kleinen, sauer-salzigen gegrillten Sardinen, die von Kopf bis Flosse gänzlich verspeist werden können. Auch diese Vorspeise wird heiß serviert.

Lakérda politiki: Dünne Scheiben gebeizter Thunfisch werden in viel hochwertigem Olivenöl und mit Zitrone serviert, von der man nach Geschmack über den Fisch träufelt.

Gáwros tiganitós: Gegrillte Sardellen (Anchovis) müssen kräftig gebräunt sein und sollten so heiß wie möglich verzehrt werden. Sie gelten als Alternative zu den gesalzenen Sardinen.

Garides saganáki: Die in der Auflaufform im Backofen zubereiteten Garnelen schmoren mit Olivenöl, pürierten Tomaten, Kräutern und gebratenem Knoblauch und werden sehr heiß serviert.

Lukániko choriátiko: Die hausgemachte griechische Bauernwurst gilt im ganzen Land als Spezialität. Sie schmeckt scharf-würzig und wird mit gebackenen Kartoffeln (aber auch zu Rührei) serviert.

Suwláki chirinó: In Würfel geschnittenes Schweinefleisch wird erst in einer Mischung aus Salz, Pfeffer und Oregano gewendet, bevor man es auf kleine Spieße steckt und sehr kräftig brät.

Fáwa: Linsenmus kann stärker texturiert oder fein püriert sein, wichtig ist der Schuss Essig, mit dem es abgeschmeckt wird. Empfehlenswert ist die Kombination mit frischen, leicht süßlichen Zwiebeln.

Tzatzíki: Der Salat aus geraspelten Gurken mit vielen zerdrückten Knoblauchzehen in einer Joghurtsoße muss einige Stunden ziehen, um sein unverwechselbares Aroma zu entwickeln.

Flórinis: Die länglichen roten Paprika werden einige Minuten gegrillt, damit man die Haut abziehen kann, dann in Olivenöl und Essig eingelegt und mit Salz, Pfeffer und Knoblauch gewürzt.

AUS DER HAND

Es ist ein rein städtisches Phänomen und vollzieht sich eher unspektakulär in den Straßen. An kleinen Buden inmitten hektischer Geschäftsviertel kann man fast ununterbrochen Menschen vor einer Theke stehen und aus diversen Zutaten ihr ›Sandwich‹ auswählen sehen. Ob Fleisch oder Wurst, Auberginenpüree oder *tzatzíki*, Eier, Tomaten, Gurken oder sogar *patátes*, Bratkartoffeln, es wird in ein aufgeschnittenes Brötchen gefüllt, in einem Waffeleisen kurz geröstet, anschließend in ein dünnes Papier oder eine Serviette gewickelt und noch warm aus der Hand gegessen. Das Überzeugende auch dieser griechischen ›Zwischenspeisen‹ sind die absolut frischen Zutaten, die verarbeitet werden. Athener genießen diese Art Sandwich zu jeder beliebigen Tages- und Nachtzeit, wann immer der Hunger groß genug ist, selbst wenn es unmittelbar vor ihrem Mittag- oder Abendessen sein sollte. Griechenland pflegte seine eigene ›Fastfood-Kultur‹ lange bevor die einschlägig bekannte amerikanische Konkurrenz sich im Land etablieren konnte und der einheimischen Straßenküche ungerechterweise die Schau stahl. Denn die ist bedeutend bekömmlicher als die importierte Mode der schnell zubereiteten, schnell verpackten und zu schnell verschlungenen Gerichte.

Oben: Anschauen macht hungrig. Nach diesem Motto liegen in einfachen Lokalen verschiedene Speisen zur Begutachtung in Vitrinen aus.

Rechts oben: Ob man sich mit einem kleinen Tellergericht oder dem ›Sandwich‹ aus der Hand hinsetzt – die Pause ist kurz und das Publikum wechselt ständig.

Rechts unten: *Kantínes,* Imbissbuden, sind ein beruhigend allgegenwärtiger Anblick, und man wird in der Stadt immer welche finden, die geöffnet haben.

Gyros am aufrechten Drehspieß war in Griechenland nicht immer eine Selbstverständlichkeit, hat sich inzwischen aber nicht zuletzt durch die Touristen einbürgern können und behauptet sich nun im ›Fastfood-Angebot‹ mühelos.

Gut vorbereitet, geht es schnell: Erst ein Stück Papier, darauf das Fladenbrot mit …

… einer Portion Gyros, reichlich Zwiebelringe und Tomatenscheiben dazu, noch …

… etwas *tzatzíki* darüber, zusammenklappen und fertig!

IN DER KONDITOREI

Die Welt der griechischen Süßigkeiten kennen zu lernen kommt einem erfolgreichen Eroberungsfeldzug gleich. Unzählige Konditoreien, *zacharoplastía,* bieten einen Überfluss sahniger Sünden und himmlisch-fruchtiger Freuden an, dem man mit den Augen allein nicht gerecht wird. Eine kleine Kostprobe bestätigt jedoch die bereits vermutete Hingabe zum Zucker, der alle griechischen Süßigkeiten hoffnungslos erliegen. Denn sie sind süß in des Wortes zuckrigster Bedeutung und werden nie ohne ein Glas Wasser serviert.
Athen hat auch hier für jeden Geschmack das Passende zu bieten: von traditionellen griechischen Kuchen in altväterischen Kaffeehäusern mit Charakter bis hin zu belgischer und französischer Patisserie in hellen, vollklimatisierten Räumen.
Früher ging man einfach zum Milchmann an der Ecke, wenn einem der Sinn nach Süßem stand, denn dort gab es nicht nur Frischmilch und Kakao, sondern auch Milchreis, Pudding, *galaktobúreko, kantaífi* und vieles mehr. Seit der ›Milchmann‹ keine offene Milch mehr verkaufen darf, hat er sich mehr auf süße Milcherzeugnisse im weitesten Sinn verlegt und den traditionellen griechischen Milchreis bekommt man jetzt gleich vor Ort serviert.

RISÓGALO
Milchreis

200 g Rundkornreis
1 l Milch
200 g Zucker
2 EL Kartoffelmehl
2 Eigelb
Mark von 1 Vanilleschote
1 EL gemahlener Zimt

400 ml Wasser in einem Topf zum Kochen bringen, den Reis zugeben und die Milch einrühren. Wenn der Reis weich zu werden beginnt, den

Zucker zugeben. Das Kartoffelmehl mit etwas Wasser verrühren und unter den Reis mischen. Das Eigelb mit dem Vanillemark verquirlen und in den Milchreis rühren. Weiter rühren und sobald der Reisbrei cremig zu werden beginnt, vom Herd nehmen. Auf Teller füllen, kalt stellen und zum Servieren mit Zimt bestreuen.

PÁSTA SOKOLATÍNA
Schokoladentorte

Für den Teig:
350 g Mehl
1 TL Backpulver
350 g Zucker
200 g Margarine
250 g Kakao
1/4 TL Natron (Natriumhydrogencarbonat)
50 ml Milch
6 Eier
1/4 TL Bittermandelaroma
Mark von 1 Vanilleschote

Für die Füllung:
3 Eigelb
3 EL Weinbrand
3 EL Butter
2 EL Milch
200 g Kuvertüre, im Wasserbad geschmolzen
350 g Puderzucker
500 ml Schlagsahne, steif geschlagen und gekühlt

Für die Garnitur:
Schokoladenraspel und -blätter

Den Backofen auf 175 °C vorheizen. Alle Zutaten für den Teig verrühren. Die Masse in eine gefettete und bemehlte Backform von etwa 30 cm Durchmesser geben und im vorgeheizten Backofen ca. 1 Stunde backen. Inzwischen für die Schokoladencreme die Kuvertüre im Wasserbad schmelzen. Eigelb, Weinbrand, Butter und Milch verrühren und zu der Kuvertüre geben. Den Puderzucker darüber sieben und alles zu einer homogenen Masse verarbeiten. Aus dem Wasserbad nehmen und abkühlen lassen. Den Kuchen aus dem Ofen nehmen, auf ein Gitter stürzen, abkühlen lassen und horizontal in drei gleich hohe Böden teilen. Einen davon auf eine flache Schale legen und die Hälfte der Creme darauf verteilen. Den zweiten Boden darauf legen und mit der geschlagenen Sahne bestreichen. Den dritten Boden auflegen und die restliche Creme oben und am Rand verteilen. Großzügig mit Schokoladenraspel garnieren. Die Torte vor dem Servieren kühl stellen.

BONBONFARBEN

Neben Schokolade-Essen ist Bonbon-Lutschen des Griechen süßeste Leidenschaft: am liebsten in allen Größen und Geschmacksrichtungen, aber letztlich je bunter, desto besser. Und wenn noch dazu das Papier in allen Regenbogenfarben glänzt, dann muss der Inhalt einfach köstlich sein. An heißen Sommertagen werden Bonbons auch als Erfrischung gelutscht, vor allem jene mit Zitronen- oder Orangengeschmack. Noch vor wenigen Jahren konnte man sich am Kiosk an der Ecke für eine Dekára, das ist nicht einmal ein Pfennig, ein einziges Bonbon aussuchen – und Kinder standen unentschlossen vor den Auslagen. Mag sein, dass die Lust auf Bonbons ein Überbleibsel orientalischer Formen der Gastlichkeit ist, wo es ebenso zum guten Ton gehörte, Süßigkeiten anzubieten, wie sie dann auch zu essen. Und wen die Sucht einmal in ihren Klauen hält …

IN DER PLÁKA

Zwei Dinge sollten zum Mindestprogramm eines Athenaufenthalts gehören: ein Besuch der Akropolis und ein Bummel in der Plaka. Je nach Vergnügungsbedürfnis kann man letzteres tagsüber oder abends und nachts tun.

Die terrassenförmig in einem Halbkreis rund um den Akropolishügel angelegte Altstadt Athens, im Grunde genommen das einzig existierende Athen in den Jahrhunderten relativer Bedeutungslosigkeit zwischen vergangener antiker Größe und heutiger neugriechischer Hauptstadt, hat glücklicherweise gerade noch rechtzeitig vor neuzeitlicher Abriss- und Neubauwut gerettet werden können. Es wäre schade gewesen um ein Musterbeispiel eines jahrhundertelangen völlig unverkrampften Umgangs mit dem Neben- und Nacheinander verschiedenster Baustile. Schlendert man tagsüber durch die Gassen, wird man immer wieder auf historische Spuren der Neunutzung bereits historischer Bausubstanz stoßen – sofern man nicht von dem gekonnt in Szene gesetzten Straßentheater ganzer Besucherscharen gefangen genommen wird, denn die Plaka ist inzwischen die Vergnügungsmeile Athens und abendlicher Treffpunkt für Jung und Alt, für Fremde und Einheimische. Die meisten, die abends die Plaka aufsuchen, haben Kulinarisches im Sinn, und selbst jene, die es vielleicht zunächst nicht hatten, erliegen oft schon nach wenigen Schritten den verlockenden Düften von gegrilltem Fleisch und Fisch, die durch die Straßen und Gassen ziehen. Die meiste Zeit des Jahres kann man hier zum Essen draußen sitzen und das lebendige Treiben auf den Straßen über den Tellerrand hinweg beobachten. Nach dem Essen kann man sich in den Strom wieder einreihen und sich treiben lassen, vielleicht in eine Cocktailbar, zum nächsten Eiscafé oder wonach einem sonst der Sinn stehen mag. Für die Geschäftsleute auf der Plaka hat zweifellos die Abendstund das Gold im Mund, und wer morgens um vier noch auf den Beinen ist, könnte leicht denken, dass die Plaka niemals ruht.

Ganz oben: Die Straßenverkäufer, die *salepi* anbieten, ein helles heißes Getränk, das mit einem Orchideenextrakt aufgekocht wird, stehen in einer langen Tradition: Ebenfalls fahrende Händler priesen ein vergleichbares Getränk schon im 17. Jahrhundert in Istanbul an, von dem es heißt, es sei stärkend, belebend und schärfe die Sehkraft. Der heutige Nachfahre wird aus Plastikbechern getrunken und schmeckt cremig-süß.

Links, unten und gegenüber:
Die Plaka – dem Hungrigen erscheint sie als ein einziges großes Straßencafé, doch bei näherer Betrachtung wird deutlich, dass die Gaststätten nach Speisen und Getränken gegliedert sind, was die Konkurrenz überschaubar macht. Viele der alten Gebäude könnten ohne die Einnahmen des Plaka-Geschäfts nicht erhalten werden.

PAGOTÓ ME FRÚTA

Vanille-Eiscreme mit frischen Früchten

2 Eiweiß
2 Eigelb
Zucker nach Geschmack
4 Päckchen Vanillezucker
200 ml süße Sahne
250 g frische Früchte der Saison, mindestens 4 verschiedene Obstsorten, geschält und fein gewürfelt
250 ml süßer Weißwein
8 EL Honig
gehackte Walnüsse
gemahlener Zimt

Eigelb mit 1 TL Zucker schaumig schlagen, bis sich der Zucker aufgelöst hat. Eiweiß mit zwei Päckchen Vanillezucker steif schlagen und vorsichtig unter das geschlagene Eigelb ziehen. Die Sahne mit dem restlichen Vanillezucker und Zucker nach Geschmack steif schlagen und unter die Eimasse heben. In ein Kunststoffgefäß füllen und im Gefrierfach fest werden lassen. Das Obst in eine Schüssel füllen, mit dem Wein übergießen und 30 Minuten ziehen lassen.
Das Eis auf 4 Dessertschalen verteilen, in jede Schale etwas von dem mazerierten Obst geben und jede Portion mit 2 EL Honig glasieren. Mit Walnüssen und Zimt bestreuen und sofort servieren.

ΑΤΤΙΚΗ ΚΑΙ ΚΕΝΤΡΙΚΗ ΕΛΛΑΔΑ

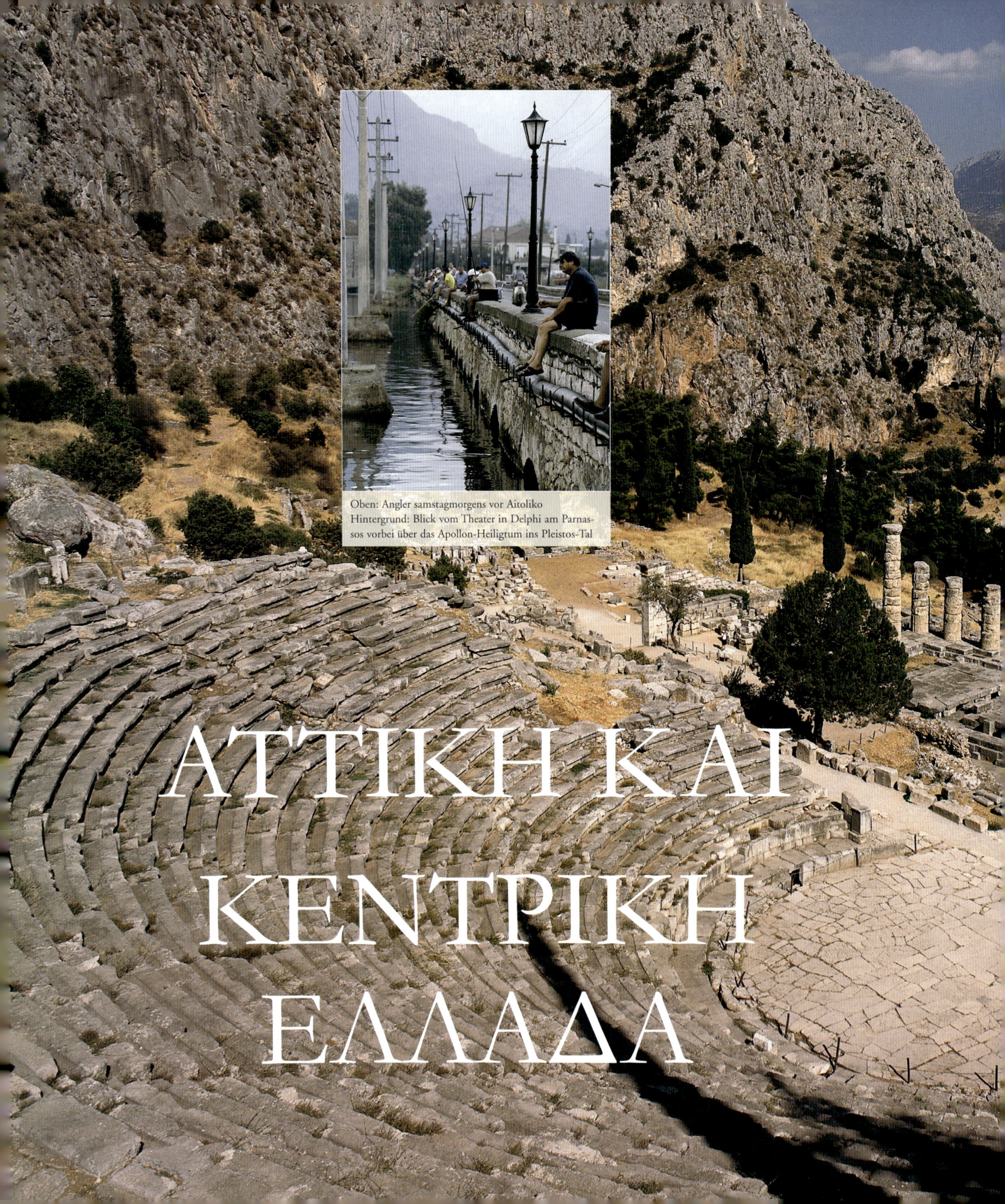

Oben: Angler samstagmorgens vor Aitoliko
Hintergrund: Blick vom Theater in Delphi am Parnassos vorbei über das Apollon-Heiligtum ins Pleistos-Tal

ATTIKA & ZENTRAL-GRIECHENLAND

Pistazien

Kantaífi

Galaktobúreko

Chilopítes

Attischer Wein

Retsína

Salzgebäck

Das Salz in der Suppe

Seeigel

Muscheln

Aal und mehr

Tsípuro

Griechenlandkenner und Weinfreunde werden bei dem Namen ›Attika‹ zunächst an die klassische Weinregion denken, eroberte doch von hier aus der Retsína, Griechenlands berühmter harziger Wein, die ganze (Urlauber)Welt. Doch Attika hat noch ein anderes Gesicht: Mit der Stadt Athen ist die Region heute der dichtest besiedelte Landstrich Griechenlands. Dieser letzte, südöstlich ins Meer ragende griechische Festlandzipfel hat sich zum bedeutenden Industriestandort entwickelt. Hier entsteht einer der größten Flughäfen Südosteuropas als Flugverkehrsknotenpunkt für asiatische und arabische Ziele.

Westlich von Attika, entlang des Korinthischen und des Patrischen Golfs, im Norden begrenzt vom Amvrakischen Golf, von Epirus und Thessalien, erstreckt sich Zentralgriechenland, wobei sich die neugriechische Grenzführung an historischen Vorgaben orientierte. Bis zum 4. Jahrhundert v. Chr. hatten hier die Regionen Aitolien, Akarnanien, Böotien, Lokris und Phokis ihre Autonomie noch erhalten können, 370 v. Chr. schlossen sich die Lokrer, Phoker und Aitoler dem Böotischen Bund an, Euböa und Akarnanien folgten.

Von herausragender wirtschaftlicher oder politischer Bedeutung ist Zentralgriechenland kaum. Im Westen wird Tabak, im Osten Baumwolle angebaut, dazu die allgegenwärtigen Olivenhaine. Dafür kam die Region schon früh in den nicht immer ungeteilten Genuss unbändiger Reiselust. Mit seinem berühmten Orakel zählte das Apollonheiligtum von Delphi am Fuß des Parnassos bereits in der Antike zu den meistbesuchten Stätten der griechischen Welt und zog in den folgenden Jahrhunderten sowohl Ausgräber wie Scharen von Griechenlandreisenden an. Die hügelige bis wild zerklüftete Landschaft Zentralgriechenlands bot dagegen Wegelagerern, Freiheitskämpfern und Abenteurern willkommene Zuflucht, während die Orte entlang der Küste durch die Geschichte hindurch wichtige Stützpunkte von Römern, Spaniern, Venezianern und Türken wurden. Böotien hütet die seit der Antike berühmten Heilquellen der Thermopylen. Vor Náfpaktos, dem venezianischen Lepanto, entbrannte 1571 eine der wichtigsten Seeschlachten der Venezianer, Spanier, Genuesen und des Malteserordens gegen die Türken. Messolóngi, das heutige Salzabbaugebiet des Landes, diente im griechischen Unabhängigkeitskrieg um 1820 als Hauptquartier. 1824 starb dort Lord Byron, der sich dem Freiheitskampf gegen die Türken angeschlossen hatte.

Für die attischen Häfen – wie Piräus – sind große Kähne und stolze Seefahrer immer noch ein gewohntes Bild.

ΕΥΑΓΓΕΛΙΣΤΡΙΑ

PISTAZIEN

So klein die Insel Ägina im Saronischen Golf auch ist, sie beherbergt gleich zwei Berühmtheiten: mit dem Aphaia-Tempel eines der besterhaltenen dorischen Bauwerke ganz Griechenlands und mit *fistíki ägínis* die Pistazie. Dabei kannte in dem einfachen Fischerdorf vor 150 Jahren noch kaum jemand diese Pflanze. Das dürfte sich gründlich geändert haben, denn auf nahezu einem Viertel der 84 Quadratkilometer großen Insel hat sich *Pistacia vera* inzwischen angesiedelt.

Die laubwerfenden, dichtkronigen Bäume werden bis zu zehn Meter hoch und an die 100 Jahre alt. Sie sind zweihäusig, weshalb schon bei der Pflanzung auf ein ausgewogenes Verhältnis von weiblichen zu männlichen Bäumen geachtet werden muss. Gewöhnlich beträgt es sieben zu eins bei einem Pflanzabstand von sieben Metern. Etwa ab dem fünften Jahr legen die weiblichen Pflanzen im Zwei-Jahres-Rhythmus unscheinbare weiße Blütentrauben an, an denen sich im Februar des folgenden Jahres 30 bis 50 Blüten öffnen. Nach erfolgter Windbestäubung reifen sie zu etwa drei Zentimeter langen, schmalen Steinfrüchten heran, bestehend aus einer dünn-fleischigen, mit der Zeit trocknenden Hülle und dem Steinkern darunter (ähnlich wie Walnüsse oder Mandeln sind Pistazien rein botanisch keine Nüsse, da ihr Fruchtfleisch nicht wie bei der Haselnuss gänzlich verholzt ist). Etwa einen Monat vor Vollreife sollte sich der Kern von der Spitze her zu spalten beginnen, so dass man den Samen in seinem Innern erkennen kann. Man spricht in diesem Stadium von ›lachenden‹ Früchten. Unmittelbar nach der Ernte im August/September

Von den bis zu 50 Früchten an einer Traube können 20 leere oder sich nicht öffnende Steinkerne ausgebildet haben, die nach der Ernte aussortiert werden müssen.

Ähnlich wie bei der Olivenernte werden auch die reifen Pistazien zunächst von den Ästen geschlagen.

Sie fallen auf am Boden ausgebreitete Planen und lassen sich mit wenig Mühe aufsammeln.

Nach der Ernte werden die Früchte 24 Stunden in der Sonne ausgebreitet, damit das Fruchtfleisch vollkommen trocknet.

Trennung im Wasser: Fruchtfleisch und geschlossene Kerne schwimmen oben, die Handelsware sammelt sich am Boden.

Viele Frauen auf Ägina bereiten die regionale Spezialität Pistazien-*glikó* auch für den Verkauf zu.

Dazu werden unreife kandierte Früchte mit ausgereiften Pistazienkernen dicht in ein Glas gefüllt.

Der Honig, mit dem jedes Glas aufgegossen wird, nimmt mit der Zeit ein zartes Pistazienaroma an.

Die Aromen ungereifter Pistazienfrüchte und sonnengerösteter Kerne kommen süß gut zur Geltung.

werden die Früchte erst kurz in der Sonne getrocknet, dann unter ständigem Rühren gewässert, damit sich die getrockneten Fruchtfleischhüllen von den offenen Kernen lösen, die sich durch ihr Gewicht am Boden sammeln. Danach werden sie erneut getrocknet, bevor man sie unbehandelt oder geröstet mit Salz oder Zucker weiterverarbeitet.

Mit 4500 Tonnen Pistazien erwirtschaftet Griechenland rund 1,5 Prozent der Welternte, von der fast zwei Drittel der Iran stellt. Bei den alternierenden Erträgen liefert zwar immer nur die Hälfte der Bäume jeweils bis zu 30 Kilogramm Pistazien im Jahr, doch auch so haben die genossenschaftlich organisierten Bauern auf Ägina keinen Grund, ihren lachenden Früchten gram zu sein.

Geröstete und gesalzene ›lachende Pistazien‹; Qualitätsware sollte wenige geschlossene Kerne aufweisen.

Auf Ägina und in ganz Attika ist frisches Pistazienbrot allgegenwärtig.

Süße oder herzhafte Pistazienprodukte gelten auch als willkommene Geschenke.

KANTAÍFI

Extradünne Spaghetti? Fein gesponnene Wolle? Spezielles Füllmaterial aus der Polsterrestaurierung? Der bloße Augenschein räumt vielleicht die letzten Zweifel noch nicht aus, manche müssen die dünnen wollweißen Fäden schon in die Hand nehmen, um an ihre Herkunft aus der Backschüssel glauben zu können. Und wer immer noch nicht überzeugt ist, dass sich damit backen lässt, dem hilft eigentlich nur, es selbst auszuprobieren. Die nicht einmal große Mühe lohnt sich in jedem Fall, zumal die Zeiten, da *Kantaífi*-Teig von den Frauen in geschickter, aber mühsamer Handarbeit selbst hergestellt werden musste, gottlob vorüber sind. Statt stundenlang immer dünnere Teigfäden zwischen den Handflächen zu rollen, kann man in vielen griechischen oder türkischen Feinkostläden in Folie verschweißten vorgefertigten *Kantaífi*-Teig wählen, der seine engelhaarfeine Konsistenz nimmermüder neuzeitlicher Maschinenkraft verdankt. In größeren Städten findet man sogar noch immer (oder wieder) *Kantaífi*-Spezialgeschäfte oder entgegenkommende Bäckereien, wo man den Teig frisch angefertigt kaufen kann. Im Umgang mit dem fragilen Teig-Gespinst gilt es wie beim fertig gekauften *Fillo*-Teig zu beachten, dass es nicht trocken werden darf, denn sonst verliert es seine erforderliche Geschmeidigkeit. Man legt daher den Teig zwischen zwei trockene Tücher, die man zusätzlich mit einem feuchten (doch kräftig ausgewrungenen) Tuch abdeckt. So bleibt der Teig auch während der Arbeit geschützt, und eine ungeübte *Kantaífi*-Rollerin, die ohne die Fingerfertigkeit der Veteranin auskommen muss, kann sich ruhig etwas mehr Zeit lassen.

Ähnlich wie *revaní* und *baklavás* wird fertiger *kantaífi* mit Sirup getränkt, was seine beim Backen spröde gewordene Oberfläche wieder etwas nachgiebiger stimmt. Und als wäre *kantaífi* allein nicht schon Süßigkeit pur, schwärmt man in Griechenland von der zusätzlichen Kugel zart schmelzenden Vanille-Eises.

KANTAÍFI

Sirup-Nuss-Röllchen

400 g gehackte Walnüsse
2 TL gemahlener Zimt
1/2 TL gemahlene Nelken
Butter (oder Öl)
1 kg Kantaífi-Teig (erhältlich im griechischen oder türkischen Feinkosthandel)

Für den Sirup:
2 kg Zucker
Saft von 1/2 Zitrone

In einer Schüssel die gehackten Walnüsse mit den Gewürzen vermischen. Eine rechteckige Backform mit hohem Rand (etwa 30 × 35 cm) gut mit Butter einfetten. Den Backofen auf 180 °C vorheizen. Den *Kantaífi*-Teig ausbreiten, behutsam entwirren und in dichte, ca. 20 cm lange Streifen teilen. An den Beginn eines Streifens etwas Walnussfüllung geben und von dieser Seite vorsichtig aufrollen. Dabei die Teigfäden an den Rändern des Streifens mit den Fingern führen, damit sie nicht ›ausfransen‹. Das Röllchen mit der Nahtstelle nach unten in die Form legen. Mit dem restlichen Teig ebenso verfahren und die Röllchen dicht aneinander in die Form legen, damit sie sich gegenseitig Halt geben. In einem Topf Butter zerlassen und jedes Röllchen mit 1 EL davon benetzen. *Kantaífi* im vorgeheizten Backofen ca. 40 Minuten backen, bis die oberen Teigfäden goldbraun sind. Aus dem Ofen nehmen und auskühlen lassen.

In einem Topf etwa einen Liter Wasser aufsetzen und den Zucker darin auflösen. Den Zitronensaft zugeben und unter Rühren kurz aufkochen, dann den Sirup vom Herd nehmen, gleichmäßig über die Nuss-Rollen gießen und diese dann 12 Stunden ziehen lassen.

Hinweis: Der Zitronensaft im Sirup verhindert die Bildung von Zuckerkristallen. Die Nuss-Rollen gut auskühlen lassen, bevor man sie mit Sirup tränkt, sonst wird das Gebäck zu weich.

Ergibt etwa 30–33 Röllchen

ION-SCHOKOLADE

Schokolade hat in Griechenland nur einen Namen: ›ION‹. Im Jahr 1930 wurde im Süden des Landes die Firma mit Namen ›Veilchen‹ gegründet, die bald darauf ihre erste Mandelschokolade auf den Markt brachte, eingewickelt in das charakteristische rote Papier und geschmückt mit einem weißen Veilchen. Damals war es nur die eine Sorte mit gehackten Mandeln, heute bietet das Sortiment auch eine mit ganzen Mandeln sowie viele weitere Geschmacksrichtungen an. Obwohl es bereits seit 1841 die griechische Schokolade ›Pawlidis‹ gegeben hatte, vermochte keine andere vor oder nach der ›ION-Mandel‹ je wieder so viele Kinderherzen so rettungslos zu erobern. Am Herstellungsverfahren kann es nicht liegen, das unterscheidet sich bei der ›ION-Mandel‹ kaum von dem jeder anderen europäischen Schokolade: Kakaobohnen rösten und mahlen, mit Zucker, Milch und Kakaobutter mischen, erhitzen und langsam mit allen übrigen Ingredienzen verschmelzen, die den Zauber von Schokolade hervorbringen. Das Besondere aber blieb all die Jahre hindurch der Geschmack frischer griechischer Mandeln. Eine 100-Gramm-Tafel bedeutet 30 Karos Schokoladenglück. Am Kiosk bekommt man auch 70-, 45- oder 30-Gramm-Tafeln, ganz nach Maß. Und bei Großmutter steht doch noch die kleine Porzellandose, gefüllt mit ION-Schokoladenpralinés… Als sich Anfang der 1980er Jahre die Regale griechischer Supermärkte mit der bunten Vielfalt ausländischer Schokoladenerzeugnisse zu füllen begannen, stand so manches Kind vollkommen fassungslos vor dem verlockenden Überangebot. Ebenso unbekannt ist griechische Schokolade im Ausland, wo ihr Unbekanntheitsgrad nur noch von griechischem Wein übertroffen wird. Im Land selbst jedoch bricht der Umsatz von ›ION-Mandel‹ trotz großer Konkurrenz ungehindert alle Rekorde: Lila Kühe müssen sich weißen Veilchen geschlagen geben.

Zucker, zerlassene Butter oder Öl, Walnussfüllung und fertiger *Kantaífi*-Teig sind alles, was man braucht.

Eine Handvoll Fäden gerade und möglichst parallel ausbreiten und an einem Ende die Füllung auflegen.

Beim Aufrollen mit den Fingern die Kanten glätten und allzu bewegliche Fäden Richtung Mitte dirigieren.

Eine Portion *kantaifi* mit zart schmelzendem Vanille-Eis. Und dabei hat alles so leicht angefangen.

Das gerollte *Kantaifi*-Stück so ausrichten, dass es mit der Nahtstelle nach unten in der Form zu liegen kommt.

In der dicht gefüllten Form wird jedes Röllchen noch mit einem Esslöffel zerlassener Butter übergossen.

Die goldbraun gebackenen *kantaifi* müssen erst völlig ausgekühlt sein, bevor man sie mit Sirup tränkt.

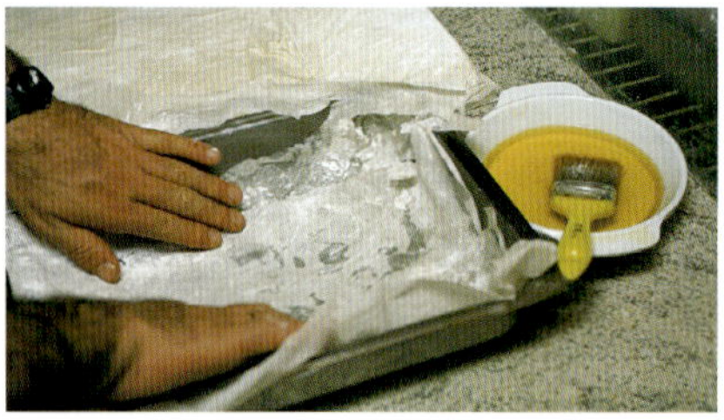

Die Backform zunächst mit bemehltem Backpapier, erst dann mit einzelnen Blättern *Fillo*-Teig auslegen.

Der Boden muss überall deutlich überstehen. Er wird mit Butter eingepinselt, bevor man die Creme einfüllt.

Mit dem restlichen *Fillo*-Teig abdecken, den überstehenden Teig darüber schlagen und alles mit Butter einpinseln.

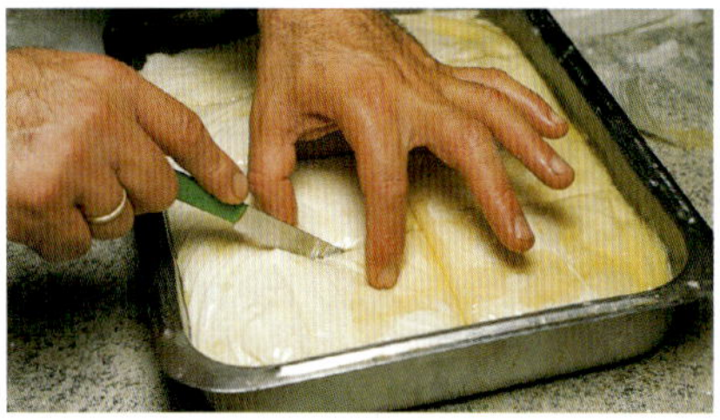

Mit einem dünnen, scharfen Messer Stücke vorschneiden, ohne dabei allzu viel Druck auszuüben.

Den fertig gebackenen Kuchen mit dem vorbereiteten Vanillesirup begießen.

GALAKTO-BÚREKO

Wenn Griechen auf dem Festland oder den Inseln Freunde besuchen, verzichten sie nicht selten auf Blumen als Gastgeschenk. Sie tragen stattdessen eine jener geheimnisvollen Pappschachteln vor sich her, deren Inhalt nie lange ein Geheimnis bleibt, zumal wenn sie gefüllt sind mit Sirupkuchen, hält deren feuchter Süße doch kein Schachtelboden lange stand. Zu den erlesensten Sirupkuchen zählt *galaktobúreko*, ein köstliches Blätterteiggebäck, gefüllt mit einer Creme aus Milch, Grieß, Zucker und Eiern, das in Griechenland jedes Kind kennt. Wie alle Blätterteigkuchen serviert man *galaktobúreko* entweder noch warm oder im Sommer gekühlt zu Kaffee oder einem erfrischenden Getränk als Krönung des Nachmittags, ob man dazu nun seinen Stadtbummel in einer Konditorei unterbricht, einen der traditionsreichen Milchläden an der nächsten Ecke aufsucht oder einfach nur in die eigene Küche geht. *Galaktobúreko* ist eine wundervolle Süßigkeit für zwischendurch, als Dessert empfiehlt sich seine Reichhaltigkeit weniger.

GALAKTOBÚREKO

Milchkuchen

400 ml Milch
300 g Fillo-Teig (im griechichen oder türkischen Feinkosthandel)
200 g zerlassene Butter
3 Eier
2 Eigelb
100 g Zucker
75 g Weizengrieß
Mark von 1 Vanilleschote

Für den Sirup:
300 g Zucker
200 ml Wasser
1 EL Zitronensaft
$^1/_2$ TL Vanille-Extrakt

Den Backofen auf 190 °C vorheizen. Die Milch aufkochen und abkühlen lassen. Eine Backform von rund 20 × 30 cm Größe mit Backpapier auslegen und mit Mehl bestäuben. Die Form mit der Hälfte des *Fíllo*-Teigs so auslegen, dass er an allen Seiten übersteht. Diesen Boden reichlich mit zerlassener Butter einpinseln.

In einem Topf Eier, Eigelb und Zucker schaumig rühren und nach und nach den Weizengrieß, Vanille und die Milch hinzufügen. Auf dem Herd die Mischung unter Rühren nur so stark erhitzen, bis sie cremig zu werden beginnt. Sofort vom Herd nehmen und 100 g Butter einrühren. Die Füllung in der vorbereiteten Form verteilen, mit den restlichen *Fíllo*-Blättern abdecken, den überstehenden Teig des Bodens darüber schlagen und diese Decke ebenfalls mit Butter einpinseln. Mit einem scharfen Messer (möglichst ohne Druck) Stücke vorschneiden und die Form in den vorgeheizten Backofen schieben. Nach 15 Minuten die Temperatur auf 160 °C reduzieren und weitere 30 Minuten backen, bis der Kuchen Farbe bekommt.

In der Zwischenzeit aus Zucker, Wasser, Zitronensaft und Vanille-Extrakt unter Rühren den Sirup kochen. Er wird in dünnem Strahl über den noch warmen Milchkuchen gegossen.

Hinweis: *Fíllo*-Teig wird sehr rasch trocken. Daher breitet man während der Arbeit nicht benötigte Blätter zwischen zwei Küchenhandtüchern aus und deckt ein drittes Handtuch, das man zuvor angefeuchtet und gut ausgewrungen hat, darüber.

Der fertige Kuchen darf nicht abgedeckt werden, sonst bleibt der Blätterteig nicht knusprig!

Nur überzeugte Kuchengegner werden einem Stück *galaktobúreko* widerstehen können.

CHILOPÍTES

Zu den Spezialitäten der griechischen Küche gehören *chilopítes,* die unverwechselbaren hausgemachten Nudeln. Sie sind breit und kurz, dünn, manchmal etwas uneben, und keine gleicht der anderen. Man will sie im Westen des Landes besonders schätzen, wo auch der Blätterteig beheimatet ist, aber in Wahrheit isst man sie überall dort in Griechenland, wo die Menschen vorwiegend von der Landwirtschaft leben und ausreichend Getreide anbauen. Es mag verwirren, dass zwar Rezeptur und Machart gleich oder doch ähnlich bleiben, die Bezeichnungen aber regional differieren können. So nennt man die hausgemachten Nudeln in Makedonien und Thrakien *petúra,* was auch ›Krümel‹ bedeutet.
Die Herstellung griechischer *chilopítes* ist nicht schwer, einzig der Umgang mit dem dünnen Rollholz erfordert vielleicht etwas Übung. Wichtig ist, dass die Nudeln an einem gut belüfteten, warm-trockenen Ort mehrere Tage trocknen können, erst das macht sie viele Monate haltbar.
Chilopítes wirken feuchter auf der Zunge als gewöhnliche Nudeln, denn man kocht sie in nicht zuviel Wasser, um sie nach Möglichkeit nicht abgießen zu müssen. Sie können als Beilage vielseitig eingesetzt oder nur mit etwas geriebenem Schafskäse bestreut auch als einfach gute Mahlzeit gewürdigt werden.

Das Mehl in eine Backmulde geben, mit der Hand eine Vertiefung hineindrücken und die Eier hineinschlagen.

Die Milch mit dem vorgequollenen Grieß angießen. Die Flüssigkeit soll dem ›Mehlkrater‹ nicht entweichen.

Mit beiden Händen alle Zutaten zu einem geschmeidigen Teig verkneten, dabei von außen nach innen arbeiten.

Oben: Der Teig wird portionsweise ausgerollt.
Unten: Nudelschnitt verlangt Augenmaß.

Oben: Religion im Alltag – viele Griechinnen bekreuzigen sich, wenn sie Nudeln machen, Brot backen oder vor dem Essen.

CHILOPÍTES
Griechische Nudeln

250 ml Milch
200 g feiner Weizengrieß
2 EL Salz
8 Eier
1 1/2 kg Weizenmehl

Milch mit Weizengrieß und Salz verrühren und zugedeckt 1 Stunde ruhen lassen. Mehl in eine Backmulde geben, mit der Hand eine Vertiefung hineindrücken und dahinein die Eier schlagen. Die Grießmilch zugießen und alles zu einem geschmeidigen Teig verarbeiten (eventuell Wasser zufügen). Zugedeckt 1 Stunde ruhen lassen.
Den Teig in kleinere Stücke teilen und eins davon mit einem dünnen Holzstab sehr dünn ausrollen. Einige Minuten trocknen lassen und den Teig dann mit einem Messer in gleichmäßig dünne Streifen, diese wiederum in Stücke schneiden. Mit dem restlichen Teig ebenso verfahren. Alternativ: Den angetrockneten Teig auf den Holzstab rollen, den Stab entlang bis auf das Holz durchschneiden und vom Holzstab ›abschälen‹. Die übereinanderliegenden Streifen in etwa 1 cm breite *chilopítes* schneiden. Die Nudeln auf einem Baumwolltuch auslegen und an einem gut belüfteten, warm-trockenen Ort 4–5 Tage trocknen lassen. Das Baumwolltuch zusammenbinden und im Keller oder in der Vorratskammer aufhängen.

Ergibt 2 kg Nudeln

CHILOPÍTES ME MELITZÁNES
Nudeln mit Auberginen

1 kg Auberginen
125 ml natives Olivenöl extra
2 Knoblauchzehen, fein gehackt
500 g Tomaten, abgezogen und püriert
500 g chilopítes
3 EL Butter
250 g kefalotiri, gerieben
Salz
frisch gemahlener schwarzer Pfeffer

Die Auberginen schälen, waschen und längs in dünne Scheiben schneiden. Mit Salz bestreuen, 1 Stunde ziehen lassen und die Scheiben leicht ausdrücken. Olivenöl in einem Topf erhitzen und den Knoblauch andünsten. Die Tomaten zugeben, mit Salz und Pfeffer würzen und auf mittlerer Hitze 10 Minuten köcheln. Auberginen zufügen, die Temperatur reduzieren und 40 Minuten schmoren. Die *chilopítes* in nicht zuviel kochendem Salzwasser garen (um sie möglichst nicht abgießen zu müssen) und mit Butter schwenken. Mit der Soße und dem geriebenen Käse servieren.

Oben: Die getrockneten *chilópites* kann man entweder wie noch zu Großmutters Zeiten in ein Tuch geknotet in die Speisekammer hängen oder man verschließt sie in Gläser.

Unten: Heute muss man *chilópites* längst nicht mehr selbst herstellen können, wenn auch selbstgemachte zweifellos die besten sind – man geht in ein Feinkostgeschäft.

ATTISCHER WEIN

Zu den meistkultivierten Reben Attikas, aber auch ganz Griechenlands gehört die vorzügliche Weißweinrebe Savatianó, die maßvoll alkoholhaltige, aber durchaus kernige und charaktervolle Weine hervorzubringen vermag. Sie ist bestens angepasst an das heiße Klima und den sehr trockenen Boden Attikas. Aus Savatianó wird nicht nur weitgehend der geharzte Retsína gekeltert, auch Kantza, Château Matsa und der weiße Cava Cambas verdanken ihm viel.

Savatianó ist die bevorzugte, aber nicht die einzige Rebsorte auf attischem Boden: Das Weingut Château Matsa experimentiert mit Assyrtiko und Athiri, die ursprünglich auf dem steinigen kykladischen Boden Santoríns beheimatet sind. Auch die Malagousia-Rebe, eine aromatische Sorte mit Zitronenduft, die 1960 erstmals nach Nordgriechenland kam, wird hier getestet. Die Rhoditis-Rebe von den Ionischen Inseln wird vom Weingut La Reine Tour kultiviert. Erst 1908 hatte George Pachys die Weinkellerei in einem ehemaligen Anwesen der Königin Amalia eingerichtet, 1919 wurde sie von Lavria Serpieri übernommen, die ihren sehr angesehenen Wein bis nach Frankreich, Ägypten und sogar in die USA exportierte. Heute, unter der Leitung des Enkels Serpieri, ist das Weingut zwar auf ein Drittel seiner ursprünglichen Größe geschrumpft, bringt aber unter anderem mit Pyrgos Vassilissis einen der anerkannt besten attischen Rotweine hervor.

Daneben gibt es eine Reihe weiterer Weingüter, die sich in den letzten Jahren durch gute Jahrgänge und diverse internationale Preise einen Namen erwerben konnten: Hatzimichalis, Fragou, Vassiliou, Strofila, Semeli und die Megapanos Weinkellerei. Durch frühere Lese und moderne Keltermethoden erzielt man neuerdings gute, trockene Landweine mit überraschend feinen Orangen- und Pfirsicharomen.

HATZIMICHALIS

In der Nähe des Parnassos hat Dimitris Hatzimichalis traditionelle griechische und französische Rebsorten angepflanzt. Der Seiteneinsteiger, in dessen Kellern die besten Weine Zentralgriechenlands lagern, ist mittlerweile zu den renommiertesten Winzern Griechenlands aufgestiegen. 1982 kam der erste Cabernet Hatzimichalis auf den Markt und war ein voller Erfolg.

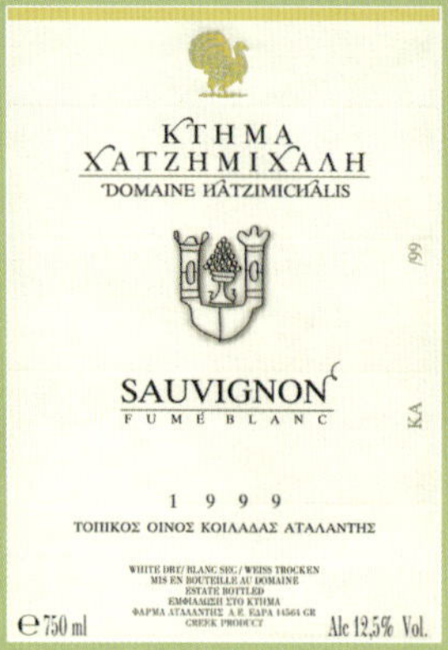

Ktima Hatzimichalis: Der Sauvignon Blanc von Hatzimichalis ist ein trockener, aromatisch fruchtiger Weißwein, der bei 8–10 °C gern zu gegrillten Fisch serviert wird. Er sollte nicht gelagert werden.

Erythros Hatzimichalis: Der kräftige Rotwein entsteht aus Cabernet Sauvignon, Syrah, Carignan und Grenache. Er schmeckt leicht fruchtig und begleitet ideal Fleisch, Wurstwaren und Käse.

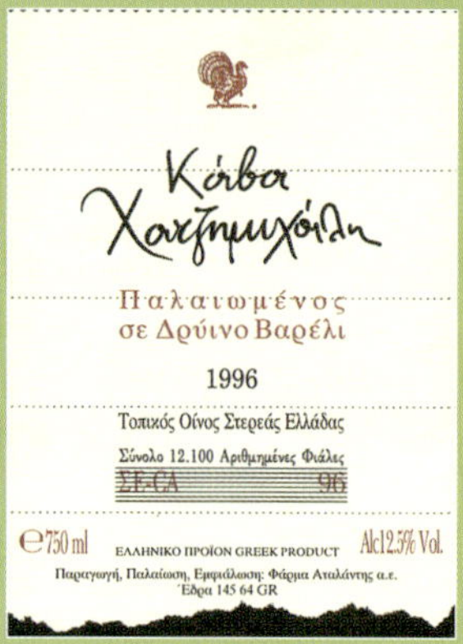

Cava Hatzimichalis: Der trockene Cabernet Sauvignon des Weinguts hat eine brillante dunkelrote Färbung, er duftet nach roten Beeren, schmeckt würzig und samtig und wird zu Wildgerichten und Käse serviert.

In den Kellern (Hintergrund) des Weinguts Hatzimichalis (oben) lagern Schätze.

SEMELI

Anne und Georges Kokotos leiten das kleine, 1977 gegründete attische Familienunternehmen, das daranging, Weine von internationalem Stil auszubauen. Schmuckstück unter den von ihnen bereiteten Weinen ist der Château Semeli.

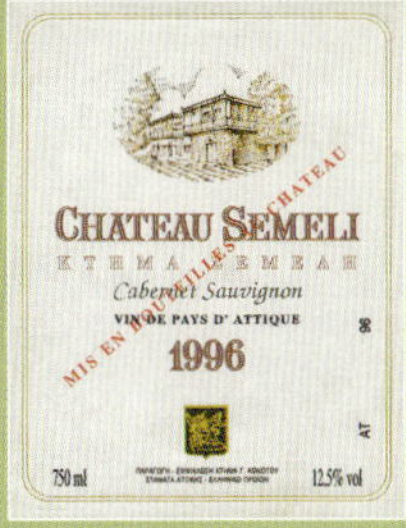

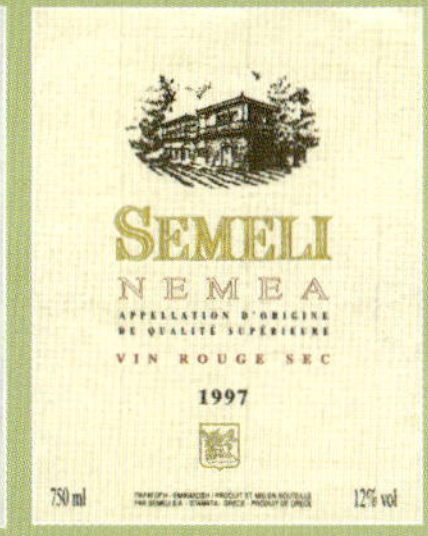

Château Semeli: Für diesen trockenen Roten, der auf 10 ha angebaut wird, werden 90 % Cabernet Sauvignon mit 10 % Merlot verschnitten. Nach zweijährigem Ausbau in neuen französischen Eichenfässern reift er anschließend ein weiteres Jahr auf der Flasche. Er schmeckt vollmundig rund bei 18 °C am besten und begleitet Fleisch, Wild und Käse.

Semeli Neméa: Der zwölfprozentige Rotwein wird sortenrein aus der hochwertigen aromareichen Agiorgítiko-Rebe aus Neméa gekeltert, die auf einem Semeli Weingut auf der Peloponnes kultiviert wird. Es ist rubinrot und führt weiche Vanille-Aromen. Man serviert ihn mit Vorliebe zu Fleisch mit heller Soße und zu Weichkäse.

Semeli: Der schlichte rote Tafelwein wird aus 75 % Agiorgítiko aus der Appellation Neméa im Osten der Peleponnes und 25 % Cabernet Sauvignon ausgebaut. Sein starkes Bukett entfaltet sich am besten mit 18 °C Serviertemperatur. Er eignet sich auch gut zur Lagerung.

Natürlich wird auch bei Semeli die lokale Savatianó-Traube kultiviert. Der daraus gekelterte saubere Weißwein erreicht einen Alkoholgehalt von 11,5 % vol.

FRAGOU

Assiminia Fragou musste ihr historisches Weingut aus dem 18. Jahrhundert buchstäblich vor dem Verfall retten und entwickelte dazu ein erfolgreiches Konzept, das bodenständige Winzertradition mit innovativem Marketing verbindet.

Savatianó Fragou: Der Savatianó vom Weingut Fragou ist ein leichter attischer Weißwein, der sehr blumig und frisch schmeckt. Er gehört zu den meistgeschätzten Landweinen der Region und wird mit einer Serviertemperatur von 10 °C zu Fisch und Meeresfrüchten empfohlen. Der Wein ist der ganze Stolz von Assiminia Fragou. Der Erfolg der Fragou-Weine speziell auch in amerikanischen Käuferkreisen ist auch dem Wissen des Chefönologen Jannis Allageorgiou zu verdanken.

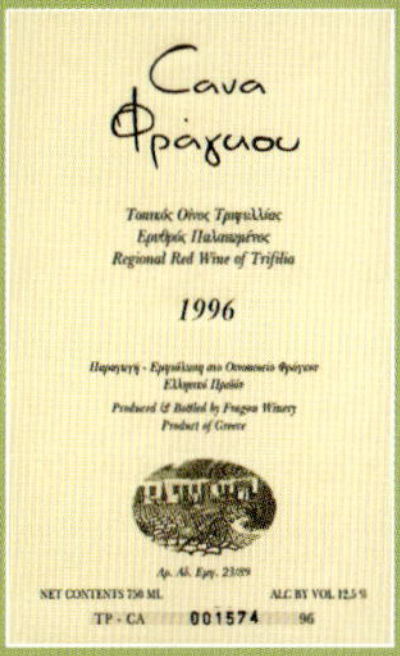

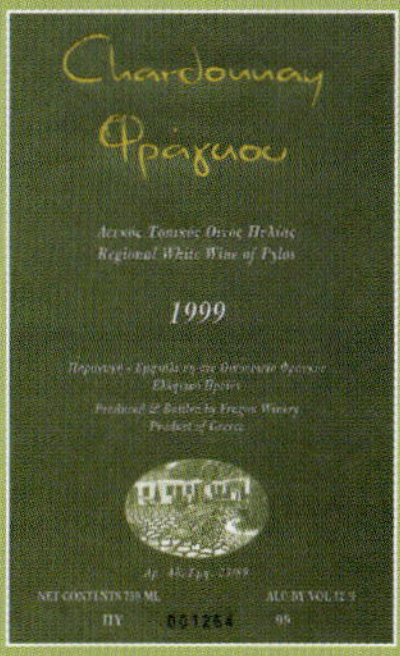

Cava Fragou: Der rote Cava wird aus 100 % Cabernet Sauvignon gekeltert. Er reift ein Jahr in Eichenfässern und ein weiteres auf der Flasche. Mit 18–20 °C Serviertemperatur entfaltet er seinen Duft nach dunklen Beeren. Cava Fragou ist nur in sehr begrenzter Flaschenzahl erhältlich.

Chardonnay Fragou: Der frische Chardonnay des Weinguts Fragou entwickelt ein delikates, fruchtbetontes Aroma. Mit einer empfohlenen Serviertemperatur von 10 °C präsentiert er sich als ein harmonischer Begleiter zu Hummer, Lachs und weißfleischigem Fleisch.

VASSILIOU

Das Weingut steht heute unter der Leitung der Geschwister Vassiliou. Kernstück dieses seit 1905 in Familienbesitz befindlichen Betriebs sind die 1500 Hektar bester Rebfläche, die mit 35 Jahre alten Savatianó-Reben bestockt sind.

Erythros Vassiliou: Aus 60 % Agiorgítiko und 40 % Cabernet Sauvignon entsteht im Hause Vassiliou ein duftender Landwein, der gut zu rotem Fleisch und Flugwild passt. Für den Wein, der bis zu fünf Jahre altern kann, wird eine Serviertemperatur von 18 °C empfohlen.

Seit den 1980er Jahren gehört es zu den erklärten Zielen des Hauses, der griechischen Weinkultur mit Hilfe organisierter Weinreisen im Ausland zu mehr Ansehen zu verhelfen.

Fumé Vassiliou: Der drei Jahre alte Weißwein wird sortenrein aus Savatianó-Reben gekeltert und in Eichenfässern ausgebaut, die anschließend für Rotwein verwendet werden. Er duftet zart nach Vanille, Kastanie und Butter. Ein interessanter Wein, der überraschend gut mit einigen Spezialitäten der Epirusküche harmoniert, wie zum Beispiel Aal, Forelle oder Metsovo-Käse.

Ampelonas Vassiliou: Der trockene Landwein ist aus 85 % Savatianó- und 15 % Moscofilero-Reben gekeltert. Er passt mit 10 °C gut zu frischem Lachs und Meeresfrüchten. Der sehr fruchtige Wein empfiehlt sich nicht für eine längere Lagerung. Jährlich kommt nur eine begrenzte Menge dieses Weins auf den Markt.

RETSÍNA

Griechen und zunächst auch noch Römer lagerten Wein wie nahezu alle anderen Lebensmittel in Tongefäßen. Das Material war jedoch porös, weshalb Amphoren, wenn sie zur Aufnahme von Flüssigkeiten bestimmt waren, mit Pech oder dem Harz der Aleppokiefer *(Pinus halepensis)* abgedichtet wurden. Vermutlich sind über diesen Umweg die ersten Harzrückstände in den Wein und die ersten geharzten Weine in die Becher geraten. Dieser Zufall, wenn es einer war, bescherte dem Wein nicht nur eine längere Haltbarkeit, sondern auch jenen unverwechselbar würzigen Geschmack, der mit steigender Anhängerzahl zunehmend Bedeutung erlangte. So empfiehlt zum Beispiel Plinius d. Ä. in seiner ›Naturgeschichte‹, dem gärenden Most bevorzugt das Harz von Kiefern aus Gebirgsregionen beizumischen, dessen Geschmack angenehmer sei. Als die Römer in der Weinproduktion auf leichtere, transportablere Holzfässer umstiegen, die nicht mehr abgedichtet werden mussten, geriet das Harzen des Weins zumindest im Westen des Römischen Reichs aus der Mode. Im byzantinischen Einflussbereich blieb die Vorliebe für geharzten Wein dagegen ungeschmälert. Bei Berührungspunkten des Westens mit dem Osten zeugt die Reiseliteratur zunächst von offenem Unverständnis. So krönte der irische Altertumsforscher und Zeichner Edward Dodwell, der zwischen 1801 und 1806 Griechenland bereiste, seine abfälligen Bemerkungen über die ärmliche Kost im Haus des Bischofs von Salona mit der Feststellung, »der Wein war unsäglich und so mit Harz versetzt, dass er beinahe die Haut von unseren Lippen abfraß.«

Bis um 1960 wurde Retsína nur in Griechenland getrunken. Erst mit der Entwicklung des modernen Tourismus, als die Urlauber das in den Ferien kennen gelernte Getränk auch zu Hause genießen wollten, wurde Retsína exportiert und machte fast über Nacht dem Ouzo seinen Rang als einziges griechisches Nationalgetränk streitig. Von der Europäischen Union wurde dem Wein schließlich die Kategorie ›Traditionelle Bezeichnung‹ zuerkannt, wonach Retsína nur in Griechenland kommerziell hergestellt werden darf. Besten Retsína, der heute in Fässern aus Zypressenholz gelagert wird, keltert man vorwiegend aus der attischen Savatianó-, seltener auch aus der Rhodítis- und gelegentlich aus der Assyrtiko-Rebe. Das Herstellungsverfahren des Retsína ist denkbar einfach: Dem Most des ansonsten traditionell ausgebauten Weins werden kleine Stückchen vom Harz der Aleppokiefer (griechisch: *retsíni*) beigefügt, maximal ein Kilogramm pro Hektoliter, und während des Gärprozesses bis zum ersten Abstechen vom Geläger im Wein belassen. So entsteht ein Getränk, das zwar gut zu

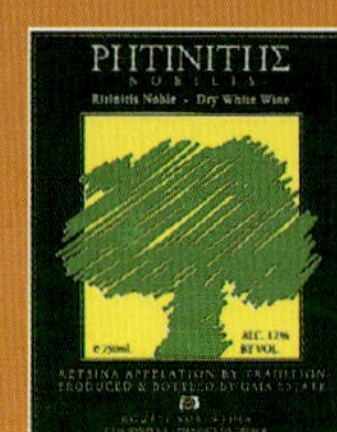

Ritinitis: Der Retsína aus dem Hause Gea in Attika schmeckt mild und trocken.

Thivi: Ein kräftigerer Retsína kommt aus der Winzergenossenschaft Thívon.

Kechrimbari: Ein als Tafelwein angebotener Retsína aus makedonischen Reben.

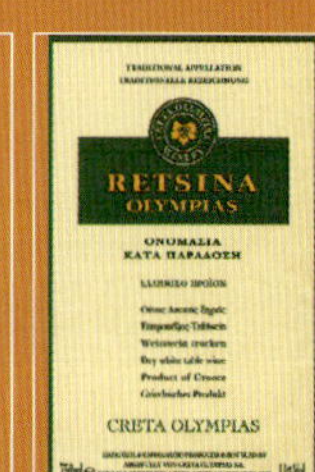

Retsína Olympias: Auch auf Kreta wird ein trockener Weißer zu Retsína ausgebaut.

Aus einer Verletzung der Rinde der Aleppokiefer tritt eine nichtflüchtige, wasserunlösliche Flüssigkeit aus, …

… die an der Luft erstarrt. Es sollen jährlich mehr als 3000 Tonnen sein, die dem Landwein zugesetzt werden.

Oben: Die Intensität des Retsína hängt auch davon ab, wie viel Harz wie lange dem Wein zugesetzt wird – eine Entscheidung, die der Önologe trifft.
Hintergrund: Im Sommer lastet der schwere Duft der Aleppokiefern auf der Erde.

Gerichten mit viel Olivenöl, zu kleinen gebratenen Sardinen oder zu Speisen, die kräftig mit Knoblauch gewürzt sind, passt, aber nach wie vor Weinfreunde in zwei Lager zu spalten vermag. Der Marktführer unter den Retsínaherstellern ist Kourtakis, weltweit sind seine Flaschen mit dem gelben Etikett – ob gerechtfertigt oder nicht – inzwischen zum Inbegriff guten geharzten Weins geworden. In den letzten Jahren war man bestrebt, das Image des Retsína auch im Ausland noch zu verbessern. Die Weine werden reduktiv ausgebaut, enthalten weniger Alkohol, und der Zusatz von Harz wird auf 100 Gramm pro Hektoliter beschränkt.

PSÁRIA XIDÁTA

Sauer eingelegte Fische

1 kg gopes (Gelbstriemen) oder kleine Sardinen, küchenfertig
250 ml natives Olivenöl extra
500 g Zwiebeln, in Ringe geschnitten
250 ml Essig
Pfefferkörner
Pimentkörner
1 Lorbeerblatt
Salz

Die Fische innen und außen mit Salz einreiben. Olivenöl in einem Topf erhitzen und die Zwiebeln darin andünsten. Essig und Gewürze zugeben und aufkochen lassen. Die Temperatur reduzieren, die Fische in den Sud legen und ca. 30 Minuten ziehen lassen. Dann in ein Glasgefäß schichten und kühl stellen (im Kühlschrank einige Tage haltbar). Kalt und mit einem Glas Retsína servieren. Variante: Den eingelegten mit geräuchertem und gebeiztem Fisch nach Wahl zu einer Fischplatte ergänzen.

SALZGEBÄCK

Gesalzenes Gebäck ist in Griechenland ebenso beliebt wie die süßen *kulurákia,* die trockenen Plätzchen, die zum Mokka serviert werden. Eine gute Gastgeberin wird stets beides vorrätig haben und bei Bedarf in zwei separaten Schalen anbieten, nach Geschmacksrichtung getrennt. Salzgebäck wird zu jeder Gelegenheit und jederzeit geknabbert. Auf dem Land kann man es auch auf dem Tisch mit den Vorspeisen oder als Alternative zum Brot finden. Rein äußerlich ist das salzige vom süßen Trockengebäck kaum zu unterscheiden, denn die handelsüblichen Formen und Größen sind recht ähnlich. Das kann beim Einkauf für Verwirrung sorgen, noch dazu, wenn beim Bäcker Süßes und Salziges unmittelbar nebeneinander im Regal angeboten wird. Um sich da nicht mit den falschen Zöpfen, Kringeln oder Keksen zu Hause wiederzufinden, sollte man das Fachpersonal bemühen. So wird man sicher sein, dass das Gebäck der Wahl auch das des Wunsches ist, und kann mit einem mehr oder weniger hohen Stapel säuberlich gepackter kleiner Kartons den Laden zuversichtlich verlassen. Spätestens wenn man zu Hause den Inhalt in Glas- oder Tonbehälter umfüllt, offenbaren salziges und süßes Gebäck eine weitere Gemeinsamkeit: beides sieht nicht nur gleich aus, es hält sich auch nie lange.

ALMIRÉS BUKÍTSES
Salzgebäck

125 ml natives Olivenöl extra
125 g Butter, zimmerwarm
2 TL Zucker
2 TL Salz
125 ml Milch
2 TL Backpulver
125 g kefalotiri, gerieben
1 kg Mehl
1 Eigelb
etwa 100 g ganze Haselnüsse

Olivenöl, Butter, Zucker und Salz mit dem Handrührgerät schlagen. Die Milch mit dem Backpulver in eine Schüssel geben und nacheinander den Käse, das Mehl und die Öl-Butter-Mischung unterrühren, bis eine homogene Masse entsteht. Diesen Teig gut durchkneten und 1 Stunde kühl stellen. Zur Weiterverarbeitung etwas Teig abtrennen, zu dünnen Röllchen formen und je drei davon zu einem kleinen Zopf flechten. Den Backofen auf 200 °C vorheizen.
Backbleche mit Backpapier auslegen und die Zöpfchen darauf verteilen. Eigelb mit etwas Wasser verrühren, die Zöpfchen damit einpinseln und jedes mit einer Haselnuss garnieren. Die Zöpfchen im vorgeheizten Backofen etwa 15–20 Minuten backen, bis sie Farbe angenommen haben.

BISKOTÁKIA ME FÉTA
Gebäck mit Schafskäse
(Abbildung siehe rechte Seite oben)

500 g Mehl
3 TL Backpulver
1/4 TL Salz
1 EL Zucker
60 ml Milch
250 g féta, zerbröselt
80 g Butter
1 Eigelb

Das Mehl mit dem Backpulver in eine Schüssel sieben und mit Salz und Zucker verrühren. Die Milch angießen, den zerbröselten *féta* und die Butter dazugeben und alles zu einem homogenen Teig verarbeiten. Den Teig in eine Folie schlagen und 1 Stunde kühl stellen. Zur Weiterverarbeitung den Teig auf einer mit Mehl bestreuten Arbeitsfläche etwa 5 mm dünn ausrollen. Mit einem kleinen Glas runde Plätzchen aus dem Teig ausstechen.
Den Backofen auf 200 °C vorheizen. Ein Backblech mit Backpapier auslegen und die Plätzchen darauf verteilen.
Das Eigelb mit etwas Wasser verrühren und die Plätzchen damit einpinseln. Die Plätzchen im vorgeheizten Backofen etwa 15 Minuten backen, bis sie Farbe angenommen haben.

LORD BYRON

Als George Gordon Noel, 6th Baron Byron (1788 bis 1824), der große Dichter der englischen Romantik, am 2. oder 3. August 1823 Italien Richtung Griechenland verließ, war er nicht zum ersten Mal auf der Reise ins Land der antiken Götter. Bereits zwischen 1809 und 1811 hatte er auf einer zweijährigen Mittelmeer- und Orientreise Griechenland besucht. Er selbst hat diese Zeit als die glücklichste seines Lebens beschrieben. Nun war er vom Londoner Griechischen Komitee, einer philhellenischen Vereinigung zur Unterstützung des griechischen Freiheitskampfes gegen die Türken, beauftragt worden, eine Lieferung von Waffen, Munition, Medikamenten und Geld zu begleiten.
In seinem Versepos ›Childe Harold's Pilgrimage‹ (1812) hatte Byron noch ein idealistisches Griechen- und Griechenlandbild entworfen, mit dem er Europas liberale und revolutionäre Intellektuelle für den griechischen Freiheitskampf begeistert hatte, zumal sich in Europa manche freiheitlichen Ideale infolge einer einsetzenden Restauration nicht verwirklichen ließen. Um so mehr war man bereit, für ein Griechenlandbild zu schwärmen, das von der klassisch humanistischen Bildung geprägt war, auch wenn es wenig mit der Realität in Griechenland zu tun hatte. Dies war kein Land der Götter und der Helden mehr. Es gab eine allgemeine »gegenwärtige Einbruchs- und Diebstahlmentalität« (Byron), die Freiheitskämpfer waren untereinander zerstritten und sich durchaus nicht einig in ihrer Strategie, es gab keine einheitliche Führung, jeder wollte den größten Teil der Hilfslieferungen für sich in Anspruch nehmen. Byron war im Zweifel, wen er unterstützen sollte, er finanzierte einzelne kleine Aktionen und Söldner, bis er schließlich zu dem von den Türken belagerten Messolóngi aufbrach, wo er, ohne je an Kampfhandlungen teilgenommen zu haben, am 19. April 1824 an Malaria starb.

KULURÁKIA ALMIRÁ
Salzzöpfchen
(Abbildung siehe rechte Seite unten)

750 g Mehl
3 TL Backpulver
1 TL Salz
2 TL Zucker
125 g Butter, zimmerwarm
80 ml natives Olivenöl extra
125 g Joghurt

Das Mehl mit Backpulver, Salz und Zucker vermischen. In einer Schüssel Butter, Olivenöl und Joghurt mit dem Handrührgerät (niedrigste Stufe) schlagen und langsam die Mehlmischung unterrühren, bis ein geschmeidiger, aber formbarer Teig entsteht (gegebenenfalls etwas Mehl oder etwas Wasser hinzufügen). Die Schüssel abdecken und 2 Stunden lang kühl stellen. Zur Weiterverarbeitung kleine Portionen Teig abtrennen, zu dünnen Röllchen formen und je zwei davon zu einem kleinen Zopf drehen. Den Backofen auf 190 °C vorheizen.
Ein Backblech mit Backpapier auslegen und die Zöpfchen darauf verteilen. Die Zöpfchen im vorgeheizten Backofen etwa 15–20 Minuten backen, bis sie Farbe annehmen.

AWGOTÁRACHO

Die Meeräsche *(Mugil cephalus)*, die in den Salzpfannen von Messolóngi gezüchtet wird, erreicht ein Gewicht von bis zu 500 g und bevorzugt Lagunen oder Brackwasser in Küstennähe. Ihr verdankt die griechische Küche eines ihrer außerhalb Griechenlands unbekanntesten Erzeugnisse: *awgotáracho*, den orientalischen Kaviar. Zubereitet aus dem Rogen der Meeräsche von Messolóngi, gilt diese köstliche Vorspeise seit byzantinischer Zeit in Griechenland als Delikatesse. Der gesalzene und gepresste Fischrogen wird mit einem Wachsmantel umhüllt und ist viele Monate lang haltbar.

Die Gewinnung von *awgotáracho* ist spektakulärer als seine Verarbeitung. Zwischen August und Dezember, wenn immer wieder Meeräschenweibchen kurz vor dem Ablaichen stehen, wird es interessant. Der Fischer packt das Tier beim Schwanz und hält es mit dem Kopf nach unten. Dann entfernt er mit einem raschen, präzise geführten Messerschnitt den gesamten Rogen, ohne dabei die Membran zu verletzen, die den Eiersack umhüllt. Der entnommene Rogen wird in Meerwasser ausgewaschen und in Messolóngi-Salz eingelegt, bis er trocken, das heißt der größte Teil des Wassers entzogen ist. Paarweise zusammengelegt werden die Rogen in runden Holzmulden gepresst und gut gelüftet gelagert, bis *awgotáracho* seine unverwechselbare Honigfarbe angenommen hat. Nach der Ummantelung mit Honigwachs kann das fertige Produkt aufgeschnitten und mit einer Zitronenscheibe und etwas Petersilie als exklusive Vorspeise zu Champagner serviert werden. *Awgotáracho* enthält keine Konservierungsstoffe, immerhin noch 28 % Wasser und stolze 35,8 % Fett. In Messolóngi werden jährlich bis zu 3,5 Tonnen *awgotáracho* produziert, die auf allen Weltmärkten Höchstpreise erzielen. Im Katalog der ›Petrossian Stores‹ in New York, in dem griechischer *awgotáracho* ein prominenter Platz als luxuriöse Delikatesse eingeräumt worden ist, bekommt man 200 g für 85 US-Dollar.

DAS SALZ IN DER SUPPE

Schon in der Antike galt Salz als unentbehrliches Würzmittel. Dabei wurde es zunächst offenbar weniger ›pur‹ in Speisen verwendet, sondern diente als Konservierungsmittel von Fisch und Fleisch. So findet zum Beispiel in zahlreichen Quellen gepökelter Thunfisch lobende Erwähnung. Wichtig war Salz auch für die Herstellung einer stark würzigen Fischsoße *(›gáros‹*, römisch *›garum‹)*, die in vielen Gerichten zum Einsatz kommen konnte, nach heutigen Maßstäben auch unerwartet. Verschiedene Fische und Fischabfälle wurden mit Salz vermengt und in großen Tongefäßen zwei bis drei Monate unter gelegentlichem Umrühren in der Sonne vergoren. Nachdem sie abgeseiht, mit Kräutern angereichert und in handlichere Tonkrüge umgefüllt worden war, blieb *›gáros‹* relativ lange haltbar. Man wird sich ein Produkt ähnlich der asiatischen Fischsoße vorstellen müssen.

Es erübrigt sich, die Bedeutung von Salz für die heutige griechische Küche hervorzuheben. Doch seine Gewinnung ist untrennbar an einen für die griechische Geschichte unvergesslichen Namen gebunden, der für das griechische Nationalgefühl nie an Bedeutung verlieren wird. Denn das Salzzentrum des Landes befindet sich heute ganz in der Nähe des im Südwesten Zentralgriechenlands am Golf von Patras gelegenen Orts Messolóngi, der Anfang des 19. Jahrhunderts ein Hauptstützpunkt des griechischen Widerstands war. Die wichtigsten griechischen Salzfirmen haben hier ihren Sitz. Wie in den anderen Salzregionen der Welt wird Salz gewonnen, indem man Meerwasser in große, flache Verdunstungsbecken leitet, in denen sich die ersten Verunreinigungen ablagern können und sich der Salzgehalt des Wassers durch wiederholtes Einleiten von frischem Meerwasser erhöht. Aus diesen Becken werden die Salzgärten gespeist, in denen das Wasser schließlich an der Sonne verdunstet, bis das auskristallisierte Salz zurückbleibt. Etwa ein Drittel des Weltbedarfs an Salz wird in Griechenland, Frankreich und anderswo aus dem Meer gewonnen. Im Gegensatz zum Stein- enthält Meersalz geringe Mengen zusätzlicher Mineralstoffe wie Brom oder Jod. Letzteres reguliert Stoffwechsel und Schilddrüsenfunktion, sodass Meersalz Jodmangel und den damit verbundenen Krankheitsbildern vorbeugen kann. Qualitativ hochwertiges Meersalz kommt nichtraffiniert, ungebleicht und ohne ›Rieselhilfen‹ in den Handel, es ist leicht grau und klumpt.

Die Salzpfannen von Messolóngi sind zudem Heimat einer vielfältigen Vogelwelt. Säbelschnäbler, Silberreiher, Stelzenläufer sind hier ebenso zu Hause wie Kalander-, Hauben- und Kurzzehenlerchen. Hier finden sie reiche Fischbestände.

Oben: Gutes Meersalz sollte nicht gebleicht sein und muss sich etwas feucht anfühlen. Die umsatzgrößten Salzanbieter füllen ihr Salz in Zentralgriechenland ab.
Hintergrund: Unmittelbar vor den Toren Messolóngis breitet sich die weite Fläche des Salzsees aus.

BAKALIÁROS ME SKORDALIÁ

Frittierter Stockfisch mit Knoblauchcreme

500 g Stockfisch
100 g Mehl
415 ml natives Olivenöl extra
1 Eiweiß, zu Schnee geschlagen
750 g Weißbrot vom Vortag, die Rinde entfernt, in Wasser eingeweicht, ausgedrückt
4 Knoblauchzehen
3 Zitronen
Salz und frisch gemahlener schwarzer Pfeffer

Den Stockfisch 24 Stunden wässern, dabei das Wasser mehrmals erneuern. Stockfisch von Haut und Gräten befreien und in 5 cm breite Streifen schneiden. Mehl mit Salz, Pfeffer, 1 EL Olivenöl und 150 ml warmem Wasser verrühren und den Teig zugedeckt 1 Stunde ruhen lassen. Eischnee vorsichtig unterziehen. 200 ml Olivenöl in einer Pfanne mit hohem Rand erhitzen, die Fischstücke in Teig tauchen, 5–7 Minuten knusprig ausbacken und auf Küchenkrepp entfetten. Auf einer Platte anrichten, mit Zitronenscheiben garnieren und mit *skordaliá* servieren.

Für die *skordaliá* das Weißbrot mit Knoblauch im Mixer pürieren, dabei langsam 200 ml Olivenöl und den Saft 1 Zitrone zugießen. Mit Salz abschmecken.

Um Fische als Stockfisch zu trocknen, werden Köpfe, Schwänze und Innereien entfernt.

Mit ihren Stacheln wissen sich Seeigel recht effektiv zu schützen, denn eine Berührung kann auch für den Menschen schmerzhafte Folgen haben, besonders wenn die Stacheln in der Haut abbrechen.

SEEIGEL

»Ein Spartaner war zu einem Festmahl geladen. Man setzte ihm bei Tisch Seeigel vor. Er nahm einen, wusste aber nicht, wie er mit der Speise umgehen sollte, und achtete auch nicht darauf, wie die anderen Tischgäste damit fertig wurden. Er führte ihn mit der harten Schale zum Mund und versuchte, ihn mit den Zähnen aufzubeißen. Als er mit dem Essen nicht vorankam und nicht zugeben wollte, dass die harte Schale ihm Widerstand leistete, rief er: ›Gemeines Gericht! Ich werde jetzt nicht schwach werden und dich gehen lassen, aber mehr von deiner Art werde ich mir auch nicht nehmen!‹« Aus dieser Anekdote, die Athenaios von Naukratis Ende des 2. Jahrhundert n. Chr. in seinem ›Gelehrtenmahl‹ kolportiert, kann man zumindest lernen, voreilige Versprechungen zu vermeiden. Denn Seeigel zählen zu den geheimen Delikatessen, die es lohnen, im Umgang damit einige Mühe auf sich zu nehmen, und das, obwohl sie die Meeresfrucht mit dem proportional zu ihrer Körpergröße geringsten essbaren Anteil sind. Zum Verzehr geeignet sind nur die Eierstöcke beziehungsweise Gonaden der zweigeschlechtlichen Tiere, die an der Wandung der Schale befestigt sind und jedem orangerot entgegen leuchten, der den natürlichen Verteidigungsreflex der Tiere überwunden hat und bis in ihr Inneres vorgedrungen ist. Griechischen Kindern kann man an der Küste dabei zusehen, wie sie diese Aufgabe souverän, wenn auch vielleicht wenig elegant mit einem Stein bewältigen. Wem dazu die Übung fehlt, dem sei anfangs die Benutzung einer Serviette und einer starken Schere empfohlen. Man legt sich den Seeigel mit der nach innen gewölbten Seite (also mit der Bauchseite) nach oben in die Hand und schneidet rund um die Mundöffnung ein nicht zu kleines Loch in den Panzer. Mit etwas Glück hat man ein Weibchen mit Rogen gefunden, was als besonders köstlich gilt.

An den griechischen Küsten trifft man überwiegend auf Steinseeigel *(Paracentrotus lividus)*, die im gesamten Mittelmeerraum und in den wärmeren europäischen Atlantikgebieten verbreitet sind. Sie können einen Schalendurchmesser von bis zu acht Zentimetern erreichen, gelten als die schmackhaftesten und bevölkern (entgegenkommenderweise – nach Ansicht ihrer Fangemeinde) in manchen Jahren die Strände und Küsten zu tausenden, sodass vor der Touristensaison regelrechte Säuberungsaktionen durchgeführt werden. Denn obwohl die im Flachwasser bis in 80 Zentimeter Tiefe vorkommenden Steinseeigel eher zu den Nützlingen zählen, weiden sie doch den Algenbewuchs ab, ist die Freude über ›Seeigelschwemmen‹ recht geteilt: Badegäste ohne Gourmet-Ambitionen können gut darauf verzichten, denn eine zu nahe Bekanntschaft mit den Stachelhäutern gehört zu den unangenehmen Erfahrungen eines Urlaubs am Strand. Sie wären sicher überrascht, wenn sie erführen, dass Plinius d. Ä. in seiner ›Naturgeschichte‹ ausgerechnet die medizinische Wirksamkeit von Seeigeln gegen Hautekzeme hervorhob. Aus der Beobachtung, dass sich einige Arten mit Muscheln und kleinen Steinen tarnen, schloss er, sie suchten sich durch größeres Gewicht mehr Halt in einem heraufziehenden Unwetter zu verschaffen und betrachtete Seeigel als Sturmwarnungssystem.

Wenn man allerdings von Kindesbeinen an gelernt hat, damit umzugehen, dann hat der Seeigel schlechte Chancen.

Denn die frischen, rohen Eierstöcke oder Gonaden der Stachelhäuter sind eine zu geschätzte Delikatesse.

ACHINÓS JEMISTÓS

Gefüllte Seeigel
(Abbildung siehe rechte Seite)

12 Seeigel
150 ml natives Olivenöl extra
1 Zwiebel, fein gehackt
2 Tomaten, abgezogen und fein gewürfelt
1/2 Bund glatte Petersilie, fein gehackt
200 g Reis
Salz und frisch gemahlener schwarzer Pfeffer

Mit einer Schere die Stacheln so kurz wie möglich abschneiden und mit einem kreisförmigen Schnitt an der Unterseite die Esswerkzeuge samt Innereien entfernen. Mit einem Löffel die roten Eierstöcke oder Gonaden (auch Zungen genannt) entnehmen und beiseite legen. Den Saft durch ein Sieb in ein Gefäß gießen und aufbewahren. Die Schalen der Seeigel innen und außen reinigen, dann die Gonaden zurück in die Schalen geben. Die Hälfte des Olivenöls erhitzen und die Zwiebel darin andünsten. Tomaten und Petersilie zugeben, mit Salz und Pfeffer würzen und kurz kochen lassen. Den Reis einrühren, aufkochen lassen und vom Herd nehmen. Die Füllung auf die Seeigel verteilen, dabei die Schalen nur zu etwa zwei Drittel füllen, da der Reis noch quillt. Die gefüllten Seeigelschalen nebeneinander so in einen flachen Topf setzen, dass sie den Boden bedecken. Den Saft der Seeigel mit dem restlichen Olivenöl mischen und vom Rand her vorsichtig in den Topf gießen. Wasser angießen, bis die Flüssigkeit etwa 1 cm über den Schalen steht. Aufkochen lassen, die Temperatur reduzieren und zugedeckt etwa 1 Stunde köcheln. Gegebenenfalls kochendes Wasser nachgießen. Auf Tellern anrichten und noch warm servieren.

BIER

Wenn die griechischen Götter des Olymp ihre germanischen Kollegen um eines hätten beneiden können, dann wären dies sicher deren frühe Erfolge in der Kunst des Bierbrauens gewesen. Denn Bier kannte man im alten Griechenland nicht. So ist es auch nicht verwunderlich, wenn die erste Brauerei auf griechischem Boden während der Regierungszeit des Griechenkönigs Otto von Bayern (1832/35–62) von dem Bayern Johannes Fuchs eingerichtet wurde. Das dort produzierte Bier erhielt den Namen ›Fix‹. Obwohl später auch Henninger und Heineken die griechischen Biermärkte eroberten, konnte sich ›Fix‹-Bier immerhin bis 1987 behaupten. Inzwischen gehört Bier zu den angesehenen Getränken auf einer griechischen Tafel und hat gerade bei gebratenem Fleisch oder Bratkartoffeln seine Liebhaber gewonnen. Weil heute auch Griechenland Europa ein Stück näher sein möchte, drängen griechische Biersorten mit exotischen Namen auf die europäischen Handelsmärkte, wie auch viele internationale Marken in Griechenland heiß begehrt sind, allen voran die deutschen Biere wie ›Löwenbräu‹. Das jüngste griechische Bier wird seit 1989 von der nordgriechischen Boutari-Gruppe, die eigentlich Wein keltert, gebraut. Es heißt ›Mythos‹ und hat inzwischen den gesamten griechischen Biermarkt erobert. Neben ›Mythos‹ vermarktet die Brauerei von Atalanti im Süden des Landes aus auch ›Löwenbräu‹. Von den inzwischen 20 Biersorten werden außerdem ›Athenian‹, ›Marathon‹, ›Sparta‹ und ›Vergina‹ bevorzugt getrunken.

MUSCHELN

Muscheln findet man in großer Auswahl auf den griechischen Fischmärkten, umso bedauerlicher ist es, dass sich in den Küstentavernen nur Miesmuscheln durchzusetzen vermochten. Das liegt auch an den Einkaufspreisen, denn während Miesmuschelbänke vielerorts den Küsten vorgelagert und die Muscheln daher preisgünstig sind, muss man für andere Muschelarten tiefer in die Tasche greifen, da sie inzwischen importiert werden. Trotzdem haben viele Restaurants in den letzten Jahren ihr Muschelangebot auf den Karten erweitert und bieten phantasievolle Gerichte an. Ungeachtet der Preise lohnt sich eine Kostprobe, schließlich gehörten Muscheln nachweislich schon im 3. Jahrhundert v. Chr. und vermutlich sogar sehr viel früher zum Speiseplan der Griechen. Man unterschied wenigstens zehn verschiedene Gattungen mit diversen Arten. Grundsätzlich galten Muscheln als schwer verdaulich, wenig nahrhaft, abführend und harntreibend, doch rohe Austern wusste man durchaus zu schätzen. Häufig werden Muscheln in diätetischen und pharmazeutischen Texten behandelt wie um die Jahrhundertwende von dem Arzt Xenokrates, der über Kamm- und Venusmuscheln schreibt, dass sie geöffnet, entwässert und mit Salzlake, Essig oder frischer Minze sowie mit süßem Wein gewürzt wurden. Und was wie eine Vorspeise klingt, war vielleicht nur eine Medizin.

Oben: Manche Muscheln gibt es in verschwenderischer Fülle in Griechenland, entsprechend häufig finden sie sich in Privathaushalten auf dem Speiseplan.

Unten: Der in einer Bucht versteckte Ort Galaxidi ist ein beliebtes Wochenendausflugsziel der Athener. Und wo gut gegessen wird, sind Meeresfrüchte nicht weit.

MÍDIA SAGANÁKI

Überbackene Muscheln
(Abbildung siehe rechte Seite)

1 kg Miesmuscheln
150 g Butter
500 g Tomaten, abgezogen und gewürfelt
150 g geriebener Schafskäse
1 EL Essig
1/2 TL Zucker
Salz und frisch gemahlener schwarzer Pfeffer

Die geschlossenen Muscheln mit einer Bürste unter fließendem Wasser gründlich reinigen. In einen Topf geben, etwas Wasser angießen und kurz aufkochen, bis sich die Muscheln öffnen. Muscheln, die sich nicht öffnen, aussortieren. Den Sud filtern, die Muscheln aus den Schalen lösen, nochmals gut waschen und abtropfen lassen. Den Backofen auf 180 °C vorheizen. Butter in einer Pfanne zerlassen und die Tomatenwürfel darin andünsten. Mit Salz und Pfeffer würzen, den Muschelsud zugießen und einkochen. Essig und Zucker zugeben und sobald die Soße sämig ist, vom Herd nehmen. Tomatensoße in eine gebutterte Auflaufform füllen, die Muscheln unterrühren und im vorgeheizten Backofen 15 Minuten garen. Den Käse darüber streuen und noch 5–10 Minuten überbacken. In der Form servieren und frisch gebackenes Weißbrot dazu reichen. Gilt als Vor- wie als Hauptspeise.

Nicht ganz so edel wie die Rundaustern, aber dennoch begehrt: die längliche Portugiesische Auster.

Miesmuscheln sind die Hauptzutat im beliebtesten griechischen Muschelgericht: *Mídia saganáki*.

Die Strahlige Venusmuschel ist im Mittelmeer häufig anzutreffen. Mit Vorliebe isst man sie überbacken.

Raue Venusmuscheln werden vielfach roh verzehrt oder wie Miesmuscheln zubereitet.

Die Braune oder Glatte ist die größte und schmackhafteste unter den Venusmuscheln.

AAL UND MEHR

Während Meeraale *(Conger conger)* vorwiegend in Küstengewässern leben, bevölkern Flussaale *(Anguilla anguilla)* in Europa fast alle Küsten- und Binnengewässer. Die Laichplätze aller amerikanischen und europäischen Aale liegen in der Sargassosee im Atlantik. Dort legen die Weibchen in 6000 Meter Tiefe 10–20 Millionen Eier ab, danach verenden sie. Die Larven des amerikanischen Aals erreichen noch im gleichen Jahr den nordamerikanischen Schelf, während die Larven des europäischen Aals erst nach zweieinhalb Jahren am europäischen Festlandsockel eintreffen. Dort verwandeln sie sich von der weidenblattförmigen Aallarve in den noch unpigmentierten Glasaal. Erst in Brack- oder Süßwasser entwickeln sich dunkle Pigmente und Schuppen. Diese nachtaktiven Fressaale wachsen nun unterschiedlich schnell heran, sie ernähren sich von kleinen Fischen und Krebsen und verbringen die kalte Jahreszeit in Sand oder Schlamm eingegraben. Erst allmählich bildet sich ihre feste, dunkle, am Bauch silberglänzende Haut. Diese schleimige Haut und die verdeckten Kiemenhöhlen ermöglichen es den Aalen, auch längere Zeit ohne Wasser zu überleben sowie nachts über nasses Gras von einem Gewässer in ein anderes zu gelangen. Im Süßwasser müssen die Bestände heute verstärkt durch eingesetzte Jungaale aufgefrischt werden.

Aale der griechischen Küche stammen meist von den Küsten des Epirus und Zentralgriechenlands, speziell aus der Gegend von Preveza.

Die Vorbereitung des Aals: Zunächst reibt man den Fisch mit Salz ein, um ihn zu entschleimen. Nach kurzem Einwirken spült man das Salz unter fließendem Wasser ab. Zum Ausnehmen öffnet man die Bauchseite vom After Richtung Kopf sowie 5 Zentimeter zum Schwanz. Die Eingeweide zum Kopf hin herausziehen und an den Kiemen abtrennen. Die schlauchartige Niere am Rückgrat und die Schwanzniere entfernen. Nun die Haut abziehen und die Flossen gegen den Strich abschneiden.

CHÉLI ME SÁLTSA NTOMÁTA

Aal in Tomatensoße
(Abbildung siehe rechts)

1 Aal von ca. 1,2 kg, küchenfertig
Saft von 1 Zitrone
1 EL Kapern
200 ml natives Olivenöl extra
1 Zwiebel, fein gehackt
1 Knoblauchzehe, zerdrückt
3 große Tomaten, abgezogen, püriert
1/2 Bund glatte Petersilie, fein gehackt
1 Bund Kerbel, fein gehackt
1 TL Oregano
200 ml trockener Weißwein
50 g Butter
frischer Dill zum Garnieren
Salz
frisch gemahlener weißer Pfeffer

Den vorbereiteten Aal (siehe nebenstehenden Text) in große Stücke schneiden. Aus Zitronensaft, Kapern und Salz eine Marinade rühren und die Aalstücke darin 30 Minuten ziehen lassen. Das Olivenöl in einem Topf erhitzen und die Zwiebeln mit dem Knoblauch darin andünsten. Die trockengetupften Aalstücke zugeben und gut anbraten. Pürierte Tomaten und Kräuter zugeben und den Wein angießen. Die Temperatur reduzieren und den Aal 15 Minuten ziehen lassen. Nun den Fisch in einer Schale anrichten, die Butter in die Soße rühren, kurz aufkochen lassen und über den Aal gießen. Mit dem Dill garnieren und mit frisch gebackenem Weißbrot servieren.

CHÉLI ME SÁLTSA APÓ WATÓMURA

Aal in Brombeersoße
(Abbildung siehe unten)

4 Möhren, küchenfertig
2 kleine Zucchini, küchenfertig
4 weiße Rübchen, küchenfertig
225 g Brombeeren, gewaschen
150 ml Rotwein
1 Aal von ca. 1 kg, küchenfertig
150 ml trockener Weißwein
1/2 TL Oregano
2 EL Honig
1 EL Essig
1 EL Butter
1 Prise Maismehl, mit etwas Wasser verrührt
Salz und frisch gemahlener schwarzer Pfeffer

Die Gemüse auf die gleiche Größe und Form zuschneiden und bis zur Weiterverarbeitung in gesäuertes Wasser legen. Die Brombeeren mit Rot-

wein in einem Topf erhitzen. Den vorbereiteten Aal (siehe den Text auf der nebenstehenden Seite) in Stücke schneiden und mit Oregano, Salz und Pfeffer in Weißwein pochieren. Den Aal herausnehmen und warm stellen, den Weißwein zu den Brombeeren geben, aufkochen und die Temperatur reduzieren. Honig und Essig einrühren und die Soße 10–15 Minuten köcheln lassen. In der Zwischenzeit die Gemüse blanchieren (dabei mit den Möhren beginnen) und kurz vor dem Anrichten in gesalzener Butter schwenken. Die Soße durch ein Sieb passieren, mit dem in Wasser gelösten Maismehl binden und mit Salz und Pfeffer abschmecken. Die Aalstücke filetieren und auf vorgewärmten Tellern anrichten. Ein Sortiment Gemüse daneben legen und etwas von der Brombeersoße dazu geben. Noch warm servieren.

LAWRAKÍ PLAKÍ

In Wein geschmorter Seebarsch
(Abbilung siehe oben)

1 kg Seebarschfilet, gehäutet
1 Zwiebel, in Ringe geschnitten
2 Stangen Bleichsellerie, in Scheiben geschnitten
2 Frühlingszwiebeln, in Ringe geschnitten
100 ml natives Olivenöl extra
1 Bund glatte Petersilie, fein gehackt
2 Tomaten, entstielt und in Scheiben geschnitten
2 Knoblauchzehen, zerdrückt
2 TL Oregano
3 EL Zitronensaft
2 unbehandelte Zitronen, in Scheiben geschnitten
250 ml trockener Weißwein
50 g frische Weißbrotkrumen
gehackte glatte Petersilie zum Garnieren
Salz
frisch gemahlener weißer Pfeffer

Den Backofen auf 180 °C vorheizen. Olivenöl in einer Pfanne erhitzen und die Zwiebeln darin andünsten. Bleichsellerie, Frühlingszwiebeln, Petersilie, Tomaten und Knoblauch zugeben, mit Salz und Pfeffer würzen und bei mittlerer Hitze 5 Minuten köcheln lassen.
Eine Auflaufform mit etwas Öl einpinseln und die Fischfilets nebeneinander darin auslegen. Mit Salz und Pfeffer würzen, mit Oregano bestreuen und mit dem Zitronensaft begießen. Die Gemüsemischung darüber verteilen und die Zitronenscheiben obenauf legen. Mit dem Wein aufgießen und mit den Brotkrumen bestreuen. Im vorgeheizten Backofen ca. 45 Minuten garen. Auf Tellern anrichten, mit gehackter Petersilie bestreuen und heiß servieren.

TÓNOS ME REWÍTHIA

Thunfisch-Kichererbsen-Salat
(Abbildung siehe unten)

1 kg Thunfisch in Scheiben
250 g getrocknete Kichererbsen
4 Frühlingszwiebeln, in feine Ringe geschnitten
1 Stange Bleichsellerie, in feine Scheiben geschnitten
Saft und geriebene Schale von 1 Zitrone
100 ml natives Olivenöl extra
1 Bund glatte Petersilie, fein gehackt
$^1/_2$ Bund Dill, fein gehackt
2 Knoblauchzehen, zerdrückt
$^1/_4$ TL Senfpulver
Dill und Petersilie zum Garnieren
Salz und frisch gemahlener schwarzer Pfeffer

Die Kichererbsen über Nacht einweichen. Am nächsten Tag abgießen, abspülen und mit Wasser bedeckt aufsetzen. Etwas Salz zufügen und weich kochen. Thunfisch waschen, trockentupfen und mit Salz und Pfeffer einreiben. Olivenöl in einer Pfanne erhitzen und die Scheiben darin anbraten. Mit Wasser ablöschen, die Temperatur reduzieren und den Fisch garen. Vom Herd nehmen und kleinschneiden. Kichererbsen, Thunfisch, Frühlingszwiebeln und Sellerie vermischen. Saft und geriebene Schale der Zitrone, Petersilie, Dill, Knoblauch, Senfpulver, Salz und Pfeffer in einer Schüssel gut verrühren. Die Soße über die Thunfisch-Kichererbsen-Mischung geben, vorsichtig unterrühren und einige Stunden kühl stellen. Mit Petersilie und Dill garnieren und mit frisch gebackenem Weißbrot servieren.

Ob in einer großen Destillerie oder beim Bauern in der Scheune, der Vorgang ist vergleichbar: Vergorene Maische, …

… die aus Traubenschalen, Kernen und Stängeln besteht und noch einen Restanteil Traubenmost enthält, …

… kommt zur Destillation in einen Kupferkessel. Der Kessel wird mit einem Aufsatz fest verschlossen und die …

… Maische darin über einem Gasbrenner schonend erhitzt. Der in Form von Dampf aufsteigende Alkohol wird über ein Rohr …

… in einen Behälter mit kaltem Wasser geleitet, wo er schnell abkühlt, sich dadurch wieder verflüssigt und …

… als Tsípuro-Destillat auf einen Wattefilter tropft. Der gesamte Ablauf der Destillation wird von erfahrenen Destillateuren überwacht.

TSÍPURO

Während Ouzo zum griechischen Nationalgetränk avancierte und überall auf der Welt neue Anhänger findet, hat man den Eindruck, die Griechen selbst trinken mit Vorliebe Tsípuro, einen bis zu 60 % vol starken Tresterbranntwein, also aus den Resten der Weinreben nach der Pressung der Maische destilliert, der mit Anissamen aromatisiert werden kann. Einen Tresterbrand ohne Anisgeschmack erhält man im Epirus und auch im Süden Griechenlands, überhaupt kennt man lokal unterschiedliche Bezeichnungen für diesen Schnaps, den fast jeder Winzer selbst brennt. Das charakteristische Erscheinungsbild des Tsípuro mit Anis wie auch des Ouzo ist die milchige Trübung, die beim Hinzufügen von Wasser oder Eiswürfeln entsteht. Dabei kristallisieren die im Alkohol gelösten und in Wasser schwer löslichen ätherischen Öle aus. Die Stärke der Trübung richtet sich auch nach der Menge des verwendeten Anis. Ouzo wie auch Tsípuro kann man nach dem Essen trinken, doch werden beide bevorzugt zu Vorspeisen mit kräftigen Aromen serviert, die sie gut unterstützen. Die offenbar einzige Abgrenzung zum Ouzo: Tsípuro muss aus Trester gebrannt und kann mit Anis aromatisiert sein, beim Ouzo ist es umgekehrt.

ΠΕΛΟΠΟΝΗΣΣΟΣ

Wahrzeichen der Halbinsel Mani sind die trutzigen Wehr- und Wohntürme der seeräuberischen Manioten. Nur selten bietet die schroffe Westküste der Mani ein solch einladendes Bild.

PELOPONNES

Fast zufällig ist die Peloponnes, die ›Insel des Pelops‹, durch den Isthmus von Korinth heute der südlichste Teil des griechischen Festlands und nicht die größte griechische Insel: Im Lauf der Erdgeschichte sorgten geologische Verschiebungen mehrfach für Trennungen von und Verbindungen mit der nordöstlich angrenzenden Landmasse, wie sie auch die Oberfläche der Halbinsel modellierten und in ein landschaftlich reizvolles, aber kleinräumiges Gefüge von Gebirgszügen, Hochebenen und Küstenniederungen zergliederten, das die wechselhafte Geschichte der Region prägte. Während die Übernahme durch den namengebenden Helden Pelops in mythischem Nebel liegt, sind die Spuren der bronzezeitlichen Hochkultur der Mykener durchaus greif- und datierbar. Jahrhunderte später steigt Sparta hier zu gefürchteter Größe auf, um das rivalisierende Athen in die Peloponnesischen Kriege zu verwickeln. In Olympia kämpfen Athleten zu Ehren des Göttervaters Zeus wie für ihren eigenen Ruhm, und der hellenistische ›Kurort‹ Epidauros genießt überregionale Berühmtheit als Zentrum des Asklepioskults. Nach der römischen Eroberung wird die Peloponnes mit dem Gebiet des heutigen Zentralgriechenland zur Provinz Achaia zusammengefasst und von Korinth aus verwaltet, das dann ab dem 13. Jahrhundert mit der Abfolge fränkischer, florentinischer, byzantinischer, venezianischer und osmanischer Besatzer stellvertretend für den Herrschaftswechsel weiter Teile der Halbinsel steht. Weitgehend unbesiegt in diesen andauernden Machtkämpfen bleiben nur die kriegerischen Manioten im Süden der Peloponnes, die in der Ägäis bis ins 19. Jahrhundert als gefürchtete Piraten ihr Unwesen treiben. Auch im neugriechischen Widerstand macht die Halbinsel von sich reden, und die Náfplio wird 1829–34 erste Hauptstadt des befreiten Griechenland.

Seit der Antike ist die Peloponnes nicht zuletzt wegen ihrer fruchtbaren Böden umkämpft, und vielleicht ist es kein Zufall, dass im Pelopsmythos Nahrungsmittel wiederholt von Bedeutung sind: Pelops' Vater Tantalos frevelt den Göttern nicht nur, indem er Ambrosia und Nektar von ihrer Tafel entwendet, er versucht auch noch, sie mit seinem geschlachteten Sohn zu bewirten. Doch die Götter erkennen die Bluttat, machen sie ungeschehen und ahnden sie mit den sprichwörtlichen Tantalosqualen, die der Frevler auf ewig erleiden muss, da ihm Wasser und Früchte in greifbarer Nähe und dennoch unerreichbar sind. Dazu zählen heute vermutlich Trauben aus Korinthía, Zitrusfrüchte aus Argolida, Knoblauch aus Arkadía, Oliven aus Lakonía, Feigen aus Messinía und Melonen aus Ilía …

Griechenland ist in Europa einer der Haupterzeuger für Feigen. Getrocknet werden allerdings nur die Früchte der Kalamata-Sorte.

Selbstredend wird von einem Schwein auch ein großer Teil verwurstet.
Obere Lage (von links nach rechts): *lukániko prasáto* (Wurst mit Lauch), *lukániko sutsúki* (Blutwurst mit *krithári*=Gerste), *lukániko kafteró* (scharfe Wurst). In der Lage darunter: *lukániko choriátoko* (Bauernwurst)

SCHWEIN ÜBER ALLES

Das Verhältnis der Griechen zu ihrem Spanferkel ist frei von unangebrachter Sentimentalität. Gewöhnlich betrachten sie die Entwicklungsstadien des ›kleinen niedlichen Ferkelchens‹ ziemlich nüchtern und sehen es als das, was es ist: ein Tier, das recht problemlos in der Haltung ist und sich zu beliebigem Anlass in eine schätzenswerte Delikatesse verwandeln lässt. Tierschützer, die für die Lebensbedingungen der Schweine zu Felde ziehen würden, finden sich kaum, aber Schreckensbilder der Massentierhaltung ebensowenig. Große Zuchtbetriebe mit mehreren hundert Tieren sind in Griechenland eher die Ausnahme, weshalb es bei zu großer Entfernung vom nächsten Schlachtbetrieb schon mal zu Versorgungsengpässen mit Schweinefleisch kommen kann. Ein mittlerer Betrieb schlachtet pro Woche selten mehr als 90 Tiere, die entweder direkt auf dem Hof oder in der angeschlossenen Metzgerei weiterverarbeitet werden. Dabei sind alle Fleisch- und Wurstwaren noch bedenkenlos zu empfehlen, denn die Ernährung der Tiere umfasst Mais, Weizen, Soja, Nudeln, Vitamine und Milchpulver.

Es ist kaum hundert Jahre her, da galt in Griechenland noch als reich, wohlhabend und eine gute Partie, wer eine stattliche Schweineherde sein eigen nannte. Verfolgt man die Spur der Wertschätzung von Schweinefleisch weiter zurück, findet man sich vielleicht im 5. Jahrhundert v. Chr. bei einem Gastmahl in Athen wieder, wo man einer Diskussion über die Vorzüge von ›*galathenoí*‹ (Milchferkel) gegenüber ›*délphakes*‹ (ausgewachsenen Jungschweinen) zuhören und sich darüber belehren lassen kann, dass sizilianische Schweine grundsätzlich die besten, aber Schweine allgemein am schlechtesten zwischen Frühjahr und Herbst sind. Darüber sollte man sich nicht wundern, denn im klassischen Athen war Schweinefleisch sehr geschätzt. Es wurde gepökelt, auf verschiedene Weise zubereitet, geopfert – und man kannte genug spezifische Bezeichnungen, um sich über alle Aspekte der Aufzucht und Verarbeitung unterhalten zu können.

Unten: Viele Schweinezüchter legen in weitem Umkreis ihres Betriebs große Kleefelder an. So behalten sie die volle Kontrolle über Art und Qualität der Nahrung für ihre Tiere.

FLEISCHTEILE DES SCHWEINS

1	*búti*	Keule, Schinken
2	*psaronéfri*	Lendenstück, Filet
3	*karé*	Kotelettstück
4	*spalobrisóla*	Nacken
5	*kefáli*	Kopf
6	*pautséta*	Bauch
7	*spála*	Schulter, Vorderschinken
8	*kótsi*	Eisbein
9	*pódi*	Fuß

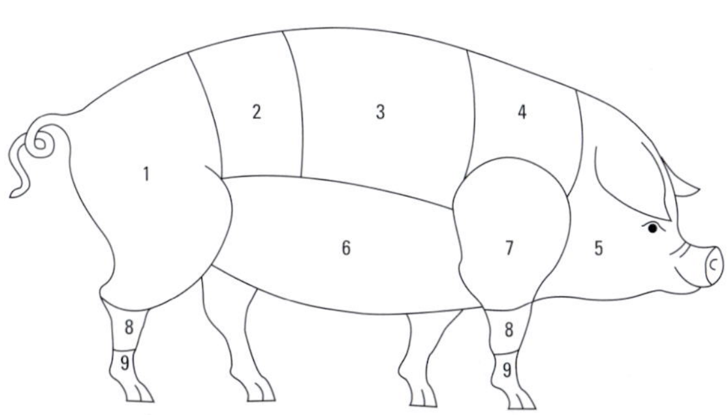

KEINE FLEISCHLOSE KÜCHE

KEFTÉDES
Hackfleischbällchen

2 EL Butter
2 kleine Zwiebeln, fein gehackt
2 Knoblauchzehen, fein gehackt
500 g Hackfleisch vom Schwein
1 Brötchen vom Vortag, eingeweicht und ausgedrückt
1 Ei
1 TL mildes Paprikapulver
2 TL Salz
frisch gemahlener schwarzer Pfeffer
Olivenöl zum Braten
125 ml trockener Rotwein

Butter in einer Pfanne erhitzen, Zwiebeln und Knoblauch darin andünsten und abkühlen lassen. Das Hackfleisch in einer Schüssel mit dem Pfanneninhalt, Brötchen, Ei und Paprikapulver vermischen. Mit Salz und Pfeffer würzen und gut verkneten. Öl in einer Pfanne erhitzen. Aus dem Teig walnussgroße Bällchen formen und rundum kross braten. Die Hackfleischbällchen auf einer Platte anrichten, den Bratensaft mit Rotwein ablöschen und über die *keftédes* geben. Noch warm servieren und frischen Salat dazu reichen.

SUTZUKÁKIA
Hackfleischröllchen in Tomatensoße

500 g Hackfleisch vom Schwein
1 Brötchen vom Vortag, eingeweicht und ausgedrückt
2 Knoblauchzehen, fein gehackt
$^1/_2$ TL gemahlener Kreuzkümmel
Mehl zum Wenden
Olivenöl zum Braten
500 g Tomaten, abgezogen und fein gewürfelt
Salz
frisch gemahlener schwarzer Pfeffer

Das Hackfleisch mit Brötchen, Knoblauch, Kreuzkümmel, Salz und Pfeffer in eine Schüssel geben und alle Zutaten gut verkneten. Aus dem Teig 2 cm dicke und 8 cm lange Röllchen formen. Öl in einer Pfanne erhitzen, die Röllchen in Mehl wenden und im heißen Olivenöl rundum kross braten. Aus der Pfanne nehmen und die Tomaten darin schmoren. Die Temperatur reduzieren, die Tomaten mit Salz und Pfeffer abschmecken und 5 Minuten schwach köcheln. Die *sutzukákia* dazugeben und 5 Minuten ziehen lassen. Mit Salat und frisch gebackenem Weißbrot servieren.

CHIRINÓ KRASSÁTO
Schweinefleisch in Wein

200 ml natives Olivenöl extra
1 kg Schweinefleisch, gewürfelt
500 ml trockener Weißwein
1 Lorbeerblatt
frische Rosmarinzweige nach Geschmack
Salz
frisch gemahlener schwarzer Pfeffer

Olivenöl in einem Topf erhitzen und die Fleischstücke darin rundum anbraten. Mit Wein ablöschen, Lorbeerblatt zugeben und mit Salz und Pfeffer würzen. Wasser angießen, bis das Fleisch bedeckt ist, und bei mittlerer Hitze so lange im geschlossenen Topf schmoren, bis das Fleisch gar ist. Zum Servieren das Fleisch in seinem Sud in einer Schüssel anrichten und mit frischem Rosmarin bestreuen. Dazu passen gebackene Kartoffeln oder Reis.

GURUNÓPULO PSITÓ
Gebackenes Spanferkel
(Abbildung siehe links)

1 junges Spanferkel, küchenfertig
Olivenöl
Oregano
Zitronensaft
Zitronenviertel
Salz
frisch gemahlener schwarzer Pfeffer

Den Backofen auf 180 °C vorheizen. Das Spanferkel mit einer Mischung aus Oregano, Salz, Pfeffer, Olivenöl und Zitronensaft gut einreiben und über einer Fettpfanne auf ein Rost in den Backofen legen. 2 $^1/_2$–3 $^1/_2$ Stunden braten, dabei alle 20 Minuten mit dem Bratensaft übergießen und während der Garzeit wenigstens zweimal wenden. Auf einer Platte anrichten, nochmals mit etwas Zitronensaft beträufeln und mit Zitronenvierteln garnieren. Mit gebackenen Kartoffeln und Salat servieren.

Für 6 Personen

CHIRINÉS BRISÓLES SHÁRAS
Gegrillte Schweinekoteletts

4 Schweinekoteletts
100 ml natives Olivenöl extra
3 Knoblauchzehen, zerdrückt
Saft von 2 Zitronen
Oregano
Salz
frisch gemahlener schwarzer Pfeffer

Die Koteletts in eine Schüssel geben. Olivenöl, Knoblauchzehen, Saft von 1 Zitrone, Oregano, Salz und Pfeffer verrühren und über die Koteletts gießen. Das Fleisch mehrere Stunden im Kühlschrank in der Marinade ziehen lassen.
Die Koteletts auf den Holzkohlegrill legen und unter mehrmaligem Wenden grillen. Mit Salz, Pfeffer und Oregano abschmecken und den restlichen Zitronensaft darüber gießen. Heiß, mit gebackenen Kartoffeln, Reis oder Salat servieren.

Rechte Seite: Fleisch muss vollkommen gar sein, bevor man es verzehrt. Auf der Peloponnes gilt wie in vielen anderen Gegenden Griechenlands rosiges oder blutiges Fleisch keineswegs als Delikatesse.
Im Uhrzeigersinn: *chirinó krassáto* – Schweinefleisch in Wein; *suwlákia* – Fleischspieße, zusammen mit *chirines brisóles sháras* – Gegrillten Schweinekoteletts; *sutzukákia* – Hackfleischröllchen in Tomatensoße; *keftédes* – Hackfleischbällchen.

SUWLÁKIA
Fleischspieße

1 kg durchwachsenes Schweinefleisch
50 ml natives Olivenöl extra
Saft von 1 Zitrone
Oregano
Zitronen und Tomaten zum Garnieren
Salz
frisch gemahlener schwarzer Pfeffer

Das Fleisch in 3 cm große Würfel schneiden und in eine Schüssel geben. Olivenöl, Zitronensaft, Oregano, Salz und Pfeffer verrühren, über das Fleisch geben und und das Fleisch darin wenden. Die Fleischwürfel einige Stunden in der Marinade im Kühlschrank ziehen lassen, sie dann auf Holz- oder Metallspieße stecken und auf dem Holzkohlegrill unter mehrmaligem Wenden garen. Die Spieße mit Oregano bestreuen und mit Zitronen- und Tomatenvierteln servieren. Dazu passen Reis, Kartoffeln aus dem Backofen oder frischer Salat.

In Griechenland ist die Sortenvielfalt, mit der Kartoffeln am Markt präsent sind, weniger entscheidend. Wie fast überall im nördlichen Mittelmeerraum ist die ursprünglich aus Holland stammende ›Spunta‹ der Favorit.

Die länglichen, weißfleischigen, fest kochenden ›Spunta‹ werden auf den Märkten nach Größen sortiert angeboten, je nachdem ob sie zum Backen oder zum Braten verwendet werden sollen.

Neben Kartoffeln aus Arkadía werden auch Produkte aus der Region Achaia oder aus Amaliáda in der Region Ilía angeboten. Wenn Mitte Juli die ersten neuen Kartoffeln erscheinen, werden gleich größere Mengen geordert.

KARTOFFELN

Kartoffeln sind heute unverzichtbarer Bestandteil der griechischen Küche und als Vorspeise ebenso beliebt wie als Hauptgericht, ob gebraten, gebacken oder gekocht. Dabei war dieses ›neumodische‹ Nahrungsmittel bei seiner Einführung vor rund 150 Jahren zunächst so umstritten, dass Ioannes Antonios Kapodistrias (1776–1831), erster Regierungschef des jungen griechischen Staates, seine allzu misstrauischen Landsleute angeblich nur mit einer List dazu bringen konnte, das unbekannte Nahrungsmittel zu akzeptieren. So ließ er die Kartoffelpflanzen, statt sie freigiebig zu verteilen, wie es seine Absicht gewesen war, von seinen Soldaten zum Schein bewachen und von den dadurch neugierig gewordenen Bauern über Nacht – stehlen!

Die besten Kartoffeln kommen aus Arkadiá, wo sie bereits im März direkt von den Feldern verkauft werden. Doch überall in Griechenland gehören sie zum Sortiment der Gemüsehändler, denn arkadische Kartoffeln haben trotz größter Konkurrenz noch immer den besten Ruf.

Wer belgische oder amerikanische Pommes frites als Höhepunkte der Kartoffelverarbeitung preist, hat vermutlich noch keine Gelegenheit gehabt, selbst gemachte griechische *patátes tiganités* zu probieren. Dafür werden frisch geerntete aromatische Kartoffeln in hochwertigem Olivenöl frittiert. Und obwohl der Arbeitsaufwand nicht zu unterschätzen ist, bereiten griechische Mütter bereitwillig große Mengen davon zu, können sie doch damit ihren Kindern eine ganz besondere Freude machen.

PATÁTES LEMONÁTES

Zitronenkartoffeln

1 kg fest kochende Kartoffeln, geschält und in Spalten geschnitten
1 EL Oregano
natives Olivenöl extra
Saft von 2 Zitronen
Salz

Den Backofen auf 200 °C vorheizen. Die Kartoffelspalten in einer Auflaufform verteilen, mit Salz und Oregano würzen, Olivenöl und Zitronensaft zufügen und Wasser angießen, bis die Kartoffeln gerade bedeckt sind. Im vorgeheizten Backofen garen, bis das Wasser verdunstet ist. Zum Bräunen weiteres Olivenöl darüber träufeln. Vor dem Servieren die Kartoffeln im ausgeschalteten Backofen noch einige Minuten ziehen lassen.

Zitronenkartoffeln sind eine ideale Beilage zu Fleisch oder Fisch.

Die geschälten fest kochenden Kartoffeln der Länge nach in schmale, gleichförmige Spalten schneiden, damit sie gleichmäßig garen.

Die Kartoffeln möglichst flach ausbreiten und mit Olivenöl begießen. Das Öl ist wichtig für den Röstvorgang, aber die Menge ist variabel.

Zitronensaft frischt nicht nur den Geschmack der gebackenen Kartoffeln auf, er festigt ihre Oberfläche, was sie knuspriger macht.

Wasser aufgießen, bis die Kartoffeln gerade bedeckt sind. Links: Goldbraune Zitronenkartoffeln sind eine vielseitige Beilage.

KARNEVAL

Karneval heißt im Griechischen *Apokriá*, was sich von *apokreos* ableitet, das wiederum Abstinenz von Fleisch bedeutet, denn nach Karneval beginnt die Fastenzeit. Drei Wochen vor Rosenmontag beginnt die Karnevalszeit, das sogenannte *Triodio*. In diesen drei Wochen kann man das Feiern noch einmal richtig genießen, denn in der darauf folgenden vierzigtägigen Fastenzeit bis Ostern, das nach dem Julianischen Kalender berechnet wird, sind von der orthodoxen Kirche keine Festlichkeiten erlaubt. Der erste und zweite Sonntag sind Fleischsonntage *(Kreofagu)* und der dritte der Käsesonntag *(Tyrofagu)*. In seine heiße Phase startet der griechische Karneval dann am Donnerstag, dem sogenannten *Tsiknopempti,* vor dem Karnevalssonntag *(Kiriaki tis Apokrias)*.

Während man im Norden mit Ziegenfellen und Glocken von Haus zu Haus zieht und den Menschen ein gutes Jahr und eine reiche Ernte wünscht, steigen die wahren Feste auf der Peloponnes. In Pátras feiert man den legendären ›Weißen Ball‹. Auf einmal scheinen alle Prinzipien einer jahrhundertealten orthodoxen Tradition vergessen: Narrenfreiheit macht sich breit, selbst unter den Frauen. Von Kopf bis Fuß in schwarze Gewänder gehüllt, ziehen sie in Gruppen durch die Straßen, flirten offen mit jedem Mann, der ihnen gefällt und träumen von Freiheit und Gleichheit. Das Karnevalsfest von Pátras dauert vier Wochen und endet am Rosenmontag, dem ›Sauberen Montag‹. Von nun an beginnt die Zeit der inneren und äußeren Reinigung. Ein ebenso schöner Brauch dieses Tages ist das Steigenlassen von Drachen im gesamten Land.

Nach langem karnevalistischem Treiben und turbulenten Festen ist eine warme Kuttelsuppe eine Kraft spendende Mahlzeit. Sie wird heiß verzehrt, mit viel Weißbrot und einem Schuss Zitronensaft.

Das größte Karnevalsfest Griechenlands geht in Pátras mit Straßentänzen und Umzügen einher.
Hintergrund: Karneval in Sohos, Ostmakedonien

AUF SKYROS

Das Karnevalsfest auf der Sporadeninsel Skyros ist in ganz Griechenland berühmt. Es geht auf die Geschichte eines Hirten zurück, der in einem Schneesturm und unerwarteten Kälteeinbruch seine gesamte Herde verlor. Halb wahnsinnig vor Trauer zog der Jéros (Alte) seinen Tieren das Fell ab, hängte sich ihre Glocken um und kehrte so in den Ort zurück. Zu seinem Gedenken schmücken sich seitdem die Männer der Insel alljährlich mit Fellen, Glocken und Masken, um den ›Kampf der Jéri‹ aufzuführen. Nach der Kleiderordnung ist der Jéros von der Taille abwärts Hirte, von der Taille aufwärts dagegen Ziege. Am Rosenmontag versammeln sich die Inselbewohner in den Straßen, tanzen, brüllen und kämpfen miteinander und lassen ihre bis zu 40 Kilogramm schweren Glocken erklingen.

IM TROWÁS DES SCHÄFERS

Er gehört zum Schäfer, ebenso wie der Hirtenstab, seine Hirtenjacke und die dunkle, vor den intensiven Sonnenstrahlen schützende Mütze: der aus grober Wolle dicht gewebte *trowás,* der Rucksack. Es passt alles Notwendige hinein für den oft wochenlangen Aufenthalt in den Bergen: ein großes Stück Schafskäse, *paximádia* (Zwieback), Hartwurst, Tomaten, Obst, ein Wasserbehälter, das gut in der Hand liegende geschwungene Hirtenmesser und schließlich ein festes Baumwollhandtuch. Was im *trowás* keinen Platz fand, das wusste man sich zu beschaffen. Offenbar verzichteten die Schäfer in der Vergangenheit keineswegs auf eine kräftige Fleischmahlzeit, wenn sie tagelang fernab von ihren Heimatdörfern ›in der Wildnis‹ auf sich gestellt waren. Da konnte es dann eins der zu hütenden Tiere ›treffen‹. Dass es nach Möglichkeit keines der eigenen Herde des Schäfers war, gehörte gewissermaßen zu den ungeschriebenen Spielregeln, nach denen die Männer einer Dorfgemeinschaft ihre Vorstellungen von Freiheitswillen, Ungebundenheit und auch Widerstand im Akt des ›Viehdiebstahls aus Hunger‹ ausleben konnten.
Ebenso unrealistisch wie dieses heroische ist das idyllische Bild des Schäfers, das geprägt ist von der christlichen Vorstellung des guten Hirten, der sein verlorenes Schaf in die Sicherheit der Herde zurückträgt. Niemals ist er aus der Ruhe zu bringen, er lebt absolut frei und ist eins mit der Natur, die ihn umgibt, nur seine treuen Schäferhunde teilen die stille Bergeinsamkeit. Seine stets wachsame Sorge gilt seinen Schafen und Ziegen, und seine Tätigkeit sichert die Ernährung der Gemeinschaft, denn seiner Gewissenhaftigkeit verdankt sie Milch, Käse und Wolle.
In Wirklichkeit gehört der Schäfer zu den aussterbenden Berufsständen, die Nachwuchsprobleme sind in den letzten Jahren immer bedrohlicher geworden. Löhne und Pensionen der Schäfer müssen vom Staat subventioniert werden, und die Europäische Union zahlt den Hirten und Bauern als Anreiz für jedes neu angeschaffte Tier 5000 Drachmen (rund 15 Euro).

PANISCHER SCHRECKEN

Der arkadische Hirtengott Pan ist der Sohn des Gottes Hermes und einer Nymphe, vielleicht auch der Tochter des Arkaders Dryops. Es wird berichtet, dass die Mutter erschrocken davonlief, als sie den behaarten Körper, die Ziegenbeine und Hörner ihres Sohnes sah. Hermes allerdings präsentierte seinen Sohn den Göttern auf dem Olymp voll Stolz, was die Versammelten erfreute. Besonders Dionysos fand großen Gefallen an Pan. Einst stellte Pan der Nymphe Syrinx nach, da sie aber jungfäuliche Jägerin bleiben wollte, bat sie auf ihrer Flucht vor Pan örtliche Nymphen am Fluss Ladon, sie in Schilfgras zu verwandeln. Aus diesem Schilf fertige Pan dann seine berühmte Panflöte, die ›*syrinx*‹ an, auf der er mit großer Kunstfertigkeit etwa zu den Festen des Dionysos musizierte. Auch liebte er es, durch die Wälder zu streifen und den Tanz der Nymphen mit seiner Flöte zu begleiten. In Arkadien wurde er von den Hirten als Fruchtbarkeitsgott verehrt. Als Ziegenbock besprang er die Ziegen und sicherte so den Bestand. Aber er galt auch als unberechenbarer, Furcht erregender Gesell, wenn er in der lastenden Mittagshitze plötzlich unerwartet ruhende Tiere und Menschen aufscheuchte und in ›panischen Schrecken‹ versetzte.

Als die Athener die Spartaner um Hilfe baten in ihrem Kampf gegen die Perser, berichtete ihr Bote, dass ihm Pan am Berg Parthenios begegnet sei und wissen wollte, warum ihn die Athener nicht ehrten, obwohl er ihnen doch schon geholfen habe und dies auch weiterhin tun wolle. Nach dem errungenen Sieg über die Perser errichteten die dankbaren Athener dem Gott ein Heiligtum unterhalb der Akropolis und verehrten ihn mit Opfern und Fackelläufen.

PAXIMÁDIA
Griechischer Zwieback

1 kg Mehl
3 TL Backpulver
$^1/_4$ TL Salz
400 g Zucker
250 ml Pflanzenöl
5 Eier, verquirlt
1 TL Vanillezucker
$^1/_2$ TL gemahlener Anis
250 g gehackte Walnüsse
1 Eigelb, mit 1 EL Wasser verquirlt
1 EL Sesam

Den Backofen auf 175 °C vorheizen. Mehl, Backpulver und Salz in einer Schüssel verrühren. In die Mitte eine Vertiefung drücken, Zucker, Öl, Eier, Vanillezucker und Anis hineingeben und alles zu einem geschmeidigen Teig verarbeiten. Eine Teighälfte dünn ausrollen, mit der Hälfte der Walnüsse belegen und fest aufrollen. Mit dem restlichen Teig ebenso verfahren. Die Rollen auf ein gebuttertes Backblech legen, mit verquirltem Eigelb bestreichen, mit Sesam bestreuen und 30 Minuten backen. Etwas abkühlen lassen in Scheiben schneiden. Die Scheiben weitere 15 Minuten im Ofen backen, bis der Zwieback Farbe annimmt. Völlig auskühlen lassen und in einem luftdicht verschließbaren Behälter aufbewahren. *Paximádia* sind ca. einen Monat lang haltbar.

Oben und linke Seite: Damit der Schäfer auf seiner tagelangen Abwesenheit von zu Hause keine Not leiden muss, packt ihm seine fürsorgliche Gattin den *trówas.*

Der typisch Hirtenrucksack enthält außer Obst und *paximádia,* Käse, Wurst, Tomaten und ein Messer.

FLOKATI

In den 1970er Jahren wurde der zottelige Hirtenteppich zum obligatorischen Griechenlandsouvenir. Kaum ein Wohn- oder ein Schlafzimmer, wo er nicht auf dem Boden oder dem Bett ausgebreitet lag – so schien es jedenfalls. Für Griechen dagegen war der Flokati der Inbegriff von Armut, und das Erste, was ein Grieche tat, wenn er zu Wohlstand gekommen war: Er trennte sich von dieser Arme-Leute-Insignie. Ursprünglich ist der Flokati aus purer Not entstanden, so sagt man. In den Bergregionen, wo die Winter strenger sind, sammelten die Bauern die im Geäst verfangene Wolle ihrer Schafe ein und sponnen daraus kurzfaserige Garne, die sie geschickt ineinander verwoben. Wenn sie diese Decken dann in den Bergbächen wuschen und walkten, verdichteten sie sich zu einem festen, verfilzt aussehenden Gewebe. Es konnte nun in verschiedenen Farben getönt werden und wärmte als Teppich oder Überdecke. Gegenwärtig erlebt der Flokati in angesagten Technoclubs eine unerwartete Renaissance.

Eventuelle Verunreinigungen der frischen Schafsmilch werden durch ein dichtes Baumwolltuch ausgefiltert.

Schon eine kleine Menge des pulverisierten Labs reicht aus, um zehn Liter Milch gerinnen zu lassen.

Nachdem das Lab eingerührt wurde, deckt man die Milch ab und lässt sie eine Stunde ruhen, bis sie dickgelegt ist.

Oben: Die austretende Molke fließt ab. Unten: Der Bruch wird mit einem Messer in dünne Scheiben geschnitten.

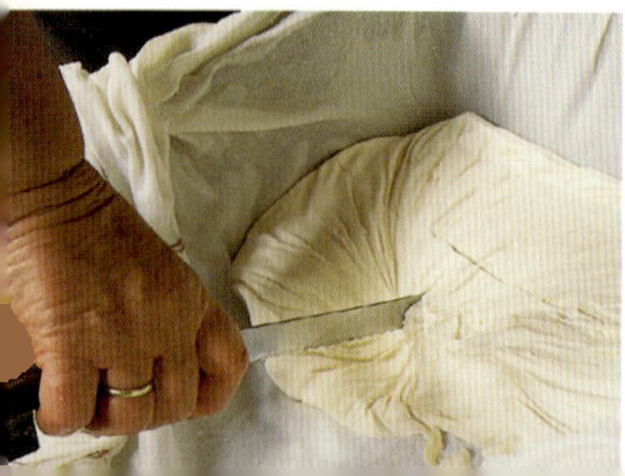

In altbewährten Weißblechkanistern ist der eingelegte *féta* luftdicht verschlossen aufbewahrt und hält kühl gelagert etwa zwei Jahre.

SCHAFSKÄSE

Es vergeht kaum ein Tag, an dem nicht ein Stück Schafskäse in irgendeiner Form auf einem griechischen Tisch auftaucht, denn Schafskäse gehört in Griechenland zu den Grundnahrungsmitteln. Eine griechische Familie verzehrt im Jahr durchschnittlich 100 Kilogramm davon. Dementsprechend viele Kleinbetriebe gibt es über das ganze Land verteilt, die den lokalen Bedarf abdecken. Wie es für Griechenland üblich ist, variiert der Geschmack von Schafskäse von Region zu Region, aber jeder Erzeuger schwört auf sein eigenes Produkt und hat seine angestammten Kunden, die Schafskäse in großen Mengen nur bei ihm kaufen. Die Bezeichnung *féta* bedeutet Scheibe oder Stück und bezieht sich auf den Umgang mit dem Käsebruch während der Herstellung, sie ist nicht an eine bestimmte Milchsorte gebunden.

FÉTA ZU HAUSE SELBST HERSTELLEN

Auf dem Land trifft man noch Hausfrauen an, die kleinere Mengen Schafskäse selbst herstellen. Dazu werden zehn Liter (Roh)Milch durch ein eng gewebtes Baumwolltuch in eine Schüssel gegossen. Die Temperatur der Milch sollte nicht weniger als 16 °C und nicht mehr als 18 °C betragen. Schon Milchsäurebakterien allein würden die Milcheiweißstoffe gerinnen lassen, doch der Vorgang wird durch die Zugabe von Lab (aus dem Magen von Kälbern), das heute auch als Pulver erhältlich ist, beschleunigt und optimiert. Für zehn Liter Milch braucht man nicht mehr als einen Teelöffel Lab, das man mit etwas Milch verdünnt, bevor man es in die Schüssel gibt und sorgfältig verrührt. Die Schüssel mit einem Tuch abdecken und die Milch etwa eine Stunde ruhen lassen.

Man legt einen Durchschlag mit einem Käseleinen aus und gibt die dickgelegte Milch, die Gallerte, hinein, um die Molke abfließen zu lassen. Nach etwa vier Stunden schneidet man den Bruch noch im Tuch in Scheiben, wodurch sich weitere Molke absetzt, und füllt die Scheiben lagenweise in große, luftdicht verschließbare Behälter, wobei man jede Lage Käse mit ausreichend Salz bestreut. Man rechnet ein Pfund Salz auf acht Kilogramm Käse. Man serviert den Käse schon in diesem frischen, weicheren Zustand, durch das Salz, das ihm weiterhin Flüssigkeit entzieht, wird er jedoch mit der Zeit kompakter und hat nach etwa 60 Tagen ein erstes Reifestadium erreicht. Frisch zubereiteter Schafskäse ist bei kühler Lagerung etwa zwei Jahre haltbar. Je älter er ist, desto mehr empfiehlt es sich, ihn vor dem Verzehr unter fließendem Wasser abzuspülen.

In einem der charakteristischen griechischen Käseläden kann man viele verschiedene regionale Käsesorten kennen lernen, ob aus Schafs-, Ziegen- oder Kuhmilch. Féta wird hier noch in den traditionellen Holzfässern gelagert.

FASSHERSTELLUNG

Als Aufbewahrungsort für Lebensmittel löste das Holzfass in Griechenland den antiken Tonkrug ab. Denn auch das Fass hat die Eigenschaft, seinen Inhalt lange Zeit frisch zu halten. Die Tradition der Fassherstellung zur Schafskäselagerung wird im epirotischen Bergdorf Metsovon noch immer gepflegt. Die offenen Fässer (Kufen) werden aus regionalen Hölzern, meist Eiche, hergestellt, aber auch die Verarbeitung von Weichhölzern ist möglich. Die Bretter (Fassdauben) werden dafür konisch zurechtgehobelt, an den Enden geglättet und in die Ränder wird eine Nut (Fassgargel) geschlagen, in die Deckel, bzw. Boden eingepasst werden. Rundum laufende Metallringe halten die Holzplanken zusammen. Durch die Lake, in die der Käse zum Oxidationsschutz eingelegt wird, quellen die Hölzer leicht auf, so dass sich die Poren des Holzes vollsaugen und das Fass dicht bleibt.

GRIECHISCHER KÄSE

BEZEICHNUNG	KURZBESCHREIBUNG	HERKUNFT
anthótiros (4)	Abwandlung von *misíthra*, weich und ungesalzen, mit vollem Fettgehalt	Kreta
bátsos (15)	sauer-scharfer, halbharter Käse aus Schafs- oder Ziegenmilch	Naussa
chalúmi	würziger, sehr fetter Hartkäse	Zypern
chloró (6, 13)	Weichkäse aus Schafs- und Ziegenmilch, *chloró vinsanto* (13), wird in Wein eingelegt	Santorín
féta (10)	weicher oder leicht bröckliger, weißer Schafskäse	div. Regionen
formaélla	scharfer, zylindrisch geformter Hartkäse aus Schafsmilch	Parnassos
galotíri	sehr scharfer, weißer und streichfähiger Weichkäse	Thessalien
grawiéra (14)	aromatischer Hartkäse aus Kuhmilch, vergleichbar mit Gruyère	div. Regionen
kasséri (17)	halbharter, leicht pikanter, gelblich-weißer Schafskäse	div. Regionen
kathúra	weicher Ziegenmilchkäse, vergleichbar mit Mozzarella	Ikaría
kefalograwiéra (7)	pikanter, hellgelber Hartkäse aus Kuh- oder Schafsmilch	div. Regionen
kefalotíri (12)	pikanter, salziger Hartkäse aus Schafs- oder Ziegenmilch	div. Regionen
kopanistí	pikanter, streichfähiger Edelpilzkäse aus Schafsmilch	Kykladen
krassotíri / giloméno	in Wein eingelegter Hartkäse aus Schafsmilch	Dodekanes
ladotíri (2)	in Öl fermentierter Hartkäse	Zakinthos
manúri (9)	milder Weichkäse aus Schafsmilch	div. Regionen
metsovóne (5)	geräucherter Hartkäse	Métsovo
misíthra von Chios (8)	Weichkäse aus Schafsmilch, Abwandlung von Manúri	Chios
petroto (18)	Hartkäse aus Kuhmilch, der zwischen Steinen gepresst wird	Tínos
pretza	cremiger, sehr scharfer Weichkäse	Zakinthos
san micháli (3)	pikanter Hartkäse aus Kuhmilch	Syros
sféla	scharfer Käse aus Schafs- oder Ziegenmilch	Peloponnes
telemés	wie *féta*, jedoch aus Kuhmilch hergestellt	div. Regionen
tiri tiraki (11)	Käse aus Kuhmilch, Spezialität von Tínos	Tínos
tulumotíri	scharfer Weichkäse aus Ziegenmilch	Ost-Ägäis
xinomizitira (16)	eine Art fetter Hüttenkäse, meist pikant und salzig	Kykladen
xinotiri von Naxos (1)	Ziegenmilchkäse	Naxos

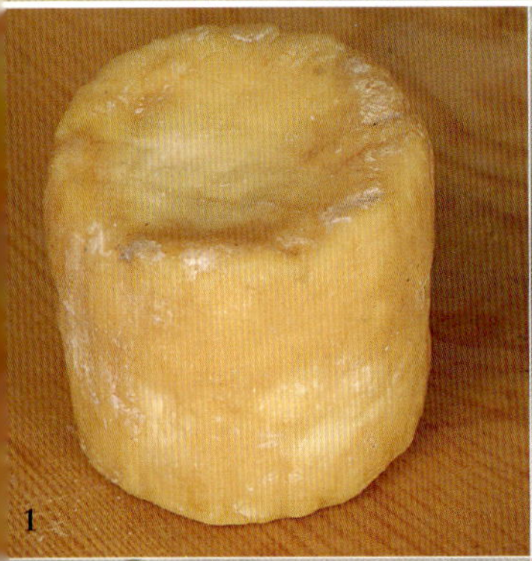
1

2

3

4

5

10

11

12

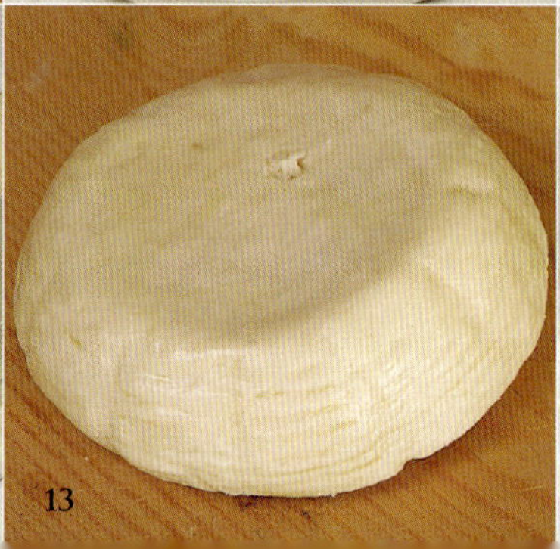
13

14

6

7

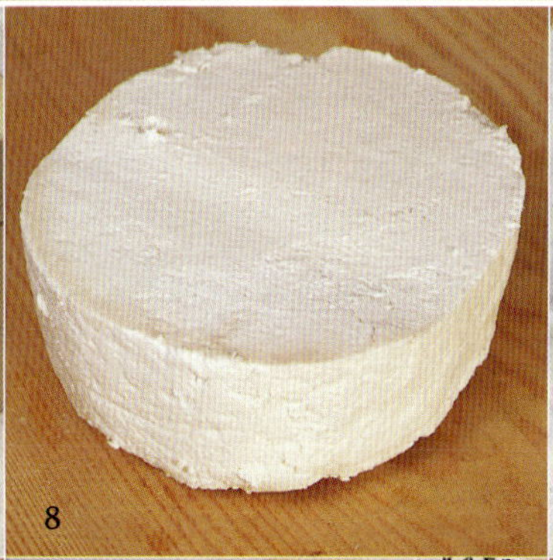
8

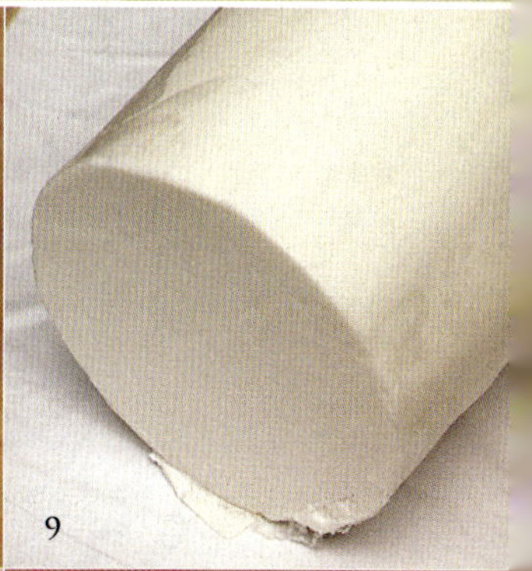
9

15

16

17

18

ARTISCHOCKEN

Die Artischocke *(Cynara scolymus)* zählt wie Blumenkohl und Brokkoli zu den Blütenstandsgemüsen, das heißt, verzehrt wird die geschlossene Blütenknospe, entweder im Ganzen oder nur Teile davon. Von der Artischocke isst man gewöhnlich den Blütenkorbboden und die fleischigen Teile der sich dachziegelartig überlagernden Hüllblätter, die ihn umgeben, was bedeutet, dass der essbare Anteil kaum mehr als 20 Prozent beträgt. Nur junge Knospen kann man ganz verzehren. Bei der Verarbeitung sollten die holzigen Stängel restlos entfernt werden. Vollständig von kochendem Salzwasser bedeckt, garen die Knospen im geschlossenen Topf.

Die frostempfindlichen Artischocken gedeihen überwiegend im warmen Klima des Mittelmeerraums. Etwa alle vier Jahre müssen die Pflanzungen der fast zwei Meter hohen distelartigen Stauden verjüngt werden, da die Erträge bei älteren Pflanzen rückläufig sind. In Griechenland ist die Artischocke in ihrer heutigen Form ein vergleichsweise junges Gemüse, das erst im späten 15. Jahrhundert über Italien eingebürgert wurde, obwohl die Pflanze ursprünglich aus dem Iran oder Arabien stammt. Wenig bekannt ist, dass von den Feldern der Peloponnes jährlich viele tausend Tonnen Artischocken auf die internationalen Märkte gelangen und Griechenland in der Weltproduktion den siebten Platz belegt. In der griechischen Küche konnten sich Artischocken vorwiegend auf dem Dodekanes und den Ionischen Inseln durchsetzen. Gewöhnlich werden sie mit Olivenöl, viel Zitronensaft, frischen Kräutern und gern auch mit Spargel zubereitet.

ARNÁKI ME ANGINÁRES

Lamm mit Artischocken

150 ml natives Olivenöl extra
1 kg Lammfleisch aus der Schulter, gewürfelt
5 Zwiebeln, fein gehackt
8 kleine Artischocken
2 Eier
Saft von 1 Zitrone
1 Bund Dill, fein gehackt
Salz
frisch gemahlener weißer Pfeffer

Olivenöl in einem Topf erhitzen, erst das Fleisch anbraten, dann die Zwiebeln darin andünsten. Salzen und pfeffern und mit 700 ml Wasser ablöschen. Die Temperatur reduzieren und das Fleisch sanft schmoren. Die Stiele der Artischocken auf 2 cm einkürzen. Die äußeren, harten Blätter entfernen und die Blattspitzen der inneren Blätter großzügig kappen. Alle Schnittstellen mit Zitronensaft einreiben. Nach 25–30 Minuten die Artischocken mit den Stielen nach oben in den Topf geben, gegebenenfalls heißes Wasser zugießen und bei gleichbleibend niedriger Temperatur 10–15 Minuten garen, vom Herd nehmen und leicht abkühlen lassen.

Die Eier in einer Schüssel aufschlagen und schaumig rühren. Den Zitronensaft zugießen und unter ständigem Rühren etwas Garflüssigkeit zugeben. Die Ei-Zitronen-Soße an das Schmorgericht geben, umrühren, mit Dill bestreuen und mit frisch gebackenem Weißbrot servieren.

Kaum jemand weiß, dass Artischocken auf griechischen Anbauflächen sehr verbreitet sind.

Angináres à la polita – Artischockenherzen in Olivenöl und Zitronensaft mit zarten Gemüsen und frischen Kräutern ist nicht ohne Grund das beliebteste griechische Artischockenrezept, denn alle Aromen ergänzen sich sehr vorteilhaft.

So schön ihre Blüte auch ist, wenn eine Artischocke zu blühen beginnt, dann hat sie für den Feinschmecker an Wert verloren.

ANGINÁRES JEMISTÉS

Gefüllte Artischockenböden

4 große Artischocken
Saft von 1 Zitrone
1 TL Mehl, mit etwas Wasser verrührt
125 ml natives Olivenöl extra
2 EL Essig
Salz
1 Ei, hart gekocht
4 grüne Oliven

Für die Füllung:
200 g pochiertes Fischfilet nach Wahl, fein gehackt
1 EL Weinbrand
2 Tomaten, abgezogen und fein gehackt
2 Sardellenfilets, fein gehackt
150 g Mayonnaise
1 TL Kapern, fein gehackt

Stiele, äußere Blätter und die oberen zwei Drittel der Artischocken entfernen. Die Böden schälen, alle dunkelgrünen Teile abschneiden und die Böden in einer Schüssel mit Zitronensaft übergießen und mit Wasser bedeckt 15 Minuten ziehen lassen. Wasser mit Salz und der Mehl-Wasser-Mischung aufkochen. Die Artischockenböden darin garen, bis sich die inneren Blätter leicht lösen lassen. Abkühlen lassen und mit einem Löffel die Innenblätter samt Heu herausheben. Olivenöl mit Essig verquirlen und über die Böden geben. Das Fischfilet mit Weinbrand beträufeln. Die gehackten Tomaten und Sardellen mit der Mayonnaise und den Kapern verrühren, das Fischfilet zugeben und mit Salz und Pfeffer würzen. Die Masse in die Artischockenböden füllen und mit Eischeiben und Oliven garnieren.

Stiele und äußere Blätter der Artischocken entfernen und die oberen zwei Drittel der Blüte abschneiden.

Die Böden schälen sowie alle dunkelgrünen Teile sauber abschneiden, eventuell noch äußere Blätter entfernen.

Nach dem Abkühlen mit einem Löffel die Innenblätter samt Heu herausheben.

HEIL- UND WÜRZMITTEL

In einem der ältesten ägyptischen Medizin-Ratgeber aus dem 15. Jahrhundert v. Chr. sind erste Knoblauchrezepte überliefert. Schon damals war Knoblauch als Heilmittel gegen Kopfschmerzen und Hämorrhoiden bekannt. In der berühmten hippokratischen Schule von Kos verordnete man im 4. Jahrhundert v. Chr. Knoblauch gegen Verstopfung und Gebärmuttertumore. Plinius d. Ä. pries im 1. Jahrhundert n. Chr. in Rom Knoblauch gegen hohen Blutdruck. Wie in der Antike zerdrückt man Knoblauchzehen entweder in einer Presse oder verwendet sie sehr fein gehackt. Erst mit der Verletzung der Zellen wird die im ätherischen Öl enthaltene organische Schwefelverbindung Alliin durch ein Enzym zu dem geruchsintensiven Allicin abgebaut. Leider ist der Geruchsträger identisch mit den antibakteriellen und fungiziden Wirkstoffen, weshalb Versuche, ihn herauszuzüchten, fehlschlugen.

Die einzelnen Knoblauchzehen werden von der Knolle gelöst und sauber geschält.

In Öl eingelegt, lassen sich die Zehen gut konservieren, während sie Aromastoffe an das Öl abgeben.

KNOBLAUCH IN ARKADIEN

Wie kommt Knoblauch, dessen Geruch selbst den Göttern so unerträglich war, dass kein Gläubiger nach seinem Genuss einen ihrer Tempel betreten durfte, nach Arkadien, jenem musischen Reich pastoraler Sangeskunst? Ganz einfach – gar nicht! Denn das idyllische Arkadien, wo kunstsinnige Hirten sich das Warten auf die Wiederkehr des Goldenen Zeitalters mit edlem poetischen Wettstreit verkürzen, ist eine Fiktion Vergils, die um 40 v. Chr. in Anlehnung an die rund 250 Jahre älteren Hirtenlieder des griechischen Dichters Theokrit entstand. Sie existiert nur zwischen Buchdeckeln und auf Gemälden und hat bis auf den Namen nichts mit der Hochebene im Zentrum der Peloponnes gemein, die Pausanias um 170 n. Chr. noch als rau und unwegsam beschreibt, und wo er sich anlässlich des Heiligtums auf der Spitze des Líkeon-Bergs in düsteren Andeutungen ergeht über die in der Vergangenheit dargebrachten Menschenopfer zu Ehren des dort verehrten Zeus Lykaios, des Zeus als Wolfsgott. Noch heute ist der Ausblick von dort bis weit in die Region Arkadía den Aufstieg wert. Dieses wirkliche Arkadien aber ist das Hauptanbaugebiet für griechischen Knoblauch. Hier findet *Allium sativum* seine bevorzugten Wachstumsbedingungen: viel Sonne und große Trockenheit. Die nahezu einen Meter hoch wachsenden oberirdischen Teile der ausdauernden Pflanze mit den langen, schmalen, graugrünen Blättern und den weißen bis rosafarbenen unfruchtbaren Blüten des kugeligen Blütenstands müssen gänzlich abgestorben sein, bevor im Juni mit der Ernte der unterirdischen Knoblauchzwiebeln begonnen werden kann. Jährlich werden weltweit rund 2,5 Millionen Tonnen Knoblauch produziert, die bei sachgemäßer Lagerung (trocken und luftig) monatelang haltbar bleiben.
Eine Spezialität aus Arkadiá ist frischer, junger Knoblauch, in Öl und Essig eingelegt und als Vorspeise serviert.

SKORDALIÁ
Knoblauchcreme

500 g Weißbrot, vom Vortag
4 Knoblauchzehen
200 ml natives Olivenöl extra
Saft von 1 Zitrone
Salz

Das Weißbrot einweichen und gut ausdrücken. Brot und Knoblauchzehen im Mixer auf langsamer Stufe pürieren, dabei nach und nach Olivenöl und Zitronensaft zugießen. Auf einem Teller anrichten und als Vorspeise oder Beilage zu Fisch- und Fleischgerichten servieren. Statt Brot kann auch Kartoffelpüree als Grundsubstanz verwendet werden.
Hinweis: Am besten schmeckt *skordaliá* einen Tag nach der Zubereitung. In größeren Mengen hergestellt, lässt sie sich auch einige Tage im Kühlschrank lagern.

OLYMPISCHES FEUER

Wurde es entzündet, so hatten alle Kriegshandlungen zu ruhen. Die Teilnehmer gelobten die Regeln zu achten, die Wettkämpfe konnten beginnen: in Olympia, inmitten des grünen Hügellands gelegen, umgeben von prächtigen Akazienwäldern, mächtigen Platanen und duftenden Eukalyptushainen, in der Region Ilía, dort, wo der Kladeos in den Alpheios mündet. Schon in mykenischer Zeit hatte es hier am Fuß des Kronoshügels eine Siedlung gegeben, Funde weisen auf einen Kult der Hippodameia und des Pelops hin, der seine Angebetete hier mit Poseidons Hilfe in einem Wagenrennen gegen deren mörderischen Vater Oinomaos gewann. Mit griechischen Einwanderern Ende des 2. Jahrtausends v. Chr. kam wohl auch der Zeuskult. Weihgaben belegen schon für die Zeit um 1000 v. Chr. Wettkämpfe mit Zweigespannen und Dreifüßen als Siegesgeschenken. Pausanias kolportiert zwei Versionen der Gründungslegende des antiken Wettstreits in Olympia: So habe Zeus nach seinem Sieg über seinen Vater Kronos erstmals Wettkämpfe unter den Göttern in Olympia veranstaltet, bei denen Apollo unter anderem den Fünfkampf gewann; nach anderen Quellen soll Herakles, Sohn des Zeus, die Spiele neu begründet, das Gelände für den ersten Wettkampf der Götter abgesteckt und seine Brüder zu einem Wettlauf herausgefordert haben. Somit war Zeus als Herrscher des Olymp schon sehr früh den Wettkämpfen verbunden.
Historisch belegt sind die Olympischen Spiele durch eine erste aufgezeichnete Siegerliste eines Wettlaufs im Jahr 776 v. Chr. In der Mitte des 7. Jahrhunderts v. Chr. begann der Ausbau des Heiligtums von Olympia wie auch die Erweiterung der Wettkampfstätten. Die im Vierjahres-

Oben: Für die Olympischen Spiele der Neuzeit wird wieder das symbolträchtige Feuer entzündet.
Links: Die Spiele von Olympia waren die bedeutendsten, aber nicht die einzigen. Jeweils im Jahr davor feierte Athen seine Sportler und ehrte die Sieger auch mit solchen ›panathenäischen Preisamphoren‹.

STIFÁDO
Schmorfleisch mit Zwiebeln

50 g Butter
1 kg Kalb- oder Rindfleisch, grob gewürfelt
500 g Tomaten, abgezogen und gewürfelt
1 kg sehr kleine Zwiebeln oder Schalotten, geschält
250 ml Mavrodaphne (roter Likörwein)
2 Lorbeerblätter
$^1/_2$ TL Zimt
1 TL mildes Paprikapulver
Salz
frisch gemahlener schwarzer Pfeffer

Die Butter in einem Topf zerlassen und das Fleisch von allen Seiten gut anbraten. Die Tomaten zugeben, kurz aufkochen lassen und Zwiebeln zufügen. Ein paar Minuten andünsten, dann den Wein zugießen. Mit Lorbeerblättern, Zimt, Paprikapulver, Salz und Pfeffer würzen und mit so viel Wasser aufgießen, dass alles gut bedeckt ist. Den Topf bedecken, die Temperatur reduzieren und das Ganze ca.1 Stunde köcheln, bis das Fleisch gar ist. Von Zeit zu Zeit prüfen, ob nicht kochendes Wasser nachgegossen werden muss. Sobald das Fleisch gar und der Sud eingedickt ist, vom Herd nehmen, auf Tellern anrichten und mit frisch gebackenem Weißbrot und Salat servieren.
Hinweis: Jedes Fleisch (Schwein, Rind, Kalb, Hase, Kaninchen, Ziege, Lamm) kann zu *stifádo* verarbeitet werden, aber auch Fisch, wie Oktopus oder Sepia. Wichtig ist, dass die verwendeten Zwiebeln sehr klein sind (in Griechenland werden spezielle Zwiebeln für *stifádo* angeboten) und nach dem Kochen fast auf der Zunge zergehen. Außerdem sollte der ausgewählte Wein sehr süß und schwer sein, denn sonst wird sich das charakteristische *Stifádo*-Aroma nicht einstellen.

rhythmus veranstalteten Olympischen Spiele, an denen nur freie griechische Männer teilnehmen, und unter deren Zuschauern keine verheirateten Frauen sein durften, wurden mit der Zeit um immer mehr Wettkämpfe erweitert und ab dem 5. Jahrhundert vor Chr. zusätzlich von kulturellen Veranstaltungen wie Dichterlesungen begleitet. Als 393 n. Chr. das Olympische Feuer entzündet wurde, sollte es das letzte Mal sein. Ein Jahr darauf verbot der christliche Kaiser Theodosius die Spiele als heidnisch. Brände, Erdbeben und Überschwemmungen ließen Heiligtum und olympischen Gedanken bis ins 19. Jahrhundert unter Schutt und Sand in Vergessenheit geraten.

LORBEEREN IN OLYMPIA?

Apollon verliebte sich der Legende nach in die Nymphe Daphne, die jedoch seine Annäherungsversuche energisch abwehrte. Da sich der Gott nicht abweisen lassen wollte und sie hartnäckig durch die Wälder verfolgte, erflehte Daphne Hilfe von Ge, der Göttin der Erde. Und Ge verwandelte die Nymphe in einen Lorbeerbaum (*daphne* bedeutet im Griechischen Lorbeer). Apollon konnte sich nur noch einen Zweig davon abbrechen, den er fortan in seinem Haar trug. Lorbeerhaine wurden daher bevorzugt in Apollonheiligtümern angelegt, die Musen im Dienst Apollons trugen Lorbeerzweige, und die Pythia, die in Delphi Apollons lorbeerumkränzten Orakelsitz bestieg, kaute Lorbeerblätter. Bei musischen Wettstreiten wie bei sportlichen Wettkämpfen in Apollonheiligtümern errangen die Sieger Lorbeerkränze, was die Funktion des Lorbeers als Sieges- und Ehrenzeichen unterstreicht. Und hier, wo sich die Bedeutungen von Lorbeer- und Ölkranz überschneiden, kam es in der Neuzeit zur Verwechslung: Die Sieger der olympischen Wettkämpfe zu Ehren des Zeus, der wichtigsten panhellenischen Spiele, wurden mit einem Zweig vom wilden Ölbaum im heiligen Tempelhain zu Olympia geehrt, ebenso wie die Sieger der panathenäischen Spiele in Athen, zu Ehren Athenas, Ölzweige vom dortigen Hain erhielten.
Apollons Baum, der immergrüne, bis zu zwölf Meter hohe Lorbeerbaum, kommt vorwiegend auf den Azoren und im Mittelmeergebiet vor, wo er niedrige Gehölze und felsige Standorte bevorzugt. Der Echte Lorbeerbaum *(Laurus nobilis)* wird wegen seiner glänzend dunkelgrünen, aromatischen Blätter als Küchengewürz besonders geschätzt.

ROTE SOMMERFRISCHE

Sommerhitze und eisgekühlte Wassermelonen gehören zusammen, denn nichts ist an einem sonnendurchglühten Tag so erfrischend wie ein Segment dieser roten, angenehm süßen, vollsaftigen Frucht. Es scheint in dieser Zeit keinen griechischen Kühlschrank zu geben, in dem nicht eine davon auf ihren Einsatz wartet. Und damit das so bleibt, fährt vielerorts der Melonenverkäufer regelmäßig mit seinem Pritschenwagen durch die Straßen, um die bis zu 15 Kilogramm schweren Früchte, bei denen es sich rein botanisch betrachtet um Beeren handelt, zuvorkommenderweise bis vor jede Haustür zu bringen.

Ein Stück Wassermelone auf die Hand, und schon kann es losgehen: Kreismeisterschaft im Kerne-Weitspucken, Juniorenklasse.

Bei durchschnittlichen 15 Kilogramm Gewicht je Wassermelone ist der ›fliegende‹ Melonenverkäufer an der Haustür ein gern in Anspruch genommener Service.

Das größte Anbaugebiet Griechenlands für Wassermelonen *(Citrullus lanatus)* befindet sich im Nordwesten der Peloponnes, in der Gegend um Pírgos. Viele Bauern haben sich hier nur auf dieses Erzeugnis spezialisiert. Da es dem Boden durch die langjährige Monokultur an Mineralien fehlt, Wassermelonen aber auf wichtige Nährstoffe wie Kalk und Magnesium angewiesen sind, müssen während der Wachstumszeit entsprechende Präparate zugesetzt werden. In den letzten Jahren experimentieren die Bauern verstärkt mit Kreuzungen aus Wassermelone *(Citrullus)* und Kürbis *(Cucurbita)*. Die daraus hervorgegangenen Pflanzen sind widerstandsfähiger gegen Schädlingsbefall, und dass sich der Fruchtgeschmack ein wenig verändert hat, wird ebenfalls positiv vermerkt. Ansonsten benötigen die großen Beeren nur noch Wasser, viel Wasser, denn

ALLE MIT DEM MESSER

Melonenverkäufer ziehen den ganzen Sommer über von Haus zu Haus, wiegen schwere Wassermelonen auf ihrer provisorischen Waage aus und verkaufen meistens gleich mehrere auf einmal. Ein lukratives Geschäft! Wenn der Melonenverkäufer aber von seinem Wagen aus mit schnarrenden Tönen durch ein verbeultes Megaphon ruft: »Frische Melonen und alle mit dem Messer«, dann meint er damit nicht, dass es jetzt als Sonderaktion zu jeder Wassermelone ein Messer gratis gibt. ›Mit dem Messer‹ bedeutet vielmehr: »Ich schneide euch eine Wassermelone auf und ihr probiert. Dann könnt ihr entscheiden, ob ihr sie kaufen wollt oder nicht.«

KOLOKÍTHA GLIKÓ

Kürbis in Sirup

1 kg Gartenkürbis
1,5 kg Zucker
500 g Traubenzucker
Saft von 1 Zitrone
600 ml Wasser

Das Stück Kürbis schälen, die faserigen Partien an der Innenseite entfernen und das restliche Fleisch würfeln. Die Kürbisstücke mit wenig Wasser in einen Topf geben, kurz aufkochen und vom Herd nehmen. Aus Zucker, Traubenzucker und Zitronensaft mit dem Wasser einen Sirup kochen. Sterilisierte Einmachgläser mit den Kürbisstücken füllen, mit Sirup aufgießen und fest verschließen. Der Kürbis ist so mehrere Monate lang haltbar und wird auf kleinen Tellern als Nachspeise oder gemeinsam mit einem Glas Wasser zum Mokka gereicht.
Hinweis: Traubenzucker und Zitronensaft verhindern die Bildung von Zuckerkristallen.

voll ausgereift beträgt ihr Wassergehalt etwa 90 Prozent. Es gehört einige Erfahrung dazu, den Reifegrad einer Wassermelone blindlings zu bestimmen, also ohne sie aufzuschneiden und die Farbe ihre Fruchtfleisches oder ihren Geschmack zu prüfen. Die Bauern klopfen mit dem Finger oder mit der flachen Hand auf die Frucht und können die Reife hören: unreife Früchte klingen beinah metallisch hell, überreife eher hohl und flach, nur die gerade richtigen klingen mit dumpfem, vibrierendem Ton – sagen die Bauern. Wer seinen Ohren vielleicht doch nicht traut, der kann auch den ›Auflagefleck‹ der Wassermelone in Augenschein nehmen. Vorausgesetzt, sie wurde im Verlauf ihrer Reife nicht bewegt, sollte die Stelle ihrer Bodenhaftung nicht weiß, sondern cremefarben bis hellgelb sein.
Unter den Melonen ist die Honigmelone *(Cucumis melo)* in Griechenland die begehrteste. Sie wird überwiegend im Südwesten der Peloponnes angebaut. Obwohl ihr Wassergehalt tatsächlich nur etwa fünf Prozent niedriger ist als der von

Von diesem Prachtkürbis an einem der vielen Straßenstände kann man sich die gewünschte Menge abschneiden lassen.

Zuckermelonen sollten ebenso wie Wassermelonen erst geerntet werden, wenn sie voll ausgereift sind.

Wassermelonen, steht die Rollenverteilung im Speiseplan fest: während die Wassermelone jederzeit gewissermaßen als Erfrischungs-›Getränk‹ dient, kommt die Honigmelone eher als sommerliches Dessert auf den Tisch.
Der Riesen- oder Speisekürbis *(Cucurbita maxima)* ist entfernt mit Wasser- und Honigmelone verwandt. Auch er enthält rund 90 Prozent Wasser, wirkt aber festfleischig und saftarm, weshalb man ihn nicht roh verzehrt, sondern eine Zubereitungsform wählt, neben anderen, für die sich Melonen in ausgereiftem Zustand kaum eignen: In Sirup eingelegt, steht Kürbis das ganze Jahr über zur Verfügung und rettet etwas von der spätsommerlichen Sonne bis in trübe Wintertage.

Die Süße, Lager- und Transportfähigkeit von getrockneten (Wild)Feigen weiß man in Griechenland schon seit 8000 Jahren zu schätzen. Seit wann Feigen kultiviert werden, läßt sich nicht mit Sicherheit bestimmen.

SÜSSE FEIGEN

Im Mittelmeerraum werden jährlich etwa 1,5 Millionen Tonnen Feigen produziert. Unter den Erzeugerländern steht Griechenland hinter der Türkei an zweiter Stelle. Dabei ist die Befruchtung der weitaus meisten Arten von *Ficus carica* so abenteuerlich, dass ihr Fortbestand bis heute eigentlich an ein Wunder grenzt. Durch die Jahrhunderte haben sich aus der Wildfeige zwei Kultursorten entwickelt, die über ein kompliziertes System voneinander und von einer bestimmten Gallwespenart *(Blastophaga psenes)* abhängig sind: Die Essfeige treibt nur langgrifflige weibliche Blüten, die Bocksfeige entwickelt kurzgrifflige weibliche (Gallenblüten) und männliche Blüten (sowie verholzte Früchte). Beide Sorten blühen dreimal im Jahr zu jeweils gleichen Zeiten. Die Gallwespenlarven wachsen in den Fruchtknoten der Gallenblüten heran. Die Weibchen verlassen, bereits befruchtet und beladen mit Pollen, die Holzfrüchte genau zu dem Zeitpunkt, wo die nächste Blütengeneration schon geöffnet ist. Auf der Suche nach einem geeigneten Fruchtknoten zur Eiablage stehen ihnen nur die kurzgriffligen Gallenblüten offen, da ihr

Kalamata *Totato* *Mission* *Kimi*

Botanisch betrachtet ist die Feige, so wie man sie kennt, ein Steinfruchtverband: in dem Verband eines birnenförmigen Fruchtstandes wachsen unzählige winzige Steinfrüchte auf länglichen fleischigen Stielen heran. Von den vier Sorten wird nur Kalamata getrocknet, die übrigen sind für den Frischverzehr bestimmt.

Getrocknete *Kalamata*-Feigen werden unter fließendem Wasser geschwenkt, um grobe Verunreinigungen zu entfernen.

Die gereinigten getrockneten Feigen gelangen auf ein Fließband, wo letzte Mängelexemplare aussortiert werden.

Nur makellose Früchte werden in Handarbeit für die handelsüblichen Verpackungen zusammengefasst.

Legestachel für die langgriffligen Essfeigenblüten zu kurz ist. Wenn sie es dennoch versuchen, befruchten sie die Essfeige – ohne sie durch ihre Eier schädigen zu können.
Feigen sind empfindlich, die Erträge schwankend, Ernte und Weiterverarbeitung handarbeitsintensiv. Daher haben viele Bauern die Kultur bereits aufgegeben. Die Europäische Union versucht zu helfen und investiert als Anreiz in neue Feigenbäume, schließlich gedeihen die begehrten süßen Früchte nur in südlichen Ländern.

SIKOMAÍDA (SIKÓPITA)
Feigenkuchen

750 g frische Feigen
200 ml Traubenmost
2 cl Ouzo
1 TL gemahlener Zimt
$^1/_2$ TL gemahlene Nelken
$^1/_2$ TL gemahlene Muskatnuss
Schale von 2 unbehandelten Orangen, gerieben
1 TL gehackter Fenchel
frisch gemahlener schwarzer Pfeffer
150 g fein gehackte Walnüsse oder Mandeln
Walnussblätter

Die Feigen halbieren und in der Sonne trocknen. Dann fein hacken und mit allen Zutaten gut verkneten. Die Masse zu kleinen Kuchen formen und in der Sonne trocknen. Die einzelnen Kuchen in Walnussblätter wickeln und fest zusammenbinden. Als Vorspeise zu Ouzo oder Wein reichen.

DAS FEIGENBLATT

Im 3. Jahrhundert v. Chr. benutzte man Feigenblätter, *›thrion‹*, als Hüllmaterial. Wie heute Weinblätter, wurden sie in Salz eingelegt, um ihre Bitterstoffe zu reduzieren, sodass man kleine Speisen darin einwickeln und verzehren konnte.
Im Zusammenhang mit dem Verlust des Paradieses wurde das Feigenblatt zum wichtigen Indiz, verriet sein Gebrauch Gottvater doch den erfolgten Sündenfall: »Da gingen beiden die Augen auf, und sie erkannten, dass sie nackt waren. Sie hefteten Feigenblätter zusammen und machten sich einen Schurz.« (Gen 3,7) Darstellungen der Thematik im Bereich der bildenden Kunst kamen um das Feigenblatt als Mittel der schamhaften Verhüllung nicht herum, Adam und Eva konnten sich ohne nicht mehr blicken lassen.

Die kleinen Feigenkuchen sind eine empfehlenswerte, aber sehr nahrhafte korfiotische Spezialität.

ATTIKA
Kantza
PELOPONNES
Mantinia
Nemea
Patras, Mavrodaphne von Patras, Muscat von Patras, Muscat de Rio von Patras
IONISCHE INSELN
Robola von Kefallinia, Mavrodaphne von Kefallinia, Muscat von Kefallinia
EPIRUS
Zitsa
THESSALIEN
Ankialos
Rapsani
MAKEDONIEN · CHALKIDIKI
Aminteon
Goumenissa
Naoussa
Côtes de Meliton
NORDÄGÄISCHE INSELN
Limnos, Muscat von Limnos
Samos
KYKLADEN
Paros
Santorin
DODEKANES
Rhodos, Muscat von Rhodos
KRETA
Archanes
Daphnes
Peza
Sitia
BULGARIEN
MAZEDONIEN
ALBANIEN
Makedonien
Chalkidiki
Thrakien
TÜRKEI
GRIECHENLAND
Epirus
Thessalien
Zentralgriechenland
Ionische Inseln
Attika
Peloponnes
Ägäisches Meer
Nordägäische Inseln
Sporaden
Kykladen
Dodekanes
Kreta
Ionisches Meer
Mirtoonisches Meer
Meer von Kreta
MITTELMEER
Thermaischer Golf
Strymonischer Golf
Golf von Saros
Dardanellen
Golf von Korinth
Golf v. Patras
Saronischer Golf
Argolischer Golf
Messenischer Golf
Lakonischer Golf
Tirana
Durrës
Vlorë
Titov Veles
Štip
Kičevo
Prilep
Strumica
Petrič
Ohrid
Bitola
Kärdžali
Edirne
Orestiás
Souflion
Tekirdağ
Kesan
Gelibolu
Çanakkale
Edremit
Izmir
Çesme
Aydın
Söke
Milas
Bodrum
Datça
Marmari
Yata
Serrä
Drama
Xanthi
Komotini
Alexandroupolis
Kavala
Philippi
Kilkis
Thessaloniki
Edessa
Jiannitsa
Florina
Kastoria
Ptolemais
Kozani
Katerini
Olymp 2917 m
Elasson
Tyrnavos
Ossa 1978 m
Agia
Larissa
Volos
Trikala
Kalambaka
Meteora-Klöster
Metsovon
Konitsa
Ioannina
Igumenitsa
Sarande
Korfu
Arta
Karditsa
Tymfristos 2315 m
Karpenission
Lamia
Amfilochia
Vonitsa
Lefkas
Fylia
Agrinion
Astakos
Thermon
Amfissa
Delphi
Amfiklia
Levadia
Desfina
Chalkis
Theben
Kymi
Styra
Rafina
ATHEN
Piräus
Megara
Keratea
Mantudion
Istiäa
Messolongi
Patras
Kalavryta
Lechäna
Ag. Trias
Gastuni
Olympia
Krestena
Langadia
Levidion
Tripolis
Klaton
Korinth
Lutrakion
Argos
Nafplion
Kranidion
Astros
Leonidion
Andritsäna
Filia
Kyparissia
Filiatra
Kalamata
Gargaliani
Pylos
Methoni
Sparta
Skala
Gythion
Monemvasia
Neapolis
Kap Maleas
Kap Tainaron
Kap Akritas
Kythira
Argostolion
Kefallinia
Ithaki
Zykinthos
Ägina
Poros
Hydra
Thassos
Samothraki
Athos 2039 m
Uranupolis
Kallithea
Myrina
Limnos
Imbros
Lesbos
Mytilini
Psara
Chios
Samos
Ikaria
Patmos
Leros
Kalymnos
Kos
Kefalos
Symi
Rhodos
Lindos
Tilos
Astipaläa
Alonnissos
Skopelos
Skyros
Andros
Tinos
Mykonos
Kea
Syros
Kythnos
Serifos
Sifnos
Paros
Naxos
Ios
Amorgos
Milos
Sikinos
Anafi
Santorin (Thira)
Saria
Karpathos
Kasos
Kap Spatha
Chania
Sfinarion
Paläochora
Rethymnon
Psiloritis 2456 m
Iraklion
Knossos
Chora Sfakion
Timbaki
Ierapetra
Sitia
Kap Sideros
Gavdos
N
0
50 km
Troodos Nord
Marathasa
Troodos West
Laona Kathikas
Ambelitis
Vouni tis Panayias
Troodos Süd
Laona
Afames
Commandaria
Pitsilia
Madhari
Tafeltrauben
MITTELMEER
Kap Andreas
Kyrenia
Lefkossia
Famagusta
Olympos 1951 m
Larnaca
Paphos
Limassol
ZYPERN

WEIN IN GRIECHENLAND

Die heutigen Weinregionen in Griechenland sind von unterschiedlichen klimatischen Bedingungen und geologischen Kennzeichen geprägt. Von den insgesamt 132 226 Hektar Rebflächen, die etwa zur Hälfte für die Gewinnung von Tafeltrauben und Rosinen genutzt werden, liegt ein großer Teil schon seit Beginn des antiken Weinanbaus in den Küstenregionen. Während hier der stetige Wind für Abkühlung sorgt, macht die große Hitze des Sommers in den Ebenen und auf den Inseln eine frühe Ernte erforderlich. Erschwerend für den Weinanbau wirkt dabei, dass nur die neu angepflanzten Rebzeilen künstlich bewässert werden dürfen. Im Gegensatz dazu können die Reben in den Gebirgslagen aufgrund der sehr niedrigen Temperaturen mitunter nicht zur vollen Reife gelangen. Die Böden aus Kalk- und Vulkangestein und das mediterrane Klima mit seinen heißen Sommern und milden Wintern schaffen generell aber solch günstige Bedingungen, dass die Reben sogar in Höhen von bis zu 1000 Metern über dem Meeresspiegel gedeihen können, und darum die in schroffe Gebirge übergehende Landschaft des Nordens für den Weinanbau zusätzlich erobert werden konnte. Aufgrund der dominierenden Mischkultur in der Landwirtschaft ist das Erscheinungsbild des griechischen Weinanbaus von einer flächenmäßig großen Verstreuung geprägt und weniger von großen zusammenhängenden Rebflächen, wofür die Anbaugebiete in Übersee und Mitteleuropa bekannt sind. Ebenso ungewöhnlich ist – angesichts der südlichen Lage des Landes – die mit etwa 60 Prozent überwiegende Weißweinproduktion, die nicht zuletzt dem weltweit bekannten Retsína zu verdanken ist.

Mit Europa verbindet Griechenland inzwischen ein gültiges Weinrecht, das mit seinem Eintritt in die Europäische Gemeinschaft 1981 geschaffen worden ist, nachdem 1971 schon die kontrollierten Herkunftsbezeichnungen eingeführt wurden. Das griechische Weinrecht folgt mit seiner Kategorisierung (siehe Kasten) der europäischen Verordnung zur Definition der ›Qualitätsweine bestimmter Anbaugebiete‹. Das herausragende Kennzeichen für das Weinland Griechenland ist die Vielzahl seiner Rebsorten. Rund 300 Sorten sind insgesamt zu finden, davon sind knapp zwei Dutzend besonders bedeutend und fließen aus den unterschiedlichen Weinbauregionen in den internationalen Weinmarkt.

Weißwein wird auf Santorín und dem Athos aus der Assyrtiko, auf Kreta aus der Vilana und auf Kefallinia vorwiegend aus der Robóla gewonnen. In den Gebieten Makedoniens, Thrakiens und der Peloponnes hingegen zieht man die weiße Rhodítis heran. Ebenfalls weiß sind die Retsína-Weine sowie der als Aperitif und Dessertwein bekannte Muscat aus Samos. In den Regionen Goumenissa und Naoussa von Makedonien und Thrakien wird eine der bedeutendsten Rotwein-Reben angebaut: die Xinómavro. Unterdessen wird auf der Peloponnes die Agiorgítiko und die Mavrodaphne in der Umgebung von Pátras sowie auf Kefallinia gezogen. Die Mandelaria-Rebe bestimmt die Rotweinproduktion auf Páros, Kreta und Rhodos. Eine sehr alte und wichtige rote Rebsorte ist außerdem Limnio. Auf der Insel Zypern, die einer eigenständigen Weintradition folgt, werden die einheimischen roten Reben Mavro und Ophthalmo und die weiße Xynisteri sowie Muscat of Alexandria verwendet.

Als internationale Rebsorten werden in Griechenland zum Verschnitt oder zum Teil auch als sortenreine Weine die roten Rebsorten Cabernet Sauvignon, Cabernet Franc, Grenache, Merlot sowie Syrah verwendet bzw. ausgebaut; von den weißen ist vor allem der Chardonnay zu nennen.

DIE PELOPONNES

Von Griechenlands Weinflächen hat die Region der Peloponnes eine besondere Bedeutung. Hier werden die Trauben für die Rosinenerzeugung und zugleich die Reben für insgesamt ein Viertel aller griechischen Weine angebaut. Mit 60 419 Hektar stellt die Region die größte Anbaufläche bereit. Die vom Tiefland bis zum 800 Meter hohen Gebirge reichende Landschaft ist so wechselvoll wie das Klima, das im Westen reiche Niederschläge und im Osten große Trockenheit beschert. Zudem ist die Peloponnes vorwiegend Rotweinland. In Neméa entsteht mit dem Beinamen ›Blut des Herakles‹ ein würziger und gut strukturierter Rotwein aus der Agiorgítiko-Rebe. Der hoch geschätzte Mavrodaphne aus Pátras ist ein öliger, dunkler mit Alkohol angereicherter Rotwein. Zwar kommt aus Pátras auch der süße, weiße Muscat und eine trockene, weiße Variante aus der Rhodítis-Rebe, dennoch ist das Gebiet Mantínia mit der fruchtigen Moscofílero der einzige größere Weißweinproduzent.

Mit einer Rebe ist die Peloponnes besonders verbunden. Monemvasia, ein strategisch wichtiger Zugangsort auf der Ostseite der Peloponnes, erlebte im 13. Jahrhundert seine Blütezeit mit Hilfe eines Weins als bedeutendes Handelsgut, der von den Venezianern später Malvasia genannt wurde. Dahinter verbirgt sich der legendäre und zugleich mythische ›Nektar der Götter‹, ein süßer Likör der einst auf Kreta im Palast von Minos in Kesseln gekocht und quasi konserviert wurde und dann im Mittelalter seinen Weg über Monemvasia, dem Knotenpunkt des Seehandels, nach Italien, Frankreich und England finden konnte.

WEINGLOSSAR

Afrothes: Schaumwein
Águro krasi: unreifer, das heißt junger Wein
Ambelónas: Weinberg
Chróma: Farbe
Drïinio waréli: Eichenfass
Elafrí krasí: leichter Wein
Epitrapezio: Tafelwein
Erithró oder *kókino:* rot
Gévsi: Geschmack
Inapothíki: Weinkeller
Inopíisi: Weinherstellung
Inopiós: Weinbauer
Inopolío: Weinlokal, Weinhandlung
Isoropiiméno krasí: harmonischer Wein
Kiwótio: Holzkiste
Krási me poli sóma: Wein mit viel Körper
Krasí: neugr. Wein
Ktima: Weingut
Lefkó: weiß
Oinos: altgr. Wein
Paleó krasí: alter Wein
Potíri: Glas
Warí krasí: schwerer Wein
Xiros: trocken

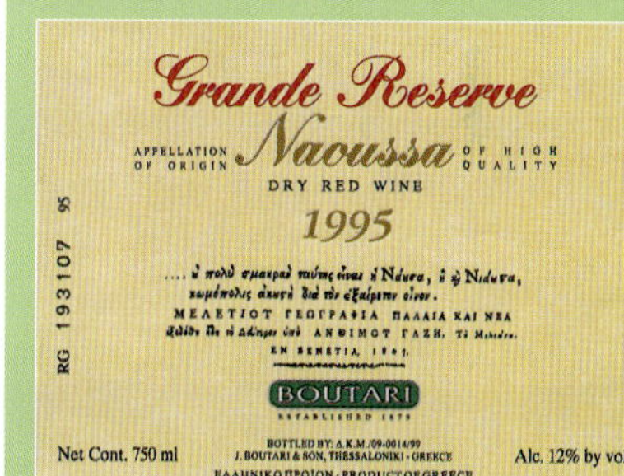

GRIECHISCHE WEIN-KATEGORIEN

Epitrapezios Oinos: Tafelwein
Cava: Tafelwein, der zwei (Weißwein) bzw. drei Jahre (Rotwein) in Holzfässern und Flaschen lagern muss
Topikos Oinos: Landwein
O.P.A.P. (Onomasias Proelefsis Anoteris Piotitas): Äquivalent zur EU-Qualitätsbezeichnung V.Q.P.R.D. (Vin de Qualité Produit dans une Région déterminée): Es sind momentan 22 Appellationen dieser Qualität definiert.
In Holzfässern gereifte Weine dürfen darüber hinaus folgende Bezeichnungen tragen:
Epilegmenos (Réserve): Weißwein zwei, Rotwein drei Jahre, jeweils eines auf der Flasche
Idika Epilegmenos (Grande Réserve): jeweils ein Jahr mehr
O.P.E. (Onomasias Proelefsis Elenchomenis): bezeichnet entsprechende Qualitäts-, Likör- oder Dessertweine; 13 Appellationen definiert
Retsína: Von der EU Griechenland zuerkannte ›Traditionelle Bezeichnung‹

GRIECHISCHE REBSORTEN

Moscofilero: Rebe des Peloponnes, die an Muskateller erinnert; der trockene Weißwein entwickelt ein blumiges, nach Rosen duftendes Bukett.

Xinómavro: Rebe des Nordens mit hohem Säuregehalt ausgeprägtem Beerenaroma, und milden Tanninen für körperreiche Weine wie den Naoussa.

Agiorgítiko: Hochwertige aromareiche Sorte aus Neméa mit starker Farbe und milden Tanninen; liefert fruchtige, zuweilen säurearme Weine.

Limnio: Einzigartige, würzige Rebe aus Limnos, die bereits Aristoteles ›*limnia*‹ nennt; liefert körperreiche Weine mit ausgeprägter Säure.

Savatianó: Meistangebaute Rebe Griechenlands; klassische Basis für Retsína, bringt aber auch fruchtige, ausgewogene Weißweine hervor.

Rhodítis: Vielseitige, alte peloponnesische Sorte mit geringen Zuckerwerten und viel Säure; der junge, gut gekühlte Wein schmeckt würzig.

Moscato: Aus dieser Muskatellerrebe entsteht der berühmte süße Dessertwein von Samos; wird auch in der Region von Pátras angebaut.

Assyrtiko: Sehr hochwertige weiße Rebsorte, die bevorzugt in Santorin auf vulkanischem Gestein gedeiht; entwickelt eine gute Säure.

Mavrodaphne: Der aromatische ›Schwarze Lorbeer‹ wächst im Raum Pátras und auf Kefallinia; Basis für süße, schwere Dessertweine.

Kotsifali: Auf Kreta wachsende Rebe mit würzigem Aroma, hohem Zuckergehalt und niedrigen Tanninwerten; wird gern mit Mandelaria gemischt.

Mandelaria: Eine alte Rebe von den Kykladen und Kreta mit hohem Tanningehalt; ergibt Weine mit kräftiger Farbe und relativ wenig Alkohol.

Robóla: Aus der vorwiegend auf Kefallinia angebauten Rebe lassen sich besonders kraftvolle, trockene Weißweine mit feinem Zitronenduft keltern.

Malagousia: Die im südwestlichen Festland beheimatete Rebe bringt aromatische, runde Weißweine mit Zeder-, Minz- und Pfeffernoten hervor.

Vilana: Die altkretische weiße, sehr aromatische Rebsorte lässt Weine entstehen, die nach frischen Blumen und grünen Äpfeln schmecken.

KORINTHEN

Die kernlose, kleine, violett-schwarze, getrocknete Weinbeere der Rebsorte *Vitis minuta* wurde zuerst in der Gegend von Korinth angebaut und erhielt daher ihren Namen. Korinthen waren die beliebtesten Rosinen der Antike, sie wurden und werden gern für die Zubereitung von Gebäck verwendet.

George Papaioannou ist ein ehrgeiziger Winzer, dem die selbstständige Vermarktung schon früh sehr erfolgreich gelungen ist. Mitten im antiken Nemea-Gebiet experimentiert er an 30 verschiedenen Weinsorten und zählt inzwischen zu den bekanntesten Winzern Griechenlands.

WEINGUT PAPAIOANNOU

Dieses 50 Hektar umfassende, prächtige Weingut liegt in Neméa – eine der beiden Weinregionen der Peloponnes, die nicht direkt an der Küste liegen – und wird von dem eigenwilligen Winzer Anthanassios Papaioannou und seinem Sohn George, einem gelernten Önologen, mit Leidenschaft geführt. Die griechischen Kollegen Papaioannous erzählen von ihm, er sei so tief mit dem Boden seiner Heimat verwurzelt, dass über der Erde eigentlich nur sein Körper wandle. Nachdem das Weingut bereits 1867 gegründet worden ist, hat der heutige Besitzer als einer der ersten Winzer in Griechenland den Schritt in die Selbstvermarktung gewagt. Inzwischen gehört das Weingut Papaioannou zu den bekanntesten in ganz Griechenland. Anthanassios und George Papaioannou haben sich ausschließlich auf trockene Weine spezialisiert. Als klassisches ›Blut des Herakles‹ wird hier aus der zum Teil sehr alten Agiorgítiko-Rebe, die in Nemea in einer Höhe von 250 bis 800 Metern ü. d.M. wächst, zum Beispiel ein urwüchsiger, guter roter Nemea AOC gekeltert. Kennzeichnend für ihn ist, dass er eine dichte rote Farbe aufweist und sich mit ausreichender Struktur sehr gut für die Lagerung eignet. Außerdem baut die Familie Papaioannou internationale Rebsorten aus wie Chardonnay, Cabernet Sauvignon und die in ihrem Bukett unvergleichliche große Burgundertraube Pinot Noir der französischen Cote d'Or. Sie werden als Land- und Tafelweine auf den Markt gebracht. Darüber hinaus experimentieren die Papaioannous mit Riesling und Sauvignon Blanc.

Der Pinot Noir ist ein dunkler, trockener Rotwein mit eigenwilligen Charakterzügen.

Der Fumé Papaioannou überzeugt durch seine leicht rauchige Eichenholzwürze.

Der Agiorgítiko ist ein trockener Landwein, der alle regionalen Vorzüge aufweist.

WEINKELLEREI ACHAIA CLAUSS

Als der bayerische Weinhändler Gustav Clauss 1859 die Region Achaia im Norden der Peloponnes bereiste, fühlte er sich angesichts der hügeligen Landschaft mit ihren fruchtbaren Weinbergen in der Umgebung der Hafenstadt Pátras sofort zu Hause und beschloss, sich dort niederzulassen. Er erwarb Land und gründete 1861 seine eigene Weinkellerei. Das ursprüngliche Hauptgebäude des Weinguts, das sich das Aussehen einer kleinen Festung mit Turm gab, steht noch heute. In der Vorstellung der Besitzers sollten sich die Wohnungen der Arbeiter und Angestellten seines Weinguts, die vielen verschiedenen Nationalitäten angehörten, um diesen Turm nahezu wie ein kleines Weindorf gruppieren. Bereits 1880 arbeiteten hier Griechen und Italiener in der Weinherstellung, Deutsche in der Verwaltung und Malteser als Fassmacher. Auch eine Schule sowie je eine katholische und eine griechisch-orthodoxe Kirche ließ Clauss für seine Mitarbeiter errichten.

Dank der hohen Qualität seiner Erzeugnisse konnte Clauss die Weine in alle europäischen Länder exportieren und erhielt schon 1873 für seinen Muskat aus Pátras und den Mavrodaphne Patron die ersten internationalen Preise. 1901

Der weiße Demestica ist ein leichter, fruchtiger Wein mit einer Pfirsichnote.

Der rubinrote Demestica hat einen festen Körper und ist bei 16 °C zu servieren.

Der süße Dessertwein Mavrodaphne von Pátras ist der Traditionswein von Achaia Clauss.

wurde der erste Demestica aus dem Gebirgsdorf Demestícha auf Flaschen abgefüllt.

Nach Clauss' Tod erwarb der griechische Unternehmer und Rosinenexporteur Vlassis Antonopoulos 1919 die Achaia-Clauss-Weinkellerei und setzte die Weintradition des Gustav Clauss fort. In den Ausstellungsräumen zur Geschichte des Weinguts kann man eine Büste des zweiten Besitzers bewundern.

Als Besucher kann man sowohl die historischen Gebäude und Gebäudeteile als auch nahezu alle Räume der Weinkellerei besichtigen, die auch nach sechs Generation noch einem toskanischem Weingut oder einer spanischen Bodega ähneln. In einem der Ausstellungsräume kann man die Dankesbriefe großer gekrönter wie ungekrönter Häupter bewundern, darunter Schreiben von Elisabeth von Österreich, Victoria von England, Bismarck, Franz Liszt, Charles Montgomery, Neil Armstrong und einigen amerikanischen Präsidenten.

Im Jahr 1983 wurde die Weinkellerei von Grund auf modernisiert und gilt seitdem als einer der größten Kellereibetriebe Griechenlands mit einem jährlichen Produktionsvolumen von 25 Millionen Flaschen und einem umfassenden Vertriebsnetz in Griechenland sowie in 37 weiteren Ländern.

Unter den Tafelweinen, die Achaia Clauss heute produziert, ist der Demestica (weiß, rot wie auch rosé) sicher der weltweit bekannteste. Aber es werden auch respektable Qualitätsweine der Appellation V.Q.P.R.D. wie die Weißweine Neméa, Inokastro und Mantínia gekeltert. Erwähnenswert sind natürlich auch der Qualitätswein Cava Clauss sowie besonders die berühmten süßen Dessertweine (AOC): der rote Mavrodaphne von Pátras und der weiße Muskat von Pátras. Produziert wird außerdem Retsína und Ouzo.

Das festungsartige Weingut von Achaia Clauss mit seinen vorbildlichen Sozialeinrichtungen gehört zu den größten der Peloponnes. In seinen Kellern lagern riesige alte Fässer des süßen Mavrodaphne von Pátras.

WEINGUT ANTONOPOULOS

Konstantinos Antonopoulos – ein weltgewandter Weinfachmann – machte in den 1980er Jahren seinen langgehegten Traum vom eigenen Weingut wahr: Am Stadtrand von Pátras, der drittgrößten Stadt Griechenlands, gründete er 1987 seine moderne Weinkellerei und bebaute elf Hektar Anbaufläche mit eigenen Reben. Darüber hinaus wird hier immer mehr Lesegut aus anderen Weingebieten wie Neméa und Mantinia dazu gekauft und zu anerkannten Rot- und Weißweinen verarbeitet. Nachdem es Antonopoulos gelungen war, einen der ersten wirklich großen griechischen Rotweine zu erschaffen, bedeutete sein tragischer Tod 1994 durch einen Autounfall für die gesamte Weinwirtschaft Griechenlands einen unwiederbringlichen Verlust. Gemäß den Worten seines Kollegen Thanassis Parparoussis, der im gleichen Maße von Pioniergeist erfüllt ist, hat Griechenland mit Konstantinos Antonopoulos eine »Speerspitze, die den griechischen Wein aus der Anonymität führte, verloren«. Glücklicherweise wird sein Erbe durch seine Vetter Yiannis und Nikos Chalikias fortgeführt und darüber hinaus sogar sehr erfolgreich weiterentwickelt.

Besonders bedeutende Erzeugnisse des Weinguts Antonopoulos sind der Cabernet-Nea Dris, die Private Collection Red (Agiorgítiko, Cabernet Sauvignon) und White (Chardonnay). Wichtige Produkte sind außerdem der weiße Verschnitt Adoli Ghis aus heimischen Sorten und Chardonnay sowie ein weißer Mantinia.

Der Chardonnay wird zwei Jahre in neuen Eichenfässern gelagert und entfaltet sein Aroma bei 10 °C Serviertemperatur.

Cabernet-Nea Dris ist ein halbschwerer Rotwein, der leicht nach Zedern und Minze schmeckt; vorzüglich zu kräftigen Gerichten.

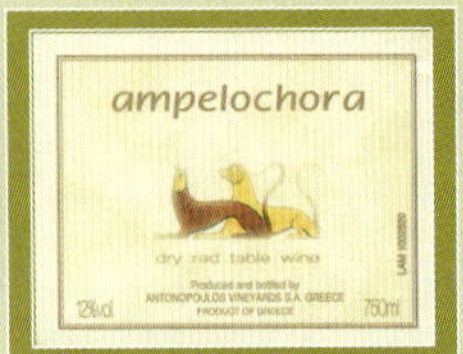

Der Cabernet Franc Ampelochora erinnert an einen würzigen Loire-Wein, der leicht fruchtig nach frischen Beeren schmeckt.

DER WEIN DES PAUSANIAS

Im Jahr 176 bereiste der Historiker Pausanias die Peloponnes. Obwohl er in seinen Reiseberichten den wilden Wein aus Arkadien nicht erwähnte, trägt dieser heute seinen Namen. Wie diese Bezeichnung entstand, ist nicht eindeutig, sicher ist jedenfalls, dass dieser wilde Wein heute als einer der wenigen noch erhaltenen griechischen Ur-Weinstöcke angesehen werden kann. Weinforscher haben ihn in Arkadien wiederentdeckt. Es ist ein kräftiger Weinstock und obwohl inzwischen viel zu alt, um Früchte zu tragen, trägt sein Stamm noch die Urgene der heutigen Spitzenweine. Es war eine der vielen wilden Weinreben, die in der Antike überall in Griechenland wuchsen und aus denen die ersten griechischen Weine gekeltert wurden, die schon bald weit über die Grenzen des Landes hinaus beliebt und über viele Jahrhunderte von Philosophen und Historikern gelobt wurden. Homer, Herodot, Xenophon, Aristoteles, Theophrast, aber auch die Lateiner Cato und Vergil preisen sie in ihren Schriften. Die wilde Weinrebe Griechenlands wuchs noch bis weit ins 19. Jahrhundert zwischen Thrakien und der Peloponnes, genau in den Regionen, in denen auch heute noch die vielen in Griechenland existierenden Rebsorten gedeihen. Erst die Reblauskatastrophe von 1898 zerstörte die meisten griechischen Weinstöcke. Wo bis heute noch die wenigen wilden Weine des Pausanias überdauerten, liegen wieder zwei der wichtigsten griechischen Weinbaugebiete: Mantínia und Neméa.

Das Weingut Antonopoulos gehört zu den größten und ambitioniertesten auf der Peloponnes. Von Konstantinos Antonopoulos 1987 begonnen, wird seine erfolgreiche Arbeit auch nach seinem tragischen Tod von seiner Frau und seinen Vettern Yiannis und Nikos Chalikias fortgeführt. Auch sie sind mit dem Herzen bei der Kunst der Weinerzeugung dabei.

WEINKELLEREI OENOFOROS

Diese Weinkellerei verfügt über spektakulär gelegene Weinberge oberhalb der Bucht von Korinth. Ihre Rebflächen sind auf fünf Ebenen in den Nordhängen der klimatisch begünstigten Region Egion zwischen 300 und 900 Metern Höhe angelegt. Die zentrale Gebirgskette der Peloponnes im Süden schützt die Reben vor den heißen Winden, während das frische Seeklima des Golfes von Korinth für das fruchtbare Gedeihen sorgt. Kennzeichnend für den Betrieb ist, dass den Winzern die erfolgreiche Einführung ausländischer Rebsorten wie Chardonnay und Cabernet Sauvignon gelungen ist und gleichzeitig eine Wiederbelebung der alten, fast schon verschwundenen Rebsorten Lagorthi und Volitsa. Nachdem ein verheerender Reblausbefall sie vernichtet hatte, haben die Winzer sie mit großem Zeitaufwand und mit Beharrlichkeit wieder neu angebaut. Die Weinkellerei verknüpft moderne Technik mit den Werten der traditionellen Weinerzeugung. Mit Freude an der Kunst der Weinerzeugung erfolgt nach der Lese vor Ort die Gärung und die Lagerung in Eichenfässern oder in modernen Edelstahltanks.

In der Weinkellerei Oenoforos (griech. Weinträger) schaffen heimische Spezialisten mit nationalen und europäischen Referenzen interessante Verschnitte aus einheimischen und internationalen Rebsorten und außergewöhnlich sortenreine Weine. Sie verarbeiten u.a. die Reben Rhodítis, Moscofilero, Mantínia und Agiorgítiko.

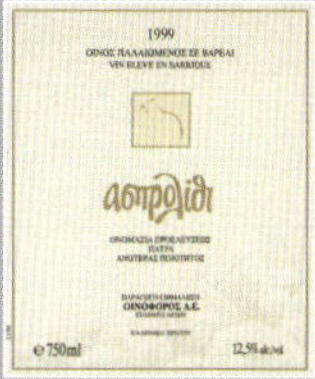

Der weiße Asprolithi aus Rhodítis hat bei 10–12 °C ein klares fruchtiges Aroma.

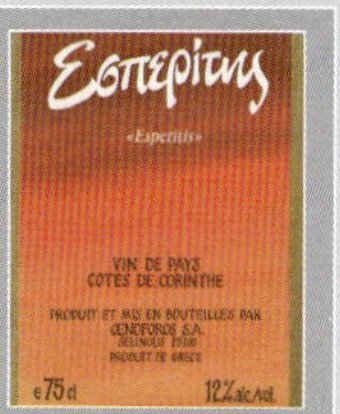

Der Esperitis ist ein leichter Rosé aus der Agiorgítiko-Rebe, mit Rosenaroma.

Ein sortenreiner Wein, gekeltert aus der beschränkt angebauten roten Rebsorte Volitsa.

WEINGUT SPIROPOULOS

Die Familie Spiropoulos beschäftigt sich schon seit 1860 mit dem Weinanbau und der Weinherstellung. Inzwischen gehören in der Appellation Mantinia – eine Hochebene 650 Meter über dem Meeresspiegel – Rebflächen von 40 Hektar zum Familienbesitz, und das architektonisch gelungene und modernisierte Weingut liegt inmitten der Weinberge. 1993 stellten die fortschrittlichen Winzer im Rahmen eines EU-Programms auf ökologischen Weinanbau um, was 1999 sogar mit der Verleihung der ISO-Qualitätsbescheinigung belohnt wurde. Die Symbiose aus biologischem Anbau, technisch perfektionierter Weinherstellung und der Erzeugung hochwertiger Produkte ist damit endgültig zur Lebenseinstellung der Familie geworden. Die Weine haben zahlreiche internationale Preise und Auszeichnungen gewonnen und werden inzwischen zu etwa 20 Prozent ins Ausland exportiert. Eine Spezialität ist der Mantinia aus Moscofilero.

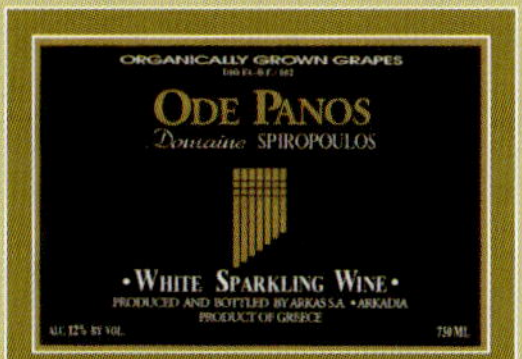

Der Schaumwein Ode Panos aus der dafür geeignetsten Moscofilero-Rebe schmeckt am besten nach vierjähriger Reifung und bei 6–8 °C.

Den weißen Orino sollte man bis zu zwei Jahren nach seiner Herstellung trinken.

Der dunkelrote Verschnitt Porfyros hat ein vielseitiges und kräftiges Aroma.

Das Weingut Spiropoulos setzt sehr hohe und vorbildliche Maßstäbe im biologisch betriebenen Weinanbau.

ΕΠΤΑΝΗΣΑ

Oben: Campiello, die Altstadt Korfus, präsentiert sich wenig griechisch.
Hintergrund: Blick auf die ehemalige Residenz der englischen Lordhochkommissare mit der in griechischem Stil erbauten Kirche des Heiligen Georg.

IONISCHE INSELN

Mögen in Wahrheit die Ionier, jener Stamm, der einst den Norden der Peloponnes besiedelte, diesen Inseln zu ihrem Namen verholfen haben, es gibt auch hier einen antiken Mythos, der die viel bessere Erklärung kennt: Io, eine Priesterin der Hera, von Zeus begehrt und in eine Kuh verwandelt, konnte sich den Attacken der eifersüchtigen Gottesgattin, die sie von einer Bremse in Raserei versetzen ließ, nur durch den beherzten Sprung in eben jenes Meer entziehen, das noch immer ihren Namen trägt. Nähert man sich Griechenland von Westen, entfaltet sich eine Landschaftskulisse, die so ganz anders wirkt, als alles, was man von griechischen Inseln erwartet. Das liegt nicht allein an dem zugegeben eindrucksvollen Naturschauspiel, das die 13 bewohnten Inseln im Ionischen Meer bieten, es ist auch das so ungewohnt satte Grün der Vegetation, denn auf dieser Seite Griechenlands fallen mehr Niederschläge als in der Ägäis. Am Übergang vom Mittelmeer zur Adria liegen die nördlichsten der Ionischen Inseln nur wenige Kilometer von der italienischen Küste entfernt. Das erklärt auch ihre kulturelle Nähe zu Westeuropa, zumal sie nie unter türkischer Herrschaft standen (mit Ausnahme der Halbinsel Lefkas). Dafür konnten Venedig, das hier einen Brückenpfeiler zum östlichen Mittelmeerraum sah, sowie Russland, Frankreich und England ihre Einflüsse stärker geltend machen. Die im 13. Jahrhundert einsetzende venezianische Herrschaft hat sich nicht nur auf die Architektur ausgewirkt, sie hat sich auch in der westlich geprägten Kunst- und Literaturgeschichte niedergeschlagen. So ermöglichten die Ionischen Inseln vielen griechischen Intellektuellen und Gelehrten ein heimisches Exil, um sich dem Einfluss Konstantinopels zu entziehen. Im 19. Jahrhundert wurden die Ionischen Inseln zu bevorzugten Aufenthaltsorten westlicher Regenten. Kaiserin Elisabeth von Österreich ließ sich auf Korfu eine Residenz erbauen, die Kaiser Wilhelm II. später erwarb, die griechische Königsfamilie hielt sich hier vorwiegend auf, und der britische Prinzgemahl Philipp ist sogar auf Korfu geboren. Da die Bewohner der Ionischen Inseln seit je stärker am Westen als am eigenen Mutterland orientiert waren, bescherte ihnen der angestrebte Anschluss an Europa die wenigsten Probleme. Und es sollte nicht überraschen, wenn venezianischer Lebensstil, englische Tradition und französischer Esprit eine Synthese eingingen, aus der eine der reizvollsten Regionalküchen Griechenlands entstand.

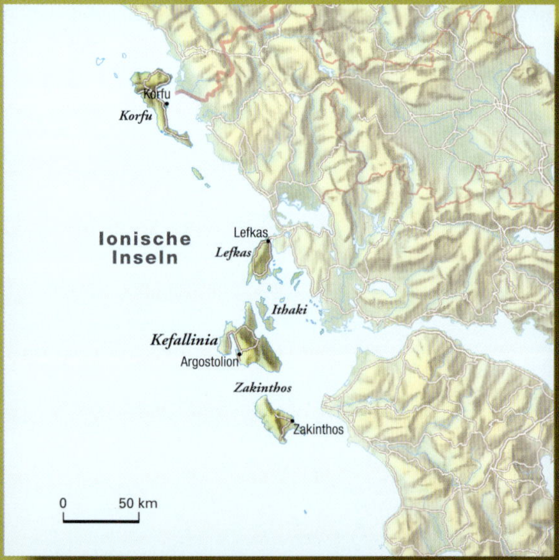

Das Rindfleisch auf den Ionischen Inseln stammt von Tieren, die auf vollkommen natürliche Weise gehalten werden. Da freut sich auch der Fleischer.

PUTÍNGA

Sie ist eine wenig bekannte Spezialität, die es noch zu entdecken gilt, denn man kennt sie ausschließlich auf den westlichen Inseln. Im übrigen Griechenland wird man vergeblich danach fragen, woraus man vielleicht schließen kann, dass bei der Entstehung dieser süßen Nachspeise englische Rezeptbücher Pate gestanden haben. Als Brotpudding war *putínga* ursprünglich ein eher auf den Winter beschränktes Dessert, wenn es frisches Obst nicht gab. Restaurants, die sich wieder mehr auf die lokale Küche besinnen, führen *putínga* ganzjährig auf der Karte und das mit großem Erfolg.

PUTÍNGA

Brotpudding aus Korfu

1 EL Butter
250 g Zucker
Mehl
6–8 Scheiben Weißbrot
5 Eier
1 Packung Vanillezucker
750 ml Milch
200 g gehackte Walnüsse
200 g Rosinen
20 Backpflaumen, entsteint und gehackt
Schale 1 unbehandelten Orange, gerieben
Aprikosengelee
Saft von $^1/_2$ Zitrone

Den Backofen auf 180 °C vorheizen. Eine Kastenform mit Butter einfetten, dann mit Zucker und schließlich mit Mehl ausstreuen. Den Boden der Form mit Weißbrot auslegen.
Die Eier mit dem restlichen Zucker und dem Vanillezucker in einer Schüssel schaumig schlagen, die Milch einrühren, die Rosinen, die Backpflaumen, die Hälfte der gehackten Walnüsse und die geriebene Orangenschale zufügen und

Zunächst in einer Schüssel die Eier mit Zucker und Vanillezucker schaumig schlagen.

Dann die Milch unterrühren und die Rosinen zusammen mit den entsteinten Backpflaumen dazugeben.

Zuletzt die Hälfte der gehackten Walnüsse und die geriebene Orangenschale einrühren.

ODYSSEUS

Die Ionische Insel Ithaki sieht sich nicht ungern mit Ithaka in Verbindung gebracht, der Heimat des fiktiven Odysseus, des listenreichen Königs, dessen abenteuerliche Irrfahrt Gegenstand eines der großen Versepen der Weltliteratur ist: der berühmten, Homer zugeschriebenen ›Odyssee‹. Schon in dessen ›Ilias‹ ist der Held Odysseus eine der Hauptfiguren, auch wenn er nur widerwillig mit den anderen griechischen Führern in den Krieg gegen Troja zog. Es ist seine List mit dem Hölzernen Pferd, die Trojas Untergang herbeiführt. Als er sich die Feindschaft Poseidons zuzieht, vereitelt der Gott zehn Jahre lang die Heimkehr des Odysseus und seiner Gefährten, indem er seine Schiffe durch das gesamte Mittelmeer treibt und dem Protagonisten unwirkliche Abenteuer aufzwingt. Nur Athena hilft dem Getriebenen, die Anfeindungen zu überstehen, bis er endlich nach Ithaka zu seiner Frau Penelope und seinem Sohn Telemachos zurückkehren kann.

alles gut vermischen. Die Masse in die Kastenform füllen und mit dem restlichen Brot abdecken. Eine große Bratenform zu zwei Drittel mit kochendem Wasser füllen, die Kastenform hineinstellen und im vorgeheizten Backofen ca. 1 Stunde backen, bis die Eiercreme fest geworden ist und das Brot Farbe angenommen hat. Aus dem Backofen nehmen, abkühlen lassen und über Nacht zugedeckt in den Kühlschrank stellen. Am nächsten Tag das Aprikosengelee mit dem Zitronensaft erhitzen. Den Pudding vorsichtig aus der Form auf eine Platte stürzen, mit Aprikosengelee überziehen und mit den restlichen gehackten Walnüssen bestreuen. Zum Servieren eine Scheibe Brotpudding mit etwas Aprikosensoße auf einem Teller anrichten.

Die gebutterte Kastenform mit Zucker ausstreuen, dann den Boden mit Weißbrot auslegen.

Die Eier-Milch-Creme einfüllen und mit einer zweiten Schicht Weißbrot abdecken.

Die gebackene *putinga* wird auf eine Platte gestürzt, aprikotiert und mit gehackten Walnüssen bestreut.

KRITHARÁKI

Wer in Griechenland zum ersten Mal Reisnudeln probiert, wird vielleicht verunsichert sein: Isst man, was man sieht oder wonach es schmeckt? Hat man Reis oder Nudeln auf dem Teller? Hinsichtlich ihrer Rohstoffe sind *kritharáki* eindeutig Nudeln, bestehen sie doch aus feinem Hartweizengrieß und Wasser, woraus ein homogener Teig geknetet wird. Für die charakteristische Reiskorngestalt der Nudeln wird der Teig in eigens dafür hergestellte Formen gepresst und acht bis zehn Stunden getrocknet. Vor dem Abpacken wird der Trockenheitsgrad genau geprüft, denn für die Haltbarkeit ist es entscheidend, dass die Nudeln jegliche Feuchtigkeit eingebüßt haben.

In der Zubereitung erfahren die Nudeln dann eine Behandlung, die eher Reis zukäme, denn statt in reichlich Wasser kocht man sie in einer genau bemessenen Menge, gerade soviel, wie sie selbst aufnehmen können. Dabei hat sich eine alte Hausfrauenregel besonders bewährt: Man fülle dreimal soviel Wasser wie Reisnudeln mit etwas Salz in einen Topf, gebe sobald es kocht die Reisnudeln dazu und lasse sie bei niedriger Hitze schwach köcheln, bis das ganze Wasser aufgesogen ist. Der richtige Gargrad hängt also weniger von der Zeit als von Wassermenge und Kochtemperatur ab – nicht umsonst gilt *kritharáki* in griechischen Küchen als leicht kapriziös.

JUVÉTSI ME ARNÁKI

Gebackene Reisnudeln mit Lamm
(ohne Abbildung)

125 g Butter
1 kg Lammfleisch, gewürfelt
1 Zwiebel, fein gehackt
4–5 Tomaten, abgezogen und püriert
1/2 TL Zucker
500 g kritharáki
100 g kefalotíri, gerieben
Salz
frisch gemahlener schwarzer Pfeffer

Den Backofen auf 180 °C vorheizen. Butter in einem Topf zerlassen und zunächst das Fleisch anbraten, dann die Zwiebel darin bräunen. Tomaten und Zucker zufügen und mit Salz und Pfeffer würzen. Die Temperatur reduzieren, das Fleisch zugedeckt 1 Stunde schmoren. Vom Herd nehmen und die Reisnudeln unterrühren. Portionsgerechte feuerfeste Formen mit hohem Rand zur Hälfte füllen, heißes Wasser aufgießen und umrühren. 30–40 Minuten im Backofen garen. Kurz vor Ende der Garzeit den Käse verteilen und überbacken. Heiß in der Form servieren.

Für 4–6 Personen

JUVÉTSI ME THALASSINÁ

Gebackene Reisnudeln mit Meeresfrüchten
(Abbildung siehe rechte Seite, oben)

500 g Venus- oder Miesmuscheln
250 g rohe Garnelen
125 g Butter
1 Zwiebel, fein gehackt
2 Knoblauchzehen, zerdrückt
4–5 Tomaten, abgezogen und püriert
1/2 TL Zucker
500 g kritharáki
200 g Schafskäse, zerbröselt
Salz
frisch gemahlener schwarzer Pfeffer

Den Backofen auf 180 °C vorheizen. Die Muscheln waschen und bürsten, dann in wenig Wasser aufkochen, bis sie sich öffnen. Muscheln abgießen, den Sud auffangen und beiseite stellen. Muscheln, die sich nicht geöffnet haben, aussortieren. Das Muschelfleisch auslösen und unter fließendem Wasser vorsichtig abspülen. Die Garnelen waschen. Butter in einer Pfanne zerlassen und die Garnelen auf schwacher Hitze anbraten, bis sie sich röten. Zwiebeln und Knoblauch zugeben und kurz andünsten. Tomaten, etwas Muschelsud und die Muscheln zugeben, mit Zucker, Salz und Pfeffer würzen und 10 Minuten schmoren. Vom Herd nehmen und die Reisnudeln unterrühren. Portionsgerechte feuerfeste Formen mit hohem Rand zur Hälfte füllen, heißes Wasser aufgießen und umrühren. Im vorgeheizten Backofen 30–40 Minuten garen. Kurz vor Ende der Garzeit den Schafskäse auf den Formen verteilen und einige Minuten überbacken. Noch heiß in den Formen servieren.

Für 4–6 Personen

JUVÉTSI ME LACHANIKÁ

Gebackene Reisnudeln mit Gemüse
(Abbildung siehe rechts, unten)

250 ml natives Olivenöl extra
1 Zwiebel, fein gehackt
3 Tomaten, abgezogen und fein gewürfelt
1 Stange Bleichsellerie, in dünne Scheiben geschnitten
1 rote Paprika, entstielt, entkernt und fein geschnitten
2 Knoblauchzehen, in dünne Scheiben geschnitten
500 g kritharáki
8–12 keftedákia (Rezept siehe S. 111)
200 g Schafskäse, zerbröselt
Salz
frisch gemahlener schwarzer Pfeffer

Den Backofen auf 180 °C vorheizen. Olivenöl in einem Topf erhitzen und Zwiebeln mit Knoblauch darin andünsten. Tomaten, Bleichsellerie und Paprika zugeben und mit Salz und Pfeffer würzen. Die Temperatur reduzieren und das Gemüse 5 Minuten köcheln. Vom Herd nehmen und die Reisnudeln unterrühren. Eine feuerfeste Form mit hohem Rand zur Hälfte mit der Gemüse-Nudel-Mischung füllen, heißes Wasser aufgießen und umrühren. Im vorgeheizten Backofen ca. 1 Stunde garen. Kurz vor Ende der Garzeit die *keftédes* sowie den zerbröselten Schafskäse darauf verteilen und noch einige Minuten überbacken. Noch heiß in der Form servieren.

Für 4–6 Personen

Nachdem die bissfest gegarten Makkaroni in der Auflaufform gleichmäßig verteilt sind, wird der geriebene *kefalotíri* darüber gestreut.

Als nächste Schicht wird die vorbereitete Hackfleischmasse gleichmäßig über Nudeln und Käse verteilt und mit einer weiteren Schicht Nudeln und Käse abgedeckt.

Für die Béchamel-Soße erwärmte Milch in eine Mehlschwitze rühren, den Topf vom Herd nehmen und die vorgeschriebene Anzahl Eier unterrühren.

Die noch warme, cremige Soße wird über den Auflauf gegossen, der nun 20–30 Minuten im vorgeheizten Backofen goldbraun überbacken wird.

PASTÍTSIO

Als italienische Hinterlassenschaft sind Nudelgerichte in der Ionischen Inselküche fest verankert. Daher ist auch *pastítsio,* der beliebteste aller griechischen Nudelaufläufe, hier besonders gut aufgehoben. Makkaroni wechseln mit Schichten von Hackfleisch, diversen Gemüsen und geriebenem Käse, eingebettet in einer gehaltvollen Béchamel-Soße. Im Ofen goldbraun überbacken und heiß serviert, zählt *pastítsio* neben *mussakás* (Auberginenauflauf) und *suwláki* (Fleischspieße) für Touristen zu den griechischen Spezialitäten schlechthin. Da die Zubereitung aufwändiger ist als manch anderes griechisches Rezept, steht dieses Gericht in Privathaushalten meist am Wochenende auf dem Speiseplan, wenn man sich zum Kochen mehr Zeit lassen kann. Und da *pastítsio* unbestreitbar zu den Speisen gehört, die mit dem zweiten und dritten Aufwärmen immer aromatischer werden, sind die Zutaten gewöhnlich großzügig bemessen, sodass der Auflauf für mehrere Tage reicht.

PASTÍTSIO
Hackfleisch-Makkaroni-Auflauf

200 ml natives Olivenöl extra
2 Zwiebeln, fein gehackt
500 g Hackfleisch vom Rind
2–3 Tomaten, abgezogen, entkernt und gewürfelt
1 Lorbeerblatt
500 g Makkaroni
150 g kefalotíri, gerieben
Salz
frisch gemahlener schwarzer Pfeffer
frisch gehacktes Basilikum

Für die Béchamel-Soße:
60 g Butter
60 g Mehl
750 ml Milch
3 Eier, verquirlt
100 g kefalotíri, gerieben
geriebene Muskatnuss nach Geschmack
Salz
frisch gemahlener schwarzer Pfeffer

100 ml Olivenöl erhitzen, die Zwiebeln darin andünsten, dann das Hackfleisch anbraten. Mit Wasser ablöschen und Tomaten sowie Lorbeerblatt zufügen. Mit Salz und Pfeffer würzen und ca. 30 Minuten köcheln. Die Makkaroni in kochendem, gesalzenem Wasser bissfest kochen, abgießen und abkühlen lassen. Die Nudeln mit dem restlichen Öl mischen und die Hälfte davon in einer Auflaufform verteilen. Mit geriebenem Käse bestreuen, das Hackfleisch darüber geben und mit den restlichen Nudeln abdecken. Den Backofen auf 200 °C vorheizen. Für die Soße einer Mehlschwitze unter ständigem Rühren erwärmte Milch zugießen. Den Topf vom Herd nehmen und Eier, Muskat, geriebenen Käse, Salz und Pfeffer einrühren (eventuell mit warmer Milch verdünnen). Die Soße über die Makkaroni gießen und den restlichen Käse darüber streuen. Im vorgeheizten Backofen ca. 20–30 Minuten überbacken. Aus dem Ofen nehmen, leicht abkühlen lassen und mit gehacktem Basilikum bestreut servieren.

Für 4–6 Personen

Lauch ist auch auf den Ionischen Inseln ein beliebtes Gemüse, das nicht nur in großem Stil, sondern auch im Gemüsegarten angebaut wird.

LAUCH UND ZWIEBELN

Botanisch betrachtet gehören beide derselben Gattung *(Allium)* einer Familie an und bilden gemeinsam mit dem Knoblauch ein Trio, das schon in der Antike zahlreiche Autoren beschäftigte, die sich detaillierte Gedanken über Anbau, Vermehrung, Unterschiede, Verwendung und Heilwirkung machten, denn Zwiebeln gehören zu den ältesten Kulturpflanzen der Menschheit, und schon vor etwa 5000 Jahren lassen sich verschiedene Arten der aus Westasien stammenden Gewächse im Mittelmeerraum nachweisen. Zu Homers Zeiten war Lauch, *›prason‹*, als Gemüse im Garten offenbar so selbstverständlich, dass der Dichter in seiner ›Odyssee‹ von *›prasia‹* sprechen konnte, wenn er allgemein das Gartenbeet meinte, und seine Zuhörer ihn verstanden.

Angesichts der Zwiebelringe, die so viele Speisen würziger machen, kümmert es kaum, dass man dem kulinarischen Wert einen anderen bedenkenlos opfert: Den Zwiebeln wären im Sommer etwa einen Meter hohe Blumen entwachsen, die auf schlanken Stielen große kugelige Dolden getragen hätten, zusammengesetzt aus vielen zartweißen oder hellvioletten Einzelblüten. Nicht umsonst gehören Zwiebeln zur Familie der Liliengewächse. Die Einsatzmöglichkeiten von Lauch *(prásso)* und Zwiebeln *(kremídi)* liegen auch in der griechischen Küche so dicht beieinander, dass sie zum Beispiel als Blätterteigfüllungen nach Belieben ersatzweise verwendet werden können. Beide sind fast ganzjährig verfügbar, in gemäßigtem Klima problemlos zu kultivieren, da sie kaum Ansprüche an den Boden stellen und ausreichend Wasser zwar zu schätzen wissen, aber nicht darauf angewiesen sind. Trotzdem sind Zwiebeln die häufiger anzutreffende Zutat, denn sie erfüllen als Gemüse und als Gewürz zwei Funktionen zugleich, im Gegensatz zum Lauch. Im Sommer erscheinen Zwiebeln täglich frisch im griechischen Bauernsalat, in Gemüsetöpfen sind sie vertreten, für diverse Soßen bilden sie die geschmackliche Basis; die griechischen Hackfleischbällchen verdanken ihre Textur nicht zuletzt pürierten Zwiebeln, und *stifádo,* eines der griechischen Nationalgerichte, wäre ohne Zwiebeln nicht denkbar. Die pikanten lokalen Speisen der Ionischen Inseln beziehen ihre charakteristische Schärfe von dem in Zwiebeln wie im Knoblauch enthaltenen ätherischen Öl Allicin. Außerdem bestehen bis zu acht Prozent der Frischsubstanz einer Zwiebel aus Zucker, und mit dem Zuckergehalt steigt auch ihre Lagerungsfähigkeit. In diesem Punkt ist sie dem Lauch – der als Frischgemüse welkt, einen großen Teil seiner Vitamine einbüßt und deshalb am besten rasch verzehrt wird – ebenso weit voraus wie in volksmedizinischer Wertschätzung, wenn auch dort vielleicht ungerechtfertigterweise. Denn Lauch enthält wie die Zwiebel zahlreiche Mineralstoffe und vor allem jene antibakteriell wirkenden schwefelhaltigen ätherischen Öle, denen die Zwiebel ihre berüchtigte ›beißende‹ Kraft, aber auch ihren Ruf als pflanzliches Antibiotikum verdankt. Diese Inhaltsstoffe gelten als schleimlösend bei Hustenreiz, Luftröhrenentzündungen und Bronchialerkrankungen, sodass es sogar Sinn machen würde, wenn byzantinische Mönche, wie man ihnen nachsagt, vor dem Gottesdienst Lauch gegessen hätten, um ihre Stimmbänder zu klären, wobei die Wirkung vermutlich die gleiche gewesen wäre, hätten sie in eine Zwiebel gebissen.

Bei der Bedeutung der Zwiebel in der griechischen Küche käme niemand auf die Idee, lediglich ein Pfund Zwiebeln einzukaufen. Damit gibt man sich nicht ab.

MOSHÁRI ME PRÁSSA
Kalbfleisch mit Lauch
(im Bild links oben)

200 ml natives Olivenöl extra
1 kg mageres Kalbfleisch, gewürfelt
1 große Zwiebel, fein gehackt
200 ml trockener Weißwein
1 Bleichsellerie, in Stücke geschnitten
1 kg Lauch, geputzt und in Stücke geschnitten
2 Eier, verquirlt
1 TL Maismehl, mit 2 EL Wasser verrührt
Saft von 1 Zitrone
Salz und frisch gemahlener schwarzer Pfeffer

In Olivenöl das Fleisch anbraten und die Zwiebeln andünsten. Mit Wein ablöschen und mit Salz und Pfeffer würzen. 200 ml Wasser angießen und 25 Minuten köcheln. Das Fleisch herausnehmen und beiseite stellen. Die Gemüse zugeben, salzen, pfeffern, 200 ml Wasser angießen und 20 Minuten köcheln. Mit dem Fleisch weitere 20 Minuten köcheln. Die Eier mit der Maismehl-Wasser-Mischung verrühren und abwechselnd Zitronensaft und Fleischbrühe einrühren. Diese Soße unter ständigem Rühren in den Topf geben. Einige Minuten ziehen lassen und noch warm mit frisch gebackenem Weißbrot servieren.

PRASSOSSALÁTA
Lauchsalat
(im Bild rechts oben)

8 Stangen Lauch, geputzt und in Stücke geschnitten
4 EL Olivenöl
2 Knoblauchzehen, in feine Scheiben geschnitten
4 Tomaten, fein gewürfelt
1 TL frisch gehackter Thymian
6 EL trockener Weißwein
frischer Thymian, zum Garnieren
Salz und frisch gemahlener schwarzer Pfeffer

In einem Topf gesalzenes Wasser erhitzen und den Lauch 15 Minuten köcheln, bis er weich ist. Abgießen und abtropfen lassen. Olivenöl in einer Pfanne erhitzen und den Knoblauch darin andünsten. Tomaten, Thymian und Weißwein zugeben, die Temperatur reduzieren und die Soße unter ständigem Rühren 10 Minuten köcheln lassen, bis sie sämig wird. Mit Salz und Pfeffer abschmecken.
Die Lauchstücke auf einer Platte anrichten, die Soße darüber gießen und mit frischem Thymian garnieren. Noch warm servieren und frisch gebackenes Weißbrot dazu reichen.

KEFTEDÁKIA
Hackfleischbällchen
(im Bild links unten)

400 g Zwiebeln, geschält und geviertelt
4 Scheiben Weißbrot vom Vortag, ohne Rinde
1 kg Hackfleisch vom Rind
4 EL natives Olivenöl extra
3 EL fein gehackte Minze
1 EL Essig
1 TL Oregano
eine Prise Natron (Natriumhydrogencarbonat)
Mehl
Öl zum Braten
Salz
frisch gemahlener schwarzer Pfeffer

Die Zwiebeln im Mixer pürieren, salzen, einige Zeit Wasser ziehen lassen und gut ausdrücken. Das Brot in Wasser einweichen, ebenfalls gut ausdrücken und kurz durchkneten. Zwiebeln und Brot in einer Schüssel mit Hackfleisch, Olivenöl, Minze, Essig und Oregano vermischen. Mit Salz und Pfeffer würzen und die Masse kräftig durchkneten. Natron in etwas Wasser auflösen und gut untermischen. Die Schüssel zugedeckt ca. 2 Stunden kühl stellen. Öl in einer Pfanne erhitzen, aus der Fleischmasse kleine, runde Frikadellen formen, in Mehl wenden und scharf anbraten. Mit Tomatensoße (Rezept siehe S. 119), Reis oder gebackenen Kartoffeln servieren.

ESSEN WIE BEI IO

BURDÉTO

Drachenkopf in Tomaten-Paprika-Soße

200 ml natives Olivenöl extra
2 Zwiebeln, geschält und gerieben
3 Knoblauchzehen, zerdrückt
1 TL mildes Paprikapulver
1 TL Rosenpaprika
1 EL Tomatenmark
1 kg skórpios (Drachenkopf)
Saft von 1/2 Zitrone
Salz

Olivenöl erhitzen, Zwiebeln und Knoblauch darin andünsten und Paprika zugeben. Die Temperatur reduzieren und das Tomatenmark unterrühren. Etwas Wasser angießen und kurz aufkochen lassen. Fische zugeben, salzen, mit Wasser bedecken und ca. 30 Minuten köcheln. Auf einer Platte anrichten, die Soße mit Zitronensaft und Salz abschmecken, darüber gießen und servieren.

BURDÉTO

Der Name bezieht sich auf diese spezielle Soße aus Tomaten und Paprika, in der Fisch oder eine andere Hauptzutat schmort, und ist vermutlich eine Paraphrase des venezianischen ›brodetto‹, das Suppe oder Brühe bedeutet. Gerichte dieser Art sind auf Korfu und Paxoi beheimatet.

KÓTSI JEMISTÓ

Gespickte Schweinshaxe

4 Schweinshaxen, geschält
3 Knoblauchzehen, geviertelt
Butter
1/2 Bund glatte Petersilie
200 ml natives Olivenöl extra
Salz
frisch gemahlener schwarzer Pfeffer

Den Backofen auf 250 °C vorheizen. Die Haxen waschen, trockentupfen und mit einem Messer viele tiefe Einschnitte im Fleisch anbringen. In jeden Einschnitt ein in ein Petersilienblatt gewickeltes Stückchen Knoblauch und etwas Butter füllen. Die Haxen gut mit Salz und Pfeffer einreiben und auf ein Backblech mit hohem Rand legen. Olivenöl über die Haxen gießen, das Blech in den Ofen schieben und zu zwei Drittel mit Wasser auffüllen. Die Temperatur auf 200 °C reduzieren und die Haxen ca. 3 Stunden lang backen, bis das Fleisch gar ist.

TSUKÁLI

Korfiotisches Platterbsenpüree

1 kg lathíri (Knollige Platterbsen; Lathyrus tuberosus)
300 ml natives Olivenöl extra
3 große Zwiebeln, fein gehackt
Saft von 1 Zitrone
Salz

Die haselnussgroßen getrockneten Knollen über Nacht einweichen lassen. Am nächsten Tag abgießen und in einem Topf mit Wasser bedeckt kochen, bis die Flüssigkeit völlig aufgenommen ist. Erst kurz vor Ende des Garzeit Salz hinzufügen. Das Gemüse im Mixer pürieren. 100 ml Olivenöl in einer Pfanne erhitzen und die Zwiebeln darin andünsten. Mit 200 ml Wasser ablöschen und kurz aufkochen lassen. Die Zwiebeln mit dem Püree verrühren und das restliche Olivenöl langsam einarbeiten. Mit Zitronensaft und Salz abschmecken.

Tsukáli stammt aus Südkorfu und wird sowohl warm als auch kalt gegessen. Es kann zu Fleisch- und Fischgerichten gereicht, oder einfach mit Weißbrot serviert werden.

PASTITSÁDA VASSILIKÍ

Schweinsragout mit Spaghetti

200 ml natives Olivenöl extra
1 kg Schweinefleisch aus der Keule, gewürfelt
6 Zwiebeln, fein gehackt
10 Knoblauchzehen, fein gehackt
250 g Tomaten, abgezogen und gewürfelt
200 ml trockener Weißwein
1 Lorbeerblatt
2 Zimtstangen
$^{1}/_{4}$ TL geriebene Muskatnuss
2 Gewürznelken
$^{1}/_{2}$ Bund glatte Petersilie, fein gehackt
3 Zweige Basilikum
500 g Spaghetti
100 g kefalotiri, gerieben
Salz und frisch gemahlener schwarzer Pfeffer

Olivenöl in einem Topf erhitzen, das Fleisch darin anbraten, Zwiebeln mit Knoblauch andünsten, Tomaten zugeben und den Wein angießen. Die Gewürze zufügen und so viel Wasser aufgießen, dass alles gut bedeckt ist. Zum Kochen bringen, die Temperatur reduzieren und ca. 1 Stunde köcheln, bis das Fleisch gar ist. In der Zwischenzeit die Spaghetti kochen, gut abtropfen lassen und in Butter schwenken. Die Nudeln mit Fleisch und Soße auf einer Platte anrichten, mit geriebenem Käse bestreuen und heiß servieren.

BAKALIÁROS A BIANCO

Wittling mit Kartoffel-Knoblauch-Soße

200 ml natives Olivenöl extra
1 Zwiebel, fein gehackt
10 Knoblauchzehen, zerdrückt
200 g Kartoffeln, gerieben
1 Lorbeerblatt
1 TL Oregano
1 Wittling, ca. 1,5 kg, küchenfertig
Saft von 1 Zitrone
Zitronenscheiben zum Garnieren
glatte Petersilie zum Garnieren
Salz
frisch gemahlener weißer Pfeffer

Olivenöl in einem Fischtopf erhitzen und Zwiebeln darin andünsten. Vom Herd nehmen, Knoblauch und geriebene Kartoffeln untermischen und so viel Wasser angießen, dass die Masse bedeckt ist. Mit Oregano, Lorbeerblatt, Salz und Pfeffer würzen. Kurz aufkochen lassen, den Fisch auflegen, etwas Wasser angießen und ca. 30 Minuten köcheln. Den Fisch auf einer Platte anrichten, die Soße mit Zitronensaft abschmecken und an den Fisch geben. Mit Zitronenscheiben und Petersilie garnieren und servieren.

EIERSPEISEN

Weniger als Frühstücksei, aber hart gekocht und in Scheiben geschnitten, mit Salz und Pfeffer gewürzt, bilden Eier auf einer Scheibe frisch gebackenen Weißbrots auch in Griechenland eine schnelle, einfache und sättigende Zwischenmahlzeit. Etwas anspruchsvoller sind die Omelett- und Rühreirezepte, die als kleines Mittagessen auf den Tisch kommen und mit Paprika, Petersilie, Tomate, Wurst, Speck, aber auch mit Garnelen und Ähnlichem angereichert sind. Untrennbar mit allen Eierspeisen verbunden ist Weißbrot, das stückweise in Olivenöl getunkt wird.

OMELÉTA ME GARÍDES
Omelett mit Garnelen

250 g rohe Garnelen
100 g Butter
6 Eier
glatte Petersilie zum Garnieren
Salz
frisch gemahlener schwarzer Pfeffer

Die Garnelen waschen, etwas Wasser in einem Topf erhitzen, Salz zugeben und die Garnelen darin kochen, bis sie sich rot färben. Aus den Schalen lösen und das Fleisch in Stücke schneiden. Die Hälfte der Butter in einer Pfanne erhitzen, die Garnelenstücke darin kurz anbraten und vom Herd nehmen. Die restliche Butter in einer zweiten Pfanne erhitzen, die Eier in einer Schüssel verquirlen, mit Salz und Pfeffer würzen und in die Pfanne geben. Eine Gabel mit der flachen Seite mehrmals durch die Eimasse ziehen und diese dann stocken lassen. Die Garnelen auf dem Omelett verteilen und warm servieren.

OMELÉTA CHORIÁTIKI
Bauernomelett

200 ml natives Olivenöl extra
2 Zwiebeln, gehackt
Hartwurst, in Scheiben geschnitten
100 g Oliven, entkernt und in Scheiben geschnitten
8 Eier
200 g Schafskäse, zerbröselt
Salz
frisch gemahlener schwarzer Pfeffer

Die Hälfte des Olivenöls in einer Pfanne erhitzen und Zwiebeln mit Wurstscheiben und Oliven darin anbraten. Mit Salz und Pfeffer würzen, vom Herd nehmen und beiseite stellen. Die Eier in einer Schüssel verquirlen und mit Salz und Pfeffer würzen. Das restliche Olivenöl in der Pfanne erhitzen und die verquirlten Eier hineingeben. Eine Gabel mit der flachen Seite mehrmals durch die Eimasse ziehen. Zwiebeln, Wurst und Oliven darauf verteilen und den zerbröselten Schafskäse darüber streuen. Sobald die Eier stocken und der Käse schmilzt, heiß servieren.

Von oben nach unten: *Oméléta me garídes* – Omelett mit Garnelen; *Oméléta choriátiki* – Bauernomelett; *Strapatsáda* – Rührei mit Paprikasoße; *Oméléta mialó mosharísio* – Omelett mit Kalbshirn

STRAPATSÁDA
Rührei mit Paprikasoße

100 g Butter
8 Eier
100 g Schafskäse, zerbröselt
1 EL fein gehackte glatte Petersilie
125 ml Paprikasoße (Rezept siehe S. 119)
frisch gemahlener schwarzer Pfeffer

Butter in einer Pfanne zerlassen. Die Eier in einer Schüssel verquirlen und mit Schafskäse, Petersilie und Paprikasoße verrühren. Die Masse in die Pfanne geben und während des Garens mit einem Holzlöffel langsam, aber stetig rühren. Hat das Rührei die gewünschte Konsistenz, vom Herd nehmen, mit frisch gemahlenem Pfeffer bestreuen und sofort servieren.

OMELÉTA MIALÓ MOSHARÍSIO
Omelett mit Kalbshirn

1 Kalbshirn
200 ml natives Olivenöl extra
5 Eier
glatte Petersilie zum Garnieren
Salz
frisch gemahlener schwarzer Pfeffer

Die Haut vom Hirn abziehen, es gründlich waschen und 2 Stunden kalt wässern. Erneut abspülen, trockentupfen und in kleine Stücke schneiden. Das Hirn in heißem Olivenöl 3–4 Minuten anbraten. Die Eier in einer Schüssel verquirlen und mit Salz und Pfeffer würzen. Das restliche Olivenöl in der Pfanne erhitzen und die verquirlten Eier hineingeben. Eine Gabel mit der flachen Seite mehrmals durch die Eimasse ziehen. Das angebratene Hirn darauf verteilen und sobald die Eier stocken vom Herd nehmen. Auf Tellern anrichten, mit Petersilie bestreuen und heiß servieren.

AWGOLÉMONO

Diese Soße, die Nichtgriechen immer wieder in Erstaunen versetzen kann, wird, wie der Name schon sagt, aus nichts als frischen Eiern und Zitronen zubereitet, nur in Ausnahmefällen fügt man ihr noch ein wenig saure Sahne hinzu. Dennoch ist ihre Wirkung nicht zu unterschätzen. Für die Griechen ist *awgolémono* mehr als nur eine Soße, dient sie doch in Suppen auch zum Binden und verleiht Gerichten eine erfrischende, deutlich zitronige Note.

AWGOLÉMONO 1
Ei-Zitronen-Soße

2 Eiweiß
2 Eigelb
Saft von 2 Zitronen
500 ml warme Brühe des jeweiligen Gerichts

Eiweiß mit einer Prise Salz steif schlagen, Eigelb darunter schlagen und unter ständigem Rühren Zitronensaft und Brühe zugeben. Die Soße in das leicht abgekühlte Gericht geben und vorsichtig unterziehen. Es darf nicht mehr kochen!

AWGOLÉMONO 2

2 Eigelb
2 EL Maismehl
Saft von 2 Zitronen
500 ml Brühe des jeweiligen Gerichts
1 EL kalte Butter

Eigelb, Maismehl, Zitronensaft erst mit wenig, dann mit der restlichen Brühe verrühren. Alles im Wasserbad aufschlagen, mit kalter Butter montieren und mit dem Gericht anrichten.

KRÉMA AWGOLÉMONO
Ei-Zitronen-Soße mit Sahne

3 Eigelb
50 ml Zitronensaft
2 EL Maismehl, mit Wasser verrührt
500 ml Brühe des jeweiligen Gerichts
125 ml saure Sahne

Eigelb schlagen, langsam den Zitronensaft zugießen, die Kartoffelstärke und die Brühe einrühren, die Sahne zugeben, gut verrühren, dann die Soße in das Gericht geben und vorsichtig unterziehen.

Links: Zutaten für *awgolémono 1* (im Uhrzeigersinn um die fertige Soße): Eischnee, Zitronensaft, Eigelb, Brühe.

SOSSEN

Zwei Grundsubstanzen heben griechische Soßen hervor: Zitrone und Ei. In keiner anderen europäischen Küche findet diese Kombination in Soßen so viel Anklang wie in der griechischen. Unmittelbar dahinter folgen jedoch der Knoblauch und das Olivenöl in der Beliebtheitsskala der Soßengerichte. Was dagegen eher stiefmütterlich behandelt wird, ist Essig, der lediglich in manchen griechischen Suppen, meist in solchen mit Hülsenfrüchten, erst auf dem Teller zum Einsatz kommt. Unschlagbar ist dagegen die Säure von Zitronen. Sie verleiht nicht nur den Sommersalaten Frische und zusätzliches Vitamin C, sondern neutralisiert das Fett in Speisen und macht sie dadurch bekömmlicher. Darüber hinaus liebt man in Griechenland reinen Zitronensaft in Soßen und pur über gegrilltem Fisch oder Fleisch. *Awgolémono*, die Ei-Zitronen-Soße, und *ladolémono*, die Öl-Zitronen-Soße, sind die Favoriten unter den griechischen Soßen. Besonders von ersterer gibt es viele Abwandlungen, da sie keine fertige Soße im eigentlichen Sinn ist, sondern als Bindemittel eingesetzt wird und je nach dem Sud, den sie binden soll, variiert. So sieht eine übliche Variante der Ei-Zitronen-Soße auch gehackten grünen Pfeffer vor (siehe Nr. 5 der Abbildung rechts).

KORFIOTISCHE OLIVEN

Die ältesten noch lebenden ›Bewohner‹ der Ionischen Inseln sind die Olivenbäume. Viele davon wurden bereits zur Zeit der Venezianer gepflanzt und tragen immer noch unermüdlich Früchte, die alljährlich zu hochwertigem Olivenöl gepresst werden. Auf Korfu sind die grünen Haine nahezu ausschließlich mit Olivenbäumen besetzt, die mit ihren schlanken, hängenden Äste einen fast melancholischen Anblick bieten.

SÁLTSA NTOMÁTA ME KIMÁ
Tomaten-Hackfleisch-Soße (1)

80 ml natives Olivenöl extra
1 Zwiebel, gerieben
2 Knoblauchzehen, fein gehackt
500 g Hackfleisch (Rind, Schwein oder Lamm)
1 kg Tomaten, abgezogen, entkernt und fein gewürfelt
1 TL Oregano
1 TL Zucker
1 Bund glatte Petersilie, fein gehackt
3 Zweige Minze, fein gehackt
Salz
frisch gemahlener schwarzer Pfeffer

Olivenöl in einem Topf erhitzen, Zwiebeln, Knoblauch und Hackfleisch zugeben und anbraten. Dabei das Hackfleisch mit dem Kochlöffel zerdrücken. Tomaten, Oregano und Zucker zufügen und mit Salz und Pfeffer würzen. Die Temperatur reduzieren und die Soße zugedeckt ca. 1 Stunde köcheln lassen. Zum Schluss gehackte Petersilie und Minze unterrühren und nochmals mit Salz und Pfeffer abschmecken. Die Soße eignet sich für Nudeln und Reis aber auch für Aufläufe wie *pastítsio* und *mussakás*.

LADOLÉMONO
Öl-Zitronen-Soße (2)

2 Teile natives Olivenöl extra
1 Teil Zitronensaft
fein gehackte glatte Petersilie nach Belieben
Salz
frisch gemahlener schwarzer Pfeffer

Olivenöl und Zitronensaft (sowie Petersilie nach Belieben) miteinander verquirlen und mit Salz und Pfeffer abschmecken. *Ladolémono* wird als Soße für gekochtes Gemüse, gegrillten Fisch und Meeresfrüchte verwendet.

SÁLTSA NTOMÁTA
Tomatensoße (3)

80 ml natives Olivenöl extra
1 kleine Zwiebel, gerieben
1–2 Knoblauchzehen, zerdrückt
1 kg Tomaten, abgezogen, entkernt und fein gewürfelt
1 EL Essig
1/2 TL Zucker
1/2 Bund glatte Petersilie. fein gehackt
Salz
frisch gemahlener schwarzer Pfeffer

Olivenöl in einem Topf erhitzen und Zwiebeln und Knoblauch darin andünsten. Tomaten, Essig und Zucker zugeben und mit Salz und Pfeffer würzen. Die Temperatur reduzieren und die Soße zugedeckt garen lassen, bis sie eindickt ist und eine gleichmäßige Konsistenz angenommen hat. Zum Schluss die Petersilie unterrühren.
In verschließbare Gläser gefüllt und mit Olivenöl aufgegossen, lässt sich die Soße längere Zeit im Kühlschrank aufbewahren. Sie eignet sich für Nudelgerichte und Aufläufe, aber auch für zahlreiche Fleisch- und Fischgerichte.

SÁLTSA PIPERIÁS
Paprikasoße (4)

1 kg rote Paprika
200 ml natives Olivenöl extra
2 kg Tomaten, abgezogen, entkernt und fein gewürfelt
8 Knoblauchzehen, fein gehackt
1/2 Bund glatte Petersilie, fein gehackt
1/4 TL Cayennepfeffer
Salz
frisch gemahlener schwarzer Pfeffer

Den Backofen auf 250 °C vorheizen. Paprikaschoten waschen, abtrocknen und auf das Ofenrost legen. So lange backen, bis die Haut Blasen wirft und stellenweise schwarz wird. Aus dem Ofen nehmen, die Haut abziehen und die Paprika entstielen, entkernen und in feine Streifen schneiden. Olivenöl in einem Topf erhitzen und die Tomaten darin andünsten. Knoblauch und Petersilie unterrühren und mit Salz und Pfeffer würzen. Die Temperatur reduzieren und die Soße zugedeckt so lange kochen, bis eine gleichmäßige Konsistenz erreicht ist. Paprikastreifen zugeben und mit Cayennepfeffer, Salz und schwarzem Pfeffer abschmecken. Ein paar Minuten ziehen lassen und vom Herd nehmen. Die Soße wird in große, verschließbare Gläser gefüllt und kann längere Zeit im Kühlschrank aufbewahrt werden. Sie eignet sich gut als Nudelsoße oder als Basis für verschiedene Schmorgerichte.

KREUZKÜMMELSOSSE NACH HISTORISCHEM REZEPT (5)

150 ml Weißweinessig
150 ml Weißwein
30 ml Fischsoße (aus asiatischem Feinkosthandel)
60 g heller Honig
1 TL gemahlener Kreuzkümmel
1 TL fein gehackte Minze
2 TL fein gehackte Petersilie
1 TL fein gehackter Liebstöckel (ersatzweise Selleriegrün)
1 Lorbeerblatt
frisch gemahlener schwarzer Pfeffer

Alle Zutaten in eine Pfanne geben und wiederholt aufkochen lassen. Die Soße ist fertig, wenn sie leicht eingedickt ist. Sie kann zu Fisch- und Fleischgerichten serviert werden, passt aber auch hervorragend zu Kartoffeln, Klößen und Nudeln.

JAÚRTI ME SKÓRDO
Joghurt-Knoblauch-Soße (6)

250 g Joghurt
2 Knoblauchzehen, zerdrückt
2 EL natives Olivenöl extra
2 EL fein gehackter Dill oder Petersilie
Salz
frisch gemahlener weißer Pfeffer

Den Joghurt vor der Weiterverarbeitung in ein Tuch geben, abtropfen lassen und ausdrücken. Dann mit Knoblauch und Olivenöl in einer Schüssel gut verrühren. Mit Salz und Pfeffer abschmecken und kalt stellen. Dill oder Petersilie erst kurz vor dem Servieren unterrühren. Diese Soße eignet sich für gebratenes Gemüse (zum Beispiel Auberginen und Zucchini), wird aber auch gern zu gebratenem Fleisch oder Fisch gereicht.

BARBÚNI

Sie ist ebenso teuer wie selten geworden, dennoch findet man gegrillten *barbúni* jeden Sommer in den griechischen Tavernen am Meer. Wie alle Fische schmeckt auch die griechische Rote Meerbarbe *(Mullus barbatus)*, gleichgültig ob gekocht, gebraten oder gebacken, unmittelbar nach dem Fang am besten. Die Griechen bevorzugen sie ganz einfach leicht oder stark gegrillt und mit Zitronensaft beträufelt. Dazu wird Salat in allen Variationen und auf jeden Fall frisch gebackenes Weißbrot gereicht.

Die Rotbarbe kann bis zu 30 cm lang und etwa zwei Kilogramm schwer werden, wird aber selten in dieser Größe gefischt. Was in den Restaurants auf den Tellern erscheint, ist aber kaum größer als 20 cm gewesen. Überall an den Mittelmeerküsten ist das delikate weiße, fast grätenlose Fleisch dieses Speisefisches als leichte Sommermahlzeit sehr geschätzt. Gerade zu dieser Zeit halten sich Meerbarben, die in kleineren Rudeln leben, mehr in Küstennähe am Boden flacherer Gewässer auf, wo sie den Grund nach wirbellosen Meerestieren durchwühlen. Dabei nehmen sie staubsaugerähnlich den Sand ins Maul, filtern ihre Nahrung heraus, bevor der Abfall durch die Kiemen wieder ausgeschieden wird. Unentbehrlich bei der Nahrungssuche sind die beiden gabelförmigen Bartfäden am ›Kinn‹, die mit Tast- und Geschmacksorganen versehen sind und zum Aufspüren der vergrabenen Beute dienen.

BARBÚNI PSITÓ
Gegrillte Rotbarbe

8 große Rotbarben
Saft von 2 Zitronen
200 ml natives Olivenöl extra
1 Bund glatte Petersilie, frisch gehackt
1/2 TL Oregano
Salz
frisch gemahlener schwarzer Pfeffer

Die Fische schuppen, ausnehmen, gründlich waschen und abtropfen lassen. Von innen und außen gut mit Salz und Pfeffer einreiben. Zitronensaft und Olivenöl miteinander verquirlen und die Fische damit einpinseln. Auf dem Holzkohlegrill von beiden Seiten gar grillen. Die restliche Öl-Zitronen-Marinade mit der gehackten Petersilie und etwas Oregano vermischen und zum Fisch servieren. Dazu frischen Salat und frisch gebackenes Weißbrot reichen.

WEITERE MITGLIEDER DER BARBENFAMILIE

Streifenbarbe *(Mullus surmuletus)*: Sie ist außer im Mittelmeer im Schwarzen Meer, im Ärmelkanal sowie bis Senegal, Azoren, Madeira und Kanaren anzutreffen und teilt sich damit einen Lebensraum mit der Rotbarbe. Sie ist ähnlich schmackhaft, wobei Fische bis zu 15 cm bevorzugt werden.

Stachelbarbe *(Pseudupeneus prayensis)*: Im Gegensatz zu den echten Barben ist es ein reiner Warmwasserfisch des westlichen Mittelmeers. Sein Fleisch ist weniger zart und sollte am besten gebraten werden.

BARBÚNIA ME NTOMÁTA
Rotbarben in Tomatensoße

8 große Rotbarben
Mehl
250 ml natives Olivenöl extra
4 Tomaten, abgezogen und durch ein Sieb passiert
1 Knoblauchzehe, fein gehackt
125 ml trockener Weißwein
Saft von 1 Zitrone
Salz
frisch gemahlener schwarzer Pfeffer

Die Fische schuppen, ausnehmen, gründlich waschen und abtropfen lassen. Innen mit Salz einreiben. Etwas Mehl mit Salz und Pfeffer vermischen und die Fische darin wenden. Die Hälfte des Olivenöls in einer Pfanne erhitzen, die Fische darin braten und vom Herd nehmen. Das restliche Olivenöl in einem Topf erhitzen, den Knoblauch darin andünsten, die passierten Tomaten zugeben, aufkochen lassen und den Wein angießen. Mit Salz und Pfeffer würzen und auf schwacher Hitze ca. 30 Minuten köcheln lassen. Den Backofen auf 180 °C vorheizen. Die Fische auf ein Backblech legen, die Tomatensoße darüber geben und ca. 15 Minuten im Ofen backen. Auf einer Platte anrichten, mit Zitronensaft übergießen und mit frisch gebackenem Weißbrot servieren.

BARBÚNIA MARINÁTA
Marinierte Rotbarben
(Abbildung siehe unten)

8 große Rotbarben
Mehl
250 ml natives Olivenöl extra
1 Zweig frischer Rosmarin
8 Knoblauchzehen, zerdrückt
1 TL Zucker
1/2 Bund glatte Petersilie, fein gehackt
Salz
frisch gemahlener schwarzer Pfeffer

Für die Ei-Zitronen-Soße:
2 Eier
Saft von 2 Zitronen

Die Fische schuppen, ausnehmen, gründlich waschen und abtropfen lassen. Von innen und außen mit Salz einreiben und in Mehl wenden. Olivenöl in einer Pfanne erhitzen und die Fische darin braten. Aus der Pfanne nehmen, das Bratenöl durch ein feines Sieb gießen, wieder in die Pfanne geben. Die Eier verquirlen, den Zitronensaft unterrühren und mit dem leicht abgekühlten Öl vermischen. Rosmarin und Knoblauch zufügen, mit Salz und Pfeffer würzen und die Soße nicht mehr kochen lassen. Den Zucker unterrühren, die gebratenen Fische in die Soße geben und ein paar Minuten nur noch darin ziehen lassen. Auf einer Platte anrichten und mit Petersilie bestreuen. Leicht abgekühlt und mit frisch gebackenem Weißbrot servieren.

Auch für Fleisch gilt: Was zum Greifen nahe ist und selbst vom Kunden begutachtet werden kann, ist qualitativ das Beste. So hängen während der gesamten Öffnungszeit alle vorhandenen Fleischteile an großen Haken mitten im Raum oder direkt am Eingang des Metzgerei.

RINDFLEISCH DER INSELN

Rindfleisch ist unbestreitbar der Spitzenkandidat in der Küche der Ionischen Inseln. Dem Einfluss italienischer Bratentradition ausgesetzt, entstanden hier ungewöhnliche Rindfleischvariationen mit einer überraschend pikanten, manchmal auch zimtigen Note. Dabei scheinen die Rinder auf den Ionischen Inseln ein sehr zurückgezogenes Leben zu führen. Selbst in den höheren Lagen inmitten der Berge, wo die Bauern ihre Rinder vorwiegend aufwachsen lassen, begegnet man ihnen selten. Umso erstaunlicher ist das reiche Angebot an Rindfleisch, das man täglich beim Metzger bewundern kann, denn die Ionier sind, was ihr Rindfleisch angeht, überaus verwöhnt. Es muss genau richtig abgehangen und sollte leicht fettdurchzogen sein, damit es Hausfrauen oder Gastwirte überhaupt nur eines Blickes würdigen. Da auch auf dieser griechischen Inselgruppe große Zuchtbetriebe eher eine Seltenheit darstellen, ist die Ernährung der Rinder im wesentlichen eine natürliche, und entsprechend unbedenklich sind ihre Bestandteile: gemahlener Mais, gemahlene Zuckerrüben, Sojamehl, Gerste, Weizen und *pitíri,* das sind Rückstände, die beim Mahlen von Weizen entstehen. Außerdem lässt man den Rindern auf den Ionischen Inseln eineinhalb Jahre länger Zeit zum Auswachsen und verzichtet gänzlich auf das ›Zufüttern‹ von Hormonen. Das Resultat liegt mit den traditionellen Gerichten, die häufig auch in den Restaurants angeboten werden, auf dem Teller: ein saftiges Fleisch mit Eigengeschmack, kräftig, ohne zäh zu sein.

Metzgereien auf den Ionischen Inseln sind eher unscheinbar in den engen Gassen untergebracht, und in den meist kleinen Läden drängt sich das gesamte Angebot auf engstem Raum. Es ist nicht so umfangreich, wie in den griechischen Großstädten, dafür weiß man ganz genau, von welchem Hof das geschlachtete Tier stammt und unter welchen Bedingungen es gehalten wurde.

SOFRÍTO

Der köstliche Duft nach geschmortem Fleisch scheint in den Tavernen der Ionischen Inseln allgegenwärtig, denn das Gericht mit dem italienisch klingenden Namen *sofríto,* das zum Markenzeichen Korfus avancierte, gilt als über die Regionalgrenzen hinaus bekannt gewordene Spezialität. Jedes Restaurant, das auf sich hält, führt es auf der Karte, und jeder Koch schwört auf seine eigene Rezeptvariante. Einmütigkeit herrscht dagegen beim Fleisch: für bestes *sofríto* verarbeitet man Rind- oder Kalbfleisch aus der Hüfte, wobei der exakt richtige Gargrad entscheidend ist. Selbstredend sind die Köche auf Korfu fest davon überzeugt, dass nur echte Korfioten wirklich schmackhaftes *sofríto* zubereiten können.

Gutes *sofríto* erfordert nur wenige, aber qualitativ hochwertige Zutaten: Fleisch, Wein, Olivenöl, Knoblauch und Gewürze.

Zunächst werden die Fleischscheiben mit einiger Ausdauer geklopft, bis ihre ursprüngliche Dicke von 2 cm wenigstens auf die Hälfte reduziert ist.

SOFRÍTO

Kalbfleisch in Knoblauch-Wein-Soße

4 Scheiben Kalbfleisch aus der Hüfte, je 2 cm dick
Mehl
200 ml natives Olivenöl extra
4 Knoblauchzehen, in dünne Scheiben geschnitten
1/2 Bund glatte Petersilie, fein gehackt
2 Lorbeerblätter
200 ml trockener Weißwein
Salz
frisch gemahlener schwarzer Pfeffer

Das Fleisch klopfen und in Mehl wenden. Das Olivenöl in einem Schmortopf erhitzen und das Fleisch anbraten. Knoblauch, Petersilie und Lorbeerblätter zugeben und mit Salz und Pfeffer würzen. Bei starker Hitze einige Minuten braten, dann mit Weißwein ablöschen. So viel Wasser angießen, dass alle Zutaten bedeckt sind, die Temperatur reduzieren und das Gericht zugedeckt so lange sanft schmoren lassen, bis das Fleisch weich ist. Als Beilagen bieten sich gebackene Kartoffeln, Kartoffelpüree oder Reis an.

Damit die dünnen Scheiben beim Anbraten weder ansetzen noch zu rasch austrocknen, wendet man sie zuvor kurz in Mehl.

Sobald das Olivenöl richtig heiß ist, werden die bemehlten Fleischscheiben darin von beiden Seiten kräftig angebraten.

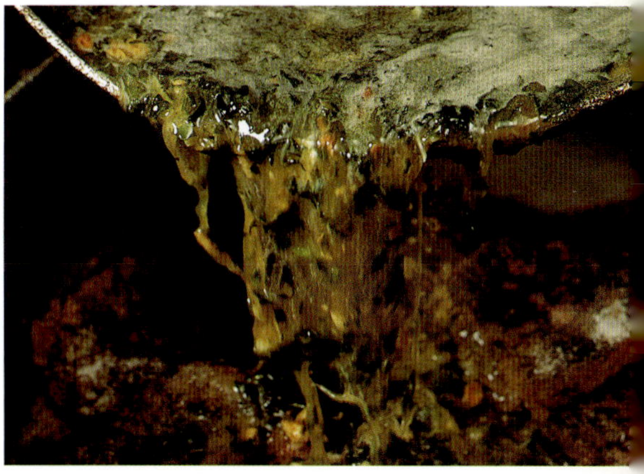

Zum Servieren das Fleisch samt Beilage, in diesem Fall Reis, anrichten (links) und großzügig von der Soße aus Weißwein, Kräutern und Gewürzen dazugeben (oben).

SCHLANGENKULT

In Arginia, einem kleinen Bergdorf auf Kefallinia, findet alljährlich am 15. August, zum Fest von Maria Himmelfahrt ein geheimnisumwittertes Spektakel statt: die Rückkehr der ›Schlangen der Muttergottes‹. Alljährlich erwartet man ihr Kommen voll Ungeduld, denn ihr Erscheinen ist ein gutes Zeichen, man sagt, wenn sie nicht kommen, geschieht etwas Schreckliches. Die Schlangen sind während der Messe in der Kirche anwesend und werden von Hand zu Hand gereicht, damit sie die Menschen vor Krankheiten und Unheil bewahren. Niemand fürchtet sie, und die Tiere scheinen das zu spüren und haben keine Scheu vor den Menschen. Am 16. August aber sind alle Schlangen – die in Mythen durchaus ambivalent gesehen werden, man denke an die Äskulapschlange oder an die Paradiesesschlange, die von Maria überwunden wurde – wie jedes Jahr wieder wie von selbst verschwunden …

Arethousa Spring: Fruchtiger Agiorgítiko-Rotwein

Robóla Metaxas: Trockener, gelbgrüner Weißwein

Gentilini Robóla: Weißwein des Winzers Cosmetatos

Gentilini Classico: Leichter, frischer Landwein

Gentilini fumé: Weißwein mit leicht rauchiger Note

Gentilini cuveé exceptionelle: Weißer Spitzenwein

Am Fuß des 1628 m hohen Enos-Berges liegt das beste Anbaugebiet für die weiße Robóla-Rebe. Im nahen Kloster Agios Gerassimos befindet sich das Hauptbüro der Winzerkooperative von Kefallinia.

ROBÓLA

Sie gilt als die beste, wohl auch die schönste Traube Griechenlands, denn die Robóla-Rebe ist von starkem Wuchs und bildet prallrunde, große hellgelbe Beeren. Das frisch-fruchtige Zitrusaroma des daraus gekelterten strohgelben, körperreichen Weins wird als einzigartig beschrieben. Die Ursprünge der Robóla liegen weniger weit zurück als die anderer griechischer Reben. Vermutlich ist sie mit der Gialla Ribolla des italienischen Friaul oder der slowenischen Rebula identisch oder aber deren Ursprung und wurde Ende des 13. Jahrhunderts von den Venezianern auf den Ionischen Inseln eingeführt.

Ihr Hauptanbaugebiet liegt auf der Insel Kefallinia, doch man kann ihr auf kleineren Weinbergen auch auf den anderen Ionischen Inseln wie Korfu, Lefkas und Zakinthos begegnen. Wie alle Weinreben Griechenlands, die nur auf speziellen Bodenverhältnissen gedeihen können, scheint sich auch die schöne Robóla mit den Bedingungen der Ionischen Inselwelt angefreundet zu haben. Die Winzer auf Kefallinia kultivieren auf etwa 300 Hektar Robóla-Reben, die am besten an trockenen, weniger fruchtbaren und regenarmen Berghängen gedeihen. Daraus werden jährlich 10 000 Hektoliter Wein gekeltert, was für den überaus reichen Ertrag der Rebe spricht. Drei Weine verfügen über die geschützte Ursprungsbezeichnung O.P.A.P., die dem französischen A.O.C. gleich kommt. Im Handel werden Robóla-Weine meist als ›Robóla aus Kefallinia‹ gekennzeichnet.

Bei der Anlieferung der gelesenen Trauben im Weingut müssen alle kräftig mit zupacken, denn jetzt muss es schnell gehen, damit die Trauben in die Presse kommen.

Dort ist aus den prallen, hellen Robóla-Trauben bald der ganze Saft entwichen. Zurück bleiben die dunkler wirkenden Schalen.

Noch Traubensaft, bald Wein: so fließt der Most hier schäumend in das Fass hinein.

›PRO-POLIS‹

Propolis (Bienenharz oder Kittharz), das eine Imkerin auf Ithaki seit Jahren herstellt, ist eines der ältesten Heilmittel der Welt, und bis heute hat man nicht die geringsten toxischen Nebenwirkungen nachweisen können. Einsatz und Anwendungsmöglichkeiten von Propolis sind in den ost- und südosteuropäischen Ländern schon seit langem bekannt, und das Mittel genießt dort größeres Ansehen als in westlichen Ländern. Die eigentliche Arbeit der Propolisgewinnung wird von den Bienen geleistet. Sie sammeln Harze von Nadelbäumen, aber auch von den Knospen von Birken, Erlen und Pappeln und fermentieren sie mit körpereigenen Drüsensekreten zu einer harten, desinfizierenden, braunen Masse. Schon die Pflanzen sondern diese Harze ab, um Wunden zu schließen und sich vor Bakterienbefall und Pilzerkrankungen zu schützen, und auch die Bienen nutzen diese antimikrobiellen Eigenschaften. Sie verkleben damit das als Verdauungsprodukt des Blütennektars ausgeschiedene Bienenwachs, aus dem dann die Waben zur Aufzucht ihrer Nachkommen gebaut werden. Teilweise werden die Wände jener Waben innen mit Propolis bestrichen und auch damit verschlossen, in denen die Königin ihre Eier ablegt. So wird die Brutkolonie vor Krankheiten bewahrt und der Fortbestand gesichert. Aber es werden auch Fremdstoffe, die das Volk gefährden könnten, damit umhüllt sowie im Winter schadhafte Stellen zur Wärmedämmung damit abgedichtet. Es ist also ein überaus nützliches Mittel für den Bienenstaat: *pro polis.*

INHALTSSTOFFE DER PROPOLIS

Eisen, Kupfer, Calcium, Aluminium, Vanadium, Silizium, Strontium, Mangan, Zink
Vitamin B1, Vitamin B5, Provitamin A
Harze, Wachs, ätherische Öle, Honigpollen und Gerbstoffe in unterschiedlichen Anteilen

Das harte Kittwachs muss unter großem Zeitaufwand von den in Holzrahmen gefassten Bienenwaben entfernt werden. Bei 16–17 °C wird Propolis brüchig und kann dann gut gemahlen werden, erst bei 36–38 °C nimmt es wieder an Elastizität zu. Wurde Propolis in der Antike lediglich in Salben zur Heilung von Wunden und Prellungen eingesetzt, so ist es heute in Pulver-, Tabletten- und Granulatform, als Paste und als Alkoholextrakt erhältlich. Nicht nur die Darreichungsformen, auch die Anwendungsgebiete wurden zahlreicher: Propolis stärkt das Immunsystem, hemmt Entzündungsprozesse besonders des Zahnfleisches oder bei diversen Hauterkrankungen und dient als schmerzstillendes Mittel. Bei Infektionskrankheiten erweist es sich als entgiftend und kann die antimikrobielle Wirkung aller bekannten Antibiotika steigern. Auf Knochen, Muskeln und Nerven wirkt es regenerierend.
Häufig wird Propolis mit Gelée royale verwechselt. Doch während ersteres ein aus der Natur gewonnener ›Baustoff‹ ist, ist das andere ein Drüsensekret der Ammenbienen, das der Aufzucht der Bienenkönigin dient.

Oben: Von den Pflanzen, die das Harz absondern, über die Bienen, die es sammeln und durch Drüsensekrete in Propolis umwandeln, bis zur Imkerin, die es in mühevoller Arbeit von den Waben wieder löst (rechts), ist es ein langer Weg.

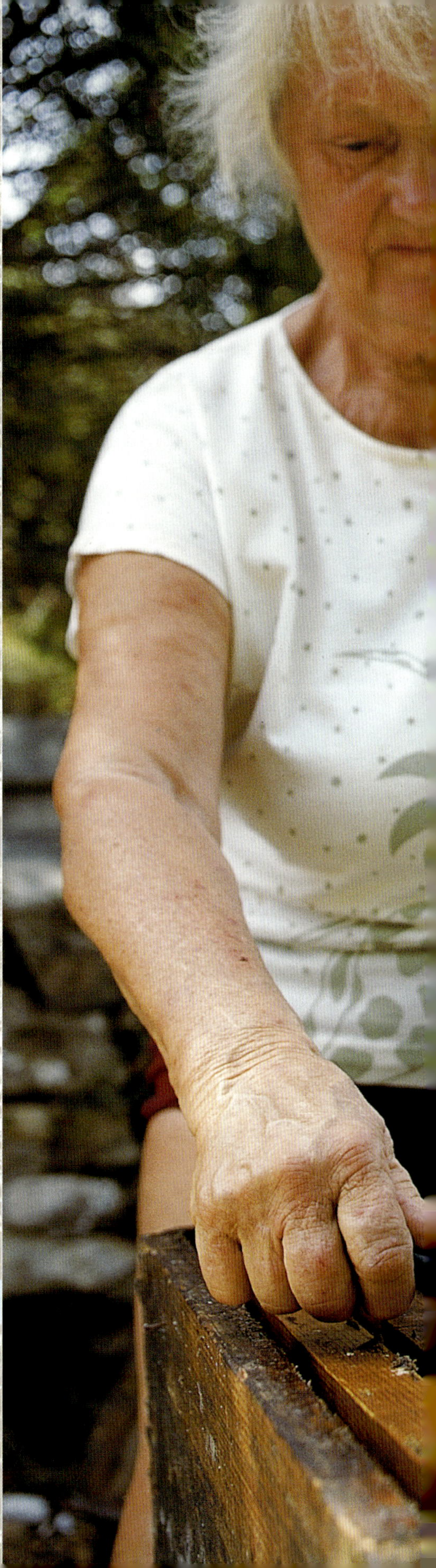

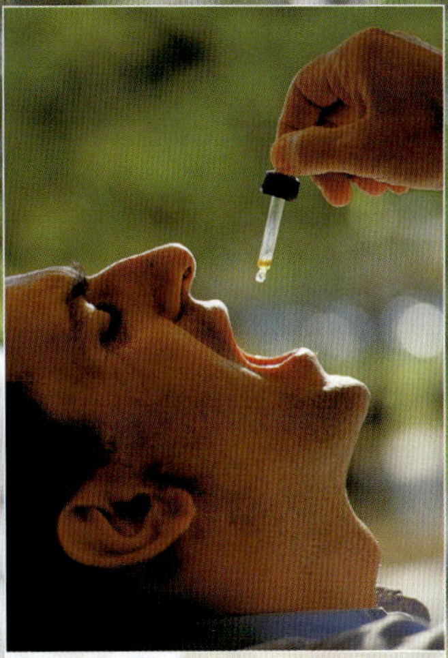

Propolistropfen werden zu medizinischen Zwecken in einem der üblichen Fläschchen mit Pipette angeboten.

GELÉE ROYALE

Dem Weiselfuttersaft oder Gelée royale werden wahre Wunderkräfte nachgesagt, denn es macht aus einer einfachen Bienenlarve eine Bienenkönigin. Die sogenannten Ammenbienen produzieren es in ihren Futtersaftdrüsen, wobei auch etwas Sekret aus den Oberkieferdrüsen dazugemischt wird. Einige Bienenlarven erhalten es als Nahrung von den Ammenbienen, während Larven anderer Bienenkasten mit Arbeiterinnen- und Drohnenfuttersaft versorgt werden. Die Königinnenlarven bekommen während der gesamten Entwicklungszeit Gelée royale, und die erwachsene Königin braucht es zeitlebens. Ob es nun nur die Qualität und Menge des verfütterten Wundersafts ist (in einer Weiselzelle sind davon 200–400 mg vorhanden gegenüber 2–4 mg in den Arbeiterinnenzelle), die eine Larve zur Königin macht, oder ein zusätzliches Juvenilhormon – Gelée royale hat stets die Phantasie der Menschen beflügelt, und man hat ihm gesundheitsfördernde Wirkungen zugeschrieben, die sicher mit den Anteilen von Spurenelementen und den enthaltenen Vitaminen zusammenhängen. Um es zu gewinnen, wird der Trieb ausgenutzt, dass das Bienenvolk eine neue Königin nachzieht, wenn es die alte verloren hat. So müssen zuerst möglichst viele neue Weiselzellen produziert werden, aus denen dann der wertvolle Stoff mittels einer Pipette abgesaugt wird.

Rechts: In einem Glas wird Propolis mit Alkohol aufgegossen, um es von Verunreinigungen zu trennen. Die sich absetzende weiße Substanz wird weiter mit Alkohol verdünnt und ergibt das Heilmittel.

HONIG IN DER ANTIKE

Der früheste sichere Beleg über die Bienenzucht in Griechenland ist in Akrotiri auf Santorín, dem antiken Thera, gefunden worden, der Stadt, die bei dem Vulkanausbruch um 1600 v. Chr. zerstört und verschüttet wurde. Dort entdeckte man bei Ausgrabungsarbeiten Reste eines Bienenkorbs. In klassischer Zeit finden sich bei Aristoteles in seinen zoologischen Schriften detaillierte Beschreibungen, wie der Geschmack des Honigs davon abhängt, welche Blumen von den Bienen ausgesucht und bevorzugt werden. In der Antike galt Honig in erster Linie als Genussmittel in der Küche. Es wurde zum Süßen von Speisen und Getränken, aber auch zur Konservierung von Obst und Gemüse verwendet. Gerichte, die mit Honig gesüßte Soßen enthielten, galten als Delikatesse. Honig wurde mit Traubenmost vermischt und dann mit Wasser verdünnt. Eine Spezialität war auch *›mulsum‹*, ein mit Honig gesüßter meist alter Wein, der gern als Aperitif, aber auch als Heilmittel getrunken wurde, denn dem Honig wurde eine allgemeine prophylaktische Heilwirkung zugeschrieben. Er fand auch in der Zubereitung von Salben und Medikamenten Verwendung.

In Mythos und Kult spielte der Honig ebenfalls eine große Rolle. Auf Kreta sollen Bienen dem jungen Zeus Nahrung gebracht haben. Honig wurde den Göttern der Unterwelt, Hades und Persephone, geopfert und diente als Grabbeigabe, galt er doch als Sinnbild für den Übergang in eine andere Welt. Außerdem war er ein Symbol des Goldenen Zeitalters, einer verheißungsvollen Zukunft. Bienenwachs wurde zur Modellierung kleiner Figuren, in der Metallguss-Technik sowie zur Herstellung von Schreibtafeln verwendet.

Beim Kumquat-*glikó* verhilft der süße Sirup den leicht bitteren Früchten zu einem interessanten Kontrast.

Oben: Die Zwergorange ist eines von vielen Beispielen für botanischen Kolonialismus quer durch die ganze Welt, denn ohne menschliche Hilfestellung wäre diese in China heimische Pflanze wohl niemals nach Korfu gelangt.

Unten: Mit dem ›Hochzeitslikör‹ verbindet sich ein Generationen überspannender Brauch.

KUMQUAT

Begegnet man auf Korfu roten, gelben, grünen oder blauen Likörflaschen, so ist man auf der Spur einer in Europa recht seltenen Pflanze, ihrer Frucht (und einer traditionellen Likörverarbeitung), die es außer auf Korfu nur noch in Asien gibt. Die Kumquat, auch Zwergorange oder -pomeranze genannt, hierzulande eher als kleiner Zierbaum bekannt, ist ein immergrüner, schwach bedornter Strauch. Er gedeiht unter ähnlichen Bedingungen, wie sie auch für den Anbau von Orangen gelten (die der gleichen Gattung innerhalb der Zitrusfrüchte angehören): Sie tolerieren steinigen Boden und schätzen Sonne im Sommer sowie Regen im Winter.

1846 brachte der englische Botaniker Robert Fortune, dem die Kumquat auch ihren lateinischen Namen *Fortunella* verdankt, die ursprünglich im südöstlichen China und in Indochina beheimatete Pflanze als Zierstrauch nach Europa. Mit den Briten gelangte sie schon bald nach Korfu, wo sie sich zufriedenstellend ansiedeln ließ. Seither gibt es auch hier diese reizvollen Früchte, die heute vor allem in den subtropischen Regionen von China und Japan, aber auch in Afrika und Amerika wachsen. Griechische Kumquats sind allerdings nur im Westen Griechenlands bekannt, und sie werden nur auf den Märkten der Ionischen Inseln regelmäßig frisch angeboten.

DAS ACHILLEION

Als Elisabeth, Kaiserin von Österreich und Königin von Ungarn, 1861 zum ersten Mal Korfu besuchte, war sie von der Landschaft mit ihren Oliven-, Zitronen- und Orangenhainen so verzaubert, dass sie über einen Monat auf der Insel blieb. Aber erst 1885 brach sie zu ihrer zweiten Reise nach Korfu auf. Sie hatte sich inzwischen intensiv mit der Antike beschäftigt und Alt- und Neugriechisch gelernt. Als ihr die alte venezianische Villa Braila bei Gasturi gezeigt wurde, die zum Verkauf stand, war sie sofort begeistert. Zwei Jahre später erwarb sie die Villa und ließ sie nach dem Vorbild pompejianischer Architektur zu einem Schlösschen umbauen, das sie nach ihrem antiken Lieblingshelden Achilleus benannte. Bis zu ihrem gewaltsamen Tod kam die Kaiserin regelmäßig in das als Alterswohnsitz gedachte Achilleion. 1907 erwarb Kaiser Wilhelm II. das Anwesen. Heute können der Garten, die kaiserliche Kapelle und ein kleines Museum mit Memorabilien der beiden Herrscher besichtigt werden.

Kumquatfrüchte, die möglichst frisch verzehrt werden sollten, sind etwa so groß wie kleine Mandarinen und besitzen eine dünne, goldgelbe bis rotorangefarbene essbare Schale. Da sie nur sehr begrenzt lagerfähig sind, werden sie vorwiegend kandiert oder zu Konfitüren verarbeitet. Die bitter-säuerlichen Früchte stellen aber auch die Basis für die verschiedenen Schnäpse und Liköre von Korfu. Die reine, aus dem Fruchtsaft destillierte Kumquatessenz ist farblos, das Produkt wird aber hübsch bunt eingefärbt. Mit dem Kumquatlikör verbindet sich auf Korfu eine weitere Tradition: Er gilt als das Getränk der Jungvermählten, ist es doch Brauch, anlässlich der Geburt des ersten Kindes eine Flasche davon zu kaufen und sie bis zur Hochzeit eben dieses Kindes aufzubewahren. Dann erst wird sie feierlich geöffnet, und alle Anwesenden stoßen auf das Wohl des jungen Glücks an. Dabei wünscht man den jungen Leuten ein noch süßeres, besseres und längeres Leben, als es dieser Flasche Likör beschert war, der nach so vielen Jahren an Geschmack, Reife und Qualität gewonnen hat.

Oben: Die Entwicklung der Zuckerkristalle im Likör gehört zu den verkaufsfördernsten Ideen des Herstellers. Hintergrund: Das Kumquatdestillat ist farblos, erst der Likör treibt es bunt.

ΗΠΕΙΡΟΣ

Oben: Métsovon, ein kleines Bergdorf mit viel Charme und einem berühmten Käse.
Hintergrund: Noch immer gilt der Epirus als eine eher unwegsame Region Griechenlands.

EPIRUS

Milch für Joghurt

Schlachtrinder

Bauernwurst

Innereien

Käse in Métsovon

Píta

Blätterteig

Fischen im Pamvótis-See

Viele Frösche…

Garnelen

Jagdsaison

Epirus im Nordwesten Griechenlands zählt bis heute zu den unbekannteren und industriell oder touristisch weniger erschlossenen Gebieten. Im Westen begrenzt von Albanien und dem Ionischen Meer, an dem die Region keinen wirtschaftlich wichtigen Hafen besitzt, und im Osten an den hohen Pindos-Gebirgszug stoßend, war der Epirus von alters her eine abgeschlossene, fast uneinnehmbare Region. Korinthische Siedler, die sich auf den Ionischen Inseln niederließen, bezeichneten das unbekannte Land gegenüber schlicht als Epirus, was nichts weiter als ›Festland‹ bedeutet. Durch die Heirat der epirotischen Königstochter Olympias mit dem makedonischen König Philipp II. 357 v. Chr. erschien der Epirus erstmals auf der Bühne antiker Geschichte. Im Mittelalter wanderten über den Pindos walachische Hirtenstämme in den Epirus ein. Über die gemeinsame Grenze mit Albanien kam es auch zu einem gewissen Austausch zwischen Griechen und Albanern. Obwohl sich viele Albaner während der osmanischen Herrschaft pro-islamisch gaben, war es gerade der albanische Provinzgouverneur Ali Pascha, der – wenn auch vergeblich – zwischen 1788 und 1822 von seiner Residenz in Ioannina aus versuchte, einen von Istanbul unabhängigen albanisch-griechischen Herrschaftsbereich zu schaffen. Zudem machte die Unwegsamkeit vieler seiner Landstriche den Epirus zur Zeit der Osmanen zum bevorzugten militärischen Rückzugsgebiet griechischer Freiheitskämpfer, was jedoch das Erreichen der Unabhängigkeit (1913) nicht beschleunigte. Das geografisch bedingte Auf-sich-gestellt-sein hat der Bevölkerung auch in schweren Zeiten stets geholfen, Fähigkeiten zur Selbstversorgung zu entwickeln, die nicht unwesentlich durch das reiche Wildaufkommen in den Bergen gefördert wurden. Nicht ohne Grund kann der Epirus heute mit dem größten Jagdverband Griechenlands aufwarten. Die zahlreichen Seen des Landes und das Ionische Meer garantieren außerdem die gute Versorgung mit Frischfisch, und auf den fruchtbaren Böden der kleinen Täler im Innern der Region gedeihen nahezu alle wichtigen landwirtschaftlichen Erzeugnisse. Daneben verfügt der Epirus über eine vorbildlich organisierte Milchwirtschaft, und die Tierhaltung bleibt nicht wie andernorts in Griechenland auf Schafe und Ziegen beschränkt, sondern gibt der Schweine- und Rinderzucht den Vorzug. Auch die Küche hat ihre Eigenständigkeit bewahrt, betrachtet man nur manche Rezepte der Bergbevölkerung oder die kulinarschen Gepflogenheiten bei jährlichen Volks- und Fischfesten.

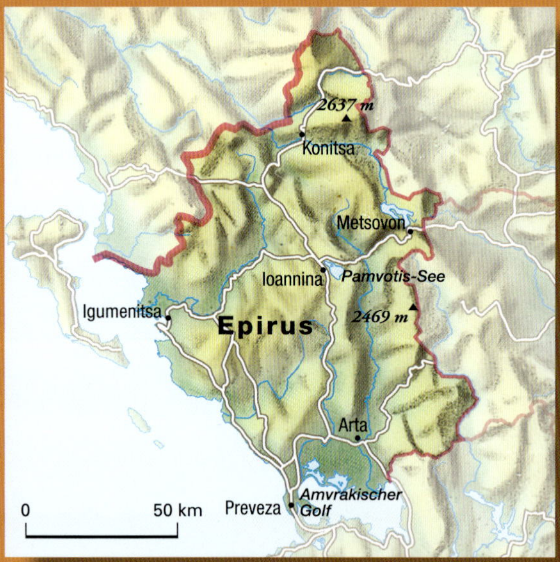

Die bunten Trachten mit dem dazugehörigen Kopfschmuck sind für die älteren Epirotinnen auch eine Erinnerung an die eigene Vergangenheit. Jungen Frauen repräsentieren sie bestenfalls ein Stück erhaltenswerte Tradition.

MILCH FÜR JOGHURT

Fertiger, in kleine Becher abgepackter Joghurt gehört in Griechenland noch nicht lange zu den Dingen, die man im Sortiment der Supermärkte findet. Früher konnte man ihn in den Städten wie die Milch beim Milchmann ›an der Ecke‹ kaufen, auf dem Land holte man Milch lieber direkt beim Bauern und bereitete seinen Joghurt zu Hause selbst zu, denn diese Milch hatte den Vorteil aller erforderlichen Milchsäurebakterien, die guter Joghurt braucht. Pasteurisierte, das heißt bis maximal 74 °C erhitzte Milch ist zwar haltbar, aber ohne Zusätze von Gerinnungsmitteln nicht mehr joghurttauglich. Was die Spontansäuerung der Milch betrifft, saßen die Griechen von Anfang an gewissermaßen an der Quelle, denn eine der Grundlagen von Joghurt ist *Lactobazillus bulgaricus,* eine spezielle Milchsäurekultur, die, wie ihr Name schon andeutet, ganz in der Nähe zu Hause ist. Ihre Besonderheit: Sie lässt nur bestimmtes Milcheiweiß gerinnen, was den Geschmack und den Säuregehalt des Joghurts positiv beeinflusst. Mit frisch gemolkener Milch, den richtigen Pilzen in der Luft, einem warmen Tag und genügend Zeit konnte man perfekten Joghurt fast nicht verhindern. Heute hält man es selbst in ländlichen Regionen Griechenlands bei der häuslichen Joghurtzubereitung für ratsam, die Milch erst aufkochen und dann abkühlen zu lassen, bevor man als Startkultur einen Rest des letzten Joghurts einrührt und den Topf an einem warmen Ort stehen lässt.

Als Milchlieferanten gehören Kühe auch in Griechenland unbestritten zu den wichtigsten Haustieren, dennoch ist die systematische Haltung von Milchkühen in großem Stil hierzulande noch recht jung. Es hat auf dem Land immer Bauern gegeben, die Milchkühe zur Eigenversorgung hielten. Doch noch vor einer Generation musste ein großer Teil des gesamtgriechischen Milchbedarfs aus Holland importiert werden. In den letzten Jahren ist die griechische Regierung darangegangen, die regionale Milchwirtschaft besser zu organisieren und durch staatliche Förderprogramme auszubauen oder zu stützen. Ein Gebiet wie der Epirus schien für dieses Vorhaben besonders gut geeignet zu sein. Die Hälfte der Weideflächen befindet sich in Berglagen und bietet reichhaltiges, gesundes Futter, die vielen Bäche stellen darüber hinaus sauberes, klares Wasser bereit. Auch die klimatischen Bedingungen sind für die Freilandhaltung von Kühen ideal. Nicht ohne Grund ist im Epirus der größte Milchverarbeitungsbetrieb Griechenlands entstanden. ›Dodoni‹ exportiert seine Erzeugnisse mittlerweile in 18 Länder und gehört zu den erfolgreichsten des Landes.

Oben: In ganz Griechenland gelten Milchprodukte aus dem Epirus als die schmackhaftesten. Von einem der größten Betriebe des Landes werden sie im In- und Ausland erfolgreich vermarktet.
Hintergrund: Mit den Joghurtkulturen vermischt, muss die Milch bei gleich bleibender Temperatur mindestens 12 Stunden ›regungslos‹ ruhen, damit sie löffelfest wird.

Joghurt mit Müsli und Honig gilt allgemein als bekömmlich, wird aber in Griechenland hauptsächlich während der Fastenzeit gegessen. Im Sommer kombiniert man Joghurt und Honig meist mit frischem Obst.

Die häusliche Herstellung von Joghurt beginnt mit dem Erhitzen der frischen Milch.

Um zu verhindern, dass die Milch überkocht, legt man ein gläsernes ›Zaubermittel‹ auf den Topfboden.

Mit etwas Übung braucht man kein Thermometer, um zu wissen, wann die Milch genug abgekühlt ist.

In die lauwarme Milch rührt man eine kleine Menge vorhandenen Joghurts als Startkultur.

SCHLACHT-RINDER

Der offenbar eher zurückhaltende Umgang mit Rindfleisch in der antiken griechischen Küche ist auffällig, und das, obwohl es nicht nur geschätzt, sondern sogar verfügbar war, denn wie alle alten Hochkulturen kannten auch Griechen die planmäßige Zucht von Rindern, sicherte der Besitz großer Herden doch das Überleben einer Gemeinschaft. Zudem waren Rinder problemlos zu halten, denn wie andere domestizierte Tiere ernährten auch sie sich selbstständig auf den Wiesen, nur dem Schutz von Hirten und Göttern anvertraut. Der war wohl auch nötig, schließlich werden ganze Herden von Stieren und Kühen immer wieder gern als Kriegsbeute erwähnt. Außerdem diente das Rind natürlich als Arbeitstier, wie man griechischen Vasendarstellungen entnehmen kann, wo Ochsen vor den Pflug gespannt erscheinen. Eine besondere Rolle hatte das Rind im Kult inne. Opferfeste begannen häufig mit der Schlachtung eines Ochsen. In der ›Odyssee‹ werden alle rituellen Handlungen eines solchen Opfers detailliert beschrieben, wobei das beste Stück, der Schenkel, in Fett eingeschlagen und mit Rotwein übergossen, als Anteil für die Götter auf offenem Holzfeuer verbrannt wird. Die Innereien aber und die restlichen Fleischstücke werden zerteilt, auf Spieße gesteckt, am Feuer gebraten und in einer fast picknickhaft anmutenden Atmosphäre verzehrt. Fand eine städtische Familie einen Anlass, ein Tier zu opfern, konnte sie einen Spezialisten *(›mageiros‹)* mieten, der es nicht nur fachmännisch schlachtete und opferte, sondern auch für die Feier zubereitete. Der Grund der seltenen Rindfleischrezepte ist vielleicht in der anfallenden Menge Frischfleisch zu suchen, die ein ausgewachsenes totes Rind mit sich bringt und die um 400 v. Chr. erst einmal bewältigt sein wollte.

Heute steht der abnehmenden Zahl selbstversorgender bäuerlicher Klein- und Kleinstbetriebe im ländlichen Bereich die steigende Zahl aufstrebender staatlich subventionierter Rinderzuchtbetriebe gegenüber. Bestimmend für das Bild von Rinderhaltung besonders im Epirus – und das mag gerade heutzutage beruhigend und zuversichtlich stimmen – sind aber immer noch friedlich auf satten Weiden grasende Kühe, die keine Elektrozäune kennen und die auf einsamen Landstraßen schon mal unvermittelt vor einem stehen können.

In der Region kennt man eine ganze Reihe interessanter Rezepte, die für alle Fleischteile des Rinds eine schmackhafte Verwendung vorsehen, wobei in den eher bodenständigen Bergdörfern des Epirus Fleisch mit V<orliebe mit verschiedenen aromatischen Zutaten im großen Topf geschmort wird.

Epirotische Rinder dürfen noch auf Feldern und Wiesen weiden, weshalb ihr Fleisch deutlich mehr Eigengeschmack aufweist als das von Tieren anderer Regionen.

MOSHÁRI ME ELIÉS

Rindfleisch mit Oliven
(im Bild links)

200 ml natives Olivenöl extra
1 kg Rindfleisch, grob gewürfelt
1 Zwiebel, fein gehackt
200 ml Rotwein
2 Tomaten, klein gewürfelt
2 Knoblauchzehen, fein gehackt
1 Lorbeerblatt
500 g grüne Oliven, entsteint und heiß gewässert
Salz
frisch gemahlener schwarzer Pfeffer

Olivenöl erhitzen und Zwiebeln darin andünsten. Das Fleisch zugeben und rundum anbraten. Mit Rotwein ablöschen, dann Tomaten, Knoblauch, Lorbeerblatt, Salz, Pfeffer und die Oliven dazugeben. Auf mittlerer Hitze ca. 2 Stunden schmoren, dabei gelegentlich heißes Wasser nachgießen. Das Gericht warm mit Weißbrot servieren.

MOSHÁRI ME MELITZANOPURÉ

Kalbfleisch mit Auberginenpüree
(im Bild rechts)

200 ml Olivenöl
1 Zwiebel, fein gehackt
1 kg Kalbfleisch, grob gewürfelt
200 ml trockener Rotwein
500 g Tomaten, abgezogen und püriert
1 TL Zucker
Salz
frisch gemahlener schwarzer Pfeffer

Für das Püree:
6 große Auberginen, mehrmals eingestochen
125 g Butter
125 ml Milch

Olivenöl erhitzen, die Zwiebeln darin andünsten und das Fleisch rundum anbraten. Mit Wein ablöschen und Wasser aufgießen, bis das Fleisch bedeckt ist. Bei mittlerer Hitze 2 Stunden schmoren und gegebenenfalls heißes Wasser nachgießen. Wenn das Fleisch fast gar ist, Tomaten und Zucker zufügen und mit Salz und Pfeffer abschmecken. Weiter kochen, bis das Fleisch gar und die Soße eingedickt ist.

Den Backofen auf 200 °C vorheizen. Die Auberginen rösten, abkühlen lassen und die Haut abziehen. Das Fruchtfleisch pürieren. Butter in einem Topf auslassen, das Püree darin andünsten, salzen und langsam die Milch einrühren. Sobald das Püree eingedickt ist, in einer gefetteten Auflaufform verteilen und das Fleisch mit Soße in der Mitte anrichten. Bei 180 °C etwa 20 Minuten backen und noch warm servieren.

FLEISCHTEILE DES RINDS

NR.	GRIECHISCH	DEUTSCH
1	*kilóto*	Hüfte
2	*filéto ke kútra filéto*	Filet
3	*brisolíki*	Lende
4	*spalobrisóla*	Hochrippe
5	*kapáki spálas*	Kamm
6	*nuá*	Oberschale
7	*kapáki*	Blume
8	*strongiló*	Kugel
9	*trans*	Kugel
10	*stithoplevrés*	Querrippe
11	*spála*	Schulter, Bug
12	*poutíki*	Hesse
13	*kótsi*	Wade
14	*lápa*	Bauch
15	*stíthos*	Brustkern
16	*stíthos*	Brustspitze
17	*eliá*	Hals
18	*lemós*	Hals
19	*kefáli*	Kopf

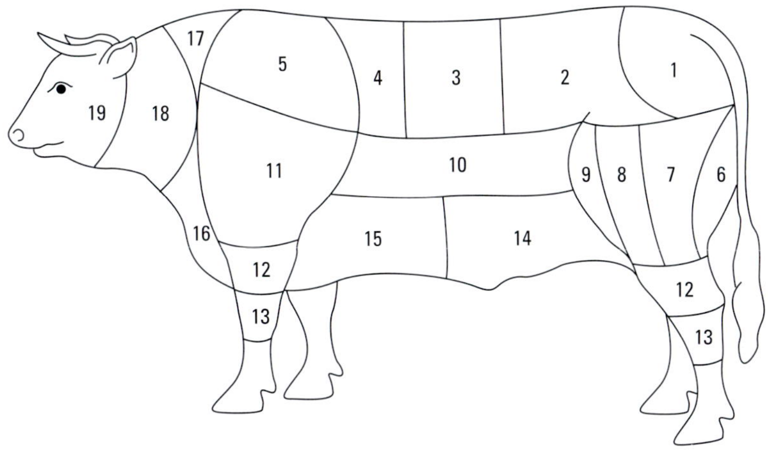

BAUERNWURST

Die griechische Bauernwurst ist eine dunkle, harte, luftgetrocknete Mettwurst mit ausgeprägt scharf-würzigem Geschmack. Sie ist sowohl rein aus Rind- wie rein aus Schweinefleisch im Handel, wird aber überwiegend aus einer Mischung beider Fleischsorten hergestellt, wobei die Anteile Geschmacksache sind und je nach Region variieren können. Üblich sind bis zu 80 Prozent Rind- und etwa 20 Prozent Schweinefleisch. Je größer der Rindfleischanteil ist, desto härter wird die Bauernwurst später in getrocknetem Zustand sein. Verarbeitet wird sowohl grob entsehntes Fleisch aus dem Vorderviertel, als auch durchwachsenes, teilweise bindegewebsreiches Fleisch, darunter Suppenfleisch von Brust und Bauch. Meist wird das Fleisch gefroren gekuttert, beziehungsweise im Fleischwolf grob zerkleinert, weil es so mehr Wasser enthält, was sich später für die langsame Trocknung der Wurst als vorteilhaft erweist. Salz, Pfeffer, Knoblauch, Paprika, Nelken, Kümmel und mögliche weitere Gewürze, die dann als Betriebsgeheimnis gelten, mischt man zusammen und verrührt sie sorgfältig mit der Fleischmasse. Mit einem speziellen Trichter und einem Esslöffel füllt man die Wurstmasse in gereinigten Rinderdarm, den man in immer gleicher Länge abdreht. Sehr viel einfacher wird dieser Arbeitsschritt maschinell erledigt. Nach dem Füllen werden die Würste zum Trocknen aufgehängt und alle 10–14 Tage mit Salzlauge abgewaschen, die desinfizierend wirkt und gleichzeitig der Wurst Wasser entzieht. Die alten griechischen Häuser auf dem Land sind meist für das Trocknen von Würsten wie geschaffen, denn ihr Lehmputz speichert Feuchtigkeit und gibt sie bei Bedarf wieder ab, wodurch ein gleichbleibendes Raumklima mit konstanter Temperatur entsteht. Bis zur Fertigstellung der griechischen Bauernwurst vergehen etwa vier Wochen. Die fertige getrocknete Wurst kann jetzt noch über Buchenholzfeuer geräuchert werden. Die Kunst des Räucherns ist weitgehend Gefühlssache. Prinzipiell gilt: Zu wenig Rauch erzielt nicht den gewünschten Effekt, zu viel dunkelt das Äußere der Wurst zu stark ab, worauf der Verbraucher nicht gut anspricht. Hausgemachte epirotische Bauernwurst ist ein kulinarisches Erlebnis. Sie wird gern mit Eiern in der Pfanne gebraten oder auch kalt als Vorspeise angeboten.

Rechts: Bauernwurst trocknet etwa vier Wochen und kann nach Geschmack anschließend noch über Buchenholz geräuchert werden.

Die Rohmasse wird mit den Gewürzen gründlich verknetet, damit die Wurst später einheitlich schmeckt.

Es geht schneller und das Ergebnis sieht professioneller aus, wenn man sich moderner Technik bedient.

Oben: Anfang und Ende jeder Wurst liegen in Händen der Bäuerin.
Unten: Viel Wurst, viel Ehr!

Im Epirus gibt es noch einige der alten ›Gemeinschaftsbrathäuser‹ mit großzügiger offener Feuerstelle, wo große Mengen Fleisch *sti gástra,* im Deckeltopf, der ursprünglich aus Ton bestand, auf recht archaische Weise schmoren können.

GÁSTRA

Der Ursprung aller Töpfe war gewiss ein großer gemeinschaftlicher Kessel (lässt man die noch viel ältere Idee der im Boden ausgehobenen Grube außer Betracht), der die Mahlzeit der gesamten Gruppe aufnehmen konnte. Dieses vernünftige Prinzip hielt sich bis in Zeiten, wo zwar die eigene Hütte, nicht aber die eigene Feuerstelle üblich war, und konnte jederzeit reaktiviert werden, als der eigene Herd längst nichts Ungewöhnliches mehr darstellte, es stattdessen aber an der ›Bedienung‹ mangelte, die vielleicht in dringendem Sondereinsatz auf dem Feld war. In diesem Fall brachte man das Fleisch aus eigener Schlachtung in das Ofenhaus, wo man es in großen Deckeltontöpfen über offenem Feuer langsam, schonend und auch, obwohl sich selbst überlassen, relativ sicher bis zum Abend garen lassen konnte. Heutzutage ist es weniger die Notwendigkeit, die auf dem Land den Erhalt dieser Einrichtungen bestimmt, sondern das Vergnügen, denn *sti gástra* wird hauptsächlich zu Kirchweih- oder Hochzeitsfesten gegart, wobei das Tongefäß oft schon dem Zinkblech gewichen ist. Entscheidend ist nur, dass die Abdeckung die Möglichkeit bietet, durch aufgelegte heiße Asche das Gericht mit Oberhitze zu versorgen.

Die Backbleche sind so bemessen, dass man mit etwas Geschick die Fleischteile eines ganzen Lamms in das Rund einpassen kann.

Die Bleche, die nahezu von den Flammen umgeben sind, erhalten als Oberhitze eine Abdeckung, auf die heiße Asche gehäuft wird.

Griechen kennen auch bei Fleisch keinerlei ›Berührungsängste‹, wie man auf den großen Märkten unschwer erkennt, wo frische Innereien genauso zum Begutachten ausliegen wie andere Waren.

INNEREIEN

Wer sich für Herz, Magen, Zunge oder Leber von Rind, Schwein, Ziege oder Schaf begeistern kann, ist in den speziellen griechischen Tavernen, den sogenannten *patsatsídika,* die nichts als *patsás* und andere Kuttelspezialitäten anbieten, in der Regel gut aufgehoben. Sie öffnen erst nachts, um gegen 12 Uhr mittags wieder zu schließen. Die Zubereitung von Innereien erfordert sehr viel Hygiene und Sorgfalt, weshalb man sich ein *patsatsídiko* unbedingt vor Ort empfehlen lassen sollte. *Patsás* wird nachgesagt, den Magen nach durchzechten Nächten ebenso wieder aufzurichten wie nach durchgearbeiteten, daher kann man in den frühen Morgenstunden in einem *patsatsídiko* immer eine bunte Mischung aus Kraftfahrern und Partygängern antreffen.
Abgesehen von den *patsatsídika* haben Restaurants kaum noch Innereien auf der Speisekarte. Umso mehr gelten sie als Spezialitäten in heimischen griechischen Küchen. Ursprünglich standen Innereien immer zu großen Festtagen, an denen traditionell ein Tier geschlachtet wurde, auf dem Spieseplan. So wurden die schneller verderblichen Teile rasch verzehrt und von dem geschlachteten Tier blieb genug für das Fest übrig. Heute findet man auf jedem Wochenmarkt eine gute Auswahl an Innereien. Wie die meisten griechischen Gerichte werden sie bevorzugt in viel Olivenöl gut durchgebraten. Für Suppen schmort man sie zunächst leicht, bevor sie klein geschnitten oder püriert werden. Die bekannteste Kuttelsuppe ist *majirítsa,* die traditionelle Ostersuppe aus Ziegen- oder Schafsinnereien (siehe S. 191).

PATSÁS
Kuttelsuppe

3 Knoblauchzehen
200 ml Rotweinessig
1 Magen von Ziege oder Lamm
100 ml natives Olivenöl extra
2 Zwiebeln, fein gehackt
Salz
frisch gemahlener schwarzer Pfeffer

Knoblauchzehen und Rotweinessig in eine Glasflasche mit Korken füllen. In den Korken ein kleines Loch bohren, sodass nur geringe Mengen der Flüssigkeit hindurch können. Knoblauch und Essig ergeben das *skordostúmpi,* das mindestens 1 Tag lang ziehen muss und auf die fertige Suppe geträufelt wird. Den Magen gut auswaschen, im Ganzen in einen Topf geben, mit Wasser auffüllen und 1 Stunde lang kochen. Abtropfen lassen, nochmals auswaschen und mit einem Esslöffel die Innenseite des Magens gut ausschaben. Den Magen erneut gut waschen und klein schneiden. Olivenöl in einem Topf erhitzen und

die Zwiebeln darin andünsten. Klein geschnittenen Magen zugeben, kurz anbraten und mit Wasser ablöschen. Wasser aufgießen, bis es wenigstens 10 cm über den Zutaten steht. Bei mittlerer Hitze die Suppe mehrere Stunden kochen lassen, bis die Innereien weich sind. Dann auf Tellern anrichten, mit *skordostúmpi* beträufeln und mit frisch gebackenem Weißbrot servieren.
Es können auch Darmstücke, die vom Schlachten übrig sind, oder Kalbsfüße mitgekocht werden.

GARDÚMBA
Gefüllter Darm vom Lamm

1 Darm vom Lamm
1 kg Innereien vom Lamm (Lunge, Leber, Herz etc.)
6–8 Zwiebeln, fein gehackt
1 Bund glatte Petersilie, fein gehackt
1 Bund Dill, fein gehackt
200 ml Olivenöl
Weißweinessig
Salz
frisch gemahlener schwarzer Pfeffer

Den Backofen auf 180 °C vorheizen. Alle Innereien gut waschen und trockentupfen, den Darm in 10–15 cm lange Stücke, alles andere in Streifen schneiden. Innereien mit der Hälfte der Petersilie, des Dills sowie mit Salz und Pfeffer vermengen, die Darmstücke damit füllen und auf ein Backblech mit hohem Rand legen. Zwiebeln, restliche Petersilie, Dill, Öl, Salz und Pfeffer darüber geben und ca. 2 cm hoch Wasser angießen. Im Backofen garen, dabei mehrmals wenden, damit die Stücke rundum bräunen. Mit frisch gebackenem Weißbrot und Salat servieren.

SIKOTÁKIA MOSHARÍSIA STI SHÁRA
Gegrillte Kalbsleber

4 Kalbslebern, in der Mitte geteilt
8 EL natives Olivenöl extra
Saft von 1 Zitrone
4 Zweige Basilikum, fein gehackt
1/2 Bund glatte Petersilie, fein gehackt
Salz
frisch gemahlener schwarzer Pfeffer

Die Lebern waschen und trockentupfen. Olivenöl, Zitronensaft und Basilikum miteinander verrühren und die Leber damit einpinseln. Die Leber auf den Holzkohlegrill legen und von beiden Seiten je 3–5 Minuten grillen. Dabei abermals mit der Marinade bepinseln. Lebern vom Grill nehmen, salzen und pfeffern, mit Petersilie bestreuen und mit der restlichen Öl-Zitronen-Soße reichen. Dazu Reis und Bauernsalat servieren.

Patsás, die klassische Innereiensuppe aus Lamm- oder Rindermagen, wird in speziellen *›patsatsídika‹* immer noch wie in alten Zeiten im riesigen Kochtopf gerührt.

Der zusammengewachsene und gesäuerte Bruchkuchen muss vor dem entscheidenden Brühen in heißem Wasser erneut zerkleinert werden.

Nachdem der zerkleinerte Bruchkuchen mit heißem Wasser gebrüht wurde, ist die faserige Masse elastisch und lässt sich ziehen.

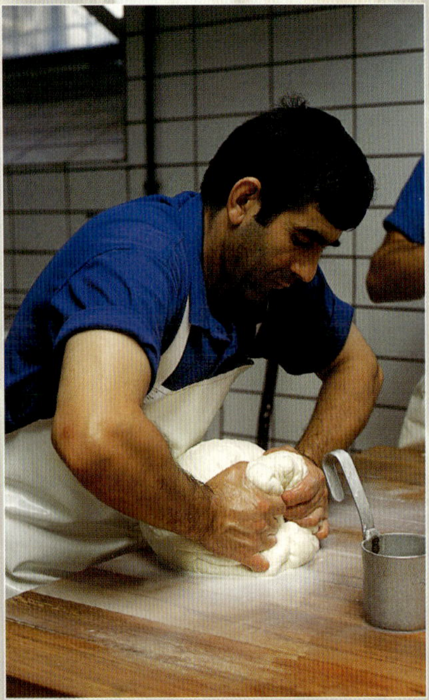

Fast wie einen Brotteig knetet der Käsemacher die gebrühte, gezogene und dadurch elastisch gewordene Masse in die gewohnte Form.

KÄSE IN MÉTSOVON

Es ist jetzt etwa vierzig Jahre her, dass sich griechische Käsemacher aus dem verschlafenen Métsovon aufmachten nach Norditalien, wo sie Baron Tositsas empfing, Abkömmling einer alteingesessenen Walachenfamilie aus Métsovon, und sie so lange in seine Obhut nahm, bis sie das Herstellungsverfahren der berühmten italienischen Filata-Käse beherrschten, jener ›Käse mit gezogenem Teig‹, die sogenannten gebrühten Knetkäse, die als Mozzarella bis Provolone auf den Markt kommen. Es dauerte nicht lange, und die jungen griechischen Käsemacher kehrten mit ihrem Wissen zurück und begannen aus einheimischer Milch ihren eigenen Käse herzustellen. Das war die Geburtsstunde des Metsovóne, eines halbweichen geräucherten Käses, der nach italienischem Vorbild hergestellt wird.

Man erkennt Metsovóne an seiner etwa 40 cm langen wurstähnlichen Form mit den unterschiedlich dicken Enden. Damit er zum Räuchern aufgehängt werden kann, wird er fest mit Schnüren umwickelt. Im Anschnitt ist er durch auffallend kleine Kerben und Löcher kenntlich. Er besteht überwiegend aus Kuhmilch, der Anteil an Schafs- oder Ziegenmilch darf 20 Prozent nicht überschreiten. Mit 42 Prozent Wasser, rund 27 Prozent Proteinen, 26 Prozent Fett in Trockenmasse und 2,8 Prozent Salz ist Metsovóne ein betont salziger Käse, der sich mehr als Vorspeise denn als Brotbelag eignet.

Das Herstellungsverfahren unterscheidet sich zunächst kaum von dem anderer Käsesorten: Die Milch wird mit Lab dickgelegt und der Bruch zerkleinert, damit sich die Molke besser absetzt. Den erbsgroßen Bruch lässt man zum Bruchkuchen zusammenwachsen, säuern und zerkleinert die Masse erneut. Jetzt wird sie mit heißem Wasser (75–80 °C) gebrüht, gezogen und kräftig geknetet, was sie elastisch und formbar macht, sodass man sie entweder von Hand oder mittels dafür vorgeseher Behälter in die typische Metsovóneform bringen kann. Danach wird der Käse gesalzen und reift bei sehr niedrigen Temperaturen über einen Zeitraum von fünf Monaten heran. Nach der Reife erfolgt die Räucherung, der Metsovóne seinen geschmacklichen Charakter verdankt. Der Käse wird in Scheiben oder gegrillt angeboten, lässt sich aber auch gerieben verwenden.

In den temperierten Reifekammern der großen Käsereien hängen Käselaiber zu Hunderten und harren ihrer Reifung und der anschließenden Räucherung.

Katogi Métsovon: Dieser Rotwein des Weinguts Katogi entsteht aus Cabernet Sauvignon und Agiorgítiko-Trauben. Er zeichnet sich aus durch die rubinrote Farbe und einen samtig-runden Geschmack.

Métsovon hat sich ganz dem Käsegeschäft verschrieben. Besonders an Wochenenden und Feiertagen nehmen viele Reisende einen kleinen Umweg in Kauf, verlassen die Höhenstrasse und fahren für einen kurzen Käseeinkauf hinunter ins Tal. Die Käsehändler haben sich darauf eingestellt und bieten inzwischen neben ihrem einheimischen Käse auch ein breites Sortiment anderer griechischer Käsesorten an.

FÍLLO JA PÍTA

Fíllo-Teig

500 g Mehl
25 ml Weißweinessig
50 ml natives Olivenöl extra
1 TL Salz
300 ml Wasser
feines Maismehl

Mehl, Essig, Olivenöl, Salz und Wasser in eine Schüssel geben und so lange kneten, bis ein weicher, elastischer Teig entsteht (eventuell etwas Mehl oder Wasser zugeben). Die Schüssel mit Frischhaltefolie abdecken und den Teig 1 Stunde im Kühlschrank ruhen lassen. Danach den Teig in sechs gleiche Portionen teilen und zu Kugeln kneten. Die Arbeitsfläche mit Maismehl bestreuen und eine Teigkugel mit einem dünnen Rundholz darauf ausrollen. Das Teigstück um 90° drehen und dünner ausrollen. Maismehl auf den Teig streuen und ihn mit leichtem Druck ganz auf das Holz aufrollen. Beim langsamen Abrollen den Teig mit den Händen von der Mitte des Holzes nach außen drücken. Anschließend das jeweils um 90° gedrehte Ausrollen wiederholen, bis die erforderliche Größe erreicht ist. Den Vorgang mit den restlichen Teigportionen wiederholen.

ZU DEN STEPPS 1–4

1 Das Ausrollen erfolgt mit einem langen, dünnen Rundholz und erfordert viel Übung, da man den Teig nicht nur, wie mit dem Nudelholz an Griffen, überrollt, sondern ihn darauf aufrollt.
2 Mehrere der dünn ausgerollten Teigblätter so auf ein gefettetes Backblech legen, dass die Ränder deutlich überstehen.
3 Die vorbereitete Füllung (hier mit Huhn) auf den Böden verteilen. Die Flüssigkeit besteht überwiegend aus Ei und stockt beim Backen.
4 Die restlichen Teigblätter als Decke auflegen und am Rand mit dem überstehenden Teig des Bodens fest zusammendrücken.

Kotópita – Hühnchen-*píta*

Milópita – Apfel-*píta*

Spanakópita – Spinat-*píta*

Tirópita – Schafskäse-*píta*

Tirópita me féta – *Féta-píta*

Spanakotirópita – Spinat-Käse-*píta*

PÍTA

Diese flache Blätterteigpastete mit tausend und einer Füllung zählt zu den griechischen Nationalgerichten und wird auf dem ganzen Festland zubereitet. Unterschiede bestehen bestenfalls in der Anzahl der geschichteten Teigblätter, die sich im Backofen aufwölben und dieses typisch knusprige Erlebnis von *píta* verursachen. Die Herstellung der *píta* ist mit großem Arbeitsaufwand verbunden und lag früher vielfach in den bewährten Händen griechischer Großmütter. Sie standen oft mit Sonnenaufgang auf, um den erforderlichen Teig von Hand zu kneten. Dann wurden einzelne Teigportionen, nachdem sie erneut gegangen waren, mit dünnem Rundholz ausgerollt, gewendet und ausgerollt, bis eine hauchdünne, den ganzen Tisch bedeckende Teiglage entstand. Sie wurde zusammengefaltet und das Ausrollen konnte von Neuem beginnen. Es erforderte Stunden, bis alle Zutaten verarbeitet waren und das meist übergroße Backblech zum nächstgelegenen Bäcker getragen werden konnte. Gänzlich ausgestorben ist das Ritual auf dem Land noch nicht (und man weiß nicht, ob man das begrüßen oder bedauern soll).

Warum ausgerechnet Epirus so berühmt für seine *pítas* wurde, ist unbekannt. Aber jeder, der hier eine *píta* probiert hat, bestätigt ihre Einzigartigkeit in Aussehen und Geschmack. In den Städten haben sich inzwischen traditionsbewusste Gasthäuser mit hausgemachter *píta* einen noch besseren Namen gemacht. Dort erkennt man den guten Gastwirt an den verschiedenen *Píta*-Sorten auf seiner Karte. Das faszinierende einer *píta* ist die Fantasie, die ihre Füllung beseelen kann. Denn es gibt nichts, was mit dem hauchdünnen Blätterteig zusammen im Backofen gebacken nicht noch besser schmecken würde.

Wie für alle *Fillo*-Teigwaren gilt auch für *píta:* Wenn sie aus dem Ofen kommt, darf sie keinesfalls abgedeckt werden, damit die zart-knusprigen Schichten nicht weich in sich zusammenfallen und alle Mühe umsonst war. Darüber hinaus darf sie zu jeder Tages- und Nachtzeit warm oder auch kalt verspeist werden.

PÍTA-LEXIKON

bakaliarópita	Stockfisch-*píta*
hortópita	Wildkräuter-*píta*
kasópita	Käse-*píta*
kolokythópita	Zucchini-*píta*
kotópita	Hühnchen-*píta*
kreatoópita	Hackfleisch-*píta*
kremidópita	Zwiebel-*píta*
ladópita	Öl-*píta*
milópita	Apfel-*píta*
píta me mosharíssio kai chirinó kréas	*píta* mit Rind- und Schweinefleisch
píta janiótiki	*píta* Ioannina (mit *kefalograwiéra*-Käse)
prassópita	Lauch-*píta*
spanakópita	Spinat-*píta*
spanakotirópita	Spinat-Käse-*píta*
tirópita	Schafskäse-*píta*

Píta muss sich nicht notwendig in Lagen auf dem Blech breit machen. Wer im Umgang mit dem …

… papierdünnen Teig erfahren genug ist, der kann auch einzelne Blätter, versehen mit der gewünschten …

… Füllung, zu dünnen ›Flöten‹ rollen und backen. Noch ein Tipp: Man lädt dazu eine Freundin ein.

FÍLLO-TEIG

Wer meint, dass *fillo,* von altgriechisch ›*phyllo…*‹ (Blatt) stammend, mit Blätterteig zu übersetzen sei, kommt der Sache nahe, trifft sie aber nicht. Während dieser Eier enthält und seine einzelnen Schichten von kalter Butter getrennt werden (die dann im Backofen schmilzt und das lockere Aufgehen garantiert), baut *Fillo*-Teig auf mehr Stabilität. Die Grundbestandteile sind unspektakulär: Mehl, Wasser, Fett und Salz werden verknetet, bis der Teig die richtige Konsistenz hat: locker, aber reißfest wie Strudelteig. Da sich das Gebot des Blätterteigs – im Kalten zu arbeiten – in Griechenland selten einhalten ließe, werden die dünnen Lagen nicht mit Butter, sondern mit Öl voneinander getrennt. Das Geheimnis des Ausrollens besteht außer in der Geschicklichkeit der *Fillo*-Meisterin in dem besonders dünnen Rundholz, das ca. 50 cm lang und völlig ebenmäßig ist. Die besten stammen aus Obstbaumholz, sind leicht elastisch, aber nicht verformbar und quellen nicht. Diese Stäbe ermöglichen den guten Kontakt zum Teig und den gleichmäßigen Druck, der nötig ist, um den *fillo* wieder zum Blatt werden zu lassen.

Der leicht moussierende, halbtrockene, aromatische Weißwein von Zitsa wird aus der einheimischen Debina-Traube gekeltert und passt gut zu Süßspeisen.

Das Backblech wird mit dem ersten dünnen Teigblatt ausgelegt, das den Rand des Bleches ein gutes Stück überragen muss. Was übersteht, wird später mit der Decke zu einem festen Rand zusammengedrückt und verleiht nach dem Backen als knusprige Teigkante der gefüllten *pita* Stabilität.

Mehl, Essig, Öl, Salz und Wasser werden mit den Händen zu einem homogenen Teig verarbeitet und kräftig geknetet.

Anschließend wird der *Pita*-Teig mit Mehl bestreut und kommt zugedeckt für mindestens 1 Stunde in den Kühlschrank.

Ohne das spezielle lange, dünne Rundholz würde der Teig niemals so dünn ausgerollt werden können.

Der aufgerollte Teig kann im gefetteten Blech wieder abgerollt werden. Die einzelnen Lagen werden mit Butter bepinselt.

Die vorbereitete Cremefüllung auf dem Boden aus einzelnen Lagen verteilen.

Lage für Lage die Decke auf der Cremefüllung aufbauen und den überstehenden Teig fest zusammendrücken.

Noch warm aus dem Backofen wird *bugátsa* mit Puderzucker und Zimt bestreut und sofort serviert.

BUGÁTSA

Als *Fillo*-Teiggebäck gehört süße *bugátsa* neben *tirópita* (Schafskäse-*píta*) und *spanakópita* (Spinat-*píta*) eher zum Repertoire der *Píta*-Buden, statt der Bäckereien mit ihren Sirupkuchen. Die Cremefüllung macht das Gebäck so gehaltvoll, dass es nicht zum Dessert, sondern als eigenständige Zwischenmahlzeit angeboten wird, und als solche verträgt sie auch die Zugabe von Zimt und Zucker.

BUGÁTSA

Fillo-Teig mit Cremefüllung

250 g feiner Grieß
350 g Zucker
3 Eier
1 1/2 l Milch
Schale von 1 unbehandelten Zitrone, gerieben
150 g Butter
500 g Fillo-Teig (Rezept siehe S. 146)
Puderzucker
gemahlener Zimt

Grieß, Zucker und Eier schaumig rühren. Dann die Mischung in einen Topf geben und unter ständigem Rühren die Milch angießen. Mehrmals aufkochen lassen und zum Schluss die geriebene Zitronenschale unterrühren. Abkühlen lassen.
Den Backofen auf 180 °C vorheizen. Die Butter schmelzen und die einzelnen Blätter des Blätterteigs damit einpinseln. Die Hälfte des Teigs auf ein gefettetes Backblech legen, die Creme darüber verteilen und mit dem restlichen Teig abdecken. Im vorgeheizten Backofen ca. 20 Minuten backen, bis die oberen Teigblätter goldgelb und kross sind und die Füllung fest geworden ist. Die *bugátsa* etwas abkühlen lassen, Puderzucker und Zimt darüber streuen und in Portionstücke schneiden. *Bugátsa* wird noch warm gegessen.
In Ioannina wird zu jeder Portion *bugátsa* ein Milchbrötchen und ein Glas Wasser serviert.

Am zweiten Tag braucht *bugátsa* nichts als eine neue Schicht Puderzucker, um fast wie frisch zu schmecken.

POLISPÓRI

Weizensuppe

150 g getrocknete Maiskörner
150 g getrocknete Weizenkörner
Olivenöl
Salz
Zucker
50 g gehackte Walnüsse
50 g gehackte Haselnüsse
50 g gehackte Mandeln
50 g Rosinen
50 g getrocknete Aprikosen, grob gehackt
50 g getrocknete Feigen, grob gehackt
Mehl

Die getrockneten Maiskörner über Nacht in Wasser quellen lassen. Am nächsten Tag das Wasser abgießen und den Mais gut waschen. Zusammen mit dem Weizen in einen Topf geben, mit reichlich Wasser aufgießen und Olivenöl, Zucker nach Geschmack sowie eine Prise Salz zugeben. So lange bei mittlerer Hitze kochen lassen, bis beides fast weich ist. Dann die Nüsse und Trockenfrüchte zufügen und die Körner fertig garen. Dabei immer wieder umrühren. Etwas Mehl in wenig warmem Wasser auflösen und den Sud damit binden. Auf Tellern anrichten und warm servieren. Die Suppe ist im Kühlschrank einige Tage haltbar.

In epirotischen Dörfern bereitet man diese Suppe in großen Mengen zum Erntedank zu. Mehrere Familien kommen zusammen, es wird getanzt und gesungen. Die verarbeiteten Zutaten, die sich noch ergänzen lassen, spiegeln das, was man im vergangenen Jahr von der Erde erhalten hat. Auf das gemeinsame Kochen folgt das gemeinsame Essen.

FISCHEN IM PAMVÓTIS-SEE

Dass die Griechen mit dem Fisch per Du sind, lässt sich keineswegs nur in den Häfen der Küsten erahnen. Das Inland und hier vor allem der Epirus ist gleichermaßen reich an Fisch – und Fischern. Der Fischreichtum des Pamvótis-Sees bei Ioánnina ist nahezu schon legendär: in Krisenzeiten, wie zur Zeit des Zweiten Weltkriegs, da das Jagen in den Bergen verboten war, waren die Bestände des 22 Quadratkilometer großen Sees immer eine zuverlässige eiserne Reserve für die Bewohner der Region. Neben seiner Eigenschaft als Speisekammer kam ihm auch vor der Zeit extensiven Straßenbaus eine große Bedeutung als Verkehrsweg zu. Heute ist er beliebtes Naherholungsgebiet für die Großstadt Ioànnina.

In den ruhigen Schilfrändern des Sees fängt man gern alle Arten von Friedfischen: Brachsen, Schleien und vor allem Karpfen, die sich dort ihre Nahrung im Uferschlamm suchen. Gern gewählte Methode ist hierbei das Rutenfischen (oben): über eine lange Rute läuft eine feste Schnur, an der normalerweise unten ein Haken befestigt ist oder eine Reihe Haken in Abständen. Der Haken mit dem Köder ruht nun so lange im Schlamm, bis ein Fisch anbeißt. Jetzt muss ruckartig die Rute nach oben gerissen werden, sonst ist der Köder weggeknabbert und das Abendessen perdu. Die Kunst besteht demnach darin, die ausgelegten Ruten genauestens zu beobachten, ob sich Schnur – oder Schwimmer – bewegt. Mehr als zwei Ruten gleichzeitig zu bedienen ist in vielen Ländern verboten und zählt zur hohen Kunst des Fischfangs.

Das muss gekonnt sein: vier Ruten gleichzeitig im Auge zu behalten und kein Hakenzucken zu verpassen!

Zählten früher – vor der Trockenlegung des Nachbarsees – auch Aale zum festen Bestand, da der Pamvótis-See Durchgangsstation auf ihrem Weg vom Meer war, so gibt es seit fast dreißig Jahren einen neuen Gast: Der Graskarpfen, ursprünglich in China beheimatet, galt in den 1960er Jahren als Wunderwaffe gegen unerwünschte Wasserpflanzen. Im großen Stil wurde er auch hier eingesetzt, um den See sauber zu halten. Als Speisefisch hat sich der Graskarpfen noch nicht völlig durchgesetzt, obgleich sein Fleisch wohlschmeckend ist und längst nicht so fett wie von Vetter Karpfen.

Wer in tieferem Wasser fischt, hofft auf Raubfische, auf Hechte, Barsche oder Forellen. Beim sogenannten Spinnfischen (unten) benutzt man einen künstlichen Köder oder Blinker, der sich bewegt und damit die Räuber anlockt. Hier besteht keine Gefahr, dass der Köder vorsichtig weggeknabbert wird – diese Fische beißen sofort fest zu und haben so viel Kraft, dass man ungern das Risiko eingeht, sie mit der Hand aus dem Wasser zu nehmen. Deshalb gehört neben der Angel auch ein Kescher zur Grundausrüstung eines Bootes: mit der Angel zieht man die Beute ans Boot heran und fasst sie dann sicher mit dem Kescher unter, um sie an Bord zu heben.

Für die bloße Hand zu stark – der Kescher hilft, damit der Fisch nicht verloren geht.

Kiprina (*Cyprinus carpio*) Wildkarpfen

Grass (*Ctenopharyngodon idella*) Weißer Amur oder Graskarpfen

Petaluda (*Alburnus alburnus*) Laube

In den zahlreichen Zuläufen des Pamvótis-Sees gibt es zahlreiche Forellen, die – als Salmoniden ähnlich wie die Lachse – im Winter flussaufwärts schwimmen, um in den kleineren geschützten Bachläufen abzulaichen. Danach dauert es noch fast zwei Jahre, bis die kleinen Fische fertig für den Teller sind. Doch so lange muss man nicht mehr warten, denn die Forellenzucht hat sich längst etabliert: In Teichen oder kleinen Hälterungen (oben) lassen sich Forellen ganzjährig und in solchen Mengen halten, dass ein Schwung mit dem Kescher genügt, um bequem zu einem Fang zu kommen. Kein Wunder, dass der Epirus berühmt ist für seine köstlichen Forellenrezepte!

PÉSTROFA TIS ÁNIXIS
Frühlingsforelle

4 mittelgroße Forellen
Saft von 1 Zitrone
Olivenöl
2 Möhren, fein gewürfelt
2 Knoblauchzehen, fein gehackt
2 Stangen Bleichsellerie, in Scheiben geschnitten
etwas frischer Dill
Salz
frisch gemahlener, schwarzer Pfeffer

Forellenbecken müssen einen guten Frischwasserzulauf haben, damit das Wasser stets reich an Sauerstoff bleibt. Dann können die Fische sehr dicht gehalten werden.

Backofen auf 180 °C vorheizen. Die Forellen ausnehmen und waschen. Von innen und außen mit Salz, Pfeffer und Zitronensaft einreiben. 4 Stücke Grillfolie mit Olivenöl auspinseln, die Fische darauf legen und das Gemüse und den Dill darüber verteilen. Mit Salz und Pfeffer würzen, Grillfolie verschließen und in den Backofen legen. Etwa 30– 40 Minuten backen.

PÉSTROFES ME WÚTIRO
Kräuterforelle in Butter

4 mittelgroße Forellen
etwas Mehl
300 g Butter
8 Salbeiblätter
200 ml trockener Weißwein
1 Tomate, in Scheiben geschnitten
1 Zitrone, in Scheiben geschnitten
1 Bund glatte Petersilie, fein gehackt
Salz
frisch gemahlener, schwarzer Pfeffer

Die Forellen am Bauch aufschneiden, ausnehmen, gründlich waschen und im Mehl wälzen. Die Butter in einer Pfanne zerlassen, die Fische hineingeben und von beiden Seiten goldbraun braten. Mit Salz und Pfeffer würzen und mit Salbeiblättern belegen. Mit dem Weißwein ablöschen und bei schwacher Hitze die Forellen schmoren lassen, bis sie gar sind. Dann auf einer Platte anrichten, mit dem Sud übergießen und mit den Tomaten, den Zitronenscheiben und der Petersilie garnieren.
Dazu schmecken gekochte Kartoffeln und Gemüse.

WATRÁCHIA ME SÁLTSA NTOMÁTA
Froschschenkel in Tomatensoße

200 ml natives Olivenöl extra
1 Knoblauchzehe, in dünne Scheiben geschnitten
Froschschenkel, zerkleinert
200 ml trockener Weißwein
250 g Tomaten, abgezogen und fein gewürfelt
1/2 Bund glatte Petersilie, gehackt
Salz
frisch gemahlener schwarzer Pfeffer

Olivenöl in einer Pfanne erhitzen und den Knoblauch darin andünsten. Kurz bevor er anfängt zu bräunen, den Knoblauch aus der Pfanne nehmen und in dem Öl die Froschschenkel anbraten. Sobald diese weiß werden, mit dem Weißwein ablöschen und die Tomaten zufügen. Mit Salz und Pfeffer abschmecken und ein paar Petersilienblätter zugeben. So lange bei mittlerer Hitze köcheln lassen, bis die Soße eindickt.

VIELE FRÖSCHE...

Lange Zeit führten die Frösche des Pamvótis-Sees ein geruhsames Leben. Bis sich herumsprach, dass sie schmackhaft sind. Dann wurden sie nicht nur nach Frankreich exportiert (was inzwischen verboten ist), sie fanden sich vermehrt auch auf griechischen Tellern wieder (was inzwischen auch nicht mehr erlaubt ist ...). Während in Deutschland, Österreich und in der Schweiz nahezu alle Froscharten auf den jeweiligen Roten Listen stehen und man bemüht ist, Laichplätze und Wanderwege zu schützen, gelten Frösche nicht nur in Griechenland als Geheimtipp von Gourmets. Von den bis zu 20 cm großen Wasserfröschen *(Rana esculenta)* werden die muskulösen Schenkel – über die Fang- und Schlachtmethoden weiß man, aber spricht nicht gern darüber – enthäutet und sind in nahezu jeder Zubereitungsmethode eine Delikatesse. Am Pamvótis-See werden Frösche in großen Mengen im Mai und Juni meist während der Nacht gefangen, indem man sie mit großen Lampen blendet, um sie dann mit der Hand, zuweilen auch mit Netzen, einsammeln zu können.

Oben: *Watráchia me sáltsa ntomáta,* Froschschenkel in Tomatensoße, gibt es nur selten in Ioannina. Es ist dennoch ein typisches Gericht des Pamvótis-Sees.

Rechts: *Watráchia pané,* panierte Froschschenkel, werden mit viel Zitronensaft serviert.

WATRÁCHIA PANÉ
Panierte Froschschenkel

Froschschenkel
feiner Grieß
natives Olivenöl extra zum Braten
1 Ei, verquirlt
glatte Petersilie, gehackt
Knoblauchzehen
Salz

Die Froschschenkel mit Salz bestreuen und in Grieß wälzen. Olivenöl in einer Pfanne erhitzen, die Schenkel in das Ei tauchen und im heißen Öl ausbacken. Auf einem Teller anrichten und mit Petersilie und Knoblauchzehen garnieren.

ALI PASCHA

Zu den schillerndsten Gestalten der Geschichte des Epirus gehört Ali Pascha, der albanische Fürst von Ioannina. Er stammte aus einer Arnautenfamilie, wie man die Albaner in Griechenland nannte, aus Tepelini im Süden Albaniens und hatte sich mit 47 Jahren durch Mord und Intrigen 1788 zum Statthalter von Trikala aufschwingen und sich Ioanninas bemächtigten können, wo er seine Residenz errichtet. Da das Osmanische Reich am Ende des 18. Jahrhunderts zu wanken begann, nutzte er die Gelegenheit, sich unabhängig von Istanbul einen eigenen Machtbereich aufzubauen, der um 1800 ganz Epirus, Südalbanien sowie Teile von Thessalien und Makedonien umfasste. Unter Ali Paschas Regentschaft erlebte Epirus eine wirtschaftliche und ökonomische Blüte. Da er sich selbst häufig als Grieche bezeichnete, vermochte er die freiheitsliebenden Griechen für sich zu gewinnen und zu einem gemeinsamen Kampf gegen das Osmanische Reich aufzurühren. Er verstand es lange, sich das Vertrauen Istanbuls zu bewahren und zugleich Prominente aus Westeuropa für sich zu interessieren und, wie Lord Byron, als Gäste in seiner Residenz zu bewirten. Noch heute wird in den Lokalen am Seeufer manche Speise als Fürstengericht angeboten.
Während er die bildenden Künste förderte und viele Schulen in Ioannina gründete, erwies er sich als grausamer Herrscher. Obwohl er später selbst mit einer christlichen Griechin namens Kyrá Vassiliki verheiratet war, duldete er die Verbindung von Moslems und Christen nicht. Als er erfuhr, dass sein Sohn ein Verhältnis mit der Griechin Froschiní habe, ließ er die junge Frau mit 17 ihrer Freundinnen im See ertränken. 1820 nahte auch für ihn das verdiente Ende, der Sultan erklärte ihn zum Hochverräter und ließ ihn von einer starken Armee in Ioannina belagern. Ali Pascha starb 1822 von Kugeln getroffen, sein Leichnam wurde enthauptet und sein Kopf nach Istanbul geschickt.

CHÉLI SE KERAMÍDI

Aal im Tonziegel gebacken

1 großer Tonziegel
1 Aal von ca. 1,2 kg
$^{1}/_{4}$ TL Oregano
Mehl
100 ml trockener Weißwein
100 ml Olivenöl
Lorbeerblätter
Salz

Zunächst reibt man den Aal mit Salz ein, um ihn zu entschleimen. Nach kurzem Einwirken spült man das Salz unter fließendem Wasser ab. Zum Ausnehmen öffnet man den Aal an der Bauchseite vom After Richtung Kopf sowie 5 cm zum Schwanz. Die Eingeweide zum Kopf hin herausziehen und dicht an den Kiemen abtrennen. Die schlauchartige Niere am Rückgrat und dann die Schwanzniere entfernen. Nun die Haut abziehen und die Flossen gegen den Strich abschneiden.

Den Backofen auf 200 °C vorheizen. Den Aal in Stücke schneiden und die Stücke in einen großen Tonziegel legen. Mit Oregano und Salz bestreuen. Dann aus Wasser und Mehl einen festen Teig kneten. Den Teig in zwei Hälften teilen und jeweils fest an ein Ende des Ziegels drücken um diesen damit zu schließen. Den Aal mit Wein und Olivenöl übergießen und den Ziegel in den vorgeheizten Backofen legen. So lange backen, bis der Aal fast gar ist. Dann kleine Einschnitte in das Fleisch vornehmen und Lorbeerblätter hineinstecken. Den Aal mit Grillfolie abdecken und weitere 5–10 Minuten backen. Im heißen Ziegel servieren.

Unten: Einfach in Olivenöl gebratener Aal, den man mit einem Hölzchen aufspießen oder mit den Fingern essen kann, ist vermutlich das beste Aalrezept von allen.

GARNELEN

In den epirotischen Küstenorten, vor allem jenen nahe des Amvrakischen Golfs, geht es bei den Fischern an klaren Vollmondnächten im Frühling hektisch zu. Denn hier befindet sich ein Zentrum des Garnelenfangs, und hier liegen die Hauptumschlagplätze für die griechischen Garnelen. *›Karis‹*, wie die Garnele in der Antike hieß, war schon im alten Griechenland eine beliebte Delikatesse wie Athenaios von Naukratis in seinem ›Gelehrtenmahl‹ beschreibt: »…doch das beste von allen feinen Gerichten ist Garnele im Feigenblatt.« Heute gibt es frische Garnelen in Griechenland in erster Linie auf den Fischmärkten der Großstädte oder direkt vor Ort an der Küste, wo sie unmittelbar nach dem Fang in den kleinen Gaststätten der Hafenstädte verzehrt werden können. Denn Garnelen sind nur absolut frisch ein kulinarischer Genuss, und frisch sind sie nur, wenn der Panzer noch fest und die Fühler nicht abgebrochen sind.
Garnelen sind weltweit in allen Meeren zu finden, und nahezu alle Arten werden in großen Mengen gefischt. Im Mittelmeer kommen vor allem die Blassrote Tiefseegarnele *(Aristeus antennatus)* und die Rote Tiefseegarnele *(Aristaeomorpha foliaceae)* vor, die sich oberflächlich ähneln, aber in der Farbe unterscheiden. Beiden ist gemeinsam, dass sie auch in ungekochtem Zustand eine rote Färbung aufweisen.

Eine Garnele fischt man selten allein. Weil sie immer in Schwärmen auftreten, sind die Garnelenfischer entweder sehr erfolgreich oder gehen gänzlich leer aus.

GARÍDES ME MÉLI

In Honig glasierte Garnelen

2 EL natives Olivenöl extra
500 g Garnelen, gekocht und geschält
4 EL Fischsoße (aus asiatischem Feinkosthandel)
2 TL frischer Oregano, fein gehackt
2 EL heller Honig
frisch gemahlener schwarzer Pfeffer

Olivenöl, Fischsoße und Honig in einem Topf erhitzen, die Garnelen zugeben und 5 Minuten leicht sautieren, bis sie weich sind. Die Garnelen aus dem Topf nehmen und warm stellen. Den Sud einkochen lassen und den Oregano zugeben. Nun die Soße über die Garnelen gießen und mit Pfeffer bestreuen. Als Vorspeise mit frisch gebackenem Weißbrot und Salat servieren.

GÁWROS PLAKÍ

Sardellen mit Tomate

500 g Sardellen
2 Tomaten, abgezogen und gewürfelt
1 Bund glatte Petersilie, fein gehackt
Knoblauch, in feine Scheiben geschnitten
125 ml natives Olivenöl extra
Salz
frisch gemahlener schwarzer Pfeffer

Den Backofen auf 180 °C vorheizen. Die Fische ausnehmen, den Kopf entfernen und waschen. In eine feuerfeste Form legen, mit Salz und Pfeffer würzen. Tomaten, Petersilie, Knoblauch und Olivenöl zugeben und 200 ml Wasser angießen. Im vorgeheizten Backofen 40–50 Minuten backen. Heiß mit frisch gebackenem Weißbrot und Salat servieren.

Hinweis: Als Alternative verzichtet man auf Tomaten und Petersilie und verwendet statt dessen den Saft von 2 Zitronen und viel Oregano.

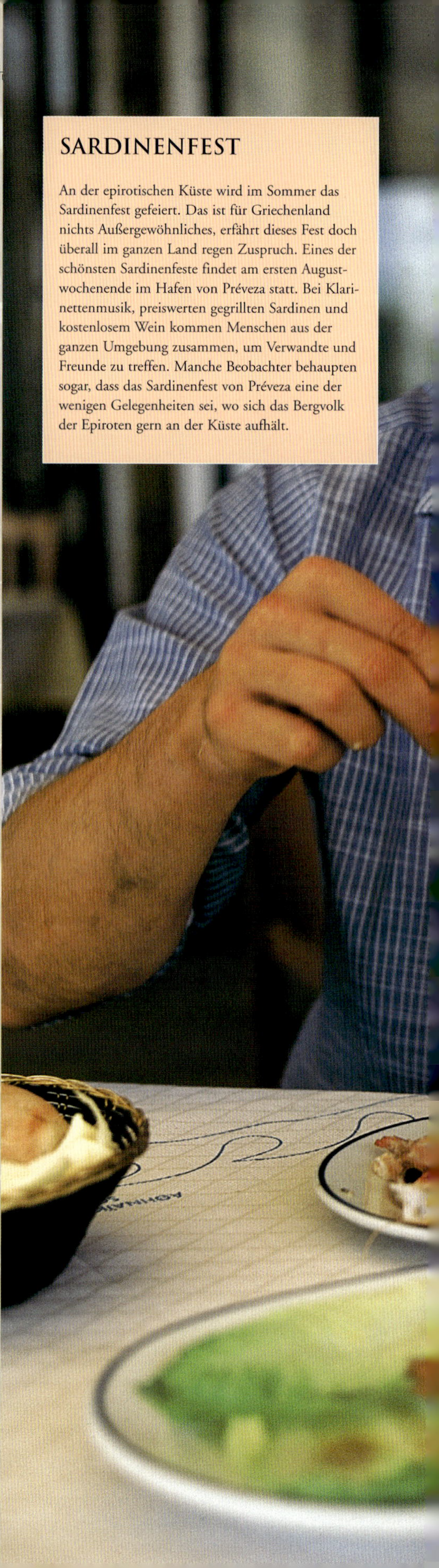

SARDINENFEST

An der epirotischen Küste wird im Sommer das Sardinenfest gefeiert. Das ist für Griechenland nichts Außergewöhnliches, erfährt dieses Fest doch überall im ganzen Land regen Zuspruch. Eines der schönsten Sardinenfeste findet am ersten Augustwochenende im Hafen von Préveza statt. Bei Klarinettenmusik, preiswerten gegrillten Sardinen und kostenlosem Wein kommen Menschen aus der ganzen Umgebung zusammen, um Verwandte und Freunde zu treffen. Manche Beobachter behaupten sogar, dass das Sardinenfest von Préveza eine der wenigen Gelegenheiten sei, wo sich das Bergvolk der Epiroten gern an der Küste aufhält.

Flusskrebse zählen zu den heimlichen Spezialitäten des Epirus. Die auf der Oberseite olivgrünen bis grauschwarzen Krebstiere bevorzugen saubere, sauerstoffreiche, kalkhaltige Gewässer mit nicht allzu schlammigen Böden.

KARAWÍDES SAGANÁKI

Flusskrebse in Tomatensoße

4 lebende Krebse
125 ml natives Olivenöl extra
200 ml trockener Weißwein
250 g Tomaten, abgezogen und fein gewürfelt
5 Basilikumzweige, fein gehackt
Salz

Reichlich Wasser in einem Topf zum Kochen bringen, salzen und die lebenden Krebse hineingeben. Ca. 5 Minuten garen, dann die Krebse herausnehmen und das Fleisch aus den Panzern lösen. Olivenöl in einer Pfanne erhitzen, Krebsfleisch darin scharf anbraten und mit Wein ablöschen. Tomaten und Basilikum zufügen und mit Salz abschmecken. Die Temperatur reduzieren und die Soße einige Minuten einkochen lassen. Auf Tellern anrichten und mit frisch gebackenem Weißbrot servieren.

KARAWÍDES ME LADOLÉMONO

Flusskrebse in Öl-Zitronen-Soße

1 Zwiebel, fein gehackt
1/2 Bund Dill, fein gehackt
1 TL Oregano
4 lebende Krebse
200 ml natives Olivenöl extra
Saft von 1–2 Zitronen
Salz

Reichlich Wasser in einem Topf zum Kochen bringen und die Zwiebel, Dill, Oregano und etwas Salz zugeben. Die lebenden Krebse in das kochende Wasser geben und 5 Minuten garen lassen. Die Krebse herausnehmen, das Fleisch aus den Panzern lösen (diese dabei so wenig wie möglich beschädigen) und in den Panzern auf einer Platte anrichten. Olivenöl und Zitronensaft verquirlen, über das Krebsfleisch gießen und servieren. Dazu grünen Salat und frisch gebackenes Weißbrot reichen.

JAGDSAISON

Die Jagd hat gerade in den gebirgigen, aber reichen Waldregionen des Epirus eine lange Tradition. Bereits um 10 000 v. Chr. wurde hier gejagt, das belegen Knochenreste von Rotwild, Bären und Wildschweinen, die Archäologen vor allem in damals bewohnten Höhlen dieser Region gefunden haben.

In der Antike war die Jagd zwar grundsätzlich frei, auch auf privatem Gelände, doch manche Tierarten blieben den Herrschenden vorbehalten. Für Schonzeiten gab es kaum Bedarf, bestenfalls ruhte die Jagd aus Anlass der großen Götterfeste, und natürlich war das Jagen in den heiligen Bezirken verboten. Für Griechenland sind auch keine speziellen Jagdgehege überliefert, wie sie sich orientalische Herrscher anlegen ließen. Als ältestes erhaltenes Jagdbuch gilt Xenophons ›Kynegetikos‹ mit viel Wissenswertem über Hasen-, Hirsch- und Wildschweinjagd, außerdem über Hundezucht und Dressur. Aber Xenophon unterstreicht auch die erzieherische Funktion der Jagd als Ertüchtigung der Männer für den Krieg und greift damit eine Analogie von Jagd und Krieg auf, die schon in den Homerischen Epen ausgedrückt wird. Jagdopfer und Jagdtrophäen brachte man der Schutzgottheit Artemis dar.

Die Griechen sind auch heute noch Jäger aus Leidenschaft und in den vielen Jagdverbänden des Landes registriert, denn ohne eine erforderliche Jagdgenehmigung ist das Jagen in den griechischen Wäldern nicht gestattet. Mit diesem Gesetz wollte man den unzähligen Wilderern Einhalt gebieten, denen gerade die unwegsamen Gebiete des Epirus ausreichende Gelegenheiten boten, ihr frevlerisches Werk zu verrichten. Der gut organisierte Jagdverband von Epirus ist einer der größten Griechenlands. Wie in allen Ländern, wo man den Schutz der Natur ernst nimmt, gehört zu seinen Aufgaben aber auch die Pflege der reichen epirotischen Flora und Fauna. Dazu müssen heutzutage die Jagdquoten festgelegt werden. Die gesamte Jagdsaison erstreckt sich vom 20. August bis 29. Februar, doch der Zeitraum, wo die Jagd auf eine bestimmte Tierart frei ist, variiert und wird alljährlich neu festgelegt, um dem Wildvorkommen Rechnung zu tragen. Zu den Aufgaben des Verbands gehört ferner die Registrierung des Wildes, das nur im Epirus vorkommt.

Oben: Die Jäger bereiten sich auf die Wildschweinjagd vor, aber die Wildschweine hatten Besseres zu tun.
Hintergrund: Eine etwas kurze Strecke für vier wackere Jäger

AGRIOGÚRUNO SALMÍ
Wildschweinbraten nach Art von Salmi

1 kg Wildschwein aus der Keule
100 g Butter
1 Möhre, in Scheiben geschnitten
$^1/_4$ Sellerieknolle, gewürfelt
4 große Tomaten, abgezogen und passiert
50 ml Weinbrand
Mehl mit etwas Wasser verrührt
Salz und frisch gemahlener schwarzer Pfeffer

Für die Marinade:
500 ml Rotwein
1 Möhre, in Scheiben geschnitten
1 Lorbeerblatt
Rosmarin, Thymian, Pfefferkörner
Achtung: Marinierzeit 2 Tage!

Das Fleisch in größere Stücke zerteilen, die Zutaten für die Marinade zufügen und zugedeckt 2 Tage kühl stellen. Täglich die Fleischstücke wenden, damit sie gleichmäßig marinieren. Butter in einer Pfanne zerlassen und das marinierte Fleisch darin anbraten. Mit etwas Marinade und dem Weinbrand ablöschen und Möhren, Sellerie und Tomatenpüree zugeben. Mit Salz und Pfeffer würzen und 1 $^1/_2$ Stunden schwach schmoren lassen. Das Fleisch auf einer Platte anrichten. Die Soße durch ein Sieb in einen Topf passieren und mit der Mehl-Wasser-Mischung binden. Über das Fleisch gießen und servieren. Dazu Gemüse und Kartoffeln reichen.

ORTÍKIA ME RÍSI
Wachteln mit Reis

4 Wachteln, küchenfertig
200 ml natives Olivenöl extra
2 Zwiebeln, fein gehackt
1 Knoblauchzehe, gewürfelt
2 Tomaten, abgezogen und gewürfelt
$^1/_2$ TL gemahlener Zimt
250 g Reis
Salz
frisch gemahlener schwarzer Pfeffer

Die ausgenommenen Wachteln gut waschen und mit Salz und Pfeffer einreiben. Das Olivenöl in einem Topf erhitzen und die Vögel darin rundum anbraten. Dann Zwiebeln, Knoblauch, Tomaten und Zimt zugeben und andünsten. Mit Salz und Pfeffer würzen und so viel Wasser aufgießen, dass die Wachteln gut bedeckt sind. Die Temperatur reduzieren und die Wachteln auf schwacher Hitze zugedeckt ca. 1 Stunde schmoren lassen. Dann 500 ml heißes Wasser angießen und den gewaschenen Reis einrühren. Weitere 15–20 Minuten auf mittlerer Hitze so lange kochen, bis der Reis weich ist und die meiste Flüssigkeit aufgenommen hat. Noch heiß mit frisch gebackenem Weißbrot servieren.

ARTEMIS
GÖTTIN DER JAGD

Artemis, die Göttin der wilden Tiere und allen ungeborenen Lebens, wurde als Tochter von Leto und Zeus und als Zwillingsschwester Apollons einigen Berichten zufolge auf Delos geboren. Die Geschwister blieben eng verbunden und gingen oft gemeinsam zur Jagd. Gemeinsam töteten sie fast alle Kinder der Niobe, die sich Leto überlegen dünkte, weil sie mehr Kinder hatte. Artemis verbrachte den größten Teil ihrer Zeit bewaffnet mit Pfeil und Bogen und wurde auf ihren Jagdzügen durch die Wälder von Nymphen begleitet. Sie blieb jungfräulich und verlangte das Gleiche von ihren Gefährtinnen. Als der junge Jäger Aktaion sie und ihre Nymphen beim Bad überraschte, verwandelte sie ihn in einen Hirsch, den seine eigenen Hunde in Stücke rissen. Sie strafte Agamemnon, weil er sich brüstete, ebenso gut jagen zu können wie sie, indem sie die gesamte griechische Flotte durch ungünstige Winde am Auslaufen hinderte. Häufig wird sie zusammen mit der mythischen goldgehörnten Kerynithischen Hirschkuh abgebildet, die Herakles als seine dritte Aufgabe mit Genehmigung der Göttin lebend eingefangen hatte.

ΘΕΣΣΑΛΙΑ

Die Meteora-Felsen wurden vor Millionen Jahren vom eiszeitlichen Pinios-Fluss ausgewaschen und durch Erosion zu bizarren Formen modelliert.

THESSALIEN

Griechisches Wasser

Äpfel

Heilkräuter

Geschmacksrichtung Pílion

Hase wie Kaninchen

Weißkohlebene

Esskastanien

Süße Gastfreundschaft

Baklawás

Wenn man, aus dem unwegsameren Epirus kommend, die Gebirgskette des Pindos überwunden hat, breitet sich die weite Ebene Thessaliens vor einem aus, die auch an ihren anderen Seiten von Gebirgszügen gerahmt wird: im Norden vom Kamvunia-Gebirge, vom Ossa-Massiv und dem Pílion im Osten sowie vom Othrys-Gebirge im Süden. Dieses thessalische Becken, zum Ende der Eiszeit noch ein See enormen Ausmaßes, ist heute ein durch konstantes Kontinentalklima geprägtes Flachlandgebiet, in dem sich die größte Kornkammer Griechenlands befindet, in dem aber auch Olivenbäume eher spärlich und nur in geschützten Lagen gedeihen. Während die Winter in diesem dünn besiedelten Landstrich häufig frostig und schneereich sein können, herrschen im Hochsommer hier die höchsten Temperaturen Nordgriechenlands. In die weichen Gesteine an den Ausläufern des Pindos haben einst die Wasser des Pinios sowie die Erosion tiefe Schluchten gezogen und die beeindruckend bizarren Felsennadeln übrig gelassen, die heute die Meteoraklöster tragen. Im Osten erhebt sich am Rand der Ebene der bis zu 1610 Meter hohe wald- und wasserreiche Pílion. Er ist die grüne Lunge der Region und ragt wie ein gekrümmter Zeigefinger weit ins Meer. In der Zeit der osmanischen Herrschaft suchten Griechen auch aus anderen Landesteilen in den als schwer zugänglich geltenden Bergdörfern des Pílion Schutz, wobei sie mit ihren handwerklichen Fähigkeiten der Region zu bescheidenem Aufschwung verhalfen. Da man auch in Istanbul diese Region als schwer kontrollierbar ansah, räumte man ihr zahlreiche Privilegien und ein gewisses Maß an Selbstverwaltung ein. Textil-, Leder- und Seidenherstellung sowie die Produktion von Öl, Wein und Obst florierten, was die Händler im Zuge ihrer Exporte bis an die kleinasiatische Küste führte und sie Einflüssen aussetzte, die nach ihrer Rückkehr in ihren Heimatdörfern als Inspirationsquellen auch in der Küche gedient haben mögen. Heute sind es neben Getreide hauptsächlich Äpfel, die über die Handelsmetropole Vólos (Wólos) mit dem drittgrößten Frachthafen Griechenlands vermarktet oder hier in der größten Nahrungsmittelindustrie der Region verarbeitet werden.

Der Heilpflanzen- und Kräuterreichtum des Pílion ist seit der Antike mit dem Kentauren Cheiron verknüpft. Dieses Wesen, halb Pferd, halb Mensch, das im Gegensatz zu seinen barbarischen Artgenossen weise und gelehrt war, unterrichtete Achilleus. Seine heilkundlichen Kenntnisse gab es später an Asklepios weiter.

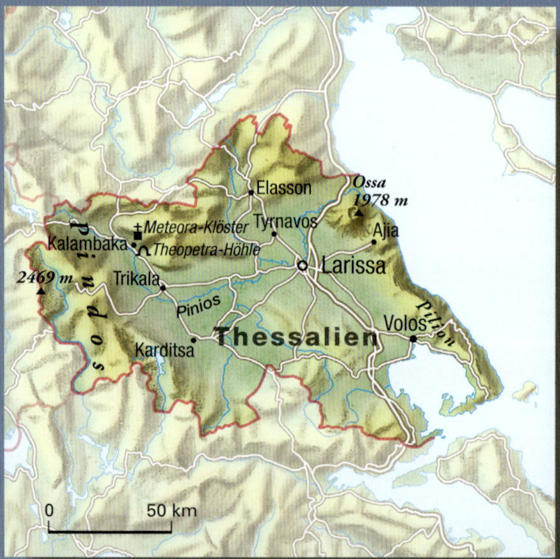

Alte, von Hand zu bedienende Wasserpumpen, *tulumba*, findet man noch auf vielen griechischen Bauernhöfen. Die Bewohner nehmen die damit verbundenen Anstrengungen in Kauf, denn sie schätzen die Qualität des Wassers.

GRIECHISCHES WASSER

Das natürliche griechische Mineralwasser, das die Einheimischen wie ihren Wein schätzen, ist von hoher Qualität und braucht den europäischen Vergleich nicht zu scheuen. Schon in der Antike machte man sich Gedanken über die Reinheit des Wassers, war doch das Mischen von Wein mit Wasser allgemeiner Brauch, der nahezu rituelle Züge annehmen konnte, wobei das Mischungsverhältnis zuweilen zum Gegenstand heftiger Kontroversen wurde.

Im Pílion-Massiv ist selbst im Hochsommer das Wasservorkommen so üppig, dass man kaum glauben kann, in Griechenland zu sein, doch viele der Quellen sind bis heute wirtschaftlich ungenutzt. Während unten im Tal die Sommerhitze lastet, ist es auf den Höhen durchaus erträglich. Manche Anwohner aus der nahen Großstadt Vólos fahren mehrmals die Woche zum Berg hinauf, um sich ihr eigenes Quellwasser in große Kanister abzufüllen, denn kein gedeckter Tisch kommt ohne einen Krug eisgekühltes Wasser aus. Untrennbar verbunden ist in Griechenland das Glas Wasser auch mit jedem anderen Getränk. Ob Ouzo, Wein oder Fruchtsaft, sogar zu einer Flasche Mineralwasser wird manchmal zusätzlich ein Glas Wasser gratis serviert, denn Wasser gilt als Ausdruck hoher Gastlichkeit.

Weitere bedeutende Trinkwasserquellen befinden sich auf dem Olymp sowie im Píndos-, Ossa-, Geránia- und Psiloritís-Gebirge. Das bekannteste Mineralwasser stammt aus der nordgriechischen Kleinstadt Flórina.

Amphoren tragende Frauen im Brunnenhaus sind häufiges Motiv auf Hydrien, antiken dreihenkligen Wassergefäßen.

DIE THEÓPETRA-HÖHLE

Seit 1987 – bis dahin hatten noch Schäfer mit ihren Herden die Höhle als Unterstand benutzt – wird in der Theópetra-Höhle zwischen Trikala und Kalambáka in Thessalien gegraben. Die Forschungen konnten auch unter Zuhilfenahme der Radiokarbonmethode (C-14-Methode) nachweisen, dass diese Höhle die einzige zur Zeit bekannte Fundstelle in Griechenland ist, die ununterbrochen seit der mittleren Altsteinzeit (Paläolithikum, etwa 100 000 v. Chr.) bis zum Ende der Jungsteinzeit (Neolithikum, etwa 3000 v. Chr.) von Menschen als Behausung genutzt wurde. 1999 wurden in der Theópetra-Höhle menschliche Fußspuren aus dem Paläolithikum nachgewiesen. Bisher glaubte man nur im östlichen Afrika solche Nachweise gefunden zu haben. Neben den Fußspuren fand man auch zwei Skelette aus dem 15. Jahrtausend v. Chr. und aus der Zeit um 7000 v. Chr. Darüber hinaus wurden Steinwerkzeuge aus allen Siedlungsperioden, Muscheln und Knochen nachgewiesen, die zeigen, dass man hier wilde, vielleicht auch domestizierte Tiere zerlegte und verzehrte. Scherben neolithischer Keramik belegen, dass in jener Zeit keramische Techniken bekannt waren, beziehungsweise dass damals unter den Volksstämmen des östlichen Mittelmeerraums ein reger Warenaustausch stattfand.

ÄPFEL

In der Region Magnisía mitten im Pílion-Gebirge befindet sich in 200–800 Metern Höhe das größte Apfelanbaugebiet Griechenlands, und im Frühjahr verwandelt sich die Landschaft in ein Apfelblütenmeer. Hier werden in der ältesten, 1916 gegründeten Genossenschaft jährlich 25 000 Tonnen Äpfel geerntet und in die ganze Welt exportiert. Aufgrund der zum Meer hin steil abfallenden Lagen ist fast überall noch Handarbeit erforderlich. Hohe Niederschläge, im Winter auch als Schnee, gemäßigte Temperaturen mit hoher Luftfeuchtigkeit im Sommer bieten beste Voraussetzungen für die Sorte ›Starkin Delicious‹ mit ihrem kräftigen roten Farbton, die eine feste Konsistenz und gute Haltbarkeit aufweist. Die Genossenschaft von Zagorá erntet jährlich etwa 40 Millionen Äpfel der besten Qualität, denn der lockere Boden mit seinem günstigen pH-Wert von 4–5 bietet ideale Bedingungen. Vierzig Prozent der Produktion gehen über Vólos in den Export.
Äpfel wurden nachweislich schon in der Steinzeit verzehrt und gehören damit zu den ältesten Sammelfrüchten des Menschen. Auch wenn die systematische Kultur von Obstbäumen erst für die römische Kaiserzeit nachzuweisen ist, kann man davon ausgehen, dass sie doch schon früher existierte, schließlich fällt schon Odysseus, als er in den Palast des Alkinoos kommt, ein Garten auf: ›Voll balsamischer Birnen, Granaten und grüner Oliven / Oder voll süßer Feigen und rötlich gesprenkelter Äpfel‹ (Odyssee, Buch 7). Theophrasts um 300 v. Chr. verfasste ›Untersuchung von Pflanzen‹ belegt, dass man sich im antiken Griechenland durchaus der Bedeutung einer sorgfältigen Auslese und Ernte von Obst und Gemüse bewusst war. Allerdings können sich antike Quellen hinsichtlich der Äpfel als irreführend erweisen, denn die Bezeichnung dafür meint nicht immer eindeutig den heute bekannten Apfel, man denke nur an den Granatapfel, sie konnte wohl auch allgemeiner für eine frische, rotwangige Frucht verwendet werden. Zu Tisch wurde süßes und erfrischend saftiges Obst sowohl als Vor- wie als Nachspeise gereicht, diente offenbar aber auch als Beilage zu Fleischgerichten.
Im antiken Mythos war der Apfel durchaus keine unbedeutende Allerweltsfrucht. Am westlichen Ende der Welt bewachten die Hesperiden die goldenen Äpfel der Hera, die ihr Ge zum Hochzeitsgeschenk machte und die als Symbol ewiger Jugend oder der Liebe und Fruchtbarkeit galten. Und Eris, die Göttin der Zwietracht, wirft einen goldenen Apfel mit der Aufschrift ›Für die Schönste‹ unter die Gesellschaft, zu der sie nicht eingeladen war. Die Geschichte ist bekannt: drei Göttinnen beanspruchen ihn, Paris soll entscheiden und letztlich wird der Trojanische Krieg ausgelöst.

›Red Chief‹: süßer, stark duftender, guter Tafelapfel, mittelfester Biss

›Iberia‹: aus Spanien eingeführte Sorte, säuerlich und eher weich

›Starkinson‹: leicht säuerlicher, guter Tafelapfel, fester Biss

›Starkin Delicious‹: süßlicher, melonenartig parfümierter Tafelapfel

›Golden Delicious‹: süßer, fein-aromatischer Tafelapfel

›Firiki‹: seltener, kleiner Apfel, für den griechischen Eigenverbrauch

›Ozark Gold‹: knackig, saftig, ähnlich ›Golden Delicious‹

›Renata‹: leicht säuerlich mit mittelfestem Biss

SIKOTÁKIA PULIÓN
Gebratene Hähnchenleber

100 g Butter
6 kleine Zwiebeln, fein gehackt
1 kg Hähnchenleber
250 ml trockener Weißwein
2 Äpfel, geschält und in Scheiben geschnitten
4 kleine Zucchini, in Scheiben geschnitten
Mehl
Olivenöl
1 EL fein gehackter Kerbel
Salz und frisch gemahlener schwarzer Pfeffer

Butter erhitzen, Zwiebeln darin andünsten, die Leber zugeben und anbraten. Mit Wein ablöschen und die Apfelscheiben zufügen. Die Flüssigkeit auf die Hälfte reduzieren und die Pfanne vom Herd nehmen. Die Zucchinischeiben salzen, pfeffern und in Mehl wenden. Etwas Olivenöl in einer Pfanne erhitzen, die Zucchini darin von beiden Seiten braten und vorsichtig unter die Leber schieben. Alles noch einmal einige Minuten erhitzen, auf Tellern anrichten, mit gehacktem Kerbel bestreuen und heiß servieren.

CHIRINÉS BRISÓLES ME MÍLA
Schweinekoteletts mit Äpfeln

4 große Schweinekoteletts, flach geklopft
150 g Butter
200 ml trockener Weißwein
2 Äpfel, geschält, entkernt und in Ringe geschnitten
gemahlener Zimt
Salz und frisch gemahlener schwarzer Pfeffer

Die Koteletts salzen und pfeffern. Die Hälfte der Butter zerlassen und die Koteletts 10 Minuten von jeder Seite braten. Mit dem Wein ablöschen und beiseite stellen. In einer zweiten Pfanne die Apfelringe in der restlichen Butter braten. Mit Zimt bestreut zu den Koteletts geben, noch 5 Minuten köcheln und heiß servieren.

HEILKRÄUTER

Der ursprüngliche und auch mythologisch fundierte Geburtsort aller Zauber- und Heilkräuter ist nicht Kreta, wie häufig fälschlicherweise behauptet wird, sondern der Pílion-Gebirgszug im Osten Thessaliens. Hier lebte der Kentaur Cheiron, ein Sohn des Kronos und der Philyra, Halbbruder des Zeus und im Gegensatz zu den anderen Kentauren unsterblich. Obwohl er zu diesen als wild und unbeherrscht beschriebenen Kreaturen zählte, unterschied er sich nicht nur durch seine Abstammung, sondern auch durch sein Wesen. Er galt als gerecht, sanftmütig, fromm und sehr weise, daher ließen die bedeutendsten Götter ihre Kinder von ihm unterrichten. Asklepios, der spätere Gott der Heilkunde, erhielt von ihm seine Kenntnisse über die Heilwirkung der Pflanzen und die Behandlung von Krankheiten.

Die wild wachsenden Heilkräuter des Pílion galten schon in der Antike als besonders heilkräftig, dienten aber in erster Linie äußerlich der Wundheilung. Vielfach blieben die Kräuter und Pflanzen noch auf eher magische Heilkräfte reduziert. Kausale medizinisch-pharmazeutische Zusammenhänge der Wirkung einer Pflanze waren nicht bekannt, einzig die Naturerfahrung vermittelte erste Ahnungen von Anwendungsbereichen. In den Asklepieia verordneten die Priester mystisch-therapeutische Maßnahmen wie auch den Tempelschlaf als Heilmittel.

Von einer stärker wissenschaftlich orientierten Medizin kann man erst im Zusammenhang mit Hippokrates (460– um 375 v. Chr.), mit Theophrast (372–287 v. Chr.) und besonders mit Dioskurides (Mitte 1. Jahrhundert n. Chr.) sprechen. Man begann gezielt nach den Ursachen von Krankheiten zu forschen und Pflanzen auf ihre Wirkungsweisen zu untersuchen. Dioskurides nennt in seiner Arzeneimittellehre allein 500 Kräuter, nahezu schon nach Wirkungsweisen geordnet, die er gegen rund 50 beschriebene Krankheiten des Menschen einsetzt.

Im 19. Jahrhundert untersucht der Wissenschaftler Theodor von Heldreich mit der reichen Pflanzenwelt Griechenlands auch die des Pílion, die er in seinem 1862 erschienenen Buch über ›Die Nutzpflanzen Griechenlands‹ veröffentlicht. Viele dieser Pflanzen sind inzwischen durch moderne Besiedlungsformen und intensive Landwirtschaft verschwunden. Dennoch gilt der Pflanzen- und Kräuterreichtum des Pílion auch heute noch als unerschöpflich, und viele der Wildkräuter werden gepflückt, um in der landestypischen Küche oder auch als Arzneimittel Verwendung zu finden.

Tausendgüldenkraut *(Centaurium erythraea)*
Hilft bei Verdauungsstörungen und Fieber.

Zitronenmelisse *(Melissa officinalis)*
Gut gegen nervöse Reizbarkeit und Schlaflosigkeit.

Minze *(Mentha)*
In Tees aufgebrühte Blätter mildern Übelkeit.

Gewöhnliche Schafgarbe *(Achillea millefolium*
Lindert fiebrige Erkrankungen, Arthritis.

Kamille *(Matricaria recutita,* syn. *M. chamomilla)*
Lindert nervöse Verdauungsstörungen.

Duftpelargonie *(Pelargonium)*
Aromatische Zutat zu *glikó* und Obst in Sirup.

Rosmarin *(Rosmarinus officinalis)*
Lindert Depressionen und nervöse Erschöpfung.

Basilikum *(Ocimum basilicum)*
Mildert fiebrige Erkrankungen, Übelkeit.

(Salvia officinalis)
›ei Blähungen und Leberfunktionsstörungen.

Echter Dost, Oregano *(Origanum vulgare)*
Lindert fiebrige Erkältungen und Magenbeschwerden.

Johanniskraut *(Hypericum)*
Äußerlich bei Verbrennungen und Verletzungen.

Wilde Malve *(Malva silvestris)*
Hilft bei Bronchitis und Halsinfektionen.

ıder (*Coriandrum sativum*)
iche Anwendung bei Hämorrhoiden.

Sommerlinde *(Tilia platyphyllos)*
Hilft bei Erkältungen und Migräne.

Thymian *(Thymus vulgaris)*
Lindert Hustenreiz und Zahnfleischentzündung.

Dill *(Anethum graveolens)*
Hilft bei Appetitlosigkeit und Verdauungsstörungen.

GESCHMACKSRICHTUNG PÍLION

MOSHÁRI ME KIDÓNIA

Kalbsfleisch mit Quitten
(im Bild links oben)

1 kg Kalbsfleisch
200 ml natives Olivenöl extra
4 Zimtstangen
6 mittelgroße Quitten, geschält und in Scheiben geschnitten
2 TL Zucker
Salz
frisch gemahlener schwarzer Pfeffer

Das Fleisch in nicht zu kleine Stücke schneiden. Das Olivenöl in einem Topf erhitzen und die Fleischstücke darin von allen Seiten scharf anbraten. Mit 250 ml Wasser ablöschen, die Zimtstangen zugeben und mit Salz und Pfeffer würzen. Die Temperatur auf mittlere Hitze reduzieren und das Fleisch im zugedeckten Topf 1 $^{1}/_{2}$ Stunden schmoren lassen. Dann die Quitten zum Fleisch geben, den Zucker darüber streuen und so viel Wasser aufgießen, dass alles gut bedeckt ist. Solange kochen lassen, bis die Quitten weich sind und das meiste Wasser eingekocht ist. Noch warm mit frisch gebackenem Weißbrot servieren.

SPETZOFÁI

Würstchen mit Paprika
(im Bild links unten)

100 ml natives Olivenöl extra
2 Zwiebeln, in Ringe geschnitten
1 kg pikante, grobe Würstchen (aus griechischem oder türkischem Feinkosthandel)
2 rote Paprika, in Streifen geschnitten
2 gelbe Paprika, in Streifen geschnitten
1 Tomate, gewürfelt
Salz
frisch gemahlener schwarzer Pfeffer

Das Olivenöl in einem Topf erhitzen und die Zwiebeln darin andünsten. Die Würstchen in nicht zu dünne Scheiben schneiden und dazugeben. Paprikastreifen und Tomatenwürfel zugeben. Mit wenig Salz und Pfeffer würzen und auf mittlerer Hitze ca. 15 Minuten sanft schmoren lassen. Heiß mit frisch gebackenem Weißbrot servieren.

KAPAMÁS

Hackbällchen in Ei-Zitronen-Soße
(im Bild rechts oben)

500 g Hackfleisch vom Rind
3 Scheiben Weißbrot vom Vortag, ohne Rinde, eingeweicht
3 Eier
1 Zwiebel, fein gehackt
1 Bund glatte Petersilie, fein gehackt
$^1/_4$ TL Oregano
450 ml natives Olivenöl extra
2 EL Mehl
Saft von 1 Zitrone
Salz
frisch gemahlener schwarzer Pfeffer

Hackfleisch in eine Schüssel geben. Das eingeweichte Brot gut ausgedrückt zum Hackfleisch geben. Ein Ei, die Zwiebel, Petersilie, Oregano, Salz und Pfeffer dazugeben und alles gut miteinander verkneten. 200 ml Olivenöl in einer Pfanne erhitzen, aus der Hackfleischmasse mittelgroße Bällchen formen, in der Pfanne kurz anbraten und beiseite stellen. In einem Topf 150 ml Olivenöl erhitzen und das Mehl darin anschwitzen. 500 ml Wasser angießen, aufkochen lassen, die Fleischbällchen hineingeben und auf mittlerer Hitze 30 Minuten köcheln lassen. Das restliche Öl erhitzen, reichlich mit Pfeffer würzen und über die Hackfleischbällchen gießen. Die restlichen 2 Eier mit einer Gabel schlagen, dabei den Zitronensaft langsam dazugießen. Die Hackfleischbällchen mit der Ei-Zitronen-Soße übergießen und heiß servieren. Dazu Reis und frisch gebackenes Weißbrot reichen.

BURÁNI

Reis mit Gemüse
(im Bild rechts unten)

100 ml natives Olivenöl extra
1 Zwiebel, fein gehackt
2 Knoblauchzehen, fein gehackt
400 g Reis
1 Bund glatte Petersilie, fein gehackt
1 rote Paprika, in Streifen geschnitten
3 Tomaten, abgezogen und püriert
Salz
frisch gemahlener schwarzer Pfeffer

Das Olivenöl erhitzen und die Zwiebel mit Knoblauch darin andünsten. Reis und Petersilie unter Rühren zugeben, Paprika und Tomaten zufügen und mit ca. 1 Liter Wasser aufgießen. Mit Salz und Pfeffer würzen. So lange auf mittlerer Hitze köcheln lassen, bis das Wasser aufgesogen und der Reis weich ist. Noch warm servieren. *Buráni* kann als Hauptspeise mit Weißbrot oder als Beilage zu Fleischgerichten serviert werden.

HASE WIE KANINCHEN

Den Jägern im antiken Mittelmeerraum galt *›lagos‹*, der Hase, als Lieblingsbeute, denn er war sehr verbreitet, auch auf den Inseln und überall da, wo es keine Füchse gab. Einzig Odysseus musste auf herzhaften Hasenrücken verzichten, denn offenbar war Ithaka in der Antike hasenlos. In Xenophons (um 430–um 354 v. Chr.) Buch über die Jagd, ›Kynegetikos‹, findet sich die weitaus beste Schilderung des Hasen und seiner Verhaltensweisen sowie der Jagd auf ihn. Das Leben des Hasen war in der Antike ständig bedroht, nicht nur durch Adler und Fuchs, sondern vor allem durch den Menschen, weil er sich so köstlich zubereiten ließ: »Es gibt viele Methoden und viele Regeln für die Zubereitung von Hasen. Die folgende ist die beste: man muss das Fleisch grillen und jedem servieren, solange er noch trinkt, und zwar heiß, nur mit Salz besprenkelt und vom Spieß genommen, bevor es ganz durchgegart ist. Mach dir keine Sorgen, wenn du noch Lebenssaft vom Fleisch tropfen siehst, sondern iss mit aller Begierde!« (Athenaios, Das Gelehrtenmahl)

Die Zubereitung von Hasen oder Kaninchen hat auch in der zeitgenössischen griechischen Küche an Wertschätzung nicht verloren. Während der langohrige Feldhase dunkles Fleisch mit ausgeprägtem Wildaroma besitzt und besonders gut auf traditionelle Wildbeizen anspricht (aber auch allen regionalen Würz- und Soßenvariationen gegenüber offen ist), eignet sich das magere Fleisch des kleineren Stall- oder Wildkaninchens besonders für Schmortöpfe, die in Griechenland zu den beliebtesten Zubereitungsarten zählen. Das Fleisch des Stallkaninchens ist heller und zarter, ähnlich wie Hühnerfleisch, und sollte auch entsprechend vorsichtig zubereitet werden. Hasen, die in Meernähe leben, sollen, da sie häufig salziges Gras fressen, besonders delikat schmecken.

Wie Ziegen und Schafe auf die Weiden gehören Kaninchen in die griechischen Hinterhöfe, wo sie in kleinen Ställen gehalten werden.

KUNÉLI TIRAWGULÓ

Kaninchen mit Ei-Käse-Soße
(ohne Abbildung)

1 Kaninchen von ca. 1 kg, küchenfertig
300 ml trockener Weißwein
200 ml natives Olivenöl extra
2 Zwiebeln, grob gehackt
1/2 TL Oregano
Salz und frisch gemahlener schwarzer Pfeffer

Für die Soße:
1 Zwiebel, fein gehackt
1 Möhre, fein gewürfelt
1/4 Sellerieknolle, fein gewürfelt
2 Knoblauchzehen, gehackt
3 Eier, verquirlt
200 g Schafskäse, gerieben

Das Kaninchen zerlegen: Alle Hautlappen, Enden der Vorderläufe und Rippen sowie vorstehende Knochen abtrennen und beiseite stellen. Das Kaninchen mit dem Beil quer in 3 Teile hacken: Hinterläufe, Rücken, Vorderläufe mit Brustkorb. Die Hinter- und die Vorderläufe trennen, den Rücken quer in 2–3 Teile hacken.
Kaninchenteile in Wein, Öl, Zwiebeln und Gewürzen einige Stunden marinieren.
Kaninchenabfälle und Soßenzutaten (bis auf Eier und Käse) mit Wasser aufsetzen und ca. 2 Stunden köcheln. Abgiessen und die Brühe wieder in den Topf geben. Die Eier mit dem Käse verrühren, langsam in die Brühe einrühren und schwach köcheln, bis die Soße bindet. Die Kaninchenteile aus der Marinade nehmen trockentupfen und über Holzkohle grillen. Das Kaninchenfleisch auf einer Platte anrichten und mit Ei-Käse-Soße servieren. Frisch gebackenes Weißbrot dazu reichen.

LAGÓS STIFÁDO
Hasenragout mit Oliven

1 Hase von ca. 1–1,2 kg, küchenfertig
Saft von 1–2 Zitronen
Mehl
50 ml natives Olivenöl extra
4 Salbeiblätter
1 Thymianzweig
150 g gehackte Walnüsse
250 ml trockener Weißwein
200 ml Fleischbrühe
150 g schwarze Oliven, entsteint
Salz
frisch gemahlener schwarzer Pfeffer

Den Hasen in 6–7 Teile zerlegen (siehe Kaninchenrezept) und mit Zitronensaft einige Stunden marinieren. Dann trockentupfen, salzen und pfeffern und mit Mehl bestäuben. Olivenöl erhitzen, Salbei und Thymian zugeben und die Hasenteile darin anbraten. Walnüsse zugeben und kurz rösten. Mit Wein ablöschen und zugedeckt ca. 1 Stunde sanft schmoren. Gelegentlich Fleischbrühe angießen. 15 Minuten vor Ende der Garzeit Oliven zugeben. Heiß mit frischem Weißbrot servieren.

LAGÓS ME KARÍDIA
Hase in Walnusssoße

1 Hase von ca. 1–1,2 kg, küchenfertig
500 ml Rotweinessig
1 EL Oregano
1 Möhre, in Scheiben geschnitten
1 Stange Bleichsellerie, in Scheiben geschnitten
125 ml natives Olivenöl extra
Saft von $^1/_2$ Zitrone
gemahlener Zimt
1 Lorbeerblatt
100 g gehackte Walnüsse
2 EL Mehl, mit Wasser verrührt
Salz und frisch gemahlener schwarzer Pfeffer

Den Hasen in einer Marinade aus Essig, 500 ml Wasser, Oregano, Möhre und Sellerie über Nacht kühl stellen. Am nächsten Tag den Hasen trockentupfen und in 6–7 Teile zerlegen (siehe Kaninchenrezept). Die einzelnen Teile salzen und pfeffern und in heißem Olivenöl gut anbraten. Mit 500 ml Wasser und Zitronensaft ablöschen und einige Minuten kochen lassen. Mit Zimt, Salz und Pfeffer würzen und das Lorbeerblatt zugeben. Zugedeckt 1–1$^1/_2$ Stunden sanft schmoren lassen (eventuell heißes Wasser nachgießen).
10 Minuten vor Ende der Garzeit die Walnüsse zugeben. Die Hasenteile aus dem Topf nehmen und warm stellen. Die Walnusssoße mit Mehl binden und über die Hasenteile geben. Mit Reis oder gebackenen Kartoffeln servieren.

WEISSKOHL-EBENE

In der thessalischen Tiefebene zwischen Tríkala und Kalambáka wird Griechenlands beliebtester Kohl *(Brassica oleracea)* angebaut. Von Oktober bis Januar ernten die Bauern bis zu 1500 Tonnen Weißkohl. Die Köpfe werden auf den Feldern abgeschnitten und in Kühlräumen gelagert oder gleich als Wintergemüse auf den Märkten angeboten.

Weißkohl ist für die griechische Küche unentbehrlich. Hauchdünn geschnitten, in Öl und Zitrone oder Essig eingelegt, wird daraus der allgegenwärtige griechische Krautsalat, der, wenn er frisch zubereitet ist, eine äußerst delikate Beilage zu gegrilltem Fleisch darstellt. Eine weitere Spezialität sind die in Salzlake eingelegten Weißkohlblätter, die, vorausgesetzt sie wurden sorgfältig zubereitet, nicht einmal schwer im Magen liegen. Kohl *(›crambe‹)* und Varianten mit offeneren Blättern wie Krauskohl *(›rhaphanos‹)* kannte man bereits im alten Griechenland. Und schon damals schätzte man den Weißkohl besonders. Er galt als einfaches, aber gesundes Nahrungsmittel, dem sogar Heilwirkung gegen eine ganze Reihe von Leiden zugeschrieben wurde. Zweifellos hebt ihn der hohe Vitamin-C-Gehalt von anderen Kohlsorten ab, und eine weitere Besonderheit ist sein Gehalt an Ascorbigen, das durch Hitze erst zu Vitamin C wird, weshalb beim Kochen weniger Vitamin verloren geht als üblich.

LACHANONTOLMÁDES
Kohlrouladen in Ei-Zitronen-Soße

1 Weißkohl, ca. 1 kg
200 g Hackfleisch vom Rind
200 g Hackfleisch vom Schwein
200 g gekochter Reis
2 Tomaten, gewürfelt
1 Zwiebel, gerieben

1/2 Bund glatte Petersilie, fein gehackt
1/2 Bund Dill, fein gehackt
2 Minzezweige, fein gehackt
200 ml natives Olivenöl extra
Salz
frisch gemahlener schwarzer Pfeffer

Für die Soße:
2 EL Butter
2 EL Mehl
2 Eier
Saft von 2 Zitronen

Den Kohl waschen und ganz in einen mit Wasser gefüllten Topf geben. Eine Prise Salz zufügen und 5 Minuten kochen lassen. Dann die einzelnen Blätter lösen und den Strunk herausschneiden. Hackfleisch in eine Schüssel geben und mit Reis, Tomaten, Zwiebel, Petersilie, Dill, Minze, Olivenöl, Salz und Pfeffer gut vermischen. Jeweils einen Esslöffel dieser Masse auf ein Kohlblatt geben, die Seiten einschlagen und fest aufrollen. Die Rouladen nun ganz dicht nebeneinander in einen Topf legen und mit einem umgedrehten Teller bedecken. Den Topf mit Wasser auffüllen und die Rouladen bei schwacher Hitze 40 Minuten lang köcheln lassen. Für die Soße Butter in einem kleinen Topf zerlassen und das Mehl darin anschwitzen. Mit 200 ml Kohlrouladen-Sud aufgießen und kurz aufkochen lassen. Die Eier in einen Teller schlagen und verquirlen. Langsam und unter ständigem Rühren den Zitronensaft zugießen und in die Mehlschwitze rühren. Unter Rühren erhitzen (nicht kochen), bis die Soße bindet und zu den Rouladen geben. Das Ganze ein paar Minuten ziehen lassen. Noch warm und mit frisch gebackenem Weißbrot servieren.

Für 4–6 Personen

LACHANOSALÁTA
Weißkohlsalat

1 kleiner Weißkohl, geputzt und fein gehobelt
1 Möhre, geputzt und fein geraspelt
3 Knoblauchzehen
Saft von 1 Zitrone
100 ml natives Olivenöl extra
Salz
frisch gemahlener weißer Pfeffer nach Belieben

Die Weißkohlstreifen mit den Möhrenraspeln in einer Schüssel mischen. Knoblauchzehen, Zitronensaft, etwas Olivenöl und Salz in den Mixer geben und zu einer Soße verrühren. Diese über den Weißkohl geben, gut verrühren und servieren.

Für 4–6 Personen

DIE METEORA-KLÖSTER

Nähert man sich, aus der thessalischen Ebene kommend, Kalambáka, nimmt man schon von weitem das beeindruckende Panorama der bizarren bis zu 300 Meter hohen Meteora-Felsen wahr, die vor Millionen Jahren vom eiszeitlichen Pinios-Fluss ausgewaschen und durch Erosion in bizarre Formen modelliert worden sind. Schon im 9. Jahrhundert ließen sich offenbar die ersten Einsiedler in kleinen Höhlen in den Felsen nieder. In politisch unruhigen Zeiten folgten ihnen immer mehr Männer, die den Bedrohungen der profanen Welt entkommen und dem Göttlichen näher sein wollten. Mitte des 14. Jahrhunderts gründete der Mönch Athanasios Meteoritis vom Berg Athos das erste Kloster. In zeitlich dichter Folge wurden immer mehr Klöster und kleinere Niederlassungen in abenteuerlichen Lagen auch auf den schmalsten Felsnadeln gebaut, die zum Teil mit prachtvollen Fresken (unter anderen von dem kretischen Maler Theophanes) ausgestattet sind. Manche Felsen sind so unzugänglich, dass Besucher und die notwendigen Nahrungsmittel von den Mönchen mittels Seilwinden in Netzen nach oben gezogen wurden. Von den einst 24 gegründeten Klöstern sind heute noch fünf bewohnt.

Der Weißkohl für den griechischen rohen Salat muss ganz fein gehobelt werden.

Zum Würzen nimmt man Salz, viel Zitronensaft und weißen Pfeffer nach Belieben.

Ein ordentlicher Schuss Olivenöl macht den rohen Kohl bekömmlicher.

WODINÓ ME LÁCHANO

Rindfleisch mit Weißkohl

1 kg Rindfleisch, mit Knochen
1 Zwiebel, geschält
3 Kartoffeln, geschält
3 Möhren, geputzt
4 Lorbeerblätter
10 Pfefferkörner
125 g Butter
2 Zwiebeln, fein gehackt
2 Rote Bete, geschält und gewürfelt
500 g Weißkohl, fein gehobelt
1 Stange Bleichsellerie, in dünne Scheiben geschnitten
1 Bund glatte Petersilie, fein gehackt
1 Bund Dill, fein gehackt
400 ml Tomatensaft
Saft von 1 Zitrone
200 g Joghurt
Salz

Das Fleisch portionieren, mit Wasser aufsetzen und 20 Minuten kochen lassen. Den dabei entstehenden Schaum abheben. Die Temperatur reduzieren und die ganze Zwiebel, 2 Möhren, 2 Kartoffeln, Lorbeerblätter und Pfefferkörner zugeben. Eine Stunde garen lassen. Das Gemüse aus dem Topf nehmen und beiseite stellen. Butter in einer Pfanne zerlassen, die fein gehackten Zwiebeln darin andünsten und zum Fleisch in den Topf geben. Rote Bete und Weißkohl zufügen. Die restliche Kartoffel und die Möhre würfeln und mit Sellerie, Petersilie und Dill in den Topf geben. Wasser aufgießen und 1 Stunde garen. Das anfangs mitgekochte Gemüse im Mixer mit Tomaten- und Zitronensaft pürieren. Das Püree unter das Fleisch rühren und weitere 15 Minuten köcheln. Auf Tellern anrichten, 1 EL Joghurt auf jede Portion geben und warm servieren.

ESSKASTANIEN

Die Ursprünge der Ess- oder Edelkastanie *(Castanea sativa)* liegen in Kleinasien, die Pflanze verbreitete sich aber bereits in frühgeschichtlicher Zeit über Griechenland in Südeuropa. Dennoch importierte das antike Griechenland in großem Umfang Nüsse und Kastanien aus Kleinasien. Nicht immer wurden die Früchte dieser Bäume in der antiken Literatur genau voneinander unterschieden. So bezeichnete man Esskastanien nach ihrer Herkunftsregion, der Stadt Kasthanaia an der kleinasiatischen Küste, zum Beispiel als ›kastanäische Nüsse‹, aber auch als ›Zeus-Eicheln‹ waren sie bekannt. Wie Theophrast um 300 v. Chr. in seiner ›Untersuchung von Pflanzen‹ aufführt, war die Esskastanie vor allem in Makedonien, auf Euböa und im thessalischen Pílion verbreitet, wo auch heute noch ausgedehnte Kastanienwälder anzutreffen sind. Herodot berichtet von verschiedenen Ortschaften, die den Namen ›Kastanea‹ trugen. Auch heute gibt es in Griechenland viele Dörfer, in deren Namen sich dieser Wortstamm wiederfindet. Sie verweisen auf die Kastanienwälder, die überall im Land existiert haben müssen.

Esskastanien, mit der in ganz Europa verbreiteten Rosskastanie nicht verwandt oder verschwägert, sind die Nussfrüchte eines bis zu 30 Meter hohen, breit ausladenden Baumes, die in einer mit langen dünnen Stacheln besetzten Fruchthülle liegen, die bei der Reife aufspringt. Die Hülle enthält zwei bis drei ein- oder beidseitig abgeplattete Früchte, die von einer braunen, holzig-ledrigen Schale umgeben sind, die in der Regel beim Rösten aufspringt, was aber durch einen kurzen Schnitt mit einem scharfen Messer in die Schale unterstützt wird. Nicht nur in griechischen Städten trifft man heute in der kälteren Jahreszeit Straßenhändler an, die Maronen rösten, eine etwas haltbarere Esskastaniensorte. Stehen Esskastanien auf der Zutatenliste für ein Fleischgericht, dann verleihen sie der Speise einen nussigen, leicht süßlichen Geschmack. Als Spezialität kennt man im Gebiet des Pílion einen Pudding aus Kastanien, Honig und Orangenblütenaroma. Aber auch als Beilage oder Füllung in Wildbraten haben Esskastanien in dieser Gegend Tradition.

Obwohl Esskastanien bereits in der Antike medizinisch genutzt wurden und Angaben zu Darreichungsformen und Anwendungsbereichen erhalten sind, hat sich ihr Einsatz nicht durchsetzen können, und sie sind heute für die Pharmazie bedeutungslos. Dagegen hat die in der antiken Literatur nicht eigens erwähnte Rosskastanie im Lauf der Geschichte vielfältige Anwendungen auf pharmazeutischem wie auch auf kosmetischem Gebiet gefunden.

Ganz oben und darunter: Die stacheligen Fruchthüllen der Esskastanien enthalten gewöhnlich zwei Früchte, die man erst von der festen Schale und anschließend von der wolligen Samenhaut befreien muss. Dazu werden die Früchte auf der abgeplatteten Seite kreuzweise eingeschnitten und entweder kurz gekocht und abgeschreckt oder im Backofen geröstet.

MOSHÁRI ME KÁSTANA
Rindfleisch mit Kastanien

1 kg Rindfleisch
200 ml natives Olivenöl extra
200 ml trockener Weißwein
2 Zwiebeln, in Ringe geschnitten
4 Möhren, in Scheiben geschnitten
3 Stangen Bleichsellerie, in Scheiben geschnitten
400 g Kastanien, geröstet und geschält
200 g Brokkoli
200 g kleine Kartoffeln, geschält
1 Zweig Rosmarin
2 EL Mehl
Salz
frisch gemahlener schwarzer Pfeffer

Das Fleisch mit Küchengarn zusammenbinden. Olivenöl in einem Topf erhitzen und das Fleisch rundum anbraten. Mit Wein ablöschen, Zwiebeln, Möhren und Bleichsellerie zugeben und mit Salz und Pfeffer würzen. Mit Wasser bedecken, kurz aufkochen lassen, die Temperatur reduzieren und das Fleisch auf mittlerer Hitze ca. $1^1/_2$ Stunden köcheln lassen. Dann Kastanien, Brokkoli, Kartoffeln und Rosmarin zufügen und weitere 30 Minuten garen. Das Fleisch aus dem Topf nehmen (das Küchengarn entfernen), in Scheiben schneiden und mit dem Gemüse auf einer Platte anrichten. Das Mehl mit etwas Wasser verrühren und den Sud damit binden. Mit Salz und Pfeffer abschmecken, über das aufgeschnittene Fleisch geben und noch warm servieren.

Im Herbst ist die Kastanienfrau ein gewohntes Bild in den Straßen griechischer Städte.

Manchmal bietet sie nicht nur Kastanien, sondern auch Pistazien und geröstete Maiskolben an.

SÜSSE GAST-FREUNDSCHAFT

Wer das Land der Griechen mit den Sinnen sucht, wird unweigerlich auf Süßes stoßen. Nicht nur, dass zur Fastenzeit der Genuss von Süßigkeiten wie selbstverständlich erlaubt ist, ihnen kommt auch im täglichen Zusammenleben, in Familie und Nachbarschaft große Bedeutung zu. Eine auffallend prominente Rolle nehmen Früchte, ja sogar einige Gemüsesorten ein, die nach immer ähnlichem Grundrezept in Zucker- oder Honigsirup eingelegt werden. Diese *gliká kutaliú* wurden traditionell in einer silbernen Schüssel, der *glikotíki,* serviert und in sparsamer Dosierung von zierlichen Löffelchen eher gelutscht denn gegessen. Ihr klassischer Einsatzort sind private Einladungen innerhalb der Nachbarschaft, um etwa einen Geburtstag oder einen Einzug zu feiern. *Glikó* ist meist der Auftakt dieser nachmittäglichen Veranstaltungen und dient als süße Unterlage für den Mokka. Das strenge Nacheinander von Sirupfrüchten und Mokka mit dem dazugehörigen Glas Wasser ist bis heute obligat. Folgen können dem dreiteiligen Duo diverse Kuchen, Pralinen und Liköre.

Grundzutat eines *glikó* kann vieles sein, besonders beliebt sind Orangen, Kastanien, Zitronen, Äpfel, Birnen, Quitten, Trauben, Feigen und junge Auberginen. Geschmackliche Raffinesse ist wichtig, besonderes Augenmerk legt jede Köchin aber auch auf die optische Darbietung der Früchte im Glas. Die Frauenkooperative von Zagorá ist für diese Kunst in ganz Thessalien bekannt. In ihrem kleinen Café am Dorfplatz bieten die Frauen eine große Auswahl an Eingemachtem an. Auch getrocknete Pilion-Kräuter und Kräuterliköre in allen Farben und Flaschenformen sind vorhanden.

Keine Einladung ohne das kleine Süße vom Löffel, das ist sich die Gastgeberin schuldig.

Die Frauengenossenschaft von Zagorá ist für ihre Liköre mindestens so berühmt wie für die Sirupfrüchte. Zusätzlich gehören Heil- und Gewürzkräuter des Pilion zu ihrem Sortiment.

Frisch und fast ein wenig exotisch schmeckt der Likör aus Sauerkirschen.

Ein Likör aus Kiwifrüchten wird nur in dieser Region Griechenlands zubereitet.

BAKLAWÁS

Die Beziehung zwischen Griechen und Türken verlief keineswegs immer reibungslos – vorsichtig formuliert. Dennoch kennt auch sie Bereiche süßer Eintracht, wie zum Beispiel *baklawás*. Und nicht nur hier erweist sich das sirupgetränkte Backwerk als gemeinschaftsfördernd, denn es ist weit über den Balkan und den Orient verbreitet und beliebt. In der ursprünglich türkischen Version waren sogenannte *Yufka*-Blätter, aus denen auch *böreks* (Teigtaschen) und *katmer* (Blätterteigpasteten) hergestellt werden, der Grundteig. Die Griechen verarbeiten *Fíllo*-Teig, der, so dünn wie nur möglich ausgerollt, wahlweise mit fein gehackten Walnüssen, Pistazien oder Mandeln gefüllt wird. Innerhalb der griechischen Essgewohnheiten hat dieses Gebäck inzwischen seinen festen Platz eingenommen, und zwar nicht als Dessert, sondern zu einem Mokka mit Wasser als kleine gehaltvolle Mahlzeit zwischendurch. Seinen großen Auftritt hat *baklawás* überall dort, wo Gäste verwöhnt werden sollen, ist jedoch im Gegenzug auch gern angenommenes Mitbringsel für den Gastgeber.

BAKLAWÁS

50 g gehackte Walnüsse oder Mandeln
4 EL Semmelbrösel
4 EL Zucker
1 TL Zimt
250 g Butter
300 g Fíllo-Teig (Rezept siehe S. 146)

Für den Sirup:
250 g Zucker
200 g Honig
2 Nelken
1 Zimtstange
Saft von 1 Zitrone

Walnüsse oder Mandeln mit Semmelbröseln, Zucker und Zimt vermischen. Die Butter auslassen. Den Backofen auf 180 °C vorheizen.
Eine Backform, die der Größe der Teigblätter entspricht, einfetten. Die Teigblätter mit Butter einpinseln und die beiden ersten in die Form legen. Das obere Blatt mit Nussfüllung belegen. Ein weiteres gebuttertes Teigblatt auflegen und mit Füllung belegen. So bis zum achten Teigblatt weiter verfahren. Das neunte gebutterte Blatt auflegen und die Ränder des *baklawás* geradeschneiden. Das letzte gebutterte Blatt auflegen und in die Oberfläche ein rautenförmiges Muster einschneiden. Mit Wasser besprenkeln und im vorgeheizten Backofen auf mittlerer Schiene 30–40 Minuten goldbraun backen.
Für den Sirup Zucker in 1 $^1/_2$ Liter Wasser 5 Minuten kochen. Honig, Nelken und Zimt zugeben und mitkochen. Nelken und Zimt entfernen und den Zitronensaft einrühren. Den Sirup aufkochen lassen und kalt stellen. Das Gebäck aus dem Ofen nehmen und mit Sirup begießen. Hierbei sollte entweder das Gebäck ausgekühlt und der Sirup warm oder das Gebäck warm und der Sirup kalt sein, damit das *baklawás* nicht zu weich wird. In Rechtecke schneiden und servieren.
Hinweis: Statt den *Fíllo*-Teig selbst zu machen und auszurollen, was recht arbeitsintensiv ist, kann man auch fertigen *Fíllo*-Teig im griechischen oder türkischen Feinkosthandel kaufen. Man schützt während der Arbeit nicht benötigte Blätter zwischen zwei Küchenhandtüchern und deckt ein drittes Handtuch, das man zuvor angefeuchtet und gut ausgewrungen hat, darüber.

Baklawás zu backen macht viel Arbeit, und deshalb sollte man sich helfen lassen. Offensichtlich beeinträchtigt geteilte Mühe die Stimmung weniger. Während am einen Ende des Tisches das erste Blech schon backfertig ist und gerade abschließend mit zerlassener Butter beträufelt wird, ist am anderen Ende das zweite bereits in Arbeit.

Die Nüsse lassen sich gut im Mörser zerstoßen, es schadet nicht, wenn die Stücke unterschiedlich groß sind.

Nüsse, Semmelbrösel, Zimt und Zucker nach Geschmack miteinander vermischen.

Die ersten beiden papierdünnen *Fillo*-Blätter auf dem Backblech mit zerlassener Butter einpinseln.

Die zweite Lage aus 1 gebutterten Teigblatt ausbreiten und füllen. So fortfahren, bis zum abschließenden 9./10. Blatt.

Das charakteristische Aussehen erhält der *baklawás* durch das rautenförmige Einschneiden vor dem Backen.

Erst wenn das Gebäck den Sirup ganz aufgesogen hat, ist *baklawás* Stückchen für Stückchen servierfertig.

ΣΠΟΡΑΔΕΣ

Oben: In der Kirche von Skópelos-Stadt trifft man alle Vorbereitungen für das Osterfest.
Hintergrund: Blick von Glossa auf Skiáthos

SPORADEN

Pflaumen

Osterrituale

Opferlämmer

Zeit zum Essen

Ostereier

Zeit zum Backen

Mandeln sporadisch

Die fünf Hauptinseln, die zur Gruppe der heutigen Sporaden zusammengefasst werden, gehören zu den weniger bekannten unter den griechischen Inseln. Die Nördlichen Sporaden wirken wie Verlängerungen des Pilion in die Ägäis, die sich von der Halbinsel gelöst haben. Euböa, die zweitgrößte Insel in Griechenland, breitet sich dagegen wie ein langgezogener Schutzwall vor der zentralgriechischen und attischen Küste aus. Mit der unmittelbaren Nähe zum Festland war sie in der Antike von strategischer Bedeutung und im 6. und 7. Jahrhundert v. Chr. entscheidend an der Gründung griechischer Kolonien im Mittelmeer wie im Schwarzen Meer beteiligt. Ab 1204 unterstanden die Sporaden-Inseln Skiáthos, Skópelos, Alónissos und Skyros einem italienischen Adelsgeschlecht, während sich Euböa die Venezianer vorbehalten hatten, bis im 15. Jahrhundert auch diese Inseln im Osmanischen Reich aufgingen.

Die Unterschiedlichkeit der Inseln spiegelt sich auch in der Architektur wider. Zeigen sich Skiáthos, Skópelos und Euböa in der Bauweise der Häuser vom Festland geprägt, sind auf Alónissos und Skyros schon Einflüsse kykladischer Baustile erkennbar. Von dem als Baumaterial begehrten bunten skyrischen Marmor wusste schon der antike Historiker und Geograf Strabon (um 64/63 v. Chr. bis nach 23 n. Chr.) zu berichten. Skyros ist aber auch bekannt als Ziegen- und Schafsinsel. Bis heute gibt es hier mehr als 50 000 Tiere. Zur Karnevalszeit wird die Insel zum Treffpunkt vieler Festlandgriechen, die hier eines der traditionsreichsten Feste des Landes erleben wollen. Und auch das Osterfest wirkt in der Landschaft der Sporaden-Inseln eindrucksvoller als in manch anderer Region Griechenlands. Skópelos, heute überwiegend von Kiefern und Olivenbäumen bedeckt, war einst für seine Pflaumenbäume berühmt, deren Früchte in speziellen Dörröfen getrocknet und zu einem in ganz Griechenland beliebten Schnaps gebrannt wurden. Auch Skiáthos, die kleinste der Sporaden, ist eine grüne Insel, die neben Olivenhainen auch die zur Retsína-Harzung wichtige Aleppokiefer beheimatet. Bei Alónissos ist 1992 der einzige Meeresnationalpark Griechenlands entstanden, mit 2200 Quadratkilometern der größte im Mittelmeerraum. Sein Zentrum befindet sich rund um die unbewohnte kleine Insel Pipéri, eine der wenigen noch vorhandenen Zufluchtsstätten der Mönchsrobben. Zudem leben hier rund 3000 Fisch- und 82 Vogelarten, darunter Korallenmöwen, Sturmtaucher und Eleonora-Falken. Euböa hat auch im Zeitalter des Tourismus eine nahezu unberührte Ursprünglichkeit bewahrt und ist ein Paradies für Honig sammelnde Bienen.

Der alte Pflaumenbauer ist einer der letzten auf Skópelos. Für ihn kommen die besten Pflaumen Griechenlands nicht aus dem Ausland, sondern ausschließlich von ›seiner‹ Insel, so wie immer schon.

Links: Ein Großteil der säuerlichen blauen Skópelos-Pflaumen wandert in die Dörröfen.
Rechts: Die gelbe *Awgáto*-Pflaume ist eine der wichtigsten Obstsorten der Insel geblieben.

PFLAUMEN

Einst war die kleine Sporadeninsel Skópelos berühmt für ihren Wein. Der in Amphoren abgefüllte und bis an die Küsten des Schwarzen Meeres exportierte Wein wurde von dem antiken Komödiendichter Aristophanes und noch von Casanova als Aphrodisiakum gepriesen. Erst die Reblauskatastrophe Ende des 19. Jahrhunderts machte diesem Inselsegen ein Ende, denn danach gab es hier keine Rebstöcke mehr. Daneben pflegte die Insel aber immer schon eine zweite kulinarische Attraktion. Zwischen den die Insel bedeckenden Kiefern und Ölbäumen hat neben Kastanien- und Walnuss- auch eine große Anzahl an Pflaumenbäumen ihren Platz gefunden. Von den alljährlich auf der Insel geernteten Pflaumen gelangt aber nur ein kleiner Teil frisch auf die griechischen Märkte. Der weitaus größere Rest der blauen Ernte wird nach traditionellen Methoden zu zwei ebenso alteingesessenen Spezialitäten verarbeitet: zu getrockneten Pflaumen und zu Pflaumenschnaps. Heutzutage ist die Zahl derer, die diese Tradition auf der Insel auch in Zukunft aufrecht erhalten wollen, drastisch zurückgegangen.
Einer der wenigen ist der 60-jährige Bauer Johannes. Er ist mit den Pflaumenbäumen aufgewachsen, die noch sein Großvater pflanzte. Und obwohl sie nun schon alt und knorrig sind, tragen sie noch Früchte. Nach der Ernte werden die Pflaumen gewaschen, getrocknet und auf Rosten gleichmäßig ausgebreitet, die dann auf Gittergestellen bei gleichmäßiger Wärme gedörrt werden. Überall auf der Insel findet man neben Wohngebäuden spezielle kleine Häuschen mit holzkohlebeheizten Dörröfen in Trockenkammern zur Weiterverarbeitung der Pflaumen. Johannes hat noch gelernt, dass die Früchte gelegentlich ›massiert‹ werden müssen, damit sie beim Trocknen gleichmäßig schrumpfen. Darüber hinaus ist auch der Pflaumenschnaps der Insel nicht zu verachten.

Auf Skópelos sind noch die alten Dörröfen in Betrieb, die mit Holzkohle geheizt werden.

In der Trockenkammer verharren die Pflaumen so lange, bis sie trocken und flach geworden sind.

Ungeachtet der runzeligen Schale bleibt das Fruchtfleisch darunter weich und süß.

Jede Pflaume wird einzeln ›massiert‹, damit sie gleichmäßig von allen Seiten trocknet und ihre Form behält.

Die saure gelbe *Awgáto*-Pflaume ist klein und rund.

Arsan ist groß, süß und schmeckt frisch ebenso wie getrocknet.

Xinó ist eine feste Sorte und, wie der Name sagt, sauer.

Lukumatia ist weich und schmeckt sehr süß.

CHTAPÓDI ME DAMÁSKINA

Krake *(Octopus)* mit Pflaumen

1 Krake, ca. 2 kg schwer
200 ml Weißwein
200 ml natives Olivenöl extra
200 ml Essig
24 Pflaumen
2 Lorbeerblätter
4 große Kartoffeln, geschält und in Spalten geschnitten (ersatzweise 3 Quitten)
Salz
frisch gemahlener schwarzer Pfeffer

Den Backofen auf 180 °C vorheizen. Die Fangarme des Kraken vom Körper abtrennen und in eine Auflaufform legen. Pflaumen und Lorbeerblätter um die Fangarme herum verteilen. Wein, Essig und Öl angießen, mit Salz und Pfeffer würzen und die Auflaufform mit Grillfolie fest verschließen. Im vorgeheizten Backofen ca. 2 Stunden lang garen (die Soße wird gelieren). Nach einer Stunde die Kartoffeln zugeben. Heiß servieren und frisch gebackenes Weißbrot dazu reichen.

MOSHÁRI ME DAMÁSKINA

Kalbfleisch mit Backpflaumen

1 kg Kalbfleisch aus der Schulter
200 ml natives Olivenöl extra
3 Zwiebeln, fein gehackt
200 ml trockener Weißwein
2 Lorbeerblätter
1/2 TL gemahlener Zimt
1/2 TL Zucker
500 g Backpflaumen
Salz
frisch gemahlener schwarzer Pfeffer

Das Fleisch portionieren. Olivenöl in einem Topf erhitzen und das Fleisch darin rundum anbraten. Die Zwiebeln zugeben und kurz, bevor sie Farbe annehmen, mit Weißwein ablöschen. Lorbeerblätter, Zimt und Zucker zugeben und mit Salz und Pfeffer würzen. Wasser angießen, bis alle Zutaten eben bedeckt sind. Zum Kochen bringen, die Temperatur reduzieren und auf schwacher Hitze so lange schmoren, bis das Fleisch fast gar ist. Mit den Backpflaumen den Boden eines Topfes auslegen und das Fleisch mit dem Sud auf die Backpflaumen geben. Auf mittlerer Hitze 15 Minuten schmoren. Noch heiß servieren und körnigen Reis dazu reichen.

OSTERRITUALE

Mit dem ersten Vollmond des Frühlings naht im orthodoxen Griechenland auch der Höhepunkt des Kirchenjahrs. 40 Tage haben die gläubigen Christen gefastet, das heißt auf Fleisch, Käse und Eier verzichtet. Und selbst die weniger Gläubigen respektieren die Fastenregeln zumindest in der ›großen Woche‹, der Woche vor Ostersonntag.

Worauf die Magie des griechischen Osterfestes beruht, ist im Einzelnen kaum greifbar. Zweifellos fanden schon in heidnischen Vorzeiten an diesen Tagen Frühlingsfeste statt, die das Wiedererwachen der Naturgeister heraufbeschworen. Noch immer kann der griechische Frühling ein fast andächtig stimmendes Naturerlebnis sein. Kaum jemand, der nicht seinem Zauber erliegt. In dieser Zeit der Wiedergeburt versammeln sich die Menschen eine Woche lang Tag für Tag, um mit steigender Erwartung die Auferstehung Christi zu feiern. Dieses höchste orthodoxe Kirchenfest macht alle kulturellen, ethnischen, religiösen, ja, auch kulinarischen Unterschiede zwischen dem Festland und der griechischen Inselwelt vergessen.

Dabei stellt die letzte Woche vor Ostern harte Anforderungen an die Gläubigen: jeden Tag ein mehrstündiger Gottesdienst, in dem der Kreuzweg Christi begangen und die Evangelien gepredigt werden, und zu Hause nehmen Hausputz und Essensvorbereitungen für das nahende Fest alle Kräfte in Anspruch. Keine der wichtigen Osterspezialitäten darf vergessen werden: Süßigkeiten, Hefezöpfe, frische Eier und Getränke müssen gekauft oder mit Sorgfalt zubereitet, die Kinder müssen noch neu eingekleidet werden.

Am Mittwoch der Karwoche werden die Kerzenständer in der Kirche nicht wie sonst mit Sand, sondern mit Mehl ausgestreut. Nach dem Gottesdienst backen die Frauen daraus ein Brot und lassen es in der Kirche segnen. Das Eierfärben steht dann am Gründonnerstag im Mittelpunkt der Vorbereitungen, und die abendliche Messe verlangt selbst den Strengstgläubigen einiges ab: In einer schier nicht enden wollenden Veranstaltung werden alle Evangelien verlesen.

In der Nacht zum Karfreitag breitet sich tiefe Trauer aus. Die Ikonen in den Kirchen werden mit dunklen Tüchern verhängt, und die mächtige Kirchenglocke bleibt bis Ostersonntag in Schweigen gehüllt. Der *Epitaphios*, das symbolische Grab Christi, dass in der Kirche gestanden hat, wird mit Blumen geschmückt. Am Karfreitagabend soll es in einer prächtigen Kerzenprozession durch den Ort getragen werden, gefolgt vom Priester und allen Gläubigen.

Am Ostersamstag schließlich sind alle mit den wirklich letzten Essensvorbereitungen beschäftigt, denn am Abend bleibt dafür keine Zeit. Dann pilgern die Menschen mit Osterkerzen und rotgefärbten Eiern – rot wie das Blut Christi – zur Kirche. Die ganze Nacht über wird gebetet und gesungen. Um Mitternacht warten alle nur noch auf das erlösende Wort des Priesters: »Christus ist auferstanden.« Die Glocken ertönen wieder, die Menschen umarmen und beglückwünschen sich, man stößt die rotgefärbten Eier aneinander – wessen Ei am längsten heil bleibt, dem ist im kommenden Jahr Glück beschieden –, und alles eilt nach Hause, denn dort wartet schon dampfend die *majirítsa*, die frische Ostersuppe. Die Fastenzeit ist vorbei.

Oben und Hintergrund: Karfreitagabend wird das symbolische Grabmal Christi durch die Straßen getragen.

Auch am Ostersonntag dauert der Gottesdienst mehrere Stunden und wird zur Geduldsprobe für die Anwesenden.

Der *Epitaphios,* das symbolische Grabmal Christi, enthält Opfergaben und frische Blumen.

Mit dem Schmücken der Kirche beginnt man bereits in der Fastenzeit. In der ›großen Woche‹ vor Ostersonntag steht das sogenannte Grabmal Christi in der Mitte des Kircheninnenraums.

Mit dem Aneinanderschlagen der rotgefärbten und mit Verzierungen versehenen Ostereier endet die 40-tägige Fastenzeit: Wes Ei am längsten hält, des Glück wird im folgenden Jahr am größten sein.

OPFERLÄMMER

Das Lamm als Opfertier, sehr häufig auch das männliche Tier, der Widder, das man zu besonderen Festtagen am Altar der verehrten Gottheit schlachtete und opferte, spielte in der Antike im Kult der Aphrodite, des Zeus und besonders des Hermes eine bedeutende Rolle. Während Teile der Tiere, gewöhnlich die wertvollsten wie die Keule, auf der Opferstätte in Rauch aufgingen und so zu der Gottheit gelangten, die man für sich zu gewinnen suchte, wurde der Rest am offenen Feuer gebraten und von den Opfernden verzehrt. Damit scheint die griechische Mythologie fortschrittlicher als das Alte Testament, hatten doch die Griechen ihre Zeit der Menschenopfer bereits hinter sich, als Abraham, bildlich gesprochen, gerade erst an der von Jahwe bezeichneten Stelle eintraf, wo er seinen eigenen Sohn Isaak opfern sollte – und jener sagte: »Vater! Er antwortete: Ja, mein Sohn! Dann sagte Isaak: Hier ist Feuer und Holz. Wo aber ist das Lamm für das Brandopfer?« (Gen 22,7). Doch wo Gott sich erbarmt und statt des archaischen Menschenopfers einen Widder annimmt, schildert bereits das Alte Testament einen Vorfall tiefster Vergangenheit.
Moses, der das Volk Israel gestärkt aus Ägypten führen sollte, lässt zum Passahmahl Lamm bereiten, getreu den Worten: »Nur ein fehlerfreies, männliches, einjähriges Lamm darf es sein, das Junge eines Schafes oder einer Ziege müsst ihr nehmen.« (Ex 12,5) Damit wird dieses Mahl zum Hinweis auf das Abendmahl, das Christus (»…das Lamm Gottes, das die Sünde der Welt hinwegnimmt.« (Joh 1,29) am Vorabend seines Todes mit seinen Jüngern begeht. In Abendmahlsdarstellungen der byzantinischen Kunst erscheint das gebratene Lamm zwar weniger häufig als der Fisch, aber oft genug, um den festen Glauben an die Gottheit Christi zu symbolisieren.

FLEISCHTEILE DES LAMMS

1	*búti*	Keule
2	*séla*	Filet
3	*karé (paidákia)*	Karree
4	*paidákia*	Rippenstück
5	*lemós*	Hals
6	*kefáli*	Kopf
7	*spála*	Schulter
8	*stíthos*	Brust
9	*kótsi*	Hachse
10	*pódi*	Füße

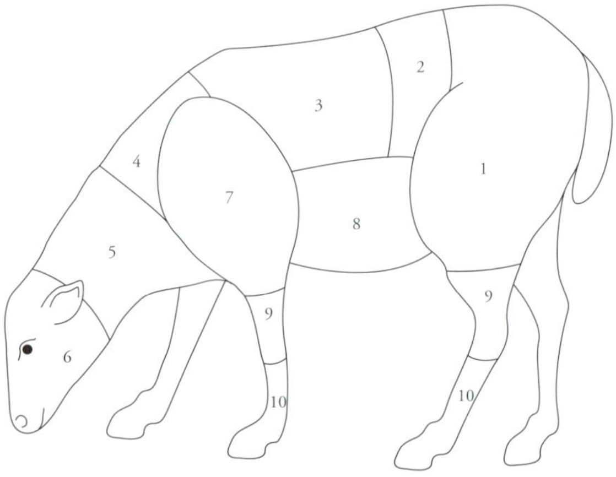

LAMM ODER ZIEGE AM SPIESS

Lamm oder Ziege (in diesem Fall letztere) wird im Ganzen zubereitet, das eine wie die andere ist also für den handelsüblichen Gartengrill zu groß. Man muss daher früh genug damit beginnen, eine flache Grube auszuheben und sie mit Holzkohle zu füllen, damit die Kohle gut durchglühen kann.
Die Ziege muss abgezogen, ausgenommen und gut gereinigt sein und wird vor dem Grillen innen und außen mit Salz und Pfeffer eingerieben. Ihr mageres Fleisch sollte während des Grillens immer wieder mit Öl eingepinselt werden, wobei jeder ›Grillmeister‹ auf sein eigenes Rezept schwört. Wenn auch die Meinungen bei Oregano, Thymian und Salbei vielleicht differieren, Zitronensaft ist immer gut.
Nun wird die Ziege entlang der Wirbelsäule auf einen Spieß gezogen. Entscheidend beim Grillen ist die Drehgeschwindigkeit, denn das Fleisch muss gleichmäßig garen, außen knusprig werden und innen saftig bleiben. Das setzt einige Erfahrung voraus. Es empfiehlt sich, den Spieß anfangs schneller zu drehen, um das gleichmäßige Garen zu fördern, gegen Ende aber langsamer zu werden, damit das Fleisch knusprig wird.
Das Grillen kann sich bis zu sieben Stunden hinziehen. Dabei sind die äußeren Schichten schon nach etwa zwei Stunden gar und können abgelöst und serviert werden. Jetzt braucht man nur noch viele gute Freunde, ausreichend Wein und anhaltend gutes Wetter.

Während die Ziege selbst nur sehr langsam gegrillt werden darf, brauchen die Innereien stärkere Hitze zur Zubereitung. Deshalb werden sie auf einem Rost unmittelbar über der Holzkohle platziert.

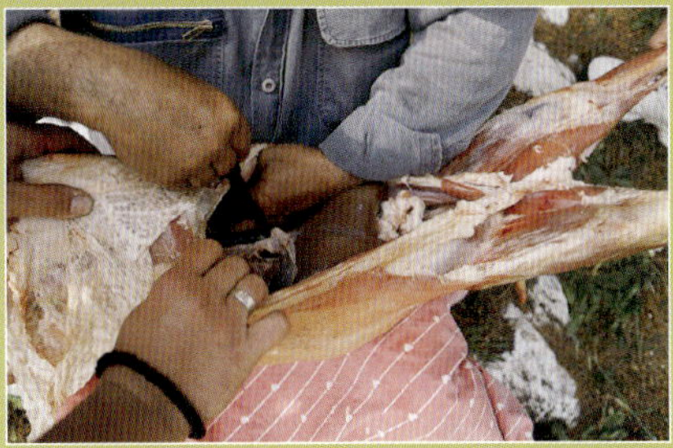

Mit der Hand, nicht selten mit mehreren Händen, werden alle Innereien herausgenommen.

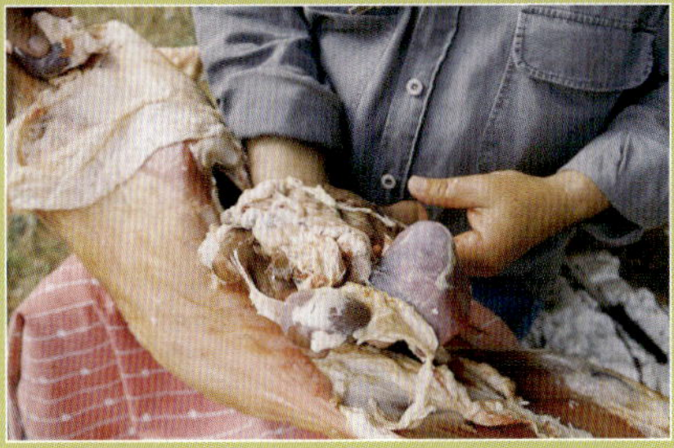

Herz, Nieren, Magen, Leber und schließlich den Darm bereitet man separat zu.

Die gegrillten Innereien werden zuerst fertig sein und als Vorspeisen dienen.

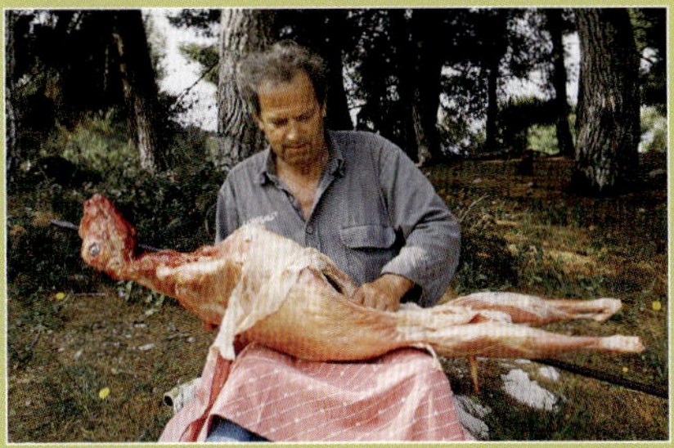

Der Spieß wird durch Kopf und Brustkorb geführt. Die Vorderbeine werden am Körper befestigt.

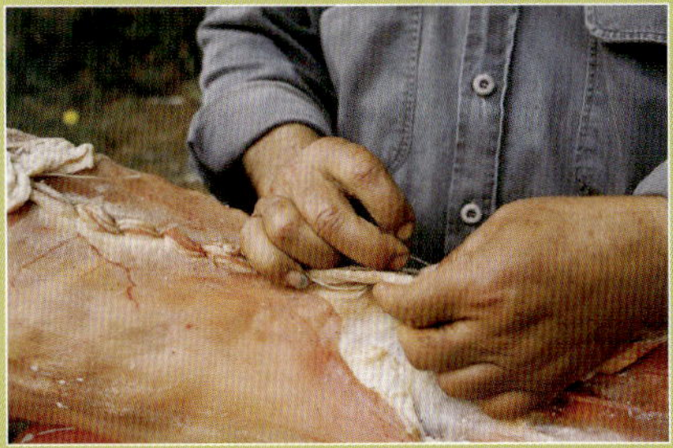

Nachdem das Innere gewürzt und mit Olivenöl eingepinselt wurde, näht man die Bauchöffnung wieder zu.

Damit das Fleisch nicht zu schnell anbrennt, wird es immer wieder mit Zitrone und Olivenöl bestrichen.

Nach 40 Tagen Fastenzeit, an die sich mehr Menschen halten als man denkt, wird zum erstenmal wieder üppig gegessen. Man braucht auf nichts mehr zu verzichten.

ZEIT ZUM ESSEN

Das gemeinsame Essen ist den Griechen wichtig. Eigentlich an jedem Tag, doch die alltäglichen Verpflichtungen, besonders in den Großstädten, zwingen heute natürlich zu manchem Kompromiss. An Festtagen gibt es jedoch kein Vertun, da gehört die ganze Familie, wenn nicht das ganze Dorf, zusammen an einen Tisch. Das gilt für die privaten Feiern wie Hochzeiten, Kindstaufen oder Beerdigungen ebenso, wie für die ›offiziellen‹ religiösen Feste. Eine ganz besondere Qualität aber erhält dieses Miteinander-Essen, wenn ihm wie zu Ostern eine lange und entbehrungsreiche Fastenzeit vorausging, sodass man nicht nur das Zusammen-Essen, sondern auch das Wieder-alles-essen-dürfen überhaupt zelebriert. Die Tische biegen sich förmlich unter Lebensmitteln, es wird stundenlang getafelt und erzählt. Die Feiertagsstimmung, das heißt eine Atmosphäre von Nicht-Werktag, ist so greifbar, dass zahllose Griechen sie ohne Gewissensbisse auch völlig ohne religiösen Vorwand genießen können.

ARNÁKI ME SPARÁNGIA
Lamm mit Spargel

1 kg Lammfleisch aus der Keule
200 ml natives Olivenöl extra
1 große Zwiebel, fein gehackt
1 kg Spargel
Saft von 1 Zitrone
2–4 EL Mehl, mit etwas Wasser verrührt
1/2 Bund glatte Petersilie
Salz
frisch gemahlener schwarzer Pfeffer

Das Fleisch waschen, trockentupfen und in Portionsstücke schneiden. Olivenöl in einem Topf erhitzen, die Zwiebeln darin andünsten und das Fleisch rundum anbraten. Mit so viel Wasser ablöschen, dass das Fleisch bedeckt ist. Die Temperatur reduzieren und das Fleisch schmoren.
In der Zwischenzeit den Spargel schälen und waschen. Gesalzenes Wasser zum Kochen bringen, Spargel zugeben und etwa 15 Minuten köcheln. Dann abgießen und abtropfen lassen. Wenn das Fleisch weich ist, den Topf vom Herd nehmen, den Zitronensaft einrühren und die Soße mit der Mehl-Wasser-Mischung binden. Mit Salz und Pfeffer abschmecken. Den Spargel auf einer Platte anrichten und das Lammfleisch darüber geben. Mit Petersilie bestreuen und noch heiß servieren.

KOKORÉTSI
Kuttelspieß

1 ganzer Darm vom Hammel
500 g Leber vom Lamm
500 g Lunge vom Lamm
250 g Milz vom Lamm
Hammelfett
Oregano
Saft von 2 Zitronen
1/2 Bund glatte Petersilie, fein gehackt
Salz
frisch gemahlener schwarzer Pfeffer

Den Darm sorgfältig waschen, dann die Innenseite nach außen wenden und ebenfalls sehr gut waschen.
Die Innereien säubern und in nicht zu kleine Stücke schneiden. Darm und Innereien mit viel Salz, Pfeffer und Oregano einreiben. Die Kuttelstücke nun abwechselnd auf den Spieß stecken und nach drei Stücken immer ein Stück Hammelfett aufspießen. Das Ganze dicht mit dem Darm umwickeln, dabei den Darm immer wieder mit der vorigen Windung verknoten und fest anziehen, damit alles hält. Nochmals mit Salz, Pfeffer und Oregano einreiben und ein paar Stunden aufrecht stehen lassen, damit der Spieß abtropfen kann. Dann über Holzkohlefeuer hängen und grillen. Den Spieß dabei am Anfang schnell und später langsamer drehen, bis alles gar ist. Das *kokorétsi* vom Spieß herunterziehen und in mundgerechte Stücke schneiden. Auf einer Platte anrichten, mit viel Zitronensaft übergießen und mit etwas frischer Petersilie bestreuen.

OSTEREIER

Warum griechische Ostereier immer rot gefärbt werden, dafür gibt es verschiedene Erklärungen: Die einen sagen, das Rot solle an das Karfreitag vergossene Blut des Heilands erinnern, für andere kommt in der Farbe die Freude über Christi Auferstehung zum Ausdruck. Wieder andere wissen, dass vor langer Zeit einmal eine Ungläubige höhnte, sie werde erst dann, und keinen Augenblick früher!, an die Auferstehung glauben, wenn die Eier, die sie in Händen halte, sich vor ihren Augen rot färbten – was sie tatsächlich taten. So ist die rote Farbe auch als Aufforderung zum festen Glauben zu verstehen.

Für das traditionelle Aneinanderschlagen der Eier braucht man eine leichte Hand, eine Portion Glück – und Eier von gesund ernährten Hühnern. Nur ein Ei, dessen Schale dabei nicht bricht, wird seinem Besitzer Glück bescheren. Dieser Brauch, der vermutlich aus dem 13. Jahrhundert stammt, wird als Ostervergnügen aufrechterhalten. So trägt in der Nacht zum Ostersonntag jeder Kirchenbesucher ein rotes Ei in seiner Tasche. Da die Eier als Symbole der Auferstehung Christi dem Fastengebot unterliegen, dürfen sie als Nahrungsmittel erst wieder mit dem Auferstandenen in Erscheinung treten. Und so zieht man sie erst hervor, nachdem der Priester das Osterfest mit den Worten »Christus ist auferstanden« feierlich eröffnet hat, beglückwünscht seinen Nachbarn – und schägt zu.

Die obligatorische Schale mit den rotgefärbten Eiern fehlt auf keinem griechischen Ostertisch.

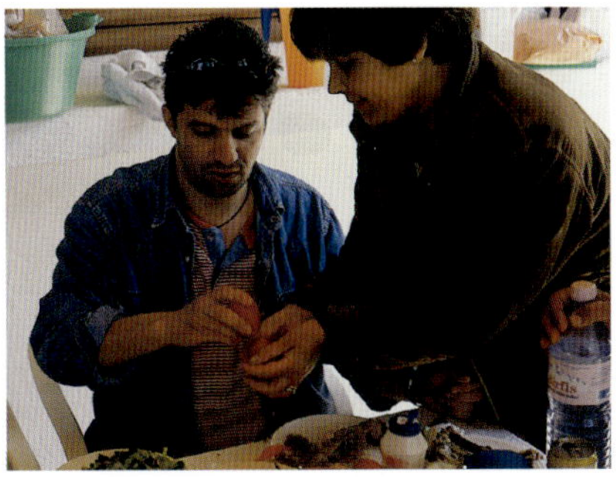

Beim Eierschlagen hält einer das Ei fest und ein anderer klopft mit dem eigenen Ei darauf.

Ist die Schale geknickt, bleibt einem nur noch, sein Ei zu schälen und auf der Stelle aufzuessen.

MAJIRÍTSA

Griechische Ostersuppe

Die *majirítsa,* die griechische Ostersuppe, wird nach dem mitternächtlichen Ostergottesdienst, also in den ersten Stunden des Sonntags, gegessen. Es ist zu spät für ein Festessen wie das Osterlamm, aber die rechte Zeit, um die Innereien, die beim Schlachten und Ausnehmen des Lammes angefallen sind, zu verwerten und eine gute Gelegenheit, den fleischentwöhnten Magen nach Wochen des Fastens mit leichter Verdaulichem wieder an substantiellere Speisen zu gewöhnen.

500 g Leber vom Lamm
250 g Zwiebeln, in Ringe geschnitten
1/2 Bund Dill, fein gehackt
250 g Reis
Saft von 2 Zitronen
1 EL Butter
Salz
frisch gemahlener schwarzer Pfeffer

Die Leber gut waschen und in einen mit Wasser gefüllten Kochtopf geben. Salz zufügen und die Leber bei starker Hitze halb gar kochen. Aus der Brühe nehmen und klein schneiden. Die Brühe durch ein Sieb gießen und die Flüssigkeit in einen großen Topf geben. Zwiebeln und Dill dazugeben und die Brühe zum Kochen bringen. Den Reis einrühren und kurz darauf auch die Leberstücke zugeben. 1 EL Butter in der Suppe schmelzen lassen und alles so lange kochen lassen, bis Reis und Leber gar sind, dann vom Herd nehmen. In einer kleinen Schüssel die Eier verquirlen und unter ständigem Rühren den Zitronensaft langsam zugießen. Einige EL Brühe aus dem Topf zu den Eiern geben und dabei immer weiter schlagen, bis die Ei-Zitronen-Soße schaumig ist. Dann zügig in die Suppe einrühren, die jetzt nicht mehr kochen darf, da sonst die Eier gerinnen. Die Suppe mit Salz und Pfeffer abschmecken und noch heiß und mit frisch gebackenem Weißbrot servieren.

Dies ist das Grundrezept für *majirítsa.* Es werden oft auch andere Innereien, wie Milz, Nieren oder sogar Darm für die Suppe verwendet. Einige regionale Abwandlungen können auch Spinat enthalten. Im übrigen schwört jede Familie auf ihr eigenes Rezept, das von Generation zu Generation weitergegeben wird.

ZEIT ZUM BACKEN

Tsurékia sind die traditionsreichen griechischen Osterbrote (auch als *lambrópsomo*, Ostersonntagsbrot, bekannt). Sie werden als Zeichen der Fruchtbarkeit und des Segens angesehen, und noch heute schmücken in manchen Gegenden Griechenlands die Frauen ihre *tsurékia* mit Blüten-, Blätter- und anderen Frühlingsmotiven. Auch Mandeln oder Trockenobst sind eine gerngegessene Dekoration, nicht zu vergessen das rotgefärbte Ei. Die nahrhaften Zutaten des Osterbrots machen es deutlich: Die Fastenzeit ist vorbei.

Je nach Region variieren *tsurékia:* Hefeteig-Mandelhasen aus Lagudáki, reichverzierte Kränze aus Kulúra auf Kreta oder schlichtes Flechtwerk mit rotem Ei.

TSURÉKI
Griechisches Osterbrot

150 g Hefe
1,5 kg Mehl
1 Prise Salz
50 g Zimtstangen
1 TL Mastix, zerstoßen
8 Eier
400 g Zucker
250 ml Milch
300 g Butter
1 Eigelb
1 rot gefärbtes Ei
Sesam oder Mandelblätter nach Belieben

Die Hefe in etwas lauwarmer Milch auflösen, 5 EL Mehl zugeben, gut verrühren und an einem warmen Ort 1 Stunde gehen lassen. In der Zwischenzeit die Butter zerlassen, die Milch erhitzen und beides etwas abkühlen lassen. Die Zimtstangen in einem kleinen Topf mit Wasser bedecken, aufkochen und 10 Minuten ziehen lassen. Den Sud abseihen und beiseite stellen.

Das restliche Mehl in eine Schüssel sieben, Mastix und die aufgegangene Hefe zugeben. Zerlassene Butter, Milch und Zimtwasser dazugießen. Die Eier mit dem Zucker schaumig schlagen, zu den übrigen Zutaten geben und alles gut miteinander vermischen. Den Teig so lange kneten, bis er ganz geschmeidig ist. Dann den Teig zugedeckt an einem warmen Ort etwa 2 Stunden gehen lassen.

Den Backofen auf 180 °C vorheizen. Wenn der Teig sein Volumen verdoppelt hat, nochmals kräftig durchkneten. Nun den Teig zu einer langen Rolle formen und einen großen Zopf daraus flechten. Den Zopf auf ein gut gefettetes Backblech legen und mit Eigelb einpinseln. Das rote Ei in die Mitte des Zopfes drücken, ein paar Mandelblätter darüber streuen und im vorgeheizten Backofen ca. 35–45 Minuten backen, bis die Oberfläche goldbraun ist. Wem das Flechten zu aufwändig ist, der backt einen Fladen.

Eine wichtige Aromazutat ist das Zimtwasser.

Den mehrmals gegangenen Teig zu langen Rollen formen.

Die Form des Geflechts bleibt der Phantasie überlassen.

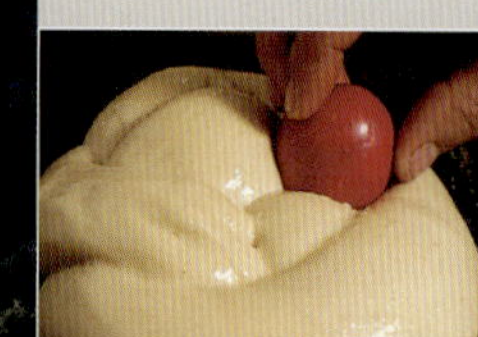

Vor dem Backen noch ein rotes Ei in den Teig drücken.

KULURÁKIA ME KANÉLA
Zimtkringel mit Korinthen

500 g Mehl
2 TL Backpulver
1 $^1/_2$ TL gemahlener Zimt
$^1/_4$ TL gemahlene Nelken
$^1/_4$ TL geriebene Muskatnuss
200 g Zucker
250 ml natives Olivenöl extra
1 EL Weinbrand
50 ml Mineralwasser
50 ml Orangensaft
1 TL geriebene Orangenschale
Korinthen zum Garnieren

Den Backofen auf 175 °C vorheizen. Das Mehl mit dem Backpulver in eine Schüssel sieben, Zimt, Nelken und Muskatnuss unterrühren. Zucker, Olivenöl, Weinbrand, Mineralwasser, Orangensaft und Orangenschale in einem Mixer auf hoher Stufe verrühren. Diese Zucker-Mischung zum Mehl in die Schüssel geben und alles zu einem glatten Teig verkneten. Portionsweise etwas Teig zu daumendicken, rund 10 cm langen Röllchen formen und deren Enden zu Kringeln schließen und fest zusammendrücken. Jeden der Kringel mit 2 Korinthen verzieren.
Die Kringel auf einem gefetteten Backblech verteilen und im vorgeheizten Backofen 20 Minuten backen. In einem luftdicht verschließbaren Gefäß gelagert, halten sich die Zimtkringel mehrere Wochen lang.

STAFIDÓPSOMO
Rosinenbrot

250 ml Milch
125 g Butter
125 g Zucker
2 TL geriebene Zitronenschale
1 TL Salz
$^1/_2$ TL Natron (Natriumhydrogencarbonat)
45 g Hefe
1,5 kg Mehl
500 g Rosinen
1 Eigelb, mit etwas Wasser verquirlt

Die Milch aufkochen, vom Herd nehmen und Butter, Zucker, Zitronenschale, Salz und Natron darin auflösen. Die Hefe mit 250 ml warmem Wasser und etwas Mehl zum Vorteig verrühren. Das übrige Mehl in eine Schüssel sieben, eine Vertiefung hineindrücken, den Vorteig mit der Milch-Mischung hineingeben und alles zu einem elastischen Teig verkneten. Den Teig in einer gefetteten Schüssel und mit etwas Butter bepinselt zugedeckt gehen lassen, bis sich sein Volumen verdreifacht hat. Den Ofen auf 200 °C vorheizen.
Den Teig kurz durchkneten und dabei zu einer Kugel formen. Mit zwei Fingern in die Mitte eine Vertiefung drücken, die man ständig weiter ausdehnt, bis man mit beiden Händen hineinfassen kann, um den Kranz zu formen. Auf ein gefettetes Backblech legen, mit Eigelb einpinseln und im vorgeheizten Backofen 50–60 Minuten backen.

AMIGDALOTÁ
Marzipangebäck

200 g gemahlene Mandeln
200 g Zucker
3 Eiweiß
Mark von 1 Vanilleschote
etwa 20 halbe Mandeln

Den Backofen auf 175 °C vorheizen. Die gemahlenen Mandeln in einer Schüssel mit dem Zucker mischen. Das Eiweiß leicht schlagen und mit dem Vanillemark verrühren. Unter ständigem Rühren nach und nach nur so viel von dem Eiweiß einarbeiten, wie die Masse aufnehmen kann. Sie sollte ziemlich fest sein und sich gut formen lassen. Die Masse in einen Spritzbeutel mit Sterntülle füllen und etwa 20 kleine Häufchen auf ein gefettetes Backblech spritzen. Jedes mit einer halben Mandel garnieren. Im vorgeheizten Backofen 15 Minuten backen, bis die Spitzen bräunen. In einem luftdicht verschließbaren Behälter ist das Gebäck längere Zeit haltbar.

Bei Hochzeiten oder Taufen ist es in manchen Regionen üblich, jedem Gast eine Marzipanrosette zu überreichen, die als Symbol von Reinheit und Weiblichkeit galt. Früher war es Aufgabe der Frauen, sie herzustellen, und zu diesem Zweck trafen sie sich vor dem Fest, um gemeinschaftlich kiloweise Mandeln, Zucker und Rosenöl zu Marzipan zu verarbeiten, das sie dann zu Rosetten formten.

MANDELN SPORADISCH

Oben: In unreifen Mandeln (links) mit grüner Fruchthülle ist der weiße Kern noch weich (Mitte). Ausgereift ist das Fruchtfleisch getrocknet und der verhärtete Kern (rechts) schützt den Samen, die eigentliche Mandel.

Wie schon die Kastanie in frühgeschichtlicher Zeit ihren Weg von Kleinasien nach Thessalien und auf die vorgelagerten Inseln der Sporaden fand, so gelangte auch der Mandelbaum *(Prunus dulcis)* auf die kleinen, steinigen Inseln, wo er bald heimisch wurde, da er mit wenig Wasser auskommen kann. Vor der Kultivierung des Mandelbaums mag der Verzehr der blausäurehaltigen Samen der Wildform beklagenswerte Nebenwirkungen gezeitigt haben, doch man weiß, dass seit etwa 500 v. Chr. süße Mandeln, *›amygdale‹*, als beliebte Zutat für Nachspeisen galten, etwa in Verbindung mit Eiern und Walnüssen.

Mandeln gehören wie Pistazien zu den Steinfrüchten. Was man als Backzutat oder Süßigkeit schätzt, ist der weiße, von seiner braunen Samenhülle befreite Samen im Innern des von grünem Fruchtfleisch umgebenen Steins. Auf den Sporaden, wo die agrarischen Möglichkeiten begrenzt sind, hat sich eine Mandelbaumkultur entwickelt wie auf keiner anderen griechischen Inselgruppe. Allein auf der auch für ihre Pflaumen berühmten Insel Skópelos werden jährlich 15 Tonnen Mandeln geerntet.

Aus abgezogenen Mandeln bereiten die Frauen auf den Sporaden eine Mandelcreme zu, indem sie die noch warmen Mandeln reiben und rasch mit Zucker und Wasser vermischen. Diese Creme wird löffelweise serviert. Aus geriebenen weißen Mandeln, viel feinem Zucker, leicht geschlagenem Eiweiß und Blütenwasser entsteht marzipanähnliches *chamaliá*, das vorwiegend zu Namenstagen und Hochzeiten gefragt ist. Dazu verleiht man der Masse eine geeignet erscheinende Form, backt sie im Backofen und überzieht sie anschließend mit Puderzucker. *Roxédes* wird ähnlich zubereitet wie *chamaliá*, jedoch aus grobem Zucker gerührt und nicht gebacken, weshalb es auch weniger lang haltbar ist. Zur Fastenzeit und bei Beerdigungen wird *amigdalosúmi*, Mandelmilch, getrunken: abgezogene, zerstoßene Mandeln ziehen im Kochwasser und werden durch ein Tuch ausgedrückt.

KURABJÉDES

Mandelgebäck

200 g ganze Mandeln, abgezogen
450 g weiche Butter
200 g Zucker
3 Eigelb
4 EL Weinbrand
Mark von 1 Vanilleschote
900 g Mehl
2 TL Backpulver
4 EL Rosenwasser
Puderzucker

Den Backofen auf 190 °C vorheizen. Die Mandeln auf einem Backblech auslegen und im Ofen rösten, dann sehr fein hacken. Butter und Zucker in eine Schüssel geben und verrühren. Nacheinander Eigelb, Weinbrand und das Mark der Vanilleschote einrühren. Das Mehl mit Backpulver in die Schüssel sieben, die Mandeln zugeben und alles gut vermischen. Eine Arbeitsfläche mit Mehl bestäuben und die Masse zu einem glatten Teig kneten. Diesen 1 cm dick ausrollen, mit einem Glas kleine Halbmonde ausstechen und auf ein gefettetes Backblech legen. Im vorgeheizten Backofen ca. 20 Minuten backen. Zum Abkühlen auf ein Gitterrost legen, mit Rosenwasser beträufeln und mit viel Puderzucker bestäuben. Die mürben Plätzchen luftdicht verschlossen aufbewahren.

Oben und Hintergrund: Für die vielen Mandelspezialitäten werden unzählige Mandeln geknackt.

Kroasanak – Mandelblätterteig
Roxédes – rohe Marzipanrosetten
Chamaliá – Marzipan zur Hochzeit
Glikó migsala – Mandelgelee
Kritsínia – Sesam-Mandelstangen
Uliria kakao – mürbe Mandelkekse
Chamaliá – Marzipangebäck
Paximádia – Mandelzwieback
Sabless – Mandel-Sandgebäck
Amigdalosúmi – Mandelmilch

KARIDÓPITA

Mandel-Walnuss-Kuchen

125 g Butter
250 g Zucker
5 Eier
250 g geriebene Mandeln
250 g geriebene Walnüsse
1 TL gemahlener Zimt
1 TL gemahlene Nelken
1 TL Natron (Natriumhydrogencarbonat)
2 EL Weinbrand
350 g Mehl
3 TL Backpulver
350 g Zwieback, gerieben
250 ml Milch

Für den Sirup:
750 g Zucker
500 ml Wasser
1 TL Zitronensaft

Den Backofen auf 200 °C vorheizen. Butter, Zucker und Eier in einer Schüssel schaumig rühren. Die geriebenen Nüsse mit Zimt und Nelken mischen. Natron im Weinbrand auflösen und zu den Nüssen geben. Mehl und Backpulver in die Schüssel mit der Buttermischung sieben und die Nussmischung, Zwieback und Milch zufügen. Alles zu einem glatten Teig verrühren, in eine flache, gefettete und bemehlte Backform füllen und in den Ofen schieben. Nach 5 Minuten die Temperatur auf 150 °C reduzieren und den Kuchen ca. 1 Stunde backen. Aus dem Ofen nehmen und abkühlen lassen.

Für den Sirup Wasser in einem Topf erhitzen und den Zucker darin auflösen. Mehmals aufkochen lassen, dann den Zitronensaft zugießen. Den Sirup über den Kuchen geben und warten, bis er eingezogen ist. Erst dann den Kuchen in große Stücke schneiden und auf einer Platte anrichten. Wer mag, kann den Kuchen noch mit Puderzucker bestäuben.

ΧΑΛΚΙΔΙΚΗ

Oben: Statue des Philosophen Aristoteles in Stágira
Hintergrund: Kloster Símonos Pétras mit Athos

CHALKIDIKÍ

Bienenhonig

Fastenzeit

Fischfang

Bootsbau

Fischkonserven

Alles mit Fisch

Der Garten Marias

Im Refektorium

Ein heiliger Winzer

Athoswein

Bergkirschen

Tintenfisch und Krake

Einer ausgestreckten Hand mit drei deutlich gespreizten Fingern gleich ragt die Chalkidikí in die Ägäis hinaus. Die 90 Kilometer breite Halbinsel gehört zu der reizvollsten Region Nordgriechenlands und wurde von der griechischen Antike bis in die jüngste Geschichte des Landes immer wieder zur Heimat fremder Siedler. Die sich südöstlich von Thessaloniki erstreckende zerklüftete Halbinsel überrascht durch ein äußerst vielfältiges Landschaftsbild und das kristallklare Wasser, das ihre strandreichen Küsten umspült. Kassandra, der westlichste Finger, ist durch einen 1935–37 angelegten Kanal, der bereits einen antiken Vorgänger hatte, vom Festland getrennt und zeigt flache, sanft geschwungene Hügel. Sithonía, der mittlere Finger, ist dagegen landschaftlich reizvoller. Das raue, die Halbinsel durchziehende bis zu 753 Meter hohe Ítamos-Gebirge ist von dichten Nadelwäldern bewachsen und fällt stellenweise steil zum Meer ab. Auch die Küstenlinie ist durch ihre vielen kleinen Buchten zerklüfteter als die sanfte Küste von Kassandra. Athos wiederum wird vom 2039 Meter hohen kegelförmigem Berg Athos geprägt. Die schroffe, nahezu unbezwingliche Natur hat hier seit der Antike die Menschen nicht nur fasziniert, sie hat auch eine planmäßige Besiedlung verhindert. Der griechische Baumeister Deinokrates wollte Ende des 4. Jahrhunderts v. Chr. den gesamten, an klaren Tagen noch vom Pílion aus sichtbaren Berg zu einem gewaltigen Alexanderbildnis umgestalten. Jahrhunderte später schien diese unwirtliche Halbinsel für Eremiten nahezu ideal, bot sie doch die Möglichkeit, sich in völlige Einsamkeit zurückzuziehen. Im Jahr 843 wurden erste Mönchssiedlungen auf Athos gegründet, das sich bald zu einem Zentrum östlichen Christentums entwickelte und heute eine autonome Mönchsrepublik ist.

Ihren Namen verdankt die Halbinsel Chalkidikí den Siedlern der Stadt Chalkis von der Insel Euböa, die sich im 8. Jahrhundert v. Chr. hier niederließen, um Getreide an- und Bodenschätze wie Chrom, Mangan, Blei und Gold abzubauen. Bei der Eroberung durch König Philipp II. um 348 v. Chr. wurde Chalkidikí dann Makedonien angegliedert. So erstaunt es nicht, dass die Speisen der Chalkidikí jenen der makedonischen Küche ähneln, allerdings mit einer stärkeren Betonung von frischem Fisch. Honig, Oliven und natürlich der berühmte Athoswein sind heute die bedeutendsten landwirtschaftlichen Erzeugnisse der Region.

Die Chalkidikí gehört zu den traditionsreichsten Honigregionen des Landes. Bienenstöcken begegnet man nahezu überall, und alle Völker finden bei dem Reichtum an Blüten ausreichend Nahrung.

BIENENHONIG

Der Beruf des Imkers oder Bienenzüchters genießt in Griechenland hohes Ansehen. Die 300 bis 500 Bienenstöcke, die ein Imker in der Regel besitzt, erbringen etwa 25 000 Kilogramm Honig im Jahr. Die Chalkidikí zählt zu den bedeutendsten Honigregionen des Landes. Bienenzüchter kommen aus ganz Griechenland hierher, denn die unberührte Hügellandschaft der Halbinsel bietet ein unerschöpfliches Blütenparadies und auch der große Bestand an Kiefern, Fichten, Tannen und Linden garantiert den Imkern einen gleichbleibend aromatischen und qualitätiv hochwertigen Honig, der vor allem durch folgende Blütezeiten bedingt ist: von März bis Mai Wiesenblumen; Anfang Juni Lindenblüten; Mitte August Kastanienblüten (sie bewirken, dass der Honig nicht fest wird); den Rest des Sommers Fichtenblüten (Fichtenharz macht den Honig dunkler und würziger). Wenn Anfang September das Heidekraut blüht, ist die Aromakomposition des Honigs vollendet, die Bienen verschließen ihre Waben, um zu überwintern. Jetzt ist der Honig auch reif für die Ernte; behutsam, die Bienen mit Fichtennadelrauch leicht betäubend, entnimmt der Imker die wertvolle süße Ware.

THEO ANGELOPOULOS: ›DER BIENENZÜCHTER‹

Einer der berühmtesten Filme des im Ausland lebenden griechischen Regisseurs Theo Angelopoulos schildert einfühlsam die letzten Tage eines Bienenzüchters, der mit seinen Bienenstöcken dem Sommer hinterher immer weiter vom Norden in den Süden des Landes reist und auf seine individuelle Weise Abschied nimmt von allem, was in seinem Leben wichtig war. Marcello Mastroianni, einer der letzten großen Schauspieler des europäischen Films, verkörpert auf einzigartige Weise den vereinsamten griechischen Bienenzüchter. Angelopoulos hat das Bild des Bienenzüchters nicht zufällig gewählt. Bienenzüchter blicken in Griechenland auf eine lange Tradition zurück. Das ständige Verlegen der Bienenstöcke aus verblühten in neue blühende Regionen wird zur Metapher für das alltägliche Abschiednehmen von einzelnen Stadien des Lebens.

Im Frühjahr, wenn die Pflanzen auf der Chalkidikí-Halbinsel in Blüte stehen, sind die Bienen gut versorgt.

Um an die Waben heranzukommen, zieht es auch der Imker vor, die Bienen ein wenig zu besänftigen.

Oben: Eine erste Probe des Honigs nimmt der Imker vor Ort.
Hintergrund: Der Imker und seine Arbeitsbienen

Kiefernhonig

Blütenhonig aus der Region

Blütenhonig mit Wabe

Blütenhonig mit Walnüssen

FASTENZEIT

Besonders in der Fastenzeit vor den großen Feiertagen der griechisch-orthodoxen Kirche wird auf das tägliche Essen genau geachtet. Gerichte aus Fleisch- und Milchprodukten sind ebenso verboten wie Speisen, die Eier enthalten. Das einzige während der Fastenzeit erlaubte Gaumenvergnügen ist der nachmittägliche *kurabiés*, eine Süßigkeit aus Mandeln, Mehl und viel Puderzucker. Auf dem Mittagstisch erscheinen nur noch betont einfache Suppen wie die *ntomatóssupa me simarikó*, eine schlichte Tomatensuppe mit Nudeln, und einfachste Fischgerichte.

Ganz streng Fastende verzichten sogar noch auf das wertvolle, heißgeliebte griechische Olivenöl. Und das fällt wirklich schwer, denn hier wachsen die besonders wohlschmeckenden Oliven der Chalkidikí-Sorte und die Herstellung von selbstgemachtem, hauseigenem Olivenöl ist in Uranúpolis, dem letzten frei zugänglichen Ort vor der Möchsrepublik Athos, so selbstverständlich wie überall in Griechenland.

Als in den 1960er Jahren eine Straße bis nach Uranúpolis gebaut wurde, zog es zahlreiche angesehene Künstler hierher. Für sie ging von diesem Ort mit seinem alten Wehrturm in unmittelbarer Nähe der Athosklöster ein ganz besonderer Reiz aus, der für viele Griechenlandreisende bis heute spürbar geblieben ist. Das Vorbild des Eremitendaseins auf dem Athos hat nicht nur immer wieder Besucher aus aller Welt angezogen, sondern auch die Lebensweise der Bewohner des gesamten umliegenden Gebiets beeinflusst.

NTOMATÓSSUPA ME SIMARIKÓ

Tomatensuppe mit Nudeln

4 große Fleischtomaten, abgezogen, entkernt und gewürfelt
2 kleine Zwiebeln, fein gehackt
1 Zimtstange
500 g feine Suppennudeln
etwas glatte Petersilie, frisch gehackt
Salz
frisch gemahlener schwarzer Pfeffer

In einem Topf 1 Liter Wasser erhitzen und die Tomatenwürfel darin kochen. Zwiebeln und Zimt zufügen und mit Salz und Pfeffer würzen. Bei mittlerer Hitze 20 Minuten köcheln lassen, dann die Suppennudeln zugeben und kochen, bis sie weich sind. Die Zimtstange herausnehmen, die Suppe auf Tellern anrichten und mit der Petersilie bestreuen. Heiß und mit frisch gebackenem Weißbrot servieren.

NISTÍSSIMA

Fastengebäck mit Wein

20 g Hefe
1 kg Mehl
1 Prise Salz
50 g Zucker
50 g Maismehl
300 ml Olivenöl
150 ml Weißwein
etwas Anis, fein gemahlen

Die Hefe in etwas warmem Wasser auflösen. Das Mehl mit dem Salz in eine Schüssel sieben und in die Mitte eine Vertiefung drücken. Da hinein die Hefe geben und mit etwas Mehl verrühren. Alle übrigen Zutaten zugeben und mit 200–300 ml Wasser zu einem Teig verarbeiten. Den Teig 3–4 Stunden an einem warmen Ort gehen lassen. Den Backofen auf 200 °C vorheizen. Aus dem Teig fingerlange, dünne Röllchen formen. Jeweils 3 Röllchen zusammenlegen und zu Zöpfen flechten (die oberen und unteren Enden nicht miteinander verbinden, sondern offen lassen). Ein Backblech mit etwas Olivenöl auspinseln, die Teigzöpfe darauf verteilen und im vorgeheizten Backofen 30 Minuten backen. In einem luftdicht verschließbaren Behälter aufbewahren. Das Gebäck kann zum Verzehr auch in etwas Wein getaucht werden.

METHISMÉNA

Gebäck mit Retsína und *lukúmi*

1 kg Mehl
1 Päckchen Backpulver
400 ml Sonnenblumenöl
200 ml Retsína oder anderer Weißwein
20 Stücke lukúmi (im griechischen oder türkischen Feinkosthandel)
30 Walnüsse, halbiert
Puderzucker

Den Backofen auf 220 °C vorheizen. Mehl und Backpulver in eine Schüssel sieben, Öl und Retsína zugeben und zu einem glatten, weichen Teig verarbeiten. Den Teig auf einer bemehlten Arbeitsfläche 5 Millimeter dick ausrollen. Mit einem Glas runde Plätzchen ausstechen. Auf jedes Plätzchen $^1/_3$ *lukúmi* und $^1/_2$ Walnuss geben und den Teig zu einer Tasche falten und fest zusammendrücken. Die Teigtaschen auf ein mit Backpapier ausgelegtes Blech legen und im vorgeheizten Backofen so lange backen, bis sie Farbe annehmmen. Aus dem Ofen nehmen und abkühlen lassen. Mit Puderzucker bestreuen und in einem luftdichten Behälter aufbewahren.

Ergibt etwa 60 Stück

LITURÍJA

Geweihtes Brot

20 g Hefe
750 g Mehl
1 TL Salz
Olivenöl

Die Hefe in etwas lauwarmem Wasser auflösen. Das Mehl mit dem Salz in eine Schüssel sieben und in die Mitte eine Vertiefung drücken. Da hinein die Hefe geben. Mit 250–300 ml Wasser zu einem festen Teig kneten und zugedeckt 3–4 Stunden an einem warmen Ort gehen lassen. Den Backofen auf 220 °C vorheizen.

Eine runde Backform (ca. 20–25 cm Durchmesser) mit hohem Rand gut mit Olivenöl auspinseln und den Teig hineingeben. Mit einem Brotstempel in die Mitte ein Kreuzzeichen stempeln und mit einem Zahnstocher um den Stempel herum 8 kleine Löcher stechen, damit der Teig gleichmäßig aufgehen kann. Im vorgeheizten Backofen 1 Stunde backen, bis der Teig Farbe annimmt.

ATHOS-OLIVEN TSAKISTÉS

Athos-Oliven werden nach einem bestimmten Verfahren aus der Olivensorte *wólos* zubereitet. Das beginnt schon damit, dass man die grünen Oliven nicht vor dem 14. September, dem griechischen ›Feiertag des Kreuzes‹ pflückt. Dann werden die Oliven, gewöhnlich direkt vor Ort, mit einem dicken Stein aufgeschlagen. Anschließend kommen sie in einen mit Wasser gefüllten Behälter, dessen Wasser täglich erneuert werden muss. Erst nach etwa zwölf Tagen sind alle Bitterstoffe aus den aufgebrochenen Früchten herausgeschwemmt, die nun abgegossen, abgetropft und in Salz eingelegt werden. Auf drei Kilogramm Oliven rechnet man zwei Hände voll Salz, fügt etwas Öl hinzu und schmeckt mit Oregano ab. Im Kühlschrank sind *tsakistés*, die ›aufgeschlagenen‹ Oliven, monatelang haltbar und können zum täglichen Ouzo serviert werden.

Liturja, das mit einem Kreuz gestempelte Brot, wird während der Messe gesegnet. An einem Teil vollzieht sich die Wandlung, der Rest wird nach der Messe an die Gläubigen verteilt. Man isst es auf nüchternen Magen.

FISCHFANG

Die meisten Fischer der Chalkidikí kennen sich untereinander, denn es sind nicht mehr viele, die jeden Tag mit ihrem Boot die Küste auf und ab fahren, in der Hoffnung auf einen guten Fang. Die heute noch insgesamt rund 200 Fischer, die an den Küsten der drei Finger der Chalkidikí beheimatet sind, haben schon bessere Zeiten gesehen. Und das, obwohl das Fischvorkommen in ihrem Revier reicher ist als in der restlichen Ägäiswelt. Ihr Anblick erweckt schon mal Erinnerungen an Hemingways ›Der alte Mann und das Meer‹; den Jungen ist diese Arbeit zu mühselig und unsicher und die wenigen verbliebenen Alten können meist nur überleben, weil die Restaurants und Hotels der touristisch gut erschlossenen Chalkidikí für die frischen Fische auch gut zu zahlen bereit sind. Für die Griechen selbst ist Fisch längst zu einem Luxusprodukt geworden, und nur wer direkt am Meer wohnt, kann sich unmittelbar nach dem Einlaufen der Boote unter Brassen, Seezungen, Barschen, Rotbarben oder sogar Petersfischen den passenden aussuchen. Dabei gehört *kakawiá,* die griechische Fischsuppe, in dieser Region Griechenlands traditionell zu den wichtigsten Gerichten und steht nach einem gelungenen Fischfang auf jedem privaten Mittagstisch der Küste. *Kakawiá* wird aus verschiedenen kleinen und größeren Fischen zubereitet, die nach dem Kochen passiert werden. Manchmal kommen sogar kleine Muscheln hinzu.

Tsipúra – Goldbrasse (Dorade)

Lithiri – Rotbrasse

Skilaki – Katzenhai

Sargós – Geißbrasse

Murmúra – Marmorbrasse

Sinagrída – Zahnbrasse

Barbúni – Rotbarbe

Gópa – Gelbstriemen

Fangrí – Sackbrasse

Lútsos – Pfeilhecht

Jópsari – Breitfisch

Marída – Laxierfisch

Skumbrí – Atlantische Makrele

Kutsomúra – Rote Meerbarbe

Christópsaro – Petersfisch

Túrna – Hecht

Jriwádi – Karpfen

Kokáli – Blauer Läufer

BOOTSBAU

Im Osten der Chalkidikí, wo nach wenigen Kilometern die Athos-Halbinsel beginnt, stehen die bekannten Werften von Ierissós. Hier werden bis heute die hölzernen Fischerboote, *kaíkia*, gebaut, die inzwischen Liebhaber aus ganz Europa gefunden haben, die sich damit ihren lang ersehnten Traum vom eigenen Boot erfüllen konnten. So kommen regelmäßige Aufträge nicht nur von Fischern aus der Umgebung, für die ein eigenes *kaíki* wirtschaftliche Unabhängigkeit bedeutet, sondern auch aus anderen Ländern Europas und bescheren den Schiffswerften von Ierissós gute Geschäfte. Auf dem Gelände einer solchen Werft kann man am Rohbau eines *kaíki* die Bauweise gut ablesen. Die Bootsbauer verwenden Kiefernholz aus dem Cholomóndas-Gebirge im Zentrum der Chalkidikí, das dort eigens für den *Kaíki*-Bau ausgesucht wird. Aus einem geraden Balken, *karína* genannt, entsteht der Kielbalken, auf den, leicht nach vorn geneigt, ein Balken für den Bug, *podóstamo tis plóris*, und einer für das Heck, *podóstamo tis prínis*, montiert wird. Anschließend werden die gebogenen Spanten in einem Abstand von 20 Zentimetern auf dem Kielbalken befestigt, sodass allmählich der Bootskörper entsteht, der zuletzt von einer elegant geschwungenen Planke abgeschlossen wird, die zugleich alle Spanten zusammenhält. Danach wird der gesamte Bootskörper mit Planken verkleidet.
Bevor das Boot lackiert und getauft werden kann, erhält das Holz eine Imprägnierung, um dem Salzwasser standzuhalten. Im ersten Jahr sollte das Boot in der Winterzeit aus dem Wasser gehoben werden. Die Farbe wird durch Abflämmen noch einmal entfernt und eine zweite Schicht Imprägnierung aufgetragen. Danach kann das *kaíki* bis zu drei Jahren der Werft fernbleiben. Ein bisschen Wehmut ist immer dabei, bekennen die Bootsbauer, denn in der sechswöchigen Bauphase, die für das zehn Meter lange *kaíki* notwendig war, ist es ihnen ein wenig ans Herz gewachsen.

WUNDSALBE

Verletzungen an Händen und Füßen, die beim Fischen entstanden sind, heilen die Fischer der Chalkidikí mit einer ganz besonderen selbstgemachten Salbe: *Keralifi* (Wachssalbe) ist generell bei Schnitt- und Schürfwunden einsetzbar. Wunder bewirkt sie vor allem bei Wunden und Verletzungen durch Seeigel.

Keralifi:
1 Korn Mastix
1 1/2 EL Löffel Olivenöl
1 Stück Bienenwachs, erhitzt
Kräuter nach Belieben

Das Mastixkorn in 1 1/2 EL Olivenöl erhitzen und unter Rühren ein kleines Stück Bienenwachs zufügen, bis sich das Wachs aufgelöst hat. Die Flüssigkeit mit Kräutern wie Salbei, Oregano, Thymian würzen und erkalten lassen. Die Salbe ist über Jahre haltbar und wird bei Verletzungen mehrmals täglich dünn auf die Wunde aufgetragen.

Die Bootsbauer haben ihre Werft direkt am Strand von Ierissós aufgebaut. Von dort aus lassen sich die fertigen *kaíkia*, Fischerboote, leicht ins Wasser ziehen. Bis heute werden die Fischerboote in reiner Handarbeit hergestellt. Für ein großes Boot benötigen drei bis vier Mitarbeiter der Werft etwa sechs Wochen bis zur Fertigstellung.

Nach wochenlanger Arbeit ist das Boot jetzt nahezu fertiggestellt: Die letzten Planken werden angebracht.

In den modernen Räucherkammern unterliegt die Ware ständiger Kontrolle.

In Gläsern konservierte Fischprodukte verkaufen sich in Griechenland am besten.

Eins der wirkungsvollsten Konservierungsmittel ist immer noch reines Öl.

Für die gleichbleibende tägliche Abfertigung an verarbeiteten Fischkonserven sorgen moderne Maschinen und rollende Fließbänder. Damit sind zwar deutlich weniger Beschäftigte als früher in der Fischverarbeitung erforderlich, dennoch garantieren die etablierten Fabriken in wirtschaftlich schwachen Regionen Griechenlands langfristige Arbeitsplätze.

FISCH-KONSERVEN

Fisch mit Salz haltbar zu machen ist eine der ältesten Konservierungsmethoden nicht nur in Griechenland. Dort hatte man in der heute sagenumwobenen Fischsoße *›gáros‹* (siehe Seite 54) schon erfolgreich mit Fisch und Salz und Sonne experimentiert. In Nordgriechenland, wo Fischverarbeitung eine lange Tradition hat, konnte sich inzwischen ein wichtiges Zentrum der kommerziellen Fischverarbeitung etablieren, mit modern ausgestatteten Fabriken, die bis zu 2000 Tonnen Dosenfisch jährlich produzieren und in alle Welt vermarkten. Auch wenn in diesen Fabriken die meisten Arbeitsvorgänge inzwischen voll automatisiert sind, sichern sie der Region wenigstens einige wichtige Arbeitsplätze. Die hier produzierten Fischkonserven genießen einen guten Ruf und sind mehrmals mit Preisen wie dem ›Quality Assurance Certificate‹ ausgezeichnet worden. Die Produktpalette ist zufriedenstellend. Es werden unter anderem mit Salz eingelegte Sardellen, Sardinen und Makrelen als Ganzes oder filettiert angeboten. Geräucherte Makrelen und Heringe gehören ebenso zum Sortiment wie marinierte Fischfilets und Fischrogen. Neben unterschiedlichen Formaten sind in den letzten Jahren auch verschiedene Verpackungsmaterialien am Markt getestet worden: zu Blechdosen und Gläsern sind Plastikgefäße hinzugekommen.

Der Fang eines Zackenbarsches, *rofós*, sorgt immer für große Aufregung. Der Fisch mit dem monströsen Maul gehört zu den delikatesten der ganzen Chalkidikí.

ALLES MIT FISCH

KAKAWIÁ

Griechische Fischsuppe
(im Bild links oben)

125 ml Olivenöl
2 Zwiebeln, in Ringe geschnitten
2 Möhren, in Scheiben geschnitten
2 Stangen Bleichsellerie, in dünne Scheiben geschnitten
3 Tomaten, abgezogen, und in Scheiben geschnitten
1 Knoblauchzehe, zerdrückt
1/2 Bund glatte Petersilie, fein gehackt
1 Lorbeerblatt
1 kg Fischfilet ohne Haut, von unterschiedlichen Mittelmeerfischen
Saft von 1 Zitrone
Salz
frisch gemahlener schwarzer Pfeffer

Olivenöl in einem Topf erhitzen und Zwiebeln, Möhren und Bleichsellerie andünsten. Tomaten und etwas Wasser zufügen und zugedeckt 30 Minuten köcheln. Die Fische, Knoblauch, Petersilie und Lorbeerblatt zugeben. Mit Wasser bedecken und mit Salz und Pfeffer würzen. 10 Minuten kochen, bis Gemüse und Fisch gar sind (vorsichtig umrühren, damit die Filets nicht zerfallen). Die Fischfilets aus dem Topf nehmen und auf Teller verteilen. Die Suppe mit Zitronensaft, Salz und Pfeffer abschmecken und über die Filets geben. Mit frisch gebackenem Weißbrot servieren.
Hinweis: Es sollten mindestens 3–4 verschiedene Arten von Fischen, Schal- und Krustentieren verwendet werden. Auch die Auswahl der Gemüse ist saisonabhängig.

KOLIÍ ME RÍGANI

Makrelen mit Oregano
(im Bild links unten)

4 Makrelen
4 Knoblauchzehen, in feine Scheiben geschnitten
125 ml natives Olivenöl extra
1/4 TL Oregano
Saft von 1 Zitrone
Salz
frisch gemahlener schwarzer Pfeffer

Die Makrelen ausnehmen, gründlich waschen, mit Salz einreiben und 1 Stunde ziehen lassen.
Den Backofen auf 180 °C vorheizen. Die Makrelen auf ein Backblech mit hohem Rand legen, die Knoblauchscheiben darauf verteilen und mit Olivenöl übergießen. Oregano darüber streuen und mit Zitronensaft übergießen. Mit Salz und Pfeffer würzen, etwas Wasser auf das Backblech gießen und die Makrelen im vorgeheizten Backofen ca. 1 Stunde garen. Dazu gebackene Kartoffeln und frisch gebackenes Weißbrot servieren.

PSÁRI SHÁRAS

Fisch vom Grill
(im Bild rechts oben)

1 kg Mittelmeerfisch (etwa Rotbarbe, Zahnbrasse, Dorade)
200 ml natives Olivenöl extra
Saft von 2 Zitronen
1/2 Bund glatte Petersilie, fein gehackt
1/4 TL Oregano
Salz
frisch gemahlener schwarzer Pfeffer

Die Fische schuppen, Seiten- und Rückenflossen entfernen, ausnehmen und waschen.
Das Olivenöl mit Zitronensaft, Salz und Pfeffer verrühren und die Fische damit einpinseln. Auf den Holzkohlegrill legen und von beiden Seiten garen. Die Fische auf einer Platte anrichten. Petersilie und Oregano in die Öl-Zitronen-Soße rühren und über die Fische gießen. Mit frisch gebackenem Weißbrot und grünem Salat servieren.

PSÁRI WRASTÓ

Gekochter Fisch
(im Bild rechts unten)

1 kg Fischfilet, ohne Haut (nach Möglichkeit Mittelmeerfisch, sonst Atlantikfisch)
Saft von 2 Zitronen
2 Möhren, in Stücke geschnitten
2 große Kartoffeln, geschält und gewürfelt
1 Zucchini, in Scheiben geschnitten
2 Zwiebeln, in Ringe geschnitten
2 Stangen Bleichsellerie, in dünne Scheiben geschnitten
250 ml pürierte Tomaten
50 ml Olivenöl
Salz
frisch gemahlener schwarzer Pfeffer

Die Fischfilets in große Stücke schneiden, salzen, pfeffern, mit der Hälfte des Zitronensafts übergießen und 1 Stunde marinieren. In einem Topf das Gemüse, außer den Tomaten, in Wasser aufsetzen und kochen. Nach der Hälfte der Garzeit die Tomaten und den Fisch zufügen und etwa 20 Minuten (die Garzeit variiert) kochen lassen. Den Schaum, der sich an der Oberfläche bildet, abschöpfen. Weder Gemüse noch Fisch sollten zerkocht, der Sud sollte sämig sein. Den übrigen Zitronensaft und das Olivenöl unterrühren. Heiß, mit frisch gebackenem Weißbrot servieren.

DER GARTEN MARIAS

Agios Oros, der heilige Berg der orthodoxen Welt, ist ein Ort der Ruhe und der Einkehr, vollkommen von mönchischem Leben bestimmt. Und eigentlich wird er von einer Frau regiert, obwohl er bis heute nur Männern zugänglich ist: Die Heilige Mutter Gottes soll auf einer Durchreise am Athos geruht haben. Seitdem wird der Heilige Berg Athos auch der ›Garten Marias‹ genannt.

Die wild zerklüftete Landzunge wird beherrscht von dem majestätischen Gipfel des 2039 Meter hohen Berges Athos, den meist ein Wolkenkranz ziert, was die mystische Stimmung der zum Teil über 1000jährigen Klöster des Athos hervorhebt. Der autonome Mönchsstaat ist die älteste noch existierende geistliche Gemeinschaft der Welt und damit ein wichtiges Zentrum für alle orthodoxen Christen. Wahrscheinlich haben sich dort bereits im 7. Jahrhundert Mönche aufgehalten, offiziell tritt der Berg Athos als monastische Gemeinschaft erst im 9. Jahrhundert in die Geschichte ein. Im Jahr 963 erbauen die Mönche Athanassios Athonitis und Pawlos Xeroptanemos hier die ersten Klöster. Im 12. Jahrhundert kamen noch orthodoxe Mönche anderer Nationen wie Georgier, Serben und Russen hinzu.

Die Mönche kultivieren auf dem Athos alles, was sie zum Leben brauchen, selbst. Der größte Teil der Halbinsel ist aber wild bewachsen mit Kräutern und Pflanzen, die zum Teil anderswo längst ausgerottet sind. Nicht umsonst heißt die einzige Ortschaft und ›Hauptstadt‹ des Athos Karyés, nach den Haselnusssträuchern, die längs der Schotterwege und Pfade zwischen den Klöstern üppig wuchern. Die besondere Artenvielfalt der Pflanzenwelt (über 1000 bekannte Arten) ist auf die günstigen klimatischen Bedingungen wie auf das Fehlen von größeren Tieren zurückzuführen. Im dem undurchdringlichen Gehölz nahe der Bergspitze leben nur kleinere Tierarten. Schmetterlinge und Vögel vervollständigen die paradiesische Stimmung des Athos.

Neben den Hauptklöstern, die zur Blütezeit der Republik jeweils mehrere tausend Mönche beherbergen konnten, heute aber nur noch von ein paar Dutzend Brüdern bewohnt werden, existieren noch weitere mönchische Gemeinschaften, darunter die *skites,* kleinere Mönchssiedlungen, bäuerliche Gehöfte *(keliá),* die heute oftmals von nur zwei, manchmal sogar nur noch von einem Mönch bewohnt werden, und schließlich abgelegene Einsiedeleien *(erimitíria).* In großen Klöstern gibt es wertvolle Bibliotheken und kunstvolle Ikonen, deren Herstellung unter andem im berühmten ›Malerhandbuch vom Berg Athos‹ festgeschrieben ist. Die Kirchen sind prachtvoll ausgemalt, und die Architektur der an den Berg Athos gebauten Klöster, die zum Teil mit gewaltigen Mauern zum Meer hin gesichert sind, ist sehenswert, was den Athos zum einzigartigen Kulturgut macht, das mit Finanzhilfen der UNESCO heute vor völligem Verfall geschützt wird.

URANÚPOLIS

Wenn die Kinder von Uranúpolis, dem letzten Ort vor der Mönchsrepublik Athos, in der Schule ein Boot zeichnen sollen, dann sieht man nachher auf der mit bunten Holzstiften gemalten Zeichnung in der Regel ein kleines Boot mit schwarzen Figuren. Die Kinder zeigen mit den schwarzen Männern, welche Bilder sie in ihrer unmittelbaren Umgebung am meisten beeinflussen: In Uranúpolis gibt es so viele Mönche, wie an keinem anderen Ort dieser Welt. Das ist kein Zufall. Denn Uranúpolis (auf deutsch ›Himmelsstadt‹) stellt die letzte Bastion des Weltlichen dar, das 500 Meter außerhalb des Ortes in südlicher Richtung mit einer von Stacheldraht gekrönten Mauer endet. Dahinter beginnt der Heilige Berg Athos, die autonome Mönchsrepublik. Täglich laufen die Schiffe im kleinen Hafen von Uranúpolis ein und aus, der einzigen Nahverkehrsverbindung zwischen dem Athos-Hafen Daphne und der restlichen Welt. Uranúpolis ist erst zu Beginn der 1920er Jahre entstanden. Bis dahin galt der alte Turm an der Mole als ein Wahrzeichen der Mönchsrepublik, das nur vom Wasser aus zu sehen war. Er wurde als Wachturm genutzt, damit keine Fremden und Räuber ungesehen auf den Berg Athos gelangen konnten. Erst mit der Massenflucht der Griechen aus Kleinasien im Jahr 1922 gaben die Mönche nach vielen Anfragen der griechischen Regierung das Land zur Bebauung frei und gewährten den Flüchtlingen ein neues Zuhause. So wurde die Athosgrenze verändert, und es entstand die 800-köpfige Gemeinde, die heute nicht nur das Ende der profanen Welt darstellt, sondern auch an die Zeiten großer gesellschaftlicher Umwälzungen erinnert. Den Mönchen fühlten sich die Menschen zu Dank verpflichtet. Viele konnten ihren Beruf als Fischer in Uranúpolis fortsetzen, denn das Fischgebiet am Athos gehört heute noch zu den reichsten in ganz Griechenland. Andere stellten ihr handwerkliches Können auf dem Berg Athos unter Beweis, indem sie für die Mönche Holzarbeiten verrichteten oder bei Renovierungsarbeiten an den Klosteranlagen mithalfen.

DER HEILIGE BERG ATHOS

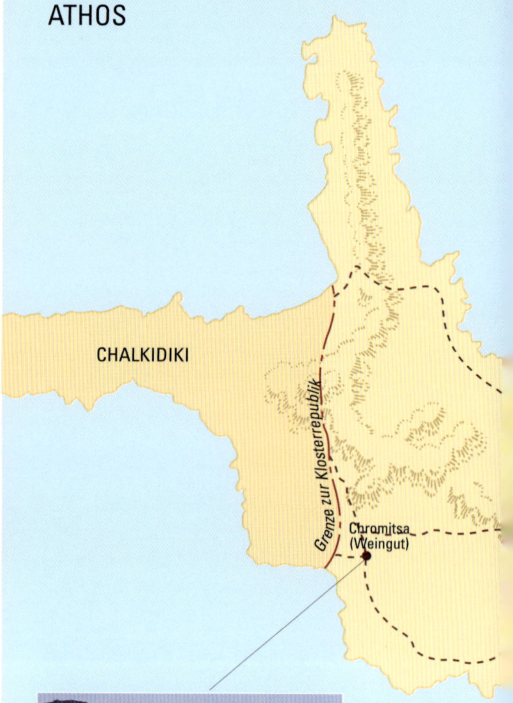

Das Weingut Chromitsa wird von dem Winzer Tsantalis bewirtschaftet. Sein Athoswein genießt aufgrund der besonderen Lage Weltruf.

Das dem heiligen Georgios geweihte Kloster Xenophóntos wird erstmals 1033 schriftlich erwähnt. Seine Bibliothek ist weithin berühmt.

0 5 10 15 km

N

+ Kloster

------- Fußwege

In Karyés befinden sich alle wichtigen Geschäfte und Büros der Mönchsrepublik. Für Besucher ist es der Ausgangspunkt der Wanderung auf dem Athos.

Ihre Gärten bewirtschaften die Mönche noch immer selbst. Angebaut werden vor allem Gemüsesorten, viel Wein und ein wenig Obst.

Jedes Kloster besitzt seinen eigenen Brunnen. Dort gibt es noch klares Bergwasser für alle Athospilger.

Mylopotámou ist das erfolgreichste Weingut des Athos. Seit der Gründung der Mönchsrepublik um 1000 n. Chr. werden hier Weinstöcke kultiviert.

Die tägliche karge Mahlzeit der Mönche: Oft besteht sie nur aus einem Blechteller voll Linsensuppe. Gegessen wird mit einem Holzlöffel.

Panteleímon wurde 1765 in der Nähe eines gleichnamigen älteren Vorgängerbaus gegründet. Im Innenhof befindet sich die Basilika des Klosters.

Nur die Geschäftsleute unter den Mönchen verlassen den Athos. Sie nehmen die Fähre von Daphne nach Uranúpolis, wo sie in den Bus umsteigen.

Nach den Regeln traditioneller Ikonenmalerei, seit Generationen vom Meister an seine Schüler weitergegeben, fertigen die Mönche zeitlose Heiligenbilder.

Das Kloster ist auf sicherem Felsen errichtet. An klaren Tagen ist der Blick von hier aus atemberaubend.

IM REFEKTORIUM

Wenn Mönche auf ihren Tellern üppigere Speisen finden, dann hat dies gewöhnlich nur einen Grund: Wenn es nicht Ostern ist, der höchste Feiertag im Festkalender des orthodoxen Christentums, dann hat irgendein dem Kloster in irgendeiner Weise verbundener Heiliger Namenstag. Diese Feste werden mit besonderen religiösen Ritualen begangen. Kostbare Reliquien, wie etwa beim Kloster Pantokrator, werden hervorgeholt, oder es wird die ganze Nacht hindurch gebetet und gesungen. Anschließend gibt es dann zur Feier des Tages in einigen Klöstern ausnahmsweise eine spezielle Fischmahlzeit, nicht selten frisch gefangen, direkt vor der Anlegestelle.

WEIHRAUCH

Weihrauch *(Olibanum)* ist das getrocknete Harz von Boswellia-Sträuchern, die in Indien und Somalia wachsen, und das gemahlen und mit anderen Harzen und ätherischen Ölen von Gardenien, Rosen oder Jasmin vermischt wird. Die Mischung entwickelt beim Verbrennen in entsprechenden Weihrauchgefäßen einen charakteristisch balsamartigen, narkotisierenden Geruch und wurde schon im 7. Jahrhundert v. Chr. im antiken Griechenland bei vielen Kulten und Mysterien verwendet.

DIE MAHLZEIT DER MÖNCHE

Klosterküche ist fleischlose Küche. In Mönchsgemeinschaften wird niemals Fleisch gegessen. An hohen Feiertagen wird Fisch serviert, gekocht, gegrillt, als Suppe oder in Zitronensoße. Und kein Chefkoch dieser Welt könnte ihn besser machen. Im Alltag sieht der Speiseplan alle Gemüsesorten und Bohnen vor, wobei alles mit Olivenöl zubereitet wird. In der Fastenzeit gibt es gekochte Hülsenfrüchte, Gemüse oder Teigwaren und Reis nur ohne Olivenöl. Das Geheimnis guten Essens, sagen die Mönche, sei das Kochen auf kleiner Flamme, es sei denn es gibt Fisch. Der vertrage auch etwas mehr Hitze. Mönche, die in kleinen Gemeinschaften außerhalb der Klöster leben, dürfen auch Geflügel oder Wild essen.

Ursprünglich gab es auf dem Athos zwei Grundrichtungen klösterlichen Lebens. In den ›idiorrhythmischen‹ Klöstern behielt jeder Mönch sein Eigentum. In diesen Klöstern gab es daher auch arme und reiche Mönche, manche hatten sogar Dienstboten. In den ›koinovitischen‹ Klöstern, seit 1990 sind das alle Klöster auf dem Athos, leben die Mönche nach einer gemeinsamen Klosterregel, geloben Armut, Keuschheit und Gehorsam. Die täglichen Mahlzeiten nehmen sie gemeinsam ein. Sie sind eingebettet in den Gottesdienst. Beten und Essen gehören zusammen. An der Abendmahlzeit nehmen (je nach Kloster) auch die anwesenden Pilger teil. Aus dem Gottesdienst wird man in das Refektorium *(trápeza)* geführt, das neben dem Kirchenraum häufig einer der am prächtigsten ausgestalteten Räume ist. Es wird eine karge vegetarische Mahlzeit gereicht und Wasser dazu getrunken. Während des Essens liest einer der Mönche aus der Bibel vor. Die übrigen schweigen. Dann gibt der Abt das Zeichen zum Aufbruch, und es geht in einer Prozession in die Klosterkirche, wo der Gottesdienst fortgeführt wird.

Mönche sind auch ihre eigenen Köche. In einem echten Holzbackofen werden die Gemüse, seltener Fische, ganz schonend auf offenem Feuer zubereitet.

Bereits am frühen Morgen sind die Mönche unterwegs und ernten für die Klosterküche frische Wildkräuter und -gemüse, die es zum Teil nur noch auf der Athos-Halbinsel gibt.

Im Refektorium des Klosters Ivíron wird nur an hohen christlichen Feiertagen festlich gedeckt.

ROFÓS ACHNISTÓS

Gedämpfter Zackenbarsch

1 kg Zackenbarsch, küchenfertig, in ca. 2 cm dicke Steaks geschnitten
grobes Salz
2 große Zwiebeln, in Ringe geschnitten
6 Knoblauchzehen
200 ml natives Olivenöl extra
$^1/_2$ Bund Petersilie, fein gehackt
Saft von 2 Zitronen
Pfefferkörner
Oregano
Salz

Fischsteaks in einer Schüssel mit grobem Salz bestreut 3 Stunden ziehen lassen. Anschließend in einer Kasserolle mit Wasser bedecken und aufkochen, den Schaum abschöpfen. Zwiebeln, Knoblauchzehen und Olivenöl zugeben und 1 Stunde weiterkochen, bis das Wasser zu einem weißen Sud eingekocht ist. Zitronensaft, Petersilie, Pfefferkörner und Oregano zufügen, die Temperatur reduzieren und den Fisch ca. 15 Minuten schmoren. Auf einer Platte anrichten, die Soße darüber gießen und mit Petersilie garnieren. Mit Salat und frischgebackenem Weißbrot servieren.

AGRIOGÚRUNO ME MELITZÁNES

Wildschwein mit Auberginen

1 kg Wildschwein, aus der Keule
100 g Butter
2 Zwiebeln, in dünne Ringe geschnitten
3–4 Tomaten, abgezogen und gewürfelt
500 g ganz kleine Auberginen
natives Olivenöl extra
$^1/_2$ Bund glatte Petersilie, fein gehackt
Salz
frisch gemahlener schwarzer Pfeffer

Das Fleisch in nicht zu kleine Stücke schneiden. In einem Topf die Butter zerlassen und die Zwiebeln darin andünsten. Das Fleisch zufügen und rundum gut anbraten. Die Tomaten und etwas Wasser zugeben und mit Salz und Pfeffer würzen. Auf sehr schwacher Hitze etwa $1^1/_2$–2 Stunden schmoren lassen, bis das Fleisch fast gar ist. Zwischendurch mehrmals kochendes Wasser nachgießen. In der Zwischenzeit die Auberginen waschen, den oberen Teil mit dem Stiel abschneiden. Das Olivenöl in einer Pfanne erhitzen und die ganzen Auberginen darin anbraten. Zum Fleisch geben und alles noch einmal 5 Minuten kochen lassen. In einer Schüssel anrichten und mit der Petersilie bestreuen. Noch warm mit frisch gebackenem Weißbrot servieren.

PRÁSSINI OMELÉTA

Grünes Omelett

300 g frischer Blattspinat
50 g Butter
150 g Schafskäse, zerrieben
4–6 Eier
Salz
frisch gemahlener schwarzer Pfeffer

Den Spinat waschen, die Stiele abschneiden und die Blätter einige Minuten in kochendes Wasser geben, anschließend gut abtropfen lassen. Die Hälfte der Butter in einem Topf zerlassen, den Spinat unter Rühren andünsten, salzen, pfeffern, den Schafskäse einrühren und vom Herd nehmen. Die restliche Butter in einer Pfanne zerlassen, die Eier verquirlen und mit Salz und Pfeffer würzen. Portionsweise in die Pfanne geben und stocken lassen. Die Omeletts auf Tellern anrichten, die Spinatfüllung darauf verteilen und die Omeletts zusammenklappen. Heiß mit frisch gebackenem Weißbrot servieren.

EIN HEILIGER WINZER

Als Selbstversorger ist es für die Mönche des Athos selbstverständlich, dass sie auch ihren eigenen Wein anbauen, besonders weil sie für ihre Abendmahlsliturgie einen enormen Bedarf an wandlungsfähigen Tropfen haben. Die Halbinsel Athos ist dafür auch nicht der schlechteste Ort. Der Weinbau erfolgt hier an der Ostseite, etwa in der Mitte des ins Meer ragenden Fingers. Die klimatischen Bedingungen sind gut: häufige kurze Regenschauer, die Feuchtigkeit des Meeres und kräftige Sonne in dieser Süd-Ost-Lage lassen die Reben bestens gedeihen. Der trockene Boden der heißen und windreichen Lagen bietet vor allen anderen den Sorten Limnio und Agiorgítiko ideale Bedingungen. Hinzu kommt das Gütesiegel ›ökologisch unbedenklich‹, denn auf dem Athos gibt es keine Industrie, keinen Autoverkehr, und was den Einsatz giftiger Pestizide betrifft, so ist es, als hätten sie nie existiert. Die Böden werden seit 1000 Jahren gut behandelt, denn Ausweichmöglichkeiten gab es nicht. Den Faden aufgegriffen hat Pater Epiphanios, der vor zehn Jahren das Traditionsgut Milopotámos reaktiviert hat. Es handelt sich dabei um eine *skítes*, die dem Kloster Megísti Láwra unterstellt ist. Gegründet um 963 v. Chr. von Athanassios Athonitis, einem der ersten Männer, die sich am Berg Athos niederließen, gilt Milopotámos als ein bedeutender Ort auf dem heiligen Berg Athos. Historische Quellen lassen annehmen, dass seit jener Zeit in Milopotámos Weinanbau systematisch betrieben wurde mit einer geschätzten Jahresproduktion von immerhin 60–80 Tonnen Wein! Erst nach dem Zweiten Weltkrieg wurde dem Weinbau auf dem Berg Athos durch die aus Amerika stammende Reblaus ein jähes Ende bereitet. 1990 trat dann Pater Epiphanios auf den Plan. Selbst aus einer Weinbauernfamilie stammend, bat er um die Erlaubnis, mit dem Wiederaufbau des alten Weinguts beginnen zu können. So pflanzte er 1992 auf fünf Hektar Merlot-, Limnio-, Muscat of Alexandria- und Rhodítis-Reben an. Heute floriert das Geschäft mit dem ökologischen Weinbau, die jährliche Weinproduktion beläuft sich inzwischen auf 40–45 Tonnen, die teilweise bis in die Vereinigten Staaten von Amerika exportiert werden.

EMPFEHLUNGEN ZUR WEINBEREITUNG

Für die Mönche, denen im Kloster Iwíron diese Aufgabe obliegt, ist die Weinbereitung keine große Sache. Sie wissen, dass

- die Trauben nicht vor dem 6. August, dem Festtag des heiligen Sotíris reifen, an dem eine Messe für den Wein abgehalten wird und die Weingüter gesegnet werden.
- bei der Lese alle Trauben geerntet werden.
- sie nur bei trockenem Wetter lesen sollen.
- gepresste Trauben bei kühlem Wetter länger liegen als bei warmem, um das gleiche Resultat zu erzielen.
- trockene Rotweine bis zu 40 Tage im Bottich lagern, bevor sie ins Fass gefüllt werden.
- lieblicher Rotwein immer nur bei der Heiligen Kommunion getrunken wird.
- Wein nur an Orten aufbewahrt wird, an denen keine starken Gerüche vorherrschen.

Oben: Die Weinberge des Paters Epiphanios liegen südlich des Klosters Iwíron an der Ostküste des Athos.

Unten links: Das Athos-Design sollte nicht davon abhalten, den roten und weißen Milopotámos zu probieren.

Unten rechts: Seit Pater Epiphanios den Export bedient, sind einige Abfüllungen weltweit erhältlich.

Die Herstellung von *petimési* ist ein zeitraubendes Geschäft: über einer Gasflamme wird der frisch gepresste Most …

… über mehrere Stunden auf niedriger Hitze gekocht, dabei die Rückstände aus der Presse mehrmals gefiltert, …

… bis der Sirup klar ist und zähflüssig vom Löffel tropft. Er dient als Grundlage für allerlei Desserts.

PETIMÉSI

Die Kunstfertigkeit im Umgang mit Wein und seinen Nebenprodukten, die sich die Mönche des Athos erwarben, gelangte natürlich auch über die Grenze des heiligen Bezirks. So gehört die Herstellung von *petimési* lange schon zu den Spezialitäten der Region Chalkidikí. *Petimési* ist gekochter Mostsirup, der lange haltbar ist und als Grundlage für diverse Desserts dient. Er schmeckt süß-säuerlich und gilt daher als Delikatesse in Verbindung mit süßem Obst.

Um *petimési* herzustellen, kocht man den frisch gepressten Most von Trauben (es bieten sich auch Granatäpfel oder Sauerkirschen an) so lange unter Zugabe von Zucker, bis die Flüssigkeit so weit verdampft ist, dass die Fruchtgelatine der Trauben den Saft zum Eindicken bringt, ohne zu karamellisieren. Früher beschleunigte man den Vorgang dadurch, dass man in einem Leinenbeutel Asche und rote, lehmige Erde mitkochte. Heute erreicht man diesen Effekt durch Zugabe von Pektin oder handelsüblicher Gelatine.

SÍKA MUSTOMÉNA

Feigen in Traubenmost

12 Feigen
750 ml Traubenmost

Die Feigen schälen, halbieren und in der Sonne leicht trocknen lassen. Dann die Feigen mit heißem Wasser übergießen und abtropfen lassen. In einen Topf geben, den Traubenmost zugießen und kochen lassen.

DOMAINE CARRAS

Zu Beginn der 1960er Jahre entdeckte der Reeder John Carras Sithonía für sich – die mittlere der drei Chalkidikí-Halbinseln. An einem bis dahin unerschlossenen, aber wunderschönen Ort errichtete er Hotels und Golfplätze. Darüber hinaus baute er eine Weinkellerei und legte mehr als 450 zusammenhängende Hektar Rebfläche an. Nachdem Önologen auf den urbar gemachten Parzellen verschiedene Versuchsreihen gestartet hatten, zeichnete sich bald ab, dass auf den Schieferböden keine großen Erträge zu erzielen sein würden, aber dafür solche von beeindruckender Qualität. Internationale Beachtung haben vor allem die Rotweine der Domaine Carras aus den Rebsorten Limnio, Cabernet Sauvignon, Syrah und Cinsault gefunden. Für seine Weißweine hat er die Weinberge mit den weißen Reben Athíri, Assyrtiko, Malagousia, Rhodítis und Sauvignon Blanc bestockt. Von den Rebflächen bestehen beinah 80 Prozent aus den traditionellen griechischen Rebsorten und nur ein Fünftel aus den internationalen Sorten. Als der Reeder 1989 verstarb, übernahm einer der beiden Söhne den Betrieb.
1994 wurde die Kellerei mit großem finanziellen Aufwand komplett umgestaltet und modernisiert, was die Weinqualität noch einmal steigerte. Inzwischen gehört das riesige Weingut allerdings der Bank und sein weiteres Schicksal ist ungewiss.

ATHOSWEIN VON TSANTALIS

Außer von den Mönchen wird das Athosgebiet auch von einem unabhängigen Winzer für den Weinanbau genutzt. In Ágios Pávlos, an der Westküste der Chalkidikí, hat die Kellerei und Distillerie Tsantalis ihren Hauptsitz. Das Familienunternehmen wird inzwischen in der dritten Generation von Evangelos Tsantalis geführt und besitzt auch Kellereien in Náoussa und Rapsani. Die zum Unternehmen gehörenden Weinberge liegen nicht nur im Athosgebiet, sondern sind mittlerweile über ganz Griechenland verstreut. Unterdessen sind die hauseigenen Rebflächen verhältnismäßig klein: Auf dem Athos, in Ágios Pávlos (Chalkidikí), Maronia (Thrakien) und Náoussa (Makedonien) baut die Familie auf einer Fläche von 220 Hektar an. In Rapsani, Thessaloniki, Samos, Limnos, Kreta und im Gebiet der Peloponnes sitzen hingegen diverse Traubenzulieferer. Auf dieser Basis schafft es Tsantalis, jedes Jahr etwa 18 Millionen Liter zu produzieren. Um diese enorme Menge zu bewältigen, haben die Tsantalis-Keller eine Lagerkapazität von 20 Millionen Litern temperierten Tankvolumens und von 2000 Holzfässern mit jeweils 300 Litern. In Griechenland ist Tsantalis mit einem Volumen von 12 Millionen Litern – also gut zwei Dritteln seiner Gesamtproduktion – der größte Exporteur. Ein großer Abnehmer ist Deutschland, wo Tsantalis mit etwas über 40 Prozent Marktführer unter den griechischen Weinherstellern ist. Vor allem die Gastronomie in Deutschland macht sich zu Nutze, dass Tsantalis einen breiten Querschnitt aus allen Qualitäts- und Preisstufen der griechischen Weinlandschaft bietet. Tsantalis hat traditionsbewusst und gemäß der Familienphilosophie seinen Schwerpunkt auf die griechischen Rebsorten gelegt. Für die Rotweine verarbeitet er durch Maischegärung in rotierenden Stahltanks die für das Neméa-Gebiet klassische Agiorgítiko-Rebe und die Xinómavro aus Náoussa, die den Anforderungen der internationalen Rotweinkultur genügen können. Außerdem werden Stavroto, Krassato und für den Likörwein Mavrodaphne verwendet. Die Weißweine werden per Kältebehandlung aus Rhodítis, Assyrtiko, Athíri und Vilana erzeugt, der Retsína aus der sanften Savatianó, der Likörwein aus Moscato.

Für den Agiorgítiko bezieht Tsantalis die Reben aus der Mönchsrepublik.

Athíri erbringt einen trockenen, weichen und sehr duftigen Weißwein.

eser Cava Tsantalis stammt aus dem besonderen Jahr-
g 1979 und beweist die sehr gute Lagerfähigkeit des
schnitts aus Xinómavro und Cabernet Sauvignon.

Im Hause Tsantalis erfolgt die Lese aller Rebflächen noch manuell. Der Hausherr macht es sich zur Pflicht, seine Weine vor der Abfüllung sorgfältig zu überprüfen.

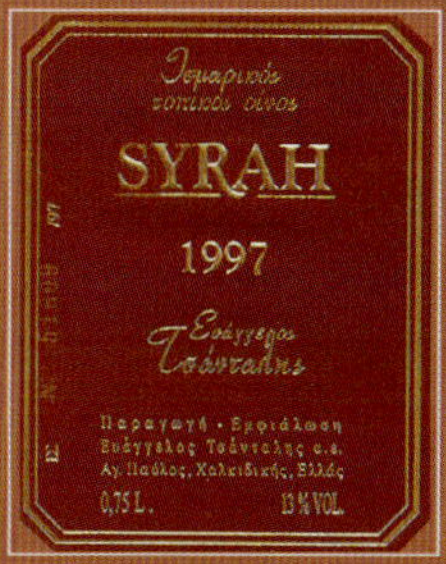

Aus Syrah-Reben wird dieser samtige, zu Wild empfohlene Rotwein hergestellt.

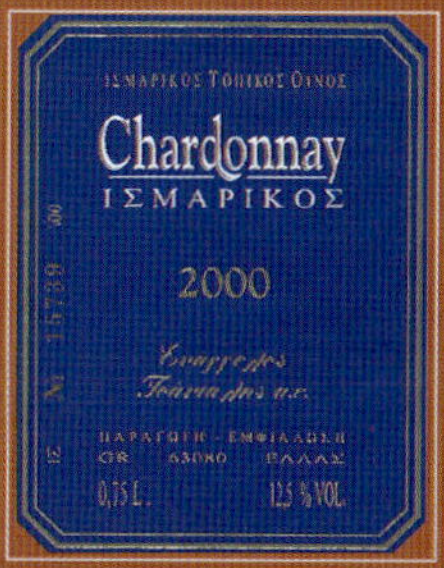

Aus internationalen Rebsorten erzeugt Tsantalis auch diesen sehr guten Chardonnay.

Als einer der wenigen Winzer darf Tsantalis für seine Weine die Rebflächen der Athosrepublik nutzen.

Traditionsbewusst bevorzugt Tsantalis hauptsächlich die klassischen Rebsorten Makedoniens.

Der gelbgrüne Sauvignon passt gut zu Fisch und Meeresfrüchten.

Für den Landwein Ampelonas kommen die Reben aus Ágios Pávlos.

Auch Tsantalis weiß die vielseitige, duftige Merlot-Rebe zu verarbeiten.

Der eichenfassgereifte Rotwein Rapsaní wurde erfolgreich aufgewertet.

Der Klassiker aus Makedonien: ein roter süffiger Xinómavro.

BERGKIRSCHEN

Die im Zentrum der Chalkidikí 630 Meter hoch im Cholomóndas-Gebirge gelegene Ortschaft Taxiárchis ist von einem dichten Laubwald umgeben, der besonders während der Herbsttage in prächtigen Braun- und Rottönen leuchtet. Traditionelle Landwirtschaft wird hier in dieser sehr dünn besiedelten Gegend kaum betrieben, und die weitaus meisten der Anwohner des Ortes leben vom Anbau und der Vermarktung von Weihnachtsbäumen.

Aber da ist noch eine kleine mutige Gruppe von Anwohnern, unter ihnen der Bäcker von Taxiárchis, die ihre Vorliebe für Obstbäume und zwar besonders für Kirsch- und Birnbäume entdeckt haben. Mitten in seiner Bäckerei wächst ein Baum durch die Decke bis auf die darüber liegende Terrasse. Und wenn Erntezeit ist, dann erhält so mancher, sei es ein Einheimischer oder jemand auf der Durchreise, während er unten in der Bäckerstube auf sein Brot wartet und den Duft von frischgebackenen Broten einatmet, eine originale ›Bäckersbirne‹. Aber das ist nur die eine Seite der Geschichte: Fragt man Ende Juni die Menschen an der Küste von Chalkidikí, woher ihre Kirschen kommen, dann sagen sie: Aus Taxiárchis! Denn der Bäcker von Taxiárchis backt nicht nur Brot im Schatten eines Birnenbaums, er ist zusammen mit vier weiteren Bauern seit 1984 auch stolzer Besitzer von etwa 6000 Kirschbäumen. Mit 20 Kilogramm Kirschen pro Baum und Jahr ist der erzielte Gesamtertrag dieser Bergkirschen zwar nicht so hoch, dass die Kirschbauern von der Ernte leben könnten – ein Kilo Kirschen bringt im Endverkauf umgerechnet etwa anderthalb Euro. Und es ist daher auch keine Seltenheit, wenn sich, wie in diesem Fall, herausstellt, dass der Kirschbauer auch ein Bäcker ist oder wie manch anderer vielleicht noch Tannenbäume anpflanzt. Trotz des geringen Verdienstes sind die Kirschbauern von Taxiárchis von der Qualität ihrer Bergkirschen überzeugt, selbst wenn sie ihre Kirschen nur noch für den eigenen Bedarf ernten würden. Die Frauen der Kirschbauern haben schon immer zur Kirschenzeit das hausgemachte *kerássi glikó* zubereitet oder aus den Früchten einen köstlichen, ebenso gefragten Kirschsaft gepresst und in Flaschen gefüllt. Denn die Kirschen von Taxiárchis und ihre Erzeugnisse sind zu einem Geheimtipp auf der sommerlichen Chalkidikí geworden, und glücklich darf sich schätzen, wer zum Nachtisch eine Schale frische Taxiárchis-Bergkirschen angeboten bekommt.

Oben: Der Birnbaum des Bäckers von Taxiárchis ist mittlerweile zum Wahrzeichen des ganzen Dorfs geworden.

Nebenstehende Seite: Wenn in Taxiárchis die Kirschen reifen, dann ist es allemal eine Reise wert.

KERASSÓSUPA
Süße Kirschsuppe

500 g Kirschen
250 g Zucker
1 Flasche trockener Weißwein
Saft von 2 Zitronen
500 ml süße Sahne
2 EL Kirschlikör
gemahlener Zimt

Die Kirschen entsteinen und zusammen mit Zucker und Weißwein in einen Topf geben. Auf mittlerer Hitze 5 Minuten kochen lassen. Mit dem Pürierstab zerkleinern und den Zitronensaft zufügen. Etwas abkühlen lassen. Dann erst die Sahne und den Kirschlikör unterrühren und mit Zucker abschmecken. Die Kirschsuppe kann nun warm serviert oder im Kühlschrank gekühlt werden. Auf Tellern anrichten, mit Zimt bestäuben und servieren.

Auf dem Land erfinden Kinder ihre eigenen jahreszeitlichen Spiele, wie ihre Mütter und Großmütter vor ihnen. In der Kirschenzeit dienen auch den griechischen Mädchen frisch gepflückte Kirschen als willkommene Ohrringe.

Die reifen Kirschen werden in flache Kisten verpackt und kommen direkt auf die Märkte in der Umgebung.

Der Sauerkirschsaft *vissinada* gehört in Griechenland allgemein zu den beliebtesten Fruchtsäften.

Im flachen Gewässer stellt der Fischer den Motor seines Bootes ab und sucht im klaren Wasser nach Tintenfischen und Kraken. Hat er welche entdeckt, dann reicht ihm meist ein geübter Stoß und seine Ausbeute hat sich verbessert.

TINTENFISCH UND KRAKE

Tintenfische und Kraken sind Weichtiere, die zur Familie der Kopffüßler *(Cephalopoda)* gehören. Sie führen diese Bezeichnung, weil ihre Fangarme direkt aus ihrem Kopf herauswachsen. In der Antike waren sie nicht nur eine beliebte und weit verbreitete Nahrungsquelle, sie zählten auch in der Zoologie des Altertums zu den bestens erforschten Tieren. Besonders ihre Fähigkeit, sich zur Tarnung zu verfärben, erregte große Bewunderung. Das Bild einer ihre Tentakel einrollenden Krake, war darüber hinaus in der bildenden Kunst des Altertums ein häufiges Motiv und inspirierte Schriftsteller wie Athenaios, der über ihre ›wunderbaren Locken‹ schrieb. Kopffüßler verfügen über einen Tintenbeutel, aus dem sie eine dunkle Flüssigkeit, die Tinte, ausstoßen können, um ihre Flucht vor Räubern zu ›vernebeln‹.

Im Mittelmeer kommt der Gemeine Tintenfisch *(Sepia officinalis)* am häufigsten vor. Er erreicht eine Körperlänge von bis zu 25 Zentimeter und weist eine dunkle Färbung auf, die ihn auf dem Meeresboden nahezu unkenntlich macht. Seine ›Tinte‹ wurde früher zur Herstellung der Farbe Sepia benutzt. Landläufig bezeichnet man sowohl die Sepia als auch den Kalmar als Tintenfische.

Während Sepia und Kalmare zehn Beine haben, besitzt der Krake nur acht Beine. Der Gemeine Krake *(Octopus vulgaris)* und seine Verwandten kommt im Mittelmeer und besonders in griechischen Gewässern so zahlreich vor, dass er dort von größerer wirtschaftlicher Bedeutung ist als Sepia und Kalmare. Wie groß seine Beliebtheit in der Antike war, zeigt sich daran, wie häufig der Krake auf antiken griechischen Vasen dargestellt wurde. Durchschnittlich sind die Exemplare des Kraken, die auf den Markt kommen, einschließlich ihrer Tentakel 50 Zentimeter bis einen Meter lang, aber der Gemeine Krake kann bis zu dreimal so lang werden. Auf jedem Fangarm befindet sich eine Doppelreihe von Saugnäpfen. Diese Fangarme umgeben, ebenso wie beim Tintenfisch, in ihrem Zentrum eine Mundöffnung, die mit einem papageienschnabelähnlichen Kiefer versehen ist.

Die Verarbeitung von Krake und Tintenfisch in der mediterranen Küche hat sich seit der Antike wenig verändert: Welche Zubereitungsart man auch wählt, ob gegrillt, gebraten, gefüllt oder in Rotwein eingelegt, das perlmuttweiße Fleisch ist immer eine Delikatesse. Ein Kraken- oder Tintenfischgericht ist in Griechenland das ganze Jahr über eine willkommene Mahlzeit, zumal man sie auch während der Fastenzeit essen darf, angeblich, weil die schwer einzuordnenden Weichtiere eines auf keinen Fall sind: Säugetiere.

Kalmar – *Loligo vulgaris*

Krake – *Octopus vulgaris*

Sepia – *Sepia officinalis*

Mit der langen Harpune klopft der Fischer auf die Steine im tiefen Wasser, um die Kraken aufzuscheuchen.

Hat er einen Kraken harpuniert, dann zieht er ihn vorsichtig mit der Harpune aus dem Wasser.

Der Fischer muss den Kraken in der Mitte treffen, um sicher zu sein, dass dieser ihm nicht entwischt.

Hat sich ein Krake im Netz verfangen, ist er nur schwer wieder daraus zu lösen, ohne das Netz zu beschädigen.

Die weitaus meiste Arbeit beginnt erst nach dem Fang. Zunächst muss der Krake gründlich geputzt werden.

Durch die kreisenden Bewegungen auf den Steinen dringt weißer Schaum aus dem Körper des Tieres.

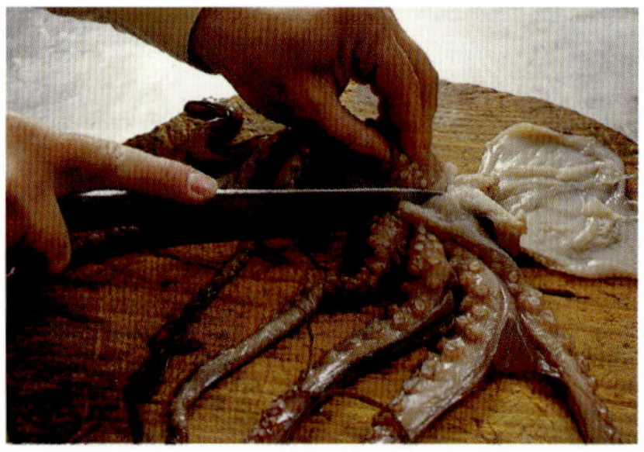

Oben: Kraken lassen sich leicht schneiden. Die Größe und Länge der Stücke variiert je nach Rezept.

Links: Damit ihr Fleisch nach der Zubereitung nicht zäh ist, schlägt man die Kraken bis zu vierzigmal auf Steine.

Rechts: Zum Trocknen hängt man Kraken in Fliegengitterkästen, in denen sie vor Ungeziefer geschützt sind.

ACHT ODER ZEHN BEINE ZU TISCH

CHTAPODÁKI PSITÓ
Gegrillter Krake
(im Bild obere Reihe, links)

1 Krake, küchenfertig
Saft von 1 Zitrone
Olivenöl
Oregano
1 Zitrone, geviertelt
Salz

Den Kraken in große Stücke schneiden, mit Salz einreiben und auf dem Holzkohlegrill garen. Die Stücke auf einem Teller anrichten und mit Zitronensaft und etwas Olivenöl übergießen. Oregano darüber streuen und mit den Zitronenvierteln garnieren. Mit anderen Vorspeisen und mit einem Glas Ouzo servieren.

Hinweis: Das einzige Geheimnis dieses Rezepts besteht darin, dass der Krake, bevor man ihn grillt, an der Luft getrocknet werden muss. In griechischen Fischerdörfern sind daher die trocknenden Kraken ein vertrauter Anblick. Einen ganzen Tag lang hängt er in der Sonne. Zuvor ist er bis zu vierzigmal auf den steinigen Boden aufgeschlagen und zwischendurch immer wieder massiert worden. In Deutschland erhältliche Kraken sind meist von einer Maschine weich gewalkt worden. Selbst wenn man keinen luftgetrockneten Kraken bekommen kann, schmeckt er gegrillt hervorragend.

KALAMARÁKIA TIGANITÁ
Frittierte Kalmare
(im Bild mittlere Reihe, links)

1 kg frische kleine Kalmare
Öl zum Braten
Mehl
1 Zitrone, geviertelt
Salz

Die Kalmare ausnehmen, indem man die Haut des Mantels unter fließendem Wasser abzieht, den Kopf mit den Fangarmen aus dem Mantel herauszieht, ohne dabei den Tintenbeutel zu verletzen, und den transparenten Schulp entfernt. Ganz kleine Kalamares können im Ganzen frittiert werden, größere schneidet man in Ringe. Das Öl in einer Pfanne oder in der Fritteuse erhitzen. Mehl und Salz vermischen und die Kalamares darin wälzen. Sofort in heißes Öl geben und unter Wenden goldbraun frittieren. Auf einer Platte anrichten und mit den Zitronenvierteln garnieren.

CHTAPÓDI ME FASSOLÁKIA
Krake mit grünen Bohnen
(im Bild obere Reihe, rechts)

500 g grüne Bohnen
1 Zwiebel, klein gehackt
3 Knoblauchzehen, in feine Scheiben geschnitten
2 Tomaten, abgezogen und gewürfelt
1 Bund glatte Petersilie, fein gehackt
1 Zucchini, in Würfel geschnitten
1 Chili, fein gehackt
500 g Krake, küchenfertig
Salz

Die Bohnen waschen, die Spitzen abschneiden, in der Mitte durchschneiden. In einem Topf mit gesalzenem Wasser aufsetzen und bei mittlerer Hitze köcheln lassen. Zwiebeln, Knoblauch, Tomaten und Petersilie unterrühren. Die Zucchiniwürfel seitlich in den Topf geben und das Ganze zugedeckt so lange kochen lassen, bis es halb gar ist. Inzwischen den Kraken in Stücke schneiden und in einem Topf mit wenig Wasser aufsetzen. Auf mittlerer Hitze zugedeckt halb gar kochen. Dann den Kraken mit dem Sud zu den Bohnen geben und so lange kochen, bis der Sud aufgenommen ist. Warm und mit frischem Weißbrot servieren.

CHTAPÓDI ME MAKARONÁKI KOFTÓ
Krake mit Nudeln
(im Bild mittlere Reihe, rechts

1 kg Krake, küchenfertig
250 ml natives Olivenöl extra
1 große Zwiebel, fein gehackt
500 ml pürierte Tomaten
200 ml trockener Rotwein
500 g Nudeln
Salz
frisch gemahlener schwarzer Pfeffer

Den Kraken waschen und in Stücke schneiden. In einen Topf mit wenig Wasser geben und auf mittlerer Hitze kochen, bis das Wasser verdampft ist. Das Olivenöl und die Zwiebeln zugeben und andünsten. Die pürierten Tomaten einrühren, aufkochen lassen und mit dem Rotwein aufgießen. Mit Salz und Pfeffer würzen. Wenn der Krake fast gar ist, etwas Wasser zufügen und die Nudeln hineingeben. Die Temperatur reduzieren und alles zusammen so lange kochen lassen, bis die Nudeln die Flüssigkeit aufgenommen haben und noch etwas bissfest sind. Noch warm und mit frisch gebackenem Weißbrot servieren.

Für 4–6 Personen

KALAMARÁKIA ME RÍSI KE PIPERIÁ
Kalmare mit Reis und Paprika
(im Bild untere Reihe, links)

1 kg Kalmare
200 ml natives Olivenöl extra
2 große Zwiebeln, fein gehackt
2 rote Paprika, fein gewürfelt
500 g Reis
1 EL fein gehackte glatte Petersilie
Salz und frisch gemahlener schwarzer Pfeffer

Die Kalmare ausnehmen, indem man die Haut des Mantels unter fließendem Wasser abzieht,

den Kopf mit den Fangarmen aus dem Mantel herauszieht, ohne dabei den Tintenbeutel zu verletzen, und den transparenten Schulp entfernt. Den Mantel gründlich waschen und in große Stücke schneiden.
In einem Topf das Olivenöl erhitzen und die Zwiebeln darin andünsten. Die Kalmarstücke und die Paprika zugeben und nochmals 5 Minuten dünsten. Mit 1 Liter Wasser ablöschen und mit Salz und Pfeffer würzen. Reis und Petersilie zufügen und ca. 20 Minuten auf mittlerer Hitze garen lassen. Noch warm und mit frisch gebackenem Weißbrot servieren.

Für 4–6 Personen

SUPIÉS ME SPANÁKI

Sepia mit Spinat und frischen Kräutern
(im Bild untere Reihe, rechts)

1 kg frische Sepia
200 ml natives Olivenöl extra
5 kleine Zwiebeln, in Ringe geschnitten
1 Bund Dill
Fenchelkraut
1 kg frischer Spinat
150 ml trockener Weißwein
Salz und frisch gemahlener schwarzer Pfeffer

Die Sepia ausnehmen, indem man den Kopf mit den Fangarmen abschneidet, die Eingeweide herauszieht und die Tintenblase vorsichtig entfernt. Die Tinte in etwas warmem Wasser auflösen und beiseite stellen. In einem Topf das Olivenöl erhitzen und die Zwiebeln, Dill und Fenchelkraut darin andünsten. Die Sepia in Ringe schneiden, in den Topf geben und anbraten. Mit Salz und Pfeffer würzen und mit etwas Wasser ablöschen. Etwas von der Tinte zugießen und auf schwacher Hitze 1 Stunde schmoren. Den Spinat waschen, klein hacken und mit in den Topf geben. 200 ml Wasser und wieder etwas von der Tinte zugießen und noch einmal 40 Minuten schmoren. Zum Schluss mit Weißwein ablöschen und mit Salz und Pfeffer abschmecken. Warm, mit frisch gebackenem Weißbrot servieren.

ΘΕΣΣΑΛΟΝΙΚΗ

Oben: Thessalonikis Blumenmarkt liegt im Herzen des Basarviertels.
Hintergrund: Die Uferpromenade von Thessaloniki, rechts hinten der Weiße Turm.

THESSALONIKI

Thessaloniki ist die lebendigste Großstadt Griechenlands. Ihre besondere Lage an wichtigen Handels- und Verkehrswegen von Ost nach West sowie von Griechenland nach Mitteleuropa hat sie zu einem bedeutenden Wirtschaftszentrum, das Zusammentreffen unterschiedlichster Nationen in ihren Mauern zu einer der kulturell faszinierendsten Städte Griechenlands gemacht. 315 v. Chr. von dem Diadochen Kassander gegründet, der die Stadt nach seiner Gattin Thessalonike, der Tochter Philipps II. benannte, erreichte sie ihre erste Blüte, als sie Hauptstadt der römischen Provinz Macedonia an der Via Egnatia, der Handelsroute nach Byzantium wurde. Im Jahr 50 und noch einmal 59 n. Chr. besuchte Paulus die Stadt und gründete hier eine Gemeinde, seine Briefe an diese Gemeinde sind heute Teil des Neuen Testaments. Nach der Teilung des Römischen Reichs 395 wurde Thessaloniki zweitwichtigste Stadt im byzantinischen Reich, eine Stellung, die sie lange bewahren konnte, ebenso wie ihre Unabhängigkeit: Erst 1430 wurde die Stadt osmanisch. Da viele Griechen geflohen oder tot waren, siedelte der Sultan zunächst Türken an. Als die sephardischen Juden in Spanien verfolgt und vertrieben wurden, gestattete er etwa 20 000 von ihnen, sich in Thessaloniki niederzulassen. Diese große jüdische Gemeinde, die hier auf eine ältere, seit der Zeit des Paulus existierende traf, mit der sie sich aber nicht verband, sollte die Geschicke der Stadt in kultureller und wirtschaftlicher Hinsicht bis in die jüngste Vergangenheit entscheidend beeinflussen. Als Thessaloniki 1912 wieder griechisch wurde, lebten in der Stadt mehr als 60 000 Juden, nahezu 46 000 Moslems und 40 000 Griechen sowie Armenier und Westeuropäer. Nachdem die jüdische Bevölkerung über Jahrhunderte das Leben in der Stadt und das Erscheinungsbild ganzer Stadtviertel geprägt hatte, waren schon 1917 nach einem verheerenden Brand viele tausend Juden nach Israel ausgewandert. Im Anschluss an die kleinasiatische Katastrophe und den Bevölkerungsaustausch von 1922/23 ließen sich 100 000 Griechen in der Stadt nieder, was einen Gräzisierungsprozess bedeutete. Aber noch 1941, beim Einmarsch der Deutschen, lebten in Thessaloniki 56 000 Juden. Nur 10 000 von ihnen überlebten den Holocaust, von den Überlebenden kehrten nur 2000 in ihre Stadt zurück. Heute ist von der reichen jüdischen Vergangenheit kaum noch etwas zu spüren. Doch die über einen langen Zeitraum von vielen Nationalitäten geprägte Stadtgeschichte hat Thessaloniki zu einer dynamischen Metropole von internationalem Rang gemacht.

Auf Thessalonikis Uferpromenade reihen sich Restaurants, Cafés, Kneipen und Bars zu einer Vergnügungsmeile aneinander, die für jeden etwas zu bieten hat, sei es schlicht ein Kaffee oder eine Limonade am Weißen Turm oder ein mehrgängiges Menü mit Meerblick.

KAFFEE UND KUCHEN

Es ist mehr als nur angenehmer Zeitvertreib, es ist ein gesellschaftliches Ritual mit Kultcharakter. Ob auf dem Land oder in den Städten, Kaffee trinken und Kuchen essen sind Bestandteile des sozialen Verhaltenskodex, deren Missachtung auch heute noch zu Irritationen führt, denn verkürzt gilt: Willst du mit jemandem ein Geschäft abschließen, dann biete ihm einen Kaffee an; willst du aber sein Vertrauen gewinnen, dann vergiss den Kuchen dazu nicht. Darüber hinaus ist es vor allem ein Ausdruck guter Gastlichkeit. In diesem Sinn wird überall, von jedermann und zu jeder Zeit Kaffee und Kuchen angeboten und, das ist unerlässlich, der Kuchen muss sehr süß und der Kaffee sehr stark sein. Auf einem ganz ›normalen‹ nachmittäglichen Tisch kann sich dann eine üppige Auswahl an Süßem ausbreiten und die eine oder andere kulinarische Sensation anbahnen, denn es wird stets alles gleichzeitig serviert.

ZUM FRÜHSTÜCK

Wenn in der modernen Großstadt Thessaloniki seit der Antike etwas unverändert blieb, so ist es das Frühstück: noch immer ist es ein schüchterner Vorbote des Mittagessens. In Griechenland wird die Frühstückskultur allgemein sehr stiefmütterlich behandelt, doch in der Stadt bleibt noch weniger Muße für ein gemütliches Frühstück. Das griechische Frühstück ist den klimatischen Bedingungen angepasst. Die kulinarischen Streifzüge des Vorabends wirken noch nach, und die aufsteigende Hitze des Tages lässt wenig Raum für Frühstückssehnsüchte. Dennoch, etwas Gebäck zum Mokka muss sein. Aus dem reichhaltigen Angebot der Bäckereien wählt man morgens im Vorbeigehen etwas aus, um es unterwegs aus der Hand zu essen: kleine Obstpasteten oder Teigtaschen, süßes Blätterteiggebäck oder Sesamkringel. Wer Herzhaftes bevorzugt, entscheidet sich für Käsetaschen. Cafés und Restaurants, die sich auf die Wünsche der Sommergäste eingestellt haben, servieren als Frühstück vielleicht ländlich Griechisches: Joghurt mit Honig und Walnüssen oder einen Teller mit Schafskäse, *chalwás*, Oliven, Tomaten und Weißbrot.

Oben: Auf der Promenade ist es offensichtlich: die Zeiten, da Frauen das Kaffeehaus nicht betraten, sind vorbei.
Hintergrund: Die Kuchentheke der ältesten Patisserie in Thessaloniki muss man gesehen haben.

Tarta lemóni me kommátia mílu – Zitronen-Apfel-Torte

Tarta me krema vissino Cremetörtchen mit Sauerkirschen

Trigona bestehen aus in Sirup eingelegtem Teig und einer Vanillecremefüllung.

Saraglakia – zarter Blätterteig mit Nussfüllung

LUCKY

MOKKA-BOTSCHAFTEN

Da für die Griechen Esskultur gewöhnlich erst am Mittag beginnt, rettet besonders die Städter nur der Mokka über die ersten Pflichten des Tages. Gleichzeitig ist diese erste Tasse Erinnerung an oder Vorgeschmack auf ein nachmittägliches Ritual. *Wále bríki*, was soviel heißt wie ›bring den Mokkatopf zum Kochen‹, ist einer der wichtigsten Sätze im griechischen Tagesablauf. Er läutet nicht nur die Kaffeezeit ein, es kann auch die direkte Aufforderung zu einem Plauderstündchen, wenn nicht zu einem Kaffeeklatsch sein, wobei es um die neuesten Nachrichten aus der Nachbarschaft geht. Die Mokkarunden sind in Griechenland als Kontakt- und Informationsbörsen von gesellschaftlicher Bedeutung, und wer nicht mitmacht oder ihre Regeln nicht beachtet, der wird schwerlich Anschluss in der Gemeinde finden. Auf einem Tablett serviert die Hausherrin den Mokka mit einer Süßigkeit und einem Glas gekühlten Wassers. Ihre Gäste wünschen ihr Glück und Erfolg, bevor sie zunächst die Süßigkeit nehmen, anschließend ihren Durst mit dem Wasser stillen und erst danach zum Mokka greifen. Auch dabei gibt es Regeln: Mokka trinkt man im Gegensatz zum Espresso nicht in einem Schluck, sondern bewusst langsam, um den sandigen Bodensatz auch sicher in der Tasse zu lassen.

In Stieltöpfen aus Messing kann sich die Hitze beim Aufkochen des Mokka langsam und gleichmäßig verteilen.

Die privaten Mokkarunden können gemischter Natur und Männer wie Frauen gemeinsam anwesend sein, oder es handelt sich um reine Frauensitzungen. Wenn Männer unter sich sind, brauen sie sich selten Mokka selbst, sie ziehen es vor, im *kafenion* bedient zu werden. Im Haus gehört das Mokkakochen zu den Frauentätigkeiten. Die Zubereitungsarten des Mokka sind vielseitig, und er gelingt nicht immer. Das persönliche Befinden, so sagt man, spiegle sich im gebrauten Mokka wider, dem nichts verborgen bleibe.

Grundsätzlich werden drei Zubereitungen des Mokkas unterschieden: *skétos* (bitter), *métrios* (mittelsüß) und *glikós* (süß). Für eine Tasse Mokka benötigt man einen Teelöffel sehr fein gemahlenes Kaffeemehl. Man gibt nach Geschmack Zucker und eine Tasse Wasser hinzu und bringt alles zusammen in dem kleinen speziellen Stieltopf ganz langsam zum Kochen, bevor man den fertigen Mokka vorsichtig in die Tasse füllt. Früher ließ man ihn in glühender Asche heiß werden. Dann muss sich der Kaffeesatz erst einmal am Boden der Tasse absetzen, eine Wartezeit, die mit Süßigkeiten und Gebäck überbrückt werden kann.

Noch im 18. Jahrhundert sollen junge Männer, die um die Hand der Tochter anhielten, einen Mokka serviert bekommen haben, der nicht nur von der Gastfreundschaft der Hausherrin kündete. War der Mokka süß, hatte der Anwärter Grund zur Freude; war er bitter, so stand der junge Mann höflich auf, bedankte sich für das Gespräch und ward nie wieder gesehen.

Kaffeemehl und Zucker werden löffelweise und ganz nach persönlichem Geschmack dosiert.

Gerade so viel Wasser, wie in eine Mokkatasse passt, auf die Kaffee-Zucker-Mischung gießen und aufkochen.

Der Mokka ist erst dann fertig gekocht, wenn der Schaum fast bis an den Topfrand gestiegen ist.

Den Mokka langsam und vorsichtig in die Tasse füllen, damit soviel Kaffeemehl wie möglich im Topf bleibt.

Oben: Kaffeesorten aus der ganzen Welt werden im Mokkaladen abgewogen und frisch gemahlen.

KAFÉS FRAPÉ

1 TL löslicher Kaffee
1 TL Zucker
1 Schuss frische Sahne oder Dosenmilch
Eiswürfel

Den Kaffee, den Zucker und ein 1/4 Glas kaltes Wasser in einen Shaker geben und so lange kräftig schütteln, bis das Ganze schaumig ist. Je fester die Konsistenz des Schaums ist, desto besser wird der *kafés frapé* sein.

Die Mischung in ein hohes Wasserglas gießen, einige Eiswürfel hinzufügen und mit kaltem Wasser auffüllen. Einen Schuss frische Sahne oder Dosenmilch hineingeben und mit einem Strohhalm umrühren. Da Kaffeevorlieben unterschiedlich sind, wird man in Griechenland bei der Bestellung von *kafés frapé*, dem zur Zeit schärfsten Konkurrenten des Mokka, nach seinen persönlichen Wünschen gefragt.

SCHICKSAL AUS DER MOKKATASSE

Die geheimen Zeichen in der Tasse erscheinen als filigranes Muster, wenn der warme Mokkasatz langsam entlang der Tasseninnenwand geschwenkt wird. Der Rest des Mokkasatzes wird schwungvoll ausgekippt und die Tasse mit der Öffnung nach unten auf eine Serviette gestellt. Dann kommt der große Augenblick. Die *kafetzú*, die Kaffeesatzleserin, dreht die Tasse um und vertieft ihren wissenden Blick hinein. Nach intensivem Studium der Zeichen wird sie vielleicht sagen: »Da ist ein Vogel, eine Straße, oben auf einem Berg lauert Gefahr. Im Tal eine Person, deren Name mit K beginnt. Du wirkst traurig, aber ich sehe zwei ferne Ringe, vielleicht eine Hochzeit.« An die *kafetzú* muss man glauben, sonst erfüllen sich ihre Prophezeiungen nicht.

AM KULÚRI-STAND

Der *Kulúri*-Stand auf Thessalonikis Platía Aristotélus (Aristoteles-Platz) ist nichts Besonderes, eben ein ganz gewöhnlicher *Kulúri*-Stand, wie es viele in der Stadt, in anderen Städten, in ganz Griechenland gibt. Aber der *kulúri* ist mehr als ein gewöhnlicher Sesamring, denn er hält das griechische Volk zusammen – philosophiert der *kulurás,* der *Kulúri*-Verkäufer, und er muss es wissen. Wenn er früh am Morgen seinen Stand einrichtet und einen Berg frisch gebackener knuspriger, noch warmer Sesamringe auftürmt, dann dauert es nicht lange, und er ist förmlich umlagert von Passanten, die diesem Angebot nicht wiederstehen können. Weil niemand auf seinen morgendlichen *kulúri* verzichten möchte, sind für einen Augenblick soziale Schranken aufgehoben, denn hier treffen sich Menschen unterschiedlichster Herkunft, die sich sonst möglicherweise nie begegnen würden, die sich unter anderen Umständen vielleicht auch nicht begegnen wollten. *Kulúria* gibt es in Griechenland überall, aber in Thessaloniki ist man fest davon überzeugt, dass es hier natürlich die Besten gibt. Manche von denen, die am *Kulúri*-Stand ihren Sesamring auswählen, können sich noch an die Nachkriegszeiten erinnern, als das Nahrungsangebot noch nicht wieder so üppig war. Damals konnte allein der warme Duft der frischen *kulúria* am frühen Abend die Einwohner in bessere Zeiten versetzen, so als hätte ein Hauch von glücklicher Verheißung in der Luft gelegen. Kinder trugen ihr *kulúri* sogar um den Arm wie einen kostbaren Armreifen, bis sie ihn irgendwann auseinander brachen, um ihn zu essen. Der *kulurás* von der Platía Aristotélus kann sich daran nicht erinnern, er ist zu jung. Er stellt gerade das Preisschildchen samt Geldschale auf den schon deutlich niedriger gewordenen Berg Sesamkringel und geht eine kurze Pause machen. Er weiß, dass er das getrost tun kann, denn auch in seiner Abwesenheit werden seine Kunden ihre Sesamkringel gewissenhaft bezahlen. *Kulúria* stiehlt man nicht, sie würden dann längst nicht so gut schmecken.

KULÚRIA
Sesamringe

15 g frische Hefe oder $1^1/_2$ TL Trockenhefe
1 kg Mehl
2 TL Salz
100 g Zucker
50 ml Sonnenblumenöl
300 g Sesamkörner

Die Hälfte der Hefe in 250 ml warmem Wasser auflösen und mit 2–3 EL Mehl verrühren. Den Vorteig 24 Stunden ruhen lassen. Am nächsten Tag die restliche Hefe mit weiteren 250 ml warmem Wasser anrühren, 2–3 EL Mehl hinzufügen und etwa 15 Minuten ruhen lassen.

Drei Viertel des Mehls mit dem Salz in eine Schüssel sieben und die Mitte eine Vertiefung drücken. Da hinein den Zucker, das Öl und die beiden Hefemischungen geben und langsam zu einem Teig kneten. Den Teig mit einem Tuch abdecken und an einem warmen Ort so lange gehen lassen, bis sich sein Volumen verdoppelt hat, und noch einmal 5 Minuten kneten. Nun kleine Stücke vom Teig abtrennen, um sie zu dünnen, etwa 35 cm langen Würsten zu rollen. Sie werden in Wasser getaucht und dann in Sesamsamen gewälzt, bevor man sie zu Ringen schließt, wobei man die Enden fest zusammendrückt. Den Backofen auf 220 °C vorheizen, die Sesamringe auf einem gefetteten Backblech verteilen und ca. 15 Minuten backen, bis sie von außen braun und innen weich sind. Sesamringe schmecken noch warm so gut wie kalt.

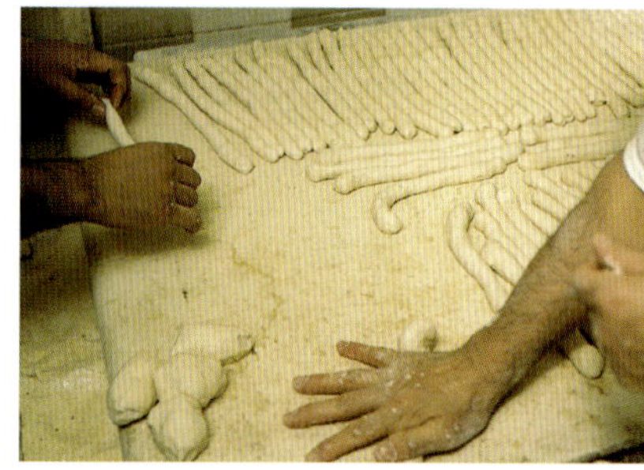

Aus dem Hefeteig dünne Rollen formen, die sich in Dicke und Länge möglichst nicht unterscheiden.

Damit der Sesam auf dem Teig haften bleibt, werden die Teigrollen ganz kurz in Wasser eingetaucht.

Die noch feuchten Teigrollen rundum in Sesamsamen wälzen, bis sie ganz darin vergraben sind.

Erst auf dem gut gefetteten Backblech werden die Teigrollen zu gleich großen Ringen geschlossen.

Schon unmittelbar nach dem Backen kommen die Sesamringe auf die Straße. Manchmal sind sie noch warm und duften verlockend nach geröstetem Sesamsamen.

MARKTSZENEN

Es ist so früh am Morgen, dass es noch angenehm kühl ist, wenn die ersten Lastwagen eintreffen. Hier und da ist schon das eigenartige Scheppern der geräuschvoll hochschobenen Aluminiumtore zu hören. Kein Zweifel, das Marktviertel von Thessaloniki rüstet sich für einen neuen hektischen Arbeitstag. Irgendwo schüttet jemand einen Schwall Wasser auf den Beton und schrubbt die letzten Abfälle des vergangenen Tages fort. Das Geräusch polternd aufeinander gestapelter Kisten ist jetzt von überall zu hören. Die ersten Grußworte am Morgen gehen einher mit guten Wünschen für den Tag. Noch einen kurzen Zug an der Zigarette, denkt sich Apostolos, bevor er seinen Stand bis auf die Straße hinaus aufbauen wird. Das geht schnell, denn die Anordnung der Kisten beherrscht er inzwischen im Schlaf. Jetzt wird es auch Zeit, denn die ersten Käufer erscheinen in den Gängen, die es mit lautstarkem Anpreisen der Ware zu beeindrucken gilt. Auch diesen Abend wird Apostolos heiser sein, wenn er nach Hause fährt, aber das gehört nun mal zu seinem Beruf. Apostolos ist Fischverkäufer in der Modiano-Markthalle, die nach ihrem Architekten benannt ist und mitten im Marktviertel von Thessaloniki liegt, wo sich seit je der Handel konzentriert. Der Modiano-Markt bietet alles an Obst und Gemüse, Fleisch und Fisch, Käse und Wurst – wonach einem der Sinn steht: ein Warenangebot unerschöpflichen Ausmaßes, nicht nur aus der näheren Umgebung der Stadt, sondern aus allen Regionen Griechenlands wie man an den Tafeln mit den Preisen und Herkunftsbezeichnungen entnehmen kann, denn der Kunde will schließlich wissen, woher die Ware kommt.

Oben: Nach dem Einkauf kann man in einer der gut besuchten Markt-Tavernen bei einem stärkenden Imbiss gut wieder zu Kräften kommen.
Rechts: Ob man ein ganzes Schaf oder ein paar Gramm Safran braucht, in der Markthalle bekommt man es.

REINE VERHANDLUNGSSACHE

»Hier finden Sie nur das Beste! Treten Sie näher! Nehmen Sie es mit! Schauen Sie, was ich heute für Sie habe! Nur für Sie! Wählen Sie!« Von allen Seiten ertönen die Zurufe, in allen Tonlagen erklingen die Stimmen, mit fast gleichlautenden Versprechungen bemühen sich alle Händler, die Aufmerksamkeit jedes Kunden allein auf sich zu ziehen. Und das will gekonnt sein, denn die griechischen Hausfrauen, die es zu beeindrucken gilt, stehen im Ruf, sich nicht leicht täuschen zu lassen. Sie kaufen nur Qualität, wie überzeugend ein Händler seine Ware auch anpreisen mag. Wenn sich dennoch die Stände allabendlich geleert haben, fragt man sich unwillkürlich, wie dies zugegangen sein kann. Die Strategie griechischer Händler ist so einfach wie erfolgreich: Sie sehen die Kundin, aber sie wenden sich an die Frau. Gegenstand des Verkaufsgesprächs mag in Wirklichkeit ein Pfund Tomaten sein, doch dabei machen sie ihrem Gegenüber spielerisch, aber unmissverständlich den Hof. Dieses Ritual vollzieht sich nach festen Regeln. Auf das gebetsmühlenhafte Ausrufen der Ware und die Nennung des Kilo- oder Stückpreises folgt die schon etwas persönlichere Aufforderung, ›sie‹ solle doch mal hersehen, nicht achtlos vorbeigehen, überhöht von den Steigerungsformen, ›sie‹ möge zurückkehren, nur für einen Moment innehalten, anfassen, probieren, sich selbst überzeugen, wie frisch für ›sie‹ alles sei. Mit dem ersten Blickkontakt zwischen Händler und Kundin tritt die Verhandlung in die zweite Phase ein: die Interessentin heuchelt Desinteresse, fast schon Entrüstung. Nein, nein, das alles sei nun wirklich viel zu teuer! »Aber ich bitte Sie, das kann nicht sein, sehen Sie doch nur, wie frisch alles ist. Nirgends werden Sie frischere Ware finden.« Die Hüterin des Herdfeuers verhält sich weiterhin abweisend. »Also schön, für Sie werde ich den Preis ausnahmsweise etwas reduzieren. Wenn Sie mich so anschauen, kann ich Ihnen doch nichts abschlagen. Sie bekommen es billiger. Wollen sie nicht gleich zwei Kilo mitnehmen. Bitte schön, was darf es sonst noch sein?« Am Ende haben beide bekommen, was sie wollten, worauf man sich in dem befriedigenden Gefühl der eigenen Überlegenheit trennt– und das gibt es sogar ganz umsonst.

Die Augen geradeaus! Griechische Händler sind immer bestrebt, ihre Waren vorteilhaft zu präsentieren und Ordnung ist der halbe Verkaufserfolg.

Das Angebot an Frischfisch ist vielleicht nicht mehr so üppig wie noch vor zehn Jahren, aber immer noch reichhaltig.

Hülsenfrüchte spielen in viel zu vielen Rezepten eine zu wichtige Rolle, als dass man sich mit vier oder fünf verschiedenen Sorten begnügen könnte.

Natürlich sind Obst- und Gemüsestände die buntesten. Hier werden nicht nur Waren aus dem Umland, sondern aus ganz Griechenland angeboten.

NICHT NUR TAVERNEN

In kaum einem anderen Land haben sich so viele unterschiedliche Formen von Speiselokalen entwickelt wie in Griechenland. Manche bieten nur Fisch an, andere haben nur Fleisch auf der Karte, wieder andere spezialisieren sich auf ein einziges Gericht. Mit dem Trinken verhält es sich ähnlich. Will man die griechische Küche in ihrer ganzen Eigenart und Vielfalt erleben, begibt man sich am besten mutig auf kulinarische Entdeckungsreise.

Rechts oben: Der *mesedopolío*, das Vorspeisenlokal, ist mittags gänzlich ausgelastet. Es werden diverse Vorspeisen aufgetragen und gemeinschaftlich verspeist.

Rechts unten: Im *estiatorío*, dem klassischen griechischen Restaurant, wählt man aus vielen Hauptgerichten aus. Abends gehören in allen exklusiven Adressen auch musikalische Darbietungen zum Programm.

Rechts unten, außen: In der Taverne geht es ungezwungener zu. Auf der Karte findet man eine überschaubare Auswahl an Speisen, darunter viel Fleisch vom Grill.

WÓLTA

Wenn man in Griechenland früher spazieren ging, dann tat man das nicht unbedingt rein zum Vergnügen. Denn ›*wólta*‹ gehen, wie man zu sagen pflegte, war mit festen Verhaltensregeln verbunden, besonders auf dem Land. Dort war die *wólta* am Wochenende für Frauen und Mädchen die einzige Gelegenheit, dem häuslichen Milieu zu entkommen, nach heiratswilligen jungen Männern Ausschau zu halten oder sich einfach nur in ihren neuesten Kleidern zu zeigen. Auch die jungen Männer machten sich fein, um ihren Mädchen zu gefallen. Nur die gestandenen Männer saßen lieber in ihrem Lieblings-*Kafenion*, denn *wólta* gehen war ihnen nun wirklich zu lästig. Und ehe sie sich herabließen, den Rest der Familie dabei zu begleiten, ließen sie sich gewöhnlich erst sehr lange bitten.
Wólta ging man nur auf der Hauptstraße des Ortes, die man mehrmals auf und ab schlenderte, wobei man sich immer wieder begegnete, die Spaziergänger auf der anderen Straßenseite verstohlen aus den Augenwinkeln betrachtete oder ihnen sogar ein kurzes Lächeln zuwarf. In der Stadt hat die *wólta* mittlerweile an Bedeutung verloren, doch praktiziert wird sie immer noch, besonders am Wochenende. Dann ziehen die Flaneure auf der Promenade von Thessaloniki im lauen Abendwind ihre Bahnen und genießen die erträglichen Stunden des Tages. Einige gehen lächelnd aufeinander zu, froh sich seit langer Zeit wieder einmal zu sehen, andere gehen sich bewusst aus dem Weg. Aber alle bleiben früher oder später an den Ständen entlang des Wegs stehen, um Tüten voller Nüsse, *spória* oder *kulúria* zu kaufen.

ELEGANTER ABEND

Wer Thessaloniki als Brücke zwischen Orient und Okzident begreift, hat nicht unrecht, aber gerecht wird er der Stadt damit nicht mehr. Zwar zeugen die Ruinen besonders der römischen Antike vom würdigen Alter der Stadt, die byzantinischen Kirchen von ihrem stark orthodoxen Charakter. Dem Orient verdankt sie einen Teil ihrer Basar-Kultur und der jahrhundertelangen jüdischen Präsenz zusätzliche Horte der Gelehrsamkeit. Doch darüber hinaus ist Thessaloniki heute die modernste Stadt Griechenlands und konkurriert selbstbewusst mit dem weit entfernten Athen.
Wer aber ausgehen will, ist in Thessaloniki noch immer besser aufgehoben als in der Hauptstadt, auch wenn diese in den letzten Jahren an Boden gewonnen hat. Nirgends in Griechenland gibt es eine so ausgeprägte Gastronomie-Kultur wie in Thessaloniki, nirgendwo sonst ein so buntes Kaleidoskop unterschiedlichster Cafés, Restaurants, Bars, Kneipen und Clubs. Und die Bandbreite reicht von alteingesessen gemütlich über gediegen elegant bis zu szenisch cool. Wer sich etwas ganz Besonderes leisten will, der lässt die Stadt mit ihrem faszinierenden, aber vielleicht auch verwirrenden Angebot an kulinarischen Reizen unter sich und begibt sich hinauf in die Regionen des reinen Luxus. Im Porfyra, dem Restaurant des Makedonia Palace Hotel, führt Chefkoch Sotiris Evangelou eine der kreativsten Küchen der Stadt. Man kann nichts Besseres tun, als sich seiner Obhut anzuvertrauen, will man in elegant stilvoller Atmosphäre mit atemberaubendem Blick über das Meer wahrhaft genießen. Das Festmenü könnte etwa mit einer Tranche von Lachs beginnen, die erst sautiert, dann in einer Honig-Sesam-Panade gebraten ist und an einer Mango-Avocado-Sauce erscheint. Die folgende Rinder-Consommé gibt sich asiatisch inspiriert mit feiner Tee-Note und durchscheinenden Gemüse-Wantans. In Ei und Zwieback panierter und ausgebackener Ziegenkäse auf einem Bett grüner Blattsalate in Brombeer-Estragon-Vinaigrette bereitet den Weg für den Höhepunkt: gratiniertes Rinderfilet mit Ingwerkruste an einer Morchel-Wein-Soße. Zum Dessert gibt es eine warm- kalte Überraschung aus weißer und dunkler Schokolade.

SEPHARDISCHE NACHBARN

Als Griechenland unter osmanischer Vorherrschaft stand, lebte in Thessaloniki eine jüdische Gemeinde, die stolz den Titel ›Stadt und Mutter in Israel‹ trug, ein Ehrentitel, der seit biblischer Zeit den zahlenmäßig bedeutendsten und aufgrund ihrer Frömmigkeit und Gelehrsamkeit hervorragenden Gemeinden der Diaspora zukam. Die Anzahl der Lehrhäuser und Synagogen, aber auch der Einrichtungen weltlicher jüdischer Kultur wie Theater und Musikschulen war einmalig. Nur in einer solchen religiösen und kulturellen Vielfalt konnte sich eine jüdische Gemeinschaft entwickeln, die bis ins frühe 20. Jahrhundert wenn nicht den Hauptanteil, so doch die Hälfte der Bevölkerung der Stadt stellte. Ihr Einfluss zeigte sich bis in die 1920er Jahre allein darin, dass von Freitag- bis Samstagabend praktisch jeder Verkehr zum Erliegen kam, der Handel und die Arbeit im Hafen ruhten. Thessaloniki war eine jüdische Stadt, deren Lebensweise durch den jüdischen Klerus, aber auch durch die eher westlich orientierten jüdischen Kaufleute und Industriellen sowie durch die selbstbewussten jüdischen Arbeiter und Angestellten etwa der großen Tabakmanufakturen bestimmt wurde. Auch auf dem Nahrungsmittelsektor waren jüdische Händler führend. Einer der größten Keks- und Süßwarenhersteller Griechenlands war die Familie Allatini, deren Name als einziger trotz der vom Holocaust gewaltsam beendeten jüdischen Geschichte Thessalonikis bis heute ein Begriff ist in Griechenland. Thessaloniki ist eine der wenigen Städte des Mittelmeerraums mit einer lebendigen Erinnerung an eine große jüdische Kultur.

MARONCHINOS

Marzipan für das Pessach-Fest
(im Bild links)

200 g gemahlene Mandeln
200 g Puderzucker
1/2 TL Mandelaroma

Die gemahlenen Mandeln in einer Schüssel mit dem Puderzucker mischen. Löffelweise und unter ständigem Rühren Wasser dazugeben, bis sich eine feste Masse gebildet hat. Mandelaroma zufügen und die Masse auf einer Unterlage ca. 5 Minuten kneten. Dann portionsweise kleine Kugeln daraus formen, die in der Mitte leicht eingedrückt werden. Die *maronchinos* in Puderzucker wälzen und einen Tag durchziehen lassen. In einem luftdicht verschließbaren Gefäß ist das Marzipan längere Zeit haltbar.

DIE ÄLTESTE BUCHHANDLUNG THESSALONIKIS

Als Isaak Molho im Jahr 1888, im gleichen Jahr, als die Eisenbahnlinie von Thessaloniki über Belgrad nach Wien fertig gestellt wurde, eine Buchhandlung in Thessaloniki eröffnete, hatte er eine Vision. Er wollte seiner Stadt, deren Leben von einem jahrhundertelangen Nebeneinander der verschiedensten Kulturen geprägt war, in der kulturelle Vielfältigkeit und toleranter Lebensstil herrschten, auch noch den Zugang zur westeuropäischen Kultur ermöglichen. Fortan gab es französische, spanische und englische Literatur in einer Region, in der die einzelnen Bevölkerungsgruppen meist nur ihre eigene Sprache sprachen und auch häufig an traditioneller Lebensart festhielten. Zwei schwere Niederlagen hat die inzwischen über 100 Jahre alte Buchhandlung in dieser Zeit erfahren müssen: 1917 zerstörte die große Brandkatastrophe, der innerhalb von drei Tagen fast 10 000 Gebäude in der Unterstadt und damit der größte Teil der jüdischen Stadtbezirke zum Opfer fielen, auch die Buchhandlung, die danach vollständig neu aufgebaut werden musste. Im Zweiten Weltkrieg mussten die Molhos ihre Buchhandlung nicht nur für fünf Lire an die deutschen Besatzter verkaufen, der größte Teil der Familie Molho kehrte auch nicht aus den Konzentrationslagern zurück. Nur zwei Kindern gelang die Flucht auf die Insel Skópelos. Nach dem Krieg stand Solomon Molho wieder vor dem Laden seines Vaters und versuchte es zu neuem Leben zu erwecken, was ihm nach zähem Bemühen auch gelang. Heute ist die Buchhandlung Molho wieder ein stiller Ort geistigen Lebens mitten an der geschäftigen *Tsimiski*, der größten Einkaufsstraße der Stadt. Und in ihren Wänden bewahrt die älteste Buchhandlung Thessalonikis einen wichtigen Schatz: Zeugnisse der langen Geschichte und Kultur der Juden von Thessaloniki.

PESHE EN SÁLTSA

Fischfilets in Walnusssoße
(im Bild oben)

1 $^1/_2$ Tassen Matzenbrösel
6 Karpfen- oder Seezungenfilets
2 Eier, verquirlt
Olivenöl
Essig
150 g gehackte Walnüsse
Salz und frisch gemahlener schwarzer Pfeffer

Die Hälfte der Matzenbrösel mit Salz und Pfeffer mischen. Die Fischfilets in Ei tauchen und mit den Matzebröseln panieren. Die Filets in Olivenöl goldbraun braten, aus der Pfanne nehmen und beiseite stellen. Öl, Essig und Wasser erhitzen und die restlichen Matzebrösel einrühren. Das Ganze ca. 10–15 Minuten köcheln, bis eine leicht sämige Soße entsteht. Die Fischfilets in die Soße geben und weitere 15 Minuten garen lassen. Zum Servieren auf einer Platte anrichten, die Soße darüber gießen und mit Walnüssen bestreuen.

RODANCHAS DE KALAVASSA AMARILLA

Kürbis-Pasteten
(im Bild rechts)

Für den Teig:
125 ml natives Olivenöl extra
125 ml Wasser
ca. 500 g Weizenmehl
Salz

Für die Füllung:
250 g Kürbisfleisch, gewürfelt
125 ml Wasser
250 g Zucker
Olivenöl
100 g gemahlene Walnüsse
1 TL gemahlener Zimt

Teig: Wasser mit Öl aufkochen, vom Herd nehmen und Mehl einarbeiten, bis ein fester Teig entsteht. Salzen und auf einer bemehlten Unterlage ca. 10 Minuten kneten. Den Teig in 2–3 Portionen geteilt zugedeckt ruhen lassen. Dann dünn ausrollen und Kreise von 15 cm Durchmesser ausstechen. Den Backofen auf 180 °C vorheizen.
Füllung: Das Kürbisfleisch mit Wasser garen. Etwas Wasser nachgießen und das Kürbisfleisch mit einer Gabel zerdrücken. Zucker, Walnüsse, Zimt und etwas Olivenöl unterrühren und langsam etwas einkochen.
Gebutterte Tortelett-Formen mit dem Teig auslegen, etwas von der Füllung daraufgeben und mit Walnüssen bestreuen. Im vorgeheizten Backofen 30 Minuten backen. Noch warm servieren.

IN DEN THERMEN

Thessaloniki ist heute eine vitale Stadt mit breiten Boulevards, großzügigen Plätzen und modernen Geschäften. Ihr Wahrzeichen, der Weiße Turm, war Teil der byzantinischen Stadtmauer. Liebhaber sakraler Architektur können Streifzüge durch die Kirchen der Stadt unternehmen und sich zwischendurch in den Tavernen, den Kellerlokalen mit exzellenter makedonischer Küche oder in den Eisdielen stärken. In der Umgebung gibt es mehrere natürliche warme Quellen, deren heilende Wirkung bei Rheuma, Arthritis und Ischias von den Kurgästen geschätzt wird.

Schon im antiken Thessaloniki muss es eine ausgeprägte Badekultur gegeben haben. Archäologen fanden bei Ausgrabungsarbeiten im Bereich der antiken Agora Thessalonikis Überreste einer alten, vermutlich römischen, Badeanlage.

Öffentliche Bäder spielten jedoch schon in vorrömischen Zeiten im griechisch-hellenistischen Kulturkreis eine wesentliche Rolle im Alltagsleben. Dabei hatte das Dampf- oder Schwitzbad ähnliche Effekte wie die heutige Sauna. Die Holzkohleglut oder auf einer Feuerstelle erhitzte Steine wurden mit Wasser besprengt, wodurch sich im abgeschlossenen Raum heiße Luft entwickelte. Bei rituellen Waschungen wurden zusätzlich verschiedene Kräuter oder auch Hanf hinzugegeben. Eines der ältesten griechischen Heißluftbäder aus dem Anfang des 5. Jahrhunderts v. Chr. wurde bei Ausgrabungen auf Zypern in der Palastanlage Vouni identifiziert.

Zwei Frauen waschen und kämmen sich an einem großen Waschbecken, während eine dritte, ihre Kleidung sorgfältig zusammenlegend, dazukommt.

Die Grundausstattung antiker Thermen ist am besten aus der Römerzeit bekannt. Dazu gehörten nicht nur die Umkleideräume, Kalt-, Warm-, Dampf- oder Schwitzbad, sondern auch Garküchen und Schenken, Bibliotheken, Parks und Ballspielplätze. Mit wachsender Beliebtheit des Badens ließen wohlhabende Bürger und Herrscher immer mehr öffentliche Bäder errichten, die sich gegenseitig an Größe übertrafen und reich mit Mosaiken geschmückt waren. Die Bäder waren Teil des öffentlichen Lebens, sie dienten nicht nur der körperlichen Reinigung, sondern man traf dort auch Entscheidungen, schloss Geschäfte ab, nahm Speis und Trank zu sich, und Männer, denen die Bäder bis auf eigene Badezeiten für Frauen meist vorbehalten blieben, suchten und fanden hier Vergnügungen der besonderen Art.

Vier Frauen waschen sich unter einer Duschanlage in einem Badehaus. Das Wasser fließt aus Wasserspeiern in Form von Tierköpfen. Die Badenden haben ihre Kleider über einer die Wasserspeier verbindenden Stange abgelegt.

Einige Badehäuser aus Thessalonikis türkischer Zeit, so genannte Hamams, sind inzwischen mit Erfolg zu stimmungsvollen Restaurants und interessanten Ausstellungsräumen umfunktioniert worden.

PÁPIA STO FÚRNO ME FUNTÚKIA

Gebratene Ente mit Haselnüssen

1 Ente von ca. 1,5 kg, küchenfertig
250 g Haselnüsse
6 Zweige frische Minze, fein gehackt
1/2 Bund glatte Petersilie, fein gehackt
6 Zweige Basilikum, fein gehackt
6 getrocknete Feigen, fein gehackt
Kerne 1 Granatapfels
4 Wacholderbeeren, zerstoßen
1 TL Pfefferkörner, zerstoßen
Safranfäden
250 ml Rotwein
4 EL Olivenöl
2 EL Rotweinessig
150 ml Fischsoße (aus asiatischem Feinkosthandel)

Die Ente innen und außen mit Salz und Pfeffer einreiben, in den Bräter legen, Brust und Keulen mehrmals einstechen. Den Backofen auf 180 °C vorheizen. Die Haselnüsse auf einem Backblech ca. 10 Minuten im Ofen rösten. Herausnehmen und im Mörser fein zerstoßen. Die Temperatur des Backofens auf 200 °C erhöhen.
Alle Zutaten, außer der Ente und den Haselnüssen, in einem Topf langsam zum Kochen bringen, 20 Minuten köcheln und durch ein Sieb gießen. Die zerstoßenen Haselnüsse einrühren und die Soße über die Ente gießen. Diese im vorgeheizten Backofen ca. 1 1/2 Stunden braten. In dieser Zeit die Ente immer wieder mit der Soße übergießen und darauf achten, dass die Haut immer mit zerstoßenen Nüssen bedeckt ist. Wenn die Flüssigkeit verdampft ist, bildet die Soße eine Kruste auf der Ente. Heiß aus dem Ofen servieren.

Ein seit Jahrzehnten unverwechselbares Sinnbild für die griechische Gesellschaft: Die Männer lenken das Geschehen vom Tisch eines *kafenion* aus.

TÁWLI

Táwli ist das beliebteste Spiel griechischer Männer im *kafenion.* Der griechische Name *táwli* bzw. der türkische Name *tavla* leiten sich vom lateinischen *tabula,* das heißt Tafel oder Brett, her. Das Spiel wird auf einem zweigeteilten Brett mit jeweils 12 Feldern, also 24 Feldern insgesamt gespielt. Jeder Spieler hat 15 Spielsteine. Aber auch wenn die Spielmöglichkeiten durch Würfeln bestimmt werden: *táwli* ist kein Glücksspiel, sondern vor allem ein Strategiespiel, das von Geschick, Intuition und einer guten Portion Psychologie lebt.
In Griechenland wird es in drei verschiedenen Varianten gespielt, es sind aber auch weitere Spielarten mit entsprechenden Regelabweichungen bekannt: *Pórtes* (Türen) richtet sich weitgehend nach den bekannten Backgammonregeln. Die zweite Variante heißt *plakotó* (von griechisch *plakóno,* was ›zudecken‹, ›bedecken‹ bedeutet). Die dritte Variante nennt sich *féwga* (›lauf!‹ oder ›schnell weg von hier‹). Bei allen drei Spielarten kommt es darauf an, als Erster seine Spielsteine aus der Ausgangsposition in einen festgelegten Zielbereich des Bretts zu bringen. *Pórtes* hat dabei den kompliziertesten Grundaufbau der Spielsteine. Sie sind in 2er-, 3er- und 5er-Gruppen über das Brett verteilt. Einzelne Steine des Gegners können aus dem Spiel geworfen und müssen dann von ihm erst wieder neu ins Spiel gewürfelt werden. Bei *plakotó* wird mit allen Steinen vom jeweils ersten Spielfeld aus begonnen, freistehende Steine können festgesetzt werden. Bei *féwga* liegen die Steine in ihrer Ausgangsposition diagonal gegenüber. Die Spieler spielen gegen den Uhrzeigersinn in dieselbe Richtung und jagen sich so über das Spielfeld. Die verschiedenen Varianten können unabhängig voneinander gespielt werden, aber auch hintereinander, wobei die Spieler entsprechende Punkte sammeln.

KOMBOLÓI

Das *kombolói*, die griechische Perlenkette in den Händen der Männer, stammt ursprünglich aus dem Orient. Über Indien und Persien gelangte sie mit den Türken auch nach Griechenland. Wenn es gläubige Moslems sind, die sie durch ihre Finger gleiten lassen, dann dient sie als Gebetskette und ihre 33 Perlen müssen in einem Rundlauf jeweils dreimal berührt werden, um dabei Allah und seine 99 Namen zu preisen. Erst in Griechenland entwickelte sie sich zu einer Spielkette, die aber immer noch eine ungerade Zahl an Steinen aufweisen muss. Der Ausdruck *kombolói* beinhaltet das Wort *kómbos*, das heißt Knoten. Die Faszination und der Zauber, die von den durch die Finger gleitenden ›Knoten‹ ausgehen, sind die vielen gedanklichen Assoziationen, die sich beim Spielen einstellen. Das *kombolói* konnte wohl im Laufe eines langen Männerlebens fast so etwas wie ein Talisman werden. Es gibt alte Männer, die in tiefe Depressionen fallen, wenn sie ihr persönliches *kombolói* verlieren, das sie über Jahrzehnte begleitet hat. Tatsächlich ist das *kombolói* mehr als nur ein Zeitvertreib, fast ist man versucht zu sagen, dass es zum Ausdruck einer Lebenseinstellung geworden ist. Da sind der Klang der aufeinanderfallenden Steine, das Gefühl der glatten Steine zwischen den Fingern, die Stunden, die beim Spielen verrinnen und den Spielenden wie in einen leichten traceartigen Zustand versetzen. Eine große und zugleich einfache Erkenntnis, die man beim *Kombolói*-Spielen gewinnen kann, ist die dem kreisenden Perlenspiel innewohnende Ahnung, von immer Wiederkehrendem von niemals wirklich Endendem, von Unendlichem.

DAS KAFENÍON

Das Kaffeehaus der Männer, das *kafeníon*, ist geradezu eine griechische Institution. Ursprünglich gab es sie an jedem zentralen Dorfplatz, in jedem Stadtviertel oder an jeder prominenten Straßenkreuzung einer Großstadt. Dort haben sie heutzutage zwar an Bedeutung eingebüßt, doch in den ländlicheren Gebieten Griechenlands, in den Kleinstädten und auf den Inseln findet man sie immer noch. Hier treffen sich die Männer, man spricht über die Ernte, beklagt auch die Missernte und die verfehlte Brüsseler Agrarpolitik; familiäre Tragödien und persönliche Krisen werden ebenso diskutiert wie die große Politik, oder man spricht einfach über Gott und die Welt. Es wird gestritten, diskutiert, gebrüllt und gewitzelt. Und wer die Ruhe und Besinnlichkeit liebt, lässt im Rhythmus der duch die Finger gleitenden Perlen seines *kombolói* die Gedanken kreisen. Man sitzt beim Mokka, einem Glas Wasser, auch schon mal einem Glas Wein oder Ouzo. Zu essen gibt es hier nichts, außer vielleicht einem Tellerchen mit Erdnüssen, die zum Ouzo gereicht werden. So vergehen Stunden, ehe die Männer genug gesehen, diskutiert, gespielt und getrunken haben. Glücklich und zufrieden verlassen sie die vertraute Männerwelt und wissen, dass das *kafeníon* morgen am gleichen Platz wieder auf sie wartet.

Es ist nicht selten eher spärlich eingerichtet mit einfachen Stühlen und Tischen, dennoch haftet dem *kafeníon* etwas Unverwüstliches, Zeitloses an innerhalb der großen gesellschaftlichen Veränderungen Griechenlands. Auch in der dynamischen Entwicklung der Moderne hat das klassische *kafeníon* seine Position wahren können. Während die modernen Cafés in den Großstädten zu Treffpunkten nicht nur der Jugend beiderlei Geschlechts avanciert sind, blieb hier alles angenehm beim Alten. Denn Frauen haben in dieser Männerdomäne nichts verloren, und sie halten sich daran, so ist die traditionelle Rollenverteilung. Frauen haben ihre eigenen Treffpunkte, etwa den ehemaligen Waschplatz im Dorf oder das private Mokkatrinken auf der Terrasse einer Nachbarin.

Wichtigster Platz des griechischen alten Herrn ist ein Stammplatz in seinem Lieblings-*Kafeníon*. Ruhig da zu sitzen, mit zu reden und die Steine im Backgammonspiel werfen zu hören – das allein kann einen Tag schon zu einem guten Tag machen.

AM PERÍPTERO

Wenn es einen Menschen in Griechenland gibt, der seinen Seelenfrieden gefunden hat, dann ist es sicher der Mann im *períptero.* Ob an der lauten, hektischen Hauptverkehrsstraße oder im verschlafenen Vorstadtviertel, in einem *períptero* ist die Welt noch in den Fugen. *Períptera* sind die kleinsten denkbaren Supermärkte: ein quadratmeterkleines – oder wenn man so will -großes – Häuschen mit einem Dach, das lediglich Platz bietet für einen einzigen Stuhl und mit Waren vollgestopft ist bis unter die Decke. Nur einige wenige Kisten stapeln sich auf dem Boden und warten darauf, ausgepackt zu werden. Kein Stadt- oder Dorfbild wäre ohne diese Einrichtung denkbar, also auch Thessaloniki nicht. Auf ihre Weise sind *períptera* so sehenswert wie der Weiße Turm und das Altstadtviertel Ladádika. Und auch dem Mann im *períptero* sollte man ruhig eine Weile zuschauen. Vergraben hinter all den Kleinigkeiten, die das Leben einen Augenblick lang schöner oder besser machen, ruht er in sich und verkauft Süßigkeiten, Getränke, Eisiges und Salziges, Spielzeug für die Kleinen und Spielketten für die Großen, Batterien, Zigaretten, Zeitungen, Taschentücher… Gelegentlich hebt er den Kopf, um aus dem einzigen freien Fenster hinauszusehen, aber nur für einen Moment. Denn zu viel geht da vor sich, von dem er eigentlich gar nichts wissen will. Er ist zufrieden, wenn er ab und zu seine Hand hinausstrecken kann, um das Geld entgegen zu nehmen, das ihm Passanten wie im Vorbeigehen in die Hand drücken. Auf dem Land, wo die Tage noch ruhiger und das Leben in einem *períptero* noch gemütlich ist, scheint das Sortiment geradezu unerschöpflich, da werden Servietten, Messer, Scheren, Toilettenartikel angeboten, und auf fast magische Weise ist immer genau das darunter, was man anderswo einzukaufen vergessen hat. Und wenn der Nachbar nicht da ist, hinterlässt der Briefträger die Post im *períptero*, denn dort, das weiß man aus Erfahrung, ist sie gut aufgehoben.

Oben: Der Mann im *períptero* braucht Geduld, Gelassenheit, fast schon eine gewisse Abgeklärtheit – und vor allem gutes Sitzfleisch.

»Wir sind bei jeder Verlegenheit immer gern behilflich«, pflegte der alte Barba Jórjis zu sagen. Der kleine, leicht vornüber gebeugte Mann war im ganzen Viertel bekannt. Für die Kinder war er der reichste Mann der Welt, denn er schien all das zu besitzen, was Kinderherzen höher schlagen lassen konnte. War er gut gelaunt, dann verschenkte er schon mal Süßigkeiten an die Kinder, wenn ihre Augen vor seinem *períptero* groß und ihre Taschen leer waren. Das kam recht oft vor, und auch dafür mochte man ihn. Manche gingen zu ihm, um Neuigkeiten zu erfahren, denn die gab es immer gratis. So unscheinbar Barba Jórjis auch wirkte, er wusste immer alles, was im Viertel los war, und viele Fäden liefen bei ihm zusammen. Seine vier Wände hörten aber auch viele Geheimnisse, die sie für immer bargen. Barba Jórjis musste nicht in die Welt hinaus. In den Erzählungen seiner Kunden kam die Welt zu seinem *períptero.*

Links: Kaum etwas kann so tröstlich wirken, wie die glänzenden Augen eines Kindes vor dem *períptero.*

Rechts: Der *períptero* gehört einfach zum griechischen Straßenbild dazu.

In den Touristenorten hat der *períptero* inzwischen auch Souvenirs in sein Sortiment aufgenommen wie hier die beliebten Schwämme.

Ob in den Randbezirken oder im Zentrum, ein *periptero* findet sich in der Stadt überall. Oftmals entpuppen sich die unscheinbaren bei näherer Betrachtung sogar als die interessanteren, weil ihr Angebot weniger touristisch ist.

Ob an einer Hauptverkehrsstraße oder einsam in einem Wohnviertel, jedes *periptero* verfolgt eine individuelle Verkaufsstrategie, die sich auf einen Punkt reduzieren lässt: Alles was der Mann im *periptero* für notwendig hält.

An einem *periptero* wird noch ganz privat und individuell beraten. Obwohl Supermärkte wie Pilze aus dem Boden schießen, würde niemand auf die leckeren Kleinigkeiten aus dem *periptero* verzichten wollen.

Aus den reifen, aufgeplatzten Samenkapseln der Sesampflanze *(Sesamum indicum)* fallen die Samen.

Bei Thessaloniki unternimmt Professor Gertsis einen Modellversuch, um Sesam in Griechenland wieder heimisch zu machen.

SESAM

Die Sesampflanze (*Sesamum indicum*) ist eine uralte Kulturpflanze, die ursprünglich aus den Ländern am Indischen Ozean kommt. Die einjährige, bis zu zwei Meter hohe Pflanze treibt fingerhutähnliche weiße bis weinrote Blüten. An den Fruchtknoten bilden sich zahlreiche zwei bis drei Zentimeter lange Samenkapseln. Sind sie reif, platzen sie – ›Sesam öffne dich‹ – an der Spitze auf und geben die zwei Millimeter langen, eiförmigen, platten Samen frei. Die heute überwiegend angebauten Sorten sind inzwischen platzfest gezüchtet, damit man sie mit Mähdreschern ernten und anschließend maschinell reinigen kann. Sesam wird besonders in der orientalischen Küche vielseitig verwendet. In Griechenland bedeckt es auch die beliebten Sesamringe *kulúria*. Wegen seines hohen Gehalts an essentieller Linolsäure ist das durch Pressen der Samen gewonnene Sesamöl von hohem ernährungsphysiologischem Wert. Der Presskuchen hat einen so hohen Eiweißgehalt, dass er zu nahr- und schmackhaftem Mehl gemahlen wird.

Aus dem Versuchslabor des ›Dimitris Perrotis College of Agricultural Studies‹ in Thessaloniki, wo Professor Gertsis versucht, den Sesamanbau auf ökologischer Basis in Griechenland wieder einzuführen, da die Importware in der Regel zu hoch mit Schadstoffen belastet ist (von links nach rechts): griechische Sesamsorte Metaxades, Importware aus dem Sudan; griechischer Sesam aus Thrakien, Importware aus Indien.

CHALWÁS

Als man sich um 1500 v. Chr. im Palast des alten Mykene endlich für *›sa-sa-ma‹* (Sesam) interessierte – Schrifttäfelchen, die meist Warenlieferungen auflisten, verzeichnen das Wort auch abgekürzt als *›sa‹* – war die Sesampflanze in Ostafrika oder Indien schon etwa 500 Jahre lang in Gebrauch. Dort wusste man diese Pflanze gezielt anzubauen und schätzte den nahrhaften, aromatischen Sesamsamen. Um 600 v. Chr. fanden die Griechen, dass Sesamkörner auch hervorragend als Brotwürze geeignet waren: »Sieben Liegen und ebenso viele Tische, bekrönt mit Mohn-, Leinsamen- und Sesambrot, und für die Mädchen eimerweise süße Speise [...] dies ist ein süßes Gemisch aus Honig und Leinsamen«, lässt Athenaios in seinem ›Gelehrtenmahl‹ einen Feinschmecker schwelgen, was deutlich belegt, dass nicht nur Sesambrot, sondern auch schmackhafte Mischungen aus feinen Pflanzensamen und zum Beispiel Honig sehr beliebt waren. Auf den Hausratslisten eines reichen Atheners, dessen Hab und Gut versteigert werden sollte, steht neben so selbstverständlichen Lebensmittelvorräten wie Olivenöl, Linsen und Weizen auch Sesam. Und der Dichter Antiphanes aus dem 4. Jahrhundert v. Chr. nimmt Sesam zusammen mit Kümmel, Majoran und Thymian in seine Gewürzliste auf.

Doch es sollten noch Jahrhunderte vergehen, bis man in Griechenland endlich die köstlichste und gesündeste Süßspeise herstellte, die jemals aus Sesam entstand: *Chalwás*. Besonders im Norden Griechenlands wird *chalwás* wegen seines hohen Nährwerts schon zum Frühstück serviert, aber auch als Dessert zu einem Glas Wein. *Chalwás* entsteht aus 50 Prozent gemahlenen und gerösteten Sesamkörnern *(tachin)* und einer erwärmten Zucker-Glukose-Mischung. Der Zucker kann inzwischen auch durch Honig oder Fruchtzucker ersetzt werden, sodass *chalwás* auch bei Diabetes als Süßigkeit zu empfehlen ist. Zucker oder Honig werden dann mit der Sesampaste verrührt, bis sich eine zähe Masse bildet, die man abkühlen und erhärten lässt. Bevor sie ganz fest wird, füllt man die Masse in verschieden große Kastenformen. Bei 15 °C entsteht daraus die feste *Chalwás*-Masse. Durch die Beimischung von Kakao, Erdnüssen, Pistazien, Mandeln, kandierten Früchten, aber auch Aromen wie Rosenöl lassen sich die verschiedensten Geschmacksrichtungen erzeugen, das äußere Erscheinungsbild wird mittels unterschiedlichen Formen oder Schokoladenüberzügen beliebig variiert. Griechen konsumieren *chalwás* vor allem in der Fastenzeit, in der es dankenswerterweise nicht verboten ist zu essen, denn durch seine hohen Fettanteile, durch Kalzium, Eisen, Phosphor, Proteine, Vitamin A und C ist es eine langanhaltende, nahrhafte Energiequelle, die auch der Verjüngung der Körperzellen dienen soll.

Für *chalwás* mit Mandeln, *chalwás me amigdala,* werden nur ganze Mandeln verwendet.

Eine junge *Chalwás*-Variante mit Schokoladenüberzug. Ganz oben: *Chalwás*-Verpackungen mit Sammlerwert.

Chalwás mit Kakaopulver erkennt man an der interessanten Marmorierung, die die Masse durchzieht.

Chalwás-Barren gibt es in allen Geschmacksrichtungen, mit Früchten, Nüssen, Kakao, Honig oder Zucker.

Rechts: Aus frischem Obst nach Saison und klein geschnittenem *Chalwás* lässt sich mit wenigen Handgriffen eine interessante Nachspeise gestalten, die sicher für jeden Geschmack etwas auf dem Teller zu bieten hat.

PASTÉLI

An allen *perípteros* Griechenlands wird man auf eine Süßigkeit stoßen, die wie eine Erfindung der Naturkost-Bewegung der 1980er Jahre anmutet, dabei bildet *pastéli* nachgerade einen der Grundpfeiler der griechischen Süßigkeiten-Landschaft. Der klassische *pastéli* besteht nur aus Sesam, verbacken mit Honig, und ist daher in der Sesam-Gegend um Thessaloniki heimisch. Mittlerweile muss er sich den Rang mit Mandel-, Haselnuss- und Erdnuss-*Pastéli* teilen, die landesweit hergestellt werden. Kein Wunder bei dem Nussreichtum Griechenlands: Mandeln wachsen in den steinigen Regionen, Hasel- und Walnüsse in den Agrargebieten und die Erdnuss liefert Zypern.
In der Heimatregion des *pastéli* gibt es noch *Pastéli*-Bäckereien, in denen Sesam-*Pastéli* noch wie vor hundert Jahren hergestellt wird. Und der Duft aus den Backstuben lässt glauben, dass *pastéli* vielleicht doch etwas zu tun haben könnte mit dem legendären Nektar und Ambrosia, das seinen Weg vom nahen Olymp hierher gefunden hat.

PASTÉLI
Sesamriegel

500 g Sesam
250 g Honig
250 g Zucker

Den Backofen auf 175 °C vorheizen. Die Sesamkörner auf einem Backblech verteilen und im Ofen goldbraun rösten. Den Honig und den Zucker in einem Topf auf mittlerer Hitze aufkochen lassen, bis die Masse karamellisiert. Mit einem Zuckerthermometer darauf achten, dass die Temperatur der Masse 250 °C nicht überschreitet. Den Topf vom Herd nehmen und den gerösteten Sesam unterrühren. Eine Marmorplatte (oder einen anderen kühlen, glatten Untergrund) mit Sonnenblumenöl einfetten, die Masse darauf verteilen und mit einem eingeölten Nudelholz dünn ausrollen. Nun können kleine Riegel aus der Masse geschnitten und auf ein Rost gelegt werden. Die Riegel abkühlen lassen und einzeln in Frischhaltefolie verpacken. In einem gut schließbaren Gefäß sind *pastéli* längere Zeit haltbar.

Die Herstellung von *pastéli* erfordert gleichmäßiges Rösten von Sesam oder Erdnüssen.

Honig und Zucker zu einer kompakten Masse verkochen. Je fester die Masse, umso schneller wird später der *pastéli* trocknen.

Die Zucker-Sesam-(oder Erdnuss-)Masse wird auf eine glatte Fläche gekippt.

Mit einem Nudelholz sollte die Masse zu einer ganz dünnen Schicht gepresst werden. Das erfordert Fingerspitzengefühl.

PASTÉLI AUS LEFKÁDA

Die *Pastéli*-Variante der Ionischen Insel Lefkáda ist mit ihrer besonders gehaltvollen Schicht aus Sesamkörnern, großen Erdnüssen und Honig dicker als die sonst in Griechenland üblichen *pastéli.*

TACHIN

Tachin ist eine ölhaltige Paste aus gerösteten und in Steinmühlen fein gemahlenen Sesamsamen. Es wird in der Regel ohne Konservierungsstoffe hergestellt und kommt in Gläsern in den Handel. In der griechischen Küche gibt es viele Verwendungsmöglichkeiten für *tachin.* Als Salatsoße vermengt man es mit Zitronensaft, Knoblauch, Sojasoße, Avocado und Kräutern. *Tachin* kann die Basis für Soßen zu vielen griechischen Gerichten sein, so zum Beispiel für die beliebte griechische *Tachin*-Suppe.

TACHINÓSSUPA

Gemüsesuppe mit *Tachin*-Soße

Für die Suppe:
2 Möhren, fein gewürfelt
1 Aubergine, geschält und gewürfelt
etwas Weißkraut
2 grüne Paprika, fein gewürfelt
1/4 Sellerieknolle, fein gewürfelt
2 Stiele Selleriegrün
3 Kartoffeln, fein gewürfelt
1 Stange Lauch, in dünne Ringe geschnitten
3 Zucchini, fein gewürfelt
1 Bund Dill, fein gehackt
1 Bund glatte Petersilie, fein gehackt
500 g Suppennudeln
Saft von 1 Zitrone
2 EL Mais- oder Kartoffelmehl
Salz
frisch gemahlener schwarzer Pfeffer

Für die Soße:
125 g Sesamsamen
125 ml Zitronensaft
2 Knoblauchzehen
frisch gemahlener schwarzer Pfeffer

Alle Zutaten für die Soße zusammen mit etwa 200–250 ml Wasser im Mixer zu einer weichen, homogenen Creme verarbeiten. Wasser in einem Topf erhitzen und nach und nach das ganze vorbereitete Gemüse für die Suppe hineingeben. Den Dill und die Petersilie mit unterrühren und die Suppe mit Salz und Pfeffer würzen. Kurz bevor das Gemüse gar ist, die Suppennudeln in den Topf geben.
3 gehäufte EL *Tachin*-Soße mit einem Spritzer Zitronensaft und etwas Wasser verrühren und mit dem Schneebesen schaumig aufschlagen. Die Suppe vom Herd nehmen und die *Tachin*-Soße vorsichtig unterrühren. Nach Belieben kann die Suppe noch mit etwas Mais- oder Kartoffelmehl gebunden werden.

Für 4–6 Personen

Fenchel | Kreuzkümmel | Anis | Zimt
Lorbeer | Kardamom | Wacholderbeeren | Wilde Rose
Nelken | Pfeffer | Mispel | Eukalyptus
Wermut | Ysop

IM GEWÜRZ-LADEN

Menschen haben Kräuter und Gewürze verwendet, seit sie angefangen haben zu kochen. Waren es anfangs noch ausschließlich die wild wachsenden Kräuter, die man in der näheren Umgebung fand, so gelangten mit der Entwicklung des Handels auch fremde und exotische Gewürze in jede Küche. Manche Kräuter kamen auch im Zusammenhang mit Ritualen, magischen Zeremonien oder Kulthandlungen in Gebrauch. Und schon sehr bald fanden Kräuter und Gewürze ihren Eingang in die Medizin. Antike medizinische und botanische Schriften sind voll von Beschreibungen der Heilwirkungen von Kräutern. Der Grieche Theophrastos befasste sich mit Heilpflanzen und Kräutern ebenso wie der römische Arzt Galen, der als Vater der Pharmazie gilt.

So wird der Einkauf von Gewürzen für die Küche in einem gut sortierten Gewürzladen oder auf dem Markt zugleich zu einer botanischen wie medizinischen Entdeckungsreise. In Griechenland ist das Wissen über die Wirkung von Kräutern noch sehr verbreitet und genießt hohes Ansehen. Auf den griechischen Bergen wie im Pílion wachsen immer noch die schönsten und seltensten Kräuter Europas, die auch von griechischen Ärzte angewandt werden. Denn der Naturheilkunde wird in Griechenland ein großer Stellenwert eingeräumt. Dementsprechend vielfältig ist das Kräuterangebot der Märkte. Und ist kein großer Markt in der Nähe, dann sammeln die alten Leute ihre geheimen Kräuter eben noch immer selbst.

WÜRZEN IN DER GRIECHISCHEN KÜCHE

Die griechische Küche lebt mehr von der Qualität und Frische ihrer Zutaten, als von ausgefeilter Raffinesse. Frische Gewürze, wie Dill, Knoblauch, Thymian, Minze, Lavendel oder Oregano spielen eine große Rolle, aber auch eine so ungewöhnliche Zutat wie Mastix. Fleischgerichte werden bisweilen mit Gewürzen versehen, die man eher in Süßspeisen vermuten würde, wie etwa Zimt und Nelken.

Griechen machen beim Würzen keine Experimente. Salz, Pfeffer, Zitrone und Olivenöl bilden den Grundstock. Alles was darüber hinaus geht, gilt für die griechische Zunge als gewöhnungsbedürftig. Und obwohl Griechen das Chaos lieben – in der Küche herrschen immer klare Verhältnisse. Gerichte, die man nicht von Kindesbeinen an kennt, werden einfach ignoriert. Nur zögerlich wird ein fremdes Gericht getestet.

Daher wird auch nicht viel gewürzt, denn es muss immer herauszuschmecken sein, was auf den Tisch kommt. Ist ein Essen süß, dann ist es richtig süß. Ist etwas salzig, dann ist es sehr salzig.

Auch in griechischen Küchen residiert natürlich der Knoblauch, den man immer herausschmecken sollte. Das gleiche gilt für Zwiebeln und die scharfen Chillies. Nur sie genießen das Privileg, auf der Zunge brennen zu dürfen, sonst sind scharfe Gewürze in der griechischen Küche nicht erwünscht. Und eines darf niemals fehlen: Olivenöl. Vom Salat bis zur Süßspeise, zu allem wird es gern und auch gern in großen Mengen genossen.

Gewürze und Tees werden in kleinen Mengen verkauft, damit sie schnell verbraucht werden können. Fertig in Tüten abgepackte Ware ist in Griechenland eine noch junge Verkaufsstrategie. Wer auf Qualität Wert legt, der lässt sich seine duftenden Küchenpülverchen nach wie vor exakt abwiegen und in eine Papiertüte einpacken.

MAKEΔONIA

Oben: Die Ruinenstätte des antiken Philippi, 16 Kilometer nordwestlich von Kavala, wird seit 1914 ausgegraben.
Hintergrund: Der Olymp überblickt die fruchtbaren Ebenen.

MAKEDONIEN

Als zu Beginn der ›dunklen Jahrhunderte‹ um 1200 v. Chr. eine große Einwanderungswelle die griechische Halbinsel erfasste, drangen aus dem Norden kommend die Makedonier vor. Seit etwa 700 v. Chr. sind sie als Gesellschaft im Gebiet des heutigen Makedonien historisch und archäologisch greifbar. Im Gegensatz zu den unabhängigen, von adligen Eliten selbstverwalteten griechischen Gemeinden, den *›poleis‹*, gründete sich die makedonische Gesellschaft auf ihren Reiter-Adel, an dessen Spitze ein König stand, der wiederum eine kleine Gruppe ihm verpflichteter Getreuer um sich scharte. Es gab offenbar kaum Berührungspunkte zwischen Griechen und Makedoniern, denn im Mythos treten sie nicht in Erscheinung. Nicht einmal Herakles, der im ganzen Mittelmeerraum seine Taten verübte, kam nach Makedonien. Für Griechen galt das Land jenseits des Göttersitzes Olymp als ›Barbarenland‹, das man ignorierte. Erst mit dem militärischen Erstarken unter Philipp II. (382–336 v. Chr.) und mit den Eroberungszügen seines Sohns Alexander des Großen (356–323 v. Chr.) wurde Makedonien nicht nur ein Teil von Hellas, sondern zum Zentrum eines riesigen hellenistischen Weltreichs.

Auch wenn es antike Städte wie Philippi, Pella und Vergina gab, war Makedonien eher eine ländlich geprägte, dünn besiedelte Region mit kleineren Ansiedlungen, der König besaß zunächst kein Machtzentrum, er zog mit seinem ganzen Staat durch das Land, um sich überall zu zeigen und präsent zu sein. Nach dem Zerfall des hellenistischen Weltreichs waren es erst wieder die Römer, die Makedonien zu einer bedeutenden Provinz machten und mit der Anlage der Via Egnatia nach Byzantium die Grundlage für die wirtschaftliche Attraktivität der Region schufen. Mit der Nähe zu Byzanz wurde Makedonien zu einem Ziel früher christlicher Missionierungen. Der Apostel Paulus gründete auf seiner zweiten Missionsreise 49 in Philippi die erste christliche Gemeinde auf europäischem Boden. Die Nähe zu Istanbul bescherte der Region aber auch eine lang andauernde osmanische Herrschaft. Erst 1913 wurde ein Teil des einst großen Makedonien wieder griechisch, ein weiterer Teil kam zum ehemaligen Jugoslawien und bildet heute den selbstständigen Staat Mazedonien.

Die fruchtbare makedonische Tiefebene erstreckt sich nahezu über ganz Nordgriechenland und ist bis heute stark ländlich geprägt. Hier gedeihen fast alle für den internationalen Markt wichtigen Feldfrüchte.

Der größte Teil der makedonischen Bevölkerung ist in der Landwirtschaft tätig, die inzwischen fast überall durch den Einsatz moderner Landwirtschaftsmaschinen rationalisiert worden ist. Das Bild vom Sämann auf seiner Scholle gehört der Vergangenheit an.

MAKEDONISCHE OBSTSCHALE

Ganz Makedonien ist gewissermaßen eine einzige große Obstschale, denn hier erstreckt sich der Garten Griechenlands. Wer es gewohnt ist, sein weit gereistes Obst in einem Laden oder gar fertig abgepackt im Supermarkt zu kaufen, der wird sich kaum eine Vorstellung davon machen können, was es bedeutet, in der Imathias-Ebene zu leben, wo man einfach nur zur nächsten Obstplantage zu gehen braucht und sich aussuchen kann, worauf man gerade Appetit hat. Das Angebot ist so groß, dass man speziell an den heißesten Tagen des Jahres dieser Fülle sonnengereifter Früchte kaum widerstehen kann. Frisch gepflücktes, in Ruhe gereiftes Obst hat seine eigenen Aromen voll entfalten können, es verbreitet einen intensiven Duft, dem keinerlei Chemie oder nachträgliche künstliche Reifung nachhelfen musste. Alle natürlichen Vitamine und Nährstoffe sind noch erhalten: Erdbeeren, Feigen, Kiwis, Pfirsiche oder Weintrauben – alles ist noch so gesund, wie man es mit Recht erwarten darf. Für die Menschen, die hier leben, ist es selbstverständlich, dass nach dem Essen Obst auf dem Tisch kommt. Es bedarf keiner verfeinernden Verarbeitung, es wird einfach nur unmittelbar vor dem Verzehr geschält, aber es gibt kaum etwas Köstlicheres.

KRÁNA

Kirke labte damit die Gefährten des Odysseus, nachdem sie sie in Schweine verwandelt hatte, denn *krána,* die Früchte der Kornelkirsche *(Cornus mas)* galten zu Homers Zeiten als geschätztes Schweinefutter. Wenn man zum falschen Zeitpunkt hineinbeißt, dann schmecken sie sauer wie Quitten – man muss schon warten, bis sie voll ausgereift sind, will man sie roh genießen. In Makedonien schätzt man sie als *krana-glikó,* das heißt in Sirup eingelegt, oder in hochprozentiger Form in Alkohol konserviert.

DER NAME DES PFIRSICHS

Makedonien ist Griechenlands klassisches Anbaugebiet für Pfirsiche *(Prunus persica)*, die im Frühjahr die Ebenen in ein weißes Blütenmeer verwandeln. Die bäuerliche Genossenschaft von Meliki, 55 Kilometer westlich von Thessaloniki und nicht weit vom antiken Vergina, kultiviert auf mehr als vier Millionen Quadratmetern Fläche bis zu zwanzig verschiedene Pfirsichsorten. Pfirsiche sind während ihrer gesamten Wachstumsperiode sehr empfindlich gegenüber klimatischen Veränderungen. Hagel und Kälte im Frühjahr können bereits die Blüten vernichten, aber auch die jungen Früchte schädigen, sodass alljährlich mehrere Tonnen Pfirsiche nicht mehr makellos und frisch auf dem Markt, sondern leicht angeschlagen in der Saftproduktion enden. Aber selbst wenn alle Klimafaktoren ideal wären und es keinerlei Schädlingsbefall oder Krankheiten gäbe, würde die Ernte nur mittelmäßig ausfallen. Denn auch die Bauern sind gefordert, das ihre zu tun: Im Winter müssen sie die Böden düngen und die Äste beschneiden, im Frühjahr dann die Pfirsiche ausdünnen. Dazu werden an jedem Ast bis zu 30 Prozent der eben sich entwickelnden Früchte gepflückt, damit die restlichen genügend Kraft haben, die erforderliche Größe zu erreichen. Das vorzeitige Pflücken bewahrt die Äste zudem vor Übergewicht und damit vor dem Abbrechen. Diesen gezielten Eingriffen verdanken die Bauern von Meliki in der makedonischen Ebene allen klimatischen Unwägbarkeiten und jährlichen Schädlingsplagen zum Trotz bis zu 20 000 Tonnen Pfirsiche im Jahr. Hinzu kommen 10 000 Tonnen Nektarinen. Als frisches oder tiefgekühltes Obst, als Pfirsichkompott in Dosen oder als frisch gepresster Saft sind makedonische Pfirsiche auf europäischen, asiatischen und amerikanischen Märkten präsent.

Die gen Osten exportierten Pfirsiche sind gewissermaßen wieder Richtung Heimat unterwegs, denn aus China ist die Frucht schon vor Jahrtausenden über Persien nach Europa gelangt. Aus diesem Grund sprachen die antiken griechichen Autoren, die mit der Benennung und Differenzierung runder, gelb- bis rotwangiger, saftiger Baumfrüchte von ursprünglich nah- oder fernöstlicher Herkunft ihre Schwierigkeiten hatten, vom Pfirsich häufig als vom ›persischen Apfel‹. Diesen Namen beanspruchte zwar bereits die Zitronatzitrone, was zeitweise zu Verwirrung stiftenden Verwechslungen führte, er bürgerte sich aber bei den meisten antiken Autoren ein und wurde später zu *›persike‹*. Bereits im 3. Jahrhundert v. Chr. werden Pfirsiche wohl in Griechenland heimisch gewesen sein, systematisch gezüchtet wurden sie allerdings erst bei den Römern. Die lateinische Charakterisierung einer bestimmten Pfirsichsorte als *›duracinus‹*, hartkernig, ging später als *›dorakinon‹* ins Griechische ein, was im Neugriechischen zu *rodákinon,* Pfirsich, wurde. Somit haben die Griechen ihrem Lieblingsapfel bis heute keinen eigenen Namen gegeben.

Sorgfältig in Kartons verpackt verlassen tonnenweise frische Pfirsiche die Kooperativen Makedoniens, um auf internationalen Märkten angeboten zu werden.

Niemand weiß zu sagen, ob die erste Nektarine eine Pfirsichmutante oder ein Bastard aus Pfirsich und Pflaume war. Ihre Beliebtheit beeinträchtigt das nicht.

RODÁKINA SE KRASSÍ
Pfirsiche in Rotwein

8 reife Pfirsiche, geschält, halbiert und entsteint
100 g Zucker
1 TL Zimt
750 ml halbtrockener Rotwein
250 ml süße Sahne

Pfirsiche, Zucker, Zimt und den Wein in einem Topf auf starker Hitze kurz aufkochen lassen. Die Temperatur reduzieren und die Früchte noch etwa 10 Minuten ziehen lassen. Die Pfirsiche herausnehmen und auf jeden Teller 2 Hälften legen. Den Sud erneut aufkochen lassen, bis ein dicker Sirup entsteht. Den Sirup auf den Pfirsichhälften verteilen und die Teller kühl stellen. Die Sahne steif schlagen und jede Portion mit einer Sahnehaube garnieren. Kalt servieren.

KOMPÓSTA RODAKINO
Pfirsichkompott

1 kg Pfirsiche
250–350 g Zucker

Die Pfirsiche schälen, halbieren und die Steine entfernen. Nach Wunsch dann das Fruchtfleisch vierteln oder in kleinere Stücke schneiden. So viel Einmachgläser wie erforderlich zur Hälfte mit Wasser füllen und den Zucker darauf verteilen. Dann die Pfirsichstücke hineinlegen und die Gläser mit Wasser auffüllen. Die Deckel der Einmachgläser kurz in heißes Wasser tauchen und die Gläser damit luftdicht verschließen. Einen großen Topf zur Hälfte mit Wasser füllen, die Einmachgläser hineinstellen und etwa 1 Stunde kochen lassen. Das Pfirsichkompott ist über Monate haltbar und wird in Griechenland besonders im Winter gern als Nachtisch gereicht.

An den Zweigen des Pfirsichbaums entwickeln sich im späten Frühjahr weitaus mehr Pfirsiche als sie im Sommer tragen können.

Damit die Pfirsiche eine bestimmte Größe erreichen und die Zweige nicht unter der Last zu vieler Früchte brechen, werden 30 Prozent unreifer Früchte entfernt.

Offiziell ist es verpönt, aber insgeheim hat es sicher jeder schon getan: beim Backen oder Kochen genascht.

Das Eiweiß wird mit einem Teil des Zuckers zu steifem Schnee geschlagen.

Das Eigelb mit dem restlichen Zucker, mit Butter und Orangenschale verrühren.

Die Eigelbmischung in den Teig aus Mehl, Backpulver, Grieß und Orangensaft rühren.

Mit einem Löffel den Eischnee vorsichtig unterheben, damit er nicht zerfällt.

REWANÍ UND LUKUMÁDES

Rewaní gehört zu den klassischen griechischen Sirupkuchen, auch wenn seine homogene Konsistenz dem zu widersprechen scheint, verbindet man mit der Bezeichnung doch eher blättrige *baklawás*. Der relativ kompakte Kuchen wird durch die Zucker-Sirup-Glasur saftiger, und das ausgeprägte Orangenaroma lässt ihn trotz des hohen Zuckergehalts frischer erscheinen. Weniger mächtig wird er durch den Sirup natürlich nicht, weshalb jeder ›Glikomane‹ seine Neigungen streng unter Kontrolle halten sollte. Für *rewaní* gilt, was auch für andere Sirupkuchen entscheidend ist: Man sollte ihn besser in der kalten Jahreszeit anbieten, wenn die Tage kürzer werden und die winterlichen Feiertage beginnen.

Der Name dieses Sirupkuchens stammt aus dem Türkischen, doch die Griechen behielten ihn auch nach dem Abzug der Türken bei. Und die Juden von Thessaloniki hatten das Gebäck fest in ihren süßen Jahreskalender integriert. Sie alle bevorzugen ihn auf die gleiche Art: gekühlt und mit einem Schuss Sahne oder Vanille-Eis serviert. Einig ist man sich auch darin, dass sein Geschmack am besten zur Geltung kommt, wenn man *rewaní* 24 Stunden ziehen lässt. Wollte man über einem Stück Grießkuchen ins Grübeln geraten, könnte man nur bedauern, dass gleiche Vorlieben in der Vergangenheit so wenig bewirkten.

Ein weiteres griechisches Traditionsgebäck sind *lukumádes*, die in heißem Olivenöl ausgebackenen Bällchen aus Hefeteig. Im Sommer werden sie auch an den Sandstränden der griechischen Urlaubsgebiete angeboten.

Links: Der Sirupkuchen *rewaní* ist eigentlich eine Art Grießauflauf, was seine Köstlichkeit nicht beeinträchtigt. Rechts: *Lukumádes*, Mokka und Wasser gehören zusammen.

REWANÍ

Sirupkuchen

Für den Teig:
500 g Mehl
3 $^{1}/_{2}$ TL Backpulver
$^{1}/_{2}$ TL Salz
250 ml Orangensaft
250 g feiner Grieß
6 Eier
150 g Zucker
300 g weiche Butter
geriebene Schale von 1 unbehandelten Orange
100 g gehackte Mandeln

Für den Sirup:
650 g Zucker, 500 ml Wasser
2 EL Weinbrand

Mehl, Backpulver und Salz in eine Schüssel sieben. Abwechselnd löffelweise Orangensaft und Grieß in die Mehlmischung einrühren, bis eine homogene Masse entsteht.

Den Backofen auf 180 °C vorheizen. Die Eier trennen und das Eiweiß mit der Hälfte des Zuckers zu steifem Schnee schlagen. Das Eigelb verquirlen und mit dem restlichen Zucker, der Butter und der geriebenen Orangenschale schaumig rühren und in den Grießteig einarbeiten. Nun den Eischnee vorsichtig unterheben, damit er nicht zusammenfällt. Eine Auflaufform einfetten, den Teig darin gleichmäßig verteilen und mit den gehackten Mandeln bestreuen. Im vorgeheizten Backofen auf mittlerer Schiene ca. 40 Minuten backen, bis die Oberfläche goldgelb ist. Herausnehmen und leicht abkühlen lassen.

Für den Sirup den Zucker in 500 ml heißem Wasser auflösen und aufkochen. Den Weinbrand zugeben und den Sirup noch heiß über den Kuchen gießen. Nach etwa 30 Minuten allen nicht aufgenommenen Sirup abgießen, den *rewaní* ganz auskühlen lassen und in nicht zu große Portionsstücke schneiden.

LUKUMÁDES

Honigkrapfen

30 g frische Hefe
1 kg Mehl
1 TL Zucker
Öl zum Ausbacken
Honig
Zimt

Die Hefe mit 250 g Mehl, dem Zucker und etwas warmem Wasser in einer Schüssel zu einem glatten Teig kneten. Die Schüssel mit einem Tuch bedecken und an einem warmen Ort ruhen lassen, bis sich das Volumen des Teigs verdoppelt hat. Diesen Vorteig mit dem übrigen Mehl und so viel Wasser, wie nötig zu einem geschmeidigen Teig verarbeiten. Die Schüssel erneut abdecken und den Teig abermals, jetzt etwa 1 $^{1}/_{2}$ Stunden, gehen lassen, bis sich auf der Oberfläche kleine Blasen bilden.

In einem Topf reichlich Öl erhitzen. Mit einem Löffel vom Teig kleine Klöße abstechen und in das siedende Öl gleiten lassen. Die Teigbällchen so lange frittieren, bis sie kross und goldgelb gebacken sind. Dann mit einem Schöpflöffel die *lukumádes* aus dem Öl heben und auf einem Küchenkrepp abtropfen lassen. Zum Schluss die Krapfen auf einer Platte anrichten, mit viel Honig begießen und mit Zimt bestreuen.

IM BLICKFELD DER GÖTTER

Zeus, der Herrscher der antiken Götterwelt, hatte seinen Thron auf dem Olymp mit Bedacht gewählt, denn nirgendwo sonst in Griechenland gibt es eine derart aufregende Aussicht auf eine fruchtbare Ebene wie von einem der zehn Einzelgipfel des Olymp aus. Hier blieben die Götter zwar unter sich, aber dennoch nicht völlig unbehelligt, entstanden doch an den Hängen des Olymp viele kleine oder größere Heiligtümer, so als hätten auch die Menschen an der göttlichen Weitsicht teilhaben wollen. Im Norden des etwa 430 Kilometer breiten und 40 Kilometer langen Bergmassivs erstrecken sich die fruchtbaren Ebenen von Westmakedonien. Tag für Tag könnte man, genösse man nur die göttliche Weitsicht, die Bauern in dieser zweitgrößten Ebene Griechenlands bei ihrer täglichen Arbeit beobachten. Gemüse, Getreide, Obst und Wein werden hier zuweilen auch im Überfluss angebaut und geerntet. Den griechischen Bauern geht es da nicht anders als anderen Bauern in der Europäischen Union: In der Sorge um gute Ernten, in der Hoffnung, dass die Brüsseler Subventionen nicht versiegen, im Bemühen, die landwirtschaftlichen Erzeugnisse den Richtlinien der Europäischen Union an Größe und Aussehen anzupassen, wird schon mal zuviel produziert. Aber das mag den Götter gehören!

GOTTVATER ZEUS

Zuweilen, wenn ihm seine vielen Affären die Zeit dazu ließen, fand Zeus auch mal die Muße, die Welt zu regieren. War es doch seine vordringliche Aufgabe, für die Erhaltung der Erdfruchtbarkeit zu sorgen. Dabei wollte er den Menschen das Leben jedoch nicht zu leicht machen, was die Geschichte von Prometheus beweist, der bestrebt war, deren Los zu verbessern, dafür aber grausam bestraft wurde. Dennoch hat dieser sehr komplexe Göttervater, in den sicher nicht nur griechische Gottesvorstellungen eingeflossen sind, den Menschen immer wieder geholfen. Er war der wolkenlose, tiefblaue Himmel, ohne den keine Ernte gelingen konnte, aber ebenso war er der Gewittersturm (sein Name bedeutet ›Aufleuchtender‹), durch den er seine Blitze schleuderte, die alles wieder vernichten konnten. Er war allmächtiger Herrscher der Götter wie der Menschen und gab bei Zwistigkeiten den richtigen Rat – es war also ratsam, sich gut mit Zeus zu stellen.

In jeder kleineren Stadt werden Wochenmärkte abgehalten, an denen die Bauern der Umgebung teilnehmen. Und selbst die unbedeutendsten Provinzmärkte zeichnen sich durch die hohe Qualität der Waren aus.

Niemand hat hier etwas dagegen, wenn der Kunde die Ware einer eingehenden Prüfung unterzieht. Warum auch? Jeder Händler ist davon überzeugt, dass seine Ware ohnehin makellos ist.

PRÜFENDER BLICK IN DIE ERDE

Hier am Fuß des Olymp, unter den strengen Blicken des Göttervaters Zeus, hatte man so seine Erfahrungen gemacht: Opferte man den Göttern genug, dann war von ihnen Hilfe und Beistand zu erwarten, konnten sie so doch gewiss sein, das nächste Opfer mit Sicherheit zu erhalten. Als die alten Götter aus der rationalen Welt vertrieben waren, das Leben aber nicht unbedingt einfacher wurde, schufen sich die Bauern neue Götter, denen sie alljährlich einen Teil der Erde als Opfer darbringen: ›Und die Weißbekittelten lesen darin mit naturwissenschaftlich prüfendem Sinn.‹ Überall in den makedonischen Anbaugebieten haben renommierte Institute Geschäftsstellen eingerichtet, wo die Bauern Bodentests durchführen lassen können. So erhalten sie Auskunft über Art und Menge der vorhandenen Mineralstoffe sowie über den pH-Wert ihres Bodens und erfahren, für welche Frucht er geeignet ist, aber auch, was dem Boden fehlt und ihm zugesetzt werden muss, um optimale Erträge zu garantieren. Hier finden die Bauern auch fachkundigen Rat, wenn die Blätter frühzeitig welken oder wenn Würmer das Obst befallen. Sie sind dann nicht auf die Huld launischer Götter angewiesen, sondern können auf probate, zunehmend auch ökologisch verträgliche Mittel zurückgreifen.

Was manch einem als Unkraut erscheinen mag – die Griechen machen eine Delikatesse daraus. Wildkräuter wie Löwenzahn, Ackersenf und Co. sind ebenso schmackhaft wie gesund. Aufessen ist die beste Unkrautvertilgung.

FRISCH UND KNACKIG

Es gibt wohl kaum ein Mittag- oder Abendessen in Griechenland ohne den passenden Salat. Zwei Dinge sind dabei ganz wichtig: griechische Salate werden immer unmittelbar vor dem Essen frisch zubereitet, damit sie ihre Vitamine nicht einbüßen, und sie werden immer zusammen mit der Hauptspeise gegessen. Gewöhlich kommen sie in der größten Schüssel des Hauses auf den Tisch, und jeder darf mit seiner eigenen Gabel hineinlangen und sich seine Lieblingsstücke heraussuchen. Es gilt in Griechenland als geizig und wenig gastfreundlich, wenn man nur vom eigenen Teller isst, denn Essen, das auf einen griechischen Tisch kommt, ist für alle da. Darüber hinaus ist das gemeinsame Essen aus einer Schüssel ein wichtiges Symbol für die familiäre Gemeinschaft. Das gilt vor allem für Vorspeisen und Salate. Der berühmteste aller griechischen Salate ist der Bauernsalat, der seinen Namen natürlich nicht erhalten hat, weil er nur von den Bauern gegessen wurde. Vielmehr waren die darin enthaltenen Tomaten, Salatgurken, Paprika, Zwiebeln, Oliven und der Schafskäse früher eben nur bei den Bauern auf dem Land wirklich frisch und zumindest in den entsperechenden Jahreszeiten in ausreichenden Mengen vorrätig, dass es diesen gemischten Salat täglich geben konnte. Inzwischen zählt der griechische Bauernsalat zu den meistkopierten Salaten der Welt.

CHÓRTA

Wenn Griechen von *chórta* sprechen, dann meinen sie damit eigentlich Gräser oder Heu. Wenn sie aber im Restaurant Chórta-Salat bestellen, dann erwarten sie etwas anderes. Unter dem Begriff *chórta* versteht man in Griechenland auch eine Reihe von Wildkräutern, die man auf Wiesen oder am Wegrand pflücken kann und die nach kurzem Blanchieren zu Salat verarbeitet werden. Sie schmecken ungewöhnlich würzig, enthalten viele Bitterstoffe und bereichern das ohnehin üppige Salatangebot um ein Vielfaches. Bereits nach den ersten Winterregen sprießen erste *chórta* aus dem Boden und bleiben bis zum Frühjahr eine begehrte Vorspeise oder Beilage zum Hauptgericht. Dabei gibt es von Region zu Region andere Arten, aber auch unterschiedliche Namen für gleiche Arten. Man fasst unter dem Begriff *chórta* Pflanzen wie Löwenzahn, Brennessel, Ackerrettich, Sauerampfer, Spitzwegerich und andere Wildkräuter zusammen. Übrigens: *Chórta* fallen nicht unter das Recht des Privatbesitzes. Jeder darf auf den Feldern sammeln gehen.

CHORIÁTIKI SALÁTA
Bauernsalat

2–3 Tomaten, gewürfelt
1 Salatgurke, gewürfelt
1 Zwiebel, in Ringe geschnitten
2 hellgrüne, spitze Paprika, in Ringe geschnitten
schwarze Oliven
200 g Schafskäse
Kapern und Eier (nach Belieben)
natives Olivenöl extra
Essig
Oregano
Salz
frisch gemahlener schwarzer Pfeffer

Das vorbereitete Gemüse in einer Schüssel mit Essig übergießen, mit Salz und Pfeffer würzen und gut vermischen. Mit den schwarzen Oliven, dem Schafskäse und eventuell mit den Kapern garnieren und alles mit reichlich Olivenöl übergießen. Zum Schluss etwas Oregano darüber streuen. Dazu reicht man frisch gebackenes Weißbrot.

AM SALATBUFFET

Gemeinsam mit den Vorspeisen, *mesédes,* und teilweise damit identisch, nehmen Salate eine zentrale Stellung im griechischen Speiseplan ein. Entsprechend allgegenwärtig sind sie, wobei es durch die vielen Kombinationsmöglichkeiten unendlich viel mehr Salate als Gemüsesorten zu geben scheint, und ein Ende dieser Liste nicht abzusehen ist. Im Alltagstest kristallisieren sich jedoch die Spitzenreiter heraus, gekürt von einer Zufallsjury, bestehend aus Schulkindern, Vorspeisenden und kantinenverwöhnten Angestellten.

1 *Ntomatosaláta* und *Choriátiki saláta:* Erwartungsgemäß wird die fiktive Hitliste von Tomaten- und Bauernsalat angeführt.
2 *Chórta:* Wildkräuter in verschiedenen Kombinationen als Salat sind für Nicht-Griechen die eigentliche Entdeckung.
3 *Marúli:* Kopfsalatblätter werden nicht grob gezupft, sondern prinzipiell fein geschnitten.
4 *Lachanosaláta* oder *politiki:* Krautsalat, entweder nur mit vereinzelten Möhrenraspeln oder bunt gemischt mit Chillies, Sellerie und mehr.
5 *Pantsária:* Gekochte Rote Bete mit Knoblauch, Zwiebel, Apfel oder Schafskäse behauptet einen guten Platz im Mittelfeld.
6 *Salátes me lachaniká:* Alle weiteren denkbaren Gemüsesalate.
7 *Jigantes, mawromátika* und Co.: Salate aus gekochten getrockneten Bohnenkernen, einzeln oder mit anderen kombiniert.
8 *Rewíthia me kremídi:* gekochte Kichererbsen in Verbindung mit rohen Zwiebeln.
9 *Róka* oder *pikralída:* Rucola (Rauke) und Löwenzahn, jeweils roh als Salat angemacht und damit von *chórta* eindeutig unterschieden.
10 *Patatosaláta:* Kartoffelsalat ohne Mayonnaise, dafür mit Olivenöl darf auch auf einer fiktiven Hitliste nicht fehlen.
11 *Rossiki saláta:* Russischer Salat, der ›Exote‹ im griechischen Salatbuffet.
12 *Karóto saláta:* Geraspelte Möhren sehr unterschiedlich pikant gewürzt.
13 *Saláta apó kókkino láchano:* Gehobelter Rotkohl, mit Salz gewissermaßen trocken mariniert, als Schlusslicht dieser Liste, die natürlich gar keine sein kann, weil am wirklichen Buffet jeder einzelne Salat die Nummer eins ist.

Saláta apó kókkino láchana
Rotkohl muss wie Weißkohl sehr dünn gehobelt werden, im Gegensatz zum Weißkohlsalat sollte man ihn jedoch vorbereiten, damit das Salz einziehen kann. Zum Schluss etwas Zitronensaft.

Karóto salata
Auch geraspelte Möhren werden nur mit Olivenöl, Zitronensaft und Salz angemacht, sie fordern durch ihren Zuckergehalt jedoch dazu auf, mit den Gewürzen großzügiger umzugehen. Etwas Dill kann nicht schaden.

Róka
Auch beim Rucolasalat dominieren Olivenöl, Salz und Zitronensaft, man hebt das Bild jedoch, indem man Tomatenstücke, manchmal auch halbe süße Kirschtomaten hinzumischt.

Marúli
Der fein geschnittene, statt grob zerpflückte Kopfsalat ist ein gutes Beispiel für die griechische Salatideologie: Olivenöl, Zitronensaft und Salz als Würze scheinen einfallslos, doch sie betonen den Eigengeschmack der Hauptzutat.

Lachano saláta
Der Weißkohl wird zunächst gründlich gewaschen, dann ganz fein gehobelt und nur mit Zitronensaft, Salz und Olivenöl vermischt. Etwas glatte Petersilie setzt optische Akzente.

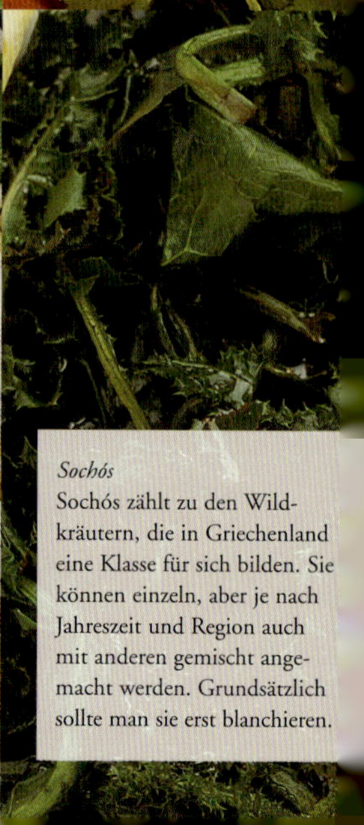

Sochós
Sochós zählt zu den Wildkräutern, die in Griechenland eine Klasse für sich bilden. Sie können einzeln, aber je nach Jahreszeit und Region auch mit anderen gemischt angemacht werden. Grundsätzlich sollte man sie erst blanchieren.

Glistrida
Die fleischigen, aromatischen Blätter des Portulak sollten gründlich gewaschen und mit Salz, Zitrone und Olivenöl angemacht werden. Etwas fein geschnittene frische Tomate ist eine gute Ergänzung.

Jíjantes
Mit Salz, etwas Pfeffer, Zwiebeln, Thymian nach Belieben und Weinessig für den leicht säuerlichen Geschmack kann man aus verschiedenen gekochten Bohnenkernen einen sättigenden Salat zubereiten, den man im Sommer am besten gekühlt serviert.

ZITRONE ODER ESSIG?

Über die Zitrone haben sich seit der Antike viele Gelehrte gestritten; besonders über ihren Namen. Bis sie vom ›medischen Apfel‹ über ›*kitrion*‹ schließlich in byzantinischer Zeit zu ›*lemóni*‹ wurde, vergingen einige hundert Jahre. Zur Verwirrung hinsichtlich der Namensgebung mag beigetragen haben, dass zwischen Zitrusfrüchten allgemein nicht differenziert wurde. Lange Zeit wusste man kaum etwas über ihre Herkunft und Verbreitungsgeschichte zu sagen, außer dass die Zitrone erst sehr spät in Griechenland kultiviert wurde. Beim Essig und besonders beim Weinessig gibt es dagegen eindeutige Überlieferungen. Schließlich entwickelte sich diese Würze sehr früh im Zusammenhang mit Wein. Zitrone wie auch Essig sind unentbehrliche Würzmittel der griechischen Küche geworden. Dabei sollte folgendes beachtet werden: Zitrone wirkt aufgrund des hohen Vitamin-C-Gehalts und ihres erfrischenden Charakters belebend in allen Salaten. Sie wird bis auf wenige Ausnahmen für alles verwendet, was frisch auf den Tisch kommt. Sie sorgt dafür, dass selbst an heißen Tagen speziell Blattsalate selbst nach längerem Stehen noch frisch aussehen und gut schmecken. Essig ist dagegen in den meisten griechischen Suppentöpfen anzutreffen. Aus der Antike ist zudem überliefert, dass Weinessig mit Wasser verdünnt als ›*phoúska*‹ der ärmeren Bevölkerung als Weinersatz diente.

Choriátiki saláta
Salz, Pfeffer, Zitronensaft, gelegentlich etwas Basilikum, aber auf jeden Fall frisch geschnittene Zwiebelringe und reichlich Olivenöl machen diese vereinfachte Version des Bauernsalats zu einem der beliebtesten griechischen Salate überhaupt.

Pantsária
Rote Bete als Salat ist weich gekocht und wird im lauwarmen Zustand mit dünnen Knoblauchscheiben, Apfelstücken und mit zerbröseltem Schafskäse gewürzt. Das Olivenöl kann ruhig vorschmecken.

Politiki
In der Grundmischung aus feinen Möhrenraspeln und feinst gehobeltem Weißkohl verbergen sich klein geschnittene rote Chilies und gelegenlich auch geraspelter Sellerie. Wegen der Schärfe nimmt man statt Zitronensaft besser Essig zum Olivenöl.

SAFRAN

Oben: Die roten Fäden werden in kleinen Tüten oder in dekorativen Gläsern zum Verkauf angeboten.

Rechts unten: Die Safranernte erfordert jahrelange Erfahrung. Nicht jeder ist geschickt genug, um die Blüten zu ernten, ohne die Narbengriffel zu beschädigen.

Jahr für Jahr breitet sich Mitte Oktober über der Landschaft rund um Kosáni, 150 km westlich von Thessaloniki, das violette Leuchten hunderttausender von Blüten des Schwertliliengewächses *Crocus sativus* aus. Doch etwa 1500 Familien aus 37 Ortschaften südlich von Kosáni bleibt wenig Muße, das malerische Bild der blühenden Krokusse zu bewundern, denn in der Safran-Kooperative von Kosáni rüstet man sich für die Ernte. Und das ist heute wie vor tausend Jahren reine Handarbeit. Erst wenn man aus etwa 160 000 gepflückten Krokusblüten noch am selben Tag die Narbengriffel behutsam entfernt und getrocknet hat, wird man ein Kilogramm Safran erhalten.

Die fünf- bis sechsblättrigen Blüten des Krokus enthalten drei lange, rote Narbengriffel und drei gelbe Staubgefäße in ihrem Innern. Es sind aber ausschließlich die Spitzen der drei roten Narbengriffel, aus denen das hoch geschätzte Safrangewürz gewonnen wird. Die roten Narbengriffel werden auf speziellen Öfen schnell aber behutsam getrocknet, damit sie ihr Aroma und ihre wertvollen Inhaltsstoffe behalten. Dabei verlieren sie noch einmal etwa 80 Prozent ihres Frischgewichts. Erst am nächsten Tag werden sie in Behälter oder Tüten zum Weiterverkauf abgefüllt.

Seit dem 17. Jahrhundert wird Safran in Griechenland systematisch angebaut. Der Safran von Kosáni ist vor allem wegen seines intensiven Aromas begehrt. Auf den Kykladen und auf Kreta gibt es weitere 20 wilde Safransorten, die sich in Farbe, Aussehen und Größe voneinander unterscheiden. Hier sind es vor allem die einheimischen Frauen, die Safran kennen und es gelegentlich in geringen Mengen für den Eigenbedarf pflücken. Kultivierter Safran laugt die Erde aus, die sich unterirdisch vermehrenden Zwiebeln geben Giftstoffe an den Boden ab, die das eigene Wachstum verhindern, daher braucht ein Safranfeld im Schnitt alle neun Jahre eine Vegetationspause, damit der Boden sich erholen kann.

Safran, ursprünglich in Vorderasien beheimatet, diente seit alters her bei den Kulturvölkern des Orients und des Mittelmeerraums als begehrtes Gewürz und spielte auch als Färbemittel eine wichtige Rolle. Die griechische Mythologie berichtet von Krokos, der ein Freund des Gottes Hermes war. Als die beiden Freunde eines Tages zum Spaß miteinander kämpften, verwundete Hermes seinen Freund am Kopf. Drei Tropfen Blut fielen daraus auf eine Blume und verwandelten sich in drei rote Fäden. Seitdem trägt jene Pflanze mit den drei Fäden den Namen Krokus. Bei Homer findet Safran mehrfach Erwähnung, Fresken in Kreta zeigen Safran als Tribut, den Phönizier entrichteten. Das berühmte Fresko von Thera (Santorin) zeigt Safranpflückerinnen, die offenbar genauso mühevoll ihre Arbeit erfüllen mussten, wie das auch heute noch der Fall ist.

Mit genau bemessener Windkraft trennen die Bauern die Blütenblätter von den Safranfäden.

Wenn man die Blüten ›in den Wind‹ wirft, wehen die angetrockneten Blätter zur Seite, während die Fäden auf die Unterlage fallen.

Auf hochempfindlichen Milligrammwaagen wird für jede Verpackung die exakte Menge des kostbaren Gewürzes ausgewogen.

Der Safrankrokus wächst sehr niedrig. Gerade aus dem Boden gesprossen, wird er bereits gepflückt.

Die Araber brachten später Safran über Spanien nach Westeuropa und gaben ihm den heutigen Namen: *az-zafaran,* das heißt gelb.
Persische Herrscher benutzten Safran zum Färben ihrer Gewänder; phönizischen, griechischen und römischen Damen diente es zum Schminken. Man bediente sich seiner als Aphrodisiakum oder als Anti-Thrombose-Präparat, und manche Frauen setzten Safran erfolgreich zur Regulierung des Menstruationszyklus ein und profitierten von seiner wohltuenden Wirkung während der Schwangerschaft. Heute erfährt er am meisten Anerkennung als Gewürz in der asiatischen, der indischen und der Küche des Mittelmeerraums. Es sind vor allem die Carotinoide und ätherischen Öle, die einem Risotto das unverwechselbare Aroma geben. Die intensive Farbe geben auch Safran-Fälschungen, wie etwa Narben anderer Krokusblüten oder Zungenblüten von Ringelblume oder Färberdistel. Safran fälschen war kein Kavaliersdelikt, die Strafen dafür waren drakonisch. Man riskierte verbrannt, lebendig eingegraben oder geblendet zu werden. Vielleicht sollte nicht unerwähnt bleiben, dass schon fünf bis zehn Gramm Safran zu schweren Vergiftungen mit tödlichem Ausgang führen können.

KRÉMA ME KRÓKO
Safrancreme

4 EL Sultaninen
750 ml Milch
250 ml süße Sahne
130 g Zucker
8 TL Mehl
$^1/_4$ g Safran
1 Vanillestange
karamellisierte Mandeln zum Garnieren

Die Sultaninen in heißem Wasser einweichen. Die Milch in einen Topf auf den Herd stellen und nach und nach die weiteren Zutaten unterrühren. Alles unter ständigem Rühren so lange kochen lassen, bis die Creme zu binden beginnt. Den Topf vom Herd nehmen und die Creme in Portionsschalen füllen. Mit den karamellisierten Mandeln garnieren.

VÚTIRO ME KRÓKO
Safranbutter

300 g Butter
2 Lauchstangen
20 Safranfäden
$^1/_2$ TL Salz

Die Butter aus dem Kühlschrank nehmen und weich werden lassen. Von den Lauchstangen nur das zarte Innere der weißen Teile herauslösen und in dünne Ringe schneiden. Einen Esslöffel Butter in einer Pfanne zerlassen und die Lauchringe darin andünsten. Sie sollten weich sein, aber keine Farbe annehmen.
Das Salz und den Safran hinzufügen, vom Herd nehmen und abkühlen lassen. Im Mixer oder mit dem Pürierstab sehr fein zerkleinern und mit der restlichen Butter verrühren. Die Safranbutter sollte vor dem Servieren etwa 4–5 Stunden im Kühlschrank ruhen.

KROKÓSKORDO
Safranknoblauch

4 Knoblauchzehen
15 Safranfäden

Den Backofen auf 180 °C vorheizen. Die Knoblauchzehen schälen und zusammen mit den Safranfäden auf ein gefettetes Stück Grillfolie legen. Die Folie zu einem Päckchen falten und im vorgeheizten Backofen so lange backen, bis der Knoblauch ganz weich geworden ist. Anschließend die Knoblauchzehen cremig rühren.
In einem fest verschließbaren Glas in den Kühlschrank gestellt, ist der Safranknoblauch längere Zeit haltbar. Man kann damit Soßen verfeinern oder ihn auf Brot als Vorspeise reichen.

BÁMIES LADERÉS
Okras in Öl

500 g kleine, frische Okras
125 ml Essig
125 ml natives Olivenöl extra
2 mittelgroße Zwiebeln, fein gehackt
500 g Tomaten, abgezogen und gewürfelt
1 TL Zucker
Salz
frisch gemahlener schwarzer Pfeffer

Die Okras waschen, den Stiel mit dem oberen Teil abschneiden und abtropfen lassen. In eine Schüssel geben, salzen, mit dem Essig übergießen und ca. 30 Minuten ziehen lassen. Das Olivenöl in einer Pfanne erhitzen und die Zwiebeln darin andünsten. Die Okras abgießen, in die Pfanne geben und unter ständigem Rühren anbraten. Dann die Tomaten und den Zucker unterrühren und mit Salz und Pfeffer würzen. Auf schwacher Hitze etwa 45 Minuten garen lassen. Das Gemüse wird sowohl warm als auch kalt gegessen und mit frisch gebackenem Weißbrot serviert. Okras sind auch eine ideale Beilage zu gebratenem und gegrilltem Fleisch.

Oben: So lang, schmal und spitz zulaufende Okras sind zu spät gepflückt worden und für den Verzehr eigentlich nicht mehr zu empfehlen. Am besten schmecken sie, wenn sie nicht länger als 5 cm sind.

Nebenstehende Seite, oben: Okra gehört zur Familie der Malvengewächse und bildet hübsche gelbe Blüten und aufrecht stehende Samenschoten.

OKRA

Okra *(Abelmoschus esculentus)*, griechisch *bámia*, gehört zur Familie der Malvengewächse und gilt auch in Makedonien als exotisch, denn ihre ursprüngliche Heimat ist wohl Ostafrika, Wildformen sind in Asien zu suchen. Okra ist eine einjährige, bis zu zweieinhalb Meter hohe Pflanze, die zartgelbe malvenartige Blüten hervorbringt und versteckt und unauffällig unter den Blättern Peperoni-ähnliche längs geriefte, mehrkantige Samenkapseln oder Schoten. Sie schmecken ein wenig rau auf der Zunge, ein Eindruck, der durch den feinen Flaum auf ihrer Oberfläche hervorgerufen wird. Dennoch sind die Schoten der Okra als Beilage zu geschmortem und besonders zu gebratenem Fleisch eine große Bereicherung. Man schmeckt sie aufgrund ihres eigenwilligen Aromas immer heraus. Okras haben einen schwer zu definierenden Geschmack, der eigentlich fast neutral, dennoch säuerlich-pikant bis leicht herb ist und ein wenig an Bohnen oder grüne Stachelbeeren erinnert.

Die Pflanze wächst auf unterschiedlichen Böden gleich gut, nur zu trocken oder sandig darf die Erde nicht sein. Sie erbringt einen durchschnittlichen Ertrag von 800–1500 kg auf 1000 m². Zur Entwicklung brauchen Okras viel Hitze, nur so wachsen und gedeihen sie störungslos. Wenn im September die Nachttemperaturen nicht unter 15 °C fallen, wird Okra geerntet. Bis in den Oktober blüht die Pflanze und bringt immer neue kleine Früchte hervor. Das Pflücken ist besonders anstrengend, da die Okras recht klein gesammelt werden, man pflückt sie am besten, wenn sie drei, höchstens fünf Zentimeter lang sind. Sie sollten auf keinen Fall größer sein, weil sie mit zunehmender Größe auch härter sind. Okras, die für den Export tiefgekühlt werden, sind von dieser Regel ausgenommen, da beim Auftauen die Konsistenz ohnehin eine andere ist. Auf den Märkten gehören die drei griechischen Okra-Sorten *Piléas, Liwadiás, Korinthías* zu den mit Abstand teuersten Gemüsen.

Beim Kochen können Okras einen milchigen Schleim absondern, wie er auch in den Konserven zu finden ist und diesem köstlichen Gemüse gewissen Vorbehalte eingebacht hat. Dies lässt sich jedoch verhindern, wenn man folgendermaßen vorgeht: Zuerst schneidet man den Stiel ab, sofern er noch vorhanden ist, ohne die Schote zu verletzen. Dann schneidet man mit einem kleinen, scharfen Messer den konischen Stielansatz bleistiftspitzenförmig zu und entfernt dabei den feinen braunen Ring unmittelbar am Stielansatz ohne die Frucht zu verletzen. Der Flaum kann auf Wunsch durch vorsichtiges Abreiben der Schote mit einer feinen Bürste entfernt werden, am besten unter fließendem Wasser. Bei jungen Okras ist das nicht erforderlich. Die Okras nun mit einem Tuch gut abtrocknen oder ausgebreitet liegen lassen, bis sie trocken sind. Dann gibt man die Schoten in eine Schüssel und übergießt sie mit etwas von Essig oder Zitronensaft gesäuertem Wasser. Leicht mit der Hand vermischen, sodass alle Schoten von der Flüssigkeit überzogen sind. Die Okras sollten etwa 30 Minuten so ruhen, dann sind sie gebrauchsfertig.

BRIÁM

Gemüse-Okra-Eintopf

500 g kleine, frische Okra
125 ml Essig
500 g Kartoffeln, geschält und in Scheiben
1 Zucchini, in Scheiben geschnitten
1 Aubergine, in Scheiben geschnitten
2 Paprika (gelb und rot), in Streifen geschnitten
3–4 Tomaten, abgezogen und gewürfelt
2 Zwiebeln, grob gehackt
1 TL fein gehackte frische Minze
250 ml natives Olivenöl extra
Salz
frisch gemahlener schwarzer Pfeffer

Okras waschen, die Stiele entfernen und abtropfen lassen. In einer Schüssel mit Salz und Essig 30 Minuten marinieren. Den Backofen auf 180 °C vorheizen. Die Kartoffeln mit dem übrigen Gemüse mischen. Okras abgießen und zum Gemüse geben. Minze, Olivenöl, Salz und Pfeffer unterrühren und alles in eine Auflaufform füllen. Mit Wasser aufgießen und im vorgeheizten Backofen etwa 90 Minuten garen lassen.

Rechts: Die Okra-Ernte entwickelt sich durch das ständige Bücken rasch zur anstrengenden Tätigkeit.

TOMATEN

Die heute so verbreitete Tomate *(Lycopersicon lycopersicum)* entdeckten die Griechen erst sehr spät für ihre Küche. Die ursprüngliche Tropenpflanze der Anden von Peru und Ecuador wurde schon von den Azteken Mexikos angebaut. Kolumbus brachte sie bei der Rückkehr von seiner zweiten Amerikareise mit nach Europa, wo sie noch bis etwa 1820 als reine Zierpflanze galt. Seitdem hat sich die Tomate zu einem der bedeutendsten Gemüse weltweit entwickelt und wird vor allem in Amerika und Europa angebaut. Mit ihren vielseitigen Verwendungsmöglichkeiten, dem feinen Geschmack und der leuchtend roten Farbe ist die Tomate längst auch in Griechenland etabliert. Nicht ohne Grund gilt der Bauernsalat als der König der griechischen Salate. Der makedonische Boden scheint für Tomaten wie geschaffen zu sein. Er enthält viele Nährstoffe, vor allem aber Kalzium und Kalium. Die Wurzeln der Pflanze können sich im weichen Boden ungehindert ausbreiten. Die griechische Tomatenindustrie nimmt neben der amerikanischen und der italienischen den dritten Platz in der Weltproduktion ein. Bis zu drei Millionen Tonnen Tomaten werden in Griechenland zu Mark, Soße oder Saft verarbeitet oder aber geschält in Dosen konserviert.

Da die Tomatenstaude kaum natürliche Feinde besitzt, kommt sie recht gut auch ohne chemische Hilfsmittel aus und gedeiht dennoch rasch. Das Aussetzen der vorgezogenen Tomatenpflänzchen beginnt ab dem 15. April, wenn der Boden schon recht warm ist. Als klassisches Sommergemüse werden Tomaten in der Küche jedes makedonischen Haushalts fast täglich eingesetzt, entweder im Salat oder zusammen mit anderen Gemüsen in Schmorgerichten. Die Herstellung von *sáltsa*, der griechischen Tomatensoße, ist daher traditionell ebenso mit Makedonien verbunden wie der Tomatenanbau selbst. Viele Griechen haben in ihrem eigenen kleinen Garten am Haus zusätzlich einige Stauden gepflanzt und warten alljährlich auf die rote Ernte.

Um die Tomatenernte für den eigenen Bedarf zu steigern, legen viele Bauern auf dem Land kleine Treibhäuser in ihren Vorgärten an. Das können auch schlichte Folientunnel sein. Auf diese Weise kann man die Jungpflanzen früher setzen.

Die traditionelle griechische *sáltsa* beginnt wie jede andere Tomatensoße auch, mit dem Abziehen der Tomaten, die man dazu einige Minuten mit heißem Wasser überbrüht.

Anschließend lässt sich die Haut leicht abziehen, zumindest solange die Tomaten noch heiß sind. Danach werden die Tomaten aufgeschnitten und die Kerne entfernt.

Die Tomaten mit 500 ml Wasser zum Kochen bringen und mit Salz und Pfeffer kräftig würzen. So lange köcheln lassen, bis die Soße die gewünschte Konsistenz hat.

Um die *sáltsa* lange haltbar zu machen, wird das Einweckglas mit einer zentimeterdicken Olivenölschicht aufgefüllt.

FLÓRINES

Flórines nennt man in Griechenland die länglichroten Paprika, die nach dem westmakedonischen Städtchen Flórina benannt wurden, wo man sie früher in großen Mengen anbaute. Heute findet man sie in allen privaten bäuerlichen Gärten. *Flórines* eignen sich mit ihrer zarten Haut gut zum Grillen oder sie werden in Öl und Essig eingelegt und als kleine Vorspeise zum Ouzo serviert.

SÁLTSA

Tomatensoße

2 kg Tomaten
Salz
frisch gemahlener schwarzer Pfeffer
natives Olivenöl extra

Die Tomaten waschen und kurz in kochendes Wasser legen. Dann die Haut abziehen, die Tomaten nur bis zur Mitte aufschneiden und den Stiel und die Kerne entfernen. Das übrige Tomatenfleisch mit etwa 500 ml Wasser bei mittlerer Hitze kochen und dabei immer wieder umrühren. Mit Salz und Pfeffer würzen und die Soße so lange köcheln lassen, bis das Wasser verdunstet und die Soße eingedickt ist.
Dann die Soße so auf sterilisierte Einmachgläser verteilen, dass diese nur zu 4/5 gefüllt sind.
Das restliche Fünftel des Glases mit Olivenöl auffüllen und die Gläser luftdicht verschließen.
Im Kühlschrank ist *sáltsa* mehrere Monate haltbar. Sie ist in der griechischen Küche zum Verfeinern von Soßen oder Gemüse unverzichtbar. Man kann sie aber auch auf Weißbrotscheiben streichen, die man im Ofen backt, und erhält eine vielseitig verwendbare Beilage.

JEMÍSTÁ

Jemistá heißt schlicht ›gefüllt‹. Gemeint sind damit nicht nur gefüllte Tomaten oder Paprika, sondern auch alle anderen Gemüse, die einen pikanten Inhalt vertragen können. Man serviert sie frisch aus dem Backofen, aber auch kalt aus dem Kühlschrank. *Jemistá* ist ein beliebtes Sommergericht, das von Region zu Region mit unterschiedlichen Zutaten zubereitet wird: Reis ist dabei die wichtigste, Fleisch oder weitere Gemüse sind eher beliebige Zutaten.

NTOMÁTES JEMISTÉS

Gefüllte Tomaten

8–10 Tomaten
250 ml natives Olivenöl extra
250 g Zwiebeln, fein gehackt
250 g Reis
4 Zweige frische Minze, fein gehackt
etwas Tomatensaft
Salz
frisch gemahlener schwarzer Pfeffer

Die Tomaten waschen, oben eine Scheibe als Deckel abschneiden und beiseite legen. Die Tomaten mit einem Löffel aushöhlen und das Fruchtfleisch pürieren. In einem Topf 100 ml Olivenöl erhitzen und die Zwiebeln darin andünsten. Den Reis einrühren, mit Salz und Pfeffer würzen, kurz anbraten und das pürierte Fruchtfleisch zugeben. Kurz aufkochen lassen, den Topf vom Herd nehmen und den Reis etwas quellen lassen. Die Minze unterrühren und die Tomaten zu zwei Drittel mit der Masse füllen. Den Backofen auf 180 °C vorheizen. Die Tomaten auf ein Backblech mit hohem Rand geben, mit Salz und Pfeffer würzen, Olivenöl, etwas Tomatensaft und 250 ml Wasser darüber gießen. Die Deckel auf die gefüllten Tomaten legen, und im vorgeheizten Backofen ca. 1 Stunde lang backen. Dann die Deckel abnehmen und weitere 10 Minuten backen, damit die Füllung noch Farbe annimmt. Die Tomaten aus dem Ofen nehmen, die Deckel wieder auflegen und noch warm servieren. Frisch gebackenes Weißbrot dazu reichen.
Hinweis: Als Variante kann die Füllung auch mit Rosinen und Nüssen zubereitet werden.

Zum Füllen die Fleischtomaten an der Oberseite aufschneiden und aushöhlen.

Die vorbereitete Masse mit einen Löffel in die leere Tomate füllen.

Den abgeschnittenen Deckel der Tomate wieder auf die Tomaten legen und mit Olivenöl beträufeln.

REIS IN GRIECHENLAND

Als die Heere Alexanders des Großen im Zuge ihres Asienfeldzugs im 4. Jahrhundert v. Chr. bis an den Indus vorstießen, lernten sie den dort schon lange heimischen Reis *(›oryza‹)* kennen. Er wurde zwar danach in Griechenland und später auch in Rom gegessen, da er aber durch den weiten Transport sehr teuer war, hielt sich seine Verwendung in Grenzen und beschränkte sich auf medizinische Anwendungen. Von Indien verbreitete sich der Reis in den folgenden Jahrhunderten bis nach Syrien, wurde aber weder in Griechenland noch im Römischen Reich angebaut. Erst mit den Arabern gelangte er im 8. Jahrhundert über Spanien nach Südeuropa.

Bis heute wird Reis *(Oryza sativa)* in Griechenland nicht in wirtschaftlich bedeutendem Umfang kultiviert. Allein im fruchtbaren Flussdelta des Axios-Flusses in der Nähe von Thessaloniki hat man vor einigen Jahren kleinere, in Wassernähe liegende Flächen als Reisfelder angelegt. Hier werden jährlich ungefähr 150000 Tonnen Reis geerntet. Reis ist ein einjähriges Rispengras, das schon 20 Tage nach der Aussaat bei 15–17 °C keimt und bis zur Ernte 130–150 Tage braucht. Es wächst in von Wasser überfluteten Feldern heran und ist auf 12 °C Mindesttemperatur angewiesen. Zur Reifezeit hat sich eine bis zu 50 cm lange Rispe gebildet, die kleine Ähren mit den von Spelzen umhüllten Früchten trägt, welche noch 25–27 Prozent Feuchtigkeit enhalten. Um sie entspelzen und das Reiskorn schälen zu können, müssen sie nach der Ernte getrocknet werden.

Obwohl die griechische Küche der Kartoffel eindeutig den Vorzug gibt, hat sich bei einigen Gerichten mit gekochtem Fisch und gegrilltem Hähnchenfleisch die Reisbeilage etabliert. Auch in der Klosterküche hat sich Reis, besonders während der Fastenzeit, als angemessene Mahlzeit erwiesen. Dabei bereitet man Reis auf zwei unterschiedliche Arten zu: entweder *spirotó*, also körnig, oder *piláfi* (türkisch *pilav*), das heißt weich gekocht in Fett oder Butter.

IM SOMMER WIRD KALT GEGESSEN

Wenn makedonische Hausfrauen im Sommer das Mittagessen servieren, dann dampft es nicht aus dem Topf, kaum dass es in der Pfanne brutzelt. Selten wird man sich am Teller die Finger verbrennen, und niemand könnte verstehen, wenn man das Essen zurückgehen ließe, damit es warm gemacht würde. Griechische Küche ist eine teilweise kalte Küche. Man unterscheidet zwischen *étima fagitá,* fertig gekochten, und *tis óras,* frisch zubereiteten Speisen. Im heißen Sommer ist diese Tendenz noch ausgeprägter als im Winter. Nur in reinen Touristenhochburgen wird das Essen für die Gäste frisch zubereitet. Im mehr ländlichen Makedonien sind die Hausfrauen nur in den frühen Morgenstunden mit Kochen beschäftigt, was angesichts der Mittagstemperaturen auch Sinn macht. Das fertige Essen kommt in die Speisekammer, in den Kühlschrank oder zugedeckt auf den Küchenschrank. Mittags wird es dann ohne große Vorbereitung auf den Tisch gestellt. Nur Fleisch verdient den Aufwand, kurz vor dem Essen zubereitet zu werden. Aber selbst ein lauwarmes Fleischgericht wäre für niemanden ein Grund, sich darüber zu beschweren.

AUBERGINE

In weiten Teilen Europas galt sie vor noch nicht allzu langer Zeit als exotisches Gemüse, in Indien dagegen, wo die Aubergine *(Solanum melongena)* ursprünglich beheimatet ist, und auch in China gehört sie seit Jahrtausenden zu den geschätzten Gemüsen und hat ihren festen Platz in vielen Gerichten der Landesküchen. Die Araber brachten sie im 13. Jahrhundert nach Europa, wo sie aber bis in die jüngste Vergangenheit nur in den sehr warmen und sonnigen Gegenden des Mittelmeerraums angebaut wurde. In Italien kultivierte man sie etwa ab 1550, in den benachbarten Ländern wenig später. Das mit der Tomate verwandte, bis zu zwei Meter hohe Nachtschattengewächs hat heute dank moderner Anbaumethoden, unter anderem in Gewächshäusern, seinen Weg bis in die Niederlande gefunden. Wenn auch die dunkelviolette Sorte in Europa die weitest verbreitete ist, gibt es eine Vielzahl von Varianten in Form, Größe und Farbe. Die Farbpalette reicht von Weiß über Gelb und Violett bis zu Schwarz; es gibt lange dünne, birnenförmige und große beziehungsweise kleine kugelrunde Sorten. Nach ihrer Stammform, die weiß und hühnereigroß war, wird die Aubergine auch Eierfrucht genannt. Auberginen besitzen eine feste Schale und weißlich-helles schwammartiges Fleisch.

Die sogenannte *Langadá*-Sorte ist die typische Aubergine Griechenlands, sie ist kleiner als viele andere Sorten und weist eine schlanke Birnenform auf. Bereits ab einer Höhe von etwa 50 Zentimetern beginnt die Auberginenpflanze Früchte auszubilden, und im Lauf ihres Wachstums kann sie bis zu 50 Früchte tragen, wenn sie ausreichend Sonne bekommt und viel Wasser erhält. Man sieht es ihr nicht an, aber sie besteht zu 92 Prozent aus Wasser, das sie bei Bedarf an die Pflanze abgibt und daher selbst rasch trocken, unansehnlich und kaum noch zu verkaufen ist. Die Händler müssen dann auf nordeuropäische Importe zurückgreifen, die in Griechenland aber wenig Anklang finden, da die einheimische Aubergine alle importierten an Geschmack und Aroma übertrifft. Gerade die landestypischen Auberginengerichte wie *mussakás* und *paputzákia* schmecken nur mit der *Langadá*-Aubergine. Außer in diesen weit über Griechenland hinaus bekannten Gerichten kann man in Scheiben geschnittene und in Olivenöl gebratene Auberginen vielfältig als Beilage verwenden, wobei ihr Fleisch Unmengen von Öl aufzunehmen in der Lage ist.

Wenn sie ihre einzigartige Farbe erlangt hat, kann die Aubergine direkt weiterverarbeitet werden. Und wie für alle anderen Gemüsearten gilt auch für sie: Frisch schmeckt sie am besten.

AUBERGINEN TAFELFERTIG

MUSSAKÁS

Auberginenauflauf
(Abbildung unten)

3 große Auberginen
500 g Kartoffeln
natives Olivenöl extra
1 große Zwiebel, fein gehackt
500 g Hackfleisch vom Rind
500 g Tomaten, abgezogen und gewürfelt
250 ml trockener Weißwein
1/4 TL Zucker
1/2 TL gemahlener Zimt
1 Bund glatte Petersilie, fein gehackt

Für die Béchamel-Soße:
60 g Butter
60 g Mehl
750 ml Milch
1 Eigelb
1/2 TL Zucker
frisch geriebene Muskatnuss
2 TL Zitronensaft
Paniermehl
geriebener grawiéra zum Überbacken
-Salz und frisch gemahlener schwarzer Pfeffer

Die Auberginen waschen, Stielansätze entfernen und längs in 1 cm dicke Scheiben schneiden. Die Scheiben in eine Schüssel legen, mit Wasser übergießen, Salz darüber streuen und 20 Minuten ziehen lassen. Inzwischen Kartoffeln schälen, ebenfalls in 1 cm dicke Scheiben schneiden und salzen. Die Auberginenscheiben abtropfen lassen und trockentupfen. Olivenöl in einer Pfanne erhitzen und die Auberginen bei starker Hitze, von beiden Seiten bräunen (es muss stets Öl nachgegossen werden). Die Scheiben aus der Pfanne nehmen, auf Küchenkrepp legen und abtropfen lassen. Frisches Olivenöl in die Pfanne geben, die Kartoffelscheiben darin anbraten und ebenfalls auf Küchenkrepp legen. Die Zwiebeln glasig dünsten, das Hackfleisch zugeben und auf starker Hitze anbraten. Tomaten, Weißwein, Zucker, Zimt und Petersilie unterrühren, die Temperatur reduzieren und alles 10 Minuten schmoren. Die Butter in einem Topf zerlassen und das Mehl darin anschwitzen. Unter ständigem Rühren langsam die Milch angießen. Wenn die Mischung bindet, den Topf vom Herd nehmen, das Eigelb unterrühren und die Soße mit Zucker, Muskat, Zitrone, Salz und Pfeffer abschmecken. 2 EL des geriebenen *grawiéra* einrühren und abkühlen lassen.
Den Backofen auf 180 °C vorheizen. Den Boden einer großen Auflaufform zuerst mit den Kartoffelscheiben belegen, darauf die Hälfte der Hackfleisch-Mischung verteilen. Es folgen die Auberginenscheiben, dann das restliche Hackfleisch. Die Béchamel-Soße darüber gießen, gleichmäßig verstreichen und mit etwas Paniermehl, Käse und nach Belieben mit Zimt bestreuen. Den Auflauf im vorgeheizten Backofen ca. 45–60 Minuten garen, bis die Oberfläche eine goldbraune Farbe angenommen hat. Den fertigen Auflauf etwas abkühlen lassen, bevor man ihn zum Servieren in größere Portionsstücke zerschneidet. Frisch gebackenes Weißbrot dazu reichen.

PAPUTSÁKIA

Gefüllte Auberginen (›Pantöffelchen‹)
(Abbildung nebenstehende Seite, oben)

4 mittelgroße Auberginen
Olivenöl zum Braten
2 Zwiebeln, fein gehackt
300 g Hackfleisch vom Rind oder Lamm
1 EL Tomatenmark
300 g Fleischtomaten, abgezogen und gewürfelt
1 Bund glatte Petersilie, fein gehackt
2 EL Paniermehl
100 g kefalotíri, gerieben
40 g Butter
2 EL Mehl
500 ml Milch
2 TL Zitronensaft
frisch geriebene Muskatnuss
1 Ei, verquirlt
Salz und frisch gemahlener schwarzer Pfeffer

Die Auberginen waschen und die Stielansätze entfernen. Olivenöl in einer Pfanne stark erhitzen und die Auberginen rundum anbraten. Abkühlen lassen und längs ein Drittel abschneiden. Aus den restlichen Teilen mit einem Löffel das Fruchtfleisch bis auf einen zentimeterdicken Rand ausschaben, fein hacken und beiseite stellen.
Den Backofen auf 225 °C vorheizen. Für die Füllung Olivenöl erhitzen und Zwiebeln mit Hackfleisch anbraten. Auberginenfleisch, Tomatenmark und Tomatenwürfel zugeben und ca. 5 Minuten schwach schmoren. Petersilie, Paniermehl und die Hälfte des Käses unterrühren. Die Auberginenhälften auf einem gefetteten Backblech verteilen und mit der Hackfleischmischung füllen. In einem Topf Butter zerlassen und Mehl unter Rühren darin anschwitzen. Die Milch einrühren und aufkochen. Etwa 5 Minuten köcheln und mit Zitronensaft, Muskat, Salz und Pfeffer abschmecken. Die Soße abkühlen lassen und das Ei zusammen mit dem restlichen Käse einrühren. Über die gefüllten Auberginen gießen und im vorgeheizten Backofen ca. 30 Minuten backen. Noch warm mit frisch gebackenem Weißbrot servieren.

MELITZÁNES JACHNÍ

Auberginen in Tomatensoße
(ohne Abbildung)

2 große Auberginen
250 ml natives Olivenöl extra
2–3 Zwiebeln, fein gehackt
5–6 Knoblauchzehen, in dünne Scheiben geschnitten
4–5 Tomaten, abgezogen und gewürfelt
1 EL Zucker
1/2 TL Oregano
200 g Schafskäse
Salz
frisch gemahlener schwarzer Pfeffer

Die Auberginen waschen, die Stielansätze entfernen und in dünne Scheiben schneiden. In einer Pfanne das Olivenöl erhitzen und die Auberginenscheiben gut anbraten. Dann mit dem Öl in einen Topf geben und Zwiebeln, Knoblauch, Tomaten, Zucker und Oregano zugeben. Etwas Wasser, Salz und Pfeffer hinzufügen und auf mittlerer Hitze ca. 20–25 Minuten schmoren lassen. Das Gericht ist fertig, sobald die Auberginen gar sind und die Soße eingedickt ist. Auf Tellern anrichten, den Schafskäse zerbröseln und über die Auberginen streuen. Noch warm servieren.

MELITZÁNES TIGANITÉS

Gebratene Auberginenscheiben
(Abbildung links unten)

2 große Auberginen, in Scheiben geschnitten
Saft von 1 Zitrone
2 Eier
Mehl zum Wenden
natives Olivenöl extra
Salz
frisch gemahlener schwarzer Pfeffer

Die Auberginen waschen, die Stielansätze entfernen und die Auberginen längs in dünne Scheiben schneiden. Die Scheiben mit dem Zitronensaft beträufeln. Die Eier in einem Teller verquirlen. Auf einem zweiten Teller das Mehl mit Salz und Pfeffer mischen. Nun die Auberginenscheiben erst in den verquirlten Eiern, dann im Mehl wenden. Das Olivenöl in einer Pfanne erhitzen, die panierten Scheiben hineinlegen und goldbraun braten. Trotz der Panade nehmen die Auberginen viel Olivenöl auf, sodass stets Öl nachgegossen werden muss. Das Gericht kann warm mit Salat oder kalt mit *tzatzíki* serviert werden. Dazu frisch gebackenes Weißbrot reichen.
Melitzánes tiganites werden häufig als Vorspeise mit einem Glas Ouzo angeboten.

GEFÜLLTE WEINBLÄTTER

Die Vorspeise *ntolmadákia* gehört unbestritten zu den bekanntesten Gerichten der griechischen Küche. Gefüllte Weinblätter sind vielseitig einsetzbar, und die Rezeptur der Füllung ist so variabel, dass der Phantasie kaum Grenzen gesetzt sind und die Füllung sich geschmacklich auf nachfolgende Gerichte gut abstimmen lässt. Frisch zubereitete *ntolmadákia* werden zum Erlebnis, wenn etwa beim Zerteilen eine Füllung aus Reis, Rosinen und Nüssen noch dampft und die Aromen der Kräuter und Gewürze einen Hauch von Orient verbreiten. Eingelegt in Olivenöl können *ntolmadákia* für längere Zeit haltbar gemacht werden, und es lohnt sich, das auszunutzen, denn auch kalt sind sie köstlich, wenn alle Geschmacksstoffe der Füllung und des Weinblatts sich durchdrungen haben und miteinander verschmolzen sind.

Die Kräuter werden gehackt und mit den übrigen Zutaten für die Füllung vermischt, die man roh einige Zeit ziehen lässt.

Die Füllung erhält dadurch eine gewisse Bindung und fällt nicht körnig auseinander, wenn sie auf das Blatt gelegt wird.

Beim Aufrollen des Weinblatts ist es wichtig, dass alle ›Finger‹ des Blatts nach innen geschlagen werden.

Die Füllung ist jetzt fest eingeschlagen und das Weinblatt wird von der breiten Seite zur Spitze stramm aufgewickelt.

BÄUERLICHER HAUSWEIN

Neben den großen, traditionsreichen Weinkellereien und den jüngeren und innovativeren Winzern, die dem griechischen Wein den Anschluss an den internationalen Standard ermöglichen wollen, gibt es in Griechenland auch heute noch viele Bauern, die jedes Jahr ihren eigenen hausgemachten Wein ausschließlich für den eigenen Bedarf keltern. Dabei mutet das Herstellungsverfahren häufig recht urtümlich an, so als hätte sich seit der Antike kaum etwas verändert. Der eine oder andere Bauer wird die Trauben, die an seinem Haus ranken oder auf einem kleinen Feld ganz in der Nähe wachsen, vielleicht noch selbst in einem alten Fass stampfen, oder er schickt die Lese zur Kooperative, die ihm dann den abgepressten Most zurückliefert. Der Wein, den er dann daraus keltert, wird sicher nicht so rein ausgebaut sein wie die Qualitätsweine einer Appellation oder die Marken-Landweine der Region, das Resultat ist aber in jedem Fall ein kräftiger Wein mit vollem Aroma.
Weinberankte Hausdächer haben in einer von Landwirtschaft geprägten Region wie Makedonien, wo Markisen oder feste Vordächer nicht üblich waren, eine lange Tradition. Hoch und schnell wachsende Reben, die Hauswände und einfache Pergolen beranken, sind nicht nur ein idealer natürlicher Sonnenschutz, der im Sommer auch das Raumklima innerhalb des Hauses positiv beeinflusst. Mit den im Herbst reifenden Trauben bieten sie den willkommenen alljährlichen Anreiz zur Hausweinproduktion. Und nicht nur das, denn die Rückstände der Traubenpressung lassen sich im eigenen Keller auch ganz hervorragend zu Tsípuro, dem griechischen Tresterbrand, destillieren.

NTOLMADÁKIA
Gefüllte Weinblätter

400 g Reis
Saft von 2 Zitronen
natives Olivenöl extra
1 Bund Lauchzwiebeln, fein gehackt
2 Bund Dill, fein gehackt
1/2 Bund glatte Petersilie, fein gehackt
750 g frische Weinblätter in Öl-Lake
Salz und frisch gemahlener schwarzer Pfeffer

Den Reis waschen, in einen Kochtopf geben, Zitronensaft, etwas Olivenöl, die Zwiebeln, Dill und die Petersilie zugeben (die Stängel von Dill und Petersilie beiseite legen), mit Salz und Pfeffer würzen, gut umrühren und 2–3 Stunden stehen lassen. Wasser in einem Topf erhitzen und die Weinblätter kurz eintauchen. Die weichen und unbeschädigten Weinblätter mit der glatten, glänzenden Seite nach unten auf die Arbeitsfläche legen. An den Stielansatz des Blattes eine kleine Menge Reis legen und den Stiel darüber schlagen, sodass der Reis zum Teil bedeckt ist. Dann den Reis eine Umdrehung weiter fest in das Blatt wickeln, bis er ganz vom Blatt umgeben ist. Die seitlich überstehenden Teile des Blatts nach innen schlagen und den Reis weiter bis zum Blattende aufrollen. In einem Topf die Dill- und Petersilienstängel auf dem Boden ausbreiten und einige der aussortierten Weinblätter darauf legen. Die gefüllten Weinblätter dicht an dicht konzentrisch darauf anordnen. Salz und Pfeffer darüber streuen, 800 ml Wasser und etwas Olivenöl angießen und mit weiteren aussortierten Blättern abdecken. Die gefüllten Weinblätter mit 4 oder 5 Tellern beschweren, damit sie beim Kochen nicht aufgehen können. Auf mittlerer Hitze so lange kochen, bis das ganze Wasser aufgenommen und der Reis gar ist. Noch warm oder kalt servieren.

Beim fertig gewickelten *ntolmadákia* ist aus dem Weinblatt samt Füllung ein festes kleines Paket entstanden.

Dicht an dicht werden die alle *ntolmadákia* so in einen hohen Topf eingepasst, dass die offenen Blattspitzen unten liegen.

Die *ntolmadákia* mit Tellern beschweren und die genau bemessene Menge Wasser sowie das Olivenöl angießen.

Nach dem Kochen ist das Wasser absorbiert, und das Olivenöl bildet einen glänzenden Film auf den *ntolmadákia*.

Links: Die Doppelaulos-Spielerin auf einem rotfigurigen Kelchkrater macht deutlich, dass besser situierte Gastgeber weinseliger Symposien auch ein angemessenes Unterhaltungsprogramm organisierten.

WEINBAULAND

War das Wissen um Weinanbau und Weingewinnung auch aus Vorderasien und Ägypten über das minoische Kreta nach Griechenland gelangt, blieb für die Griechen der Wein *›oinos‹* eine Erfindung und ein Geschenk des Gottes Dionysos, dem zu Ehren mitunter orgiastische Weinfeste gefeiert wurden. Dichter, Philosophen und Künstler sangen nicht nur Loblieder auf den Wein, es haben sich auch Abhandlungen über Weinbaugebiete, Rebkrankheiten und den Bau von Keltertrögen erhalten sowie Beschreibungen von Qualitätsweinen mit Herkunftsangaben und natürlich auch schon von Weinfälschungen. Homer berichtet, dass der Weinbau in ganz Griechenland weit verbreitet war, und er bezeichnet mehrere Orte ausdrücklich als besonders rebenreich, so gab es Weingüter in Attika die 30 Hektar Rebfläche bewirtschafteten. Im 4. Jahrhundert verkennt schon Theophrastos die Beziehungen zwischen Rebsorten, Bodenbeschaffenheit und den klimatischen Bedingungen der einzelnen Regionen; zur Vermehrung werden Stecklinge und Absenker empfohlen. Als gängige Reberziehungsmethode betrachtet man gabelförmige Stützen für die Reben, mancherorts ließ man Reben auch Bäume beranken, was aber die Ernte erschwerte. Verbreitet waren zudem flach am Boden oder buschig wachsende Rebsorten, die keine Rankhilfen benötigten. Das Keltern geschah meist in der Nähe der Weinberge, indem man den Wein in Körben, die in größeren Trögen standen, mit den Füßen stampfte. Spindelpressen kamen erst in römischer Zeit auf. Die Gärung erfolgte in großen Tongefäßen, so genannten *pithoi*, danach wurde der Wein in Amphoren umgefüllt. Ein Klären des Weins war nicht üblich, deshalb gehörten Siebe zu den unverzichtbare der Utensilien von Symposien. Geschmackliche Veränderungen durch Zusätze wie etwa Harze waren nicht nur zufällig, sondern oft durchaus gewollt.

Auch in wirtschaftlicher Hinsicht spielte der im Gegensatz zu Getreide aufwändige Weinbau eine große Rolle. Viele Stadtstaaten prägten Münzen mit Weinmotiven, und Keramikwerkstätten, in denen die Amphoren für den Transport oder die kunstvoll bemalten Vasen und Trinkschalen für die Gelage hergestellt wurden, waren florierende Betriebe. Schließlich zeugen die im gesamten Mittelmeerraum gefundenen Weinamphoren, aus deren Siegeln ihre Herkunft hervorgeht, vom regen Handel mit griechischem Wein.

DIONYSOS GOTT DES WEINES

Über die Geburt des Wein- und Vegetationsgottes Dionysos, bei den Griechen auch als Bakchos bekannt, gingen schon in der Antike die Meinungen auseinander. Wohl ist er der Sohn des Zeus und der thebanischen Königstochter Semele. Als diese durch eine geschickte Intrige der eifersüchtigen Hera ums Leben kam, entnahm Zeus den ungeborenen Dionysos ihrem Schoß und nähte ihn in seinem Oberschenkel ein. Als die Zeit der Geburt kam, holte er das Kind heraus. Somit wird Dionysos zum ›zweimal geborenen Gott‹. Um ihn vor Hera zu verbergen verwandelte er ihn in ein Zicklein und vertraute ihn der Obhut von Hermes an, der den Jungen von den Nymphen auf dem mythischen Berg Nysa aufziehen ließ. Als Mänaden gehören diese Nymphen später zu seinem ständigen Gefolge. Eines Tages, als seine Ammen ihn aus den Augen verloren hatten, wurde Dionysos von Piraten entführt, die ihn für den Sohn reicher Eltern hielten. Auf der Überfahrt von Ikaria nach Naxos fielen aber plötzlich die Fesseln von ihm ab, Efeu und Weinreben rankten sich um Ruder und Segel, und das Schiff konnte keine Fahrt mehr machen.

Die Seeleute erkannten, dass er ein mächtiger Gott war, und sprangen vor Furcht ins Meer, wo sie alle in Delphine verwandelt wurden.

Die Menschen dankten Dionysos das Geschenk des Rebstocks mit Kulthandlungen, die einen willkommenen Vorwand für ekstatische bis orgiastische Riten boten und zugleich seiner Verehrung als Gott und als Garant für die jährliche ›Wiedergeburt‹ der Vegetation Ausdruck verliehen.

VOM UMGANG MIT WEIN

»Er nahm und trank, und schmeckte gewaltig nach dem süßen Getränk und bat, noch einmal zu füllen: ›Lieber, schenk mir noch eins und sage mir gleich, wie du heißest; dass ich dich wiederbewirt und deine Seele sich labe! Wisse, auch uns Kyklopen gebiert die fruchtbare Erde Wein in geschwollenen Trauben, und Gottes Regen ernährt ihn. Aber der ist ein Saft von Ambrosia oder von Nektar!‹ Also sprach er; ich bracht ihm von neuem des funkelnden Weines. Dreimal schenkt ich ihm voll, und dreimal leerte der Dumme. Aber da jetzt der geistige Trank in das Hirn des Kyklopen stieg, da schmeichelt ich ihm mit glatten Worten und sagte: ›Meinen berühmten Namen, Kyklop? Du sollst ihn erfahren. Aber vergiss mir auch nicht die Bewirtung, die du verhießest! Niemand ist mein Name; denn Niemand nennen mich alle, Meine Mutter, mein Vater und alle meine Gesellen.‹ Also sprach ich; und drauf versetzte der grausame Wütrich: ›Niemand will ich zuletzt nach seinen Gesellen verzehren; alle die andern zuvor! Dies sei die verheißne Bewirtung! Sprachs und streckte sich hin, fiel rücklings und lag mit gesenktem, feistem Nacken im Staub; und der allgewaltige Schlummer überwältiget' ihn: dem Rachen entstürzten mit Weine Stücke von Menschenfleisch, die der schnarchende Trunkenbold ausbrach.« (Homer, Odyssee, IX, 353–374)

In kleineren griechischen Weingütern werden die Trauben noch in einfachen Pressen gekeltert, die sich von den historischen Hebelpressen kaum unterscheiden.

Das Prinzip ist seit Anbeginn der Weinbereitung unverändert: Unter mechanischem Druck trennt sich der Saft von den festen Bestandteilen der Traube und fließt unten ab.

Nach erfolgter Modernisierung ihres Betriebs stellen manche Winzer die alten Geräte der Weinbereitung zur Besichtigung aus. Auch in Makedonien sind die Winzer bestrebt, dem prosperierenden Weintourismus interessante Ziele zu bieten, denn wer die Weinkeller besichtigt, Wein probiert und den Winzer persönlich kennen lernt, der fährt selten ohne ein paar Flaschen nach Hause.

MAKEDONISCHE WINZER

Im traditionsbewussten Weingebiet Makedoniens haben 19 Winzer den ›Verein der makedonischen Weinbauern‹ gegründet. Sie verpflichten sich zur Kultivierung und Pflege der klassischen regionalen Trauben wie der Xinómavro-Rebe. Zur Förderung des Kulturtourismus wurden außerdem Weinstraßen geschaffen, an deren Weingütern in- und ausländische Weinkenner Station machen können, um die Kellereien zu besichtigen, die neuesten Erzeugnisse vor Ort zu verkosten und die makedonische Landschaft kennen zu lernen. In dieser Region gibt es einige sehr interessante Weingüter.

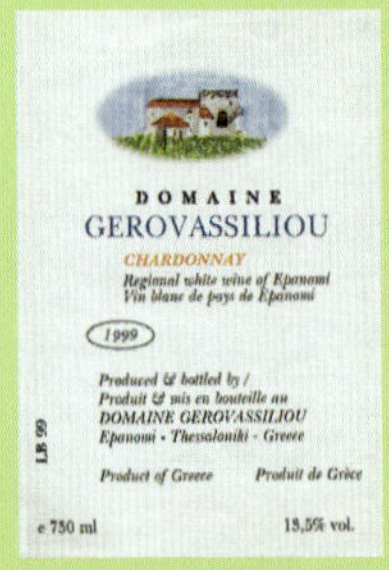

Gerovassiliou Chardonnay: Mit seinem ausgewogenen Charakter passt er sehr gut zu Meeresfrüchten und kräftigem Weichkäse.

Gerovassiliou Fumé: Dieser Cuvée aus Sauvignon Blanc und Malagousia gilt in Griechenland als vorbildlich gereifter Weißweintyp.

Gerovassiliou: Dieser Rotwein ist – wie alle Weine des Gutes – als Landwein von Epanomi klassifiziert und hat Reifepotential.

Gerovassiliou: Der Weißwein aus Assyrtiko und Malagousia schmeckt jung und frisch mit Noten nach Paprika und Basilikum.

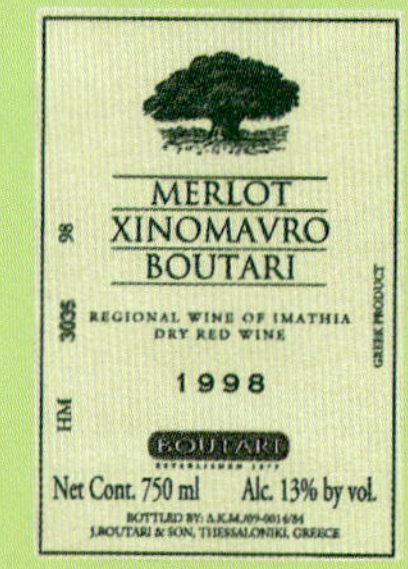

Merlot Xinomavro Boutari: Dieser trockene, opulente Rotwein ist ein Jahr im Eichenfass und sechs Monate in der Flasche gereift.

Moschofilero Boutari: Ein mit 11 % vol sehr leichter trockener Weißwein, der Fisch und Vorspeisen aus Meeresfrüchten begleitet.

Xinómavro Boutari: Aus Naoussa kommen die Reben für diesen trockenen und ansprechenden zwölfprozentigen Rotwein.

Chardonnay: Für diesen Landwein baut Boutari die Reben auf Kreta an. Er harmoniert hervorragend mit Hummer und Garnelen.

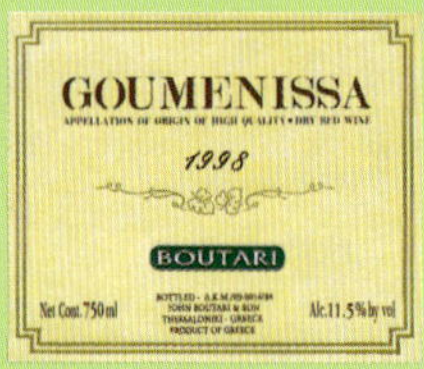

Goumenissa: Benannt nach der Appellation, hat dieser trockene Qualitätsrotwein aus Xinomavro und Negoska eine gute Struktur.

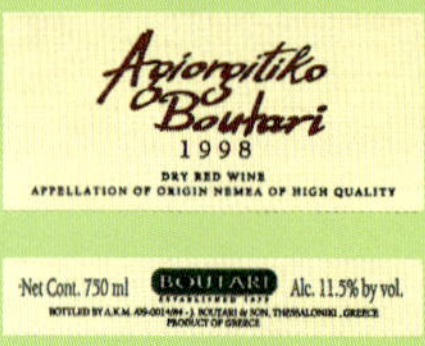

Agiorgítiko Boutari: Ein Qualitätsrotwein der Appellation Neméa, der mit seinem reichen und ausgewogenen Aroma überzeugt.

Sauvignon Blanc: Der trockene Landwein aus kretischen Reben bei Heraklion passt sehr gut zu Gemüseplatten und Käse.

Niktéri: Boutari hat ein Weingut auf Santorin, wo die Reben für den trockenen Weißwein in der Kühle der Nacht gelesen werden.

Merlot: Ein roter dunkler Landwein mit einem Aroma von Waldfrüchten sowie Nüssen – idealer Begleiter von Fleischgerichten.

Assyrtiko Boutari: Ebenfalls auf Santorin entsteht dieser dreizehnprozentige trockene Weißwein mit fruchtigem Aroma und vollem Körper.

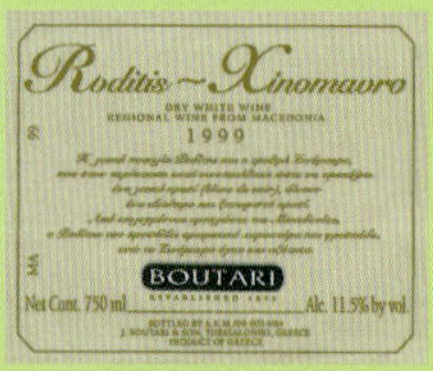

Rodítis-Xinómavro: Ein ausgewogener, frischer und lebendiger Weißwein, der gleichermaßen zu Fleisch und zu Fisch serviert wird.

International anerkannt ist das Weingut Gerovassiliou, das sich an der Entwicklung der französischen Weinkultur orientiert und sich mit seinen Landweinen auf gleichsam hohem Niveau bewegt. Constantin Lazaridi hat 1992 ein hochmodernes Weingut geschaffen mit dem Ziel, aus seinen Weinbergen in der Region von Drama Tropfen von internationalem Format zu gewinnen. Kennzeichnend sind seine von einem ortsansässigen Künstler gestalteten Etiketten. Die Besonderheit am Weingut Markovitis ist, dass es qualitätsvolle und einzigartige Weine auf der Basis eines ökologischen Anbaus gewinnt. Qualitativ hochwertige Rotweine in bewusst kleinen Abfüllungsmengen produziert Yannis Boutaris, während seine Familie unter dem Label John Boutari & Son mit seinem makedonischen Haupthaus und überregionalen Dependancen im In- und Ausland präsent ist.

Grande Reserve Naoussa: Boutaris Qualitätswein der Appellation Naoussa aus Xinómavro mit dem Aroma getrockneter Früchte.

Cava Boutari: Ein Tafelwein, der nach zweijähriger Eichenfassreife bald über ein reiches Bukett und zartes Vanille-Aroma verfügt.

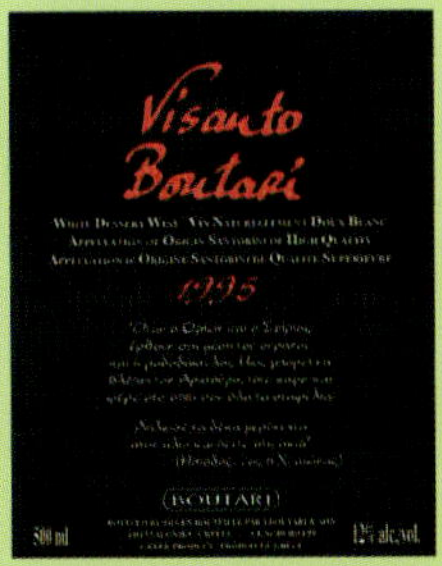

Visanto Boutari: Bekannter süßer Wein aus Assyrtiko und Aidani von Santorin – am besten als Aperitif oder Dessert-Wein zu servieren.

Amethystos: Lazaridi erzeugt einen leichten roten Verschnitt aus der heimischen Limnio sowie Cabernet Sauvignon und Merlot.

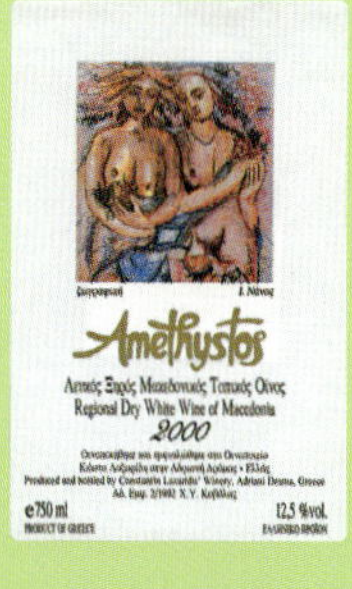

Amethystos: Dieser weiße Cuvée mündet in einen Geschmack nach Pfirsich und exotischen Früchten vor blumigem Hintergrund.

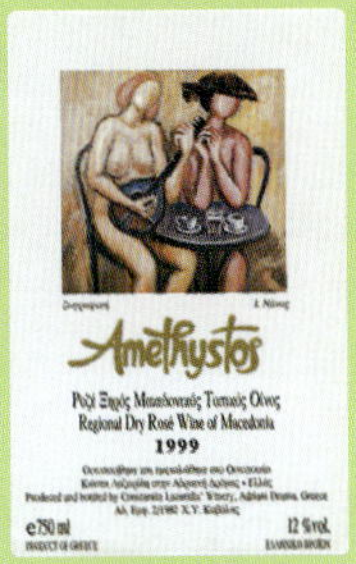

Amethystos: Die Rosé-Variante der Reihe wird sortenrein aus Cabernet Sauvignon gekeltert und schmeckt fruchtig nach Beeren.

Château Julia Chardonnay: Aus der Gegend Adriani macht Lazaridi den fruchtigen Weißen, der mit 10 °C zu gegrilltem Fisch passt.

Cava Amethystos: Ein nachhaltiger Landwein, im neuen Eichenfass gereift mit würzigem Geschmack und zartem Himbeer-Aroma.

Kir-Yianni Merlot: Das Weingut von Yannis Boutaris verarbeitet Merlot-Reben aus der Region Imathia zu einem guten Landwein.

Kir-Yianni Syrah: Auch als Landwein und in begrenzter Zahl kommt dieser angenehm herbe und purpurrote Wein auf den Markt.

Kir-Yianni Yianakohori: Dieser Wein aus Merlot und Xinómavro schmeckt besonders gut zu würzigen Fleisch- und Grillgerichten.

Kir-Yianni Ramnista: Aus der Appellation Naoussa produziert Yiannis Boutaris den Wein mit reichem und ausgewogenem Charakter.

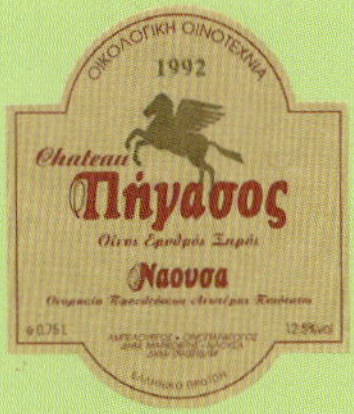

Château Pegasus: Das Weingut Markovitis bringt die Pegasus-Reihe aus ihrem ökologischen Anbau ohne künstliches Düngen hervor.

Château Pegasus: Dieser dreizehnprozentige weiße Chardonnay wird zu hellem Fleisch sowie Fischgerichten empfohlen.

Château Pegasus: Aus der Xinómavro-Rebe von der Appellation Naoussa entsteht dieser kräftige und ausbaufähige Qualitätsrotwein.

Der rote Cava Boutari wird aus der Xinómavro-Traube gekeltert. Er war einer der ersten Weine dieser Art auf dem griechischen Markt. Seine gute Lagerfähigkeit und seine Individualität werden sich am Jahrgang 1985 beweisen lassen.

EIN WINZER LÄDT EIN

John Boutari & Son ist in Griechenland eine bedeutende Weingesellschaft mit Tradition. Ioannis Boutari gründete sie bereits 1879 und leistete mit seiner Abfüllung des ersten griechischen Markenweins Wesentliches für die Ausbildung der nationalen Weingeschichte und des griechischen Weinmarkts. Boutaris roter Naoussa war der erste Wein, der landesweit verkauft wurde. 1906 rief er das erste Weingut der Gesellschaft in Naoussa ins Leben. Dort ist in der Nähe der historischen Stadt Stenimachos der heutige Hauptsitz des Unternehmens, wo seit 1993 mit Führungen durch die Produktionsstätten und die Keller sowie Dia-Vorträgen und Verkostungen um neue Kunden und Liebhaber des griechischen Weins geworben wird. John Boutari & Son ist inzwischen zu einem Weinimperium geworden, das nun in der vierten Generation arbeitet und von Constantine Boutari geführt wird. Pro Jahr werden etwa 1,2 Millionen Kisten Wein produziert, und der Export floriert weltweit. In Goumenissa wurde ein weiteres Weingut geschaffen, außerdem Dependancen auf Kreta (Weingut Fantaxometocho) und auf der kykladischen Insel Santorin (Weingut Megalochori), wo mit den dort vorherrschenden Trauben erfolgreich experimentiert wird.

Boutari bringt erfolgreiche Spitzenweine hervor. Seine Klassiker garantieren seinen Erfolg. Dazu zählt auch heute noch der bereits erwähnte erste Markenwein des Hauses – der Naoussa Boutari, der aus der in der Region Naoussa dominierenden Xinómavro-Traube gekeltert wird. Der trockene Rotwein reift ein Jahr im Eichenfass, hat eine dunkelrote Farbe und erreicht bei weiterer Lagerung ein reiches Bukett von Zimt- und Holzaromen. Er hat einen ausgewogenen Körper mit guter Struktur und weichem Tanninaroma im Abgang. Weitere sehr lagerfähige Klassiker von Boutari sind der Grande Reserve Naoussa, Goumenissa Boutari und Cava Boutari. Die Lagerung der alten hochwertigen Jahrgänge seiner klassischen Weine und der Umgang damit setzt langjährige Erfahrung und ensprechende Bedingungen voraus. Bei Boutari lagern die Schätze separat in einem speziell designten Keller des Naoussa-Weinguts bei einer gleichmäßigen Temperatur von 14–16 °C und 75% Luftfeuchtigkeit. Boutaris neue Weine wie der Moscofílero Boutari, Assyrtiko Boutari, Agiorgítiko Boutari und der Xinómavro Boutari demonstrieren dem internationalen Weinmarkt ein modernes Gesicht und die Konkurrenzfähigkeit des griechischen Weins. Darüber hinaus experimentiert die Gesellschaft auch erfolgreich mit den bewährten internationalen Rebsorten wie Cabernet Sauvignon, Merlot und Chardonnay. Boutari hat als erster griechischer Winzer und als Vierter in Europa ein System zur Qualitätssicherung eingeführt. Seit 1993 hat Boutari zusätzlich den Biermarkt erobert. Das Bier mit dem klangvollen Namen ›Mythos‹ ist seine jüngste Kreation.

Im wohltemperierten Weinkeller, umgeben von Eichenfässern, wird mit wachen Sinnen die Nase und der Körper des Weins verkostet und sein Wert geschätzt.

Von links nach rechts: Der Moscofílero Boutari ist ein trockener Weißwein, der bei internationalen Wettbewerben bereits als Sieger hervorging und einer der wichtigsten neuen Weine des Hauses ist. Der trockene dunkelrote Xinómavro Boutari hat ein komplexes Aroma und eignet sich gut zur Lagerung. Der Cava Boutari jüngeren Jahrgangs hat einen fruchtigen Geschmack nach roten Beeren und eine leichte Bittermandelnote. Der rote Naoussa Boutari aus Xinómavro ist der Klassiker des Hauses, mit dem seine Geschichte begann und der auch heute eine hervorragende Qualität erreicht.

DAS SYMPOSION

An eine Einladung zum Essen, *›deipnon‹*, schloss sich in der Antike häufig das Symposion, das Trinkgelage der Männer, an; Ehefrauen und Kinder waren ausgeschlossen. Es fand in einem eigens dafür bestimmten Raum statt, in dem Liegen, Klinen, aufgestellt waren, auf denen jeweils etwa drei Personen liegend an der Feier teilnahmen. Ein Symposion war ursprünglich keineswegs ein nur fröhlicher Umtrunk, sondern eine Art Kultfeier und hat diesen Charakter auch nie ganz verloren. So begann jedes Symposion mit den festgelegten Weinspenden an einzelne Götter, dem Festgesang *›päan‹* und den formelhaften Trinksprüchen. Dann wählte man durch Los einen Vorsitzenden, den Symposiarch, der die Regeln des folgenden Symposions bestimmte, etwa das Mischungsverhältnis von Wein und Wasser oder die Größe der Trinkgefäße. Er forderte die Runde oder Einzelne zum Trinken auf, ließ die Teilnehmer ›in die Kanne steigen‹. Ein richtiges Symposion sah ein Unterhaltungsprogramm vor: Es wurden Gedichte und Lieder vorgetragen, Geschichten und Anekdoten, Rätsel, wohl auch Witze erzählt. Viele berühmte Dichter haben für diese Anlässe Verse verfasst. Philosophenschulen bedienten sich der Form des Symposions, um ihre Fachgespräche zu führen, und sorgten mit den berühmten Dialogen von Platon und Xenophon für eine entsprechende Literaturgattung. Flötenspielerinnen, Tänzerinnen und Hetären wurden für den Abend gemietet, in dessen Verlauf es durchaus zu orgiastischen Szenen kommen konnte, wovon die griechische Vasenmalerei mit Vorliebe auf Trinkschalen bildhaftes Zeugnis ablegt. Wurde das Symposion sehr ausgelassen, mündete es schließlich in ein *›komos‹*, ein ›wildes Besäufnis‹. Auf den Symposien der heutigen Zeit geht es weit weniger ausschweifend zu. Im Lokal des Weingutes Boutari werden entsprechend der antiken Tradition neben den guten Tropfen des Hauses auch Speisen angeboten. Jedoch ersetzt hier der gesittete Genuss die rauhen Sitten alter Zeiten.

Links: In Makedonien angebauter Verginia Tabak kann eine Höhe von bis zu zwei Metern erreichen.

BLAUER DUNST

Warum die Griechen so gern und so viel rauchen, entdeckte der Schriftsteller Lawrence Durrell auf seinen Griechenlandreisen Mitte des 20. Jahrhunderts. Nicht etwa aus religiösen Gründen oder gar aus kultischen Zwecken, nein, die Griechen messen einfach Entfernungen und Zeiträume nach Zigarettenlängen: »Frag einen Bauern wie weit es bis zu einem Dorf ist und neun- von zehnmal wird er dir antworten, es seien so und so viele Zigarettenlängen.« (Durrell, Schwarze Oliven) Man könnte meinen, Rauchen sei nach Essen und Trinken der Griechen drittliebste Beschäftigung. Und das wäre kein Wunder, denn die griechische Zigarettenindustrie kann aufgrund des heimischen Tabakanbaus ihre in blauen Dunst aufgehenden Genussmittel bis zu 50 Prozent günstiger anbieten als alle anderen Zigarettenhersteller der Welt. Dass viele amerikanische Tabak-Konzerne einen Teil ihres Rohstoffs aus Griechenland beziehen, um später das fertige Produkt im Anbauland für viel Geld zu verkaufen, scheint niemanden zu stören. Vermutlich ist vielen Griechen, die auf amerikanische Zigaretten schwören, gar nicht bewusst, dass sie eigentlich den gleichen griechischen Tabak rauchen, den sie preiswerter als einheimisches Erzeugnis bekommen könnten. Allerdings muss man hinzufügen, dass der Tabak, wenn er zu griechischen Zigaretten verarbeitet wird, leichter und gewöhnlich unparfümiert ist. Die Tabakbauern können mit dieser Entwicklung gut leben, denn so machen sie die besten Geschäfte mit dem braunen makedonischen Gold. Bei jährlich bis zu 90 Millionen Kilogramm, die ins Ausland verkauft werden, ist griechischer Tabak zum bedeutenden Wirtschaftsfaktor herangewachsen.

Die Tabakpflanze *(Nicotiana tabacum)* ist ein bis zu zwei Meter hohes einjähriges Kraut mit wechselständigen breit-lanzettlichen Blättern und rosafarbenen oder weißen Blüten. Der so beliebte Wirkstoff, das Nikotin, wird in der Wurzel gebildet und in die Blätter transportiert, wo er sich anlagert. Die Pflanze ist ursprünglich in Nordwestargentinien und Bolivien beheimatet. Als die Spanier amerikanischen Boden betraten, staunten sie unter anderem auch er über die Zigarren rauchenden Indianer. Um 1560 gelangte die Pflanze an Bord spanischer Schiffe nach Europa, wo sie sich von de-

Die einjährige Tabakpflanze wird jedes Jahr neu ausgepflanzt. Mittlerweile ist das eine beinah bequeme Arbeit geworden, denn man kann sich im Sitzen langsam über die Ackerfurchen fahren lassen und setzt dabei die Pflanzen ein.

XANTHI-TABAK

Im Umkreis der thrakischen Kleinstadt Komotiní wird die aus der Türkei eingeführte Basmás-Tabakpflanze kultiviert. Diese Sorte kam mit den kleinasiatischen Griechen im Zuge des Umsiedlungsprogramms um 1923 nach Thrakien und stellt seitdem eine wichtige Ertragsquelle für die Region dar.

RAUCHEN IN GRIECHENLAND

Von den Tabaksorten, die in Griechenland angebaut werden, werden einige hauptsächlich für den Export angebaut, im Einzelnen sind das die Sorten *Basmás, Katerini, Kabakulak, Verginia* und *Burley*. Nur für den Eigenbedarf gelten die Sorten *Samiótika*, die *schwarze Thessalierin*, die *schwarze Elassónas* und *Basmás*. Die Rauchkultur findet ihren höchsten Ausdruck weniger in der Kulthandlung selbst, denn im aufwändigen Design der Zigarettenschachteln. Nicht immer jedoch ist das ›corporate design‹ stimmig und manch mädchenhafte Schachtel wirft den stärksten Kerl um:

Sieht aus wie Seife, ist aber mittelstark und filterlos: die *Santé*. Rechts die Zigarette für den Gourmet: *Karelia Verginia* aus *Verginia*-Tabak.

Aus *Basmás*- oder *Verginia*-Tabak: *Assos* orientiert sich geschmacklich an den großen amerikanischen Marken. *Old Navy* erreicht sein britisches Image mit Parfümzusätzen.

Karelia und die *Assos 1* von Papstratos sind die Rauch-Allrounder: von filterlos bis ultraleicht im *malakó* (Softpack) oder *skliró pakéto* (Schachtel) flankieren sie den Raucheralltag.

Quantitativ aber nicht qualitativ zur zweiten Reihe gehören *twenty two* und *Saga*.
Unten: Viele Marken werden immer noch in ungewohnt luxuriöser Verpackung angeboten.

ren Heimathäfen aus rasch ausbreitete. Tabak bevorzugt sandigen Boden, viel Wärme (25–35 °C) und in der Entwicklungszeit reichlich Niederschläge, Bedingungen, die in Makedonien gegeben sind. Dort sind inzwischen ganze Tabakdörfer entstanden, deren Bauern vorwiegend vom Tabakanbau sehr gut leben, denn kaum ein anderes landwirtschaftliches Produkt bringt so viel Gewinn ein. Da lohnt sich die harte Arbeit auf den Feldern, die ab dem 15. Februar mit dem Säen beginnt und im Winter mit dem Entfernen der Tabakwurzeln endet. In der Zwischenzeit gibt es alle Hände voll zu tun, denn der Tabakanbau ist aufwändig. Die Bauern sprechen vom Fünfzig-Tage-Rhythmus: Fünfzig Tage braucht die Saat, um zu einer Pflanze zu werden. Fünfzig Tage nach dem Auspflanzen der Tabakpflanzen auf den Feldern beginnt man mit dem ersten Pflücken der Blätter. Und fünfzig Tage dauert die gesamte Tabakerntezeit. Viermal werden an jeder einzelnen Pflanze die Blätter gepflückt, und zwar von unten nach oben, in zeitlichen Abständen nach Reifegraden. ›Vier Hände‹ sagen die griechischen Bauern dazu und warten auf die letzte ›Hand‹, denn das sind die aromareichsten und besten Tabakblätter. Die Tabakblätter jeder ›Hand‹ müssen separat aufbewahrt, getrocknet und gepresst werden, denn sie unterscheiden sich im Aroma und Geschmack erheblich voneinander. Die Trockenzeit beträgt zehn bis fünfzehn Tage. Früher versammelte sich die Familie des Tabakbauern auf dem Hof, um die Tabakblätter zusammen zu legen, auf Fäden aneinander zu reihen und dann in der Scheune zum Trocknen aufzuhängen. Heutzutage wird diese Arbeit von Maschinen gleich vor Ort erledigt.
Zu den Aufgaben der Tabakbauern gehört auch das Pressen der Tabakblätter in Ballen oder Fässern, das bis zu zwei Monate in Anspruch nehmen kann und das der Fermentation der Tabakblätter dient, durch die die gewünschten braunen Farbstoffe sowie die Aromastoffe gebildet werden. Nach der Ernte müssen sorgfältig alle Tabakwurzeln aus der Erde entfernt und der Boden muss umgepflügt werden, damit sich keine Keime und Pilze entwickeln, die die jungen Pflanzen im darauffolgenden Jahr schädigen könnten.
Man hat ermittelt, dass eine Tabakbauernfamilie umgerechnet 2000 bis 4000 Arbeitsstunden jährlich in den Tabakanbau investiert. Dann erfolgt der Weiterverkauf an die Händler, die die Ware beurteilen und den jeweiligen Preis festlegen. Die Preise sind zwar hoch, aber schwankend, und wie bei jedem Verkauf ist auch beim Tabak nicht allein die Qualität der Ware, sondern ebenso das geschickte Handeln des Verkäufers entscheidend. Hinzu kommen Subventionen der Europäischen Union, die der Tabakbauer pro Kilogramm Tabak erhält. Weltweit enthalten heute bis zu vier Prozent aller Zigaretten Tabak aus griechischem Anbau, denn dieser gilt als besonders aromatisch.

Die noch grünen Tabakblätter werden einzeln Blatt für Blatt zusammengenäht, bevor sie in der Trockenkammer aufgehängt werden.

Die hohen Tabakscheunen wirken von weitem wie verlassene Hütten. Erst aus der Nähe entdeckt man die langsam trocknenden Tabakblätter.

Ist der Tabak vollkommen trocken, wird er für die Fermentation in Ballen gepresst. Danach erst werden die Blätter nach Farbe und Qualität sortiert.

FISCH FÜR PAULUS

Als der Apostel Paulus auf seiner zweiten Missionsreise im Jahr 49 in der ostmakedonischen antiken Hafenstadt Neapolis, dem heutigen Kavala an Land ging, wusste er noch nicht, was ihn erwartet. Er war nach einer ersten Reise nach Zypern und Kleinasien innerhalb der Gruppe der Apostel in eine Führungsrolle hineingewachsen und hatte diese zweite Reise schon selbstständig gemacht. Er hatte sich mit einer großen Schar von Gehilfen umgeben und war nach Europa aufgebrochen, hier an der makedonischen Küste gelandet, um von hier nach Philippi weiter zu ziehen, wo er mit einigen Juden der Stadt die erste christliche Gemeinde Europas gründete. Sein Missionsauftrag war gefährlich, und ob er Erfolg haben würde, war noch ungewiss. Aber eines war ganz sicher: Verhungern würde er hier nicht. Die ostmakedonische Küste war reich an Fischbeständen und das Angebot an frischem Fisch war groß. Heute zählt Kavala, das im 19. Jahrhundert ein bedeutendes Zentrum des Tabakhandels war, zu den wichtigsten Anlegehäfen der ostmakedonischen Fischer, die täglich bis zu den Inseln Samothraki und Thassos, aber auch bis kurz vor die türkische Küste hinausfahren, um ihre Netze auszuwerfen. Von all den Fischen, die sie dann an Land bringen, wird frische Seezunge am meisten geschätzt. Und vielleicht hat man sie dem Apostel im Jahre 49 genauso so serviert, wie manch einem Fremden, der heute in diese Gegend kommt.

Unten: Der Hafen von Kavala gehört zu den Anlegeplätzen der ostmakedonischen Fischer.

Oben: Im Hinterland von Kavala liegt das antike Philippi, das 355 v. Chr. von Philipp II., dem Vater Alexanders des Großen, gegründet wurde. Paulus etablierte hier im Jahr 49 auf seiner zweiten Missionsreise die erste christliche Gemeinde auf europäischem Boden. Hintergrund: Die Werft am Hafen von Kavala mit Blick auf das Aquädukt aus dem Jahr 1550.

GLÓSSA STO FÚRNO
Seezungenpfanne

2 Seezungen, filetiert
1 EL natives Olivenöl extra
2 EL Fischsoße (aus asiatischem Feinkosthandel)
150 ml süßer Weißwein
2 Lauchzwiebeln, in Stücke geschnitten
1 EL gehackte Korianderblätter
1 EL gehackter Liebstöckel
(ersatzweise Selleriegrün)
1 TL gehackter frischer Oregano
2 Eier, verquirlt
schwarze Pfefferkörner

Den Backofen auf 180 °C vorheizen. Die Seezungenfilets in eine Auflaufform legen und Öl, Fischsoße und Wein darüber gießen. Die Lauchzwiebeln zusammen mit dem gehackten Koriander darüber verteilen und im vorgeheizten Backofen ca. 15 Minuten lang garen. Herausnehmen, die Filets warm stellen, den Sud durch ein Sieb gießen und beiseite stellen. In einem Mörser Pfeffer zerstoßen und Liebstöckel, Oregano sowie das gekochte Gemüse aus dem Sud zerdrücken. Diese Mischung mit dem Sud verrühren und die Eier daruntermischen. Den Fisch mit dieser Soße übergießen und zurück in den Backofen stellen bis die Soße bindet. Mit frisch gemahlenen schwarzem Pfeffer bestreuen und heiß servieren.
Hinweis: Bei diesem Gericht handelt es sich um die Adaption eines alten Rezepts, und mit etwas Phantasie kann man sich vorstellen, dass Paulus auf seiner Missionsreise ähnlich gegessen hat. Die in den Zutaten erwähnte asiatische Fischsoße ersetzt das alte ›garos‹, jenes sagenumwobene salzige Produkt aus wochenlang in der Sonne gärenden Kleinfischen und Fischresten vermutlich vorteilhaft.

MAKEDONISCHE FISCHSPEZIALITÄTEN

MIDOPÍLAFO
Muscheln mit Reis

1 kg frische Miesmuscheln
200 ml natives Olivenöl extra
1 große Zwiebel, fein gehackt
200 ml trockener Weißwein
3 Tomaten, abgezogen und fein gewürfelt
450 g Reis
1 EL glatte Petersilie, fein gehackt
1 EL Dill, fein gehackt
Salz und frisch gemahlener schwarzer Pfeffer

Die Miesmuscheln waschen, gründlich bürsten und bereits geöffnete Muscheln aussortieren. Das Olivenöl in einem Topf erhitzen und die Zwiebeln darin glasig dünsten. Die Muscheln mit wenig Wasser zugeben und aufkochen. Muscheln, die sich nicht öffnen, aussortieren. Weißwein angießen, Tomaten hinzufügen und mit Salz und Pfeffer würzen. So viel Wasser angießen, dass die Muscheln gut bedeckt sind und ca. 15 Minuten köcheln. Dann den Reis zugeben und so lange köcheln bis er gar ist und den Sud aufgenommen hat (eventuell heißes Wasser nachgießen). In einer Schüssel anrichten, mit Petersilie und Dill garnieren.

XIFÍAS MARINÁTOS
Marinierter Schwertfisch

4 Schwertfischsteaks
Saft von 1 Zitrone
geriebene Schale von 1 unbehandelten Zitrone
150 ml natives Olivenöl extra
1 Bund glatte Petersilie, fein gehackt
8 Lorbeerblätter
2 Zweige frischer Thymian
Salz
frisch gemahlener schwarzer Pfeffer

Die Schwertfischsteaks salzen und pfeffern. In einer Schüssel den Zitronensaft, die geriebene Zitronenschale, 4 EL Olivenöl und die Petersilie verrühren. Die Steaks mit der Marinade bestreichen, 1 Lorbeerblatt auf jedes Steak legen, alle vier aufeinander legen und im Kühlschrank 1 Stunde marinieren lassen.
Dann 4 EL Olivenöl in einer Pfanne erhitzen, die restlichen 4 Lorbeerblätter hineinlegen und die Schwertfischsteaks darauf betten. Den Fisch von jeder Seite etwa 5 Minuten braten, bis er gar ist. Zum Schluss noch die übrige Marinade dazugießen, mit Salz und Pfeffer abschmecken und die Pfanne direkt vom Herd nehmen. Den Schwertfisch auf einer Platte anrichten und mit frischem Thymian garnieren. Noch warm und mit frisch gebackenem Weißbrot servieren. Als Beilage kann man außerdem frischen Bauernsalat oder *skordália* (siehe Rezept S. 343) dazu reichen.

Midopílafo – Muscheln mit Reis

Xifías marinátos
Marinierter Schwertfisch

PSÁRI STO FÚRNO ME RÍGANI

Fischfilet mit Oregano

4–6 große Doradenfilets
1 kg Kartoffeln
250 ml natives Olivenöl extra
Saft von 2 Zitronen
3 Zweige frischer Oregano, gehackt
Salz
frisch gemahlener schwarzer Pfeffer

Den Backofen auf 180 °C vorheizen. Eine Auflaufform mit Öl einpinseln die Fischfilets hinein legen und mit Salz und Pfeffer bestreuen. Die Kartoffeln schälen, in dünne Scheiben schneiden, ebenfalls mit Salz und Pfeffer würzen und um den Fisch verteilen. Das Ganze mit Olivenöl, Zitronensaft und 300 ml Wasser übergießen und mit Oregano bestreuen. Das Gericht im vorgeheizten Backofen ca. 45 Minuten bis zu einer Stunde garen. Noch heiß mit grünem Salat und frisch gebackenem Weißbrot servieren.

GLÓSSA JEMISTÍ

Gefüllte Seezungenfilets

100 g Butter
3 Knoblauchzehen, zerdrückt
1 große Zwiebel, fein gehackt
1 grüne Paprika, sehr fein gewürfelt
300 g ausgelöste Garnelen, fein gehackt
100 g Semmelbrösel
$^{1}/_{2}$ Bund glatte Petersilie, fein gehackt
8 Seezungenfilets
300 ml Fischfond
3 Eier, verquirlt
Saft von 1 Zitrone
Salz
frisch gemahlener schwarzer Pfeffer

Die Hälfte der Butter in einer Pfanne erhitzen und Knoblauch, Zwiebeln und Paprika darin andünsten. Garnelen, Semmelbrösel und Petersilie zugeben und mit Salz und Pfeffer würzen. Unter Rühren kurz aufkochen, vom Herd nehmen und abkühlen lassen.
Den Backofen auf 180 °C vorheizen. Die Seezungenfilets salzen und pfeffern. Die Garnelenmischung auf die Filets verteilen, diese dann aufrollen und in eine gefettete Auflaufform legen. Die restliche Butter zerlassen und über die Fischrouladen gießen. Im vorgeheizten Backofen ca. 30 Minuten garen. Den Fischfond in erwärmen. Die verquirlten Eier mit Zitronensaft mischen, langsam in den Fischfond einrühren und noch einmal erhitzen, jedoch nicht aufkochen. Die gefüllten Fischfilets auf einer warmen Platte anrichten. Die Ei-Zitronen-Soße darüber gießen und mit etwas gehackter Petersilie garnieren. Noch warm servieren.

Psári sto fúrno me rígani
Fischfilet mit Oregano

Die Kleinstadt Kastoriá am gleichnamigen fischreichen See ist in der Region wegen ihrer pelzverarbeitenden Betriebe ein wirtschaftlich bedeutender Standort. Darüber hinaus hat sie aber auch kulturhistorische Sehenswürdigkeiten zu bieten.

SEE-FISCH

Die auf 620 Meter Höhe liegende Stadt Kastoriá ist auf einer felsigen Halbinsel erbaut, die weit in den gleichnamigen fischreichen See hinausragt. Schon in neolithischer Zeit haben hier Menschen den Fischreichtum des Sees geschätzt, wie Reste eines ausgegrabenen Pfahlbaudorfs belegen. Von dem antiken Keletron ist nichts Nennenswertes erhalten. Eine Neugründung der Stadt erfolgte im 6. Jahrhundert. Durch die reichen Fischbestände des Sees und die Biber, die die Grundlage für eine die Geschichte der Stadt bestimmende Pelzverarbeitung legten, wurde Kastoriá sehr schnell ein wohlhabender Ort. Davon zeugen mehr als 70 byzantinische Kirchen, die zum Teil prächtige Fresken schmücken sowie prachtvolle Villen der Pelzhändler.

Im nährstoffreichen Wasser des Sees findet man Aale, Karpfen, Forellen und Schleien. An diesem Fischreichtum erfreuen sich auch über 140 verschiedene Vogelarten, die sich hier kurzzeitig aufhalten. Sogar die Pelikane wagen sich in die Pelzstadt. In den kleinen Tavernen der malerischen Stadt entlang des Seeufers kann man täglich frischen See-Fisch genießen. Eine besondere Spezialität in den Tavernen ist *Kastorianí psaróssupa.* Die ›Fischsuppe nach Art von Kastoriá‹ wird aus Fischköpfen und Gemüse gekocht. Die Fische kommen zusammen mit Tomaten, Paprika, Knoblauch, Öl und Gewürzen in den Backofen und weden mit einer Soße aus Fischbrühe, Nüssen, Knoblauch und Brot serviert.

DIE PRÉSPA-SEEN

Die Préspa-Seen gehören heute zu den schönsten und entlegensten Nationalparks auf griechischem Boden. Die Seen liegen in einem weiten Hochtal 850 Meter über dem Meeresspiegel. Durch den großen Préspa-See verlaufen die Staatsgrenzen von Griechenland, Albanien und Mazedonien. Der kleine Préspa-See gehört überwiegend zu Griechenland. Die griechischen Teile der Seen sind wegen ihrer reichen Tier- und Pflanzenwelt zum Naturschutzgebiet erklärt worden, das vor allem Lebensraum für vierzig verschiedene Säugetierarten, darunter auch Bären und Wildkatzen, bietet. Einhundertfünfzig der weltweit noch lebenden tausend dalmatinischen Pelikanpaare finden hier ebenso ihre letzten europäischen Brutplätze, wie Kormorane, Wasserreiher und Störche.

PÉSTROFA LEMONÁTI
Gefüllte Zitronenforelle

1 Zwiebel, geviertelt
1 Bund Suppengrün, fein gehackt
500 g Miesmuscheln, gereinigt
500 g ausgelöste Garnelen, grob gehackt
3 EL Zitronensaft
50 g Butter
1 EL fein gehackte glatte Petersilie
2 EL Paniermehl
50 g schwarze Oliven, grob gehackt
1 EL fein gehackter Estragon
6 EL natives Olivenöl extra
4 frische Forellen
2 Zitronen, in Scheiben geschnitten
Salz
frisch gemahlener weißer Pfeffer

Zwiebeln und Suppengrün mit 300 ml Wasser und etwas Salz zum Kochen bringen. Bereits geöffnete Muscheln aussortieren, die restlichen in den Gemüsesud geben und 5 Minuten garen. Muscheln, die sich nicht geöffnet haben, aussortieren. Vom Herd nehmen, die Muscheln aus den Schalen lösen, abtropfen lassen und grob hacken. In eine Schüssel geben, die Garnelen zufügen, mit Zitronensaft übergießen und 1 Stunde marinieren lassen. Butter in einer Pfanne erhitzen, Muschel-Garnelen-Mischung zugeben, Petersilie, Salz und Pfeffer zufügen und alles gut anbraten. Vom Herd nehmen und abkühlen lassen.
Den Backofen auf 220 °C vorheizen. Paniermehl, Oliven und Estragon in einer Schüssel vermischen, die Muschel-Garnelen-Mischung und 2 EL Olivenöl zugeben und gut verrühren. Die Forellen am Rücken (!) aufschneiden, ausnehmen und Gräten auslösen, gut waschen und trockentupfen. Von innen und außen mit Salz und Pfeffer bestreuen und mit der vorbereiteten Masse füllen. 4 große Stücke Grillfolie mit je 1 EL Olivenöl bestreichen und jede Forelle einzeln darin einwickeln. Im vorgeheiztenBackofen ca. 20 Minuten garen. Dann die Forellen aus der Folie nehmen, auf Tellern anrichten und mit Zitronenscheiben garnieren. Frisch gebackenes Weißbrot dazu reichen.

PELZVERARBEITUNG

Die erste Hochblüte der Pelzverarbeitung erlebte Kastoriá im 17. Jahrhundert. Damals zog das lohnende Geschäft mit den Bibern zahlreiche Kürschner an den See von Kastoriá, um von den hohen Gewinnen zu profitieren, die Biberfelle auf den europäischen Pelzbörsen erzielten. Die aus Biberfellen hergestellten Produkte werden auch heute noch in die ganze Welt verkauft. Allerdings gibt es in der Biberstadt kaum noch Biber, die ihre Haut zu Markte tragen könnten. Die 3000 Pelzwerkstätten, die in Kellern und Hinterhöfen eine lautlose Industrie betreiben, beziehen ihre Felle aus Nordeuropa, Kanada und Russland. Unter Pelzfachleuten gilt Kastoriá daher noch immer als größte Pelzwerkstatt Europas. Die malerische Stadt mit ihren pittoresken Holzhäusern aber wartet noch auf ihre Entdeckung. Die prächtigen, zum Teil restaurierten Herrenhäuser aus osmanischer Zeit zeugen vom einstigen Wohlstand der Stadt. Und die etwa 40 gut erhaltenen der mehr als 70 byzantinischen Kirchen rechtfertigen einen Aufenthalt in Kastoriá allemal.

WÖLFE

Wölfe sind in Griechenland geschützt. Aber die moderne Zivilisation hat sie wie fast überall auf der Welt bis in die letzten Rückzugsgebiete der schwer zugänglichen und fern der Städte liegenden Wälder gedrängt. Nur noch in ganz einsam gelegenen Bergdörfern im Norden Griechenlands kann man sie manchmal noch in der Abenddämmerung heulen hören. Ihre Zahl wird gegenwärtig auf nur noch wenige hundert geschätzt. Nicht ohne Grund hat die griechische Schriftstellerin Siranna Satelli den Titel ihres 1998 in deutsch erschienenen Bestsellerromans ›Und beim Licht des Wolfes kehren sie wieder‹ gewählt. Als Wolfslicht bezeichnet man im Griechischen das Licht der Abenddämmerung.

ANASTENÁRIA

Eines der seltsamsten Feste, die es in Griechenland gibt, wird alljährlich in Makedonien gefeiert. Am 21. Mai werden die *Anastenária* zelebriert. Das Wort stammt wohl von *anastenázo* und heißt ›seufzen‹. Geseufzt wird bei dieser Zeremonie tatsächlich viel, denn der Höhepunkt endet in einem sehenswerten Spektakel: dem Tanz auf glühender Asche!
Angefangen hatte alles in der Mitte des 13. Jahrhunderts, als im entlegenen Thrakien die Kirche eines Dorfes einem Brandanschlag zum Opfer fiel. Dabei drohten die darin aufbewahrten Ikonen des heiligen Konstantin und der Helena, des ersten christlichen Kaisers und seiner Mutter, vernichtet zu werden. Doch plötzlich vernahmen die Einwohner ein gewaltiges Stöhnen, das aus der Kirche nach außen drang. »Die Ikonen rufen uns zu Hilfe«, dachten sie. Wagemutig stürmten einige Freiwillige in die brennende Kirche und retteten die Ikonen, ohne sich dabei zu verbrennen. Ein Wunder sei geschehen, glaubten die weniger Mutigen, die draußen gewartet hatten. So werden jedes Jahr zum 21. Mai, dem Feiertag von Konstantin und Helena, die Geister von einst wieder angerufen, um beim Feuerlauf neue Wunder zu vollbringen. Dabei gibt es immer weniger Dörfer in Makedonien, die dieses Fest veranstalten, und es droht gänzlich in Vergessenheit zu geraten.
Am Vorabend des 21. Mai wird mit den ersten Vorbereitungen begonnen. Es wird ein Kalb geschmückt, man musiziert und tanzt. Dabei tanzt jeder Eingeweihte allein und trägt eine Ikone über dem Kopf. Nur Lyra, Dudelsack und Tambourin geben den Tänzern den Takt vor. Am nächsten Morgen kann es dann beginnen: Die Menschen versammeln sich nach dem Gottesdienst auf dem Dorfplatz. Das Kalb wird geschlachtet, und es geht ein erstes befreiendes Stöhnen durch die Zuschauermenge. Man hört Frauen kreischen. Der Tag wird wieder mit Essen, Trinken und Tanzen verbracht, wobei schon die ersten Feuer entzündet werden. Zunächst brennt der Scheiterhaufen noch lichterloh, Funken fliegen mit dem Wind. Die Luft ist erfüllt vom Geruch nach verbranntem Holz. Wenn am Spätnachmittag nur noch die gerötete Glut scheint, beginnen die Feuerläufer mit ihren gewagten Sprüngen. Kinder mit staunenden Augen können nicht glauben, was sie da sehen, und Ärzte können nicht erklären, warum die Läufer keine Brandwunden an den Füßen davontragen. Doch mit der Zeit erstirbt das Feuer, das Stimmengemurmel im Hintergrund verstummt. Und so mancher orthodoxe Priester ist erleichtert, dass für dieses Jahr der ganze Spuk wieder reibungslos vorübergegangen ist.

Vor dem großen Lauf über die glühenden Kohlen versammeln sich die Zeremonienmeister in einem Raum und beten vor der Ikone der Heiligen Konstantin und Helena.

Die Eingeweihten Läufer, Männer wie Frauen, küssen die Ikone, unter deren Schutz sie später gestellt sein werden. Denn nur ihr Glaube rettet sie vor Brandblasen an den Füßen.

In der Zwischenzeit bereiten die Männer des Dorfes den hölzernen Scheiterhaufen für *Anastenária* vor. Fachmännisch unterziehen sie jeden einzelnen Stamm einer eingehenden Prüfung.

Das lodernde Feuer wird aus der Ferne begutachtet. Die Läufer selbst kommen erst in seine Nähe, wenn es niedergebrannt ist und die glühenden Kohlen in der Dunkelheit zu flimmern beginnen.

HEPHAISTOS GOTT DES FEUERS

Als Hera Hephaistos gebar und feststellte, dass er lahm war, warf sie ihn widerwillig aus dem Himmel herab ins Meer. Dort nahm ihn die Meeresgöttin Thetis in ihre Obhut und versteckte ihn in einer Höhle, sodass es weder Hera noch die anderen Götter merkten. Hephaistos aber wurde ein geschickter, talentierter Künstler und schenkte später seiner Mutter, deren unmütterliches Verhalten er nicht verwunden hatte, einen wunderschönen goldenen Thron. Als Hera darauf Platz nahm, konnte sie sich nicht mehr daraus befreien. Da baten die Götter Hephaistos, der Mutter zu verzeihen und sie zu erlösen. Da er sich aber weigerte, gelang es allein Dionysos, seine Vertrauensseligkeit ausnutzend, ihn betrunken zu machen und auf den Olymp zu bringen, wo er Hera dann erlöste.
Nach Homer allerdings war es Zeus, der Hephaistos aus dem Olymp auf die Insel Lemnos warf, da jener seiner Mutter zur Hilfe kam, als Zeus Hera bestrafen wollte, weil sie sich ihm widersetzt hatte. Hephaistos, durch diesen Sturz lahm, richtete dort seine Schmiede ein und wurde nicht nur einfacher Schmied, sondern ein begnadeter Künstler, unter dessen geschickten Händen sagenumwobene, prächtige Erfindungen entstanden. So fertigte er Paläste für die Götter, das Zepter des Zeus und die viel gerühmte Rüstung des Achilleus an. Hephaistos war es auch, der Athena mit einem Axthieb aus Zeus' Kopf befreite und ihr später die Aegis, den mit dem Kopf der Medusa geschmückten Schild, anfertigte. Auf Geheiß des Göttervaters schmiedete er auch Prometheus an den Felsen.
Sei es auf Lemnos oder Sizilien, Hephaistos' Wirken wird immer mit dem Erdfeuer, den vulkanischen Aktivitäten der Erde verbunden, die er sich zunutze machte. Er ist aber auch der lahmende, verkrüppelte oder auch zwergenwüchsige Märchenschmied, der mit seinen Gehilfen, den Kyklopen, in seiner Schmiede Wundergeräte fertigte. Neben Prometheus wurde er so als Schöpfer und Schutzherr des Kunsthandwerks verehrt.

Hintergrund: Die *Anastenária*-Eingeweihten laufen barfüßig über die glühenden Kohlen ohne sich dabei die Fußsohlen zu verletzen. Dieser Akt erfordert von ihnen nicht nur einen tiefen Glauben, sondern auch eine gehörige Portion Mut.

Nachdem die Zeremonie zu Ende gegangen ist, kehren die müden, aber zufriedenen Zuschauer unter Paukenschlägen zurück ins Dorf und versammeln sich in einer Taverne.

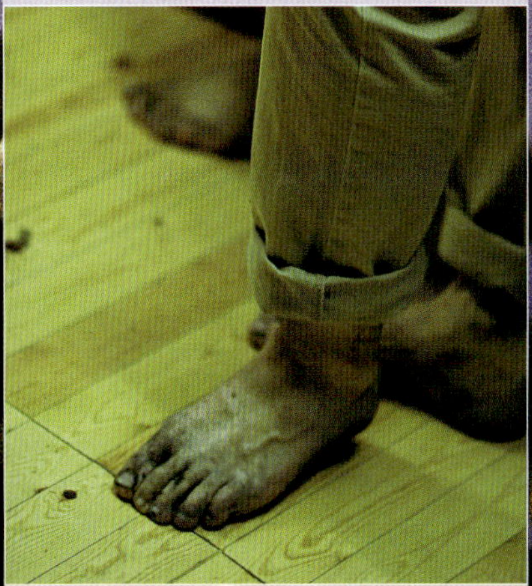

Im Mittelpunkt stehen die Läufer, zu denen auch Frauen gehören können (siehe Hintergrundbild), deren von Asche schwarzen Füße zu den Attraktionen des Abends zählen.

Nach größter Kraftanstrengung gibt es für alle Beteiligten des *Anastenária*-Festes ein gemeinsames Mahl, das alle müden Geister belebt und sich bis in die frühen Morgenstunden hinziehen kann.

ΘΡΑΚΗ

Um 190 v. Chr. stand die ›Nike von Samothrake‹ als Siegesgöttin auf dem steinernen Schiffsbug eines geheimnisvollen Mysterienheiligtums der Insel. Sie war das Dankesgeschenk der Rhodier anlässlich einer siegreichen Seeschlacht.

THRAKIEN

Türkisches Küchenerbe

Hühner mit Historie

Heimliche Kornkammer

Täglich: Brot

Brot-Anlässe

Mais

Trachanás

Süßer Grieß

Sonnenblumenkraft

Östliche Weihnacht

Historiker sprechen gern von ›ethnischem Fluktuationsraum‹, wenn sie das mehr oder minder von Toleranz geprägte Aufeinandertreffen von Menschen mit unterschiedlichen Sitten und Religionen beschreiben. Sie meinen Regionen wie Thrakien, wobei dieser Begriff historisch mehr beinhaltet als den griechischen Küstenstreifen, der im Norden von der hohen Bergkette der Rhodopen begrenzt wird. Er bezeichnet ein großes südosteuropäisches Gebiet, das auch das heutige Bulgarien und Teile der Türkei umfasst. Xerxes zog 480 v. Chr. hier hindurch; die römische Via Egnatia verlief von der Adriaküste nach Byzantium durch die Provinz Thracia; byzantinische Mönche auf ihrem Weg zur Mönchsrepublik Athos kamen hier entlang. Im Mittelalter errichtete man mächtige Festungsanlagen und Burgen, um sich vor einfallenden slawischen Bulgaren zu schützen, aber das Gebiet blieb weiter offen für osmanisch-türkische und serbische Einflüsse. Mit dem Zusammenbruch des Osmanischen Reichs (Thrakien wurde erst 1913 griechisches Staatsgebiet) und der Kleinasiatischen Katastrophe 1922 kam es zu Vertreibungen, und 1923 erfolgte ein groß angelegter Bevölkerungsaustausch.

Heute ist Thrakien die orientalischste Provinz Griechenlands, in der die größte muslimische Minderheit auf engem Raum mit der griechisch-orthodoxen Bevölkerungsmehrheit zusammenlebt, wo sich Christen und Moslems im Alltag miteinander arrangiert haben. Für die meisten zweisprachig aufwachsenden Kinder existieren eigene Schulen. Religiöse Feste werden in gegenseitiger Eintracht und mit Respekt vor dem Glauben des anderen gefeiert. Die betriebsamen Geschäftsstraßen in den Städten Xanthi und Komotini bieten einen Vorgeschmack auf die Atmosphäre orientalischer Bazare, ein Eindruck, den die Minarette der vielen Moscheen noch verstärken. In den Dörfern der Pomaken, bulgarischsprachiger Moslems, scheint der ländliche Alltag einem gemächlicheren Rhythmus zu folgen.

Schon in der Antike war und noch heute ist Thrakien für sein Getreide bekannt; jüngere, für Griechenland wirtschaftlich bedeutende Industriezweige sind Tabak-, Zucker-, Baumwoll- und Papierfabriken sowie Stickereibetriebe. Als Durchgangsgebiet vieler Völker hat die Region auch eine Vielzahl kulinarischer Besonderheiten kennen gelernt und in die heimische Küche integriert, die sich heute zwar variantenreich, aber dennoch bodenständig gibt. Und wenn Speisen unter ihrem griechischen Namen ebenso bekannt sind wie unter ihrem türkischen, dann scheint die Emulsion stabil.

In der ländlichen Region im Nordosten Griechenlands bearbeiten noch viele Bauern ihre Felder unter recht einfachen Bedingungen, aber ihre harte Arbeit steht in direkter Beziehung zu ihrer täglichen Ernährung. ›Von der Hand in den Mund‹ muss nicht negativ sein.

TÜRKISCHES KÜCHENERBE

Fast hat es den Anschein, als ginge auch Toleranz durch den Magen. Denn obwohl Griechen kaum etwas so vehement bestreiten wie eine historische Verbundenheit mit den Türken, und nach der Befreiung alles zu vernichten suchten, was nur entfernt an die Besatzung erinnerte, hat die jahrhundertelange osmanische Herrschaft deutliche Spuren in der griechischen Lebensweise und damit letztlich auch in der griechischen Küche hinterlassen.
Die Verschmelzung zwischen der griechischen und der türkischen Kultur fand auf vielen Ebenen statt. Die türkischen Machthaber brachten im Mittelalter aus dem Orient nicht nur ihre Sitten und Bräuche, sondern auch ihre Kochgewohnheiten mit, die sie mit den griechischen in geschmacklicher Harmonie verrührten. So lässt sich heute eine große Zahl von Gerichten feststellen, die in Zubereitungsweise und Namensgebung deutliche Merkmale türkischer Einflüsse aufweisen.
Ein kurzer Blick in griechische Küchen überzeugt dann auch die hartgesottenen Zweifler. Bei einigen Gerichten beweist der eingebürgerte türkische Name die Existenz der kulinarischen Einmischung der fremden Kultur. Andere wiederum verraten durch ihre Machart, dass sie gleichermaßen in beiden Kulturen beheimatet sind (siehe nebenstehenden Kasten).
Diese gehaltvolle Begegnung griechischer mit türkischen Rezepten betrachten die Griechen als klaren Beweis gemeinsamen Geschmacks und sehen darin eine gute Voraussetzung, um miteinander in Frieden zu leben.
Die Überschneidungen fangen schon frühmorgens an. Die einen sagen *tsái* zum Tee, die anderen trinken *çay*. Die einen nehmen griechischen, die anderen türkischen Mokka, wobei sich bei näherer Betrachtung beide als identisch erweisen. *Chalwás*, den süßen Sesamkuchen, spricht man in beiden Kulturen nicht nur gleich aus, man isst ihn auch gleich gern. Mittags kommen bei Griechen und Türken ähnliche Vorspeisen auf dem Tisch. Auch die Zubereitung von Fisch und Fleisch weist deutliche Parallelen auf. Geschätzt wird alles, was sich gut grillen lässt. Und griechischer *gyros* wird genauso gewürzt wie türkischer *döner*. Beim gemeinsamen Nachtisch *kantaífi* sind dann die letzten gegenseitigen Ressentiments in den Hintergrund getreten, zumindest solange der Geschmack auf der Zunge liegt. Die gegenseitige kulinarische Verständigung ist besonders stark in West-Thrakien spürbar, wo die größte türkische Minderheit einträchtig mit den griechischen Nachbarn zusammen lebt. Und das, obwohl die Lebenssituation der Menschen dieser Region immer wieder im politischen Tagesgeschäft von der einen wie der anderen Seite für machtpolitische Ziele ausgenutzt wird.
Neben den Moscheen mit ihren weithin sichtbaren Minaretten und den orthodoxen Kirchen, die nirgendwo sonst in Griechenland so dicht beieinander stehen wie hier, verkaufen in den Einkaufsvierteln die türkischen und die griechische Händler ihre Waren Tür an Tür und die Frauen schauen sich gegenseitig in die Töpfe. Und trotz aller gesellschaftlicher Vorurteile, die man aus dem übrigen Griechenland deutlich vernimmt, haben die Menschen ihre gemeinsamen Probleme längst in einem Topf geworfen und auf freundschaftlicher Basis geschmacklich miteinander abgestimmt.

Aus schlanken, langhalsigen Messingkannen mit elegant geschwungenen Tüllen fließt der Tee in dünnem Strahl in die Gläser.

Aufwändig aus Messing gestaltet waren auch Gegenstände, die sich zur Mitnahme auf Reisen eigneten.

Die mit aufwändigen Mustern verzierten Messingtabletts hatten und haben auch rein dekorative Funktion.

Auch die einfachsten Küchengeräte wie Salz- und Pfefferstreuer sind aus Messing.

ORIENTTEPPICH

Die Herstellung der handgewebten, wollenen Teppiche gehört auch heute noch zu den wichtigsten kunsthandwerklichen Traditionen Thrakiens. Schon in der Antike schätzte man die ursprünglich von Nomaden hergestellen Teppiche als Wandbehang oder als Unterlage auf Liegen und Stühlen, und seit der Zeit Alexanders des Großen dienen sie als Bodenbelag. In der Neuzeit brachten griechische Weber die notwendigen Fähigkeiten und Motive bei ihrer Umsiedlung aus der Türkei nach Griechenland mit, verbanden die orientalischen Mus-ter mit griechischen Ornamenten und vermarkteten sie erfolgreich in ganz Griechenland. Wie in der Antike waren die Teppiche nicht allein für den Fußboden gedacht. Sie schmückten die Wände eines Hauses ebenso, wie sie als Bettüberwurf dienten. Dass es bis heute so geblieben ist, zeigt der Blick in ein altes thrakisches Bauernhaus ganz deutlich. Auf den großen Webstühlen, die früher in jedem griechischen Haushalt anzutreffen waren, wurden auch wollene Bezüge für Kissen, Taschen und andere Gebrauchsgegenstände gewoben.

Der orientalische Webteppich, besser bekannt als Kelim, fand Eingang in die bäuerlichen Haushalte Griechenlands, speziell in die Thrakiens. Er wird heute vorwiegend in Thrakien, Makedonien und Epirus angefertigt. In Thrakien gibt es noch Werkstätten, die nach altbewährten Mustern Teppiche anfertigen. In den ländlichen Gebieten, wo die türkische Minderheit lebt, ist die Webarbeit wie vor hundert Jahren eine wichtige Tätigkeit, die zum Arbeitsbereich der Frau gehört. Die hölzernen Webstühle sind noch in traditioneller Handarbeit hergestellt, und der Kettbaum wird in mühsamer, aber geduldiger Arbeit von Hand bespannt.

GRIECHISCH-TÜRKISCHE SPEISEKARTE

baklawás	*baklava*	Blätterteig mit Nüssen in Sirup
buréki	*börek*	Teigware
chalwás	*helva*	Süßigkeit aus Sesam oder Grieß
gyros	*döner*	Lamm- oder Schweinefleisch am Spieß gegrillt
imam baildi	*bayildi*	gefüllte Auberginen
jachní	*yahni*	mit Tomaten gedünstetes Gemüse, manchmal mit Fleisch, eine Art Ragout
jaúrti	*yoğurt*	Joghurt
kaimáki	*kaymak*	der aufkochende Schaum, der sich beim Mokkabrauen bildet
kantaífi	*kadayif*	Nussrolle
keftés	*köfte*	Hackfleischbällchen
moka	*kahve*	Mokka
ntolmádes	*dolma*	(Blatt) gefüllte Weinblätter
piláfi	*pilâv*	in Fett oder Butter weichgekochter Reis
sarailí	*sarayli*	gerollter Blätterteig in Sirup
tzatzíki	*cacik*	Joghurt mit Gurke und Knoblauch
tsaí	*çay*	Tee

KOTÓSSUPA ME AWGOLÉMONO

Hühnersuppe mit Ei-Zitronen-Soße

1 Huhn von ca. 1 kg, küchenfertig
1 Zwiebel, geschält und halbiert
1 Möhre, geschält und halbiert
1 Stange Bleichsellerie, halbiert
1 Lorbeerblatt
250 g Reis
2 Eier
Saft von 1 Zitrone
fein gehackte glatte Petersilie nach Geschmack
Salz
frisch gemahlener schwarzer Pfeffer

Das Huhn in einem Topf mit Wasser bedecken und zum Kochen bringen. Zwiebel, Möhre, Bleichsellerie und Lorbeerblatt zugeben und mit Salz und Pfeffer würzen. Den an der Oberfläche sich bildenden Schaum abschöpfen. Die Temperatur reduzieren und das Huhn ca. 1 Stunde schwach kochen lassen, bis sich das Fleisch gerade von den Knochen lösen lässt. Das Huhn abgießen, die Brühe auffangen und beiseite stellen.

Das Hühnerfleisch zerteilen, in der Brühe zusammen mit dem Reis aufsetzen und die Suppe auf mittlerer Hitze ca. 20 Minuten köcheln lassen, bis der Reis gar ist (bei Bedarf kochendes Wasser angießen). Die Suppe vom Herd nehmen und mit Salz und Pfeffer abschmecken. Die Eier verquirlen und unter ständigem Rühren den Zitronensaft sowie etwas Hühnerbrühe zugießen. Die Soße in die leicht abgekühlte Hühnersuppe rühren.

Die Suppe in tiefen Tellern anrichten, mit Petersilie bestreuen und mit frisch gebackenem Weißbrot servieren.

Auf dem Land ist man im Umgang mit dem Federvieh wenig zimperlich. Der richtige Griff, und selbst der wütendste Hahn hält still.

HÜHNER MIT HISTORIE

Verglichen mit hunderttausenden ihrer Artgenossen auf der ganzen Welt führen griechische Hühner heute ein relativ freies und ungebundenes Leben – so frei, dass man sich vorsehen muss, wenn man mit dem Auto auf dem Land unterwegs ist, sieht man doch allenthalben Hühner über Felder, Wiesen und auch Straßen laufen. Aber das Verhältnis griechischer Bauernfamilien zu ihren Hühnern ist nicht durch übertriebene Sentimentalität gekennzeichnet. Zweifellos ist das Federvieh nach dem Halsumdrehen beliebter als davor. Hühnerfleisch wird zu diversen Gerichten verarbeitet und findet jederzeit als Festtagsbraten aber zunehmend auch in der täglichen Ernährung Anerkennung. Hühner sind keine anspruchsvollen Esser. Sie bevorzugen Weizen- und Maiskörner, und sind Resteverwerter. Den Hühnermist verwendet wiederum der Bauer als wertvollen Dünger in seinem Obst- und Gemüsegarten.

Auch wenn Hühnerzucht im größeren Rahmen heutzutage in Griechenland schon weit verbreitet ist, im Einzelhandel in der Stadt oder in den größeren Landgemeinden kann man immer ein Huhn aus Freilandhaltung bekommen. Auf dem Land gibt es das Huhn bisweilen gleich nebenan beim Nachbar, wenn man nicht selbst eine kleine Hühnerfamilie auf dem eigenen Grundstück hat. Und das Schlachten eines Huhns in der Küche gehört in Griechenland ebenso wie seine Zubereitung zum bäuerlichen Alltag.

Die Menschen des antiken Mittelmeerraums lernten das Haushuhn um 600 v. Chr. bereits als Zuchttier kennen. Vermutlich war es aus China, wo um 1400 v. Chr. schon die ersten Zuchtversuche stattfanden, über Mittelasien nach Griechenland gelangt. Einige literarische Quellen sprechen daher wohl auch vom ›persischen Vogel‹ oder vom ›persischen Wecker‹. Bereits im 6. Jahrhundert v. Chr. erschienen auf schwarzfigurigen, später auch auf rotfigurigen Vasen und Schalen Bilder von Menschen, die sich Tiere als Geschenk oder Liebesgabe überreichen, in der Regel wohl in werbender Absicht: neben Wildvögeln, Hasen und auch kleinen Hirschen sieht man zuweilen prächtig gefiederte Hennen oder Hähne. Während das Geschenk von Hennen eher weiblichen Umworbenen gilt, wird bei umworbenen Männern oder Knaben der Kampfcharakter des Hahns im Vordergrund stehen. Hahnenkämpfe waren wohl durch kleinasiatische Vorbilder schon damals bekannt und beliebt. Auch auf Münzen sind Abbildungen von Hähnen zu finden, außerdem schätzte man sie wohl als Wächter und Wecker.

Aber als Fleisch- und Eierlieferant spielte das Huhn im antiken Griechenland keine tragende Rolle. Zu Beginn der klassischen Zeit, im 5. Jahrhundert v. Chr., galt eher die Wachtel als das für eine landwirtschaftliche Haltung brauchbare Tier: sie legte viele Eier, war essbar und zudem sehr schmackhaft. Erst in römischer Zeit kommt der Hühnerzucht eine ernst zu nehmende volkswirtschaftliche Bedeutung zu.

KOTÓPULO PSITÓ

Huhn im Ofen

1 Huhn von ca. 1,5 kg, küchenfertig
Saft von 2 Zitronen
1 EL Senf
1 kg kleine Kartoffeln, geschält
3 frische Thymianzweige, fein gehackt
200 ml natives Olivenöl extra
Salz
frisch gemahlener schwarzer Pfeffer

Den Backofen auf 180 °C vorheizen. Das Huhn innen und außen mit dem Saft einer Zitrone einreiben. Dann mit Salz und Pfeffer würzen, in eine Auflaufform legen und die Haut mit Senf bestreichen. Die Kartoffeln um das Huhn verteilen und mit Salz, Pfeffer und Thymian bestreuen.

Den Saft der zweiten Zitrone mit dem Olivenöl vermischen und über das Huhn gießen. Etwas Wasser angießen und die Form im vorgeheizten Backofen ca. $1^1/_2$ Stunden garen. Zwischendurch das Huhn wenden, damit es von beiden Seiten knusprig braun wird.

HEIMLICHE KORNKAMMER

Wenn die ›bekannte‹ Kornkammer Griechenlands Thessalien ist, dann ist Thrakien die ›heimliche‹. Denn auch bei Griechenland-Kennern ist noch weitgehend unbekannt, dass hier auf weiten Flächen alle gängigen Getreidearten angebaut werden: der so genannte Weich- oder Saatweizen ebenso wie der Hart- oder Sommerweizen, darüber hinaus auch Roggen, Gerste und Hafer.

Der Anbau von Getreide, das heißt von Gräsern, deren Samenkörner wichtiges Nahrungsmittel des Menschen darstellen, ist die Grundlage jeden Ackerbaus. Nicht nur in den frühesten schriftlichen Belegen der griechischen Welt wird Getreide als Anfang jeder Kultur verstanden. Wenn es dennoch wenig detaillierte Beschreibungen über Verwendung und Verarbeitung von Getreide in der Antike gibt, so mag dies genau darin begründet liegen: Etwas so allgemein Bekanntes und Selbstverständliches wie Getreide schien einer ausführlichen Erörterung nicht zu bedürfen.

Fest steht, dass die Urgetreidesorten Emmer *(›zeiai‹, ›olyra‹)* und Einkorn *(›tiphe‹)*, die später zu dem heute bekannten Weizen weiterentwickelt wurden, aus dem Nahen Osten, vermutlich aus Syrien, wo es um 7000 v. Chr. schon Kulturformen gab, nach Griechenland gelangten. Da die klimatischen Bedingungen für den Weizenanbau nicht immer geeignet waren, wurde häufig die Gerste *(›krithe‹)* vorgezogen, die es wohl schon vor dem Weizen in Griechenland gegeben hat. Funde in vor 7000 v. Chr. besiedelten Höhlen belegen, dass zumindest Wildformen gesammelt wurden. Gerste wuchs in Griechenland besser und blieb wohl für lange Zeiten Grundlage der Ernährung. In der antiken Küche hatte sich die Verarbeitung von Getreide schnell durchgesetzt. Während Homer keine eindeutigen Nachweise für die Getreidezubereitung liefert, scheint Hesiod von Weizenschrot und Gerstengrütze sehr angetan gewesen zu sein. Zu Wild und Geflügel wurde ihm zufolge als Beilage *›ametiskos‹*, eine Art Milchkuchen, serviert. Im 5.–4. Jahrhundert v. Chr. gehören dann schon Weizenbrote und Gerstenkuchen zum Speiseplan. Hafer *(›bromos‹)* scheint nicht sehr beliebt gewesen zu sein, denn er diente vorwiegend als Viehfutter. *›Pyros‹*, eine dem Emmer verwandte Getreideart – zuweilen auch als Hartweizen bezeichnet –, die in frühgeschichtlicher Zeit in Osteuropa verbreitet war, gelangte über Südrussland nach Griechenland.

Heute werden die meisten Hartweizensorten in Griechenland zu Viehfutter weiterverarbeitet, wohingegen Weichweizen für die Zubereitung von Brot und Süßwaren verwendet werden.

In einigen Ortschaften des Evros-Tals im Osten Thrakiens, in denen die so genannten Pomaken leben, eine slawische, bulgarischsprachige muslimische Volksgruppe, haben sich Traditionen und Anbaumethoden erhalten, die an längst vergangene Jahrhunderte erinnern: Das Feld wird noch mit Handpflug und Ochsengespann bearbeitet, Korn wird von Hand gesät, geerntet, gedroschen, gemahlen und zu Brot gebacken und in Gerichten verwendet, die auch in Griechenland kaum bekannt sind. In den Dörfern am Fuß der Rhodopen stellen die Pomaken etwa 20 Prozent der Bevölkerung und sind nahezu noch Selbstversorger.

In den Dörfern der Pomaken, einer bulgarischsprachigen muslimischen Volksgruppe, scheinen die Uhren langsamer zu gehen.

Roggen *(Secale cereale)* verwendet man in Griechenland überwiegend als Viehfutter.

Hafer *(Avena sativa)* ergibt Haferflocken und Hafergrieß und dient als Pferdefutter.

Eine der ältesten Kulturpflanzen Europas ist die Gerste *(Hordeum vulgare)*.

Hartweizen *(Triticum durum)* dient der Herstellung von Grieß und Teigwaren

Aus Weichweizen *(Triticum aestivum)* werden nahezu alle Brotsorten hergestellt.

DEMETER

Demeter ist in der griechischen Mythologie eine sehr alte, vermutlich vorgriechische Muttergottheit. Als Göttin der Erde, der Fruchtbarkeit, des Wachstums und im Besonderen auch des Getreides war sie weniger an der ›olympischen Gesellschaft‹ interessiert, sondern wandelte auf der Erde, wo sie sich um das Gedeihen der Saaten kümmerte und große Verehrung besonders auch unter den Frauen genoss. Einst wurde ihre Tochter Persephone von Hades, dem Gott der Unterwelt, als Braut entführt. Als Demeter erfährt, dass ihre Tochter nun nicht mehr unter der Sonne weilt, zieht sie sich von der Erde zurück und lässt keine Saaten mehr sprießen. Zeus, besorgt um das Ausbleiben von Opfergaben, gelingt es, mit Hades einen Vertrag auszuhandeln, der Persephone gestattet, zwei Drittel des Jahres die Unterwelt zu verlassen und auf dem Olymp zu weilen. So wird die jährliche Rückkehr Persephones aus der Unterwelt zu einer Metapher für das jährliche Wachsen und Vergehen der Saaten und Pflanzen auf der Erde.

KISKÉKI

Schweinefleisch mit Weizen

50 g Schweineschmalz
1 kg mageres Schweinefleisch, grob gewürfelt
2–3 rote Chillies, entkernt und fein gehackt
200 g Weizenkörner
50 g Butter
2 Zwiebeln, fein gehackt
Salz
frisch gemahlener schwarzer Pfeffer
1 TL gemahlener Kreuzkümmel
200 g griechischer Joghurt

Das Schweineschmalz in einem Topf zerlassen und die Fleischwürfel darin rundum anbraten. Dann mit so viel Wasser ablöschen, dass das Fleisch gut bedeckt ist. Die Chillies hinzugeben, mit Salz und Pfeffer würzen und zugedeckt auf schwacher Hitze etwa 2 Stunden garen lassen. Den Weizen mit reichlich Wasser aufsetzen, salzen und zum Kochen bringen. Die Temperatur reduzieren und den Weizen zugedeckt $1\,^1/_2$ Stunden kochen lassen, bis er weich ist. Bei Bedarf kochendes Wasser nachgießen.
Die Butter in einer Pfanne zerlassen und die Zwiebeln darin andünsten. Dann das gegarte Fleisch in kleinere Stücke schneiden und in einer Schüssel mit den Zwiebeln und dem abgetropften Weizen vermischen. Mit Salz und Pfeffer abschmecken und gemahlenen Kreuzkümmel darüber streuen. Das Gericht mit einem Schälchen griechischen Joghurts servieren, der nach Belieben auch auf dem Teller löffelweise untergerührt werden kann.

KOTÓPULO ME PLIJÚRI

Huhn mit Weizen

1

2

3

1. Am Vortag 500 g Weizenkörner mit $^1/_2$ l Wasser kochen, bis die Flüssigkeit absorbiert ist. Über Nacht trocknen lassen und am nächsten Tag schroten.

2. Die 8 Teile eines Huhns samt Zwiebel in Olivenöl rundum anbraten, dann mit Paprika, Oregano, Salz und Pfeffer würzen und fast gar werden lassen.

3. Mit $1\,^1/_2$ l kochendem Wasser ablöschen und den Weizenschrot zufügen. Köcheln, bis das Wasser eingekocht ist und der Weizen sein Volumen verdoppelt hat. Vom Herd nehmen, kurze Zeit ziehen lassen und warm servieren.

TÄGLICH: BROT

Ein Lebensmittel gehört unverzichtbar zu jeder griechischen Mahlzeit: Brot. Ob zu Vorspeisen, Zwischenmahlzeiten, Salaten, Kartoffeln oder zu Nudel-, Fleisch- und Fischgerichten. Bei Tisch wird immer sorgsam darauf geachtet, dass der Brotkorb niemals leer wird. Ein Stück Brot in die Soße zu tunken oder damit den Teller zu säubern wird in Griechenland durchaus als Kompliment für eine gute und gelungene Mahlzeit verstanden. Dabei bevorzugt man frisch gebackenes Brot. Bis in die 1980er Jahre war weißes, helles Weizenbrot sehr beliebt und wurde in manchen Gegenden Griechenlands ausschließlich gegessen. Das dunkle Roggenbrot oder gar Schwarzbrot ist in Griechenland eine junge Erscheinung und wird in Naturkostläden angeboten.

Griechen haben europaweit den höchsten Brotkonsum, sie backen zu vielen wichtigen Feiertagen das passende Brot und benennen es entsprechend. Noch immer wird überwiegend Weizenmehl verarbeitet. Gerstenmehl dient fast ausschließlich zur Herstellung von *paximádia* (getrocknetes Brot oder Zwieback). In Byzanz als Gerstenkeks bekannt und wahrscheinlich nach dem spätantiken Koch Paxamos benannt, breitete sich *›paximadion‹* von Byzanz aus weiter als manch anderes Luxusgut aus. So verbirgt sich hinter dem arabischen *bashmat* oder *baqsimat*, dem türkischen *beksemad*, dem serbokroatischen *peksimet*, dem rumänischen *pesmet* oder dem venezianischen *pasimata* dasselbe Wort: das griechische *paximádia*.

Über die Vielfalt der antiken Brotsorten informiert Athenaisos in seinem ›Gelehrtenmahl‹ (109,b): »Es gibt eine Klassifizierung von Brot in den ›Pflanzen‹ des Tryphon von Alexandria, wenn ich sie mir wieder ins Gedächtnis rufen kann […] gesäuertes, ungesäuertes, Mehlbrot, Schrotbrot, Vollkornbrot, das, wie er sagt, eher abführt denn weißes; Emmerbrot, Einkornbrot, Hirsebrot (Schrotbrot wird immer aus weniger gutem Weizen gemacht, sagt er, und lässt sich gar nicht aus Gerste herstellen); dann die Brotsorten, die nach der Methode des Backens genannt sind: Ofenbrot, das Timokles in seinen ›Ehrlichen Räubern‹ erwähnt (›Ich entdeckte ein warmes Backbrett, das da lag, also aß ich von dem warmen Ofenbrot‹); Tunkgebäck, das von Antidotos in seinen ›Chorführern‹ erwähnt wird …«

DER OFEN AM HAUS

In den ländlichen Gebieten Thrakiens ersetzt immer noch der eigene Ofen am Haus den Gang zum Bäcker. Brotöfen können zwei Meter hoch sein und haben idealerweise einen Grundriss von 1,80 × 1,70 Meter. Der Ofenbauer mauert zuerst einen Sockel von etwa 80 Zentimeter Höhe aus Mauersteinen und Zement, den er mit Steinen und Erde auffüllt. Dann begibt er sich auf den Sockel und mauert von innen heraus den Ofen auf, wobei die Form – ob rund oder rechteckig – beliebig ist und von der Grundrissform des Sockels abhängt. Auf der einen Seite lässt er eine Öffnung frei, aus der er nach Fertigstellung des Ofens aussteigen kann und durch die später auch das Brot hineingeschoben wird. Der Ofen wird außen und innen verputzt, gegebenenfalls auch außen mit farbigen Kacheln versehen. In der Regel ist der Bau eines einfachen Backofens in vier Tagen beendet. Beheizt wird der Ofen, indem man in seinem Innern ein kräftiges Holzfeuer entfacht und, sobald es ausgebrannt ist, Asche und Glut entfernt, um in der aufgeheizten Kammer zu backen.

Unten: Das griechische Weißbrot ist ein reines Weizenbrot, das zu allen Gerichten gegessen wird.

HESTIA

Sie ist das älteste Kind der Göttereltern Kronos und Rhea und wurde zur Hüterin des heimischen Herdes und seines Feuers auserkoren. Später stieg die im antiken Rom Vesta genannte Göttin sogar zur Göttin der Familie und des Hauses auf und repräsentiert so die Grundidee der häuslichen Rechts- und Schutzsphäre. Sie ist es, die alle im Haus anfallenden Tätigkeiten wie auch die gesamte häusliche Gemeinschaft unter ihren Schutz stellt, den Menschen einen Ruhepol um einen heimischen Herd bietet und für einen reich gedeckten Tisch sorgt. Die römische Vesta war so beliebt, dass man sie sogar zur Mutter der Stadt Rom ernannte, man projizierte also den häuslichen Herdkult auf das gesamte Staatswesen. Prächtige Kultstätten wie man sie für andere Götter baute und weihte, brauchte man ihr nicht zu errichten, denn ihre Tempel waren die heimischen Herde. Obwohl Poseidon und der schöne Apollon um ihre Hand anhielten, blieb sie ein ganzes Göttinnenleben lang jungfräulich, und auch ihre Priesterinnen, in Rom die Vestalinnen, gelobten ihr zu Ehren auf den Ehestand zu verzichten.

PSOMÍ
Brot

400 g Weizenmehl
20 g frische Hefe
2 TL Zucker
2 TL Salz
1 EL Olivenöl

Mehl in eine Schüssel sieben, in die Mitte eine Vertiefung drücken und darin aus Hefe, 150 ml lauwarmem Wasser, Zucker, Salz und etwas Mehl den Vorteig ansetzen. Die Schüssel mit einem Tuch bedecken und den Vorteig etwa 15 Minuten gehen lassen. Den Vorteig mit dem restlichen Mehl zu einem Teig verkneten, abdecken und 20 Minuten gehen lassen. Weitere 150 ml lauwarmes Wasser einarbeiten, dann den Teig auf eine bemehlte Arbeitsfläche legen und 10 Minuten weiterkneten. Das Olivenöl einarbeiten, den Teig zurück in die Schüssel geben, abdecken und gehen lassen, bis er sein Volumen verdoppelt hat. Den Backofen auf 180 °C vorheizen. Den Teig erneut kurz durchkneten und entweder in einer gefetteten Kastenform (20–30 Minuten) oder auf einem mit Backpapier ausgelegten Blech zu Fladen geformt (8–10 Minuten) backen. Das Brot sollte außen knusprig, innen weich und weiß sein.

Die zur Kugel gekneteten Teigportionen lässt man noch einmal einige Zeit gehen, dann werden sie in die gewünschte, oft regional variierende Form gebracht.

Die länglichen Teigstücke werden in Kastenformen gelegt, damit sie ihre Gestalt während des Backens halten und ein Brot wie das andere aus dem Ofen kommt.

Das frisch gebackene Brot wird nach Sorten in große Körbe gelegt, die in der Bäckerei allen zugänglich auf dem Boden stehen. Die Kunden können dann selbst in den Korb greifen und sich das passende Brot für den Tag aussuchen.

Liturǵja ist ein Brot, das zu Hause gebacken, in die Kirche gebracht und dort während der Liturgie gesegnet wird. Vor dem Backen wird ein großer, runder Stempel …

… auf den Brotlaib gedrückt. In den Stempel ist ein byzantinisches Kreuz geschnitzt, das Buchstaben trägt, die für *›Iisús Christós Nikà‹* (Jesus Christus siegt) stehen. Nach Liturgie …

… und Segnung wird das Brot vom Priester gebrochen und mit Wein zur Kommunion gereicht. Brot und Wein werden zum leibhaftigen Leib und Blut Christi.

BROT-ANLÄSSE

1. Januar: *Wassilópsomo*

Karneval: *Lagána, liturǵja* (gesegnetes Brot; siehe nebenstehende Seite).

Acht Tage vor Ostern: Zum Fest des heiligen Lazarus werden auf Amorgós *lázari*, kleine, gefüllte, mit Zucker glasierte Teigtaschen an die Kinder verteilt.

Zu Beginn der Fastenzeit vor Ostern: Es wird *kyria sarakosti* (›Frau 40‹) gebacken, ein Brot meist in Form einer Frau mit sechs Beinen, die sechs Fastenwochen bis Ostern symbolisierend.

Ostersonntag: *Lambrópsomo fanurópsomo* – ein Kuchen zu Ehren des heiligen Fanurios, der verlorene Gegenstände finden hilft.

Anfang Juni: Zum Fest des Heiligen Geistes gibt es auf Sifnos ein Brot in Form einer Taube.

Weihnachten: *Christópsomo.* Aus Mani kommt zu Weihnachten auch *lalangia*, frittierte Teigstreifen mit Honig und Nüssen. Sie sollen böse Geister vertreiben.

Silvester: *Wassilópita* ist ein süßer Nusskuchen mit einer Münze im Teig; im Epirus ist *vassilópita* salzig und wird mit Fleisch gefüllt.

Hochzeit: In Annoia auf Kreta backen die Frauen einen speziellen Brotkranz, garniert mit Rosen, Zitronenblüten, Granatapfelkernen, Trauben und dekorieren ihn mit Schlangen und Vogelmustern. Er soll Glück bringen.

Eptásimo (sieben mal geknetet): Ein Brot aus Chalkidikí und Kreta. Dort sind es kleine trockene Ringe aus Gerstenmehl, deren Zubereitung nicht einfach ist. Es heißt, man dürfe niemandem davon erzählen, wenn man sie backe, da sonst ein Fluch darüber komme und der Teig nicht gelinge. Keiner glaubt daran, aber seltsamerweise wird dieser Teig meistens nachts zubereitet, wenn alle schlafen.

Psomomakárona (Brotmakkaroni aus Rhodos): Trockenes Brot, das mit Kraftbrühe gekocht und mit Ziegenmilchkäse versehen wird.

Krassópita: Brot, das zum Essen in Wein getunkt wird.

Putínga (von den Ionischen Inseln): Brotpudding, der mit süßem Wein zubereitet wird.

Zúpa (Suppe) aus Kefalliniá: Eine Brotzubereitung, die die alten Griechen zum Frühstück aßen. Heute essen die Bauern während der Olivenernte ein getoastetes dunkles Landbrot, das sie mit heißem Rotwein tränken und darüber noch Olivenöl gießen.

Christópsomo

Wassilópita

Liturǵja

Elliniko

Agiorítiko

Eptásimo

Wassilópsomo

Prosími

Lagána

Choriatiko

Kretisches Hochzeitsbrot

Kyria sarakosti

Lázari

MAIS

Auf dem Land stellte Maisbrot schon immer eine Alternative zum üblichen Weißbrot dar. Gelegentlich wird zum Brotbacken auch Maismehl mit Weizen gemischt. Ob ein Brot Maisanteile besitzt, erkennt man schnell an der zartgelben Farbe seiner Krume. Eine auch in Nordgriechenland bekannte Maisspezialität ist gekochte und dann gebackene *bobóta*, ein salziger Kuchen aus Maismehl, Käse und Eiern, von dem eine ganze Anzahl an Varianten existiert. So kann der Brei zum Beispiel nach dem Kochen mit Schafskäse und etwas Dill verrührt werden. Weitere austauschbare Zutaten sind Spinat, Wildgemüse und *trachanás*. Man nimmt, was je nach Saison zur Verfügung steht. Der süßen *bobóta* können je nach Geschmack beim Kochen auch Rosinen oder zerkleinertes Kürbisfleisch beigemischt werden.

Erste Maissamen brachten die spanischen Eroberer nach der Entdeckung Amerikas zurück nach Europa. Auf welchem Weg Mais *(Zea mays)* dann nach Griechenland gelangte, ist heute im Einzelnen nicht mehr nachvollziehbar. In Mexiko wurde er schon 3000 v. Chr. angebaut. Obwohl die zwei Meter hohe Pflanze weltweit als eine der wichtigsten Kulturpflanzen überhaupt gilt, werden diese gelben Feldfrüchte in Griechenland, verglichen mit anderen Gemüsearten, immer noch eher stiefmütterlich behandelt. Man unterscheidet zwischen Futtermais und dem erst seit Mitte des 19. Jahrhunderts gezüchteten Zuckermais. Beides säen auch die Bauern Thrakiens Ende April bis Anfang Mai in jeweils 80 Zentimeter voneinander entfernten Reihen aus. Da Mais besonders gut in gemäßigten, nicht allzu trockenen Regionen gedeiht, bietet der meeresnahe westliche Teil Thrakiens bessere Wachstumsbedingungen als manch andere Region Griechenlands, zumal Mais von allen Getreidesorten den Boden am intensivsten beansprucht. Nach wie vor ist der größte Teil der Anbaufläche dem als Viehfutter verwendeten Futtermais vorbehalten. Doch auch Zuckermais wird von immer mehr Bauern kultiviert, da er mittlerweile in Griechenland als gesunde Zwischenmahlzeit geschätzt wird. Besonders in den Städten kann man über Holzkohle gerösteten Mais ähnlich wie Maronen an Straßenständen kaufen, um dann aus der Hand die Körner vom Maiskolben abzunagen. Der Duft von geröstetem Mais breitet sich weit aus, und folgt man der Nase, führt sie einen auf direktem Wege zum nächsten Maisstand. Eine weitere wichtige Nutzung erfährt der Mais bei der Speiseölgewinnung. Die bei Maismehl- und -stärkeherstellung anfallenden Maiskeimlinge werden nach dem Quellen gepresst, um so das gesundheitlich wertvolle Maiskeimöl zu gewinnen. Es stellt eine gute Alternative zu dem weit verbreiteten Olivenöl dar.

Oben: So wie auf diesem historischen Foto zu sehen, wird auch heute noch in manchen Gegenden frisch gepflückter Mais auf den Höfen zum Trocknen ausgelegt.

BOBÓTA GLIKIÁ

Süßer Maiskuchen

1 kg Maismehl
2 TL Backpulver
1 TL gemahlener Zimt
Zucker oder Honig
150 g Butter
Sesamkörner
Salz

Den Backofen auf 190 °C vorheizen. Etwa 2 Liter Wasser in einem Topf erhitzen. Das Maismehl mit dem Backpulver vermischen und in das siedende Wasser einrühren. Eine Prise Salz, etwas Zimt und Zucker oder Honig nach Belieben zugeben und so lange kochen, bis ein flüssiger Brei entsteht. Die Butter unterrühren und alles einige Minuten unter Rühren köcheln. Dann vom Herd nehmen und etwas abkühlen lassen. Die Masse in eine gefettete Backform mit hohem Rand geben, Sesam darüber streuen und im vorgeheizten Backofen ca. 30 Minuten backen, bis der Kuchen aufgeht und ein goldbraune Farbe annimmt. Aus dem Ofen nehmen, abkühlen lassen, in große Stücke schneiden und noch warm servieren.

Dem gekochten Brei kann man nach Belieben Rosinen oder klein gehackten Kürbis zugeben.

Ein Maiskolben ist erst dann zum Pflücken reif, wenn seine äußeren Hüllblätter nahezu vertrocknet sind und sich leicht abziehen lassen.

Die alte Maismühle vermittelt einen anschaulichen Eindruck davon, wie mühsam die Weiterverarbeitung von Mais ohne moderne Maschinen war.

Alle großen Ölfirmen Griechenlands stellen inzwischen als Alternative zum hochwertigen Olivenöl auch nahrhaftes Maiskeimöl her. Maiskeimöl erkennt man an seiner sonnengelben Farbe. Geschmacklich unterscheidet es sich von anderen Pflanzenölen vor allem durch eine deutlich süßere Note.

TRACHANÁS

Trachanás ist die älteste griechische Suppe. Schon in der Antike kannte man die Zubereitung von grob geschrotetem Weizen zusammen mit Ziegenmilch. Heute ist *trachanás* als Weizen-Sauermilch-Suppe bekannt, wird aber nur selten auf Speisekarten zu finden sein, da sie als Arme-Leute-Essen gilt. Dabei ist ihre Grundsubstanz lange haltbar und kann als kräftigende Suppe im Winter manches Wunder bewirken. Man bekommt *trachanás* heute nur noch in bäuerlichen Regionen Thrakiens und des Epirus, wohingegen sie auf Zypern geradezu als Nationalgericht gilt. Ursprünglich wurde *trachanás* aus dem Milchüberschuss hergestellt, weil man ihn auf diese Weise konservieren konnte. In Zeiten europaweiter Überproduktion gilt das heute allerdings schon lange nicht mehr. Wer die Sauermilch selbst herstellen will, der verrührt einen Viertelliter Milch in einem Topf mit je einer Prise Salz und pulverisiertem Lab und lässt ihn drei Tage ruhen. Dann wird die Milch umgerührt und wieder beiseite gestellt. Am vierten Tag fügt man einen weiteren Viertelliter Milch hinzu, am fünften einen halben Liter, am sechsten noch ein wenig mehr, je nachdem wie sauer die Milch wird. Wenn die Sauermilch fertig ist, wird sie mit grob geschrotetem Weizen im Verhältnis zwei zu eins so lange auf ganz schwacher Hitze unter ständigem Rühren gekocht, bis ein nahezu schnittfester Brei entstanden ist, den man mit dem Messer in gleich große Stücke teilt, die vier bis fünf Tage an der Sonne trocknen. In luftdicht verschließbaren Behältern aufbewahrt sind sie lange haltbar und können das ganze Jahr über in Suppe aufgekocht werden. Nach Belieben lassen sich die Stücke auch zerbröseln. In manchen Gegenden Griechenlands wird statt Sauermilch Joghurt für die *trachanás* verwendet.

TRACHANÁS
Weizen-Sauermilch-Suppe

150 g trachanás
1 große Zwiebel, fein gehackt
200 g Tomaten, abgezogen und püriert
130 g Butter
1 l Fleischbrühe
1/2 TL getrockneter Thymian
1 Bund glatte Petersilie, gehackt
100 g kefalotíri, gerieben
Salz
frisch gemahlener schwarzer Pfeffer

Butter in einem Topf erhitzen und die Zwiebel glasig dünsten. Tomaten unterrühren und kurz schmoren. Die Fleischbrühe und den Thymian zugeben und aufkochen lassen. *Trachanás* unter Rühren in die Brühe rieseln lassen und bei schwacher Hitze zugedeckt etwa 20 Minuten kochen bis die Suppe sämig wird. Gelegentlich umrühren. Petersilie zugeben, salzen und pfeffern, in Teller füllen und mit geriebenem Käse bestreuen.

KÓLIWA – IM GEDENKEN AN DIE TOTEN

Kóliwa ist ein Totenritual, das wie viele andere traditionelle Bräuche heidnischen Ursprungs ist. An den Gedenktagen versammeln sich Freunde und Angehörige des Toten an dessen Grab, ein anwesender orthodoxer Priester gewährleistet den kirchlichen Segen. Auf einem großen Blech haben die Angehörigen *kóliwa*, eine Mischung aus gequollenen Weizenkörnern, Rosinen, Nüssen, Granatapfelkernen, Zimt und Zucker mitgebracht, das sie nach einer religiösen Zeremonie an die Anwesenden verteilen. Dieses Ritual erinnert an antike Totenfeste wie die Anthesteria, bei denen man den Totenführer Hermes und auch die Toten durch aufgestellte Gefäße voller gekochter Früchte der Erde gnädig stimmen wollte. Heute symbolisiert das quellende Korn den Leib, der in der Erde gebettet wurde, um einst am Jüngsten Tag auferstehen zu können.

KÓLIWA

1 kg Weizenkörner
Semmelbrösel
Rosinen
gehackte Walnüsse
geriebene Mandeln
geriebene Haselnüsse
Sesam
Zucker
Granatapfelkerne
Zimt
Puderzucker
Salz
ganze Mandeln und Walnüsse zum Garnieren

Den Weizen waschen, mit Wasser bedeckt aufsetzen, leicht salzen und 10 Minuten kochen lassen. Den Topf bedecken und den Weizen in Heizungsnähe über Nacht quellen lassen.
Am nächsten Tag den Weizen abgießen, abtropfen lassen und in eine Schüssel geben. Ausreichend Semmelbrösel hinzufügen, damit sie die restliche Feuchtigkeit des Weizens aufnehmen. Die übrigen Zutaten untermischen. Das Verhältnis der einzelnen Zutaten zueinander ist variabel und richtet sich nach Geschmack. Die *kóliwa* in eine dekorative Schüssel gegeben, gleichmäßig verstreichen, festdrücken und mit Puderzucker übersieben. Zum Schluss die Oberfläche mit ganzen Mandeln, Walnüssen oder auch Rosinen garnieren.

SÜSSER GRIESS

Eine der beliebtesten griechischen Süßspeisen ist geröstetes Grieß-*chálwas* (siehe nebenstehendes Rezept). Es wird aus Weizengrieß, Zimt, Zucker und Nüssen hergestellt und schmeckt besonders gut, wenn es noch warm ist. Von hier bis zum sirupgetränkten Grießkuchen *rewaní* (siehe S. 261) ist es eigentlich nur ein kleiner Schritt, der im Wesentlichen aus den zugefügten Eiern besteht, die der Masse im Backofen zusätzlichen Halt geben.

CHALWÁS ME SIMIGDÁLI

Chálwas aus Grieß

750 g Zucker
250 ml Öl
250 g feiner Grieß
250 g grober Grieß
gemahlener Zimt

Den Zucker in einen Topf geben, mit einem Liter Wasser aufgießen und unter Rühren aufkochen, bis ein Sirup entsteht. In einem zweiten Topf das Öl stark erhitzen und den Grieß hinzufügen. So lange ununterbrochen rühren, bis der Grieß gleichmäßig gebräunt ist.
Nun den Sirup zum Grieß gießen, Zimt nach Geschmack hinzufügen und auf schwacher Hitze unter ständigem Rühren so lange köcheln lassen, bis das Ganze eingedickt ist (*chalwás* muss sich leicht vom Topf lösen lassen). Die Masse in eine Schüssel füllen und abkühlen lassen. Dann auf eine Platte stürzen und mit etwas Zimt bestreuen. Nach Belieben kann man das Grundrezept um gehackte Nüsse erweitern.

TRADITIONELLE STICKEREIEN

Traditionelle thrakische Stickereien lassen sich nach ihrer Verwendung grundsätzlich in zwei Kategorien einteilen: zum einen werden Heimtextilien wie etwa Tischdecken, Servietten, Kissen, Deckchen für Küchenschränke und Bettwäsche bestickt, zum anderen Kleidungsstücke der Frauentracht. Dabei wird vorwiegend mit Seide oder Baumwolle auf Leinen gestickt. Die Garne sind mit Naturfarben, Rot, Grün, Blau, Gelb und Schwarz gefärbt. Die Stickereien zeigen Aufschriften und geometrische Muster. Die große Kunstfertigkeit der Frauen wird erst auf der ›Rückseite‹ deutlich: Sie zeigt ein mit der Vorderseite identisches Bild.

SONNEN-BLUMENKRAFT

Sonnenblumen wachsen in Griechenland vorwiegend im östlichen Teil Thrakiens. Dort ist *Helianthus annuus* auf 10 000 Hektar eine der attraktivsten Pflanzen in diesem dünn besiedelten Gebiet Griechenlands, und ihr Anblick zur Zeit der Blüte ist im Gegensatz zu anderen eher unspektakulären Feldfrüchten ein Erlebnis. Die Ernte erfolgt jährlich Anfang Juli, wobei Bauern, die nur geringe Mengen Sonnenblumen anbauen, die Kerne zuweilen noch von Hand ernten. Auf großen Anbauflächen ist man dagegen zum Einsatz landwirtschaftlicher Maschinen übergegangen.

Sonnenblumen sind einjährige, schnellwüchsige, bis zu fünf Meter hohe Pflanzen mit einem behaarten Stiel und ebenso rau behaarten ovalen bis herzförmigen Blättern, die bis zu 40 Zentimeter lang werden können. Im Frühsommer bilden sie margeritenartige Blütenköpfe mit einem Durchmesser von bis zu 30 Zentimetern aus, die sich aus winzigen gelben Zungen- und braunen bis purpurnen Röhrenblüten zusammensetzen. In ihnen reifen die Samen (botanisch: Nüsschen) heran, die 50 Prozent Öl und etwa 27 Prozent Eiweiß sowie Lecithin enthalten und für die Speiseölgewinnung hohen Nutzwert haben. Als Nutzpflanzen dienen Sonnenblumen vor allem in Südosteuropa, Frankreich, China, Nordamerika und Argentinien. In Thrakien haben sich in den letzten Jahren drei große Sonnenblumenölkonzerne angesiedelt, sodass die Verarbeitung der Kerne unmittelbar nach der Ernte nahezu vor Ort einsetzt. Aus den Kernen werden Sonnenblumenöl und Margarine gewonnen. Die Sonnenblumenkerne können aber auch geschält und ungeschält für den einheimischen wie internationalen Markt gereinigt und verpackt werden. Um die Haltbarkeit der ungeschälten Kerne zu verlängern, werden sie ähnlich wie Erdnüsse geröstet und gesalzen. Dabei büßen sie zwar einen Teil ihres Geschmacks ein, sind dafür aber würzig-delikat. Geschälte Kerne sind bis zu einem Jahr lagerfähig und werden wie Nüsse und Mandeln vielseitig verwendet.

SPÓRIA

Zusammen mit weißen Kürbiskernen sind *spória*, Sonnenblumenkerne, in Griechenland eine beliebte Knabberei. Sie werden auf der Straße in kleinen Tüten verkauft und unterwegs oder in Mußestunden gegessen. Die meisten Griechen beherrschen das Öffnen der Kernschalen auf äußerst geschickte Art. Es soll Graecophile geben, die diese kulinarische Kunstfertigkeit jahrelang unermüdlich zu erlernen suchen, bis sie dann doch daran verzweifeln. Denn man lernt *Spória*-Knacken entweder von Kindesbeinen an oder gar nicht. In der Theorie hört es sich leichter an, als es in Wirklichkeit ist: Man steckt den Sonnenblumenkern mit dem spitzen Ende voran zwischen die vorderen Zähne und knackt ihn durch Zubeißen vorsichtig auf. Ist die Schale halbwegs geöffnet, entnimmt man den Kern geschickt mit der Zunge. Das ist schon alles.

Spória, Sonnenblumenkerne, werden in Griechenland auf der Straße in kleinen Tüten verkauft und gleich unterwegs oder in Mußestunden geknabbert.

SONNENBLUMENÖL

Hochwertiges Sonnenblumenöl wird durch Kaltpressung aus den Samen der Sonnenblumen gewonnen. Es ist ein hellgelbes, angenehm riechendes Öl mit hohem Fettanteil und gilt als eins der biologisch wertvollsten Öle. Es enthält gesättigte Fettsäuren der Palmitin- und Stearinsäure, der Ölsäure sowie ungesättigte Fettsäuren der Linolsäure und Ölsäure. Sonnenblumenöl wird in Griechenland gern als Alternative zum Olivenöl verwendet, besonders in Salaten und beim Kochen von Gemüseeintöpfen, sollte aber nicht zu lange erhitzt werden. Sonnenblumenöl stellt auch den Rohstoff für die Herstellung von Margarine.

PASTURMÁS

Pasturmás wird aus dem Rückenfleisch des Rinds zubereitet. Dafür löst man das Fleisch aus und entfernt das anhaftende Fett vollständig. Dann wird das Fleisch für zwei bis drei Tage in Salzwasser eingelegt. Anschließend nimmt man es aus der Salzlauge heraus, wickelt es in Tücher ein und lässt es gut trocknen. Mit einem dicken Holzbrett beschwert, muss das Fleisch dann etwa 24 Stunden ruhen. In der Zwischenzeit wird eine streichfähige Paste aus Knoblauch, schwarzem und rotem Pfeffer, etwas Mehl und Bockshornklee zubereitet. Damit wird dann das Fleisch gleichmäßig und relativ dick bestrichen, sodass es vollständig davon überzogen ist. In dieser Trockenbeize sollte das Fleisch noch mindestens drei Wochen kühl gelagert werden, damit es die Aromastoffe der Würzmischung optimal aufnehmen kann. Danach ist *pasturmás* servierfähig. Man schneidet *pasturmás* in hauchdünne Scheiben und serviert es als Vorspeise mit Wein oder Ouzo. Die Zyprioten kennen *pasturmás* als eine Art Wurst, die mit scharfem Pfeffer und Fenchel gewürzt ist und als pikante Beilage zu jeder Art von Vorspeise gereicht werden kann.

Homer wusste offenbar noch nichts von *pasturmás*, denn er berichtet eingehender über die thrakischen Pferdezüchter, deren weiße Pferde sehr angesehen waren und nicht nur bei den Thrakern als besonders wertvolle Geschenke galten. Homer konnte das geräucherte Ochsenfleisch auch gar nicht kennen, denn es wurde erst in jüngerer Zeit von kleinasiatischen Griechen in Thrakien eingeführt.

Durch den Friedensvertrag von Lausanne im Juli 1923 wurden die Grenzen Thrakiens neu gezogen und ein groß angelegter Bevölkerungstausch zwischen Griechenland und der Türkei vereinbart. Über eine Million Griechen mussten ihre kleinasiatische Heimat verlassen, 500 000 Türken dafür im Gegenzug Nordgriechenland. Aus Thrakien selbst wanderten 380 000 Türken und 50 000 Bulgaren aus. Diese Zwangsumsiedlung verursachte nicht nur eine Verschmelzung angestammter Lebensgewohnheiten. Es fand auch eine Veränderung in der Landwirtschaft und in der traditionellen Küche Thrakiens statt. So legten die griechisch stämmigen Neuankömmlinge aus der Türkei nicht nur die tief liegenden, feuchten Gebiete in Küstennähe trocken und bauten den berühmten türkischen Tabak an, sie führten auch ihre gewohnten Spezialitäten wie zum Beispiel *pasturmás* ein.

ÖSTLICHE WEIHNACHT

Weihnachten wird von den orthodoxen Christen auch in Griechenland mit Kirchgängen und Festtagsgerichten gefeiert. Es gibt aber keine besonderen Verpflichtungen oder aufwändigen Familienzusammenkünfte, auch wenn sich das obligatorische Weihnachtsgeschenk wie überall auf der Welt nach und nach durchgesetzt hat.
In einigen Regionen Thrakiens haben sich spezielle ›Weihnachtsspiele‹ entwickelt. So ziehen am 24. Dezember 13 junge Männer *(rougatsádes)* singend durch den Ort, zwölf von ihnen als Jünger, der Dreizehnte als Christus selbst. Zum Dank erhalten sie einen finanziellen Obulus, denn die jungen Männer stehen alle kurz vor ihrer Einberufung zum Militärdienst. *Kálanta*, Weihnachtslieder, die sich von westeuropäischen nicht unterscheiden, werden dagegen überall in Griechenland gesungen. Die Kinder gehen in die Geschäfte und Häuser und wünschen den Eigentümern ein segensreiches Jahr. Dafür erhalten sie Süßigkeiten und ebenfalls Geld. Am 25. Dezember, dem einzigen Familientag, schmort überall die *galopúla*, der gefüllte Truthahn im Backofen. Und als Nachtisch gibt es das griechische Weihnachtsgebäck *melomakárona* (Honigmakronen).
Das wichtigste Fest im griechischen Winter ist das Neujahrsfest, das am Silvesterabend mit der *wassilópita*, dem Neujahrskuchen, beginnt. Zu Ehren des heiligen Wassilios (Santa Claus), der auf die Erde niedersteigt, besingt man den Beginn des griechischen Festtagskalenders. *Wassilópita* wird als Sand- oder als Blätterteigkuchen mit Nüssen oder salzig mit Fleisch zubereitet, wobei nach dem Backen eine Münze im Teig versteckt wird.

Silvester wird der Kuchen im Beisein aller Familienmitglieder angeschnitten. Dabei teilt man die Stücke in festgelegter Reihenfolge auf: Das erste Stück ist für Christus, das zweite für Maria, das dritte für den heiligen Wassilios, das vierte für das eigene Heim, das fünfte für das Familienoberhaupt, das sechste für die Mutter, dann jeweils eins für die Kinder. Auch für jedes abwesende Familienmitglied wird ein Stück abgeschnitten. Wer die Münze findet, der kann sich auf Erfolg im kommenden Jahr freuen.

WASSILÓPITA

Neujahrskuchen
(nebenstehende Seite, im Bild oben)

1 kg Weizenmehl
6 TL Backpulver
1 TL Salz
250 g Butter, zimmerwarm
500 g Zucker
4 Eier
300–350 ml Milch
Schale von 1 unbehandelten Zitrone
Puderzucker

Das Mehl mit dem Backpulver und dem Salz in eine Schüssel sieben. Die weiche Butter mit dem Zucker schaumig schlagen und nacheinander die Eier darunter schlagen. Nach und nach die Milch und das Mehl unterrühren. Alles zu einem glatten Teig verrühren und mit geriebener Zitronenschale würzen. Den Backofen auf 180 °C vorheizen. Eine Backform von 30 cm Durchmesser mit Backpapier auslegen, den Teig einfüllen, glattstreichen und im vorgeheizten Backofen 40 Minuten backen, bis der Kuchen Farbe annimmt. Den Kuchen stürzen, auskühlen lassen und mit Puderzucker bestäuben. Zuletzt von unten eine Münze hineinstecken.

MELOMAKÁRONA

Weihnachtsgebäck
(nebenstehende Seite, im Bild links unten)

Für den Teig:
2 kg Weizenmehl
2 TL Backpulver
1 TL Natron (Natriumhydrogencarbonat)
250 g Zucker
400 ml Olivenöl
150 ml Orangensaft
50 ml Weinbrand

Für den Sirup:
500 g Honig
500 g Zucker
500 ml Wasser

Zum Garnieren:
100 g gehackte Walnüsse
gemahlener Zimt

Den Backofen auf 180 °C vorheizen. Das Mehl mit Backpulver und Natron in eine Schüssel sieben und diesen Vorgang zweimal wiederholen. In einer zweiten Schüssel den Zucker mit Olivenöl, Orangensaft und Weinbrand verrühren. Die Mischung zum Mehl geben und alles zu einem geschmeidigen Teig verarbeiten. Kleine längliche Klößchen daraus formen, ein Backblech mit Backpapier auslegen, die Klößchen darauf verteilen und leicht flach drücken. Im vorgeheizten Backofen ca. 30 Minuten backen. Inzwischen Honig und Zucker im Wasser auflösen und ca. 5 Minuten einkochen. Das noch warme Gebäck in einer Schale mit dem Sirup übergießen. Nach ca. 15 Minuten das Gebäck herausnehmen, auf einer Platte anrichten und mit Zimt und Walnüssen bestreuen (ergibt ca. 40 Stück).

Links: Eine Auswahl moderner Weihnachtsdekorationen.
Rechts: Eine festlich gedeckte Weihnachtstafel wäre nicht komplett, wenn auch nur eines der Gerichte fehlte.

GALOPÚLA

Gefüllter Truthahn

1 Truthahn von ca. 5 kg
1 große Zwiebel, fein gehackt
250 g Hackfleisch vom Rind
250 g Hackfleisch vom Schwein
25 g gekochter Schinken
1 EL fein gehackter frischer Salbei
200 ml trockener Weißwein
100 g feine Suppennudeln
200 g Reis
80 g Rosinen
100 g Pinienkerne
100 g Apfelstücke
300 g gekochte oder gebackene Kastanien
200 g Butter
200 ml Mavrodaphne (roter Likörwein)
Salz
frisch gemahlener schwarzer Pfeffer

Den Truthahn ausnehmen und die Innereien beiseite stellen. Die Flügelspitzen stutzen, den Hals kürzen. Den Truthahn waschen und mit Salz und Pfeffer einreiben. Für die Füllung die Innereien klein schneiden und in Öl mit Zwiebeln, Hackfleisch und Schinken anbraten. Salbei mit Wasser aufkochen, den Weißwein zufügen und das Fleisch damit ablöschen. Nudeln, Reis, Rosinen, Pinienkerne und Apfelstücke zufügen, Wasser aufgießen und alles ca. 15 Minuten kochen. Zuletzt Kastanien unterrühren und abschmecken. Den Backofen auf 180 °C vorheizen. Den Truthahn mit der Masse füllen, in einen großen Bräter platzieren und im vorgeheizten Backofen ca. $1\,^1/_2$–2 Stunden backen. Die Butter zerlassen, mit Wasser verrühren und den Braten alle 10 Minuten damit einpinseln.
Den fertigen Truthahn auf einer Platte anrichten, den Bratensaft mit Likörwein verrühren, aufkochen und über den Braten gießen.

ΝΗΣΙΑ ΤΟΥ
ΒΟΡΕΙΟΥ ΑΙΓΑΙΟΥ

Oben: In Pyrgi auf Chios sind viele Häuser mit freskierten geometrischen Mustern versehen.
Hintergrund: Alte Windmühlen von Chios-Stadt

NORDÄGÄISCHE INSELN

Von Langusten bis Sardinen

Weine der Nordägäis

Jede Insel isst anders

Das Herz des Ouzo

Ouzeria

Mastix

Ziegenhaltung

Filáki

Kirchweihfeste

Fünf große und unzählige kleine Inseln bilden im Osten des Nordägäischen Meeres die Grenze zu Kleinasien. Dass sie, abgesehen von Samos, noch weitgehend weiße Flecken auf der Landkarte westeuropäischer Urlauber darstellen, hängt nicht nur mit ihrer Lage, sondern wohl auch mit den recht kurzen Sommern und dem berüchtigten *meltémi* zusammen, dem oft heftig auffrischenden Wind, der hier selbst im Hochsommer Windstärke neun erreichen und damit tagelang den Schiffsverkehr lahmlegen kann. So sind die Inseln der Nordägäis bislang relativ unberührt geblieben. Hinzu kommt, dass die Inseln, die weder einen historisch noch kulturell geschlossenen Raum wie etwa die Kykladen bilden, erst im 20. Jahrhundert Teil des freien Griechenlands wurden. Lesbos, Chios und Samos gehören geologisch eher zum kleinasiatischen Festland, das hier in Sichtweite entfernt liegt, und zumindest die Hauptstädte von Chios und Lesbos vermitteln einen Hauch von orientalischem Flair, das man sogar schmecken kann. Im Lauf der Jahrhunderte entstanden in den Küchen faszinierende Mischungen aus griechischen, venezianischen und türkischen Elementen, die durch individuelle Schwerpunkte, die jede Insel kulinarisch von der anderen unterscheidet, besonders reizvoll sind.

Die am weitesten voneinander entfernten Inseln Limnos und Samos sind seit der Antike berühmt für ihre Weine. Auf Samos befindet sich eine der bekanntesten Weinlagen Griechenlands, die mit dem Muscat von Samos weltweit einen der besten Muscat-Weine liefert. Auch auf Limnos, wo der Sage nach Hephaistos, der Gott des Feuers und der Schmiede lebte, bietet man einen hervorragenden Muscat an, der als trockener wie als Likörwein ausgebaut wird. Auf der von Öl- und Pinienwäldern bedeckten Insel Lesbos wird eine überzeugende Kultivierung von Ölbäumen betrieben, und man findet hier eine der ältesten Produktionsstätten für den griechischen Ouzo. Chios besitzt seit dem frühen Mittelalter mit inzwischen zwei Millionen Exemplaren Europas größte Anbaufläche von Mastixbäumen, deren begehrtes goldenes Harz von hier aus in die ganze Welt exportiert wird. Von Chios und der kleinen Nachbarinsel Inusses stammen auch die größten Reederfamilien Griechenlands, die sich heute in Amerika niedergelassen haben und nur noch in den Ferien ihre heimatlichen Inseln besuchen. Wildromantische Berglandschaften und Kastanienwälder prägen das Bild der Insel Ikaria.

Wenn die Fischer von *astakós* sprechen, dann ist die Verwirrung vorprogrammiert, denn im Griechischen steht das Wort sowohl für Hummer wie für Languste. Der Kenner sieht sofort: Was keine Scheren hat, ist auch kein Hummer.

VON LANGUSTEN...

Der so begehrte europäische Hummer *(Homarus gammarus)* ist in Griechenland eher selten anzutreffen, auch wenn er schon in der Antike verbreitet und beliebt war. In den zoologischen Schriften von Aristoteles finden sich detaillierte Beschreibungen seiner Gestalt und Färbung, wie auch der Orte, wo er gefangen wurde. Heute kommt er nur an wenigen Plätzen im Mittelmeer vor und nur wenigen Fischern ist sein tatsächlicher Lebensraum bekannt. Es soll Fischer gegeben haben, die ihr Wissen mit ins Grab nahmen, weil sie fürchten mussten, dass der Hummer sonst völlig ausstirbt. Wer heute in Griechenland einen Hummer bestellt, sollte sich nicht wundern, wenn ihm eine Languste serviert wird. Denn im Griechischen gilt die Bezeichnung *astakós* sowohl für Hummer als auch für Languste, und Feinschmecker sind sich durchaus uneinig, welches Fleisch wohlschmeckender sei. Die bestellte Languste, die man serviert bekommt, wird höchstwahrscheinlich *Palinurus elephas* sein, die Europäische Languste. Sie ist leicht an ihrer ziegelroten Färbung sowie an den hellen Flecken an Seiten und Hinterleib zu erkennen. Die Tiere, die in Ausnahmefällen 50 Zentimeter groß werden, sind durchschnittlich 30 Zentimeter lang und erfordern eine etwa 30-minütige Garzeit. Langusten müssen im Gegensatz zu den Hummerartigen ohne die beiden kräftigen Scheren auskommen, weshalb man beide Gattungen leicht voneinander unterscheiden kann. Im Gegensatz zum Hummer bevorzugen sie wärmere Gewässer.

Langusten ebenso wie alle Hummerartigen und Krebstiere werden inzwischen, Tierschützern zum Trotz, fast überall auf der Welt lebend, mit dem Kopf voran, in sprudelnd kochendes Wasser getaucht.

ASTAKÓS SHÁRAS
Languste vom Grill

2 Langusten
Saft von 1 Zitrone
1 Zitrone, geviertelt
Salz
frisch gemahlener schwarzer Pfeffer

Die gekochten Langusten mit einem scharfen Messer der Länge nach teilen. Das Fleisch mit Salz und Pfeffer würzen und die Hälften mit dem Panzer nach unten auf den Holzkohlegrill legen. Etwa 20 Minuten grillen, dann Hälften wenden und nochmals 20 Minuten grillen. Auf einer Platte anrichten, mit dem Zitronensaft übergießen und mit Zitronenvierteln garnieren.

ASTAKÓS MAJÁTIKOS
Languste mit Gemüse

1 Languste von ca. 1,2 kg
200 ml natives Olivenöl extra
5 Lauchzwiebeln, in Ringe geschnitten
1 Bund Dill, fein gehackt
1 Bund glatte Petersilie, fein gehackt
500 g Tomaten, abgezogen und gewürfelt
1 Zitrone, in Scheiben geschnitten
Salz
frisch gemahlener schwarzer Pfeffer

Die Languste mit dem Kopf voran in sprudelnd-kochendes Salzwasser geben und 20 Minuten kochen lassen. Die Languste herausheben und 200 ml von dem Sud aufbewahren. Das Fleisch aus dem Panzer lösen und in Scheiben schneiden. Olivenöl in einem Topf erhitzen und die Lauchzwiebelringe darin andünsten. Tomaten, Dill und Petersilie zugeben, gut verrühren und mit dem Sud ablöschen. Etwa 20 Minuten bei mittlerer Hitze köcheln lassen, bis das Wasser nahezu verdunstet ist. Mit Salz und Pfeffer abschmecken, die Langustenscheiben auf das Gemüse betten und weitere 5 Minuten köcheln lassen. Auf einer Platte anrichten, mit Zitronenscheiben garnieren und warm servieren.

...BIS SARDINEN

Zu den schnell zubereiteten Fischdelikatessen Griechenlands gehört zweifellos die Sardine *(Sardina pilchardus)*. Sie ist in der Zubereitung ein recht unkomplizierter Fisch und macht es auch wenig geübten Fischessern leicht, sie zu genießen. Denn ihre Gräten sind dünn, zart und können, wenn sie sehr klein sind, meist gut zerkaut werden, daher ist ein umständliches Filetieren nicht erforderlich. Auch wenn man in Griechenland sonst das Grillen von Fischen vorzieht, werden Sardinen gern in viel heißem Olivenöl gebraten. Nachdem sie sorgfältig gewaschen wurden, öffnet man sie an der Bauchseite und entfernt vorsichtig alle Innereien. Dann wird die Sardine leicht gesalzen, in Mehl gewendet, sofort ins heiße Olivenöl gegeben und goldgelb gebraten. Mit einem Glas Ouzo, dem griechischen Anisschnaps, kann daraus eine viel versprechende Vorspeise werden. In der Fisch verarbeitenden Industrie spielen Sardinen eine wichtige Rolle, weil sie in den unterschiedlichsten Varianten auf dem Markt angeboten werden können: mit oder ohne Haut, mit oder ohne Gräten, geräuchert, gebraten, in Öl, in Soße oder in Wasser eingelegt. Fischern garantieren Sardinen, die zu den weitest verbreiteten Fischen zählen, meist ein gesichertes Einkommen, denn mit einer reichen Sardinenbeute – im Mittelmeer werden derzeit jährlich 250 000 Tonnen Sardinen gefangen – kann man eigentlich immer (noch) rechnen.

GÁWROS STO FÚRNO

Sardellen im Ofen

1 kg Sardellen
200 ml natives Olivenöl extra
100 g schwarze Oliven, entkernt und fein gehackt
4 Knoblauchzehen, in feine Scheiben geschnitten
1 TL Oregano
Saft von 2 Zitronen
Salz
frisch gemahlener schwarzer Pfeffer

Den Backofen auf 180 °C vorheizen. Den Kopf der Sardellen abtrennen, die Fische an der Bauchseite öffnen und Innereien sowie Mittelgräte entfernen. Die Fische gut waschen, etwas auseinander drücken und in eine mit Olivenöl gefettete Auflaufform geben. Mit Salz und Pfeffer würzen und mit Oliven, Knoblauch und Oregano bestreuen. Das restliche Olivenöl und den Zitronensaft über die Fische geben und im vorgeheizten Backofen 40–50 Minuten garen. Noch warm mit frischem Salat servieren.

Die einfachste Fischmahlzeit der Welt entsteht aus frisch gefischten Sardinen, die erst sorgfältig gewaschen werden.

Damit sie schön knusprig werden, wenden nordägäische Köche ihre Sardinen zunächst in Mehl.

Anschließend frittiert man die Sardinen in sehr heißem Öl. Fertig. Bis auf das Anrichten (unten).

Aus der weißen Moscato-Traube, die auch auf Samos beheimatet ist, werden vornehmlich aromatische Likörweine gekeltert.

ZWIEBELN IM BACKOFEN

Wenn auf Samos die Súma-Zeit naht, dann serviert man dazu ganze Zwiebeln, die ungeschält in den Backofen geschoben werden. So bleiben sie aromatischer. Erst nach dem Backen werden sie geschält.

WEINE DER NORDÄGÄIS

Zwei der berühmtesten Weine Griechenlands werden schon seit der Antike auf den Nordägäischen Inseln erzeugt. Die nördlichste Insel Limnos ist die Heimat der Limnio-Traube, die inzwischen auch das Festland erobert hat und dort körperreiche Weine mit ausgeprägter Säure hervorbringt. Die wohl schon von Aristoteles als *›lemnia‹* bezeichnete Traubensorte ist eine etwas rustikale, eigenwillige Sorte mit würzigen Nuancen von Salbei- und Lorbeernoten. Die Appellationsweine der Insel werden allerdings aus der Moscato-Traube gekeltert: der ›Muscat von Limnos‹ ist ein ausgesprochen delikater Likörwein, die trockene Version wird dagegen kaum exportiert und fast nur auf der Insel getrunken.

Samos wiederum hat eine der bekanntesten Weinlagen Griechenlands. Das 1500 Hektar große Anbaugebiet liefert einen der besten Muscat-Weine der Welt. Die häufig terrassenförmig und oft nur zweizeilig angelegten Weinberge reichen bis hinauf auf 800 Meter Höhe und bringen Trauben mit sehr unterschiedlichen Reifegraden hervor. Die Appellation ›Muscat von Samos‹ darf nur aus der Rebsorte ›Muscat Blanc à Petits Grains‹ (Moscato samou) gekeltert werden, der auf 98 Prozent der Anbaufläche gedeiht.

Der ›Muskat von Samos‹ wird grundsätzlich in mehreren Varianten angeboten: ›Samos Doux‹ ist ein Likör- oder Dessertwein, also ein Wein, der durch Alkoholzugabe vor der Gärung aufgespritet wird, während der ›Samos Vin Doux Naturel‹ ein natursüßer Wein ist, dessen Gärung durch Zugabe von Weingeist gestoppt wird, sodass der Wein einen Teil seines natürlichen Zuckers behält und gewährleistet ist, dass er nicht zu Essig wird. Aus der Muskateller-Traube werden auf Samos heute aber auch einige gute Weißweine gekeltert.

Die 1934 gegründete Winzergenossenschaft von Samos (EOSS), der alle Weinbauern von Samos angehören, ist wohl die bestorganisierte Kooperative Griechenlands und hat das absolute Monopol für die Appellation. Seit jener Zeit kauft ein französischer Großkunde (La Martiniquaise) jährlich zwei Drittel der Produktion auf, denn Frankreich war schon unter Ludwig XVI. ein Hauptabnehmerland. In Deutschland war man an süßen griechischen Weinen noch vor 40 Jahren stark interessiert, denn sie wurden als Basisstoff für einen Sirup zur Kreislaufförderung verwendet. Auch die römisch-katholische Kirche bezog ihren Messwein ausschließlich aus Samos. Heute geht der Messwein von Samos nur noch nach Österreich, Belgien und in die Schweiz. Ein Teil wird für den Metaxá verwendet und an die lokale Gastronomie verkauft. Am besten genießt man den süßen Samos als Aperitif oder zusammen mit würzigem Käse, Nüssen und Fruchtsalat.

Samos Vin Doux: Qualitäts-Likörwein mit einem Hauch von Rosen- und Kamillennoten.

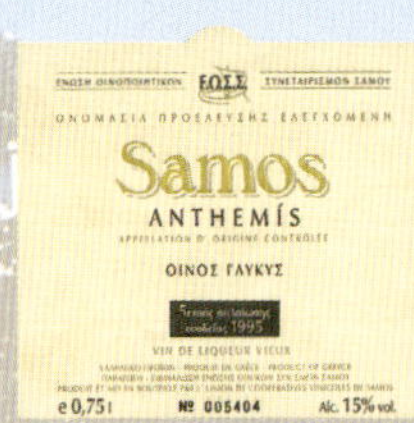

Samos Anthemis: Aromatischer Likörwein, der bis zu fünf Jahre auf Holzfässern reift.

Samos Nectar: Edelsüßer, zwei bis drei Jahre in Holz gereifter ›Vin naturellement doux‹.

Samos Grand Cru: ›Vin doux naturel‹ mit lebendiger Säure, das Spitzenprodukt des Hauses.

Samena Golden: Der erste moderne trockene Muskat-Weißwein mit erfrischender Säure.

Samos Nectar: Tiefgoldener ›Vin naturellement doux‹, aus sonnengetrockneten Trauben.

Samos Grand Cru: ›Vin doux naturel‹ aus der kleinbeerigen Traube ›Muscat à petit grains‹.

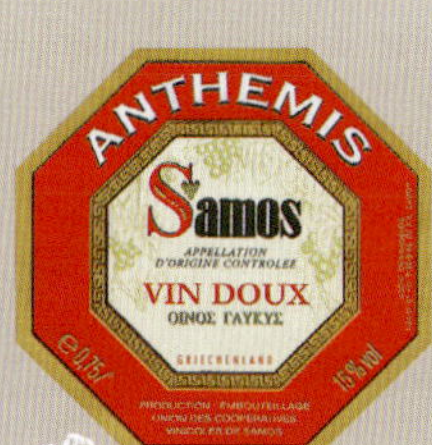

Samos Vin Doux: Goldgelber, vollfruchtiger Likörwein mit dem Aroma der Muskattraube.

JEDE INSEL ISST ANDERS

Essen auf den nordägäischen Inseln ist so unterschiedlich und abwechslungsreich, wie die Inseln selbst. Im Vordergrund steht jedoch immer die frische Zubereitung der Gerichte. Die Bewohner bevorzugen einfache Gemüsegerichte, die sich rasch zubereiten lassen, ohne viel Zeit in Anspruch zu nehmen. So schnell die Gerichte entstehen, so langsam werden sie gegessen, denn die Zeit, die man bei der Zubereitung gespart hat, investiert man lieber noch ins Essen, wobei man sich nach Möglichkeit viel Zeit lässt. Je nach Jahreszeit und Gemüseangebot der Insel werden Suppen, Gemüsepfannen, Fleisch und Fisch gegessen. Nur für die Fremden müssen in der Saison größere Mengen an Fleisch von außerhalb besorgt werden. Und die Fischer verkaufen den immer selteneren Fisch lieber an Restaurants, weil die Gastronomie viel höhere Preise zu zahlen bereit ist. Frische Gemüsetöpfe und leichte, schonend zubereitete Reisgerichte gehören zum kulinarischen Alltag der Inselbewohner und werden noch warm, an sehr heißen Tagen sogar abgekühlt serviert.

KOLOKITHOLÚLUDA JEMISTÁ

Gefüllte Zucchiniblüten

12–16 Zucchiniblüten
100 ml natives Olivenöl extra
2 Zwiebeln, fein gehackt
1/2 Bund glatte Petersilie
1 Bund Dill
200 g Reis
Salz und frisch gemahlener schwarzer Pfeffer

Die Zucchiniblüten kurz in Wasser tauchen und mit etwas Küchenpapier trockentupfen. Die Blütenblätter vorsichtig etwas auseinander biegen und den Blütenstempel entfernen. Das Olivenöl in einem Topf erhitzen und die Zwiebeln darin andünsten. Petersilie und Dill zugeben und mit 500 ml Wasser (ersatzweise Gemüsebrühe) ablöschen. Sobald das Wasser kocht, den Reis zugeben, aber nicht ganz gar kochen lassen. Mit Salz und Pfeffer würzen. Die Zucchiniblüten mit dem Reis füllen und die Blütenblätter an der Spitze vorsichtig zusammendrehen.
Zucchiniblüten dicht in eine Kasserolle legen, etwas Wasser angießen und auf mittlerer Hitze so lange ziehen lassen, bis der Reis fertig gegart ist. Warm oder kalt servieren.

SOGANIA

Gefüllte Zwiebeln nach Art von Lesbos
(ohne Abbildung)

4 große Gemüsezwiebeln, geschält
200 ml natives Olivenöl extra
500 g Hackfleisch vom Rind
200 ml trockener Rotwein
2 Tomaten, abgezogen und gewürfelt
2–3 Knoblauchzehen, fein gehackt
2 Lorbeerblätter
Salz
frisch gemahlener schwarzer Pfeffer

Den Backofen auf 180 °C vorheizen. Etwas Wasser in einem Topf erhitzen und die Zwiebeln einige Minuten darin kochen, herausnehmen und abkühlen lassen. Dann das Innere der Zwiebel vorsichtig herausdrücken und fein hacken. Das Äußere der Zwiebeln in eine mit Öl eingepinselte Tonform stellen. Olivenöl in einem Topf erhitzen und das Hackfleisch mit den gehackten Zwiebeln darin anbraten. Mit Rotwein ablöschen und die Hälfte der Tomatenwürfel, Knoblauchzehen, Lorbeerblätter und etwas Wasser zugeben. Mit Salz und Pfeffer abschmecken und alles gar kochen. Die Füllung in die Zwiebeln geben und was nicht mehr hineinpasst um die Zwiebeln herum verteilen. Die Zwiebeln mit etwas Olivenöl beträufeln und die restlichen Tomatenwürfel darauf verteilen. Im vorgeheizten Backofen so lange garen, bis die Zwiebeln ganz weich sind. Auf Tellern anrichten und nach Belieben mit dem Zwiebelsud übergießen. Warm servieren und frisch gebackenes Weißbrot dazu reichen.

PETALÍDES SAMIÓTIKES

Venusmuscheln nach Art von Samos
(ohne Abbildung)

1 kg kleine Venusmuscheln
200 ml natives Olivenöl extra
2 Zwiebeln, fein gehackt
200 ml trockener Rotwein
4–5 Tomaten, abgezogen und gewürfelt
1/2 Bund Petersilie, fein gehackt
Rotweinessig
500 g Bandnudeln
Salz
frisch gemahlener schwarzer Pfeffer

Die Muscheln waschen und putzen. Muscheln, die sich auf Druck nicht reflexartig schließen oder die beschädigt sind, aussortieren. Das Olivenöl in einem Topf erhitzen und die Zwiebeln darin andünsten. Die Muscheln zugeben und 5 Minuten bei mittlerer Hitze garen lassen, bis sie sich öffnen. Muscheln, die sich nicht geöffnet haben, aussortieren. Mit dem Rotwein ablöschen und Tomaten, Petersilie und einen Schuss Rotweinessig zugeben. Mit Salz und Pfeffer würzen und 10 Minuten garen lassen. In der Zwischenzeit gesalzenes Wasser in einem Topf erhitzen und die Nudeln darin kochen. Die Nudeln abgießen, gut abtropfen lassen und zu den Muscheln geben. Auf Tellern anrichten und noch warm servieren.

BRIÁMI
Überbackener Gemüse-Eintopf

500 g Zucchini, in dünne Scheiben geschnitten
500 g Kartoffeln, geschält und in dünne Scheiben geschnitten
500 g Auberginen, in dünne Scheiben geschnitten
500 g Tomaten, abgezogen und gewürfelt
2 Zwiebeln, in Ringe geschnitten
1 grüne Paprika, in Streifen geschnitten
1/2 Bund glatte Petersilie, fein gehackt
1/2 TL Oregano
1/2 TL getrockneter Thymian
250 ml natives Olivenöl extra
200 g Schafskäse, zerbröselt
Salz
frisch gemahlener schwarzer Pfeffer

Den Backofen auf 180 °C vorheizen. Das Gemüse in eine Auflaufform geben und mit Petersilie, Oregano, Thymian, Salz und Pfeffer würzen. Gut vermischen und mit Olivenöl und 250 ml Wasser aufgießen. Im vorgeheizten Backofen ca. 1 1/2 Stunden garen. Gegebenenfalls etwas Wasser nachgießen. Kurz vor dem Ende der Garzeit mit dem Schafskäse bestreuen und überbacken. Warm und mit frisch gebackenem Weißbrot servieren.

PIPERIÉS JEMISTÉS
Gefüllte Paprika

4 große Paprika
250 ml natives Olivenöl extra
1 große Zwiebel, fein gehackt
3 Zweige Petersilie, fein gehackt
1/2 Bund Dill, fein gehackt
3 Zweige Minze, fein gehackt
200 g Reis
400 ml Tomatensaft
1 EL Tomatenmark
Zwieback, gerieben
Salz
frisch gemahlener schwarzer Pfeffer

Den Backofen auf 180 °C vorheizen. Die Paprika waschen, am Stielansatz einen Deckel abschneiden und aufbewahren und die Kerne entfernen. Die Hälfte des Olivenöls in einem Topf erhitzen und die Zwiebel darin andünsten. Dill, Petersilie, Minze und Reis zugeben, gut umrühren und mit der Hälfte des Tomatensaftes und etwas Wasser ablöschen. Tomatenmark unterrühren, mit Salz und Pfeffer würzen und den Reis halb gar kochen. Die Paprika damit füllen (beachten, dass der Reis noch etwas quillt), auf ein Blech geben und mit etwas Wasser übergießen. Die Deckel auf die Paprika legen, mit dem restlichen Tomatensaft und Öl begießen und etwas geriebenen Zwieback darüber streuen. Im vorgeheizten Backofen so lange garen, bis Reis und Paprika weich sind. Das Gericht kann warm oder abgekühlt serviert werden.

SPANAKÓRISO
Spinatreis

200 ml natives Olivenöl extra
1 Zwiebel, fein gehackt
1 kg Spinat, gewaschen und fein gehackt
1 Bund Dill, fein gehackt
250 g Reis
Saft von 2 Zitronen
Salz
frisch gemahlener schwarzer Pfeffer

Das Olivenöl in einem Topf erhitzen und die Zwiebeln darin andünsten. Den Spinat, Dill und 600 ml warmes Wasser zugeben und aufkochen lassen. Den Reis unterrühren und mit Salz und Pfeffer würzen. Die Temperatur reduzieren und auf schwacher Hitze so lange köcheln lassen, bis der Reis gar und das Wasser völlig aufgesogen ist (gegebenenfalls kochendes Wasser nachgießen). Den Zitronensaft angießen und umrühren. Noch warm servieren.

DAS HERZ DES OUZO

Im gesamten Mittelmeerraum, und das vermutlich schon seit der Zeit byzantinischer Herrschaft, sind Spirituosen mit Anisaroma verbreitet und genießen nahezu überall den Status von Nationalgetränken: Raki in der Türkei, Sambuca in Italien und Pastis besonders in Südfrankreich, um nur einige zu nennen. Wie bei vielen der mit Kräutern versetzten Spirituosen mag auch hier ursprünglich der Gedanke zugrunde gelegen haben, die Wirksamkeit eines geschätzten Heilkrauts in Alkokol einzuschließen und zu konservieren, denn Anis *(Pimpinella anisum)* war schon in der Antike aus dem Orient über Ägypten und Kreta nach Griechenland gelangt und gleichermaßen als Gewürz wie als Heilmittel geschätzt.

Wurden Ouzo und Tsípuro, eine ebenfalls anisaromatisierte griechische Spirituose (siehe Seite 62/63), ursprünglich in kleinen Betrieben wie auch von griechischen Winzern hergestellt, die so versuchten, ihr schmales Einkommen etwas aufzubessern, erfolgt die Produktion heute griechenlandweit auch in großen Destillerien. Die Ouzoherstellung auf der nordägäischen Insel Lesbos kann dabei als ein Beispiel höchster Destillierkunst gesehen werden. Jeder Betrieb hat sein eigenes Herstellungsverfahren und verwendet individuelle, sorgsam gehütete Rezepturen.

Basis des Ouzo ist reiner Alkohol unterschiedlicher Herkunft. So kann es sich beispielsweise auch um Melassedestillat handeln, das bei der Zuckerherstellung gewonnen wird. Der Alkohol wird mit Wasser verdünnt, dann kommen die Gewürze hinzu. Das können neben dem obligaten Anis auch Fenchelsamen, Sternanissamen, Koriander, Kardamom und andere sein. Hier auf Lesbos gehört auch eine Spur Mastix zum Rezept (siehe Seite 332/333). Diese Mixtur bleibt über Nacht stehen, damit die Gewürze ihre Aromen an das Wasser-Alkohol-Gemisch abgeben können. Am nächsten Tag folgt die mehrfache Destillation in großen Kupferkesseln (Destillierblasen). Das Material Kupfer bietet die besten Voraussetzungen zur Destillation, denn es garantiert eine gleichbleibende Temperatur im Behälter, die für die aromatische Entwicklung jeden Destillats von ganz entscheidender Bedeutung ist. Den Beginn der Destillation nennt man Vorlauf oder Kopf (griechisch *kefáli)*. Das Ergebnis ist noch nicht befriedigend, zumal sich hier auch die Aroma- und Geschmacksstoffe noch nicht optimal entwickeln konnten, und wird wie der Nachlauf (Schwanz, griechisch *urá*) für einen zweiten Brennvorgang gesammelt. Den Mittellauf, das Herz oder *kardiá*, zu isolieren ist die wahre Kunst des Brenners, denn auch Vor- und Nachlauf enthalten bereits geschmacksprägende Elemente. Das Herz wird dann auf gleiche Weise ein zweites Mal gebrannt und schließlich mit enthärtetem Wasser auf den gewünschten Alkoholgrad eingestellt.

THEÓFILOS

Theófilos Hatzimichalis, der um 1870 auf Lesbos geboren wurde, interessierte sich von klein auf für die Arbeiten seines Großvaters, eines Ikonenmalers, bei dem er auch die einzigen maltechnischen Unterweisungen erhielt. Seine eigene künstlerische Tätigkeit begann 1911/12 mit Wandbildern, mit denen er Villen im thessalischen Pilion ausschmückte. In der Folgezeit malte er hauptsächlich Wand- und Fassadenbilder oder Ladenschilder in Vólos und Umgebung beziehungsweise auf Lesbos, wohin er 1925 zurückkehrte. Später arbeitete er auch auf Holz, Karton und zunehmend auf Baumwollstoffen. Die Themen seiner an Erfindungskraft reichen Bilder fand er in der antiken Mythologie oder bei Homer, in der exotischen Welt des Orients, im griechischen Freiheitskampf wie auch der Bibel. Seine in selbst hergestellten, leuchtenden Naturfarben ausgeführten Bilder zeigen eine naiv-bunte, eigenwillige Sicht der Welt. Oft werden die Bilder mit ausführlichen erklärenden Kommentaren versehen. Der in Paris lebende griechische Kunsthändler Tériade förderte Theófilos großzügig und stellte seine Bilder weltweit aus. Der Maler starb 1934 auf Lesbos, wo seinem Werk heute ein eigenes Museum gewidmet ist.

Ouzo-Flaschen gibt es in verschiedenen Größen. Manche sind so klein, dass ihr Inhalt gerade für zwei Aperitifs reicht. ›Mini‹ bezeichnet hier allerdings die Marke.

Oben: Die wichtigsten Ouzo-Kräuter sind Anis, Sternanis, Kardamom, Mais, Angelikawurzel, Lindenblüten und Koriander.

Rechts: Im Labor der Destillerie wird der fertige Ouzo ständigen Kontrollen unterzogen, um die gleichbleibende geschmackliche Qualität zu gewährleisten.

Kupfer garantiert während der Destillation eine gleichbleibende Temperatur in den Behältern.

Das konzentrierte Destillat ruht in modernen Edelstahlbehältern.

Im Herstellungsprozess entnommene Proben werden im Labor auf Aussehen und Stärke kontrolliert.

Flaschen auf dem Förderband auf ihrem Weg in die Kartons haben alle Kontrollen überstanden.

OUZO

Jede griechische Region bringt ihren eigenen Ouzo hervor. Der bekannteste stammt von der nordägäischen Insel Lesbos, wo es die älteste Tradition der Ouzo-Herstellung gibt. Ausschlaggebend dabei ist die Wasserqualität sowie Dosierung und Herkunft der Kräuter. Häufig getrunkene Tropfen sind (von links nach rechts): Mini ist ein Ouzo des EPOM Unternehmens und gehört mit 40 vol % Alkohol zu den mildesten Ouzos aus Lesbos. Ouzo Mageia ist ein nicht so hochwertiger und regional vermarkteter Festlandsouzo. Ouzo Plomariou ist der bekannteste Lesbos Ouzo und mit einzigartigem Korken. Inzwischen von Ouzo 12 aufgekauft, wird er auch im Ausland vermarktet. Ouzo Apallarina ist ein lokaler Ouzo von der Nachbarinsel Chios und ist für den Lesbos-Ouzo genauso wenig Konkurrenz wie der Ouzo Athenée. Ouzo Babatzim ist ein makedonischer Ouzo von höchster Qualität: hergestellt nach Reinheitsvorschriften, mit frischen Kräutern gewürzt und in dreifacher Destillation gefiltert. Ouzo Barbajianni ist der First Class Ouzo von Lesbos, ein 46-prozentiger Geist nach alter Rezeptur. Ouzo 12 aus Makedonien ist im Ausland der bekannteste griechische Ouzo. Er wird aus fertig gekauftem Alkohol und einer Kräuteressenz gewonnen. Die Griechen bezeichnen ihn deshalb als Ouzo aus dem Chemielabor.

Zum Thema Ouzo gehört zwingend ein Fingerzeig auf Samos mit seinen kleinen Destillerien.

Ouzo ist in Griechenland so beliebt, dass jede Region eigene Ouzodestillerien vorweisen kann.

NOBELPREISDICHTER

In der griechischen Literaturgeschichte gab es zwei Nobelpreise. Den ersten erhielt 1963 Giorgos Seferis, geb. 1900 in Smyrna (heute İzmir), gest. 1971 in Athen. Von Beruf Diplomat und von Berufung Dichter gilt er heute als Begründer der modernen Lyrik in Griechenland. Er zeigte sich als Erneuerer der Sprache, indem er sie von rhetorischem Ballast und Pathos befreite, und als sensibler Darsteller der politisch zerrütteten Zeiten. Odysseas Elytis, geb. 1911 in Heraklion, gest. 1996 in Athen, gilt als sein Nachfolger. In der Ägäis fand er die ideelle Kulisse für seine Lyrik, die Landschaft und Wort in einem Spiel aus Sprache und ihren Klängen verwob, angelehnt an den französischen Surrealismus. Seine Komposition ›To Axion Esti‹ (Gepriesen sei), für die er 1979 den Nobelpreis erhielt, wurde von Mikis Theodorakis vertont.

Die Oberfläche der Mastixtränen reinigt man mit einem spitzen Messer.

Die gesammelten Harze sind in Größe und Form unterschiedlich und werden schnell hart.

MASTIX

Unter den immergrünen, niedrigen Hartlaubgewächsen der Macchie, jener für das Mittelmeergebiet so charakteristischen Vegetationsform, gibt es einen Strauch, der nur im Süden der Insel Chios vorkommt. Es ist die Unterart *Pistacia lentiscus* var. *chia* des Mastixstrauches, der bei Verletzungen seiner Rinde ein wohlriechendes, schon seit der Antike begehrtes weißes, durchscheinendes Harz absondert. Es wurde vor allem wegen seiner Zähigkeit geschätzt, die erhalten blieb, ja, sich geradezu erst richtig entwickelte, wenn man auf einem Stück des Harzes kaute. So diente es schon früh vor allem der Mundhygiene. Dioskurides erwähnt es in seiner Arzneimittellehre auch als kosmetisches Mittel. Es wurde wegen seines Aromas in Parfums und als Räuchermittel zur Verbesserung der Luft eingesetzt. Das aus dem Harz gewonnene Öl half gegen Erkältungsbeschwerden wie Husten und Schnupfen.

Im Mittelalter waren es vor allem die Genuesen, die den Verkauf von Mastix im gesamten Mittelmeerraum abwickelten und der Insel zu relativem Wohlstand verhalfen. Während der Zeit der osmanischen Herrschaft auf Chios erlaubte der Sultan den Einwohnern auch weiterhin den nahezu freien Handel mit Mastix. Er forderte jedoch anstatt Steuern als jährlichen Tribut die Hälfte der Produktion dieses wertvollen Rohstoffes, von der ein großer Teil in den Serail von Istanbul gelangte, ebenfalls, um dort gekaut zu werden. Daneben fand Mastix aber auch schon als Zusatz in Lebensmitteln Verwendung. Genossen die Mastixbauern auf Chios das gesamte griechische Mittelalter hindurch hohes Ansehen, so müssen heute die wenigen Bauern um ihr Überleben

Oben: Der immergrüne Mastixstrauch *Pistacia lentiscus* var. *chia* wird in der Macchie kaum zwei Meter hoch.

Links: An den Schnitten tritt das begehrte Harz aus.

Rechts: Mit Mastix aromatisierte Süßwaren (im Uhrzeigersinn): *lukumia,* darunter *masticha,* Mastix pur, *pasteli, masticópita* (vorn), darauf Mastix-›Tränen‹, links daneben Minz- und Karamellbonbons mit Mastix.

kämpfen. Auch wenn die Wachstumsbedingungen für den Strauch auf Chios gut sind und das Harz noch heute Verwendung findet, wird es, außer in dem auf der Insel produzierten Ouzo, zunehmend von synthetischen Harzen verdrängt. Das als festes körniges Material gehandelte Harz dient unter anderem noch immer als Bestandteil der Rezeptur von Klebstoffen, Spezialkitten und -firnissen sowie als aromatischer Zusatz von Räucherpulvern, Zahnpasten und Kaugummis (griechisch *masticha)*. Mastix ist geschmacklich von außergewöhnlicher Intensität mit duftend blumigem Aroma und wird daher in diversen griechischen und orientalischen Süßigkeiten wie *chalwa* und *lukumia* verwendet.

Die Harzgewinnung beginnt Mitte August, indem die Baumrinde bis zu achtmal kreuzförmig eingeschnitten wird, sodass das Harz ausfließen und erstarren kann. Es braucht etwa fünfzehn Tage, um zu trocknen, bevor es eingegesammelt werden kann. Die Mastixkörner werden dann gesiebt, um Verunreinigungen wie Sand zu beseitigen. Dann reinigt man sie mit Seife und kaltem Wasser und legt sie zum Trocknen aus. Anschließend werden letzte Schmutzpartikel mit einem Messer abgekratzt. Schließlich erfolgt das letzte Sieben, bei dem die einzelnen Harzklümpchen oder -tränen nach Qualität und Größe sortiert werden.

Oben: Wo sonst Anis die geschmackliche Richtung vorgibt, dominiert im Klaren von Chios süßer Mastix.

ZIEGEN-HALTUNG

Katsika, die Ziege, wird als vielseitiges Haustier in allen griechischen Regionen gehalten. Selbst auf den kahlen griechischen Felseninseln finden sie auch an den unwirtlichsten Stellen noch ausreichend Gräser und Zweige. Dank dieser Genügsamkeit gibt es auf griechischen Weiden inzwischen mehr Ziegen als Schafe. Etwa im Juli, wenn die Kitze das richtige Alter haben, wird der Bestand der Herden kontrolliert, das heißt im Klartext, ein Teil der Jungtiere wird geschlachtet. Auf den Inseln muss man dazu die Tiere erst auf den Bergweiden, wo sie sich mehr oder weniger den Sommer über selbst überlassen sind, finden und zusammentreiben. Das ist eine Aufgabe, die mehrere Stunden in Anspruch nimmt. Wenn der größte Teil der Herde endlich im Pferch ist, trifft man seine Auswahl unter den Kitzen und kehrt damit zurück ins Dorf. Denn dort wird im Beisein des Fleischers geschlachtet. Dazu öffnet man den Tieren die Halsschlagader und legt sie zum Ausbluten nebeneinander auf die Erde, damit das Blut in eine zuvor ausgehobene Grube fließen kann, die später auch die Innereien aufnimmt und dann zugeschüttet wird. Die Tiere werden gehäutet, ausgenommen, vom Fleischer untersucht und gewogen. Geldscheine wechseln die Besitzer und jeder geht zufrieden seines Wegs. So geschehen an einem Julitag auf Ikaria.

Gewöhnlich werden die schwächeren Tiere einer Herde geschlachtet. Dazu öffnet man die Halsschlagader und lässt das Blut in eine vorbereitete Erdgrube fließen.

Mit geübten Handgriffen geht das Häuten rasch. Wollte man aus dem Fell einen Rucksack (siehe S. 336) herstellen, müsste man es in Gegenrichtung abziehen.

Die Aktion neigt sich dem Ende. Sie ging im Beisein des Fleischers vonstatten, der die Qualität der Tiere geprüft, seine Ware bezahlt hat und sie nun weiterverarbeitet.

FILÁKI

Eigentlich ist Ikaria eine kleine unscheinbare Insel in der Nordägäis, die bestenfalls durch ihre mit Schiefer gedeckten Häuser aus Naturstein auffällt. Ihren Namen verdankt sie dem Mythos vom Erfinder und Handwerker Daidalos und seinem Sohn Ikaros, der vor dieser Insel ins Meer stürzte. Seitdem liegt sie einem verlorenen Flügel gleich im Meer. Was sie innerhalb der griechischen Inselwelt jedoch außer ihrem Namen hervorhebt ist eine nur hier gepflegte Tradition, deren Ursprung man wohl in archaischer Hirtenzeit suchen muss: die Herstellung des *filáki*, eines Fell-Rucksacks. In der Vorbereitungszeit des Osterfestes, wenn die Lämmer und Ziegen für das Fest geschlachtet werden, verarbeiten die Einwohner von Ikaria das Fell der Tiere nach einer außergewöhnlichen Methode: Man zieht dem geschlachteten Tier das Fell nicht über den Kopf, sondern über die Beine so ab, dass auch die Hufe der Ziege am Fell bleiben. Dann wird es gewendet, damit die Haarseite innen ist. Anschließend stopft man das gesamte Innere so voll Heu, dass die Haut gut gespannt ist. Nun reibt man die nach außen gewendete ursprüngliche Innenseite mit Salz und Asche ein, um ein Verwesen der rohen Haut zu vermeiden und Ungeziefer fern zu halten. Es folgt ein mehrtägiges Trocknen in der Sonne. Dann wird dieser Ziegenfellsack ins Meer gelegt und mit Steinen beschwert, damit er unter Wasser bleibt und nicht von den Wellen fortgespült wird. Durch das Meerwasser wird das Fell elastisch, sodass Haare später nicht brechen oder ausfallen können. Nach zwei Tagen nimmt man den Balg heraus und hängt ihn zum Trocknen auf, allerdings erneut gewendet, sodass die Haarseite wie zu Beginn wieder außen liegt. Das getrocknete Fell bürstet man gut durch und verbindet paarweise die rechten wie linken Vorder- und Hinterbeine miteinander. So entsteht ein praktischer Rucksack, dessen Größe allein von der Größe des Tiers abhängt. Dieser so genannte *Filáki*-Rucksack eignet sich für Einkäufe und kleine Wanderungen und lässt sich gut auf dem Rücken wie über der Schulter tragen.

IKAROS

Um dem selbst erfundenen Labyrinth auf Kreta zu entkommen, in das er von König Minos mit seinem Sohn Ikaros eingesperrt war, baute der geniale Erfinder Daidalos Flügel aus Federn und Wachs. Er gab Ikaros den Rat, nicht zu tief, aber auch nicht zu hoch zu fliegen, da in der Sonne das Wachs schmelzen könne. Völlig beflügelt vergaß Ikaros den Rat und kam der Sonne zu nahe. Seine Flügel verloren die Federn und er stürzte südlich der Insel Samos ab. Seitdem heißt das Meer dort Ikarisches Meer und die Insel, an die sein Leichnam gespült wurde, Ikaria.

Links: Der natürlichste Rucksack der Welt aus dem Balg der Ziegenhaut hält Lebensmittel frisch und eignet sich somit gut für längere Aufenthalte in den Bergen.

Unten: Was ursprünglich der Hals der Ziege war, ist nach der Herstellung ganz hart, kann aber noch vorn umgeschlagen werden und dient als Deckel.

KIRCHWEIHFESTE

Wie auf vielen griechischen Inseln wird auch auf den Nordägäischen Inseln in fast jedem Ort von jeder Kirche einmal im Jahr das Kirchweihfest gefeiert. Das ist der Patronatstag, also der Namenstag des Heiligen, dem die Kirche geweiht ist. Begonnen wird das Fest meist schon am Abend des Vortags mit einem Gottesdienst. Der eigentliche Tag der Kirchweih beginnt dann abermals mit einer feierlichen Messe. Viele Orte veranstalten an diesem Tag auch große oder eher bescheidene, feierliche oder eher profane Prozessionen. In dem malerisch am Meer gelegenen Ort Mólyvos im Norden der Insel Lesbos wird zum Kirchweihfest ein mit Blumen geschmückter Stier durch den Ort geführt, dem eine Ikone vorausgetragen und der von einer Musikkapelle begleitet wird. Die Bewohner stehen vor ihren Häusern und übergeben, wenn die Prozession bei ihnen ankommt, ihre Geldspende an die Kirche oder spendieren den ›Stierführern‹ ein Gläschen zur Erfrischung und Stärkung. Der Stärkung aller dient dann auch die traditionelle Festtagssuppe, die bei keinem Fest fehlen darf. Schon am Vorabend wird der große Kessel im Freien, meist nah der Kirche, aufgesetzt. Was in die Suppe kommt, hängt von der Jahreszeit ab, an dem der Kirchenpatron seinen Namenstag hat. Fällt er in die Fastenzeit, muss die Suppe schon mal ohne Fleisch auskommen, sonst ist die Wahl des Fleisches beliebig. Der Prozessionsstier ist es jedenfalls nicht.

Oben: Der Prozession mit dem (noch jungen) Stier wird eine Ikone der Muttergottes vorangetragen, um den religiösen Charakter des Fests zu unterstreichen.

Darüber, links: Während die Kapelle weiter spielt, macht die Prozession auch schon mal eine Pause und ihre Teilnehmer stärken sich.

Darüber, rechts: Der Kessel mit der Festtagssuppe steht über offenem Feuer im Freien schon bereit.

SAPPHO

Sie galt schon in der Antike als größte Dichterin, und zugleich ist das Bild, das von Sapphos Leben und Wirken gezeichnet wurde und wird, von Missdeutungen nicht verschont geblieben. Aus vornehmer Familie stammend, lebte sie um 600 v. Chr. in Mytilene auf Lesbos. Von ihrem Werk, das in der Antike in neun Büchern herausgegeben wurde und Hochzeitslieder sowie Lyrik umfasste, vor allem aber in anschaulicher, einfacher Sprache alle Abstufungen und Wechselwirkungen der Gefühle beschreibt, blieben nur Fragmente erhalten. Man erfährt, dass sie in einem Kreis junger Frauen wirkte, die sie musisch und für ihre gesellschaftlichen Rollen ausbildete und zu denen sie auch große Zuneigung empfand. Die Deutung der Beziehungen in diesem Kreis war schon in der Antike spekulativ und diffamierend und sagte mehr über den Beurteilenden aus als über das Objekt der Betrachtung.

ΚΥΚΛΑΔΕΣ

Oben: Auf Santorin findet man die meisten und auch besten Restaurants der Region.
Hintergrund: Blick auf Thira, die Inselhauptstadt von Santorin.

KYKLADEN

Von allen griechischen Inseln bieten die Kykladen nicht nur geografisch, sondern auch in kulturhistorischer Hinsicht das geschlossenste Bild. Bereits im 3. Jahrtausend v. Chr. entsteht hier ein eigenständiger Kulturkreis, und die Erzeugnisse dieser so genannten Kykladenkultur haben im 20. Jahrhundert Archäologen fasziniert und bildende Künstler inspiriert. Um 2000 v. Chr. weiten die Minoer ihren kulturellen und wirtschaftlichen Einfluss nach Norden aus, ihre bedeutende Niederlassung auf der Insel Santorin wird 500 Jahre später von einem gewaltigen Vulkanausbruch zerstört. Die schon in der Antike beliebte Erklärung der Namensgebung, dass nämlich die Inseln in einem Kreis, *›kyklos‹*, rund um die Insel Delos lägen, ist wohl weniger geografisch als vielmehr inhaltlich zu verstehen, denn sie hebt die Bedeutung des kleinen Eilands als religiöses und politisches Zentrum der ionischen Griechen in der ersten Hälfte des 1. Jahrtausends v. Chr. hervor. Mit dem Aufstieg Athens verlieren die Kykladen zwar ihren politischen Rang, behalten aber als wichtige Brücke zwischen Griechenland und Kleinasien ihren Stellenwert für Handel und Schifffahrt in der Ägäis. Kreuzfahrern und venezianischen Händlern boten sie wertvolle Stützpunkte, Piraten immer wieder willkommene Schlupfwinkel. Unter der osmanischen Herrschaft konnten die Kykladen ihre kulturelle und religiöse Unabhängigkeit bewahren.

Auch wenn jede der Inseln heute ihr eigenes Gesicht hat, verbindet man mit dem Namen ›Kykladen‹ so sehr das Bild von weiß getünchten, kubischen Häusern und kleinen Kapellen mit zuweilen blauen Kuppeln, malerisch eingebettet in eine karge, felsige Landschaft, dass man von einer typischen Kykladenarchitektur spricht. Der steinig-felsige Boden der Inseln und die Wasserarmut standen einer umfassenden landwirtschaftlichen Nutzung entgegen. Nur auf Santorin und Milos bieten sich dank des vulkanischen Untergrunds ertragreichere Anbaumöglichkeiten. Es werden überwiegend Hülsenfrüchte, Wein und Tomaten kultiviert. Fischfang, der in der Vergangenheit ein wichtiger Wirtschaftsfaktor war, kann heute die meist kleinen Fischereibetriebe oder einzelnen Fischer aufgrund des Rückgangs der Fischbestände, verursacht nicht zuletzt durch die Konkurrenz großer Fangflotten, kaum noch ernähren. In dieser Situation hat der zunehmende Tourismus, aller damit verbundenen Problematik zum Trotz, durch die Entwicklung einer anspruchsvolleren Küche in immer mehr und attraktiveren Restaurants zu einer gewissen wirtschaftlichen Konsolidierung geführt.

Auf den kleinen, dünn besiedelten Inseln steht der Fischer schon geraume Zeit im Mittelpunkt des touristischen Interesses. Die Glorifizierung seines Berufsstands kann jedoch nicht über die harten Arbeitsbedingungen hinwegtäuschen.

ROCHENFLÜGEL

Die bekannteste von griechischen Fischern aus dem Meer geholte Rochenart ist der im Mittelmeer heimische Teufelsrochen *(Mobula mobular)*. Er gehört zu den Stechrochen und kann es auf eine Flügelspannweite von fünf Metern bringen. Was sich da spannt, sind natürlich genaugenommen keine Flügel, sondern die stark vergrößerten Brustflossen dieser Fische. Rochen gehören wie die Haie zur Familie der Knorpelfische, das heißt, sie besitzen keine Gräten, sondern stattdessen ein Knorpel-›Skelett‹. Die Rochenflügel, die weitaus größten und fleischigsten essbaren Teile des Fisches, bestehen aus dicht nebeneinander liegenden durchscheinenden Knorpelstäben, die von langen, schmalen, festfleischigen Muskelstreifen umgeben sind. Mit Vorliebe ernähren sich Rochen von Schal- und Krustentieren, wenn sie sie finden, und vielleicht rührt der zarte, an Krabben- oder Kammmuschelfleisch erinnernde Geschmack der Rochenflügel daher. Teufelsrochen, die sich in den tieferen Gewässern im Bereich der Kykladen, speziell vor der vulkanischen Küste Santorins aufhalten, sind im Gegensatz zu den Echten Rochen als Speisefische von eher lokaler Bedeutung. In der Kykladenküche wird man ihnen daher häufiger begegnen können, auch wenn sie als Einzelgänger kaum jemals zu mehreren gleichzeitig ins Netz gehen.

Nagel- oder Keulenrochen
(Raja clavata)

Kuckucksrochen
(Raja naevus)

Schecken- oder Marmorrochen
(Raja undulata)

SALÁCHI KOKINISTÓ

Rochen in Tomatensoße
(im Bild links)

1 kg Rochenflügel
200 ml natives Olivenöl extra
2 Zwiebeln, fein gehackt
4 Knoblauchzehen, in feine Scheiben geschnitten
4 große Fleischtomaten, abgezogen und püriert
1 TL Zucker
1 Bund glatte Petersilie, fein gehackt
Salz
frisch gemahlener schwarzer Pfeffer

Bei großen Rochenflügeln das Fleisch vom Knorpelskelett lösen und in Stücke schneiden. Olivenöl in einer Pfanne mit hohem Rand erhitzen, Zwiebeln und Knoblauch darin andünsten, die pürierten Tomaten zugeben und etwas Wasser angießen. Mit Zucker, Salz und Pfeffer würzen und die Petersilie unterrühren. Nun die Rochenstücke zufügen, die Temperatur reduzieren und alles ca. 45 Minuten schmoren. Noch warm, mit frisch gebackenem Weißbrot servieren.

Mittelmeer-Sternrochen
(Raja asterias)

Gefleckter Rochen
(Raja polystigma)

Sandrochen
(Raja circularis)

SALÁCHI SALÁTA

Rochensalat
(im Bild rechts)

1 kg Rochenflügel
100 ml Essig
2 Zwiebeln, fein gehackt
1/2 Bund glatte Petersilie
200 ml natives Olivenöl extra
Saft von 1 Zitrone
Salz
frisch gemahlener schwarzer Pfeffer

Die Flügel mit einem Teil des Essigs und Salz abreiben, um die schleimige Schicht zu entfernen. Wasser in einem Topf erhitzen, Salz und den restlichen Essig zugeben und die Rochenflügel darin 10–20 Minuten pochieren. Aus dem Topf nehmen, das Fleisch vom Knorpelskelett lösen und gegebenenfalls in mundgerechte Stücke schneiden. Das Rochenfleisch in einer Schüssel mit Zwiebeln, Petersilie, Olivenöl und Zitronensaft vorsichtig vermischen. Mit Salz und Pfeffer würzen und bis zum Servieren kühl stellen.

SALÁCHI ME SKORDÁLIA

Rochen mit Knoblauchcreme
(im Bild unten)

4 kleine Rochenflügel, je etwa 350 g
Mehl
200 ml natives Olivenöl extra
60 ml Weißweinessig
Salz und frisch gemahlener schwarzer Pfeffer

Für die skordália:
750 g Weißbrot vom Vortag, die Rinde entfernt, in Wasser eingeweicht
4 Knoblauchzehen
200 ml natives Olivenöl extra
Saft von 1 Zitrone
Salz

Die Rochenflügel enthäuten und rundum beischneiden. Die Flügel salzen und in Mehl wälzen. Olivenöl in einer Pfanne erhitzen und die Rochenflügel darin scharf anbraten. Dann aus der Pfanne nehmen und auf einer Platte anrichten. Den Bratensatz in der Pfanne mit Essig ablöschen, kurz aufkochen lassen und über die gebratenen Rochenflügel gießen.
Das Weißbrot gut ausdrücken und zusammen mit den Knoblauchzehen im Mixer pürieren (auf niedrigster Stufe). Dabei nach und nach in dünnem Strahl Olivenöl und Zitronensaft zugießen. Die *skordália* mit Salz abschmecken und mit frisch gebackenem Weißbrot getrennt zum Rochen reichen.

GEGEN DEN WIND

Den rund 2500 Fischern der Kykladen bläst der Wind heftig ins Gesicht. Ihr Beruf war immer schon harte Arbeit und hatte wenig mit Abenteuerromantik und Freiheit auf den Weiten des Meeres zu tun. Gewöhnlich wurde Fischer, wer kein Land besaß, und seine soziale Absicherung war dementsprechend dürftig. Daran hat sich bis heute wenig geändert, noch immer hängt das Einkommen des Fischers und damit die Versorgung seiner Familie allein vom Fischbestand in dem ihm zur Verfügung stehenden Gebiet ab. Seit die Inseln in der Urlaubssaison ein Vielfaches ihrer Bewohner ernähren müssen und die griechische Regierung noch dazu modernen Fangflotten aus der weiteren Umgebung Fischereilizenzen gewährt, fühlen sich die kykladischen Fischer im Stich gelassen. Ihre detaillierten, seit Generationen vom Vater auf den Sohn tradierten Kenntnisse der Fischgründe sind zunehmend wertlos, wenn ein einziger der großen Fischfangschlepper mit seinem engmaschigen Grundnetz in einer Saison der Nahrungskette und damit dem gesamten

DIE GRIECHISCHEN WINDE

Garbis	Südwestwind
Grégos	Nordostwind
Levántes	Ostwind
Maístros	Nordwestwind
Meltémi	Nordostwind
Notiás	Süden / Südwind
Óstria	Südwind
Ponéntes	Westwind
Sirókos	Südwind aus der Sahara
Tramuntána	Nordwind
Woriás	Norden / Nordwind

Der zwischen Sonnenauf- und -untergang aus dem Nordosten mit wilder, oft zerstörerischer Kraft wehende Boreas, der heute *meltémi* genannt wird, war der König der Winde. Er rettete die Athener auch vor der Invasion der Perser, indem er die persische Flotte 480 v. Chr. vor Salamis vernichten half.

Makrelen, *skumbría,* werden in vielen Tavernen und Restaurants auf den Kykladen geräuchert oder gebraten angeboten. Sie sind zwar sehr grätenreich, schmecken aber vorzüglich.

Fagrí, die Zahnbrasse, gehört zu den edleren Speisefischen der Ägäis und man muss schon etwas tiefer in die Tasche greifen, wenn man sie auf seinem Teller finden will.

Ein echter Fischer kennt alle Fangmethoden und weiß sie in seinem Fanggebiet gezielt auf bestimmte Fische anzuwenden. Und wer von seinem Handwerk etwas versteht, ist auch im Umgang mit der altertümlichen Harpune zum Fischfang im Flachwasser geschickt genug, um den Eigenbedarf zu decken.

POSEIDON GOTT DES MEERES

Nachdem der grausame, kinderverschlingende Vater Kronos von seinen Kindern besiegt war, teilten diese das Universum unter sich auf. Zeus erhielt den Himmel, Hades die Unterwelt und Poseidon das Meer. Die Erde und der Olymp aber gehörte ihnen gemeinsam, und Zeus war aller König. So war ewiger Zwist vorprogrammiert, und Poseidon gab sich streitsüchtig. Meist wohnte er in seinem Wasserpalast an der Nordküste der Peloponnes. Er war mit Amphitrite, der Tochter des Okeanos, verheiratet, die ihm einst von Delphin zugeführt worden war. Wenn er mit seinem Wagen, der von Pferden gezogen wurde, über die Wasseroberfläche fuhr, mit den Meeresbewohnern wie Nereiden und Tritonen in Gefolge, beruhigten sich die Meereswellen. Wer sich aber seine Gunst verscherzt hatte, bekam seine geballte Wut zu spüren. Homer sang in des Odysseus Namen ein Lied davon. Mit seinem Dreizack wühlte Poseidon das Meer auf oder rief heftige Erdbeben hervor, unter denen auch die Kykladen immer wieder litten.

Ökosystem spürbare Schäden zufügen kann. In den letzten Jahren ist der Fischbestand der Kykladen dramatisch zurückgegangen. Dadurch sind die Preise für frisch gefangenen Ägäisfisch in die Höhe geschnellt, und so ist es gerade der Mangel in Verbindung mit der Kaufkraft der Touristen, der den Fischern gegenwärtig noch ein geregeltes Einkommen garantiert, sodass ihnen das Lachen noch nicht völlig vergangen ist. Doch sie erwarten mit steigendem Unmut Sofortmaßnahmen zur Stabilisierung und Erholung der Fischbestände, damit nicht eines Tages einer der traditionsreichsten Berufe des Landes und einer der archaischsten der Menschheitsgeschichte überhaupt nur noch anhand von Artefakten in Museen erlebt werden kann.

Es kommt nicht von ungefähr, wenn in Mythologie und Religion immer wieder Fischer und Fische an prominenter Stelle erwähnt werden. Die Bibel mit Jona im Bauch des Wals, mit dem Fischer Simon Petrus, dem griechischen Wort für Fisch *ichthys* als Initialwort für den Namen Christi (I-CH-TH-Y-S: Jesus Christus, Gottes Sohn, Erlöser) und der wunderbaren Brot- und Fischvermehrung ist nur ein Glied in einer Kette von Beispielen, die alle zeigen: Wer Vergleichsmomente aus dem Alltag seiner Zuhörer suchte, um ihnen eine (Heils)Botschaft nahe zu bringen, war mit dem Bild des Fischers und seiner Welt gut beraten, denn er wurde sicher verstanden.

FANGFRISCH AUS DEM MEER

Es ist nicht verwunderlich, wenn die weitaus meisten Fischrezepte auf den Inseln im Ägäischen Meer zu finden sind. Dabei hat jede Inselküche ihre speziellen Vorlieben für den einen oder anderen Fisch entwickelt, je nachdem, was vor der jeweiligen Küste am häufigsten in die Netze ging. Auf den Kykladen können sich die gegrillten neben den gebackenenen Fischen auf den Speisekarten behaupten. Das Angebot ist erfreulich vielseitig, und in manchen Rezepten lässt sich die Hauptzutat auch ohne schmerzliche Einbußen durch andere Fische ersetzen oder vorteilhaft um weitere ergänzen.

Das Missverhältnis zwischen Nachfrage und Angebot in der Touristensaison hat notgedrungen dazu geführt, dass in den letzten Jahren in Tavernen und Restaurants der besuchtesten Inseln häufig tiefgefrorene Importware serviert wird, die dann als solche kenntlich sein muss. Die ortsansässigen Fischer, Köche und Gastronomiebetriebsbesitzer sind darüber nicht glücklich, doch die Irrtümer einer wenig vorausschauenden Fischereipolitik lassen sich nur langsam korrigieren.

SARDÉLA ME SÁLTSA LEMONIÚ

Sardinenfilets in Zitronensoße

1 EL Olivenöl
1 kg Sardinen, küchenfertig, die Mittelgräte ausgelöst
Saft von 2 1/2 Zitronen (Schalen aufbewahren)
125 g saure Sahne
1/2 TL Oregano
2 grüne Chillies, in Ringe geschnitten
2 Tomaten, in schmale Spalten geschnitten
Salz
frisch gemahlener schwarzer Pfeffer

Den Backofen auf 220 °C vorheizen. Eine Auflaufform mit Olivenöl einpinseln, die Filets darauf legen und mit Salz und Pfeffer würzen. Zitronensaft mit etwas geriebener Zitronenschale, saurer Sahne und Oregano verrühren. Die Soße mit Salz und Pfeffer würzen und über die Filets geben. Chillies, Tomaten und 1/2 klein geschnittene Zitrone darüber verteilen. Im vorgeheizten Backofen ca. 20–30 Minuten garen. Noch warm, mit grünem Salat und frisch gebackenem Weißbrot servieren.

MARÍDES TIGANITÉS

Gebratene *marídes* (Schnauzenbrassen)

500 g marídes
200 g Mehl
Olivenöl
2 Zitronen, geviertelt
Salz

Die Köpfe der *marídes* abtrennen. Die Fische schuppen, waschen, salzen und in Mehl wenden. Olivenöl in einer Pfanne erhitzen und die *marídes* darin goldbraun braten. Dann auf eine Platte geben, mit Zitronenvierteln garnieren und heiß servieren. Dazu schmeckt *chorta* (in Essig und Öl angemachtes Wildgemüse) oder Rote-Bete-Salat. *Marídes (Spicara smaris)* sind kleine Brassen, die ohne Rücksicht auf ihre Gräten verspeist werden. Man reicht sie als Vor- wie als Hauptspeise.

SICH DIE FINGER SCHMUTZIG MACHEN

Wenn man das Essen genießen will, den Akt des In-den-Mund-führens als ein haptisch-sinnliches Erlebnis begreift und nicht als einen distanziert-mechanischen Vorgang, dann sind die Finger immer noch das beste Mittel, kulinarischen Genuss und Nahrungsaufnahme harmonisch in Einklang zu bringen. Erst das Miteinander von Gesichts-, Tast- und Geschmackssinn erschließt alle Aspekte der Speise.

JÚNA

Kykladische Makrele

4 Makrelen
1 TL Oregano
200 ml natives Olivenöl extra
Saft von 1 Zitrone
Salz
frisch gemahlener schwarzer Pfeffer

Am Vortag die Makrelen ausnehmen, Kopf und Flossen entfernen. Die Fische der Länge nach aufschneiden, ohne sie ganz zu zerteilen, waschen und trockentupfen und dann ausgebreitet, mit der Hautseite nach oben, auf eine Platte legen. Mit viel Salz, etwas Oregano und Pfeffer würzen, mit einem dünnen Tuch bedecken und einen Tag lang in der Sonne trocknen lassen.

Am nächsten Tag die Makrelen auf dem Holzkohlegrill von beiden Seiten garen. Olivenöl, Zitronensaft, Salz, Pfeffer und Oregano verrühren und die Fische damit einpinseln. Sobald sie gar sind, auf einer Platte anrichten, mit der restlichen Öl-Zitronen-Soße, frisch gebackenem Weißbrot und grünem Salat servieren.

SINAGRÍDA STO FÚRNO

Gebackene Meerbrasse

2 Meerbrassen, küchenfertig
Saft von 1 Zitrone
2 kleine Rosmarinzweige
125 ml natives Olivenöl extra
1 Bund Lauchzwiebeln, in Ringe geschnitten
3 Tomaten, abgezogen und püriert
1 Bund glatte Petersilie, fein gehackt
2 Knoblauchzehen, gehackt
100 g schwarze Oliven, in Scheiben
200 ml trockener Weißwein
100 g Schafskäse, zerbröselt
Salz und frisch gemahlener schwarzer Pfeffer

Den Backofen auf 200 °C vorheizen. Die Fische auf einem geölten Backblech mit Zitronensaft, Salz und Pfeffer würzen. Im heißen Olivenöl die Lauchzwiebeln andünsten, Tomaten, Petersilie, Knoblauch und Oliven zugeben und aufkochen. Wein angießen, mit Salz und Pfeffer würzen und 10 Minuten köcheln. Die Soße über die Fische geben und im Ofen ca. 40 Minuten backen. Kurz vor Ende der Garzeit den Schafskäse über die Fische streuen. Warm mit frischem Weißbrot servieren.

PSÁRI SPETSIÓTIKO

Fisch nach Art von Spetses

1 kg Mittelmeerfisch (Seebrasse, Zackenbarsch, Dorade o. ä.)
Saft von 1 Zitrone
5 Tomaten
1 EL Tomatenmark
2 Knoblauchzehen, gehackt
$^1/_2$ Bund glatte Petersilie, fein gehackt
200 ml natives Olivenöl extra
Zwieback, fein gerieben
Salz
frisch gemahlener schwarzer Pfeffer

Den Backofen auf 180 °C vorheizen. Den Fisch schuppen, ausnehmen, gründlich waschen und filetieren. Ein Backblech mit Olivenöl bepinseln, die Filets darauf legen, mit dem Zitronensaft übergießen und mit Salz und Pfeffer würzen. Drei Tomaten abziehen und pürieren. Tomatenmark, Knoblauch, Petersilie, Olivenöl, Salz und Pfeffer in eine Schüssel geben und gut verrühren. Die Soße über die Fischfilets geben. Die restlichen Tomaten in Scheiben schneiden und auf den Filets verteilen. Den geriebenen Zwieback darüber streuen und im vorgeheizten Backofen etwa 40 Minuten garen. Mit grünem Salat und frisch gebackenem Weißbrot servieren.

SCHNECKEN

Bei den Ausgrabungen des minoischen Akrotíri auf Santorin hat man aus dem Fund von Schneckengehäusen geschlossen, dass dieses Weichtier schon damals auf dem Speiseplan gestanden haben muss. Auch wenn Griechen und später noch die Römer keinen Begriff kannten, um diese Arten von Weichtieren von anderen wie Muscheln eindeutig abzugrenzen, und alle als Schaltiere bezeichneten, wurden einzelne Schneckenarten doch deutlich beschrieben und nach Auskunft des römischen Arztes Galen (129–199 n. Chr.) in einer Schrift über die Eigenschaften der Nahrungsmittel auch verzehrt: »Die Griechen aber essen jeden Tag Schnecken. Diese haben festes Fleisch, sind aber gekocht äußerst nahrhaft.«

Auch nach vielen Jahrhunderten bevölkern im Herbst immer noch zahllose Schnecken sämtliche Feld- und Steinwege, Treppen und Hausfassaden der Ortschaften. Schnecken tauchen oft nach den ersten Regenfällen des Spätsommers und bis in den Oktober hinein auf. In niedrigen Lagen, auf weichen, landwirtschaftlich ungenutzten Böden sind sie auch für Vögel eine leichte Beute. Weil sie nicht gezüchtet werden, trifft man sie nur kurze Zeit in der griechischen Inselküche an, dann jedoch in schmackhaften Gerichten und zahlreichen Variationen. Mit Reis oder Zwiebeln, aber auch zu Nudeln oder als Vorspeise. Schnecken gehören damit zum festen Bestandteil der kykladischen Herbstküche.

Eine Schnecke kommt selten allein, wenn man also eine sieht, dann müssen noch mehr zu finden sein.

SALINGÁRIA ME NTOMÁTA KE DENTROLÍWANO

Schnecken mit Tomaten und Rosmarin

500 g Schnecken
4 Zweige Rosmarin
100 ml natives Olivenöl extra
5 Zwiebeln, gerieben
500 g Tomaten, abgezogen und gehackt
1 Bund glatte Petersilie, fein gehackt
Salz
frisch gemahlener schwarzer Pfeffer

Die Schnecken entschleimen (siehe Rezept ›Schnecken mit Nudeln‹), mit ihrem Haus in einen Topf geben und so viel Wasser aufgießen, dass sie nur knapp bedeckt werden. Zwei Rosmarinzweige und etwas Salz zugeben und 10 Minuten kochen lassen. In einem anderen Topf das Olivenöl erhitzen, Zwiebeln kurz andünsten, Tomaten, Petersilie und die restlichen beiden Rosmarinzweige zugeben. 10 Minuten kochen lassen und dann die Schnecken mit etwas von ihrem Sud zugeben. Alles gar kochen und in einer Schüssel anrichten. Mit Reis, frisch gebackenem Weißbrot und grünem Salat servieren.

SALINGÁRIA ME MAKARÓNIA

Schnecken mit Nudeln

500 g Schnecken
200 ml natives Olivenöl extra
2 Knoblauchzehen, zerdrückt
1 Bund glatte Petersilie, fein gehackt
1 kg Tomaten, abgezogen und gewürfelt
$^1/_2$ TL Zimt
500 g Nudeln
Salz
frisch gemahlener schwarzer Pfeffer

Die Schnecken am Abend zuvor in eine Schüssel geben, mit Wasser übergießen und mit einem Teller bedecken. Am nächsten Tag gut waschen und nur die Lebenden zum Kochen verwenden. Die Schnecken in einen Topf mit kochendem Wasser geben und 10 Minuten garen lassen. Herausnehmen und mit einem spitzen Messer ein Loch in das Haus bohren. Nochmals gut waschen und abtropfen lassen.

Olivenöl in einem Topf erhitzen und Schnecken, Knoblauch und Petersilie darin dünsten. Tomatenwürfel zugeben und mit Zimt, Salz und Pfeffer würzen. Auf schwacher Hitze 20 Minuten köcheln. In einem Topf gesalzenes Wasser zum Kochen bringen, und die Nudeln garen. Die Nudeln abgießen, auf Tellern anrichten, die Schnecken darüber geben und warm servieren.

DIE TAUBENTÜRME VON TINOS

Die Zucht von Tauben ist schon für das ägyptische Alte Reich belegt, wo sie bereits als Brieftauben eingesetzt wurden. Auch in der Antike hielt man die sehr fruchtbaren und leicht zu mästenden Tiere, deren Fleisch man als wohlschmeckend und sehr gesundheitsfördernd ansah, in hohen frei stehenden Türmen. An dieser Nutzung hat auch ihre religiöse Bedeutung – vom Kult der phönizischen Astarte über den der Aphrodite bis zum christlichen Symbol des Heiligen Geistes – nichts geändert. Die Venezianer, die auf Tinos von 1207 bis 1715, länger als auf jeder anderen Insel der Ägäis, herrschten, sollen die intensive Taubenzucht eingeführt haben. Der Bau der frühesten Taubentürme reicht zumindest bis in diese Zeit zurück. Obwohl sie auf den anderen Kykladeninseln ebenfalls vorkommen, sind die dekorativ reizvollen Bauten, von denen es auf Tinos noch an die 1000 Exemplare gibt, zu einem architektonischen Wahrzeichen der Insel geworden. Auf terrassierten Feldern, unvermittelt in der Landschaft, findet man sie vor allem in der Umgebung der ehemaligen venezianischen Festung und Inselhauptstadt am Berg Exobúrgo im Innern der Insel. Die Taubentürme, deren Bautradition heute leider nicht mehr fortgeführt wird, sind ein hervorragendes Beispiel einer nicht nur harmonischen, sondern auch optisch attraktiven Verbindung von funktionalen und dekorativen Elementen einer Zweckarchitektur. Die windgeschützten Seiten der viereckigen Türme weisen im oberen Bereich die hinter geometrischen Mustern versteckten Einfluglöcher für die Tauben auf. So waren die Tiere vor ihren natürlichen Feinden wie Schlangen oder Raubvögeln relativ sicher. Die überaus variantenreichen Muster aus aufgestellten Schiefer- oder Tontäfelchen basieren auf der Grundform des Dreiecks und verhelfen jedem Turm zu seinem individuellen Erscheinungsbild.

WURST UND SCHINKEN

Hinweise auf die Herstellung von Wurst, *lukániko,* gibt es in vielen schriftlichen Überlieferungen der Antike. Verschiedene Wurstsorten waren bekannt, und es gab eine lebhaften Handel damit. Darüber hinaus boten Wurst wie auch Wursthändler schon damals Anlass zur Belustigung. So trat in der Komödie ›Die Ritter‹ des Aristophanes ein Wursthändler als ausgesprochener Antiheld auf. Mag es die Form der Wurst gewesen sein, die zu karikierenden Bildern Anlass bot, oder die Person des Wursthändlers, der man vielleicht schon damals nicht traute – denn die Frage, was alles so in einem Darm verschwinden kann, ist sicher nicht neu –, was letztlich dazu führte, dass vieles, was mit Wurst zu tun hatte, in der Antike in spöttelnden bis derb verächtlichen Bildern dargestellt wurde, lässt sich nicht eindeutig klären. So wird in der Spätantike auch von einem Heiligen namens Simeon Salos berichtet, der sich mit einem Kranz von Würsten auf einen Marktplatz begeben habe, um sie dort in aller Öffentlichkeit zu verspeisen und so die Aufmerksamkeit auf sich und seine Botschaft zu lenken.

Im Allgemeinen kommt Würsten in Griechenland keine herausragende Bedeutung zu. Es gibt jedoch einige Regionen, die für ihre Wurstspezialitäten durchaus bekannt sind. So kennt man spezielle Würste aus Korinth, Lefkáda, Náussa, Réthimno, Vólos und Tríkala. Und auf den Kykladen kann man in schmalen Gassen kleine versteckte Metzgereien entdecken, die vorzügliche hausgemachte Würste anbieten. Sie bestehen gewöhnlich rein aus Schweinefleisch, und manchmal sind sie einfach nur mit Salz und Pfeffer gewürzt, dafür aber in Wein eingelegt. Auf dem griechischen Festland findet man feste, pikantscharfe Würste, die allgemein als ›Bauernwurst‹ angeboten werden. Hauptgerichte mit Würsten kennen die Griechen nicht. Würste werden meist klein geschnitten als *mesés* angeboten oder in Omeletts wie gewürfelter Speck verwendet.

Da schon in der Antike das Schwein mit das wichtigste Fleisch auf dem Speiseplan war, lag es nahe, Teile davon haltbar zu machen. Athenaios berichtet von einem durch Pökeln haltbar gemachten Schinken. So wird auch der heutige *apochti* aus Schweinefleisch hergestellt.

LUKÁNIKA
Würste

Schweinedarm
250 ml Zitronensaft
2 kg Schweinefleisch
1 kg Schweinespeck
1 Knoblauchknolle, geschält und zerdrückt
Thymian
Salz und frisch gemahlener schwarzer Pfeffer

Den Darm gründlich von innen und außen reinigen, in eine Schüssel geben, 2 TL Salz und den Zitronensaft zugeben, umrühren und 30 Minuten ziehen lassen. Dann den Darm erneut gründlich auswaschen, in ein Sieb geben, mit Salz bestreuen und 3 Stunden lang Wasser ziehen lassen. Das Fleisch und den Speck durch den Fleischwolf drehen und in eine Schüssel geben. Knoblauch, Thymian, Salz und Pfeffer zugeben und kräftig kneten. Nun kleinere Würste herstellen, indem man eine entsprechende Menge Füllung in den Darm stopft, ihn fest verknotet, die gleiche Menge Füllung darauf gibt, einen zweiten Knoten schlägt und so fort. Die Würste an einem kühlen, gut belüfteten Ort zum Trocknen aufhängen.

APOCHTI

Im Gegensatz zu *pasturmás,* der in Thrakien und auf Zypern aus Ochsen- und Rindfleisch hergestellt wird, bereitet man *apochti* aus Schweinefilet zu. Dazu legt man das Fleisch zunächst 24 Stunden in Rotweinessig ein. Nach der Beize erhält es einen Mantel aus Gewürzen, darunter schwarzer Pfeffer und Zimt, die dem *apochti* schließlich sein charakteristisches Aroma verleihen. So vorbehandelt, wird er an einem kühlen, gut durchlüfteten Ort zum Trocknen aufgehängt, bis er hart geworden ist.

FLEISCH-GERICHTE

In der Vergangenheit war Fleisch auf den kargeren griechischen Inseln wohl schon immer Mangelware und kam daher keineswegs alle Tage auf den Tisch – was man zu Zeiten, da die Ägäis noch fischreich war, kaum so stark als Mangel empfunden haben wird. Am ehesten wurden Schafe oder Ziegen geschlachtet, Schweine- oder Rindfleisch gab es noch seltener im Topf. Inzwischen hat sich die regionale Inselküche gewandelt. Mit den Schiffen, die die Touristen bringen, kommen in schöner Regelmäßigkeit auch die Fleischhändler von den großen Märkten des Landes, und für viele Familien ist Gesottenes und Gebratenes inzwischen gern gegessener Bestandteil ihres Alltags geworden. Das gilt besonders für Angehörige der älteren Generation, die es aus ihrer Jugend noch ganz anders kennen. Dies mag der Grund für eine überraschend große Zahl interessanter Schweinefleischrezepte sein, die zweifellos auf den Kykladen beheimatet sind, obwohl es sich hier keineswegs um eine traditionelle Schweinefleischregionen Griechenlands handelt. Auffallend ist dabei die häufige Verwendung von tierischem Fett, das mit oder ohne Kräuter zerlassen und in Behältern aus Ton aufbewahrt wird. So steht das aromatische Schmalz jederzeit beim Kochen und Braten zur Verfügung.

CHIRINÓ BÚTI STI LADÓKOLLA

Schweinshaxe in Folie

4 Schweinshaxen, ohne Schwarte
4 Knoblauchzehen, geviertelt
200 ml trockener Rotwein
Olivenöl
Salz
frisch gemahlener schwarzer Pfeffer

Den Backofen auf 200 °C vorheizen.
Die Schweinshaxen waschen, und jede mit insgesamt 1 Knoblauchzehe spicken. Mit reichlich Salz und Pfeffer einreiben. Auf vier große Stücke Grillfolie eine doppelte Lage Backpapier legen. Die Schweinshaxen darauf legen, mit Olivenöl einpinseln und mit dem Wein übergießen. Backpapier und Grillfolie über den Haxen zusammenschlagen, zu einem festen Paket verschließen und 1 Stunde lang im Ofen garen. Die Temperatur auf 180 °C reduzieren und das Fleisch 2 weitere Stunden schmoren. Zum Servieren die Knochen auslösen, das Fleisch in Scheiben schneiden und auf Tellern anrichten, mit etwas Bratensaft begießen und noch warm mit frischem Salat servieren.

NTOMATOKEFTÉDES SANTORÍNIS

Tomatenpuffer Santoriner Art
(Abbildung rechts)

1 kg Tomaten, den Stielansatz entfernt
3 große Zwiebeln, geschält
2 Zucchini, den Stielansatz entfernt
500 g Mehl
1 Bund Minze, fein gehackt
Olivenöl zum Braten
Salz
frisch gemahlener schwarzer Pfeffer

Die Gemüse würfeln und im Mixer pürieren. Mit Salz, Pfeffer und Minze würzen und mit dem Mehl vermischen. Olivenöl in einer Pfanne mit hohem Rand erhitzen. Den Teig esslöffelweise hineingeben, flachdrücken und kross braten. Noch warm servieren. Tomatenpuffer eignen sich als Zwischenmahlzeit wie als Beilage zu Kurzgebratenem.

ARNÍ ME PATÁTES STO PÍLINO

Lamm mit Kartoffeln im Tontopf

8–12 Lammkoteletts (je nach Größe)
125 ml natives Olivenöl extra
500 g Kartoffeln, geschält und in Scheiben geschnitten
2 große Zwiebeln, grob gehackt
2 Möhren, in Scheiben geschnitten
4 Lorbeerblätter
Salz
frisch gemahlener schwarzer Pfeffer

Den Backofen auf 180°C vorheizen. Die Lammkoteletts in Ölivenöl anbraten, mit Salz und Pfeffer würzen. Vier feuerfeste Tonformen mit etwas von dem Olivenöl einpinseln, Möhren, Zwiebeln und Kartoffeln hineinschichten, dabei jede Lage mit Salz und Pfeffer würzen und auf die Kartoffeln das Lorbeerblatt geben. Die Koteletts obenauf legen. In jede Form 150 ml Wasser und 1 EL Öl geben, mit Grillfolie abdecken und im vorgeheizten Backofen ca. 1 Stunde garen lassen. Die Grillfolie entfernen und weitere 30 Minuten backen, bis die Kartoffeln gebräunt sind. Noch heiß in den Tonformen servieren.

TSILADIÁ

Tellersülze mit Gemüse nach Saison

2 kg Schweinsfüße
200 ml Zitronensaft
2 EL Essig
1 TL Zimt
4 Lorbeerblätter
3 Möhren, in dünne Scheiben geschnitten
3 Lauchzwiebeln, in dünne Scheiben geschnitten
Salz
frisch gemahlener schwarzer Pfeffer

Schweinsfüße klein hacken, in einem Topf mit reichlich Wasser zum Kochen bringen, den an der Oberfläche sich absetzenden Schaum abschöpfen, die Temperatur reduzieren und die Brühe so lange köcheln, bis sie zur Hälfte eingekocht ist. Abgießen, den Fond auffangen, und mit Zitronensaft, Essig, Lorbeerblättern, Zimt, Salz und Pfeffer erneut kurz aufkochen lassen. Tiefe Teller mit den klein geschnittenen Möhren und Lauchzwiebeln füllen, den Fond durch ein Sieb auf die Teller verteilen und kühl stellen, damit die Flüssigkeit geliert. Mit frischem Weißbrot servieren.

DONNER-PILZE

Griechenland ist nicht sehr reich an Pilzen, und die wenigen wild wachsenden Sorten gibt es naturgemäß nur kurze Zeit. Immer dann, wenn die Winter warm und regnerisch, also zum größten Teil frostfrei sind, schießen sie auf brachliegenden Feldern und in feuchten Waldgebieten aus dem Boden. Auf Santorin findet man einige Sorten sogar entlang des Vulkankraters. Natürlich sind nicht alle genießbar, aber detaillierte Kenntnisse darüber sind eher Familientradition denn angelerntes Bücherwissen. Ebenso wie die Schnecken nennt man auch die Pilze kaum mit ihren Namen, sondern fasst unter den Oberbegriffen *moshomaniti* und *glistriti* der Einfachheit halber alle essbaren Pilze zusammen.

Zumindest seit der Spätantike sind Pilze als Nahrungsmittel in Griechenland bekannt, obwohl man sich der Gefahr einer Vergiftung stets bewusst war. Ihr plötzliches und unerklärliches Erscheinen nach herbstlichen Regenfällen betrachte man als Laune der Natur. Homer hielt *›mykes‹* oder *›amanites‹* für eine Art Verbindung zwischen Himmel und Erde, und Plutarch gab die Überzeugung weiter, dass Pilze von Blitzen geschaffen oder durch sie ans Licht gebracht würden. Man kannte den echten Champignon ebenso wie die Trüffel (*›hydnon‹*), deren Auftreten man von der Heftigkeit und der Anzahl der Donnerschläge abhängig glaubte.

Als Spezialität der Santoriner Küche gelten die getrockneten einheimischen Tomaten. Sie werden quer halbiert, und den Rest kann man getrost der Sonne überlassen. Der Wasserverlust intensiviert die Aromen, sodass sie eine ideale Beilage zu Fisch und Fleisch sind.

MANITÁRIA ME KREMÍDI

Pilze mit Zwiebeln
(im Bild links oben)

1 kg Champignons
150 ml natives Olivenöl extra
1 Gemüsezwiebel, fein gehackt
3 Knoblauchzehen, zerdrückt
500 g Tomaten, abgezogen, entkernt und gewürfelt
50 ml Rotweinessig
5 Zweige glatte Petersilie, fein gehackt
1/2 TL getrockneter Rosmarin
2 Nelken
1 Lorbeerblatt
750 g kleine Zwiebeln, geschält
1 EL Butter
125 ml Rotwein
Salz
frisch gemahlener schwarzer Pfeffer

Die Champignons putzen (die Stiele entfernen), die Köpfe halbieren, in heißem Olivenöl anbraten und beiseite stellen. Gemüsezwiebel und Knoblauch in den Topf geben und andünsten. Tomaten, Essig, Petersilie, Rosmarin, Nelken und Lorberblatt zufügen, mit Salz und Pfeffer würzen und 30 Minuten schwach köcheln lassen.
In der Zwischenzeit die Zwiebeln 10 Minuten in Wasser kochen, abgießen, abtropfen lassen und in Butter anbraten. Mit Rotwein ablöschen und zu der Tomaten-Zwiebel-Mischung geben. Das Gemüse noch 20 Minuten schmoren lassen, dann die Champignons zugeben und 10 Minuten mitgaren lassen. Mit Salz und Pfeffer abschmecken und noch warm servieren. Dazu frisch gebackenenes Weißbrot reichen.

MANITÁRIA SALÁTA

Kykladischer Pilzsalat
(im Bild links unten)

grüner Salat
250 g kleine Champignons, geputzt und in dünne Scheiben geschnitten
1 rote Paprika, entstielt, entkernt und in feine Streifen geschnitten
1/2 Bund glatte Petersilie, fein gehackt
5 EL natives Olivenöl extra
3 EL milder Weißweinessig
100 g kefalotíri, gehobelt
Salz

Alle Salatzutaten in einer Schüssel mit Öl, Essig und etwas Salz mischen. Den Käse darüber streuen und servieren.
Dieser Salat stellt eine Anpassung an die Wünsche der Touristen dar, die an mediterrane Küche bestimmte Erwartungen stellen. Sein Rezept ist ursprünglich italienisch und sieht Rucola vor.

MANITARÓSSUPA

Pilzsuppe
(im Bild rechts oben)

1 kg Champignons
25 g Butter
1 EL natives Olivenöl extra
1 große Zwiebel, fein gehackt
1 Knoblauchzehe, zerdrückt
250 ml Hühnerbrühe
1/2 TL geriebene Muskatnuss
300 ml Milch
300 ml süße Sahne
1 Bund glatte Petersilie, fein gehackt
Salz
frisch gemahlener schwarzer Pfeffer

Champignons putzen und den Stiel entfernen. 100 g beiseite legen, die restlichen Pilze fein hacken. Butter und Olivenöl in einem Topf erhitzen und Zwiebeln mit Knoblauch darin andünsten. Gehackte Champignons zugeben und anbraten. Mit Hühnerbrühe ablöschen, mit Muskat, Salz und Pfeffer würzen und zugedeckt 10 Minuten köcheln. Etwas Öl in einer Pfanne erhitzen und die ganzen Champignons darin anbraten. Mit der Milch ablöschen und zur Suppe geben. Die Suppe in tiefen Tellern anrichten, die Sahne darauf verteilen und mit Petersilie garnieren.

MANITÁRIA JEMISTÁ

Gefüllte Pilze
(im Bild rechts unten)

4 große Champignons
2 EL Maisöl
1 große Zwiebel, fein gehackt
150 g Hackfleisch vom Lamm
1 EL Paniermehl
100 ml süße Sahne
1 Eigelb
25 g Butter
200 ml trockener Weißwein
Salz
frisch gemahlener schwarzer Pfeffer

Den Backofen auf 220 °C vorheizen. Die Champignons putzen, die Stiele abtrennen und beiseite stellen. Maisöl in einer Pfanne erhitzen, die Zwiebeln darin andünsten und vom Herd nehmen. Hackfleisch in einer Schüssel mit den gedünsteten Zwiebeln, Paniermehl, Sahne und Eigelb verkneten und mit Salz und Pfeffer würzen. Eine Auflaufform mit der Butter ausstreichen und die Champignons hineingeben. Die Füllung gleichmäßig auf die Champignonköpfe verteilen. Den Wein in die Form gießen und im vorgeheizten Backofen 30 Minuten backen. Gefüllte Champignons werden gern als Vorspeise gereicht.

Hülsenfrüchte sind auf allen bewohnbaren griechischen Inseln ein zuverlässiges Nahrungsmittel. Im Uhrzeigersinn: Limabohnen, Braune Bohnen, Linsen, Augenbohnen, Dicke Bohnen, Kichererbsen; in der Mitte: Santorinlinsen.

HÜLSENFRÜCHTE MIT GEMÜSE

Kichererbsen *(Cicer arietinum)*, Linsen *(Lens culinaris)*, Erbsen *(Pisum sativum)* und Bohnen *(Phaseolus vulgaris)* gehören zur Familie der Schmetterlingsblütler *(Leguminosae)*, deren Pflanzen meist weißliche oder violette Blüten tragen. Der Mittelmeerraum ist ihr europäisches Hauptanbaugebiet. Hülsenfrüchte gelten in ganz Griechenland als ein Grundnahrungsmittel, aber eine besondere Vorliebe und geeignete Rezepte dafür mussten vor allem die Bewohner der griechischen Inseln entwickeln, denn auf den wasserarmen Feldern ließ sich ohnehin schwer etwas anderes kultivieren, und in der Zeit von Unterdrückung und Armut war es gänzlich unmöglich.

Viel hat sich daran auch heute noch nicht geändert. Auf den Kykladen werden nach den ersten Regenfällen von Oktober bis Dezember nicht nur Kichererbsen, sondern auch Bohnen, Dicke Bohnen, Linsen und Erbsen gesät, und sie sind schweren klimatischen Bedingungen ausgesetzt. Sie müssen auf kargem, felsigem und trockenem Boden mit nichts als Regenwasser auskommen. Das vulkanische Gestein auf Santorin besitzt die Fähigkeit, Regenwasser zu speichern und gibt es je nach Bedarf an die Pflanzen weiter, sodass selbst die berüchtigste Vulkaninsel Griechenlands seit der Antike eine kleine Kulturgeschichte der Hülsenfrüchte, vor allem der Santorinlinsen, aufweist. Dabei ist für die Entwicklung von Hülsenfrüchten wichtig, dass sie besonders nach der Blüte im Frühjahr ausreichend Wasser erhalten, damit der Fruchtansatz nicht austrocknet. Deshalb erwarten die Menschen den Frühjahrsregen mit Spannung. Fällt er spärlich oder völlig aus, kann eine ganze Ernte vernichtet sein. Zu einer Überproduktion an Hülsenfrüchten kann es folglich in Griechenland nicht kommen.

Kichererbsen kommen als Zutat in winterlichen Suppentöpfen vor, mit viel Olivenöl und mit frischen Tomaten können sie eine kräftige, nährstoffreiche Mahlzeit darstellen, die in ganz Griechenland geschätzt wird. Da auf den Inseln die landwirtschaftlichen Möglichkeiten immer schon begrenzt waren, ist man bei der Zubereitung der wenigen Grundnahrungsmittel erfinderischer geworden. So kann man auf den Inseln Gerichte kennen lernen, die auf dem Festland wenig verbreitet sind: zum Beispiel Kichererbsenbrei, Kichererbsenbratlinge und Kichererbsensalat.

SANTORINLINSEN

Unter den Hülsenfrüchten kommt den Santorinlinsen – Vorläufer der Kultursorten wurden schon um 10 000 v. Chr. in Syrien genutzt – in Griechenland eine Sonderstellung zu, denn sie wurden auf Santorin nachweislich bereits um 2000 v. Chr. kultiviert. Weicher Sandboden, reich an Kalium, Eisen und Magnesium, und kurze, heftige Kykladenregen bieten einen idealen Lebensraum. Santorinlinsen sind süßer im Geschmack als andere Linsen und können ein schlichtes Linsenpüree zum kulinarischen Erlebnis machen. Dies führte in den letzten Jahren zu einer verstärkten Nachfrage, die das Angebot nicht decken konnte. Daher werden Santorinlinsen nahezu als Kostbarkeit nur auf den inländischen Märkten gehandelt.

FÁWA SANTORÍNIS

Püree von Santorinlinsen

200 ml natives Olivenöl extra
1 Zwiebeln, fein gehackt
500 g getrocknete Santorinlinsen
3 Lorbeerblätter
1 TL Kapern
1 Zwiebel, in Ringe geschnitten
10 Kirschtomaten
1 TL Oregano
Salz
frisch gemahlener schwarzer Pfeffer

In einem Topf 100 ml Olivenöl erhitzen und die fein gehackten Zwiebeln darin andünsten. Einen Liter Wasser angießen, zum Kochen bringen und die Linsen zufügen. Wiederholt den sich bildenden Schaum abschöpfen. Wenn das Wasser ganz aufgenommen worden ist, sollten die Linsen eine breiige Konsistenz angenommen haben. Mit Salz und Pfeffer würzen und kurz mit dem Pürierstab durcharbeiten. Das Püree so lange kühl stellen, bis es fest geworden ist. Vor dem Servieren den Zitronensaft und 100 ml Olivenöl unterrühren. Auf einer Platte mit Kapern, Zwiebelringen und Kirschtomaten garnieren und mit Oregano bestreuen. Kalt servieren.

FAWAKEFTÉDES ME KÁPARI JACHNÍ

Linsenbratlinge mit Kapern-Tomaten-Soße

250 ml natives Olivenöl extra
1 große Zwiebel, fein gehackt
500 g getrocknete Linsen
Salz und frisch gemahlener schwarzer Pfeffer

Für die Kapern-Tomaten-Soße:
100 g getrocknete Kapern
100 ml natives Olivenöl extra
1 kleine Zwiebel, fein gehackt
100 ml Rot- oder Weißwein
250 g Tomaten, abgezogen und fein gewürfelt
Salz und frisch gemahlener schwarzer Pfeffer

Für die Linsenbratlinge:
50 ml natives Olivenöl extra
3 Zwiebeln, in Ringe geschnitten
200 g feine Sesamkörner
1/2 Bund glatte Petersilie, sehr fein gehackt
3 Zweige Minze, fein gehackt
Olivenöl zum Braten

Die Hälfte des Olivenöls erhitzen, die Zwiebel darin andünsten und mit 1 Liter Wasser ablöschen. Zum Kochen bringen und die Linsen zugeben. Den Schaum abschöpfen und die Linsen so lange köcheln, bis sie zerfallen sind. Das restliche Olivenöl unterrühren und beiseite stellen. Kapern über Nacht wässern, um die Bitterstoffe auszuschwemmen. Dann abgießen, waschen und abtropfen lassen. Olivenöl erhitzen und die Zwiebeln andünsten. Mit Wein ablöschen und Tomaten mit Kapern zugeben. Mit Salz und Pfeffer würzen und so lange köcheln, bis die Soße eindickt. Beiseite stellen und abkühlen lassen. Für die Linsenbratlinge das Olivenöl erhitzen und die Zwiebeln andünsten. Linsenbrei, Sesam, Petersilie und Minze zugeben, gut verrühren und kurz anbraten. Vom Herd nehmen und einige Stunden kühl stellen. Reichlich Olivenöl in einer hohen Pfanne oder einer Fritteuse erhitzen, aus der Masse kleine Frikadellen formen und in Öl kross braten. Die Bratlinge auf einer Platte anrichten und warm mit der Kapern-Tomaten-Soße servieren.

REWITHOKEFTÉDES

Kichererbsen-Frikadellen
(ohne Abbildung)

500 g getrocknete Kichererbsen
1 Zwiebel, fein gehackt
1 Knoblauchzehe, zerdrückt
3 Zweige glatte Petersilie, fein gehackt
1 Zweig Minze, fein gehackt
1 EL Tomatenmark
1 TL Zimt
Mehl
Olivenöl zum Braten
Salz
frisch gemahlener schwarzer Pfeffer

Die Kichererbsen über Nacht einweichen. Am nächsten Tag gut waschen und abtropfen lassen. Im Mörser zu einem Brei zerdrücken und in eine Schüssel geben. Zwiebeln, Knoblauch, Petersilie und Minze zugeben und alles gut vermischen. Das Tomatenmark mit etwas Wasser verrühren und zusammen mit dem Zimt zu den Kichererbsen geben. Mit Salz und Pfeffer würzen und zu einem Teig verkneten. Sollte er zu dünnflüssig geraten, kann man ihn mit etwas Mehl binden. Olivenöl in einer Pfanne mit hohem Rand erhitzen. Aus der Masse kleine, flache Frikadellen formen und diese im heißen Olivenöl goldbraun ausbacken.
Sowohl warm mit frischem Salat als auch kalt, als Vorspeise serviert, sind Kichererbsen-Frikadellen eine Delikatesse.

REWÍTHIA STO FÚRNO

Gebackene Kichererbsen
(ohne Abbildung)

1 kg getrocknete Kichererbsen
2 Zwiebeln, fein gehackt
Saft von 1 Zitrone
350 ml natives Olivenöl extra
3–4 Lorbeerblätter
etwas Mehl
Salz
frisch gemahlener schwarzer Pfeffer

Die Kichererbsen über Nacht einweichen. Am nächsten Tag abgießen, waschen und gut abtropfen lassen. Die Kichererbsen in einen Tontopf mit passendem Deckel füllen und mit Zwiebeln, Zitronensaft und Olivenöl mischen. Mit Salz und Pfeffer würzen und die Lorbeerblätter obenauf legen. Aus Mehl mit wenig Wasser einen festen Teig rühren. Den Tontopf mit dem Deckel schließen und die Ansatzstelle rundum mit dem Teig versiegeln. Den Topf in den Backofen stellen und bei ganz niedriger Hitze über Nacht garen lassen. Im Tontopf mit ein paar Zitronenvierteln garniert servieren.

SALÁTA ME ÁSPRI MELITZÁNA ME KE CHTAPÓDI

Salat mit weißer Aubergine und Krake

1 kleiner Krake (Octopus), küchenfertig
Olivenöl
Weißweinessig
1/4 TL Oregano
1 große weiße Aubergine
1 Fleischtomate, gewürfelt
1 kleine Zwiebel, fein gehackt
1/2 Bund glatte Petersilie, fein gehackt
Petersilie zum Garnieren
Salz
frisch gemahlener schwarzer Pfeffer

Den Kraken in einem Topf mit Wasser knapp bedecken und weich kochen. Dann abgießen, abtropfen lassen und in eine Schüssel geben. Olivenöl, etwas Essig, Oregano, Salz und Pfeffer zugeben und einige Stunden im Kühlschrank marinieren.
Den Backofen auf 200 °C vorheizen. Die Aubergine waschen, mit Öl einreiben und auf ein Rost im Ofen legen. Backen, bis die Aubergine gar ist. Von der Aubergine etwa ein Drittel abschneiden, sodass man sie aushöhlen und füllen kann. Das Fleisch der Aubergine pürieren und Tomate, Zwiebel, Petersilie, etwas Öl, Salz und Pfeffer unterrühren. Den Kraken aus der Marinade nehmen, klein schneiden und mit dem Auberginenfleisch vermischen. Die Füllung in die Aubergine geben, mit Olivenöl beträufeln und kalt stellen. Für die Vorspeisenplatte mit Petersilie garnieren.

NAHRHAFTE KÜCHE

Vorteil aller Hülsenfrüchte sind ihr unproblematischer Anbau und die gute Lagerfähigkeit, wodurch ihr hoher Proteingehalt jederzeit verfügbar ist. Proteine aber sind die Grundbausteine aller pflanzlichen, tierischen und menschlichen Zellen, und jeder Organismus ist zu seinem Erhalt auf deren ständige Zufuhr angewiesen. Damit werden Hülsenfrüchte einerseits zum Segen, sind andererseits aber als Arme-Leute-Essen verachtet, sobald man sich Besseres leisten kann.

KAKTUSFEIGEN

Unter den Kakteen, die Feigen tragen, gehört der Feigenkaktus *(Opuntia ficus-indica)* zu den wenigen, die auch auf dem Obstmarkt eine Rolle spielen. Um 1600 wurde die Pflanze von spanischen Seeleuten aus Mexiko oder dem tropischen Amerika in den Mittelmeerraum eingeführt, wo sie sich schnell verbreitete. Heute ist sie in nahezu allen trockenen Zonen der Tropen und Subtropen heimisch. Da sie bei idealen Bedingungen zu einem undurchdringlichen, wie Unkraut wuchernden Gestrüpp heranwachsen kann, wird sie zuweilen gerade deshalb als Abgrenzung von Grundstücken gepflanzt. Die Pflanze wird bis zu 4 m hoch und besteht aus bis zu 20 cm breiten und 40 cm langen, etwa 2 cm dicken scheibenförmigen Sproßgliedern *(Kladonien)*, die mit in Büscheln angeordneten, auf Kurztrieben stehenden Dornen versehen sind. Die Glieder dienen in den Trockenzeiten als Wasserspeicher, an ihren Rändern erscheinen gelbe Blüten, die zu den essbaren, etwa 4–10 cm langen Kaktusfeigen heranwachsen. Die je nach Reifegrad gelblichen oder lachsfarbenen bis roten Früchte tragen ebenfalls Dornen und besitzen ein hellgrünes, gelbliches bis dunkelrotes Fruchtfleisch. Es ist geleeartig saftig, hat kleine, harte Samenkörner und ist von süßem, leicht säuerlichem, birnenähnlichem Geschmack. Es besitzt einen hohen Vitamin-C-Gehalt, darüber hinaus Vitamine der B-Gruppe, Calium, Calcium, Magnesium und Phosphor und soll eine cholesterinspiegelsenkende Wirkung haben.

FASOLÁKIA ME NTOMÁTA
Bohnen in Tomatensoße

500 g getrocknete weiße Bohnen
200 ml natives Olivenöl extra
3 Zwiebeln, fein gehackt
3 Möhren, in Scheiben geschnitten
4 Tomaten, abgezogen und gewürfelt
1/2 Bund glatte Petersilie, fein gehackt
Salz
frisch gemahlener schwarzer Pfeffer

Die Bohnen über Nacht einweichen. Am nächsten Tag gut waschen und in einem Topf mit Wasser bedeckt zum Kochen bringen. Die Temperatur reduzieren und die Bohnen so lange kochen, bis sie weich sind. In der Zwischenzeit Olivenöl in einem Topf erhitzen und die Zwiebeln darin andünsten. Möhren, Tomaten und Petersilie zugeben, mit Salz und Pfeffer abschmecken und zugedeckt 30 Minuten köcheln. Die Bohnen zufügen und unterrühren. Noch warm oder kalt mit frisch gebackenem Weißbrot servieren.

JÍGANTES PLAKÍ
Gebackene weiße Bohnen

500 g getrocknete große weiße Bohnen (Limabohnen)
1 Zwiebel, fein gehackt
2 Knoblauchzehen, in Scheiben geschnitten
4 Tomaten, abgezogen und passiert
150 ml natives Olivenöl extra
1 Bund glatte Petersilie, fein gehackt
Salz
frisch gemahlener schwarzer Pfeffer

Die Bohnen über Nacht einweichen. Am nächsten Tag gut abspülen, in einem Topf mit Wasser bedeckt zum Kochen bringen und 5 Minuten kochen lassen. Die Bohnen abgießen, waschen, mit frischem Wasser erneut aufsetzen, zum Kochen bringen, die Temperatur reduzieren und köcheln, bis sie weich sind. Den Backofen auf 200 °C vorheizen. Die Bohnen abgießen, gut abtropfen lassen und in eine Auflaufform füllen. Alle übrigen Zutaten zufügen, mit Salz und Pfeffer würzen und gut miteinander vermischen. Etwas Wasser angießen und die Bohnen im vorgeheizten Backofen ca. 1 Stunde backen. Die Bohnen müssen ganz weich und mehlig sein.

MAWROMÁTIKA ME SÉSKULO
Augenbohnen mit Mangold
(Abbildung siehe rechte Seite)

200 g getrocknete Augenbohnen
450 g Mangold
2 EL Zitronensaft
Olivenöl
Petersilie
Salz
frisch gemahlener schwarzer Pfeffer

Die Bohnen über Nacht einweichen. Am nächsten Tag abgießen, gut abspülen und abtropfen lassen. Anschließend die Bohnen mit reichlich Wasser aufsetzen und zum Kochen bringen. Die Temperatur reduzieren, die Bohnen ca. 15 Minuten köcheln, dann abgießen, abspülen und erneut in den Topf geben. Mit frischem Wasser bedecken, salzen und 30 Minuten auf mittlerer Hitze köcheln. In der Zwischenzeit den Mangold waschen, putzen und zerpflücken. Kurz vor Ende der Garzeit unter die Bohnen rühren und 5 Minuten gemeinsam köcheln, bis die Bohnen weich sind und der Mangold zusammengefallen ist. Dann abgießen und abtropfen lassen. Bohnen und Mangold auf einem Teller anrichten, mit Salz und Pfeffer abschmecken sowie Zitronensaft und Olivenöl darüber träufeln. Mit Petersilie bestreuen und noch warm servieren. Dazu frisch gebackenes Weißbrot reichen.

JÍGANTES TIGANITÍ

Gebratene Bohnen
(Abbildung rechts)

500 g getrocknete große weiße Bohnen
200 g Mehl
2 Eier
2 EL Milch
ein paar Scheiben Zwieback, zerbröselt
natives Olivenöl extra
$^1/_2$ Bund glatte Petersilie, fein gehackt
Salz und frisch gemahlener schwarzer Pfeffer

Die Bohnen über Nacht einweichen. Am nächsten Tag abgießen und abspülen. Einen Topf mit reichlich Wasser füllen, die Bohnen und etwas Salz zugeben und so lange kochen, bis sie weich sind. Die Bohnen abgießen und gut abtropfen lassen. Das Mehl in eine Schale sieben und mit Salz und Pfeffer mischen. In eine zweite Schale die Eier schlagen und mit der Milch verrühren. Den zerbröselten Zwieback in eine dritte Schale geben. Reichlich Olivenöl in einer Pfanne erhitzen. Die Bohnen einzeln im Mehl, dann in den Eiern und schließlich in den Zwiebackbröseln wenden und im heißen Öl ausbacken. Auf einem Teller anrichten, mit Petersilie bestreuen und heiß servieren.
Dieses Rezept, das gewöhnlich als Vorspeise gereicht wird, stillt leicht auch größeren Hunger.

KYKLADENWEIN

Historiker sind der Ansicht, dass sich auf Kreta die ersten Weinberge des Mittelmeerraums befanden. Von dort gelangte die Weinrebe mit den Minoern nach Santorin, dem antiken Thera, das heute neben Páros die einzige bedeutende Weininsel der Kykladen ist. Beide Inseln gelten als Qualitätsweingebiete mit eigener Appellation. Hier zwingt der oftmals recht raue Wind der Ägäis die Winzer zu sehr niedriger Erziehung der Reben. Auf Santorin hat man die ebenso originelle wie einzigartige Methode entwickelt, den Stock ganz nah am Boden, häufig sogar in einer flachen Mulde, zu einer Art Korb zu ziehen, um die Trauben vor den heftigen Windböen zu schützen. Dieser kühle, auch im Sommer starke Wind der Kykladen, der *meltémi,* verhindert zuweilen sogar das Einnisten von Schädlingen. Der Boden dieser Vulkaninsel besteht überwiegend aus Schiefer und Kalkstein, und die Weinberge können der dörrenden Sonne trotzen, indem sie die Feuchtigkeit, die in der Nacht vom Meer aufsteigt, lange festhalten und langsam an die Pflanze abgeben. Auch das Wasser der wenigen Regentage im Jahr, die in der Regel in die Zeit von Oktober bis März/April fallen, wird vom Boden aufgenommen und dank der enormen Speicherwirkung des porösen, vulkanischen Gesteins erst nach und nach an die Pflanzen weitergegeben. Das für die Insel so charakteristische Mikroklima begünstigt den Ausbau bester Weißweine der griechischen Rebsorte Assyrtiko.

Der einst stark alkoholhaltige Weißwein aus Santorini, der heute überwiegend ›modern‹ ausgebaut wird, weist ein harmonisch ausgewogenes Verhältnis von Frucht, Alkohol und Säure auf. Auch ein Strohwein, ein Wein von vorgetrockneten, rosinierten Trauben, namens Liastos wird produziert, dessen Name auf das altgriechische Wort *›helios‹* für Sonne zurückgeht. Eine besondere Ernte erfährt der Weißwein Niktéri, die nachts (griechisch *níchta*) stattfindet, weil die kühleren Temperaturen dem Wein eine besondere Note verleihen. Hohes Ansehen genießt auch der süße Dessertwein Vinsanto, der ursprünglich für den Gottesdienst hergestellt wurde. Für seine Herstellung werden die Trauben zehn Tage lang auf Terrassen getrocknet. Der Wein lagert dann zwei Jahre in Eichenfässern, bevor er in Flaschen abgefüllt werden kann.

Auf Paros, das ein ähnliches Mikroklima aufweist, wie Santorin, sind die meisten Weinberge mit Mandelaria bestockt. Diese Rebsorte wird von vielen Wermut-Erzeugern auf der ganzen Welt geschätzt. Aus Mandelaria wird ein trockener, ziemlich tanninherber Rotwein mit einer besonderen Traubenmischung gekeltert. Durch Zusatz etwa der halben Menge der weißen Monemvasia, die nach der gleichnamigen peloponnesischen Hafenstadt benannt ist und in Spanien und Italien Malvasia heißt, wird die tiefrote Farbe der Mandelaria-Trauben aufgehellt.

Santorins Weinspezialität ist der Vinsanto, ein süßer Likörwein, der früher auch der russisch-orthodoxen Kirche als ›heilig‹ galt.

CHALWADÓPITA

Chalwadópita ist eine in ganz Griechenland anzutreffende Süßigkeit. Aus Zuckermasse und Mandeln entsteht eine klebrige, aber sehr feste Masse, die zwischen dünnen Oblatenböden in Platten gepresst wird und dem türkischen Honig ähnlich ist.

WEINGUT SIGALAS

Vinsanto: Süßer Likörwein aus biologisch kontrolliertem Anbau.

Santorini: Trockener Weißwein mit frischer Zitrusnote.

WEINGUT HATZIDAKIS

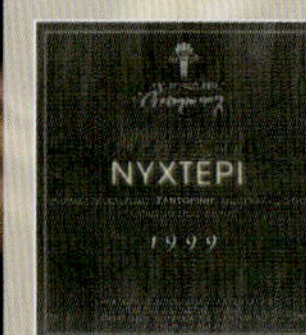

Niktéri: Trockener, in Eichenfässern ausgebauter Weißwein.

Santorini: Trockener Weißwein, zu 90 % aus Assyrtiko.

WEINGUT ROUSSOS

Santorini: Trockener, hellgelber, fruchtiger Weißwein.

Niktéri: Gereifter trockener Weißwein aus Assyrtiko.

WEINGUT BOUTARI

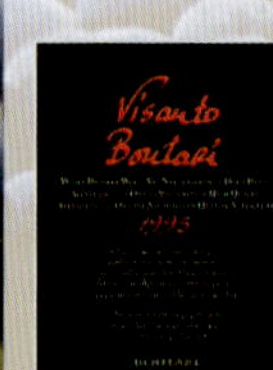

Vinsanto: Gut gereifter süßer Likörwein.

Niktéri: Trockene Weißwein-Cuvée mit mineralischer Note.

WEINGUT GAIA

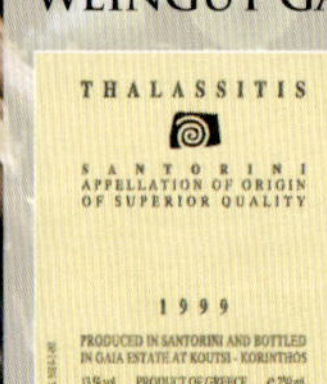

Thalassitis: Trockener, säure-frischer, floraler Weißwein.

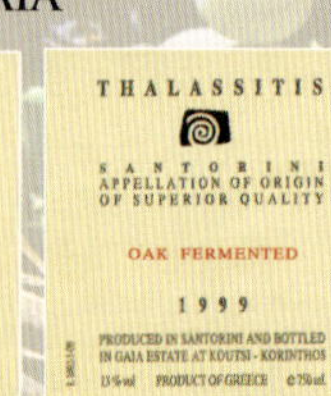

Thalassitis: Weißer, trockener, hochwertiger Barrique-Wein.

Um die Weinstöcke vor den starken Winden zu schützen, die im Sommer regelmäßig über die Kykladen hinweg wehen, zieht man sie nah am Boden in Korbform. So liegen die Reben innerhalb des ›Korbs‹ gewissermaßen im Windschatten der Blätter.

Die nur knapp über dem Boden liegenden Weinreben können nur in gebückter Haltung gepflückt werden.

Für bestimmte Weine werden Weißweintrauben zum Trocknen der vollen Mittagssonne ausgesetzt.

Beim Trocknen verlieren die Beeren Wasser, sodass Zucker und Aromastoffe stärker konzentriert sind.

Früchte und Blätter des *Kítro*-Baums lassen sich veredeln: erstere als Süßigkeit, letztere als Likör.

Gänzlich mit Früchten beladen wird man einen *Kítro*-Baum kaum jemals sehen, denn er blüht das ganze Jahr hindurch und bildet demzufolge auch immer wieder an irgendeinem Ast Früchte aus. Die einzelnen Exemplare wirken im Verhältnis zu dem nur etwa zwei bis vier Meter hohen, immergrünen Baum viel zu groß und zu schwer.

KÍTRO

Kítro, wie in Griechenland die Zitronatzitrone *(Citrus medica)* genannt wird, gelangte wohl bereits im 7. Jahrhundert v. Chr. aus Nordostindien in den Mittleren Osten und erreicht unter Alexander dem Großen um 300 v. Chr. als erste Zitrusfrucht den griechischen Mittelmeerraum. Sie wird in der Antike häufig persischer oder medischer Apfel genannt, und seine Blätter dienen wegen des intensiven Dufts vornehmlich zur Mottenabwehr und zur Parfumherstellung.

Seit 1915 wird *kítro* auf Naxos systematisch angebaut. Der zwei bis vier Meter hohe, immergrüne, bedornte Baum blüht lila und bildet ganzjährig Früchte. Es gibt saure und süße Arten, und ihre Früchte variieren sehr stark in Größe, Farbe sowie Gestalt, besitzen aber alle eine extrem dicke Schale, die etwa 60 Prozent der Frucht ausmacht. Auf Naxos gibt es ein Familienunternehmen, das einen *Kítro*-Likör herstellt, der weit über die Insel hinaus bekannt ist. Dabei wird der Saft, den man aus den Blättern des *Kítro*-Baums gewinnt, nach einem besonderen Verfahren destilliert. Bei einfacher Destillation entsteht der 35-prozentige Likör *Kítro Náxu* und nach doppelter Destillation der 40-prozentige *Kítro Náxu spezial.*

Oben: Dieser kleine Destillierapparat hat inzwischen ausgedient und ist auf Naxos als Schaustück zu bewundern. Auf wenigen Quadratmetern wird hier der einzige *Kítro*-Likör Griechenlands hergestellt.

Links: Die bunten Flaschen stammen nicht aus der Parfümerie. Der Likör darin ist nur gefärbt und schmeckt aus jeder Flasche gleich.

KÍTRO-GLIKÓ

Die feste Schale der *kítro* wird auf Naxos in Sirup gekocht und zu *glikó* verarbeitet – nicht umsonst handelt es sich um die Zitronatzitrone.

Man serviert edlen *Kítro*-Likör stilvoll in kleinen kristallgeschliffenen Likörgläsern und dekoriert mit einem *Kítro*-Blatt.

Oben: Große Tonkrüge, *pithária,* dienten der Vorratshaltung von Lebensmitteln. Darin ließ sich Weizen, Öl, Wasser, Wein und vieles mehr über einen längeren Zeitraum kühl und frisch halten.
Hintergrund: Die Ausgrabungsstätte von Akrotiri ist zum Schutz vor der Witterung überdacht worden.

Kegelhalsgefäß der frühkykladischen Zeit aus Marmor, um 3000–2500 v. Chr. Es diente als Flüssigkeitsbehälter; mit den Schnüren, die durch die Ösen gezogen waren, ließ es sich gut tragen.

Der Schnurösenbecher (rechts) aus Marmor ist frühkykladisch; die marmorne Pyxis, ein Deckelgefäß ebenfalls mit Ösen zum Tragen, ist etwas jünger.

NATURGEWALT

Nicht immer haben Menschen bei einer Naturkatastrophe, wie sie sich um 1600 v. Chr. auf Santorin wohl ereignet hat, die Chance, so glimpflich davonzukommen. Die Bewohner waren vorgewarnt worden, denn der etwa 2000 Meter hohe Kraterberg hatte bereits kleinere Asche-Eruptionen über die Insel ergehen lassen, denen auch Erdbeben folgten. Wände stürzten wohl ein. Auch wenn nicht allzu viel passierte, hatte man die Gefahr doch erkannt. Die Bewohner verließen die Insel, um kurze Zeit darauf zurückzukehren, die Schäden zu beseitigen, vielleicht auch um wieder aufzubauen. Doch die Ereignisse wiederholten sich, diesmal kündigten sehr viel heftigere Erdbeben noch Bedrohlicheres an. Man geht heute davon aus, dass die Menschen auch diesmal ihre Insel unbeschadet verlassen konnten. Es ereigneten sich gewaltige Eruptionen, bei denen Bimssteinasche- und Gaswolken bis in 36 Kilometer Höhe geschleudert wurden, noch in der heutigen Türkei ging ein Ascheregen nieder, der eine zwei Zentimeter hohe Bimsschicht hinterließ. Die Insel selbst wurde unter einer 16 Meter dicken Bims- und Ascheschicht begraben. Im Kraterrand bildeten sich Risse, durch die Meerwasser in sein Inneres floss und im Kontakt mit dem glühenden Magma noch heftigere Eruptionen auslöste. In Folge dieser explosionsartigen Ausbrüche wurde erst der Schlot der Vulkans weggesprengt, schließlich brachen die instabilen Wände des Kraters ein, und es blieben nur noch Reste des Kraterrands stehen, die die heutige Inselgruppe von Santorin bilden. Durch diese gewaltige Explosion mit der anschließenden Implosion des Kraters entstand eine Flutwelle, die nachweislich noch auf Kreta zu Überschwemmungen führte. Ob hier aber Atlantis unterging, wie schon immer spekuliert worden ist, wird Mythos bleiben. Auch später kam die Insel, die erst um 1200 v. Chr. wieder besiedelt wurde, nicht zur Ruhe. Durch kleinere Ausbrüche entstanden in der Mitte des Kratersees immer wieder aktive Vulkaninseln. 1956 erschütterte zudem ein Erdbeben die Insel und richtete große Schäden an.

Das Wissen um die große Katastrophe und das, was dabei unterging, ist noch nicht sehr alt. Nach ersten Funden 1866 stieß 1939 der Archäologe Spyridon Marinatos bei Ausgrabungen auf Kreta auf eine dicke Bimsschicht, die er mit dem Vulkanausbruch auf Santorin in Verbindung brachte. Erst 1967 konnte mit systematischen Ausgrabungen im Dorf Akrotíri begonnen werden, die Reste einer 3600 Jahre alten Stadt ans Tageslicht brachten. Sehr bald bestätigten sich die Verbindungen der hier vor der Katastrophe existierenden Kultur mit Kreta und die Vermutungen über ihren hohen Zivilisationsstand und Lebensstandart. Nachdem schon um 3000 v. Chr. erste Siedlungen auf Santorin den Beginn der Kykladenkultur markieren, wird durch den zunehmenden Einfluss Kretas um 2000 v. Chr. eine neue Stufe der zivilisatorischen und kulturellen Entwicklung angezeigt, die erst um 1600 v. Chr. ihr Ende findet. Es gab dreigeschossige Wohngebäude, Wasserleitungen und Bäder; die Menschen lebten in einem Wohlstand, den sie der intensiv betriebenen Landwirtschaft, der Viehzucht und dem Fischfang, besonders aber dem Handel verdankten. Da man keine Paläste fand, geht man davon aus, dass hier eine von Kreta relativ unabhängige, autonome Gemeinschaft lebte, die sich selbst verwaltete, und in der soziale und ökonomische Unterschiede so gering waren, dass die Speisekammern der Akrotirer gleichmäßig gut gefüllt waren.

Blick vom Kraterrand auf Nea Kameni, die jüngste Lava-Insel des Santorin-Archipels, auf der der noch immer aktive Vulkan schwefelhaltige Dämpfe austreten lässt.

TEMPELTOR VON NAXOS

Um 530 v. Chr. begann der Tyrann Lygdamis auf der kleinen, dem Hafen von Naxos einst vorgelagerten Insel mit dem Bau eines gewaltigen Tempels, der vollendet wurde. Da er so nah am Hafen gen Delos wies, sollte er wohl Apollon geweiht werden. 1000 Jahre später erhob sich eine christliche Basilika in den Fragmenten, bis die Venezianer alles mit Ausnahme des Marmortors als Steinbruch nutzten.

ΔΩΔΕΚΑΝΗΣΣΑ

Oben: In der Bilderbuchkulisse einer historisch gewachsenen baulichen Geschlossenheit lassen sich in Lindos angenehme Tage und Abende verbringen.
Hintergrund: Die Einfahrt des Mandráki-Hafens der Neustadt von Rhodos

DODEKANES

Kühl und erfrischend

Granatapfel

Erdbeerbaum

Suppenzeit

Dodekanes-Fisch

Gyros und Döner

Kapern

Gold der Ägäis

Eigentlich handelt es sich bei der Bezeichnung ›Dodekanes‹ um eine Art Etikettenschwindel, bedeutet der Name doch ›zwölf Inseln‹ (und meinte ursprünglich nur jene, die der türkischen Küste am nächsten liegen), während es tatsächlich zwanzig ständig bewohnte Inseln sind. Dabei ist ihre Lage am südöstlichsten Rand der Ägäis, weit entfernt vom griechischen Festland, fast schon Programm.

Patmos als biblischer Schauplatz der Offenbarung des Johannes, die mittelalterliche Johanniterhochburg Rhodos, Kos mit seiner gut organisierten türkischen Gemeinde und die von der Schwammfischerei geprägte Insel Kálimnos (Kalymnos) setzen im Gesamtbild Griechenland unübersehbare Akzente. Wer in Geschichtsbüchern blättert, wird immer wieder mit der wechselhaften Vergangenheit der Inselgruppe, besonders ihrer Hauptinsel Rhodos, konfrontiert. Auf Kanaaniter und Phönizier um 2000 v. Chr. folgen um 1700 v. Chr. Minoer von Kreta, die ihrerseits rund 250 Jahre später mykenischen Achäern von der Peloponnes weichen, welche schließlich um 1150 v. Chr. selbst von den Dorern verdrängt werden. In der Folgezeit je nach politischer Lage mit Persern, Griechen, Türken, Römern und Osmanen verbündet oder von ihnen besetzt, überstehen die Inseln Belagerungen, Plünderungen und Glaubenswechsel. Ab 1912 ist der Dodekanes italienisch, 1943–45 von den Deutschen besetzt und erst seit dem 31. Dezember 1947 offiziell griechisch.

Heute können die Inseln mit kulinarischen Traditionen aufwarten, die in die Zeit der Johanniter zurückreichen, obgleich Lebensweise und Esskultur noch immer stark italienisch geprägt sind. So ist etwa der Gebrauch verschiedener Teile der Kapernpflanze ein unbestreitbar italienisches Vermächtnis. Enge verwandtschaftliche Beziehungen zu benachbarten Orten an der türkischen Küste haben daneben eine Kebab-Kultur entstehen lassen, die vielen Reisenden schon auf griechischem Boden eine Vorahnung orientalischer Küche vermittelt.

Der Dodekanes mit Rhodos als berühmter Sonneninsel gehört nicht zuletzt aufgrund seines im südöstlichen Mittelmeerraum eher ausgewogenen Klimas heute zu den wichtigsten Reisezielen Griechenlands und ist stark vom Tourismus abhängig. Daher werden auf Rhodos und Kos vermehrt Oliven, Kartoffeln und Tomaten angebaut, aber auch Rebstöcke kultiviert. Weitere Gemüse- und viele Obstsorten müssen dagegen importiert werden.

An heißen Sommertagen wird ein Glas eisgekühltes Wasser mit einem Löffel voll cremig-süßer *vanilia* zum ganz besonderen Genuss – ist es doch für Griechen auch immer mit einem Stück Kindheit verbunden.

KÜHL UND ERFRISCHEND

In Reiseberichten des 17. Jahrhunderts wird gelegentlich ein höchst harmloses Getränk, bestehend aus Wasser, Zucker und Zitronensaft, lobend erwähnt, das auch in Geschmacksrichtungen wie Rose, Lotos oder Rhabarber angeboten wurde. Rund ums Mittelmeer schätzte man gekühlte alkoholfreie Mixgetränke auf der Grundlage von Quellwasser offenbar seit der römischen Kaiser-, besonders aber seit byzantinischer Zeit als willkommene süße Erfrischungen. Alkoholisches nahm man dagegen, sofern Glaubensregeln es nicht grundsätzlich verboten, vielfach erst nach Sonnenuntergang zu sich, eine schätzenswerte Gewohnheit, die man in Griechenland bis heute respektiert – meistens jedenfalls. So wird an heißen Sommertagen ein eisgekühltes fruchtig-frisches Getränk zur Mittagszeit als Wohltat empfunden. Das Angebot kann sich neben der allgegenwärtigen Coca-Cola durchaus behaupten. Ganz oben auf der Rangliste der beliebtesten Sommergetränke stehen *lemonáda* (Zitronenlimonade), *portokaláda* (Orangenlimonade) und *gasósa* (zuckerhaltiges Sprudelwasser), dicht gefolgt von Fruchtsaftgetränken, die bei der großen Menge in Griechenland angebauter Obstsorten im Land selbst produziert werden: etwa Pfirsich-, Apfel-, Orangen-, Grapefruit-, Kirsch-, Birnen- und Bananensaft. Doch die Krönung ist und bleibt ein kühles Glas frisch gepresster Fruchtsaft.

Oben: Ein Löffel *vanília* in einem Glas mit reinem, eisgekühltem Quellwasser wird zum zweifachen Genuss.

Unten: *Vanília* gibt es in vielen Geschmacksrichtungen, eine der beliebtesten ist die Sorte mit Rosenaroma.

Softdrinks werden eisgekühlt serviert. Nur so erfrischen sie müde Einkaufsbummler, hektische Geschäftsleute und sonnenhungrige Müßiggänger.

VANÍLIA– NOSTALGIE

In gewisser Weise ist *vanília* der erste griechische Softdrink, denn noch bis vor 20 Jahren gehörte es zu den wichtigsten Erfrischungsgetränken bei einer nachmittäglichen Frauen- und Männerrunde. Dabei war es Süßigkeit und Getränk zugleich: Man gab einen Teelöffel mit *vanília* in ein Glas eisgekühltes Wasser. Während der Mokka serviert wurde, lutschte man langsam ein wenig Sirup vom Löffel ab, trank das leicht süß gewordene Wasser dazu und den Mokka hinterher.

GRUNDREZEPT VANÍLIA

600 g Zucker
125 ml Wasser
2 EL Zitronensaft
1 TL Vanillezucker

Zucker und Wasser erhitzen, bis sich der Zucker gelöst hat und der Sirup eingedickt ist. Zitronensaft zugeben, kurz aufkochen und vom Herd nehmen. Den Vanillezucker mit einem Holzlöffel erst in die lauwarme Masse einrühren (wobei immer in die gleiche Richtung gerührt werden muss). *Vanília* ist fertig, wenn der Sirup dick und weiß geworden ist. In ein gut verschließbares Gefäß füllen und kühl aufbewahren.

Zitronenlimonade naturtrüb | Zitronenlimonade klar | Orangenlimonade | Kirschlimonade | Zitronenlimonade naturtrüb | Zitronenlimonade naturtrüb | Orangenlimonade

Mineralwasser mit Pfirsicharoma, Orangenlimonade, Lemon-Cola, Cola-Brause (von links nach rechts)

Die Auswahl an alkoholfreien Getränken ist groß, bleibt aber überschaubar, denn trotz einer Fülle von Markenartikeln einiger überregionaler Firmen und den ungezählten Produkten regionaler Betriebe sind den Geschmacksrichtungen, die sich am Markt tatsächlich behaupten können, Grenzen gesetzt.

SCHAUMWEIN AUS RHODOS

Es zählt weder zu den klassischen Erfrischungsgetränken, noch ist es alkoholfrei, dennoch wird wohl niemand einem Glas perlenden Schaumweins die belebende Wirkung absprechen können. Die 1928 auf der Insel Rhodos gegründete Genossenschaftskellerei C.A.I.R. (Compagnie Agricole et Industrielle de Rhodes) war lange die einzige griechische Adresse für den nach französischem Champagnerverfahren veredelten Wein. Bei der *méthode champenoise* wird die zur Schaumbildung benötigte Kohlensäure mit Hilfe einer zweiten Gärung in der Flasche erzeugt. Dazu wird der Grundwein mit der ›Fülldosage‹ in neue, druckfeste Flaschen abgefüllt und provisorisch mit einem Kronkorken verschlossen. Diese Fülldosage leitet die Gärung ein und setzt sich aus der dazu erforderlichen Menge Zucker (entweder in Wein gelöst oder in Form von Traubenmost) und Reinzuchthefe zusammen. Nach rund neun Monaten wird sie

wieder entfernt, wozu man die mittlerweile unter Druck stehenden Flaschen schräg nach unten in Rüttelpulte sortiert hat. Darin werden sie täglich von Hand gedreht und steiler aufgerichtet, bis sich die Rückstände auf dem Korken abgesetzt haben. Um sie zu entfernen, werden die Flaschenhälse in eine Kühlflüssigkeit getaucht, wodurch gerade nur diese Rückstände gefrieren. Beim raschen Abnehmen des Kronkorkens schleudert der Unterdruck sie aus der Flasche, die nun mit Schaumwein aufgefüllt und mit dem endgültigen Sektkorken verschlossen wird. Die C.A.I.R. vermarktet jährlich mehr als eine halbe Million Flaschen dieses trockenen Schaumweins aus der weißen Athiri-Traube, und die Tendenz ist steigend, da die schonendere Vinifizierung auf der Grundlage moderner Erkenntnisse für eine verfeinerte Aromenpalette bürgt. Heute wie schon in der Antike werden die Reben bevorzugt an den Berghängen im Norden der Insel angebaut, wo sie den frischeren Winden des Ägäischen Meeres ausgesetzt sind.

Grenadine, der mit Granatapfelsamen aromatisierte Sirup, bringt Cocktails zum Erröten. Sein spezifisches Gewicht lässt ihn im Tequila Sunrise nach unten sinken, und so zaubert er die ganze Palette der Sonnenaufgangsfarben ins Glas.

Wenn die Granatäpfel bis zur Vollreife am Baum bleiben, kann man beobachten, wie die ledrigen Fruchtschalen der Scheinbeeren aufplatzen und unzählige Samen zur Erde fallen – und man versteht nicht nur die Fruchtbarkeitssymbolik, die dem Granatapfel anhaftet, sondern auch die Benennung der explosiven Namensschwester.

GRANATAPFEL

»Früh wollen wir dann zu den Weinbergen gehen und sehen, ob der Weinstock schon treibt, ob die Rebenblüte sich öffnet, ob die Granatbäume blühen. Dort schenke ich dir meine Liebe.« Als diese Zeilen des Hohelieds verfasst wurden, war die Frucht des über Persien eingebürgerten Granatapfelbaums *(Punica granatum)* mit ihrer Fülle von Samenkernen – in einem Granatapfel sind es bis zu 150 Stück – als Symbol von Liebe und Fruchtbarkeit in Palästina bereits fest etabliert. Der Versuch, den Namen der Insel Rhodos etymologisch mit dem altgriechischen *›rhoa‹* für Granatapfelbaum sowie *›rhoidion‹* für Granatapfel in Verbindung zu bringen, stützt sich auch auf archäologische Funde, die die Existenz der myrtenartigen Pflanze in der Region seit dem zweiten vorchristlichen Jahrtausend belegen. Der immergrüne, strauchige Baum kann als Zierpflanze fünf Meter hoch werden, eine Höhe, die er wild und im kommerziellen Anbau nicht erreicht. Er wächst in tropischem, subtropischem und warm-gemäßigtem Klima. Von Juli bis September erscheinen orangerote, an Wildrosen erinnernde Blüten, die im Herbst zu apfelgroßen Scheinbeeren reifen. Die hochwertigsten Früchte gedeihen an Standorten mit trockenheißen Sommern, gefolgt von kühlen Wintern; die Hauptanbaugebiete liegen in Spanien und Marokko, in Griechenland ist der Anbau von Granatäpfeln heute eher unbedeutend. In der Antike wurden die Samenkerne als Gewürz gerieben, der Saft der Samenschalen diente als Säuerungsmittel, lange bevor Zitrusfrüchte bekannt waren. Die ledrige Fruchtschale benutzte man zum Gerben und als Färbemittel. Daneben ist die Verwendung von Blüten und Samen zu Heilzwecken überliefert, ebenso wie ihr Einsatz als Aphrodisiakum, der jedoch der Wertschätzung des Granatapfels als Fruchtbarkeitssymbol weit mehr verdankt als einer nachweisbaren Wirkung. Samen und Samenschale des Granatapfels bilden heute die Grundlage bei der Herstellung von Grenadine, jenem schweren, roten Sirup, der vielen Cocktails Farbe und zusätzliches Aroma verleiht.

GEIST DES GRANATAPFELS

2 mittelgroße, reife Granatäpfel
2 EL gemahlene Mandeln
1 EL Sesamsamen
1 EL gehackte Kürbiskerne
1 EL gehackte Pinienkerne
2 EL Tsípuro (Tresterbrand)

Die Granatäpfel waschen und quer in dünne Scheiben schneiden (den Saft auffangen), um die Samenkerne besser aus ihren Kammern lösen zu können. Alle Samenkerne fein hacken und mit den gemahlenen Mandeln, den Sesamsamen, den Kürbis- und Pinienkernen vermischen. Den Tsípuro unterrühren (nach Möglichkeit ein Fabrikat ohne Anisgeschmack), um die Mischung streichfähig zu machen. Eventuell noch etwas von dem Granatapfelsaft zufügen. Man serviert diese Zubereitung, der man aphrodisische Wirkung nachsagt, als Aufstrich auf Nuss- oder Vollkorngebäck. Die Mischung sollte kühl gelagert und nicht länger als eine Woche aufbewahrt werden.

ERDBEERBAUM

In der dichten, weitläufigen Macchie, jener ein bis fünf Meter hohen Trockenstrauchformation, mit der sich die Natur im Mittelmeerraum schon vor mehr als tausend Jahren an die durch Rodung und damit verbundene Bodenerosion karg gewordenen, felsigen Böden angepasst hat, muss man schon genau hinsehen, will man den Erdbeerbaum *(Arbutus unedo)* in seiner Wildform zwischen Steineichen-, Ölbaum-, Myrten- und Cistrosenarten entdecken. Auffälliger ist er dagegen von Oktober bis März, wenn er gleichzeitig maiglöckchenähnliche Blütentrauben und runde rote Früchte trägt, die aus der Ferne wie Kirschen aussehen, von nahem betrachtet aber an Litchis erinnern. Dieses Nebeneinander von Blüten und Früchten macht die Pflanze auf tiefgründigen Böden in frostfreien Regionen zum attraktiven Ziergehölz, zumal die Früchte essbar sind. Sie wurden offenbar schon in der Jungsteinzeit gesammelt, und noch im 2. Jahrhundert n. Chr. zählt sie der in Pergamon geborene und in Rom praktizierende Arzt Galen zu sammelnswerten Nahrungsmitteln. Seine Einschätzung trifft heutzutage nicht auf ungeteilt Zustimmung, denn das cremig-weiche, samenreiche gelbe Fruchtfleisch ist zwar angenehm süß-säuerlich, darüber hinaus aber wenig aromatisch, sodass der Frischverzehr eher unbedeutend ist. Hinzu kommt, dass ein Übermaß an nicht ganz ausgereiften Früchten Rauschzustände und Übelkeit verursachen kann, ein Umstand, auf den das ›*unedo*‹ (›ich esse nur eine‹) des botanischen Namens vielleicht warnend hinweist. Während die Früchte frisch kaum haltbar und daher schlecht zu exportieren sind, lassen sie sich gut kochen oder trocknen, weshalb sie zu Marmeladen und Kompotten verarbeitet werden oder die Zutatenliste von Magenbittern bereichern.

Links: Die Früchte des Erdbeerbaums sind in ihrem Aussehen charakteristischer als im Geschmack.
Unten: Erdbeerbäume, die zu stattlichen Ausmaßen heranwachsen, sind auch beliebte Zierpflanzen in Gärten.

PERSEPHONE – GÖTTIN MIT WIDERSPRÜCHEN

Persephone, durch ihre Vermählung mit Hades Herrscherin der Unterwelt, ist als Tochter der Erd- und Getreidegöttin Demeter (und des Zeus) auch mit Aufgaben der Fruchtbarkeit betraut. Hades hatte Persephone mit Zustimmung des Zeus, aber gegen den Willen der Demeter entführt, woraufhin diese durch Hungersnöte, die sie über die Erde sandte, von Zeus die Herausgabe der Tochter erpresste. Der Göttervater musste nachgeben – sofern Persephone in der Unterwelt keine Nahrung zu sich genommen hatte. Doch sie hatte die von Hades angebotenen Granatapfelsamen gegessen und war gezwungen, ein Drittel des Jahres in der Unterwelt zu bleiben, nur die restliche Zeit konnte sie mit ihrer Mutter verbringen. Seitdem wacht Persephone über das in die Erde gesenkte Saatgut und damit über die sterbende und wieder erwachende Vegetation. Der Fruchtbarkeitssymbolik des sie bannenden Granatapfels verleiht dies den zusätzlichen Aspekt der Wiedergeburt.

SUPPENZEIT

Das Nationalgericht der Griechen, seien sie nun auf dem Festland oder auf den Inseln zu Hause, erfordert kein aufwändiges Fleisch- oder extravagantes Fischrezept, es ist eine einfache, aber nahrhafte Bohnensuppe. Dabei wird die Kunst, Schlichtheit zur Delikatesse zu veredeln, von Mutter zu Tochter weitergereicht, sodass man die Zubereitung der *fassoláda* als Prüfstein der Köchin betrachten kann.

Suppen in ihrer ganzen Vielfalt sind in Griechenland allgemein sehr beliebt, besonders natürlich im Winter, aber auch in den anderen Jahreszeiten. Manche der Rezepte sind mit bestimmten Ereignissen verbunden, wie die *majiritsa,* die klassische Ostersuppe aus Innereien vom Lamm, mit der die Fastenzeit zu Ende geht, die 40 Tage zuvor vielleicht mit der *patsás,* der Kalbsfußsuppe, begann, einer Spezialität, die das ganze Jahr über in griechischen Tavernen angeboten wird. *Kakawiá,* zu der die Küstenbewohner den fangfrischen Fisch verarbeiten, muss man unmittelbar nach der Zubereitung erleben. Dagegen sind die Aromen von Kichererbsen-, Linsen-, Hackfleischbällchen-, Hühner- und vielen anderen griechischen Suppen am zweiten oder sogar am dritten Tag meist noch intensiver und kräftiger. Hülsenfrüchte sind gerade auf den oftmals kargen griechischen Inseln häufig anzutreffen, da die besonders genügsamen Pflanzen auch unter erschwerten klimatischen Bedingungen wie heftigem Wind, felsig-trockener Erde und starker Sonneneinstrahlung gut gedeihen.

FASSOLÁDA
Bohnensuppe

500 g getrocknete weiße Bohnen
1 große Zwiebel, in Ringe geschnitten
3 Möhren, in dünne Scheiben geschnitten
2 Stangen Bleichsellerie, in dünne Scheiben geschnitten
5 Fleischtomaten, abgezogen und passiert
250 ml natives Olivenöl extra
Salz
frisch gemahlener schwarzer Pfeffer

Die Bohnen am Vorabend in reichlich Wasser einweichen.

Am Tag darauf die Bohnen gut abtropfen lassen, mit frischem Wasser aufsetzen und wiederholt aufkochen lassen. Abermals das Wasser abgießen und die Bohnen abtropfen lassen. Die Bohnen erneut mit frischem Wasser aufsetzen und gemeinsam mit den restlichen Zutaten (ihre Frische und Qualität ist von entscheidender Bedeutung) etwa 1 Stunde bei mittlerer Hitze kochen lassen. Noch heiß servieren.

Für 4–6 Personen

CHORTÓSSUPA
Gemüsesuppe

50 g Butter
1 kleine Zwiebel, fein gehackt
1 Stange Lauch, in feine Ringe geschnitten
4 Fleischtomaten, abgezogen und passiert
1 l klare Fleischbrühe
2 Möhren, fein gewürfelt
1 Sellerieknolle, fein gewürfelt
Selleriegrün, fein gehackt
1 Paprikaschote, fein gewürfelt
1 Zucchini, fein gewürfelt
2 Kartoffeln, fein gewürfelt
100 g Reis
100 g Suppennudeln
3 EL Zitronensaft
Salz
frisch gemahlener schwarzer Pfeffer

In einem Topf die Butter zerlassen und die gehackte Zwiebel mit dem Lauch darin andünsten. Die passierten Tomaten zufügen und die Fleischbrühe angießen. Das vorbereitete Gemüse mit dem Reis hineingeben und die Suppe auf schwacher Hitze köcheln, bis die Zutaten fast gar sind. Nun die Suppennudeln einrühren, die Suppe aufkochen lassen, dann die Temperatur reduzieren. Sobald die Nudeln weich sind, die Suppe vom Herd nehmen und mit Zitronensaft, Salz und Pfeffer würzen.
Gewöhnlich wird diese Suppe nicht heiß, sondern leicht abgekühlt serviert. Dazu reicht man frisch geröstetes Weißbrot mit Knoblauchbutter.

JUWARLÁKIA
Suppe mit Hackfleischbällchen

500 g Hackfleisch vom Rind
100 g Reis
1 mittelgroße Zwiebel, püriert
1 Ei
125 ml natives Olivenöl extra
Salz
frisch gemahlener schwarzer Pfeffer
1 Bund glatte Petersilie, gehackt

Für die Ei-Zitronen-Soße:
2 Eier
Saft von 2 Zitronen

Das Hackfleisch, den ungekochten Reis, die pürierte Zwiebel und das Ei in eine Schüssel geben, gut durchkneten und mit Salz und Pfeffer würzen. Aus der Masse kleine Bällchen formen (dazu die Hände mit Öl einfetten). Wasser in einem Topf zum Kochen bringen, das Olivenöl angießen und die Bällchen einzeln hineingleiten lassen. Die Suppe etwa 30 Minuten schwach kochen lassen, bis das Hackfleisch und der Reis darin gar sind. Die Ei-Zitronen-Soße nach dem Rezept auf Seite 117 vorbereiten und unter die Suppe rühren. Mit Salz und Pfeffer abschmecken, mit gehackter Petersilie bestreuen und heiß servieren. Dazu passt frisch gebackenes Weißbrot.

KREATÓSSUPA
Fleischsuppe
(Abbildung siehe unten)

100 ml natives Olivenöl extra
1 kg Rindfleisch, gewürfelt
1 große Zwiebel, in Ringe geschnitten
2–3 Stangen Bleichsellerie, in dünne Scheiben geschnitten
2 Möhren, in dünne Scheiben geschnitten
1 Bund glatte Petersilie, fein gehackt
3 Fleischtomaten, abgezogen und passiert
200 g Reis
1 Lorbeerblatt
Saft von 1 Zitrone
Salz
frisch gemahlener schwarzer Pfeffer

Das Olivenöl in einem Topf erhitzen, das Fleisch darin rundum scharf anbraten, die Zwiebelringe dazugeben und bräunen. Mit Wasser auffüllen und aufkochen lassen (den entstehenden Schaum abschöpfen). Die Temperatur reduzieren und das Fleisch etwa 1 Stunde schwach köcheln lassen. Nun die übrigen Zutaten, mit Ausnahme des Zitronensafts, zugeben und garen lassen. Zuletzt den Zitronensaft unterrühren und die fertige Suppe heiß servieren.

REWITHÓSSUPA
Kichererbsensuppe
(Abbildung siehe rechte Seite)

500 g getrocknete Kichererbsen
1 TL Natron (Natriumhydrogencarbonat)
3 große Zwiebeln
250 ml natives Olivenöl extra
Saft von 1 Zitrone
Salz
frisch gemahlener schwarzer Pfeffer

Am Vorabend die Kichererbsen in reichlich heißem Wasser einweichen. Am nächsten Tag die eingeweichten Kichererbsen abgießen, gut mit Natron vermischen, kurz einwirken lassen und gründlich ausspülen. Die Kichererbsen mit den Zwiebeln in frischem Wasser aufsetzen, aufkochen lassen und den dabei entstehenden Schaum abschöpfen. Die Temperatur reduzieren und die Suppe bei zugedecktem Topf etwa $2^1/_2$ Stunden köcheln. Bei Bedarf kochendes Wasser nachgießen. Kurz bevor die Kichererbsen weich sind, das Olivenöl angießen und die Suppe mit Salz und Pfeffer würzen. Noch einmal aufkochen und vor dem Servieren mit Zitronensaft beträufeln.

NTOMATÓSSUPA
Tomatensuppe

2 kg Fleischtomaten, abgezogen und passiert
1 l klare Fleischbrühe
200 g feine Suppennudeln
50 g Butter
1 Bund glatte Petersilie, grob gehackt
Salz
frisch gemahlener schwarzer Pfeffer

Die passierten Tomaten in einem Topf mit der Fleischbrühe verrühren, mit Salz und Pfeffer würzen, und die Suppe etwa 20 Minuten auf einkochen lassen. Die Suppennudeln hinzufügen und ein paar Minuten in der Suppe kochen, bis sie weich sind. Den Topf vom Herd nehmen und die Butter in der heißen Suppe schmelzen lassen. Die Suppe auf den Tellern anrichten, mit der gehackten Petersilie bestreuen und nach Belieben etwas schwarzen Pfeffer darüber mahlen. Noch heiß servieren. Dazu reicht man frisch gebackenes Weißbrot.

FAKÉS
Linsensuppe

400 g getrocknete braune Linsen
1 mittelgroße Zwiebel, in Ringe geschnitten
2 Knoblauchzehen, in dünne Scheiben geschnitten
5 Fleischtomaten, abgezogen und passiert
150 ml natives Olivenöl extra
1 Lorbeerblatt
Butter
Salz
frisch gemahlener schwarzer Pfeffer

Am Vorabend die Linsen in reichlich Wasser einweichen. Zur Weiterverarbeitung die abgegossenen Linsen mit den übrigen Zutaten in einen Topf geben und mit frischem Wasser auffüllen. Zum Kochen bringen, die Temperatur reduzieren, und die Suppe 30–45 Minuten köcheln lassen. Heiß servieren! Nach Belieben einen Stich Butter auf jedem Teller schmelzen lassen.
Hinweis: Aufgewärmt wird die Suppe ihre Aromen noch besser entfalten.

KREMIDÓSSUPA ME TYRÍ
Zwiebelsuppe mit Käse

200 g Butter
4 mittelgroße Zwiebeln, in Ringe geschnitten
2 EL Mehl
500 ml klare Fleischbrühe
500 ml Milch
4 Scheiben Weißbrot
125 g kefalotiri, grob gerieben

In einem Topf die Hälfte der Butter zerlassen und die Zwiebeln darin glasig dünsten. Unter ständigem Rühren das Mehl hinzugeben. Die Mehlschwitze goldbraun rösten, mit der Fleischbrühe ablöschen und mit Salz und Pfeffer würzen. Auf mittlerer Hitze etwa 5 Minuten köcheln lassen. 500 ml Wasser erhitzen. Die Milch in einem Topf kurz aufkochen lassen. Wasser und Milch zusammengießen und in die Suppe rühren. Auf mittlerer Hitze weitere 10 Minuten köcheln lassen. In der Zwischenzeit die Weißbrotscheiben in Würfel schneiden und in der restlichen Butter rösten. Zum Servieren die heiße Suppe in Teller füllen, die gerösteten Brotwürfel darauf verteilen und mit dem geriebenen Käse bestreuen.
Variante: Die Brotscheiben im Ganzen rösten, mit dem Käse bestreut auf die Suppenteller legen und die heiße Suppe darübergießen.

DODEKANES-FISCH

Es versteht sich von selbst, dass auf den griechischen Inseln Fisch traditionell zu den Grundnahrungsmitteln zählt. Je karger die Vegetation und demzufolge schwieriger die Nutztierhaltung, desto wertvoller waren die Früchte des Meeres als Fleischersatz. Der Dodekanes macht da keine Ausnahme, auch wenn die Hauptinseln Rhodos und Kos noch zu den fruchtbaren Eilanden zählen. Grundsätzlich unterscheidet sich die Zubereitung von Fisch hier kaum von Rezepten auf anderen Inseln, bedarf es doch nur weniger Handgriffe, um fangfrische Meeresfrüchte optimal zur Geltung zu bringen. Wie offenbar schon vor 3000 Jahren wird Fisch und Sepia gegrillt, gebacken, gern auch in einer leichten Soße serviert. Allein die mit der Zeit zugereisten Zutaten wie Tomaten, Spinat, Kartoffeln oder Reis setzten ›moderne‹ Akzente – wovon die Köche der Inseltavernen speziell auf Rhodos und Kos bis heute geschmackvoll zu profitieren wissen. Dabei wird die Gastronomie in den Touristenzentren vom jährlichen Besucherstrom zugleich beflügelt und behindert, ist der Fischbestand der Ägäis doch nicht zuletzt durch die steigende Nachfrage gefährdet.

Supiés me piláfi –
Sepia mit Reis

Galéos tiganitós me skordaliá –
Glatthai mit Knoblauch-Kartoffel-Püree

SUPIÉS ME PILÁFI
Sepia mit Reis

1 kg Sepia, küchenfertig (die Tintenblase beiseite legen)
250 ml natives Olivenöl extra
2 große Zwiebeln, fein gehackt
5 Fleischtomaten, abgezogen und passiert
350 g Reis
Salz
frisch gemahlener schwarzer Pfeffer

Die Tintenblase in eine Schüssel mit etwas Wasser geben (Achtung: die Tinte muss innerhalb von 24 Stunden verarbeitet werden). Die Fangarme in Stücke, den Rumpf in Ringe schneiden.
In einem Topf das Olivenöl erhitzen, die Zwiebeln darin andünsten und die Sepia-Stücke kurz anbraten. Die passierten Tomaten hinzufügen und mit Salz und Pfeffer würzen. Mit Wasser bedeckt etwa 1 Stunde schwach köcheln lassen. Tinte und kochendes Wasser zugießen, den Reis unterrühren und auf schwacher Hitze weiterkochen, bis er weich ist und den größten Teil der Flüssigkeit aufgenommen hat. Noch heiß servieren!

GALÉOS TIGANITÓS ME SKORDALIÁ
Glatthai mit Knoblauch-Kartoffel-Püree

4 große gekochte Kartoffeln
6 Knoblauchzehen
250 ml natives Olivenöl extra
Saft von 2 Zitronen
4 Glatthai-Steaks, je 250 g
Mehl
Olivenöl zum Braten
Salz
frisch gemahlener schwarzer Pfeffer

Die abgekühlten Kartoffeln pürieren. Die Knoblauchzehen zerdrücken und zusammen mit dem Olivenöl und dem Saft einer Zitrone unter das Püree rühren. Mit Salz und Pfeffer würzen und gegebenenfalls mit etwas Wasser verdünnen, um die Konsistenz cremiger zu gestalten. Kalt stellen.
Die Glatthai-Steaks mit dem Saft einer Zitrone beträufeln und in Mehl wenden. Olivenöl in einer Pfanne erhitzen, die Steaks hineingeben und von beiden Seiten goldbraun braten. Zusammen mit dem Knoblauch-Kartoffel-Püree anrichten.
Hinweis: Das Püree kann auch frisch zubereitet und noch warm serviert werden.

SUPIÉS ME SPANÁKI
Sepia mit Spinat

1 kg Sepia, küchenfertig
250 ml natives Olivenöl extra
1 große Zwiebel, in Ringe geschnitten
1 Knoblauchzehe, fein gehackt
3–4 Tomaten, abgezogen, entkernt und fein gewürfelt
1 kg Spinat
1 Bund glatte Petersilie, fein gehackt
Salz
frisch gemahlener schwarzer Pfeffer

Die Fangarme des Sepia in Stücke, den Rumpf in Ringe schneiden. Das Olivenöl in einem Topf erhitzen, Zwiebeln mit Knoblauch darin andünsten und die Sepia-Stücke darin anbraten. Die Tomatenwürfel unterrühren und mit Salz und Pfeffer würzen. Mit Wasser bedeckt $1^1/_2$ Stunden schwach köcheln lassen.
Den Spinat waschen, blanchieren und fein hacken. Wenn die Sepia-Stücke weich sind, den Spinat unterrühren und nach Belieben gehackte Petersilie hinzugeben. Kurz aufkochen lassen und noch heiß servieren! Dazu passt am besten frisch gebackenes Weißbrot.

Supiés me spanáki – Sepia mit Spinat

GYROS UND DÖNER

Es ist sicher nicht der schlechteste Weg, wenn die Völkerverständigung durch die Küche kommt und auf den Tellern Grenzen zu verwischen beginnen. In der griechischen und der türkischen Küche gibt es eine ganze Reihe solcher kulinarischen Schnittmengen, deren Vorhandensein mit der jahrhundertelangen Oberhoheit der Osmanen hinreichend erklärt sein sollte. Wer wen warum ausgerechnet in dieser oder jener Hinsicht beeinflusste, bleibt dabei offen. Wenn man gerade mit Freunden in einer Taverne am Dorfplatz von Platáni im Osten der Dodekanes-Insel Kos auf seine Portion Döner wartet, dann werden solche Fragen unbedeutend. Dabei sind sie durchaus naheliegend, immerhin lebt in dem kleinen Dorf Platáni die zweitgrößte türkischstämmige muslimische Gemeinde Griechenlands einträchtig neben orthodoxen Christen – und die Gastronomie, die fest in moslemischer Hand liegt, präsentiert sich zuweilen angenehm vertraut. Denn ob sich Gyros oder Döner am Spieß dreht, entscheidet hauptsächlich das Fleisch. Während sich die Bedeutung beider Wörter als ›etwas, dass sich im Kreis dreht‹ einhellig auf einen Aspekt der Zubereitung konzentriert, bestimmt die Religion über die Hauptzutat: Wo die orthodoxen Christen guten Gewissens Schweinefleisch bevorzugen, befolgen die Einwohner muslimischen Glaubens Allahs Verbot und wählen stattdessen Lamm- oder Hammelfleisch. Ist den Glaubensvorschriften erst einmal Genüge getan, ruhen Gyros- und Dönerfleisch in eigentlich derselben Marinade, die ihren scharf-würzigen Charakter einer Mischung aus Salz, Paprika, Oregano und gemahlenem Kreuzkümmel in Olivenöl verdankt und noch mit Chilipulver, Pfeffer, Rosmarin, Thymian und Zwiebeln angereichert werden kann.

Wollte man den eingangs aufgeworfenen Fragen nun doch nachgehen, käme man womöglich zu dem Schluss, dass für am Spieß gegrilltes Fleisch keine Küche die andere beeinflussen musste, ist diese Gemeinsamkeit doch vermutlich so alt wie die Nutzung des Feuers selbst. Fleisch zu grillen ist eine standortungebundene Zubereitungsart, die keine dichten, hitzebeständigen Gefäße erfordert und daher von Jägern und Kriegern in Situationen angewandt wurde, wo es jeden unnötigen Aufwand zu vermeiden galt. Wen wundert es da, wenn Ethnologen schieres gegrilltes oder gebratenes Fleisch als Männernahrung schlechthin ausmachen, ob in Griechenland oder anderswo. Wenn nun heute Gyros und Döner ebenso unbestreitbar wie ungerechtfertigt in Westeuropa als Inbegriff griechischen bzw. türkischen Essens gelten, ist es zweifellos verlockend, als Ursache dafür gewissermaßen den Reiseproviant der ersten Gastarbeiter verantwortlich zu machen.

Oben: Griechen und Türken verbindet die Wertschätzung des gemeinsamen Essens mit Freunden.

Rechts: Am richtigen Dreh liegt es nicht – ob Gyros oder Döner entscheidet in erster Linie das Fleisch.

Die Ausgewogenheit der Gewürze, hier Oregano, Salz, Kreuzkümmel und Paprika, ist wichtiger als Vielfalt.

Mageres, zum Kurzbraten geeignetes Fleisch wird gleichmäßig in zentimeterdicke Scheiben geschnitten.

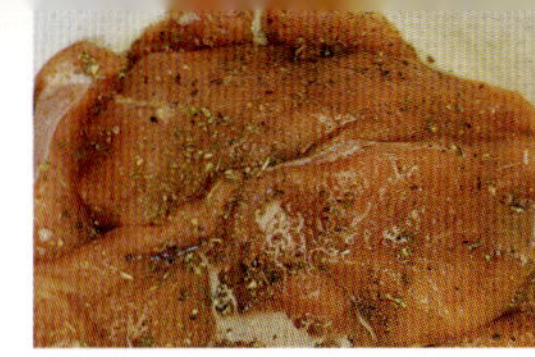

Bis zu 24 Stunden verbleibt das Fleisch in einer Marinade aus den Gewürzen und Olivenöl.

Das Garen über Holzkohle verleiht ein Aroma, das Hitze aus der Steckdose nicht aufbringen kann.

Noch heiß wird das Fleisch in Streifen geschnitten, und auch vom Rost ist das Resultat überzeugend.

Ideale Begleiter sind noch warmes sesambestreutes Fladenbrot und frisch-aromatisches *tzatzíki*.

TAS KEBAB
Schmortopf

1 kg Lamm- oder Kalbfleisch
125 g Butter
500 g Zwiebeln, in Ringe geschnitten
125 ml trockener Weißwein
5 Fleischtomaten, abgezogen und entkernt
1 Bund glatte Petersilie, fein gehackt
Salz
frisch gemahlener schwarzer Pfeffer

Das Fleisch in größere Würfel schneiden, in einer Pfanne portionsweise anbraten und beiseite stellen. Im gleichen Fett die Zwiebelringe goldbraun rösten und mit Weißwein ablöschen. Den Inhalt der Pfanne mit den Fleischwürfeln in einen Topf füllen. Die Tomaten grob hacken, zum Fleisch geben und alles zusammen aufkochen. Mit Salz und Pfeffer würzen, Petersilie zugeben und auf schwacher Hitze 30–60 Minuten köcheln lassen (je nach verwendetem Fleisch). Bei Bedarf Wasser angießen, sodass eine sämige Soße entsteht. *Tas kebab* passt zu Bratkartoffeln, zu Kartoffelpüree oder zu Reis.

Vieles vom Kapernstrauch ist in der Küche zu verwenden: Außer den als Kapern bekannten Knospen (rechts oben) werden noch die gurkenähnlichen Früchte (rechts unten) sowie in einigen Regionen auch die festen, fleischigen Blätter (links oben) eingelegt. Getrocknete Knospen (links unten) sind milder im Geschmack.

Für eine besondere Inselspezialität werden nur die zarten Spitzen der bis zu vier Meter langen, rutenähnlichen Zweige des Kapernstrauches gekappt.

Schon beim Pflücken hat man nach Möglichkeit die kurzen Dornen entfernt. Die so vorbehandelten Stängel werden einige Zeit heiß gewässert, dann sorgfältig ausgespült und anschließend gut abgetropft.

Zum Trocknen und Welken werden die Zweigspitzen mit Salz in der Sonne ausgebreitet. Während pflanzeneigene Enzyme das charakteristische Senföl freisetzen, entzieht das Salz zusätzlich Feuchtigkeit.

Zur Konservierung füllt man die Kapernzweige in ein Glasgefäß und gießt mit Weinessig auf. So zubereitet, sind sie eine würzige Salatzutat oder eine interessante Vorspeise.

KAPERN

Sie sind weiß, zart und recken eine Fülle langer, schlanker purpurner Staubfäden anmutig der Sonne entgegen, wenn auch nur einen Tag lang. Doch zur Entfaltung dieser filigranen Blüten darf es gar nicht kommen, will man in den Genuss einer Würzzutat gelangen, deren eigenwilligen Geschmack man vielleicht schon unzählige Male in Salaten oder Fischgerichten auf der Zunge hatte: Kapern sind die eingelegten Blütenknospen des genügsamen Kapernstrauches *(Capparis spinosa),* der in warmen, felsigen Küstenregionen rund ums Mittelmeer noch wild wächst. In Kultur wird er knapp einen Meter hoch und erbringt fast ein halbes Jahrhundert lang einen jährlichen Ertrag von bis zu drei Kilogramm Kapern pro Pflanze. Die Ernte erfolgt noch immer von Hand und ist entsprechend mühsam, zumal die kleinsten Knospen als die hochwertigsten gelten. Nach dem Pflücken lässt man die Knospen über Nacht welken, bevor man sie zur Konservierung trocken in Salz oder gesalzen in Essig, seltener in Öl einlegt. Erst diese kurze Zeit des Welkens macht die Blütenknospe zum Gewürz, denn ein in der Pflanze enthaltenes Enzym setzt das für den Geschmack entscheidende Senföl frei.

Kapern sind in Griechenland seltener in der Küche zu finden als in anderen Mittelmeerländern. Wo sie sich etablieren konnten, wie auf Rhodos, ist ihre Wertschätzung eine Hinterlassenschaft der Venezianer. Dabei hat man sich hier nicht auf die Kospen oder die kleinen, gurkenähnlichen Früchte, die man an einigen Pflanzen ausreifen lässt, spezialisiert, sondern auf den zarten oberen Teil der langen Zweige. Gut gewässert und gespült büßen sie einen Teil ihrer Bitterstoffe ein, bevor sie gesalzen und in Essig eingelegt werden. Sie dienen als geschmackvolle Salatzutat oder werden als Vorspeise gereicht.

Wer im Mai oder Juni auf Kos oder Rhodos unterwegs ist, dem werden vielleicht zwischen Steinen am Wegrand zierliche weiß-rosa Blüten an dornigen Zweigen eines fast kriechenden Strauches mit rundlichen hellen Blättern auffallen – sie sind der Essiglake entkommen.

GAWROKEFTÉDES

Gebratene Sardellenbällchen

1 kg Sardellen, küchenfertig
1 EL fein gehackte Kapern
1 Zwiebel, fein gehackt
5 Knoblauchzehen, zerdrückt
2 Eier
5 Scheiben altbackenes Weißbrot, eingeweicht
$^1/_2$ TL Oregano
2–3 Zweige glatte Petersilie, fein gehackt
Mehl
Olivenöl zum Braten
Salz
frisch gemahlener schwarzer Pfeffer

Sardellen hacken, mit Kapern, Zwiebel, Knoblauch, Eiern und Brot gut vermischen und mit Salz, Pfeffer und Oregano würzen. Die Masse pürieren und 2 Stunden im Kühlschrank ruhen lassen. Anschließend golfballgroße Klopse formen, in Mehl wälzen, leicht flach drücken und in heißem Olivenöl braten oder fritieren. Noch warm servieren. Sardellenbällchen sind oft Bestandteil einer Vorspeisenplatte.

PATATOSSALÁTA

Kartoffelsalat

1 kg Kartoffeln, gekocht und geschält
1 EL fein gehackte Kapern
1 Bund glatte Petersilie, fein gehackt
1 große Zwiebel, fein gehackt
Saft von 1 Zitrone
200 ml natives Olivenöl extra
1 hartgekochtes Ei, in Scheiben geschnitten
1 Tomate, in Scheiben geschnitten
Kapernfrüchte
Salz
frisch gemahlener schwarzer Pfeffer

Die noch warmen Kartoffeln in Scheiben schneiden, mit gehackten Kapern, Petersilie und Zwiebel vorsichtig vermischen und mit Salz, Pfeffer und Zitronensaft würzen. Mit Olivenöl übergießen, mit Ei- und Tomatenscheiben sowie mit Kapernfrüchten garnieren und warm servieren.

Für 4–6 Personen

RÄTSEL UM HIPPOKRATES

Als historische Person ist der griechische Arzt kaum greifbar. Er wurde 460 v. Chr. auf Kos als Sohn eines Arztes geboren und starb um 375 v. Chr. in Lárissa (Thessalien). Sein Ruhm bereits zu Lebzeiten ist mit verantwortlich für die Schattenhaftigkeit der Person, hat er doch nicht nur die Legendenbildung gefördert, sondern auch dazu geführt, dass medizinische Erfolge gern mit dem Namen des großen Mannes verbunden wurden. Letzteres umso leichter, da die Nachwelt wusste, Hippokrates war viel gereist und hatte zudem unterrichtet. Und da auch die große Anzahl von medizinischen Schriften, die als ›hippokratisch‹ im 4. Jahrhundert v. Chr. zusammengefasst worden sein soll (und erst in einer Abschrift aus dem 10. Jahrhundert erhalten ist), mehrere Urheber hat, steht der Name heute weniger für die reale Person als für eine medizinische Grundhaltung. Deren entscheidendes Merkmal ist der erkennbare Versuch, sich bei der Diagnose auf die genaue Beobachtung der Symptome sowie des Patienten in seiner Umgebung zu konzentrieren und religiöse oder übernatürliche Erklärungen als Krankheitsursachen zu ignorieren. Die therapeutischen Methoden waren darauf ausgerichtet, die optimalen Bedingungen zu schaffen, um die Natur sich selbst helfen zu lassen. Dazu dienten hygienische, diätetische und chirurgische Maßnahmen, aber sofern es hilfreich schien, schloss dies auch nicht aus, den Patienten an größere Heilungschancen aufgrund göttlicher Gnade glauben zu lassen.

Hinsichtlich der chirurgischen Eingriffe ist es ein interessanter Aspekt im Rahmen des Phänomens Hippokrates, dass gerade die am stärksten mit dem Namen des berühmten Arztes verbundene Schrift, der ›Eid des Hippokrates‹, auch eine der umstrittensten ist. Zu den Dingen, die der Eid in seiner ursprünglichen Form dem Arzt verbot, zählte auch der Einsatz des Messers, die Verabreichung von Empfängnis verhütenden Mitteln und die Einleitung von Abtreibungen. Damit steht der Wortlaut des Eides inhaltlich in krassem Widerspruch zu Schriften im *Corpus Hippocraticum,* die sich kenntnisreich gerade mit diesen Themen befassen. Man hat daher vermutet, dass die Ärzte auf Kos aus der Umgebung des Hippokrates einen derartigen Eid niemals abgelegt haben. Der Text, der in diesen Punkten sehr viel älteres Gedankengut spiegelt, sei erst nachträglich in den *Corpus* aufgenommen und seitdem damit tradiert worden.

Das berühmte Asklepieion auf Kos, das gern als Wirkungsstätte des Hippokrates betrachtet wird, hat der Arzt nie betreten – es existierte zu seiner Zeit noch nicht, denn die Anfänge des Asklepios-Heiligtums datieren um 320 v. Chr. Im Laufe der Jahrhunderte wurde die Anlage schrittweise erweitert, bis sie in römischer Zeit einem geschäftigen Kurortbetrieb mit Thermalbad nicht unähnlich war.

In die Bucht von Kálimnos kehren die Schwammtaucher im Herbst zurück. Die kleine Hafenstadt zehrt noch heute von ihrem einstigen Ruhm als Zentrum der griechischen Schwammfischerei, obwohl die Erträge rückläufig sind.

Schwämme können nur dann gewinnbringend verkauft werden, wenn sie ›ordentlich‹ aussehen. Aus diesem Grund werden die meisten nach dem Waschen gebleicht, und alle erhalten einen sauberen Formschnitt.

GOLD DER ÄGÄIS

Wenn die Boote nach monatelanger Abwesenheit im Herbst nach Kálimnos zurückkehren und im Hafen von Póthia ihre graubraune Ladung löschen, meint man etwas wie die biblische Brotvermehrung zu erleben. Doch was dann an der Uferpromenade zum Trocknen ausliegt, ist schlicht ungenießbar, obwohl es sich in fast jeder Küche findet – wenn auch vermutlich nur als synthetische Kopie des natürlichen Originals. Kaum jemand wird beim Gebrauch an homerische Epen denken, aber tatsächlich war es der große Dichter, der im ersten Gesang seiner ›Odyssee‹ den sterblichen Überresten des einfachen Meeresbewohners ein literarisches Denkmal setzte: »... Diese säuberten wieder mit lockern Schwämmen die Tische, ...« (Od. 1,111) Doch das saugfähige Hornfasergerüst, das am Meeresboden großen Ansammlungen einzelner Geißelzellen Halt verleiht, diente nicht nur zum Putzen. Die griechischen Helden der Antike polsterten ihre Helme und Beinschienen damit aus, um Schürfwunden vorzubeugen, und falls sie dennoch welche davontrugen, half der hohe Jodgehalt der Fasern, Infektionen zu vermeiden. Das Jod und die Saugfähigkeit machten Schwämme in der Medizin noch bis ins 16. Jahrhundert unentbehrlich: als Asche zur inneren und mit Opium-, Schierling- oder Mandragorasaft getränkt zur äußeren Anwendung unter der Nase, wobei diese Form der Anästhesie nicht selten zu schweren Vergiftungen führte. Seine erfolgreichste Karriere startete *Spongia officinalis* schließlich im 19. Jahrhundert als Badeschwamm, sodass die Schwammfischerei mit Zentrum auf Kálimnos zum einträglichsten Gewerbe der griechischen Inseln aufstieg. Póthia zeugt noch heute von diesem Reichtum. Doch die Glanzzeiten sind vorüber. Dafür gibt es mehrere Ursachen. Überfischung, zunehmende Belastung des Mittelmeers und eine Pilzinfektion haben die Bestände so stark dezimiert, dass die Boote von Jahr zu Jahr weitere Strecken zurücklegen müssen, bis die Laderäume gefüllt sind. Es ist einfacher und auch sicherer, in den Läden preiswerte Importware anzubieten, schließlich ist die Arbeit des Schwammfischers bis heute nicht ungefährlich. 60 bis 80 Meter tief muss er schon hinunter, um diesen Meeresschatz zu heben. Ein durchtrainierter Taucher hält sich bis zu einer Stunde und länger am Meeresboden auf, und wenn seine Ausrüstung nicht professionell genug ist und er zu rasch an die Wasseroberfläche kommen muss, droht ihm die gefürchtete Taucherkrankheit, die zu hohe Stickstoffanreicherung des Blutes. Dekompressionskammern auf den Inseln und Hubschrauber zum schnellen Transport der Taucher haben die Heilungschancen zwar erhöht, aber seit man ebenso gute und bessere Einnahmen im Gastgewerbe erzielen kann, geben mehr und mehr Schwammfischer ihren alten Traditionsberuf auf.

Noch vor hundert Jahren waren sie Helden, wenn sie gesund und erfolgreich zurückkehrten. Unter welchen Bedingungen ein Schwammfischer damals seinen riskanten Beruf ausübte, erfährt man höchst anschaulich im Nautischen Museum von Póthia. In dem gummierten Drillichanzug war er unbeweglich, der schwere Helm beeinträchtigte seine Sicht, und der endlos lange Schlauch, der ihn über eine Pumpe mit stickiger Atemluft versorgte, drohte sich bei jeder falschen Bewegung zu verwickeln, was die Luftzufuhr unterbrach. Wofür er all diese Strapazen auf sich nahm, sah wenig lohnend aus, wenn er es schließlich an die Oberfläche brachte. Es erfordert viele weitere Arbeitsschritte, bis sich die schwarzgrünliche, schlammig-formlose Masse in jenen sauberen, weichen sonnengelben Luxusartikel verwandelt, der ein Schaumbad erst zum Erlebnis macht. Auch darüber informiert das Museum. An Bord der Schiffe lässt man den Fang zunächst einen Tag lang faulen, bevor man den unerwünschten Weichkörper aus dem Hornfasergerüst herauswalkt und -spült. An Land schließen sich weitere Reinigungs- und Spülgänge mit verschiedenen Säure- und Tensidzusätzen an. Die krönende Bleiche mit Chlor dient lediglich der Optik, gebrauchsfähig (und haltbarer) ist der Schwamm bereits in seinem natürlichen Gelbgrau. Die besten Badeschwämme ergibt eine Spongien-Art von kugelig-rundem, leicht fransigem Wuchs, weshalb die einzelnen Stücke vor dem Verkauf ›beigeschnitten‹ werden. Andere Arten sind breitflächiger oder großporiger, weniger weich und weniger wertvoll, sodass sie eher zum Putzen taugen. Allen Widrigkeiten zum Trotz hat die Schwammfischerei auf Kálimnos bislang überlebt. Und auch im nächsten Frühjahr wird eine kleine Fangflotte auslaufen, werden die Schwammfischer ihre Familien verlassen, um im Herbst zurückzukehren und den Hafen von Póthia mit ihren Schwämmen in eine Mondlandschaft zu verwandeln.

Historischer Taucheranzug im Nautischen Museum von Póthia

ΚΡΗΤΗ

Oben: In den engen Altstadtgassen der Hafenstadt Chania im Nordwesten Kretas bleibt in gemütlicher Umgebung kaum ein kulinarischer Wunsch unerfüllt.
Hintergrund: Der Palmenstrand von Vaï an der Ostspitze Kretas zieht Badegäste an.

KRETA

Frühstück für Minos

Der Ölbaum

Kaltgepresst

Olivenölreich

Nicht allein Olivenöl

Kretischer Bergtee

›Schmuck der Berge‹

Zahm und wild

Kochen auf Kretisch

Zitrusduft

Wein

Die kretische Landschaft gleiche guter Prosa, sie sei frei von Überladenheit, kraftvoll, verhalten und drücke das Wesentliche aus mit einfachen Mitteln. Nikos Kazantzakis, Kreter und Literat, bringt es damit auf den Punkt. Hohe Gebirgszüge, geschützte Täler, weite Hochebenen sorgen für klares, sauberes Wasser, garantieren den Fortbestand vieler wertvoller Pflanzen (darunter 140 nur hier heimische Arten) und helfen eine natürliche Tierhaltung zu bewahren. Bodenverhältnisse und Klima schaffen gute Bedingungen für Zitrusbäume, Rebstöcke und geschätzte 30 Millionen Olivenbäume. Die Menschen auf Kreta scheinen naturverbunden, gesund und in Frieden zu leben – und alljährlich versuchen bis zu zwei Millionen Urlauber der Idylle teilhaftig zu werden. Wie lange Kreta im Ruf der Besonderheit steht, spiegeln die griechischen Mythen, wenn sie den Knaben Zeus im Schutz der kretischen Berge aufwachsen und den Herrscher des Olymp später die schöne phönizische Königstochter Europa hierher ent- und hier verführen lassen. Dabei war die wahre Bedeutung Kretas für die abendländische Kultur zum Zeitpunkt schriftlicher Mythenfixierung gar nicht überschaubar, denn die greifbare Hinterlassenschaft minoischer Besiedlung, der ersten Hochkultur des Abendlands, bestand bestenfalls aus Ruinen.

Dass man nicht ungestraft ein sagenumwobenes Eiland an einem strategisch wichtigen Knotenpunkt der Seehandelsrouten seine Heimat nennt, haben dessen Bewohner immer wieder erfahren. Nach dem Untergang der Minoer zur mykenischen Provinz degradiert, dauerte es bis ins 8. Jahrhundert v. Chr., ehe sich Kreta wieder als eigenständige Polis behaupten konnte, doch auch anschließend blieb es jahrhundertelang eher still um die Insel. Als römische Provinz bildete Kreta mit dem Gebiet des heutigen Libyen eine Verwaltungseinheit, und als Teil des Byzantinischen Reiches war es vor einem 150 Jahre währenden arabisch-islamischen ›Sarazenen‹-Intermezzo nicht sicher. Mit dem Untergang Konstantinopels 1204 fällt Kreta an die Venezianer, deren Herrschaft bis 1645 die Insel als Candia übersteht. Die folgenden 250 Jahre erleben die Kreter als dem Osmanischen Reich zugehörig. Erst 1913 erfolgt die Anbindung an Griechenland. Bei aller Vielfalt der kulturellen Einflüsse ist es den Kretern dennoch gelungen, auch gegenüber dem restlichen Griechenland ihre Eigenständigkeit zu bewahren. Selbst wenn sie noch so überzeugte Griechen sind – Kreter waren und bleiben sie.

Das filigran gehäkelte Dreiecktuch mit den kleinen Bommeln an den Kanten ist mehr als nur die Kopfbedeckung, die zur kretischen Tracht gehört. Die alten Männer auf dem Land tragen sie auch als Zeichen eines gewissen Widerstands gegen die Moderne.

Oben: Rekonstruktionen wie diese sind unter Archäologen heute umstritten, doch es lässt sich damit in den Ruinen von Knossos eine Art minoisches Raumgefühl vermitteln, wenn auch unter Vorbehalt. Hintergrund: Blick auf die Nordmagazine und eines der Kultbassins im Palast von Knossos.

Reich verzierte Keramik wie dieses Ausgussgefäß (um 1800/1700 v. Chr.) aus dem Alten Palast von Knossos hatten wohl nur Angehörige der Oberschicht in Gebrauch.

Tassen und Ausgussgefäß gehören dem mittelminoischen Kamares-Stil an, der sich mit ausgeprägter Mehrfarbigkeit gut von der Keramik der Vorpalastzeit unterscheidet. Vielfach wirkt das Dekor ideal auf die Gefäßform abgestimmt. Die größere bauchige Tasse stammt aus Knossos, die kleine Bechertasse aus dem Palast von Phaistos. Die Herstellung so dünnwandiger Gefäße erfordert fortgeschrittene Fertigkeiten im Umgang mit dem Werkstoff Ton.

FRÜHSTÜCK FÜR MINOS

Man weiß wenig über den Alltag der Minoer. Trotz der Vielzahl archäologischer Funde will es nur schlecht gelingen, sich ein zuverlässiges Bild vom Leben der Menschen auf Kreta vor 4000 Jahren zu machen. Man wandelt fasziniert auf den Spuren der ersten Hochkultur Europas, bewundert Bauwerke oder Kunstgegenstände und glaubt auf Freskenfragmenten und Siegeldarstellungen Augenblicke kultischer Bedeutung festgehalten, weil die eigene Erwartungshaltung die Interpretation beflügelt. Doch womit beschäftigten sich die Minoer, wenn sie nicht ihren Göttern huldigten, ihre Toten bestatteten, Tänzerinnen zusahen oder sonstige Feste feierten? Aus welchen Materialien fertigten sie die aufwändige Garderobe, die man auf Wandgemälden und an Statuetten erkennt? Die Damen auf den Fresken wirken geschminkt: Wie war ihre Schönheits- und Körperpflege beschaffen? Was speisten die Angehörigen der feudalen Oberschicht, und wovon ernährten sich Bauern, Bedienstete, Verwaltungsbeamte oder Kunsthandwerker? Vielfach bleibt man auf Vermutungen und Rückschlüsse angewiesen, denn schriftliche Quellen, die vielleicht weiterhelfen könnten, sind nicht zugänglich. So ließe sich zwar eine erstaunlich umfangreiche Liste von Nahrungsmitteln zusammenstellen, die seit 2000 v. Chr. nachweislich verfügbar waren (viele davon waren sogar schon 4000 Jahre früher mit Siedlern aus dem Nahen Osten in den Ägäisraum gelangt). Sie würde neben Schafen, Ziegen, Schweinen und Kühen Hasen und Wildschweine, Meeresfrüchte und diverse Geflügel aufzählen,

In Gestalt eines weißen Stiers entführt Zeus die Blumen pflückende Europa übers Meer nach Kreta – und damit spiegelt sich im griechischen Mythos längst vergangene Realität: die Bedeutung des Stiers in offenbar kultischen Handlungen der Minoer.

dazu Gerste und Weizen, Linsen, Kichererbsen und Dicke Bohnen; an Obst Birnen, Äpfel, Feigen, Weintrauben und Granatäpfel nennen; dann eine Anzahl Gewürz- und Kräuterpflanzen anführen; außerdem Oliven, Honig, Milch, Milchprodukte und Eier beinhalten. Doch damit wüsste man immer noch nicht zweifelsfrei, was den Minoern als Delikatesse oder als Arme-Leute-Küche galt. Man erführe nichts über Tischsitten und zu wenig über Zubereitungsarten – was angesichts der hoch entwickelten Schneider-, Töpfer- oder Goldschmiedekunst nur bedauert werden kann. Solange das ›Kochbuch‹ fehlt, bliebe eine solche Liste gewissermaßen ohne Geschmack.

DER FADEN DER ARIADNE

Europa gebar dem Zeus auf Kreta drei Söhne. Als es darum ging, welcher von ihnen über die Insel herrschen sollte, konnte Minos nicht nur seine Brüder, sondern auch alle anderen Rivalen ausstechen, indem er sich auf gute Beziehungen zu Poseidon berief. Er erbat von dem Gott einen Stier, den er ihm zu opfern versprach. Als er sein Versprechen brach, bestrafte ihn Poseidon, indem er Minos' Gattin Pasiphaë, die Mutter seiner acht Kinder, in Liebe zu diesem Stier entbrennen ließ. Mit Unterstützung des findigen Atheners Daidalos blieb die Leidenschaft nicht unerfüllt, und Pasiphaë gebar den stierköpfigen Minotauros. Im Auftrag des zur Strafe betrogenen Minos errichtete Daidalos ein Labyrinth, in dem Minotauros fortan hauste. König Minos weitete unterdessen seine Seeherrschaft aus (offenbar waren die Unstimmigkeiten mit Poseidon bereinigt) und startete zum Rachefeldzug gegen Athen, wo einer seiner Söhne ermordet worden war. Athen unterlag und war Minos fortan tributpflichtig: Alle neun Jahre musste es sieben junge Männer und Mädchen nach Kreta schicken, die im Labyrinth dem Minotauros ausgeliefert wurden. Mit der dritten Opfergruppe kam Theseus, Sohn des Königs von Athen, nach Kreta, und Ariadne, Tochter des Minos, verliebte sich Hals über Kopf in ihn. Zu seiner Rettung überließ sie ihm ein Wollknäuel (schließlich waren die Minoer auch für ihre Wollverarbeitung berühmt), und Theseus konnte nicht nur das Ungeheuer überwinden, sondern auch das Labyrinth unbeschadet verlassen. Gemeinsam mit Ariadne brach er Richtung Heimat auf, doch unterwegs setzte er sie, wohl auf Betreiben Athenas, schlafend auf Naxos aus. Ariadne konnte nun vor Kummer Selbstmord begehen oder (nach anderen Quellen) Dionysos heiraten.

DER ÖLBAUM

Der immergrüne Baum *(Olea europaea)* mit seinen lanzettlich graugrünen Blättern, die unterseits silbrig weiß schimmern, gehört zu den viel beschriebenen Wahrzeichen Griechenlands. Das Laub erneuert sich im Zwei-Jahres-Rhythmus. Im Juni entfalten sich an seinen Zweigen kleine cremeweiße Blüten, die nach erfolgter Windbestäubung im letzten Quartal, je nach Sorte auch erst in Januar, zu blauschwarzen Früchten herangereift sind. Der genügsame Baum gedeiht auf mageren, kalkhaltigen Böden, kann mit 200 Millimetern Niederschlagsmenge im Jahr auskommen und verkraftet während der Blüte 12 °C ebenso unbeschadet wie Temperaturen von bis zu 40 °C in der Fruchtentwicklung. Erste Erträge liefert er im Alter von etwa acht Jahren, seine höchsten vom sechzigsten bis hundertsten Jahr. Man rechnet während dieser Zeit mit durchschnittlich 60 Kilogramm Oliven pro Baum und Jahr, wobei sich allerdings Jahre mit reichem und schwachem Fruchtansatz abwechseln. Diesen natürlichen Rhythmus steuert man heute durch das gezielte Beschneiden der Triebe dahingehend, dass die Erträge nivelliert werden.

Zu den besten und auf Kreta kultivierten Sorten zählen *Koronéiki (Olea europaea* var. *Mastoides), Thrumboliá (Olea europaea* var. *Media oblonga)* und *Tsunáti (Olea europaea* var. *Mamilaris). Koronéiki* ist noch widerstandsfähiger als der Ölbaum schlechthin und gedeiht bis in 500 Meter Höhe. Ihre Früchte sind eher klein, dafür aber umso aromatischer. *Thrumboliá* wird länger als *Koronéiki* auf Kreta kultiviert, ist aber in weiten Regionen schon durch letztere ersetzt worden. Sie kommt bis in 700 Meter Höhe vor, und ihre Oliven ergeben ein mildes, geschmacklich ausgewogenes Öl. *Tsunáti* hält stärkeren Temperaturschwankungen stand, und auch ihre Früchte bürgen für qualitativ hochwertiges Öl. Die Lebenserwartung eines Ölbaums kann mehrere hundert Jahre betragen. Dabei kommt es im Innern des Stammes zum Absterben von Holz, bis schließlich der Stamm hohl ist und seltsam bizarr durchbrochen wirkt.

Offensichtlich hatte man den Wert des Ölbaums schon sehr früh erkannt, denn nach der mythologischen Überlieferung entschieden die olympischen Götter zugunsten Athenas, als sie sich zusammen mit Poseidon um die Schutzherrschaft von Athen bemühte. Beide Bewerber sollten der Stadt das ihrer Ansicht nach nützlichste Geschenk mitbringen, und Athenas Ölbaum ließ Poseidons Salzwasserquelle in der Gunst der Juroren weit hinter sich.

Die große Bedeutung der Ölbäume für die Menschen der Antike wird auch daran ablesbar, dass in kriegerischen Auseinandersetzungen die Kontrahenten immer eifrig bestrebt waren, die Bäume des Gegners auszurotten. Wenn auch damit kein eigentliches Grundnahrungsmittel ausfiel – im engeren Sinn zählt man dazu eher Getreide, Hülsenfrüchte und Fleisch –, so entbehrten doch in einem solchen Fall alle Bevölkerungsschichten noch viele Jahre lang nicht nur eine leicht verfügbare, allgegenwärtige, wertvolle Nahrungsbereicherung, sondern auch Arzneien, diverse Körperpflegemittel und Brennstoffe. Zudem verliehen Ölbäume ihren Besitzern ein gesteigertes Prestige, und damit hatte die zielgerichtete systematische Zerstörung dieses Besitzes auch einen psychologischen Aspekt.

GESEGNETES ÖL

Es gibt sie bis heute an den Straßenrändern: kleine Miniaturkirchen, Schutzhäuschen, die den Vorbeikommenden zum Anhalten und Ausruhen auffordern wollen. In ihrem Innern befinden sich kleine Ikonen, ein Glas Olivenöl, verschlossen mit einer gelochten Korkscheibe, durch die ein Docht bis in das Öl ragt, und ein Päckchen Streichhölzer. Jeder, der des Wegs kommt, kann den Docht anzünden und um Schutz bitten. Das Olivenöl ›nährt‹ die Flamme als Symbol des Heiligen Geistes, es ›speist‹ das Ewige Licht in den Ikonostasen der Kirchen, aber auch der Hausaltäre, so wie es als unverzichtbarer Bestandteil der Ernährung in engster Verbindung zur physischen Existenz des Menschen steht, gemeinsam mit Brot, Wasser und Wein. Und in der Liturgie werden all diese Elemente symbolisch überhöht, um keinen Zweifel daran zu lassen, dass die Seele des Menschen nach dem Christentum hungert wie sein Körper auf Nahrung angewiesen ist. Damit ist der Alltag der Gläubigen in der Kirche gegenwärtig und die Religion über Olivenöl, Brot und Wein fest mit ihrem häuslichen Alltag verwoben. Ihr oder sein »Öl war aufgebraucht«, sagt man, wenn jemand stirbt, und lässt die Olivenölflamme brennen, damit die Seele ihren Weg zu Gott findet.

ÖLZWEIGE

Ob erfleht oder gebracht, ob für dieses oder ein jenseitiges Leben ersehnt – Symbol des Friedens ist der Ölzweig. Vielleicht, weil man sich erst bei der Aussicht auf eine länger andauernde Friedenszeit um eine Kulturpflanze bemüht, auf deren Erträge man mindestens acht Jahre warten muss. Zwar werden in Olympia mit den Zweigen eines bestimmten Ölbaums Sieger geehrt, doch ob griechischer Bestattungsritus, Noahs Taube, römische Pax oder christliche Katakombenmalerei ist letztlich gleich, die Botschaft des Ölzweigs bleibt dieselbe, und man kann sie ohne Worte verstehen.

Am Baum ausgereifte Früchte, müssen behutsam geerntet werden, da ihr weiches Fruchtfleisch überaus druckempfindlich ist.
Hintergrund: Auch wenn sie nicht mehr tragen, fällt man Ölbäume selten.

Eine übliche Begleiterscheinung des Olivenanbaus, zumindest in touristisch erschlossenen Gebieten, ist das reiche Angebot aus Olivenholz gefertigter Gebrauchsgegenstände. Die beliebten Souvenirs haben sich im Kücheneinsatz gut bewährt.

Olivenölseifen wurden in der Vergangenheit außer auf Kreta auch auf Lesbos, in der Peloponnes und in Attika hergestellt. Ihre hautverträglichen Eigenschaften tragen zur schonenden Körperpflege bei.

KALTGEPRESST

Fünfundneunzigtausend Familien bewirtschaften 30 Millionen kretische Olivenbäume. Die kretische Olivenverarbeitung erreicht damit 30 Prozent der gesamtgriechischen Produktion und führt vor der Peloponnes mit 26 Prozent. Als einziges trägt kretisches Olivenöl eine geschützte Herkunftsbezeichnung, vergleichbar der französischen Appellation d'Origine Contrôlée. Seit 1993 wird auch auf Kreta Olivenöl aus ökologischem Anbau produziert, der strengen Bestimmungen unterliegt, was unter anderem den Pflanzabstand sowie den Einsatz von Dünge- und Schädlingsbekämpfungsmitteln betrifft. Das Öl ökologisch wie konventionell angebauter Oliven unterliegt dabei ständigen intensiven Qualitätskontrollen.

Zu den entscheidenden Qualitätskriterien des Olivenöls zählen Geschmacks- und Geruchsausprägungen, die ähnlich wie beim Wein von Sorte, Anbaugebiet und Jahrgang, aber auch von der Sorgfalt bei Ernte und Verarbeitung abhängig sind. Ebenfalls ähnlich wie beim Wein werden diese Eigenschaften einer sensorischen Prüfung unterzogen. Während in der Vergangenheit die Ernte zur Vollreife als Garant für beste Qualität galt (von Oktober bis Januar, je nach Sorte und Anbaugebiet), wählt man heute einen Zeitpunkt kurz davor, wenn der Ölgehalt der Früchte seinen Höhepunkt bereits erreicht hat, das Vorreifestadium dem fertigen Öl aber noch optimale Haltbarkeit beschert (die sachgemäße Lagerung vorausgesetzt). Die Früchte sollten nach Möglichkeit zügig geerntet und ohne weiteren Zeitverlust in die nächstgelegene Ölmühle gelangen.

Die folgenden Arbeitsschritte sind jahrtausendelang grundsätzlich fast unverändert geblieben. Mühlstein-Räder mahlen die Oliven samt Kernen zu Brei, der dann auf Filtern in dünnen Lagen gestapelt und mit zunehmendem Druck gepresst wird. Schließlich wird das Öl vom Wasser getrennt. Im kretischen Olivenmuseum von Kapsaliana kann man noch zahlreiche historische Gerätschaften aus dem 19. Jahrhundert bestaunen. Seitdem haben maschinell betriebene Mühlen die Pferde und Esel erlöst, hat Hydraulik die Menschenkraft an der Spindelpresse ersetzt und Zentrifugalkraft ihrerseits die Hydraulik abgelöst.

Im Agia-Triada-Kloster im Nordwesten Kretas bewirtschaften die Mönche nicht nur einen Olivenhain, sondern auch eine Zitrusplantage und eine Ziegenherde.

Im Olivenmuseum von Kapsaliana bleibt der harte Alltag der Olivenbauern …

… an Ölmühle und Spindelpresse aus dem 19. Jahrhundert lebendig.

EINGELEGTE OLIVEN

Reife, weiche Oliven aus Chalkidiki

Milde *glikiá* mit weichem Fruchtfleisch

Saftige, rundliche *volos*

Feste, grüne, in Öl eingelegte *prasini*

Mandelförmige *kalamón* (Peloponnes)

Thrúmba aus Thassos-Oliven

Überreife Oliven für Schmorgerichte

Reifere *prasini* in Öl und Essig

GÜTEKLASSEN VON OLIVENÖL

1 *Exeretikó parthéno eleólado* (Extra Virgin Olive Oil): Das beste kaltgepresste Olivenöl erster Pressung (ohne Einwirkung zusätzlicher Wärme; die natürliche Reibungswärme beträgt nicht mehr als 80 °C). Es sollte zum Braten nicht höher als 170 °C erhitzt werden. (Freie Fettsäuren maximal 1 g/100 g Öl)

2 *Eklektó parthéno eleólado (*Fine Virgin Olive Oil): Kaltgepresstes Olivenöl zweiter Pressung; zum Grillen, Backen und Braten. (Freie Fettsäuren maximal 1,5 g/100 g Öl; EU-Richtlinien: 2 g/100 g Öl)

3 *Imi-fino parthéno eleólado* (Semi-fine Virgin Olive Oil) *Kinó parthéno eleólado* (Ordinary Virgin Olive Oil) Kaltgepresstes Olivenöl dritter Pressung; zum Kochen von Gemüsetöpfen und Suppen, seltener für Salate. (Freie Fettsäuren maximal 3,3 g/100 g Öl)

4 *Wiomiohanikó parthéno eleólado* (Lampante Virgin Olive Oil)
Ein minderes Olivenöl, nicht zum Verzehr geeignet.

5 *Rafinarisméno eleólado* (Refined Olive Oil)
Tresteröl, das erst nach erfolgter Raffination zwar genusstauglich, aber wenig aromatisch ist.

6 *Eleólado* (Pure Olive Oil / Olive Oil)
Verschnitt aus nativem und raffiniertem Öl.

LÁCHANO ME CHIRINÓ

Weißkohl mit Schweinefleisch

1 mittelgroßer Weißkohl
250 ml natives Olivenöl extra
1 kg Schweinefleisch, gewürfelt
1 große Zwiebel, fein gehackt
2 Tomaten, abgezogen, entkernt und grob gewürfelt
Salz
frisch gemahlener schwarzer Pfeffer

Den Weißkohl achteln, die Strünke entfernen und den Rest in nicht zu feine Streifen schneiden. Den geschnittenen Kohl waschen und sorgfältig abtropfen lassen. Das Olivenöl in einem Topf erhitzen und die Fleischwürfel darin von allen Seiten anbraten. Das Fleisch herausnehmen, beiseite stellen und die gehackte Zwiebel in dem Öl bräunen. Die Weißkohlstreifen in den Topf geben und unter ständigem Rühren einige Minuten schmoren, bis sie zusammenfallen. Die gewürfelten Tomaten und das beiseite gestellte Fleisch zugeben. Mit Salz und Pfeffer würzen. 500 ml Wasser angießen, langsam zum Simmern bringen, die Temperatur reduzieren und das Ganze bei schwacher Hitze zugedeckt ca. 50 Minuten köcheln lassen. Sobald das Fleisch gar ist, mit Pfeffer abschmecken und noch warm servieren.

OLIVENÖLREICH

In reichlich Olivenöl eingebettet, wahren alle Zutaten ihr Aroma in geschmacklicher Ausgewogenheit, selbst im bunten Gemüsetopf. Gemüse und Fleisch werden vorbereitet, zerteilt, langsam auf mäßiger Hitze gegart, was Aufmerksamkeit und Hinwendung verlangt. Früher war die Zubereitung der Mahlzeiten am heimischen Herd allein Frauensache. Sie kochten in der Geborgenheit des Dorfes *laderó fagitó*, ›öliges Essen‹, das sich vom einfach gebratenen Fleisch unterschied, welches die Männer frei in der Wildheit der Berge verzehrten – Muster, die unbewusst heute noch Gültigkeit besitzen.

SÉLINO ME ARAKÁ
Sellerie mit Erbsen

1 kg Sellerie, in Stücke geschnitten
Saft von 1 Zitrone
200 ml natives Olivenöl extra
2 große Zwiebeln, fein gehackt
1 große Kartoffel, grob gewürfelt
200 g aus den Hülsen gelöste Erbsen
1 EL fein gehackter Dill
1 TL Zucker, mit dem Saft 1 Zitrone verrührt
Salz und frisch gemahlener schwarzer Pfeffer

Den Sellerie 10 Minuten in Zitronenwasser vorkochen und abseihen. Die Zwiebeln in Öl anbraten, Kartoffeln und Sellerie zugeben, 400 ml Wasser angießen und 15 Minuten zugedeckt köcheln. Erbsen und Dill hinzufügen und weitere 15 Minuten garen. Die Zucker-Zitronen-Lösung in den Topf geben, salzen, pfeffern und kurz aufkochen lassen. Noch warm servieren.

BAKALIÁROS ME PRÁSSA
Stockfisch mit Lauch

1 kg Stockfisch
250 ml natives Olivenöl extra
1 kg Lauch, in breite Ringe geschnitten
500 g Tomaten, abgezogen, entkernt und grob gewürfelt
2 EL fein gehackte glatte Petersilie
Salz
frisch gemahlener schwarzer Pfeffer

Den Stockfisch mindestens 12 Stunden einweichen, dabei in regelmäßigen Abständen das Wasser wechseln.
Das Olivenöl in einem Topf erhitzen und den Lauch darin anbraten. Mit 200 ml Wasser ablöschen, mit Salz und Pfeffer würzen und ca. 15 Minuten garen lassen, erst dann die Tomaten unterrühren. Den Stockfisch auf die Gemüse legen und mit Petersilie bestreuen. Das Ganze etwa 25 Minuten auf schwacher Hitze zugedeckt köcheln lassen. Wiederholt mit einer Gabel vorsichtig prüfen, ob nichts ansetzt. Noch warm servieren.

ANGINAROKÚKIA
Artischocken mit Dicken Bohnen

10 Artischocken, Blätter und ›Heu‹ entfernt
Saft von 1 Zitrone
250 ml natives Olivenöl extra
2 Bund Lauchzwiebeln, fein gehackt
1 kg Dicke Bohnen, aus den Hülsen gelöst
1 Bund Dill, fein gehackt
Salz und frisch gemahlener schwarzer Pfeffer
1 TL Mehl, mit dem Saft 1 Zitrone verrührt

Die Artischockenböden mit Zitronensaft einreiben. Öl in einem Topf erhitzen und die Zwiebeln darin anbraten. Artischockenböden, kurz darauf Bohnen und Dill zugeben. 500 ml Wasser angießen, mit Salz und Pfeffer würzen. Auf schwacher Hitze unter gelegentlichem Umrühren ca. 1 Stunde zugedeckt köcheln. Mit der Mehl-Zitronen-Mischung unter Rühren binden, kurz aufkochen lassen und heiß servieren.

NICHT ALLEIN OLIVENÖL

Obwohl schon in reinem Olivenöl Aromen von Äpfeln, Mandeln, Zitronen oder Pfeffer den Geschmackseindruck bereichern können, hat die Zugabe würzender Zutaten eine lange Tradition, die ihren Ursprung vielleicht mit dem der Parfümherstellung teilt, weiß man doch, dass Olivenöl schon von den Minoern dazu benutzt wurde. Da Blüten und Blätter ihre Aromastoffe an Öle und Fette abzugeben in der Lage sind, lässt sich durch das Einlegen von Kräutern und Gewürzen in Öl ein flüchtiger oder nur jahreszeitlich verfügbarer Duft oder Geschmack recht überzeugend konservieren.

AROMATIKÓ ELEÓLADO

Gewürz-Öl

1 Muskatnuss, gerieben
1 TL Nelken, fein zerstoßen
2 Zimtstangen
15 Mohnblätter
500 ml natives Olivenöl extra

Muskat- und Nelkenpulver gut vermischen, mit Zimtstangen und Mohnblättern in eine saubere, trockene Flasche geben und mit Olivenöl auffüllen. Gut verschlossen an einem kühlen, dunklen Ort 2–3 Wochen ziehen lassen.

Während dieses Öl heute vorwiegend bei der Herstellung von süßem oder herzhaftem Backwerk verwendet oder auf Brot geträufelt als Vorspeise serviert wird, half es früher auch als Einreibemittel gegen Kopf- oder Gliederschmerzen.

MIT GESEGNETEM OLIVENÖL GEGEN DEN ›BÖSEN BLICK‹

In fast jedem Dorf gibt es sie, die *Xematiástres.* Klagt ein Kind über heftiges Kopfweh oder leidet ein Erwachsener an plötzlich auftretenden starken Schmerzen, dann kann man sie rufen, und sofort sind sie zur Stelle. Mit stillschweigender Billigung der griechisch-orthodoxen Kirche, die hier offenbar ein altes heidnisches Ritual christianisierte, lassen die Frauen feierlich gesegnetes Olivenöl in einen Esslöffel rinnen, murmeln Gebete und bekreuzigen sich immer wieder. Schließlich geben sie dem Leidtragenden den Löffel Olivenöl zu trinken, wobei sie mit den Fingern ein Kreuz auf seine Stirn zeichnen. Und in den meisten Fällen ist wenige Augenblicke später das Wunder geschehen: Die Schmerzen sind vergangen – und das Netz religiös-sozialer Bindungen der Frauen einer Dorfgemeinschaft hat sich einmal mehr im Alltag bewährt.

Sonnenblumenöl mit Rosmarin

Olivenöl mit Salbei

Maisöl mit roten Chillies

ÖL NACH GESCHMACK

Dem Einlegen von Kräutern in Öl liegt das Prinzip der Absorption beziehungsweise der *Enfleurage à froid* zugrunde. Das mag einschüchternd klingen, ist aber natürlich längst keine Geheimwissenschaft von ›Duftmachern‹, ›Badern‹ oder Apothekern mehr. Es bedeutet nur, dass die Aromastoffe auf kaltem Weg abgegeben werden, während dies bei der Mazeration oder *Enfleurage à chaud* unter Einwirkung von mäßiger Wärme geschieht. In Griechenland kann man aromatisierte Öle von zum Teil hervorragender Qualität selbstverständlich fertig kaufen und sich von Geschmacksrichtungen wie ›Olivenöl mit Fenchel‹ oder ›Olivenöl mit Koriander, Limette und schwarzem Pfeffer‹ überraschen lassen. Aber es kann sehr viel spannender sein, selbst zu experimentieren, und da außer ein paar leeren Flaschen mit passenden Verschlüssen keine spezielle Ausrüstung dazu erforderlich ist, sind der eigenen Phantasie kaum Grenzen gesetzt. Es empfiehlt sich jedoch, einige grundlegende Punkte zu berücksichtigen. Welches Öl auch als Basis dient, es sollte von bester Qualität sein. Es mag ratsam sein, erste Erfahrungen mit Ölen zu machen, deren Eigenaromen weniger stark ausgeprägt sind, wie zum Beispiel Sonnenblumen- oder Traubenkernöl. Die Kräuter müssen frisch und ihre Aromen voll ausgeprägt sein. Sie werden sorgfältig gewaschen und gründlich mit Küchenkrepp getrocknet. Welke oder von Schädlingen befallene Blätter müssen gewissenhaft aussortiert werden. Auch für die Flaschen gilt absolute Sauberkeit, vor allem aber sollten sie innen vollkommen trocken sein, bevor zunächst die ausgesuchten Kräuter oder Gewürze hinein kommen und dann langsam, mit dünnem Strahl das Öl aufgegossen wird. Die fest verschlossenen Flaschen sollten mindestens zwei Wochen kühl und ohne direkte Sonneneinstrahlung ruhen. Für intensivere Aromen füllt man das Öl mehrmals in neue Flaschen mit frischen Kräutern um. Da die Qualität aromatisierter Öle mit der Zeit abnimmt, sollte man die zubereitete Menge dem tatsächlichen Bedarf anpassen und die Flaschen vor Licht geschützt im Schrank aufbewahren (wenn man nicht Flaschen aus dunklem Glas verwenden will). Aromatisierte Öle lassen sich auch zum Kochen und Braten verwenden, doch gewöhnlich entfalten sie sich weit besser in Salaten und Soßen.

Olivenöl mit Lorbeer und Knoblauch

Sonnenblumenöl mit Dill

Olivenöl mit Rosmarin

Olivenöl mit Chili, Rosmarin, Thymian und Lorbeer

NIKOS KAZANTZAKIS

»Zorbás lehrte mich, das Leben zu lieben und den Tod nicht zu fürchten.« Kazantzakis (1883–1957) würdigt mit diesen Worten keine fiktive Figur, sondern den Arbeiter Georgis Zorbás, den er 1916 bei dem letztlich gescheiterten Versuch kennenlernte, auf der Peloponnes eine Braunkohlegrube zu betreiben. Damit trägt der Roman ›Alexis Sorbas‹ (1946) autobiographische Züge, zumal der Schriftsteller als Schauplatz seine Heimat Kreta wählte. Das Buch sollte Kazantzakis berühmt, Zorbás unsterblich und das Wesen der Kreter transparenter machen. Wie kein anderer neugriechischer Schriftsteller beschwört Kazantzakis in seinen Romanen die Geschichte, Kultur und Landschaft Griechenlands in atmosphärischen Bildern. Seiner Heimat ist der unbequeme Kreter trotz langer Auslandsaufenthalte stärker verbunden geblieben als dem orthodoxen Christentum, mit dem er sich in dem Roman ›Griechische Passion‹ (1948/1954, dt. 1951) kritisch, nach Ansicht der Amtskirche zu kritisch auseinandersetzt. Weitere Werke: ›Die letzte Versuchung‹ (1951/1955, dt. 1953), ›Freiheit oder Tod‹ (1953, dt. 1954), ›Mein Franz von Assisi‹ (1956), ›Rechenschaft vor El Greco‹ (1961, dt. 1964/ 1967).

Auf der Festung Martinengo in Heraklion erinnert an den Schriftsteller nur ein schlichtes Grabmal mit der Aufschrift: »Ich hoffe nichts, ich fürchte nichts, ich bin frei.«

KRETISCHER BERGTEE

Kretischer Bergtee, ist in fast jedem griechischen Haushalt zu finden. Wenn es kühler wird und erste Anzeichen einen drohenden Schnupfen oder Husten ankündigen, wenn alle Glieder schmerzen oder wenn man sich einfach rundum unwohl fühlt, kann ein Tee aus den getrockneten Stängeln von *Sideritis cretica* wohltuend und heilsam wirken. Man bricht die Zweige in Stücke, gießt sie in einem Topf mit siedendem Wasser auf, lässt sie mindestens fünf Minuten auf schwacher Hitze mehr ziehen als köcheln und filtert direkt in Tassen. Mit Zimtstangen lässt sich der Geschmack noch verbessern.

Das kretische Gliedkraut ist eine halbhohe Staude von aufrechtem Wuchs, an wenig verzweigten Stängeln wachsen gegenständige, wollig behaarte Blätter, die schon darauf hinweisen, dass sich die Pflanze an Standorten mit trocken-heißen Sommern gut behauptet. Ihre kleinen gelben Blüten sind eher unscheinbar. Der botanische Name *Sideritis* weist mit seiner Ableitung von griechisch *sidéros,* Eisen, auf die Anwendungsbereiche dieser Pflanze schon in der antiken Heilkunde: Man bediente sich ihrer entzündungshemmenden und adstringierenden Eigenschaften bei von ›Eisen an Gliedern geschlagenen Wunden‹ äußerlich, ihrer die Abwehrkräfte stärkenden Wirkung innerlich. Als die Venezianer den Tee kennen lernten, nannten sie ihn *malotira,* weil er das ›Übel herauszieht‹.

Die Zweige in Stücke brechen. Mit siedendem Wasser aufgießen und zugedeckt kurz aufkochen und nach Geschmack ziehen lassen. In Tassen filtern.

Diese spezielle Art des Gliedkrauts, *Sideritis cretica,* gedeiht in den Höhenlagen Kretas und gilt unter Bergtee-Kennern als besonders wirksam und aromatisch.

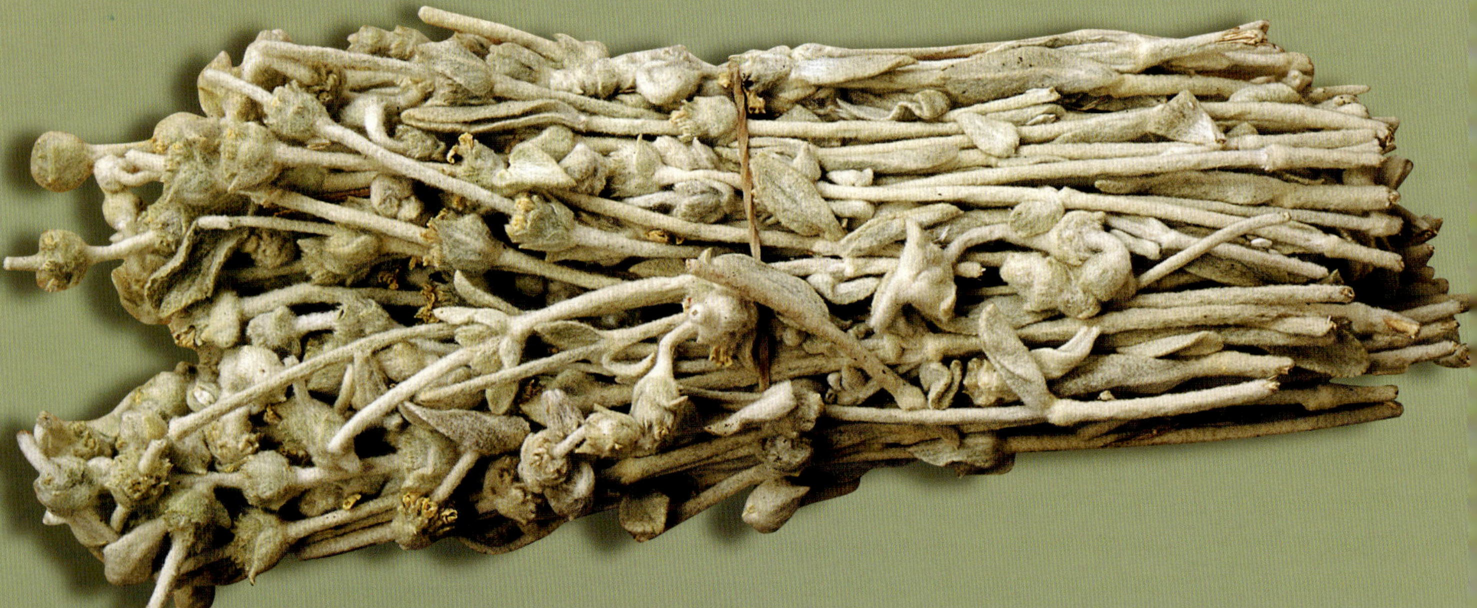

›SCHMUCK DER BERGE‹

Oben: *Folia Origanum dictamnus* sind in jeder kretischen Kräuterhandlung erhältlich.
Hintergrund: Rossminze *(Mentha longifolia)* zählt zu den bekanntesten und vielseitigsten Kräutern.

Man sollte sich von dem unscheinbaren Äußeren so mancher kretischen Kräuterhandlung nicht täuschen lassen (siehe Abbildung unten), ihr Angebot kann leicht die Erwartungen übertreffen. Wenn man zum Beispiel jenen sagenumwobenen Dost sucht, der nur auf Kreta gedeiht, wird man sicher fündig werden. Gemeint ist *Origanum dictamnus*. Der Name ist abgeleitet von griechisch *óros* (Berg), *gános* (Schmuck), Dikte (Gebirge auf Kreta) und *thámnos* (Staude, Strauch, Zweig) und bezeichnet eine strauchige Pflanze von rund 20 cm Höhe mit runden, wolligen grauweißen Blättern an dünnen Stängeln. Im Sommer entwickeln sich überhängende hopfenähnliche Köpfe aus roten Deckblättern, zwischen denen sich kleine rosa Lippenblüten öffnen. Der Kretadost gedeiht bis in Höhenlagen von 1600 Meter und genießt als Heilpflanze in der alten griechisch-römischen Medizin einen fast ans Magische grenzenden Ruf. Theophrast rühmt im 4. Jahrhundert v. Chr. seine Vielseitigkeit, hebt aber ganz besonders die segensreiche Wirkung auf niederkommende Frauen hervor. Auf Aristoteles geht eine Überlieferung zurück, nach der Kretische Wildziegen, die von einem Giftpfeil verletzt worden seien, dieses Kraut fräßen, woraufhin der Körper das Gift völlig ausgescheide und die Wunde verheile. Diese abenteuerliche Geschichte hat wohl noch Dioskurides beeindruckt, wenn er die Pflanze besonders zur Heilung von Speerwunden empfiehlt. Die hippokratische Medizin kennt Kretadost in äußerer Anwendung als Breiumschlag bei Wundgeschwüren oder als Aufguss bei Gallenleiden und Schwindsucht zur inneren Anwendung. Woran man auch leiden oder was schwinden mag, die Volksmedizin sagt einem Tee aus *Origanum dictamnus* eine aphrodisische Wirkung nach und empfiehlt ihn nach wie vor als schmerzlinderndes Mittel bei Menstruationsbeschwerden und bei der Niederkunft. Die moderne Pharmazie schließlich vermochte bislang keine wie auch immer geartete Heilwirkung zu entdecken.

Vielleicht weniger eine Heil-, aber doch offenbar eine schätzenswerte Wirkung lässt sich diesem Kraut wohl nicht absprechen, immerhin zählt es seit Jahrhunderten zu den zahllosen Ingredienzen, die christliche Mönche in vielen Klöstern zur Aromatisierung hauseigener Stärkungselixiere mischten. Einige der Rezepturen wurden im 19. Jahrhundert ›säkularisiert‹, und so kann man *Origanum dictamnus* vielleicht ohne es zu wissen im Kräuterlikör begegnen.

Der Hartkäse *kefalotíri* wird aus Ziegen- oder Schaf-Rohmilch, aber auch aus einer Mischung beider Sorten hergestellt. Er erreicht40–45 % Fett i. Tr. und kommt in unterschiedlichen Reifegraden in den Handel. Voll ausgereift wird er zu vielen Gerichten auch gerieben.

ZAHM UND WILD

Mit Ziegenmilch nährte die Nymphe (oder Ziege, je nach Quelle) Amaltheia den Säugling Zeus, als Rhea ihn vor den Nachstellungen seines Vaters Kronos auf Kreta in Sicherheit bringen musste. Damit hat sich nicht nur die Bedeutung der Ziege als Milchlieferant allgemein und für Kreta speziell sowie die Wertschätzung von Ziegenmilch als Bestandteil der Ernährung, sondern auch die Vorstellung eines zwar unbestimmten, aber auf jeden Fall langen Zeitraums im Mythos manifestiert. Tatsächlich gehören Ziegen, *katsíka,* nachweislich zu den ältesten domestizierten Tieren. Erste Siedlungsspuren auf Kreta werden vor 6000 v. Chr. datiert, und die Menschen, die sich dort niederließen, brachten Ziegen und Schafe offenbar aus dem Nahen Osten mit (außerdem Schweine, die aber unabhängig davon auch auf dem griechischen Festland domestiziert wurden, sowie weiterentwickelte Arten von Getreide). Obwohl sich auf Kreta ein konkreter Hinweis auf ›Milchwirtschaft‹ erst aus der Zeit um 2000 v. Chr. erhalten hat – in Form eines Siegels, das wohl Ziegenhirten mit Milchkannen zeigt (auf der griechischen Halbinsel fand man ein rund tausend Jahre älteres Gefäß, das sich zur Herstellung von Käse eignet) –, ist es sicher legitim, ihre Anfänge weit früher anzunehmen. Eigentlich gebietet es die Vernunft, Tiere, die auch wertvolle ›Sekundärprodukte‹ wie Milch, Wolle oder Zugkraft zu bieten haben, nicht in erster Linie als Fleischlieferanten zu betrachten und vorzeitig der Milchproduktion zu entziehen, wie geschätzt dieses Fleisch auch sein mag. Hinzu kommt, dass sich Ziegen nicht so üppig vermehren wie etwa Schweine. Auch wenn die Milchleistung der Tiere am Anfang einer Geschichte der Ziegenzucht keineswegs mit heutigen Erträgen zu vergleichen ist, war der Wert der Milch im Rahmen der Ernährung höher einzustufen als der des Fleisches.

Auf Kreta werden insgesamt rund 300 000 Ziegen (und doppelt so viele Schafe) gehalten, so dass rein statistisch auf jeden Einwohner eine halbe Ziege käme. Von den Hirten behauptet man, sie würden jedes der ihnen anvertrauten Tiere mit Namen kennen.

Die Ziegenzucht, die seit 8000 Jahren auf Kreta betrieben wird, hat dazu geführt, dass Ziegen heute auf der Insel allgegenwärtig scheinen. Auf ihren jährlichen Wegen von den Winterweiden der Täler zu den Sommerweiden in den Bergen legen sie weite Strecken zurück und probieren alles, was ihnen am Wegesrand interessant vorkommt. Was die Ziegenhaltung so problemlos wirken lässt – die Bereitwilligkeit der Tiere, ein breites Pflanzenspektrum als Nahrung zu akzeptieren, sodass sie selbst auf kargen Weiden noch ausreichend Essbares finden können –, hat für die Vegetation inzwischen negative Folgen, da Ziegen im Gegensatz zu Schafen auch die Wurzeln der Pflanzen abweiden.

DIE UNSICHTBARE KRETISCHE WILDZIEGE

Hervorgegangen sind die Hausziegen aus der Wildform *Capra aegagrus,* der Bezoarziege, von der die Unterart *Capra aegagrus cretica* als Kretische Wildziege auf der Insel überlebt hat. *Kri kri* oder *agrími,* wie die Kreter sie nennen, hat sich in die steilen Berghänge im Gebiet der Samaria-Schlucht zurückgezogen, wo keiner der Touristen, die jährlich im Gänsemarsch das grandiose Naturschauspiel romantischer Bergeinsamkeit auskosten wollen, sie je sehen wird. Die Tiere sind klug genug, sich erst dann blicken zu lassen, wenn ganz sicher wieder Ruhe eingekehrt ist. Ihr Lebensraum verlangt ihnen die ganze Geschicklichkeit ab, die man von Angehörigen der Gattung Ziegenartige erwarten darf. Wenn sie sich bislang hier behaupten konnten, so haben sie das nicht zuletzt extremer Vorsicht und stets wachem Misstrauen zu verdanken. Jene, die es wohl wissen werden, beklagen manchmal, wie schwierig es ist, unbemerkt nah genug an die Tiere heranzukommen. Warum ihnen diese Nähe soviel bedeutet, gehört zu den bestgehüteten Geheimnissen auf Kreta. Die Jagd auf Kretische Wildziegen ist seit geraumer Zeit verboten, fürchtet man bei einem Bestand von wenigen hundert Tieren doch zu Recht das völlige Aussterben dieser Wildart.

Kretische Wildziegen bewundert man am besten im Wildgehege von Chania.

Gleichwohl hat man auf geeigneten Inseln vor der Nordküste Kretas Reservate eingerichtet, was sich als durchaus angebrachte Voraussicht erweisen könnte. Kreter rühmen Wildziegenfleisch als das gesündeste der Welt und schwärmen von seinem natürlichen Thymianduft. Es wird mit Vorliebe zu *stifádo* verarbeitet und mit Zwiebeln geschmort oder als *tsigaristó* in reichlich Olivenöl gebraten und mit nichts als Salz, Pfeffer und dem Saft einer Zitrone gewürzt. Selbstverständlich ist alles, was heutzutage als Wildziege in die Töpfe gelangt, reine verwilderte Hausziege, an die echten Wildziegen kommt man unbemerkt ja auch gar nicht nah genug heran.

AGRÍMI STIFÁDO

Wildziegen-Stifado

1 1/2 kg Wildziegenfleisch
250 ml natives Olivenöl extra
250 ml Weißwein
500 g kleine Zwiebeln, geschält
2–3 Lorbeerblätter
2–3 Nelken
1 EL Tomatenmark
Salz
frisch gemahlener schwarzer Pfeffer

Das Fleisch von den Knochen lösen und in nicht zu kleine Stücke zerteilen. Olivenöl in einem Topf erhitzen und die Fleischstücke darin rundum kräftig anbraten. Die Temperatur reduzieren, Wasser angießen, bis das Fleisch eben bedeckt ist und etwa 45 Minuten zugedeckt köcheln lassen. Den Weißwein zugießen, aufkochen lassen und den dabei entstehenden Schaum abschöpfen. Lorbeerblätter und Nelken hinzugeben, mit Salz und Pfeffer würzen. Die geschälten Zwiebeln unzerteilt in den Topf geben und das Ganze zugedeckt weitere 30 Minuten garen, dabei eventuell heißes Wasser nachgießen. Schließlich das Tomatenmark unterrühren und weiter schmoren, bis das Fleisch weich ist. Dazu reicht man frisch gebackenes Weißbrot, um den Sud damit aufzutunken.

KOCHEN AUF KRETISCH

Eingebürgerte Rezepte als Vermächtnisse der verschiedenen Besatzer gibt es hier wie überall in Griechenland. Die Unterschiede zwischen allgemein griechischer und speziell kretischer Küche muss man sich gewissermaßen auf der Zunge zergehen lassen, sie erschließen sich nur zögernd und nur abseits der Touristenpfade. Mal ist es das besondere Aroma des kretischen Olivenöls, sind es die Rosinen mit ihrem Hauch von Lorbeer, dann vielleicht Ziegenkäse wie *misíthra* und *anthótiros,* die noch Erinnerungen an die Kräutervielfalt der Bergweiden bewahrt haben. Gemüse und Obst hat hier Zeit zu reifen, wie man den Zutaten Zeit zum Garen lässt.

KOKINISTO MOSHÁRI
Kalbfleisch in Tomatensoße

200 ml natives Olivenöl extra
1 Zwiebel, fein gehackt
1 kg Kalbfleisch, grob gewürfelt
200 ml Weinbrand
1 kg Tomaten, abgezogen und fein gewürfelt
2 TL Tomatenmark, mit etwas Wasser verrührt
$^1/_2$ TL Oregano
200 g Rosinen
100 g Pinienkerne
2 Knoblauchzehen, zerdrückt
Salz und frisch gemahlener schwarzer Pfeffer

Den Backofen auf 200 °C vorheizen. In heißem Olivenöl Zwiebel und Fleisch anbraten. Mit Weinbrand ablöschen, Tomaten, Tomatenmark und Oregano zugeben und 400 ml Wasser angießen. 10 Minuten köcheln, dann in eine Auflaufform füllen und 1 Stunde backen. 10 Minuten, bevor das Fleisch gar wird, die Rosinen und die Pinienkerne unterrühren. Auf Tellern anrichten, etwas zerdrückten Knoblauch und ein paar Tropfen Olivenöl darüber geben und servieren. Dazu Reis oder gebackene Kartoffeln und *tzatzíki* reichen.

HUNGIAR BEJIENTI
Huhn mit Auberginenpüree

200 ml natives Olivenöl extra
1 Zwiebel, fein gehackt
2 Knoblauchzehen, fein gehackt
1 Huhn (ca. 1–1 $^1/_2$ kg), in 8 Teile zerlegt
250 ml trockener Weißwein
1 kg Tomaten, abgezogen und gewürfelt
5 hellgrüne Paprika, in Streifen geschnitten
(in griechischen oder türkischen Feinkostläden)

2 TL Tomatenmark, mit etwas Wasser verrührt
$^1/_2$ TL Oregano
Salz und frisch gemahlener schwarzer Pfeffer

Für das Auberginenpüree:
5 große Auberginen
250 ml Béchamel-Soße (Rezept siehe S. 108)
50 g kefalotíri, gerieben
Saft von $^1/_2$–1 Zitrone
Salz und frisch gemahlener schwarzer Pfeffer

Den Backofen auf 180 °C vorheizen.
In heißem Olivenöl Zwiebeln und Knoblauch andünsten und die Hühnerteile anbraten. Mit Wein ablöschen und Paprika, Tomaten samt Tomatenmark zufügen. Mit Oregano, Salz und Pfeffer würzen und 10 Minuten köcheln. In eine Auflaufform füllen, so viel Wasser angießen, dass das Huhn gut bedeckt ist, und 45 Minuten backen. Etwas abkühlen lassen, das Hühnerfleisch von den Knochen lösen und zurück in die Soße legen.
Für das Püree die Auberginen bei 200 °C im Backofen rösten, bis die Haut Blasen wirft. Aus dem Ofen nehmen, abkühlen lassen und die Haut abziehen. Die Auberginen würfeln und zusammen Béchamel-Soße, *kefalotíri*, Zitronensaft, Salz und Pfeffer im Mixer pürieren. Das Pürre kann warm mit dem Hüherfleisch zusammen angerichtet oder gekühlt separat dazu gereicht werden.

ARNÁKI ME RÍSI

Lammragout mit Reis

1 kg Lammschulter, grob gewürfelt
5 Zwiebeln, grob gehackt
3 Zucchini, grob gewürfelt
2 Möhren, in Scheiben geschnitten
$^1/_2$ Sellerieknolle, sehr fein gewürfelt
1 Bund glatte Petersilie, fein gehackt
400 g Reis
Salz
frisch gemahlener schwarzer Pfeffer

Für die Ei-Zitronen-Soße:
2 Eier
Saft von 2 Zitronen

Die Fleischwürfel in einem großen Topf mit Wasser bedecken, langsam aufkochen lassen und die Temperatur reduzieren. Nach 15 Minuten Zwiebeln, Zucchini, Möhren, Sellerie und Petersilie zugeben und mit Salz und Pfeffer würzen. Köcheln, bis die Zutaten gar sind und der Sud etwas eingekocht ist. In der Zwischenzeit in einem Topf gesalzenes Wasser zum Kochen bringen, den Reis zugeben und garen. Für die Ei-Zitronen-Soße die Eier trennen und das Eiweiß zu Schnee schlagen. Erst das Eigelb, dann den Zitronensaft einrühren und alles mit etwas Fleischsud vermischen. Mit Salz und Pfeffer würzen. Zum Servieren das Ragout in einer Schüssel anrichten. Dazu den Reis, frisch gebackenes Weißbrot und die Ei-Zitronen-Soße reichen.

NTÁKOS

Gerstenzwieback mit Tomaten und Schafskäse

500 g Tomaten, abgezogen und sehr fein gehackt
2 Knoblauchzehen, zerdrückt
$^1/_2$ TL Oregano
natives Olivenöl extra
8 Scheiben paximádia
100 g Schafskäse
Salz

Die Tomaten mit Knoblauch, Oregano und etwas Olivenöl verrühren und mit Salz abschmecken. Auf die Zwiebackscheiben verteilen, mit zerkrümeltem Schafskäse bestreuen und Olivenöl darüber träufeln. Nicht sofort servieren, sondern erst durchziehen lassen. Der Tomaten-Schafskäse-Zwieback lässt sich auch gut überbacken.

ZITRUSDUFT

Auf Kreta werden überwiegend Navel-Orangen für den Frischverzehr angebaut.

Kreta und Zypern gelten als die Zitrusgärten des östlichen Mittelmeerraums, liegen sie doch gerade noch am nördlichen Rand des sogenannten ›Zitrusgürtels‹, der den Erdball umfasst. An der Nordküste Kretas gedeihen *portokália* (Orangen; *Citrus sinensis*), *mandarínia* (Mittelmeer-Mandarinen; *Citrus deliciosa*) und *lemónia* (Zitronen; *Citrus*); Zypern steuert (Grapefruits; *Citrus × paradisi*) und *pergamónto* (Bergamotten; *Citrus bergamia*) bei. Im Frühjahr liegt der schwere, angenehm herb-süße Duft tausender Zitrusblüten in der Luft, an schwülen Sommerabenden scheint das viele Wasser, dass die Bäume benötigen, die Umgebung kühler und die Hitze erträglicher zu machen. Fast das ganze Jahr hindurch kommen Zitrusfrüchte in Kreta auf den Tisch und haben, angeregt vielleicht durch die Speisekarten der Sterne-Hotels, zu Salatvariationen mit Orangen geführt, die man in Nordgriechenland nicht kennt. Die Beste der auf Kreta kultivierten Sorten ist die spät reifende kalifornische ›Newhall‹, eine Navel-Orange, die mit der in Spanien ›Navelina‹ genannten Sorte eng verwandt ist und häufig damit verwechselt wird. Navel-Orangen sind eigentlich ein Kunstprodukt, denn die kleine, zwischen den Fruchtsegmenten sich ausbildende Nebenfrucht, die verhindert, dass sich der ›Nabel‹ am früheren Blütenansatz schließt, ist eigens gezüchtet worden, um die Kerne der Hauptfrucht auszubilden, die dadurch kernlos wird. Mit dem Ertrag verschiedener spanischer Valencia-Sorten, die ebenfalls sehr erfolgreich hier angesiedelt werden konnten, beläuft sich die griechische Jahresproduktion an Orangen auf durchschnittlich 900 000 Tonnen. Der größte Teil davon ist für den Export bestimmt, und damit ist der Zeitpunkt der Ernte wichtig. Zitrusfrüchte reifen, einmal gepflückt, nicht nach, das heißt sie sollten voll ausgereift geerntet werden, oder ihre Qualität und damit ihre Position am Markt ist beeinträchtigt. Dabei entscheiden hauptsächlich ›innere Werte‹ über den Zeitpunkt optimaler Genießbarkeit einer Frucht: Zucker- und Säuregehalt, beider Verhältnis zueinander und der Saftgehalt. Alle vier Komponenten bedingen sich unterschiedlich lange und stark. Der Wechsel der Schalenfarbe als einziges äußeres Merkmal ist unzuverlässig, denn er ist witterungsabhängig. Bei Orangen erfolgt er erst nach den ersten fünf Herbstnächten unter 12,5 °C, sie könnten – im Mittelmeerraum zwar selten – daher im besten Erntestadium, aber noch grün sein. Sind nun Geschmack, Saftgehalt und Farbe der Orange nachgerade ideal, dann muss bei der Ernte wie der Nachbehandlung dafür Sorge getragen werden, dass die Ölzellen in der Schale unverletzt bleiben, andernfalls wird die Schale fleckig, und die Frucht ist unverkäuflich. Daher pflückt man Zitrusfrüchte, die für den Frischverzehr und den Export bestimmt sind, noch immer am besten von Hand. Anschließend werden sie dann – vorsichtig – mit Chemikalien gereinigt, gespült, getrocknet und neu gewachst. Früchte der Güteklassen ›Extra‹ und ›I‹ werden in flache, gepolsterte Kisten gebettet, während sich in den unteren Klassen die Früchte zu mehreren ein Netz teilen müssen.

Ob mit ›blondem‹ oder rosa Fruchtfleisch, die kleineren Grapefruits werden botanisch von den Pampelmusen (in Deutschland auch als Pomelos angeboten) unterschieden.

Auch Limetten und Zitronen werden auf Kreta angebaut, wenngleich die Produktion gegenwärtig leicht rückläufig ist.

Oben: Die auf Kreta angebauten Bananen sind klein, aber umso süßer und aromatischer. Hintergrund: Im Gegensatz zu Kreta, wo der Schwerpunkt der *Citrus*-Produktion auf Orangen liegt, dominieren auf Zypern die Grapefruits.

Zu Obstsalat lassen sich Früchte in immer neuen Kombinationen verarbeiten (übrigens: grüne Orangen müssen nicht unreif sein, sie wurden nur nicht kalt genug).

FRUTOSALÁTA
Obstsalat

Frisches Obst nach Saison
(etwa Orangen, Äpfel, Birnen, Bananen, Granatäpfel, Honigmelone etc.)
2 EL Honig
1 TL Zucker
200 ml trockener Weißwein
100 g gemahlene Walnüsse (nach Belieben)
1 TL Zimt

Das Obst schälen, klein schneiden und in eine Schüssel geben. Den Honig mit Zucker im Wein auflösen und über das Obst geben. Eine Stunde ziehen lassen und mit Zimt (nach Belieben auch mit geriebenen Walnüssen) bestreuen.

LIKÉR APÓ PORTOKÁLI
Orangenlikör

5 unbehandelte Orangen
5 unbehandelte Mandarinen
$1\,^1/_2$ l Weinbrand
1 l Ouzo
600 g Zucker
400 ml Wasser

Orangen und Mandarinen dünn schälen. Die Schalen mit zwei Dritteln des Weinbrands in ein fest verschließbares Glasgefäß geben und drei Wochen an einem kühlen, dunklen Ort ziehen lassen. Aus Zucker und Wasser Sirup kochen und abkühlen lassen. Den Weinbrand durch ein Sieb in ein anderes Glasgefäß gießen (die Fruchtschalen gut abtropfen lassen). Sirup, Ouzo und das restliche Drittel Weinbrand angießen und den Likör in kleinere Flaschen abfüllen.

WEIN

Von allen griechischen Inseln produziert die beliebte und meist besuchte Urlaubsinsel Kreta die bei weitem größte Menge an Wein. Schließlich kann die Insel im Süden Griechenlands auf eine besonders lange Tradition zurückblicken, wenn die Historiker mit ihrer Annahme Recht haben, dass es auf Kreta die ersten Weinberge des gesamten Mittelmeerraums gab. Für eine sehr weit zurückreichende Weinkultur dieser Region spricht, dass in dem abseits gelegenen minoischen Landgut Vathypetro eine der ältesten Weinpressen der Welt entdeckt wurde. Die geologischen und geographischen Bedingungen auf Kreta sind für das Gedeihen der Weintrauben auch heute noch ideal. Das Juchtasgebirge schützt die Anbauflächen vor den afrikanischen Winden, während gleichzeitig die minimalen Temperaturschwankungen im Jahr und die zuverlässige Sonnenbestrahlung die Fruchtbarkeit der Insel garantieren.

Weil Kreta bisher von der Reblaus verschont geblieben ist, mussten die Rebstöcke nicht mit amerikanischen Unterlagen veredelt werden. Die kretischen Winzer verarbeiten vor allem vier Spitzenreben, die allesamt noch antiken Ursprungs sind. Die weiße Vilana ist als Hauptrebsorte in der Appellation Peza beheimatet und bringt leicht blumige Weißweine mit frischer Lebendigkeit und zartem Apfelaroma hervor. Die rote Rebsorte Mandelaria ermöglicht Weine mit angenehmer Säure und einem gehaltvollen, tanninreichen Aroma, während die Kotsifali dem kretischen Rotwein ein würziges Aroma verleiht. In den Appellationen Archanes und Peza wird in den letzten Jahren erfolgreich mit roten Verschnittweinen aus beiden Rebsorten experimentiert. Außerdem ist noch die rote Liatiko-Rebe zu nennen, die als Appellation den kräftigen roten Sitia entstehen lässt. Die mythische und einstmals berühmte süße Malvasia-Rebe hingegen ist leider längst verschwunden.

Als private Anbieter sind auf Kreta die Weingüter Minos und Lyrarakis auffallend, als produzierende Genossenschaften sind die von Archanes, Peza, Sitia und Heraklion zu nennen. Hier erfolgt die Produktion der Weine nicht nach internationalen Standards, sondern nach traditionellen griechischen Keltermethoden. Priorität hat die schonende Verarbeitung: Die manuelle Lese der Trauben erfolgt in kleinen Gebinden, die Entsaftung durch pneumatische Pressen, und im Gärungsprozess werden die begehrten Fruchtaromen durch die Kühlung der Moste in Edelstahltanks geschont.

WINZERGENOSSENSCHAFT ARCHANES

Vin de Prince: Die in der Nähe des Palastes von Knossos gelegene Genossenschaft Archanes bietet einen Rosé als halbtrockenen Tafelwein an, der gern als Alternative zu den Weißweinen der Region getrunken wird.

Armanti: Auch der trockene Wein von Archanes ist ein Rosé mit 12 % vol. Er passt mit einer Serviertemperatur von 10 °C besonders gut zu allen leichten Vorspeisen, Salaten und Meeresfrüchten.

Archanes: Der rote Archanes ist ein Verschnitt aus den gut miteinander harmonierenden Kotsifáli- und Mandelaria-Reben. Er ist der edelste Rotwein, den die Genossenschaft Archanes zu bieten hat. Sein kräftiges Bukett entfaltet er am besten bei 18 °C Serviertemperatur. Sein Alkoholgehalt beträgt 12,5 % vol.

Vin de Prince: Der halbtrockene Vin de Prince aus der Vilana-Rebe gehört mit 11,5 % vol Alkoholgehalt zu den leichten Weiß-weinen der Region. Diese Eigenschaft und seine Frische durch einen Hauch fruchtiger Säure sorgen für einen ansprechenden Geschmack. Bei einer empfohlenen Serviertemperatur von 10 °C passt dieser Tropfen besonders gut zu den raffinierten kretischen Mezé-Gerichten: Vorzugsweise noch warm kommen je nach Region z.B. Pilze, Blätterteigröllchen oder scharf gewürztes Hühnerfleisch auf den Tisch.

WINZERGENOSSENSCHAFT PEZA

Creta Nobile: Auch die Genossenschaft Peza bietet einen trockenen Rotwein aus den Kotsifali- und Mandelaria-Reben, der mit seinem zarten Vanillearoma bei 18 °C besonders gut zu Wildgerichten passt.

Creta Nobile: Dieser trockene Weißwein wird aus der einheimischen Vilana-Rebe gekeltert. Er hat einen frischen Geschmack und mundet mit 12–14 °C hervorragend zu Fisch und Nudelgerichten.

Xerolithiá: Der zwölfprozentige Weißwein wird ebenfalls aus der Vilana-Rebe gewonnen, die die wichtigste weiße Rebsorte Kretas ist. Sie verleiht dem Wein einen leicht blumigen Geschmack. Der Xerolithiá hat außerdem einen spritzigen Charakter und empfiehlt sich bei 8–10 °C zu weißem Fleisch und Meeresfrüchten.

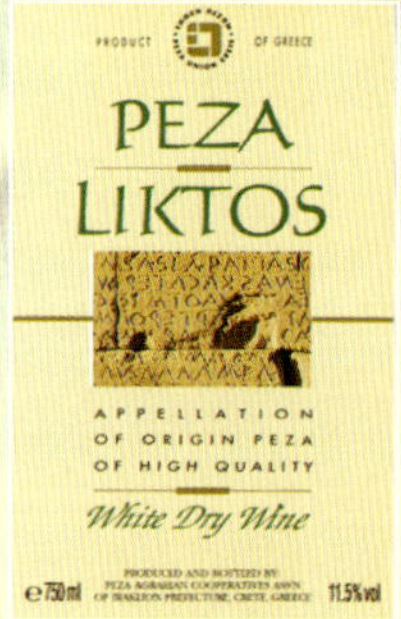

Peza Liktos: Dieser Wein kommt aus einer der Appelationen, die die Qualitätsbezeichnung V.Q.P.R.D. tragen dürfen. Der Peza Liktos – benannt nach der antiken Hauptstadt der Region – ist im Vergleich zu den anderen Weißweinen der Genossenschaft Peza ein besonders trockener Tropfen aus der Vilana-Traube. Er hat einen ausgeglichenen Körper und präsentiert sich mit einer empfohlenen Serviertemperatur von 8–9 °C als idealer Begleiter zu Salaten, Obst und Fischgerichten der Nouvelle Cuisine.

WINZERGENOSSENSCHAFT SITIA

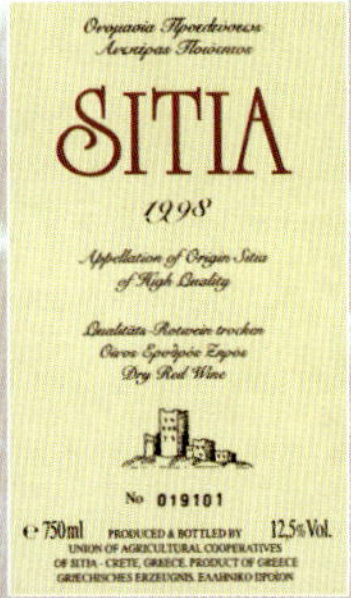

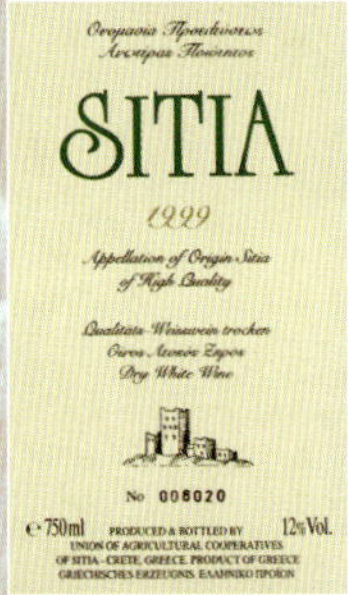

Sitia: Im äußersten Osten Kretas gelegen bringt die Appellation Sitia diesen trockenen O.P.A.P.-Rotwein aus der Liatiko-Traube hervor. Vollmundig im Geschmack wird er gerne zu Fleischgerichten und Käse serviert.

Sitia: Der weiße Qualitätswein aus den Vilana- und Thrapsathiri-Reben stellt sich mit delikatem und fruchtbetontem Aroma dar. Mit 10–12 °C Serviertemperatur begleitet er am besten Meeresfrüchte.

Myrto: Der weiße Tafelwein von Sitia besticht durch seine dunkelgelbe Farbe und seinen frischen Geschmack. Ein wenig Säuerlichkeit kombiniert mit jugendlicher Lebendigkeit und Spritzigkeit macht den weißen Myrto zum idealen Begleiter von Gerichten mit weißem Fleisch und hellen Soßen.

Myrto: Der rote Myrto der Genossenschaft Sitia ist ein anerkannter Tafelwein. Er weist sich durch seine leuchtend hellrote Farbe aus und präsentiert sich im Geschmack trocken und dezent würzig. Für die schönste Entfaltung seines Geschmacks wird eine Serviertemperatur von 16 °C empfohlen. Er passt ideal zu leichten Fleischgerichten mit würzigen Soßen.

Seit 1933 bereits produziert die Vereinigung den Wein der Region Sitia. Die technisch moderne Produktionsanlage erreicht inzwischen eine Kapazität von 10 000 Flaschen pro Tag.

WEINGUT MINOS

Minos Palace: Aus 80 % Kotsifali- und 20 % Mandelaria-Reben, die in der Region Peza angebaut werden, macht das 1932 gegründete Weingut Minos einen trockenen Rotwein. Seine Reifung beginnt mit der neunmonatigen Lagerung in Eichenfässern, sodass dieser Qualitätswein schließlich ein kräftiges Rot und ein Aroma von getrockneten Früchten wie Rosinen und Pflaumen aufweist. Der Wein kann 4 Jahre gelagert werden.

Minos: Für diesen leichten kretischen Weißwein wird die Vilana-Rebe mit kleineren Mengen Thrapsathiri und Rozaki verschnitten. Der hellgelbe Tropfen hat einen ausgeglichenen Geschmack und hinterlässt ein leichtes Aroma von Zitrusfrüchten. Im Weinkeller der Gesellschaft Minos, die nur einige Kilometer von der ersten minoischen Weinpresse in Vathypetro entfernt liegt, können bis heute insgesamt 6 000 000 Liter gelagert werden.

Minoiko: Der rote Minoiko ist der edelste Wein des Hauses Minos und wird aus 80 % Kotsifáli und 20 % Mandelaria gekeltert. Seine Besonderheit erhält er durch die zwölfmonatige Reifung in Eichenfässern im gelüfteten Weinkeller. Ein Jahr nach der Weinlese, also im Dezember des Folgejahres, wird der Wein in nummerierten Flaschen abgefüllt. Der Minoiko ist nur in begrenzter Zahl erhältlich. Ein Jahrgang ergibt selten mehr als 20 000 Flaschen. Der Minoiko hat eine rubinrote Farbe, ein reiches Aroma von Rosinen, Pflaumen und Zimt und schmeckt nachhaltig sanft nach Vanille.

WEINGUT LYRARAKIS

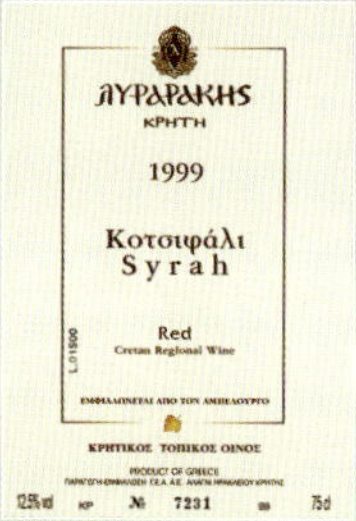

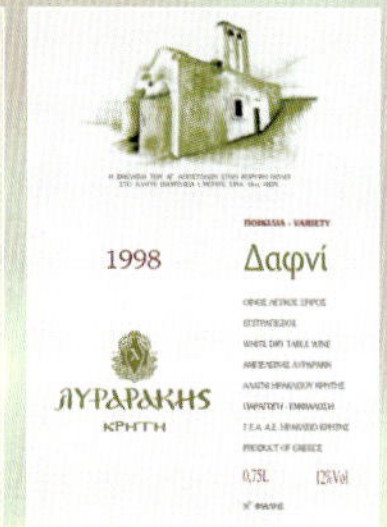

Kotsifáli-Syrah: Die kretische Kotsifáli-Rebe erbringt in Harmonie mit der Syrah-Rebe einen tiefroten Wein mit samtenem Geschmack, der sehr gut zu gegrilltem Fleisch, Wild und pikantem Käse passt.

Dafní: Dieser Weißwein wird aus der gleichnamigen, seltenen kretischen Rebe gekeltert. Nach kontrollierter Gärung ist für ihn bei 12 °C ein einmaliges Bukett mit vollem Geschmack kennzeichnend.

Vilana: Für seinen weißen Qualitätswein baut das Weingut Lyrarakis die Vilana-Reben auf ausgewählten Weinbergen in der Berggemeinde Alagni auf einer Höhe von 500 Metern an. Daraus entsteht ein leichter Wein mit feinem Blumen- und Früchtearoma, der bei 12–13 °C sehr gut Meeresfrüchte, Käse und helles Fleisch begleitet.

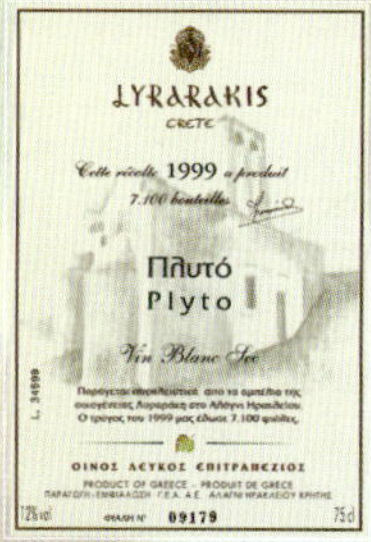

Plytó: Wie Dafni ist auch Plytó eine der ältesten und selten gewordenen kretischen Rebsorten, die deshalb vom Winzer Lyrarakis in den Weinbergen in Alagni mit Bedacht angebaut und erhalten wird. Der daraus gekelterte trockene Weißwein ist frisch und mit einer nachhaltigen komplexen Fruchtnote in Bukett und Geschmack ausgestattet. Bei einer empfohlenen Serviertemperatur von 12–13 °C ist der Plytó ein idealer Begleiter zu Meeresfrüchten, Fisch, Kalbfleich und jungem Weichkäse.

ΚΥΠΡΟΣ

Agia Kyriaki Chrissopolitissa – Kirche und Ruine. Hintergrund: Das Troodos-Gebirge ist für seine byzantinischen Kirchen berühmt. Der Olympos ist mit 1951 m der höchste Berg.

ZYPERN

Als der ehemalige König von Jerusalem, Guy von Lusignan, im Jahr 1191 die Insel Zypern erwarb, hatte er eine gute Wahl getroffen. Denn seit der Antike verbinden sich hier die uralten Seewege des Abendlandes mit denen des Morgenlandes. An der Schnittstelle zwischen drei Kontinenten gelegen, galt die Insel einst als Tor zu Syrien, Israel und Kleinasien. Zyperns Geschichte geht bis in die Jungsteinzeit zurück und die Architektur der Insel lässt sich 9000 Jahre zurückverfolgen. 1400 v. Chr. besiedelten Händler aus Griechenland die Insel: Die Mykener und Achäer verhalfen ihr zu erstem Wohlstand und verbreiteten die griechische Kultur und das hellenistische Erbe. In den Schriften Homers ist eine Sage überliefert, nach der bei der Felsengruppe Pétra tou Rouminoú an der Straße zwischen Páphos und Limassol die Liebesgöttin Aphrodite schaumgekrönt dem Meer entstiegen sein soll. Die Kultstätten der Göttin zogen einst Pilger aus der gesamten antiken Welt an. Dank der strategisch vorteilhaften Lage Zyperns und der guten landwirtschaftlichen Bedingungen stritten sich im Laufe der Geschichte immer wieder neue Eroberer um die Herrschaft: Alexander der Große, Kleopatra und Cäsar und der englische König Richard Löwenherz gehören zu den Berühmtesten. Die fränkische Familie Lusignan regierte Zypern fast 300 Jahre bis ihre letzte Königin die Insel 1489 an Venedig übergab. 1571 begann die 300 Jahre währende osmanische Herrschaft. 1878 wurde Zypern dann von den Briten übernommen. Seit 1960 ist die Insel eine unabhängige souveräne Republik, Mitglied der Vereinten Nationen und des britischen Commonwealth. Im Sommer 1974 besetzten türkische Truppen rund zwei Fünftel der Insel, sodass Zypern seitdem einschließlich der Hauptstadt Lefkossia geteilt ist. Der von der Türkei als ›Türkische Republik Nordzypern‹ bezeichnete Nordteil ist international nicht als souveräner Staat anerkannt. Besucher können von Südzypern aus Tagesausflüge in den Norden unternehmen, wer dort länger bleiben möchte, muss über die Türkei einreisen. Der Südteil ist recht wohlhabend dank des Tourismus und des florierenden Exports von Bananen und Zitrusfrüchten, Trauben und Wein. Die bewegte Geschichte der Insel hat die würzige Küche geprägt. Knoblauch und Olivenöl, Kümmel, Zimt und Koriander prägen die Gerichte, deren ganze kulinarische Bandbreite Besucher am besten bei einem Mesés-Abend kennen lernen. Die Inselbewohner essen gerne, gut und lange. ›Kopiaste‹ – setz' dich zu uns – lautet ihre gastfreundliche Einladung, der zu folgen sich lohnt.

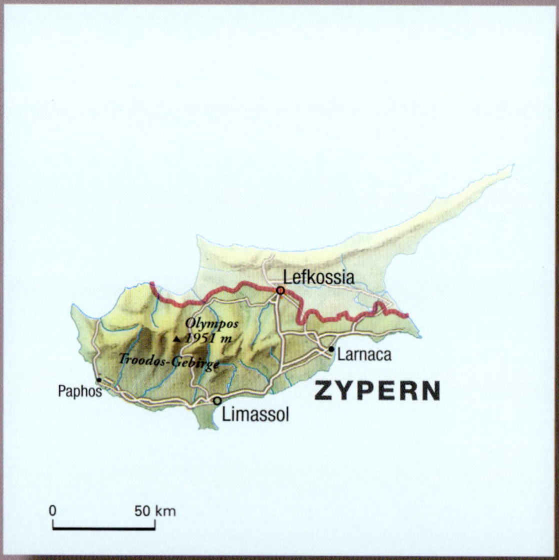

Rechts: Bei den täglichen Arbeiten leisten Esel auf Zypern wertvolle Transportdienste.

DRINKS

Ob am Pool oder in der Bar – die zypriotischen Drinks schmecken überall. Das traditionellste Getränk auf Zypern ist der Commandaria, der nach einem Kreuzritterorden benannt ist und dessen Ursprünge bis zu den Kreuzrittern zurückverfolgt werden können. Im Norden von Limassol wird dieser braune Dessertwein hoher Qualität im Solera-Verfahren erzeugt. Für ihn werden die Xynisteri- und Mavron-Trauben aus festgelegten Gebieten des Troodos genommen und vor der Verarbeitung sonnengetrocknet. Bis zu 100 Jahre alt sind die besten Vertreter und schmecken ganz hervorragend: unglaublich süß, duftig und konzentriert. Sultan Selim hatte eine besondere Vorliebe für Commandaria, die 1570 vielleicht sogar der tiefere Grund für die osmanische Invasion gewesen sein mag. Diese Liebe brach dem Sultan, auch ›Selim der Säufer‹ genannt, letztendlich jedoch im wahrsten Sinne des Wortes den Hals, als er nach dem Wein-Genuss im volltrunkenen Zustand ausrutschte und sich den Schädel zertrümmerte. Tradition auf Zypern hat außerdem der Zivanía, ein aus Weingeist hergestellter Aperitif. Die Insel exportiert weiterhin mehrere gespritete Likörweine, die vormals als Zypern-Sherry bekannt waren. Seit 1995 ist diese Bezeichnung in der EU jedoch nicht mehr zulässig. Eine Hinterlassenschaft der Briten ist der Brandy Sour, der zum Nationalgetränk der Zyprioten avanciert ist und den Touristen sicher nicht nur im Amathus Beach Hotel schmeckt. Dort ist die Spezialität des Barmixers (Abbildung, Mitte) der ›Ouzo Spezial‹, ein Longdrink bei dem der Ouzo mit Sprite verlängert und einigen Tropfen Grenadine versüßt wird. Zur Erfrischung wird auch gerne mal ein Bier getrunken. Auf der Insel werden Carlsberg und das sehr beliebte und gut schmeckende Keo gebraut.

Im Weinkeller der Kellerei SODAP werden bei der ›Sherry‹-Herstellung keine Kompromisse gemacht.

BRANDY SOUR

Nachdem ursprünglich die Briten den Brandy Sour importiert haben, ist er schnell zum Nationalgetränk geworden. Der Brandy Sour ist ein erfrischender Longdrink und wird aus einem Viertel zypriotischem Brandy, einem Viertel Zitronen- oder Limonensirup und aus einem Spritzer Angostura gemixt und schließlich mit Soda aufgefüllt. Serviert wird er mit etwas zerstoßenem Eis und in einem Longdrink-Glas, dessen angefeuchteter Rand in Zucker gedreht wurde. Dazu werden gerne Nüsse oder rohe Karottenscheiben gereicht.

Auf Zypern ist Bier beliebt. Das Carlsberg und das würzig schmeckende Keo-Bier werden hier gebraut.

Commandaria: Der berühmte Dessertwein der Insel.

Filfar: Als Digestif empfohlener bitterer Orangenlikör.

Náma: Einer der guten einheimischen Liköre.

Zivanía: Feuerwasser, das man als Aperitif trinkt.

Die Köche im Restaurant ›Al-Halili‹ sind viel beschäftigte Grillspezialisten. Besucher der benachbarten Moschee kehren hier gerne ein.

Hintergrund: Die ›Umm-Hazam‹-Moschee liegt am Salzsee von Larnaca. Im Sommer ist der See ausgetrocknet, im Winter halten sich Flamingos in Wassernähe auf.

GRILLEN

Ob Kalamaris, Lamm, Schwertfisch, Rindersteak oder Schweinekotelett – gegrillt bieten sie eine schnelle und gesunde Abwechslung zu den sonst sehr aufwändigen Zubereitungsarten mit Öl und Soße. Am Wochenende, in den Ferien oder bei Familienfesten zählt das Grillen in den Bergen zu den Lieblingsbeschäftigungen der Zyprioten. Selbst einen längeren Anfahrtsweg nehmen viele Inselbewohner in Kauf, um die Atmosphäre und die Küche in einem der beliebtesten Grillrestaurants zu genießen. Es liegt an einem Salzsee neben einem der wichtigsten Heiligtümer der islamischen Welt. In der ›Umm-Hazam‹-Moschee vier Kilometer außerhalb von Lacarna befindet sich das Grab von Mohammeds Pflegemutter Hala Sultan Tekke und auch das der Mutter von König Hussein, die einst von den Briten in Lefkossia festgehalten wurde. Seitdem Zypern geteilt ist, gibt es jedoch außer den Grillgästen kaum mehr Pilger, die sich hierher verirren.

HANINS – HERBERGEN AUS ALTEN ZEITEN

Große Innenhöfe und schlicht eingerichtete Zimmer mit offenem Kamin – so sieht ein typischer Hanin aus. Wie es zypriotische Chroniken belegen, dienten sie Kaufleuten und ihren Tieren als Unterkünfte. Hinter ihren Mauern schlossen unermüdliche Händler auch das ein oder andere Geschäft ab. Bereits während des Mittelalters gab es Hanins verschiedener Kategorien. Manche waren so groß, dass ganze Karawanen mit ihren Tieren darin übernachten konnten.
Die Ursprünge dieser alten Rasthäuser gehen bis in die Antike zurück. Damals kamen viele Pilger nach Zypern, um die berühmten Aphrodite-Tempel zu besuchen. Das Wort *hanin* (türk. *han*) tauchte jedoch zum ersten Mal 1571 während der türkischen Herrschaft auf. So alt sind auch die Hanins, die bis heute als Zeugnisse längst vergangener Kultur auf der ganzen Insel zu finden sind. Viele von ihnen stehen in Lefkossia innerhalb der Demarkationslinie, die seit 1974 von Soldaten der UNO bewacht wird, sodass Besucher sie nur aus der Ferne betrachten können. Der ›Pantgarou Hanin‹ prägte das zypriotische Sprichwort: ›Hier geht es zu wie im Hanin Pantgarou‹. Die Inselbewohner drücken damit ein wenig abfällig aus, dass in einem Haus jeder kommen und gehen kann, wie er will.

SUWLÁKI ME LACHANIKÁ
Gemüse-Suvláki

16 kleine Champignons
2 Paprikaschoten, entkernt, entstielt und in Achtel geschnitten
3 Tomaten, in große Würfel geschnitten
2 Zwiebeln, geschält und in Achtel geschnitten
3 Zucchini, in dünne Längsstreifen geschnitten
2 Auberginen, in dünne Längsstreifen geschnitten
150 ml Olivenöl
1 TL getrockneter Thymian
1 TL Oregano
Saft von 1 Zitrone
Salz und frisch gemahlener schwarzer Pfeffer

Das Gemüse in eine Schüssel geben, mit Salz und Pfeffer würzen und Thymian, Oregano und 100 ml Olivenöl zugeben. Die Schüssel abdecken und für 20 Minuten in den Kühlschrank stellen. Dann die Zucchini- und Auberginenstreifen, soweit es geht, aufrollen und das Gemüse auf 8 Holzspieße verteilen. Auf den Holzkohlegrill legen und 10 Minuten grillen, dabei gelegentlich wenden. Die Spieße auf den Tellern anrichten. Den Zitronensaft mit 50 ml Olivenöl vermischen, über die Spieße geben und servieren.

XIFÍAS STA KÁRWUNA
Schwertfisch vom Holzkohlegrill

1 kg Schwertfischsteak
100 ml Zitronensaft
100 ml Olivenöl
2 grüne Paprika, in große Stücke geschnitten
ca. 4 kleine Zwiebeln, geschält und halbiert
ein paar frische Champignons, geputzt
100 g Petersilie, fein gehackt
1 kleine Zwiebel, fein gehackt
Salz und frisch gemahlener schwarzer Pfeffer

Die Schwertfischsteaks in 2–4 cm große Würfel schneiden, in eine Schüssel geben, mit Salz und Pfeffer würzen und mit der Hälfte des Zitronensaftes übergießen. Eine Stunde marinieren lassen. Dann die Fischstücke abwechselnd mit den Paprikastücken, den Zwiebelhälften und den Champignons auf Spieße stecken und bei mehrmaligem Wenden 15 bis 20 Minuten gar grillen. Das Olivenöl mit dem restlichen Zitronensaft verquirlen und die Spieße mehrmals damit bestreichen. Auf einer Platte anrichten und vor dem Servieren mit den gehackten Zwiebeln und Petersilie garnieren.

KOTÓPULO ME RÍGANI
Huhn mit Oregano

1 kg Hühnerfilet, in 5 cm große Stücke geschnitten
50 ml Olivenöl
2 TL Oregano
Salz
frisch gemahlener schwarzer Pfeffer

Die Hühnerfiletstücke in eine Schüssel geben, mit Salz, Pfeffer und Oregano würzen und mit dem Olivenöl übergießen. Die Schüssel bedecken und 2 Stunden im Kühlschrank marinieren lassen. Die Filetstücke auf Spieße stecken und auf den Holzkohlegrill legen. Bei mehrmaligem Wenden etwa 15 bis 20 Minuten grillen. Dazu schmeckt ein frischer Salat und Tzatzíki.

Grillgerichte werden auf Zypern bis in den späten Abend frisch zubereitet.

FLEISCH-GERICHTE

SIKOTÁKI MOSHARISSO
Kalbsleber

500 g Kalbsleber
50 ml Olivenöl
1 große Zwiebel, fein gehackt
2 Knoblauchzehen, zerdrückt
50 ml trockener Weißwein
100 ml Hühner- oder Gemüsebrühe
3 Tomaten, gehäutet und gewürfelt
Salz und frisch gemahlener schwarzer Pfeffer

Die Leber in kleine Stücke schneiden. In einem Topf das Olivenöl erhitzen, Leber, Zwiebeln und Knoblauch zugeben und scharf anbraten. Mit dem Wein und der Brühe ablöschen, die Tomaten zufügen und mit Salz und Pfeffer abschmecken. Hitze reduzieren und so lange kochen, bis die Soße eingedickt ist.
Dazu schmeckt Reis oder Pilav.

ARNÍ STO TAWÁ
Lamm im Tontopf

1 kg Lammfleisch (mit Knochen)
50 ml Olivenöl
1 kg Zwiebeln, in Scheiben geschnitten
500 g Tomaten, gehäutet und gewürfelt
1 TL Kümmel
1 Zimtstange
200 ml trockener Rotwein
30 ml Rotweinessig
Salz und frisch gemahlener schwarzer Pfeffer

Den Ofen auf 150 °C vorheizen. Das Lammfleisch in kleine Stücke schneiden. Olivenöl in einem Topf erhitzen, die Zwiebeln darin dünsten und

das Fleisch gut anbraten. Tomaten, Kümmel, Zimtstange, Wein und Essig zugeben und mit Salz und Pfeffer würzen. Kurz aufkochen lassen und den Topf vom Herd nehmen.
Der *tawá* ist ein spezieller griechischer Tontopf, als Ersatz kann auch ein Römertopf verwendet werden. Alles in den Tontopf füllen, in den Ofen schieben und 2 Stunden lang schmoren lassen, bis das Fleisch gar ist. Alle 30 Minuten das Essen einmal umrühren. Das Lamm noch im Tontopf servieren und mit etwas Kümmel bestreuen. Dazu schmecken Reis und Joghurt.

WODINÓ PAFÍTIKO
Rindfleisch à la Páphos

1 kg Rindfleisch (vom Nacken)
250 ml Olivenöl
4 Lorbeerblätter
Oregano
1 kg kleine Kartoffeln
Salz und frisch gemahlener schwarzer Pfeffer

Backofen auf 160 °C vorheizen. Das Fleisch in 4 Stücke portionieren und in eine feuerfeste Form geben. Mit Salz, Pfeffer und Oregano bestreuen, mit der Hälfte des Olivenöls übergießen und 2 Lorbeerblätter zugeben. 100 ml Wasser zugießen, in den Ofen schieben und gut 2 Stunden schmoren lassen. In der Zwischenzeit die Kartoffeln schälen, mit Salz, Pfeffer und Oregano würzen und in eine weitere feuerfeste Form geben. Das restliche Olivenöl, Lorbeerblätter und wieder 100 ml Wasser zufügen. Gut 1 Stunden nach dem Fleisch mit in den Ofen schieben und beides zusammen noch eine Stunde garen lassen.
Dazu schmeckt ein frischer Salat und Tsatsíki.

Für 4–6 Personen

AFÉLIA
Schweinefilet in Rotwein

1 $^1/_2$ kg Schweinefilet
6 kleine Zwiebeln
200 ml trockener Rotwein
2 EL Koriandersamen
100 ml Olivenöl
Salz und frisch gemahlener schwarzer Pfeffer
Marinierzeit: 6 Stunden

Die Filets mit Salz und Pfeffer bestreuen und in eine Schüssel geben. Den Wein zugießen und die Koriandersamen darüber streuen. Im Kühlschrank 6 Stunden marinieren lassen. Olivenöl im Topf erhitzen und die Filets sowie die Zwiebeln anbraten. Die Marinade zugeben und soviel Wasser zugießen, dass alles bedeckt ist. Mit Salz und Pfeffer würzen, den Topf bedecken und bei schwacher Hitze 1 Stunde lang schmoren lassen, bis die Filets gar sind.

Für 4–6 Personen

SEFTALIÁ
Gegrillte Hackfleisch-Röllchen

1 Packung Talg oder 1 kg Schwarte, innen
1 kg gemischtes Hackfleisch, vom Rind und vom Schwein
3 Zwiebeln, fein gehackt
$^1/_2$ Bund Petersilie, fein gehackt
1 TL getrocknete oder 2 EL frische Minze
3 EL Semmelbrösel
$^1/_2$ TL Zimt
Salz
frisch gemahlener schwarzer Pfeffer

Die Anassa-Anlage im Inselwesten betreibt fünf Restaurants. Die Kochkünste der Chefköche zählen zu den besten der Insel. Hier stellen sie ihre Favoriten vor.

Talg oder Schwarte weich werden lassen. Übrige Zutaten mit Salz und Pfeffer würzen und gut durchkneten. Bedecken und 30 Minuten stehen lassen. Den Talg in 10 x 10 cm große Stücke schneiden, und jeweils mit Hackfleisch-Masse füllen. Die Bällchen auf zwei Spießen oder einem Doppelspieß aufspießen und auf dem heißen Grill 15–20 Minuten grillen, dabei alle 2–3 Minuten wenden, bis der Talg goldgelb ist.

PERDÍKI ME SÍKA

Rebhuhn mit karamelliesierten Feigen

4 Rebhühner (oder 4 Wachteln)
Olivenöl
150 ml Commandaria oder Mavrodaphne (roter Likörwein)
125 ml trockener weißer Sherry
350 ml Orangensaft
1 EL Orangenschale, gerieben
150 ml Gemüsebrühe
4 Lorbeerblätter
4 Zweige frischer Thymian
4 Zimtstangen
Salz und frisch gemahlener schwarzer Pfeffer

Für die Feigen:
125 g Puderzucker
100 ml Orangensaft
1 TL geriebene Orangenschale
8 frische Feigen, geschält
4 Scheiben Toastbrot, diagonal zerteilt

Das ausgenommene und halbierte Geflügel in einer Pfanne mit Öl erhitzen und von jeder Seite 2–3 Minuten anbraten. Das Geflügel zur Seite stellen, in derselben Pfanne wieder etwas Öl erhitzen. Das Geflügel zufügen, mit dem Wein und dem Sherry übergießen und flambieren. Mit dem Orangensaft ablöschen und die Orangenschale, die Brühe und Gewürze zugeben. Mit Salz und Pfeffer abschmecken, die Pfanne bedecken und bei schwacher Hitze 15 Minuten schmoren lassen. Die Feigen vorbereiten: Den Zucker in einer Pfanne karamellisieren. Mit Orangensaft ablöschen und die Schale zugeben. 10 Minuten köcheln, dann die Feigen zufügen, in dem Orangensirup wenden und damit übergießen, bis sie karamellisiert sind. In einer weiteren Pfanne die Toasthälften mit Olivenöl rösten. Auf einem Stück Küchenpapier abtropfen lassen und auf 4 Tellern anrichten. Geflügel mit Weinsoße, Feigen und Orangensirup servieren.

Das *Kleftiko*-Fleisch wird kräftig mit Oregano gewürzt und in Grillfolie gewickelt.

Die Portionen werden nebeneinander in den vorgeheizten Ofen gelegt.

Mit Lehm wird der Ofen luftdicht verschlossen, damit das Fleisch außen knusprig und innen weich wird.

KLÉFTIKO
Lamm im Ofen

4 Lammfilets, à 250 g
Saft von 1 Zitrone
1 EL Majoran, fein gehackt
1 EL Thymian, fein gehackt
1 kg kleine Kartoffeln
200 ml Olivenöl
50 g Lammfettwürfel
3 große Fleischtomaten, in Scheiben geschnitten
3 Lorbeerblätter
Salz
frisch gemahlener schwarzer Pfeffer

Backofen auf 150 °C vorheizen. Die Lammfilets mit dem Zitronensaft bestreichen. Majoran, Thymian, Salz und Pfeffer miteinander mischen und auf das Fleisch streuen. 4 große Folienstücke mit etwas Öl bestreichen, die Filets darauf legen und die Folie fest verschließen. Die Filets in einen Tontopf geben, mit dem Deckel verschließen und in den Ofen schieben. Etwa 3 Stunden lang backen lassen. In der Zwischenzeit die Kartoffeln schälen, gut waschen und jede Kartoffel ein paar Mal vorsichtig einschneiden. In einem hochwandigen Backblech verteilen, mit Salz und Pfeffer bestreuen, das Olivenöl darüber gießen und die Butter darauf verteilen. Die Tomatenscheiben auf die Kartoffeln legen, anschließend noch mal mit ein wenig Salz und Pfeffer würzen und die Lorbeerblätter auf das Blech geben. Eine Stunde bevor das Lamm gar ist, die Kartoffeln mit in den Ofen schieben und backen, bis sie rotbraun sind. Die Lammfilets auf einer Platte anordnen, die Kartoffeln mit den Tomaten um sie herum verteilen und mit ein paar frischen Kräutern garnieren.
Dazu schmeckt ein frischer Bauernsalat.

KLÉFTIKO

Bevor im Jahr 1821 der griechische Unabhängigkeitskampf gegen die jahrhundertelange osmanische Herrschaft begann, lebten überall in den Bergen Zyperns und Griechenlands wilde Räuberbanden, die nicht zuletzt wegen ihrer Viehdiebstähle allgemein gefürchtet waren. Diese *kleftes* (dt. Räuber) wurden mit dem Erwachen des Nationalbewusstseins zu militanten und erfolgreichen Unabhängigkeitskämpfern, die auch später als Guerillakämpfer im griechischen Bürgerkrieg eingesetzt wurden. Seit diesen Zeiten steht *kleftouria* für eine Lebensart, die den Hunger nach Freiheit und Selbstbestimmung als Grund rechtfertigte, Gesetze zu brechen. Und da Räuber wie Rebellen ihren Hunger lange Zeit nicht allein mit dem Fleisch selbst gezüchteter Tiere stillen konnten, ging der *kleftiko* als ihre bekannteste Speise in die Geschichte ein. Ob sie das Fleisch tatsächlich in einem gut versteckt eingegrabenen Lehmofen zubereitet haben, ist nicht mit Sicherheit zu sagen. Wahr ist aber, dass der Lehmofen über viele Stunden und häufiger sogar über ganze Tage luftdicht verschlossen wurde, bevor das *Kleftiko*-Fleisch fertig war.
Die Art der Zubereitung ist auch heute noch dieselbe. *Kleftiko* wird aus Lamm, Ziege oder Rindfleisch von älteren Tieren gemacht, denn das Fleisch sollte hart und zäh sein. Es wird in Portionen geschnitten und mit viel Zitrone eingerieben, dann mit Salz und Oregano gewürzt. Und ab geht es in den Topf. Damit der Braten gelingt, ist es wichtig, den Lehmofen mit Holzkohle auf eine niedrige Temperatur vorzuheizen. Damit er nicht unmittelbar den hohen Temperaturen ausgesetzt wird, verteilt man über die heißen Kohlen zerbrochene Tonscherben. Erst dann kommt der Topf mit dem Fleisch in den Ofen. Um den Geschmack von Rindfleisch zu verfeinern, eignen sich Lorbeerblätter zum Würzen. Noch besser schmeckt es, wenn man es immer wieder mit einem Glas Bier oder Wein übergießt, bevor der Lehmofen ebenfalls mit Lehm luftdicht verschlossen wird. Das Fleisch kann bereits nach drei Stunden serviert werden. Aber am köstlichsten schmeckt es, wenn es 48 Stunden im Ofen verbracht hat. Dann ist es von außen knusprig und von innen ganz weich. Dazu passen groß geschnittene Bratkartoffeln und frisches Brot.

In den Hügeln des Troodos-Gebirges finden zahlreiche Schafherden reichlich Nahrung.

Kleftiko gilt auf Zypern als Delikatesse und wird mit Brot und Kartoffeln serviert.

Gedünstete Artischockenböden, gewürzt mit Salz und Pfeffer. Dazu gibt es Gemüse oder Fleisch.

Gekochtes Hühnerfleisch mit scharfen oder süßlichen Soßen, die in kleinen Schalen serviert werden.

Karotten, Sellerie und Zwiebeln – anders als auf den griechischen Inseln nicht gekocht, sondern gedünstet.

Rote Bete mit Walnüssen, eine sowohl nahrhafte als auch erfrischende Mischung, die für heiße Tage ideal ist.

Roastbeef: Hier zeigt sich der englische Einfluss auf zypriotische Essgewohnheiten.

Páphoskäse aus reiner Schafsmilch schmeckt salzig, aber milder als der griechische *féta*.

MESÉS-KULTUR

Die zypriotische *Mesés*-Kultur ist nicht vergleichbar mit den griechischen Vorspeisen des Festlands oder der restlichen ägäischen Inselwelt. Zyperns *mesédes* werden nicht bestellt, sie kommen einfach auf den Tisch. Und das so lange bis der Gast abwinkt! Wie lange das dauert, hängt ganz vom Gourmet und seinem Magen ab. So mancher kann bei einer Mahlzeit bis zu 30 *mesédes* verzehren. Früher haben sich zypriotische Tavernenbesitzer häufig zunächst mit *mesédes* einen Namen gemacht, bevor sie sich an andere Gerichte wagten. Zypriotische *mesédes* sind weder Vorspeisen noch Appetitanreger, sondern einzeln aufeinander folgende Speisen, deren Vielfalt es ermöglicht, an einem einzigen Abend die gesamte zypriotische Küche kennen zu lernen. Somit sind sie das charmanteste und direkteste Freundschaftsangebot der östlichen Mittelmeerküche an den fremden Gaumen.

An einem klassischen *Mesés*-Abend wird jedes zypriotische Gericht kurzerhand zu einem *mesés* erklärt. Variationen in der Zubereitung und Auswahl gibt es zwischen den Bergdörfern und den Küstenorten. Die Bergzyprioten bieten vorwiegend Innereien, Ziegenfleisch und andere Fleischspezialitäten an, während an der Küste auch Fisch, Meereskrebse und Muscheln serviert werden. Einen Unterschied zu den griechischen *mesédes* stellt die menüartige Reihenfolge dar, die von der Größe der Teller bestimmt wird. Käse, Wurst, Oliven und Tachinpaste bekommen die Gäste meist zuerst auf den kleinsten Tellern des Hauses. Auf mittelgroßen Tellern folgen beispielsweise eingelegte Gemüsesorten, Frikadellen, Innereien, Salate oder geräucherte Fleischkreationen. Auf den größten Tellern präsentieren die Tavernen ihre aufwändigsten Gerichte. Zu den beliebtesten Fisch-*Mesédes* zählen gegrillter Oktopus, gefüllter Tintenfisch, Sepia in Lauch und Garnelen. Herzhaft-köstliche Fleischgerichte sind Rindfleischwürstchen mit Knoblauch, Kalbfleisch mit Knoblauch und Cayennepfeffer oder Weizenpastete mit pikantem Hackfleisch. Und auch wer eigentlich überhaupt nichts mehr essen kann, sollte es nicht versäumen, das leckere Obst oder die süßen kleinen Kuchen zu probieren.

JIACHNI-GERICHTE

Zu Hause essen die Zyprioten *jiachni* so gerne und so häufig wie die Italiener Pasta. Die Zubereitung ist kinderleicht. Alle Zutaten werden in Tomatensaft, Tomatenmark oder mit frischen Tomaten gedünstet. Ein klassische Variante: Lammfleisch mit Zwiebeln Tomatensaft und Wasser gar kochen, Dicke Bohnen hinzugeben, wenn das Fleisch fast gar ist, mit Salz und Pfeffer abschmecken, die Soße mit geöffnetem Deckel einkochen lassen. Eine erfrischende Variante: Okras waschen, trocknen und entstielen und mit Öl anbraten. Zwiebeln und Knoblauch anbraten und 15 Minuten mit Tomatenmark, einem Lorbeerblatt und Wasser kochen. Dann alles in einem Topf bei kleiner Flamme ca. 40 Minuten einkochen lassen.

Taverne ›7 Georges‹ in Páphos: Koch George verwendet nur frisches Fleisch und Gemüse aus eigener Tier- und Gartenhaltung.

LÚNTZA

»Sagen Sie *lúntza* und Ihnen läuft schon das Wasser im Mund zusammen. Das ist reine Poesie für den Gaumen«. So beschrieb Erzbischof Makarios III., der erste Präsident der unabhängigen Republik Zypern Mitte der 1960er Jahre den Schinken, der so unverwechselbar ist wie die zypriotische Sprache. *Lúntza* ist ein Schinken und weiblich. Sie entsteht aus dem Rückenfleisch des Schweins. Dieses wird gänzlich von Fett befreit und 4–5 Tage in Salz eingelegt. Bei einer 8-tägigen Weinkur ›braten‹ die Zyprioten den Schinken, wie sie zu sagen pflegen. Nur reiner, dunkler zypriotischer Rotwein darf für das Marinieren verwendet werden, damit die *lúntza* nicht zu sauer wird. Dann erhält sie eine Kräuterpackung mit schwarzem Pfeffer, artisiá (arabischer Kreuzkümmel), gemahlenen Nelken und Koriander. Damit es trocknet und reift, hängt das Fleisch 3-8 Tage. Je länger, desto kräftiger schmeckt die *lúntza*. Sie wird zu allen Gelegenheiten serviert und in dicken Scheiben gegessen. *Lúntza* kann auch mit Holz aus Obstbäumen im Ofen geräuchert werden. Das Fleisch wird dann drei Stunden gebacken und anschließend mit Basilikum, Majoran und Zitronengeranie gewürzt.

TSAMARÉLA

Die *lúntza* ist nicht konkurrenzlos: *Tsamaréla* zum Beispiel ist ein Schinken von Bergziegen, die sich von nichts als frischem Gras und Berggräsern ernähren. *Tsamaréla* wird im Spätsommer vorbereitet, wenn die Tiere in die Ställe zurückgehen. Es werden ausschließlich die Filetstücke verwendet. Das gesalzene Fleisch trocknet zunächst an der Sonne. Um Bakterien und Keime abzutöten, wird es anschließend für eine Minute in einen großen Kessel mit kochendem Wasser gelegt. Bevor die über Monate haltbare *tsamaréla* fertig ist, wird sie mit getrocknetem Oregano gewürzt und 24 Stunden lang in der prallen Sonne geräuchert.

CHIROMÉRI

Chiroméri heißt im Griechischen ›Seite vom Schwein‹. Gemeint ist das Schweinebein. Ähnlich wie *lúntza* wird es eingelegt und geräuchert. Das Einlegen in Rotwein dauert 21 Tage und ist etwas aufwändiger, weil der Wein mehrmals erneuert werden muss. Das Schweinebein wird immer wieder gewendet und beschwert, damit es an Wasser verliert. Alle 2–3 Tage wird es aus dem Weinbad herausgenommen und gelüftet, anschließend wie *lúntza* zum Trocknen aufgehängt. Früher aßen die Zyprioten wie die Griechen vorwiegend im Winter Schweinefleisch. Deshalb stellten sie *chiroméri* auch nur während der Wintermonate her, wenn genügend Schweinefleisch vorhanden war. Dabei ist es bis heute geblieben. Zum ersten Mal wird *chiroméri* aber erst nach der Fastenzeit zu Ostern angeschnitten.

ARABISCHES ZYPERN

Artisiá nennen die Zyprioten den arabischen Kreuzkümmel, aber auch das griechische *kímino* ist ihnen geläufig. Es verweist auf den arabischen Ursprung. Die alten Griechen importierten Kreuzkümmel aus Zentralasien und bauten ihn in den Gärten der Antike an. Theophrast bezeichnet das Gewürz bereits als Küchenkraut, weil damals nicht der Samen, sondern die Blätter zum Würzen verwendet wurden. In späteren Zeiten schätzten die Mönche in den byzantinischen Klöstern das Gewürz vor allem während der regelmäßigen ›Wassertage‹. An diesen Fastentagen mischten sie es zusammen mit Anis und tranken es als Würzwasser. Während die alten Griechen Meeresfrüchte mit Kreuzkümmel zubereiteten, wird er auf Zypern für Fleischgerichte eingesetzt. Dort bringt er geschmacklich eine raffinierte, orientalisch schwül-warme Note ein.

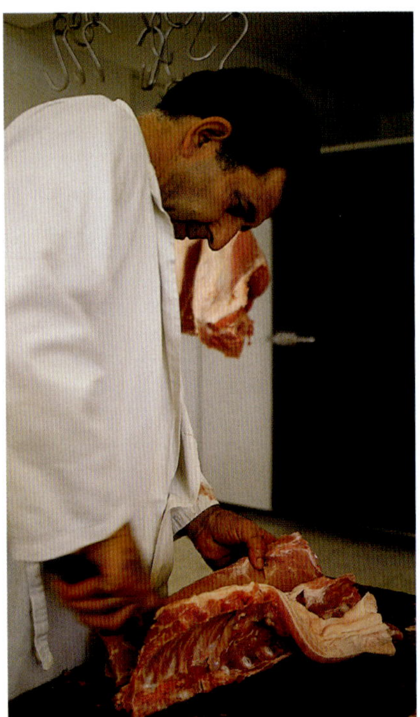

Lúntza: Rückenfleisch vom Schwein wird in gleichmäßige Stücke geschnitten und von Fett befreit.

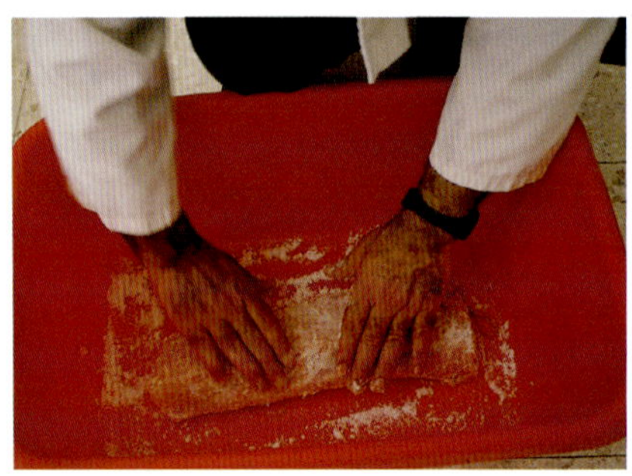

Das Fleisch wird in Salz gewendet, das es würzt und ihm die Flüssigkeit entzieht.

Eine Woche lang zieht das Fleisch in zypriotischem Rotwein.

Zum Schluss wird *lúntza* in einer Kräutermischung gewälzt und zum Trocknen aufgehängt.

Hintergrund: *Lúntza* in der Räucherkammer. Oben: *Lúntza* angeschnitten beim Metzger.

Hintergrund und oben: *Chiroméri* ist der Parmaschinken der Zyprioten. Er wird in großen Scheiben serviert.

Als einziger Schinken im gesamten Mittelmeerraum wird *tsamaréla* aus Ziegenfleisch hergestellt.

Links: Zypriotin beim Rühren der Molke. Oben: *Arnari*-Käse ist eine Variation ohne Minzeblätter.

CHALÚMI

Was für die Griechen der Schafskäse, ist für die Zyprioten der *chalúmi*. Dabei ist dieser verführerische Käse keine rein zypriotische Erfindung, sondern stammt ursprünglich aus Arabien. Er entsteht in vielen Produktionsschritten aus einer Mischung von Schafs- oder Ziegen- und Kuhmilch, manchmal auch aus 100 % Schafs- oder Ziegenmilch. Die Milch wird bei sehr niedriger Temperatur in einem großen Kessel langsam erhitzt. Dann wird das obligate Lab hinzugefügt, eine Art vorbereitete Hefe, die in der Magenschleimhaut von jungen Ziegen entsteht und das wichtige Enzym Chymosin enthält. Es steuert die Verdauung der Muttermilch bei Jungtieren, während es bei der Käseherstellung zur Gerinnung kommt. Die Milch muss anschließend ruhen bis sie geliert und sich zu festigen beginnt. Die Masse wird in einem Topf mit der Hand ausgepresst, bis die ganze Molke ausgedrückt ist und nur noch die festen Bestandteile zurückbleiben. Daraufhin kommt der Käse portionsweise in spezielle Förmchen. Die übrig gebliebene Molke wird abermals erhitzt, der Käse längs in zwei Teile geschnitten und wieder vorsichtig in die warme Molke gelegt. Sobald die Molke zu kochen beginnt, schöpft man mit einer Kelle die Käsestücke heraus und legt sie auf ein Holzbrett. Nachdem der *chalúmi* kalt geworden ist, wird das Verfahren wiederholt. Gar ist er erst dann, wenn er auf der Molkeoberfläche zu schwimmen beginnt. Dann nimmt man den Topf vom Herd und stellt ihn 5 Minuten kalt. Nun legt man auf großen Tellern Salz und frische Minzeblätter aus und wälzt jedes *Chalúmi*-Stück abwechselnd in Salz und Minze, die dem Käse eine ungeahnte Geschmacksnote geben. Ein zweites Stück wird auf das erste geklappt. Die so entstandenen *chalúmi*-Sandwich-Stücke werden in Gläsern oder Tontöpfen gestapelt. Dann wird die Salzlake darüber gegossen, bis alle Stücke ganz von ihr bedeckt sind.

Chalúmi enthält 43 % Fett i. Tr., maximal 45 % Feuchtigkeit, 22 % Protein und 2–3 % Salz. 100 Gramm haben 300 kcal. Will man ihn für lange Zeit haltbar machen, so muss er in einem Gefäß gut zugedeckt mindestens 40 Tage ruhen. Während dieser Tage soll er ungenießbar sein – er ›feiert krank‹, sagt man. Nach diesem Prozess ist er etwas härter geworden und lässt sich ganz vorzüglich über Nudelgerichte reiben oder verbacken. Chalúmi-Käse ist bei 2–4 °C drei Monate haltbar und bei –18 °C über ein Jahr. Nach dem Auftauen sollte er aber eine halbe Stunde außerhalb des Kühlschanks stehen, bevor er verwendet werden kann.

Das Besondere am *chalúmi* ist seine Eigenschaft, nicht zu schmelzen. So kann man ihn braten, kochen und grillen. Er schmeckt als Vorspeise, Hauptspeise oder Nachtisch zusammen mit Früchten immer wieder überraschend frisch.

Der noch warme Käse wird in kleinen Portionen mit den Händen aus dem Bottich geschöpft.

Er zerbröselt etwas in der Hand, wird leicht geknetet und vorsichtig in Körbchenformen gepresst.

Typisch ist die runde Form die der *chalúmi* behält, wenn er aus den Förmchen befreit wird.

DER JOHANNIS-BROTBAUM

Die einzige Art der Gattung *Ceratonia* wächst im östlichen Mittelmeerraum. Im Herbst können ihre bohnenartigen dunkelbraunen Hülsenfrüchte geerntet und frisch verzehrt oder weiterverarbeitet werden. Johannisbrot kannte man bereits im alten Babylon um 1000 v. Chr., wo es als Armenbrot verschrien war. Ebenso wusste man damals, dass es die Verdauung regulierte und eher stopfende Eigenschaften hatte.

Berühmt geworden ist das Johannisbrot aber wegen des Gewichts seiner Samen: Die Araber nutzten den 0,18 Gramm schweren Samen, um Gold und Edelsteine zu wiegen. Das Wort Karat ist von der lateinischen Bezeichnung für Johannisbrot (*Ceratonia*) abgeleitet. Der Karat wurde später erst auf 0,2 Gramm aufgerundet. Johannisbrot enthält ca. 40 % Zucker, 10 % Proteine und die Mineralstoffe Kalzium und Eisen, weswegen es in Notzeiten als Nahrungsmittel diente. Auch Ersatzkaffee wurde daraus gebrannt. In späteren Zeiten wurden die Schoten als Viehfutter verwendet. Johannisbrot kennt man auf Zypern eher als *charúpi* und stellt daraus eine seltene süße Köstlichkeit her. *Charúpi-pastéli* wird aus gekochtem Johannisbrotsirup gemacht. Der Sirup selbst wird zur Verfeinerung von Nachtischen eingesetzt. Eine Sitte, die nur noch in wenigen zypriotischen Dörfern praktiziert wird. Darüber hinaus findet das Harz des Johannisbrotbaumes heute bei der Herstellung von Papier und manchen alkoholischen Getränken nützliche Anwendung.

Die einzige Art der Gattung *Ceratonia* wächst im östlichen Mittelmeerraum. Im Herbst können ihre bohnenartigen Früchte geerntet und frisch verzehrt werden.

Die Schoten werden auf offenem Feuer aufgekocht und dabei gerührt.

Die dabei entstandene Masse kühlt auf einer Steinplatte ab.

Dann wird sie gut geknetet und in Form gerollt.

Während die Sirupmasse auskühlt, verändert sich ihre Farbe.

Die Süßspeise wird in kleine Portionen geschnitten. In Tüten verpackt wird das *charúpi-pastéli* zum Verkauf angeboten.

Der Sirup schmeckt als Soße oder zu Eis.

BECCAFICOS

Lawrence Durrell, der große Zypern-Experte und Griechenlandschriftsteller der 50er Jahre hatte zwar alles über Zypern gesagt, was zu sagen gewesen wäre. Von Beccaficos hatte er bis 1957 allerdings noch nichts gehört. Erst in seinem Zypernbuch ›Bittere Limonen‹ erzählt er zum ersten Mal über diese kleinen Spatzen, Weinbergvögel, Mönchsgrasmücken (*Silviidae*) oder auch ›blackcaps‹, wie sie heute genannt werden. Sie seien ihm als Vorspeise zusammen mit Wein serviert worden und man äße sie ganz, erzählt er fast beiläufig über seine kulinarische Begegnung mit den kleinen Fliegern. Beccaficos sind wohl die exotischsten und geheimnisumwobensten Delikatessen Zyperns. Vieles erfährt man auch heute nicht darüber. Auch auf der Speisekarte der Restaurants sind sie wohl kaum zu finden. In Wahrheit gibt es aber keinen Zyprioten, der nichts lieber von der Jagd mit nach Hause bringt als diese winzigen Vögel.

Die Hauptsaison für Beccaficos ist im September, wo sie mit Leimruten überall gefangen werden können. Manchmal verbergen sich hinter dem Namen auch andere Vögel, wie Gartenammern (*Emberiza hortulana*) und Fliegenschnäpper (*Muscicapidae*). Dass über sie geschwiegen wird, hat damit zu tun, dass die Jagd auf Singvögel natürlich auch auf Zypern streng verboten ist. Allen Naturschützern zum Trotz wird diese Tradition aber mit viel Elan aufrechterhalten.

Jeder kleine Junge auf Zypern weiß, wie Beccaficos gefangen und gegessen werden. Der elfjährige Ben empfiehlt: »Du musst sie ganz lassen. Manchmal darfst du nur den kleinen Magen entfernen. Dann von den Federn befreien. Für 8 Minuten in kochendes Wasser legen und dann mit Weinessig und Salz würzen. Dazu ein Glas Wein und wenn Vater erlaubt auch mal einen Schluck Cognac.«

Der Verzehr von kleinen Vögeln geht im griechischen Sprachraum zurück bis in die Zeit von Aristoteles. Die Vogelmärkte von Athen müssen damals voll von Geflügel gewesen sein. Denn Vögel standen zwar nicht auf dem Menüplan einer großen Abendtafel, wurden aber als Zwischenmahlzeit bevorzugt. Sie symbolisierten den Reichtum und das Ansehen des Gastgebers und manchmal wurden kleinere Vögel sogar gerne im eigenen Vorgarten gezüchtet. Dieses vergleichsweise milde Schicksal würde man sich auch für Beccaficos wünschen.

Ein beneidenswerter Beruf! Rosenpflückerinnen achten darauf, dass nur die besten Blätter ins Glas kommen.

ROSEN FÜR APHRODITE

Rosenduft und Liebeszauber haben ihre unverwechselbare Wirkung auf die Menschen bis heute nicht verloren. Ihre Symbolik ist steinalt und eng verknüpft mit der Göttin Aphrodite. Ihr zu Ehren wurden auf Zypern die Aphrodisia zelebriert, geheime Initiationsfeiern, deren Ablauf sehr widersprüchlich überliefert wurde, da die Teilnehmer darüber nicht sprechen durften. Gefeiert wurden sie jedenfalls im April, wenn alles blühte. Junge Mädchen schmückten sich dann mit Rosen, sangen und tanzten, fasteten und pflanzten für die schöne Göttin Bäume in ihren Tempelgärten. Obwohl das Mysterium der Aphrodite längst verloren ist, gelten Rosensträuße noch immer als Liebesbekenntnis zwischen Mann und Frau.

Rosenduft und Rosenwasser werden auf Zypern bis heute in Gedenken an die Liebesgöttin hergestellt. Über eine halbe Million Blütenblätter der Damaskus-Rose pflücken die Rosenbauern im Mai auf ihren Feldern, wenn die Blätter noch feucht vom Morgentau sind. Dann duftet die ganze Gegend intensiv nach den Liebesblumen, aus denen durch ein Destillationsverfahren Rosenöl gewonnen wird. Aber auch Rosenwasser, Rosenlikör und Rosenbrandy stellen die Inselbewohner aus Rosenessenz her. 300 Rosenköpfe wiegen ein Kilogramm und das reicht gerade für 2 Liter Rosenwasser.

Auch in der zypriotischen Küche wird Rosenwasser und Rosenduft vielfach verwendet. Die süßen Gerichte *daktila*, *buzékia*, *lukúmi* und auch der zypriotische *bakláwa* schmecken auf der Insel der Aphrodite nach Rosen. In der Alternativmedizin ist die therapeutische Wirkung von Rosenöl längst bewiesen. Bei Herzbeschwerden wirkt es antiseptisch, zur Heilung von Wunden, Zahnfleischentzündungen und Herpes wird es erfolgreich eingesetzt. Bei Kummer und Traurigkeit soll es lindernde Wirkung haben. Die zypriotischen Frauen schützen ihr Gesicht mit Rosenwasser gegen die Sonne und die Großmütter bestehen darauf, dass sich ihre Enkelinnen mit Rosenwasser waschen!

Zuerst werden die Rosenblätter mit viel Wasser von Schmutz und Ungeziefer gereinigt.

Frauen sortieren die Rosenblätter, denn verwendet wird nur beste Qualität.

Die Blütenblätter werden nach dem Waschen mit Zucker und Zitronensaft verrührt.

Nach dem Aufkochen entsteht eine kristalline Masse.

Nur die Blütenblätter der Damaskusrose (*Rosa damascena*) werden verwendet.

Rosenblüten werden auf Zypern zu Marmelade, Wein, Likör, Rosenwasser und Rosenbrandy verarbeitet.

APHRODITE

Wo auch immer sie wandelte, wuchsen duftende Rosen aus dem Boden. Zahlreiche antike Mythen ranken sich um die Geburt der Göttin. Angeblich verübte Kronos, der Herrscher der Titanen, einen großen Schlag mit einer Sichel, woraufhin die Genitalien des Uranos ins Meer fielen. Das Meer nahm sie auf und umhüllte sie mit weißem Schaum. Und aus diesem Schaum wurde die schönste weibliche Gestalt geboren: Aphrodite. Dann ließ das Meer aus seiner Tiefe eine große Muschel aufsteigen, in die Aphrodite einstieg und sich tagelang über das Wasser treiben ließ. Auf Kithira, der kleinen Insel zwischen Peloponnes und Kreta, wurde sie zum ersten Mal gesichtet. Seitdem verehrten deren Bewohner sie und gaben ihr den Beinamen ›Kythereia‹. An Land ging Aphrodite erst auf Zypern, wo sie von den drei Grazien erwartet wurde. Die drei Töchter des Zeus blieben bei Aphrodite bis sie erwachsen war und von den Göttern auf dem Olymp empfangen wurde. In ihrer Begleitung befanden sich unter anderem Nereiden und zwei ihrer Kinder.

Es gab kaum einen Gott, der Aphrodite keinen Heiratsantrag machte! Ihre Hand gewähren musste sie aber Hephaistos, dem hässlichsten unter allen Göttern des Olymp, dem sie nicht lange treu blieb. Die bekannteste ihrer zahlreichen Liebesgeschichten mit den Sterblichen begann auf Zypern. Schon als Kind schloss sie den jungen Adonis ins Herz, den sie, als seine Mutter Myrrha starb, Persephone zur Pflege gab, weil er so schön war. Persephone lernte Adonis lieben und überließ ihn später nur ungern der Freiheit. Adonis wurde Jäger und eines Tages tötete ihn ein großes Wildschwein. Seitdem wurde Adonis zusammen mit Aphrodite auf Zypern verehrt. Durch die Eifersucht von Hera und Athena kam es zu einem Schönheitswettbewerb, den Aphrodite gewann. Es war jener Wettbewerb, dessen Auswirkungen den Trojanischen Krieg herbeiführen sollten.

ROSENTÖRTCHEN

150 g Mandelpulver
20 g bittere Mandeln, fein zerstoßen
150 g Zucker
10 Eiweiß
200 ml Rosenwasser
30 g Mehl
250 g Blätterteig

Backofen auf 150 °C vorheizen. Mandeln, Zucker und 3 Eiweiß in eine Schüssel geben und gut verrühren. Rosenwasser und Mehl unter Rühren zugeben und ein paar Minuten lang verrühren. Das restliche Eiweiß steif schlagen und unter die Masse heben. Den Blätterteig dünn ausrollen und in kleine, eingefettete Tortenförmchen legen. Diese mit der Rosenmasse füllen, mit Zucker bestreuen und hellbraun backen.
Abkühlen lassen und aus den Förmchen stürzen.

Zyperns Bananen schmecken so süß, weil sie reif geerntet werden.

Siesta: Eine frische Brise vom Meer sorgt für Abkühlung nach der Arbeit, der fantastische Blick auf die Bucht für die nötige Entspannung.

SIRÓPI APÓ PORTOKÁLI
Orangensirup

1 l Orangensaft
750 g Zucker
125 ml Zitronensaft
Schale von 1 unbehandelten Orange, gerieben
4 Blätter frisches Basilikum

Den Orangensaft in einen Topf geben, bei mittlerer Hitze erwärmen und den Zucker darin auflösen. Zitronensaft, Orangenschale und Basilikum zugeben und mit 200 ml Wasser auffüllen. So lange unter Rühren köcheln lassen, bis das Ganze zu einem Sirup eingedickt ist. Die Basilikumblätter herausnehmen, in eine saubere Flasche füllen und verschließen.
Der Orangensirup ist lange haltbar und kann zur Verfeinerung von Süßspeisen, für alkoholische Drinks oder mit Wasser als Limonade benutzt werden. Auf Zypern wird auch gerne Grapefruit-Sirup verwendet. Dafür ersetzt man einfach den Orangen- durch Grapefruitsaft.

Gefragte Exportprodukte: Orangen- und Pampelmusensaft aus Zypern.

SÜSSE BANANEN

Abgeschnittene Blätter, blaue Schutzhüllen, unwegsame Pfade und ein mysteriöses Rascheln im Hintergrund – wer durch die Bananenfelder im Südwesten Zyperns streift, fühlt sich an die Tropen erinnert. In der wärmsten Region der Insel wächst die ursprünglich aus Südostasien stammende Bananenstaude (*Musa paradisiaca*). Sie wird seit mehr als 3000 Jahren von den Menschen gezüchtet, doch trotz aller Kreuzungsversuche, die sie widerstandsfähiger machen sollte, gedeihen Bananenpflanzen nur dort, wo die Sonne das ganze Jahr über genügend Licht spendet und die Temperaturen nicht unter den Gefrierpunkt sinken. Im Winter wickeln Plantagenarbeiter die Stauden in wärmedämmende Plastikfolien ein, um sie vor Kälte, Wind und Regen zu schützen.
Jedes Jahr im April entfernen sie die Blätter der alten Bananenpflanze. Die Mutterpflanze vom Vorjahr wird zurückgeschnitten, weil sich an ihrem Fuß bereits eine neue kleine Bananenstaude entwickelt hat, die neue Früchte hervorbringen wird. Während des Sommers sorgen Bewässerungssysteme dafür, dass die Stauden ihre 100 000 Liter Wasser pro Woche bekommen. Wenn die Bauern dann beginnen, die 12 bis 16 kleinen Bananen pro Staude zu zählen, behandeln sie die Pflanze so behutsam und vorsichtig wie eine schwangere Frau. Zur Erntezeit von Oktober bis Januar sind die Bauern dann fast so stolz als hätten sie selbst Nachwuchs bekommen. Und sie verraten auch, dass die Banane für einige Tage zusammen mit einem Apfel gelagert werden soll, damit sie später besonders gut schmeckt.

KÉIK ME BANÁNA
Bananenkuchen

4 Bananen, geschält
1 EL Cognac
125 g Mehl
1 TL Backpulver
1 EL Vanillezucker
250 g Butter
250 g Zucker
4 Eier

Für die Soße:
200 g Butter
200 g brauner Zucker
400 ml süße Sahne

Backofen auf 180 °C vorheizen. Die Bananen in einen Topf geben, 3 EL Wasser und den Cognac zugießen und einmal aufkochen lassen. Dabei die Bananen zerstampfen. Mehl und Backpulver in eine Schüssel sieben, Bananen und Vanillezucker zufügen und gut vermengen. Butter, Zucker und die Eier im Mixer schaumig rühren und in das Bananengemisch rühren. Eine rechteckige Backform gut einfetten und den Teig hineingeben. Eine Stunde lang backen, bis der Teig eine braune Farbe angenommen hat.
Für die Soße wird die Butter in einem Topf ausgelassen und der Zucker darin karamellisiert. Mit der Sahne ablöschen und kurz aufkochen lassen. Den Bananenkuchen stürzen und in Scheiben schneiden. Jeweils eine Scheibe auf einem Teller anrichten und etwas Soße darüber träufeln.
Diese Nachspeise ist warm oder auch kalt, eine unübertroffene Delikatesse.

Auf Zypern wird aus jedem Obst der Saison ein Teil als Marmelade oder als Kompott konserviert.

EINGEMACHTES

Zwar hängt heute Bestehen oder Vergehen einer Familie nicht mehr davon ab, wie gut sie ihre Ernte über den Winter retten kann, die Vorliebe für den besonderen Geschmack von eingemachtem Obst und Gemüse hat jedoch dazu beigetragen, dass die Kunst des Einmachens Tiefkühltruhen und Importobst überdauert hat.
Die großen Haltbarmacher sind nach wie vor Zucker und Salz. Über alles, was süß schmecken soll kommt eine warme Zuckerlösung aus 400 g Zucker oder mehr pro Liter Wasser, über alles Herzhafte eine Salzlösung aus 3 g Salz pro Liter. Darauf kommt je nach Geschmack eine Lage Kräuter und Gewürze. Bevor das Obst und Gemüse ins Glas wandert, muss es erst gründlich inspiziert werden, nur das Beste kommt in die Vorratskammer. Vorher muss es noch gut gereinigt und leicht eingeschnitten werden, damit es während des Abkochens nicht aufplatzt. Gerne spickt man Kleinobst bei der Gelegenheit noch mit Nüssen oder Gewürzen. Gemüse wird meist vorgedünstet: man überspannt dazu einen Topf kochendes Wassers mit einem Tuch, gibt das Gemüse darauf und lässt es im strömenden Dampf gar ziehen. Bei Obst hingegen bevorzugt man einen gewissen Biss, wenn das so entstandene *glikó* später zum Kaffee gegessen wird. Sind die Gläser solchermaßen gut vorbereitet werden sie ins Wasserbad gegeben und sterilisiert.
Oliven erfahren eine andere Prozedur: sie werden nicht vorgedämpft, sondern mit den gewünschten Geschmackszutaten, jedenfalls aber mit Zitrone oder Essig, sehr gut vermischt und abgedeckt kühl gestellt.

GLIKÓ MELITZANÁKI

Kleine Auberginen in Sirup

1 kg kleine, weiche Auberginen (ca. 5 cm lang)
Mandeln, gleiche Anzahl wie die Auberginen
1 kg Zucker
2 Tassen kaltes Wasser
2 EL frischer Zitronensaft
2 Vanillestangen, 5 Gewürznelken

Die Strünke der Auberginen abschneiden und Früchte an einer Seite einschneiden. Für 24 Stunden in kaltes Wasser geben, dabei Wasser mehrfach wechseln. Abtropfen, in jeden Schnitt eine Mandel stecken und anschließend zubinden. Zucker, Wasser, Gewürznelken, Vanillestangen und Auberginen in einen Topf geben und ca. 6 Minuten kochen. Abkühlen lassen und 24 Stunden stehen lassen. Auberginen herausnehmen und die Fäden entfernen. Den Sirup zum Kochen bringen, die Auberginen zugeben und kochen, bis der Sirup dickflüssig wird. Wiederholt Schaum abschöpfen. Ganz zuletzt Zitronensaft zufügen. Abkühlen lassen und in Gläser füllen.

Als Gemüsevorrat für den Winter werden Auberginen auch sauer eingelegt.

Eingemachte Zwiebeln können als Vorspeise oder als Grundlage zum Würzen von Soßen verwendet werden.

Zucchinischeiben können als eine Art Chutney in der Küche für kräftige Gemüsegerichte dienen.

Oliven legt man ungegart in Essig, Zitronen und Knoblauch mit allerhand Gewürzen ein.

Aprikosenkompott kann als Nachspeise oder in der Zubereitung von Kuchen verwendet werden.

Quitten-*Glikó*: Sein Citrusgeschmack und seine faserige Oberfläche harmonieren zu einer aparten Köstlichkeit.

Traubensaft um Mandelkern - und ein bisschen Schnur: *sutzúko*

In der *Sutzúko*-Schmiede wird der Vorrat für ein ganzes Jahr produziert.

SUTZÚKO

Denken sie nicht an eine japanische Kampfsportart, wenn sie das Wort *sutzúko* lesen! Mit Sport hat *sutzúko* am allerwenigsten zu tun. Das Wort bedeutet im Gegenteil: Essen und Genuss. *Sutzúko*-Zeit ist die Weinlesezeit. Wenn sich die Winzer dem Fass zuwenden, bastelt man zu Hause am Herd mit dem frischen Traubenmost. So wie auf der Chalkidiki *petimesi* hergestellt wird, so entstehen hier *sutzúko* und *epsima*.

Sutzúko wurde in Notzeiten wegen seines Nährwertes den kleinen Kindern als Obstersatz angeboten. Als eine leckere vitaminreiche Süßigkeit für die zypriotischen Wintermonate betrachten die alten Leute die *Sutzúko*-Stränge, die nach ihrer Herstellung für sehr lange Zeit haltbar bleiben. Die Alten bevorzugen sie in kleingeschnittenen Stückchen zusammen mit Rosinen und Mandeln und einem Glas Zivania, einem zypriotischen Schnaps. Die Jüngeren beißen gleich ein Stück von der etwa 30cm langen Traubenwurst ab.

Das Herstellungsverfahren des *sutzúko* ist überraschend einfach. Die Hauptingredienz ist Traubenmost. Zuerst wird der Traubensaft in einem großen Kessel unter Zugabe von Zucker gekocht.

Epsima ist Traubensirup mit Rosengeranienblättern. Mit Wasser verdünnt ist er ein veritables Erfrischungsgetränk.

Eine niedrige Temperatur und ständige Beobachtung sind nötig, damit der Zucker nicht kristallisiert. Um den Trauben die Säure zu nehmen, fügte man früher etwas Kalk hinzu. Wenn die Masse zu stocken anfängt, wird der durch das Kochen entstandene Schaum mit einer Kelle entfernt und der Traubensaft durch ein feines Leinentuch gesiebt. In einem Verhältnis von 7 Teilen Traubensaft und 1 Teil kleberhaltigem Mehl wird die Masse wieder zum Kochen gebracht, bis sie fest wird. Nun kommt das Kernstück zum Einsatz: geschälte Mandeln, die wie Perlen auf einem reißfesten Faden zu einer Kette aufgefädelt wurden. Diese Mandelketten taucht man mehrmals nacheinander in den heißen Sirup, der sich in Schichten um die Mandeln legt, bis sich eine 2–3 cm dicke Wurst an der Kette gebildet hat. Nun müssen die Schnüre auskühlen und trocknen. Im Idealzustand hat fertiges *sutzúko* eine Konsistenz wie Weingummi. Wenn man ihn im Kühlschrank aufbewahrt, bleibt der *sutzúko* bis ins Frühjahr hinein haltbar und schmeckt als Nachtisch und im Müsli.

Lukúmi gibt es in ganz Griechenland, meist lose in großen Bergen auf dem Markt. Die Staubzuckerschicht schützt vor dem Austrocknen.

LUKÚMI

Zwei Dinge sind es, die das Dorf Lefkara auf Zypern berühmt gemacht haben: Die von den Venezianern bis in unsere Zeit hochwertigen Stickereien und der *lukúmi*. Das Stickereiengeschäft hat inzwischen so manchen Sturm über sich hinwegbrausen gesehen. Die *Lukúmi*-Tradition aber ist ein zeitübergreifendes stabiles wirtschaftliches Wunder auf Zypern geblieben.

Lukúmi gehört zu den süßesten, weichesten und sinnlichsten Verführungen, deren orientalische Note auch von europäischen Gaumen hoch geschätzt wird.
Lukúmi ist ein Geleekonfekt auf Fruchbasis und hat nichts mit dem zu tun, was man ›türkischen Honig‹ nennt. Denn dieser ist – wie der Name sagt – gekochter Honig, dem Nüsse, Gewürze und Eiweiß zugefügt werden und der im erkalteten Zustand milchig weiß aussieht. Seine Konsistenz kann von zäh bis steinhart ausfallen.

Lukúmi dagegen ist immer weich und transparent wie Gelée. Der älteste noch lebende *Lukúmi*-Bäcker führt sein Geschäft, das schon seit fast 100 Jahren existiert, in Lefkara. Als einer der ersten hat er zu Beginn des 20. Jahrhunderts die zypriotische *Lukúmi*-Genossenschaft auf Londoner Messen vertreten. Wenn er heute seinen Kunden ein *lukúmi* anbietet, dann ist das eine Sache der Ehre. Die Rezeptur ist aber bis heute sein größtes Geheimnis geblieben. Sicher ist, dass feines Maismehl mit Zucker, Nüssen und Wasser in einem Kessel erhitzt wird. Dazu kommen die Geschmacksnoten in Form von ätherischen Ölen. Die häufigsten sind natürlich Rose, gefolgt von Bergamotte, Orange, Minze und Zitrone. Nachdem die Masse erkaltet ist, wird sie auf einer Marmorplatte ausgerollt, in mundgerechte Stücke geschnitten und in Puderzucker getaucht. Durch diese ›Versiegelung‹ wird das Lukúmi vor dem Austrocknen bewahrt.
Gerne wird *Lukúmi* zum nachmittäglichen Mokka gegessen oder als aufwändig verpacktes Geschenk mitgebracht.

ERDNÜSSE

Kaum ein alkoholisches Getränk, das auf Zypern nicht mit diversen Nüssen serviert wird. Dabei nennt man ›Nüsse‹ alles, was salzig schmeckt und beim Zubeißen knackt. Darunten können auch Sonnenblumenkerne fallen oder auch – Erdnüsse. Wie gut, dass auf Zypern kein Mangel daran herrscht, sonst würde so mancher verdursten!
Die Erdnusspflanze ist ein niedriges Gewächs, das in Südamerika beheimatet ist. Auf den trockenen Böden Zyperns fühlt sie sich jedoch sehr wohl. Nach dem Verblühen steckt sie ihren Kopf in den Sand, das heißt, die Blütenstiele verbiegen sich zur Erde und drücken so die Früchte in den Boden. Wenn die Erdnüsse daher im September geerntet werden, müssen die Schalen zuerst gereinigt werden. Danach werden sie für mehrere Tage zum Trocknen in der Sonne ausgelegt. Bis zu 500 Kilo Ertrag erzielen die Bauern auf einem Hektar Anbaufläche. Der Ertrag sichert ihnen ein gutes Einkommen, denn Lust auf kalte Drinks wird man auf Zypern immer haben.

Die Nüsse werden nach der Ernte auf großen Planen zum Trocknen ausgelegt, dazu wird jede Hand gebraucht.

Die Erdnuss ist gar keine Nuss: sie ist als Hülsenfrucht eher mit Erbsen und Bohnen verwandt.

ZYPRIOTISCHER WEIN

Die Bodenmosaiken in Páphos an der Südwestküste Zyperns enthalten Hinweise, dass auf der Insel schon in der Antike Weinbau betrieben wurde und hier eine der ältesten Weintraditionen der Welt gepflegt wird. Eine Blütezeit hat die zypriotische Weinkultur schon während der Belagerung der Insel durch die Kreuzritter erlebt, nachdem Richard Löwenherz 1191 von ihr Besitz ergriffen hatte. Weitgehend brach hingegen lag der Weinbau zur Zeit der jahrhundertelangen osmanischen Herrschaft. Erst mit der Vorherrschaft durch die Briten 1878 wurde der Weinbau wieder im großen Stil aufgenommen. Die darauf folgenden politischen Wirren und herrschaftlichen Wechsel hat er nahezu unbeschadet überstanden, und er konnte sich besonders in jüngster Zeit sehr verbessern.

Voraussetzung für das Gedeihen der Weinreben sind der Kalksteinboden und die idealen Bedingungen des mediterranen Klimas mit langen Sommern und niederschlagreichen Wintern sowie den etwa 330 Sonnentagen im Jahr. Schon in der zweiten Augusthälfte beginnen die Winzer mit der Lese, die sich in den höheren Lagen bis Anfang November hinzieht. Begünstigend wirkt weiterhin, dass Zypern bisher vom Reblausbefall verschont geblieben ist.

Immer noch werden zum großen Teil einheimische Rebsorten kultiviert: die schwarze Mávron und die dunkle, etwas leichtere und säuerlichere Ophtalmo für Rot- und Roséweine; delikate und fruchtige Weißweine bringt hingegen die aromatische Xynisteri-Traube hervor. Aus den Xynisteri- und Mavron-Reben im Norden von Limassol wird auch der bekannte Commandaria-Wein gewonnen. Seit einigen Jahren experimentieren die zypriotischen Winzer mit zwölf weiteren Rebsorten – darunter natürlich auch die internationalen Favoriten. Von den wichtigsten Weinkellereien auf Zypern sind Etko, Keo, Loel und Sodap – alle in der Region um Limassol – die größten. Als kleinere Weingüter sind Nikolaides, Fikardos und Pelendria zu nennen. Ein Weingut der besonderen Art ist das Kloster Chrissorogiátissa im Trodoos-Gebirge mit seinen eigenen Weinbergen (Abbildung, Mitte). Hier widmet sich Pater Dionissos inmitten der geschichtsträchtigen Klostermauern der Kunst der Weinerzeugung und finanziert damit die Instandhaltung des Klosters. Es hat einige Kreuzzüge und Überfälle überstehen müssen, seitdem es der Einsiedler Ignatius 1152 gegründet hat. Ob dies ihm im Traum befohlen wurde, oder ob er es zu Ehren einer Ikone tat, wie die Legenden lauten, ist bis heute offen.

Im Schutze der schönen historischen Klostermauern von Panagía-Chrissorogiátissa betreibt Pater Dionissos eine Weinproduktion.

Monastere: Ein roter trockener Wein der kräftig und vollmundig ist.

Agios Andronicos: Ein trockener Weißwein der Spitzenklasse.

Agia Marana: Bei 10 °C einer der beliebtesten zypriotischen Rosés.

Agios Ilias: Ein sehr guter trockener und leichter Tropfen.

KELLEREI KEO

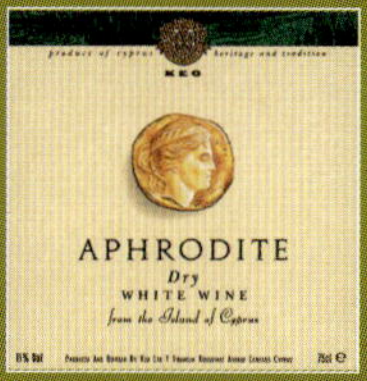

Blumig und frisch schmeckt der trockene Weißwein von Keo.

Dieser zwölfprozentige Rotwein hat einen sehr vollen Geschmack.

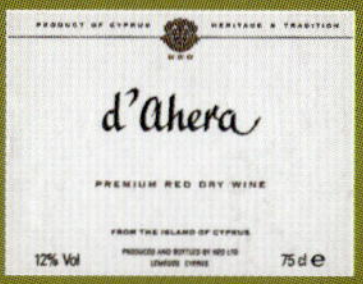

Der trockene Rotwein d'Ahera schmeckt zu würzigen Gerichten.

KELLEREI SODAP

Dieser liebliche Weißwein passt bei 12 °C gut zu leichten Vorspeisen.

Der Afames ist ein trockener, würziger, in der Flasche gereifter Rotwein.

ESELSRUH

Der Esel (griech. *Jáidros*) ist der Kleinwagen unter den Nutztieren: sparsam im Verbrauch, leicht zu rangieren und mit einiger Phantasie grenzenlos belastbar. Im bergigen Zypern war er daher von alters her ein beliebter Hausgenosse. Heute, im Zeitalter des Mähdreschers und Straßenbaus ist er in der Praxis de facto überflüssig geworden. Trotzdem trennt man sich nicht so leichtfertig von ihm wie von seinen Arbeitskollegen Ochse und Ackergaul. Vielleicht, weil er einst einen für das orthodoxe griechische Geistesleben nicht unwichtigen Menschen beim Einzug nach Jerusalem getragen hat? Weil er dessen Flucht nach Ägypten ermöglichte? Wie auch immer: für den Esel hat man sich etwas Besonderes einfallen lassen: Seit 1994 existiert auf Zypern in dem kleinen Bergdörfchen Vouni ein Altersheim für Esel. Denn obgleich außer den alten Bauern in den Bergen sich niemand mehr mit Esel sehen lassen will – denn das wäre ein allzu deutliches Zeichen, sich kein Auto leisten zu können – kann es hier durchaus vorkommen, dass man einen Esel erbt. Die Frage nach dem Wohin beantwortet in der Regel der Abdecker und ist damit die letzte Station des Esels. Denn gegessen wird Eselsfleisch weder in Griechenland noch auf Zypern. Bleibt also das Altersheim. Seine Gründung betrieb der Verein ›Friends of the Cyprus Donkey‹ nach dem Vorbild von Senioreneinrichtungen in anderen Mittelmeerländern mit ähnlicher Esel-Historie. Es bietet heute Platz für ca. 80 Esel, die von zwei festen Mitarbeitern betreut werden. Alle acht Wochen kommt der Sattler vorbei, die Pediküre und auch der Zahnarzt lässt sich ab und an blicken. Eselsglück ist, einen oder mehrere Paten zu haben: wer will, der kann eine Eselspatenschaft übernehmen. 15–20 DM kostet das im Jahr und pro Person. 36 Adoptiveltern braucht ein Esel um ein ganzes Jahr überleben zu können. Die meisten haben dieses Ziel erreicht und können nun, dank der ›neumodischen‹ Erfindung des betreuten Seniorenwohnens, nach einem arbeitsreichen Leben einen angenehmen und sinnerfüllten Ruhestand genießen.

ÁGIOS JEÓRGIOS

Unter den Heiligen war St. Georg schon immer einer, der sich auf eine große Fangemeinde berufen konnte. Auch in Griechenland und Zypern hatte der Name Georg lange Zeit eine Sonderstellung, hatte doch Griechenland sogar Könige dieses Namens! Für die Zyprioten war der heilige Georg nicht bloß ein Heiliger. Für sie war er der Mann, der ihnen das Wasser brachte. Ein besonderer Auftritt war das schon, denn Zypern litt schon in der Antike unter Wasserknappheit. Auf Zypern steht der getötete Drache stellvertretend für einen einflussreichen Mann, der das gesamte Wasser der Insel unter seine Gewalt gebracht hatte. Georg kam, sah und besiegte den Wasserfürsten. Seit jener Zeit ist St. Georg der Schutzheilige der Zyprioten. Ihm zu Ehren errichteten sie im Süden der Insel sieben kleine Kirchen. Dieses Gebiet heißt auch heute noch ›The Seven Georges‹. Der Name Jeórgios gilt noch heute als ehrenvoll, weshalb ausnehmend viele Männer so heißen. Ist ein Hotel oder Restaurant nach dem heiligen Georg benannt, dann bürgt der Name in der Regel für Gastfreundlichkeit und exzellente zypriotische Küche.

In großzügigen und schicken Apartments mit kleinen beschäftigungstherapeutischen Angeboten verbringen die Großmütter und Großväter unter den Eseln ihren Lebensabend. Über Besuch freuen sie sich sichtlich.

INHALT ANHANG

GLOSSAR

A

Achnistó – gedämpft, auch dampfend

Afrothes – Schaumwein

Águro krasi – unreifer, das heißt junger Wein

Aláti – Salz

Ambelónas – Weinberg

Arní – Lamm

Astakós – Hummer

Awgó – Ei

Awgolémono – Ei-Zitronen-Soße. Eine Standardsoße der griechischen Küche, die entweder zu Gemüse- und Fleischgerichten gereicht wird oder dem Legieren von Suppen dient

B

Bakaliáros – Wittling; ein Fisch, meist in Salz konserviert, den man auch frisch zubereitet

Baklawás – ein sirupgetränkter Blätterteigkuchen mit Nussfüllung

Biskotákia – Gebäck

Bobóta – Kuchen aus Maismehl, der je nach Region in verschiedenen Formen und Geschmacksrichtungen angeboten wird

Bugátsa – süße Pita-Variante mit Cremefüllung, die mit Zimt und Puderzucker bestreut wird

Briám – der klassische griechische Gemüseeintopf

Brisóla – Kotelett

C

Chalwadópita – eine Süßigkeit ähnlich dem türkischen Honig, aus Mandeln und fester Zuckermasse, die zwischen Oblatenböden gepresst wird

Chalwás – Süßigkeit aus Sesam oder Weizengrieß

Chilopítes – hausgemachte, fast quadratisch geschnittene Nudeln

Chirinó – Schweinefleisch

Chimós – Saft

Chína – Gans

Chórta – Wildgemüse wie Löwenzahn oder Brennnessel, das als Salat Verwendung findet

Chróma – Farbe

D

Dríinio waréli – Eichenfass

E

Elafrí krasí – leichter Wein

Eleólado – Olivenöl

Epitrapezio – Tafelwein

Erithró oder kókino – rot

Erithrós oínos – Rotwein

F

Fajitó – Essen, Gericht

Fassoláda – die traditionelle griechische Bohnensuppe.

Féta – ein fester, bröckeliger Schafskäse, der in einer Lauge reift

Frúta – Obst

Fúrnos – Backofen

G

Gála – Milch

Galaktobúreko – ein Blätterteigkuchen mit Milchcremefüllung und Sirup

Galopúla – gefüllter Truthahn; das traditionelle Weihnachtsessen

Gáwros – Anchovis

Gévsi – Geschmack

Glikó tu kutaliú – eine Art Konfitüre aus in Zuckersirup gekochten Früchte

Gurúni – Schwein

Gyros – auf einem großen Drehspieß gebratene Fleischscheiben

I

Inapothíki – Weinkeller

Inopíisi – Weinherstellung

Inopiós – Weinbauer

Inopolío – Weinlokal, Weinhandlung

Isoropiiméno krasí – harmonischer Wein

J

Jiachní – ein Eintopf, meist aus Gemüse, dem die Tomatensoße den typischen Charakter gibt

Jemistó – gefüllt

Jaúrti – Joghurt

K

Kafés – Kaffee

Kantaífi – eine Süßigkeit aus feinen Blätterteigfäden, gehackten Nüssen und Sirup

Kapnós – Tabak

Karawídes – Kaisergranate

Kástana – Kastanien

Katsíka – Ziege

Kéik – Kuchen

Keftés – Hackfleischbällchen

Kiwótio – Holzkiste

Kotópulo – Huhn

Kunéli – Kaninchen

Krási me polí sóma – Wein mit viel Körper

Krasí – neugr. Wein

Krassáto – in Wein eingelegt

Kréas – Fleisch

Kréma – Sahne

Kritharáki – Reisnudeln. Teigwaren in Form von dicken Reiskörnern, die wie Risotto-Reis zubereitet werden, nämlich mit nur so viel Wasser, wie sie selbst aufnehmen können

Krókos – Safran

Kóliwa – gequollener Weizen, Rosinen, Granatapfelkerne und Nüsse, die an Gedenktagen im Rahmen einer religiösen Zeremonie in kleinen Papiertüten gereicht werden

Kulúri – Sesamgebäck in Form eines Kringels, das zu den griechischen ›Grundnahrungsmitteln‹ gehört

Ktima – Weingut

L

Lachaniká – Gemüse

Lagós – Hase

Lefkó – weiß

Lefkós oínos – Weißwein

Liturjiá – Brot, das den Leib Christi symbolisiert und zu kirchlichen Feiertagen zur Kirche gebracht, geweiht und verteilt wird

Lukumádes – Hefegebäck in Form von Krapfen

Lukúmia – mit Rosenwasser oder Zitrusessenz parfümierte Würfel aus Gelee, mit Puderzucker bestäubt

Lukánika – Wurst

M

Majiritsa – die klassische griechische Ostersuppe aus den Innereien des Osterlamms, die traditionell nach dem Gottesdienst in der Nacht zum Ostersonntag gegessen wird

Makaronáki – Nudeln

Manitária – Pilze

Marináto – mariniert

Melitzána – Aubergine

Ménta – Minze

Mesés – kleine Gerichte aus Fisch oder Fleisch, die nacheinander serviert werden und mit deren Vielfalt sich ein ganzes Essen bestreiten läßt

Mídia – Muscheln

Mílo – Apfel

Moshári – Rind, Kalb

Mussakás – der allseits bekannte griechische Auberginenauflauf

N

Neró – Wasser

Ntolmadákia – mit diversen Zutaten gefüllte Weinblätter, die als Vorspeise gegessen werden

O

Oínos – altgriech. Wein

Omeléta – Omelett

Ortíkia – Wachtel

Ospria – Hülsenfrüchte

Ouzo – das griechische Nationalgetränk schlechthin. Ein aus Traubenrückständen gebrannter Schnaps mit Anisaroma

P

Pagotó – Eis

Paleó krasí – alter Wein

Pané – paniert

Pastéli – ein Riegel aus Sesam und Honig, der je nach Region manchmal auch Mandeln enthält

Patáta – Kartoffel

Péstrofa – Forelle

Petimési – eingekochter, geleeartiger Traubenmost, der zur Herstellung verschiedener Süßspeisen verwendet wird

Piláfi – Reis

Pipéri – Pfeffer

Piperiá – Paprika

Píta – flaches Blätterteiggebäck mit den unterschiedlichsten Füllungen, häufig Käse, Gemüse oder Fleisch

Portokáli – Orange

Potíri – Glas

Prówato – Schaf

Psári – Fisch

Psitó – gebraten, gegrillt

Psomí – Brot

R

Retsína – traditionsreicher Wein, meist aus der Savatianó-Traube, dem Kiefernharz zugesetzt wird

Rewaní – Orangenkuchen mit Sirupüberzug

Rewíthia – Kichererbsen

Rígani – Oregano

Rísi – Reis

Rodákino – Pfirsich

Rofós – Zackenbarsch

S

Saganáki – mit Tomate und Käse überbacken

Saláchi – Rochen

Saláta – Salat

Salépi – ein dickflüssiges Getränk aus Orchideen-Extrakt, das vor allem in den Großstädten auf der Straße verkauft wird

Salingária – Schnecken

Sáltsa – Soße

Sardéla – Sardine

Sháras – gegrillt

Síko – Feige

Sikotákia – Leber

Sintají – Rezept

Skórdo – Knoblauch

Sokoláta – Schokolade

Supiés – Sepia

Spanáki – Spinat

Sparángia – Spargel

Spória – geröstete Sonnenblumenkerne, die als Zwischendurch-Snack auf der Straße verkauft und geknabbert werden

Stafides – Rosinen

Stafíli – Traube

Stifádo – ein Gulasch, der beliebige Sorten Fleisch enthalten kann

Suwláki – Fleischspieß

T

Thalassiná – Meeresfrüchte

Tiganitó – gebraten

Tirí – Käse

Tónos – Thunfisch

Tzatzíki – eine Knoblauch-Joghurt-Soße, die zu Fleischgerichten und frittiertem Gemüse gereicht wird

Tsípuro – ein starker Trester-Schnaps, der nur aus Wein-Trauben- nicht aus Tafel-Trauben-Sorten gebrannt wird.

Tsuréki – traditionelles Osterbrot aus Hefeteig

W

Wanília – ein zäher Vanillesirup, der vornehmlich im Sommer zusammen mit einem Glas Wasser genossen wird

Warí krasí – schwerer Wein

Watráchia – Frösche

Wrastó – gekocht

Wútiro – Butter

X

Xifías – Schwertfisch

Xiros – trocken

KÜCHENLATEIN & GRUNDZUTATEN

Anbraten: Zutaten, meist Fleisch, bei starker Hitze in Öl von allen Seiten bräunen, damit die Poren sich rasch schließen und das Fleischstück saftig bleibt.

Andünsten: Zutaten in Öl oder Fett bei schwacher Hitze und unter Zugabe von wenig Flüssigkeit erhitzen.

Aprikotieren: Überziehen von Gebäck mit Aprikosenmarmelade, was neben der besonderen Geschmacksnote das Austrocknen verhindert.

Aufgießen: für den Kochvorgang nötige Flüssigkeitsmenge nach und nach hinzugeben.

Béchamelsauce: auf einen halben Liter Flüssigkeit (Brühe und Milch) je 40 g Butter und Mehl, dazu je nach Geschmack Sahne, Eier, geriebenen Käse und Schinken zum Verfeinern. Butter bei schwacher Temperatur zerlassen, Mehl lichtgelb darin rösten, mit Brühe ablöschen, mit Milch aufgießen und ca. 10 Minuten köcheln lassen. Temperatur reduzieren und nach Belieben weitere Zutaten und Würze einrühren – nicht mehr kochen lassen und warm servieren bzw. weiter verwenden.

Binden: Eindicken oder Sämigmachen von Suppen oder Soßen durch Zugabe von Mehl, Eigelb oder stärkehaltigen Nahrungsmitteln wie Grieß oder Kartoffeln.

Blanchieren: Kurzzeitiges Erhitzen roher Nahrungsmittel durch Wasserdampf oder durch Übergießen mit kochender Flüssigkeit und anschließendes Abbrausen mit kaltem Wasser. Dadurch wird das Häuten und Schälen erleichtert, Gemüse werden etwas weicher und eventuelle Schadstoffe neutralisiert.

Dämpfen: Garen in Wasserdampf bei geschlossenem Topf.

Dünsten: Garen von Nahrungsmitteln im eigenen Saft unter Zugabe von nur wenig Fett und Flüssigkeit.

Filetieren: Ablösen der Fischfilets von den Rückengräten, meist im Anschluss an das Häuten.

Filloteig: eine Art Blätterteig, die als Grundlage für viele griechische Gebäckspezialitäten wie z.B. Pita und deren süße Varianten dient. Zubereitung s. Seite 146.

Fischsud: ca. 1 kg Seefisch und 1 l Salzwasser mit Zitronensaft, Zitronenscheiben, etwas Zucker, Zitronenmelisse und Salbei kochen, etwas weißen Wein zugeben, aufkochen und abkühlen lassen.

Fond: Rückstand in der Pfanne nach dem Anbraten von Fleisch oder Fisch. Mit wenig Flüssigkeit aufgekocht ist der Fond gut als Soße zu verwenden.

Frittieren: Garen von Speisen in heißem Fett schwimmend bei sehr hoher Temperatur.

Glasieren: Überziehen von Gebäck mit zuckerhaltigem Guss oder von Fleischgerichten mit leicht gebundener Soße.

Gratinieren: Überbacken von Speisen, sodass sie eine knusprige Oberfläche erhalten, im Grill oder in der Backröhre.

Karamellisieren: Zucker in der Pfanne meist ohne Fettzugabe bräunen, bis er zu schäumen beginnt, mit heißem Wasser ablöschen, bei geringer Hitze kochen, bis er dickflüssig wird.

Klare Fleischbrühe: Pro Kopf ca. 500 g Zutaten: Wurzelwerk, Zwiebeln, Markknochen, Rindfleisch, Liebstöckel, Wasser und Salz. Angebräuntes Wurzelwerk und Zwiebeln mit kaltem Wasser aufgießen, Restzutaten beigeben, ca. 2 Stunden köcheln lassen. Abseihen, entfetten und vor weiterem Gebrauch erkalten lassen.

Legieren: Binden und Verfeinern von Suppen, Soßen oder Breien mit Eigelb. Legieren verbessert Geschmack und Nährwert.

Marinieren: leichtes Säuern von Fleisch, Fisch und Salaten mit Essig oder Zitronensaft, meist unter Zumischung von Salz und würzenden Kräutern.

Natron (Natriumhydrogencarbonat): Kochzusatz, der bewirkt, dass Hülsenfrüchte, die normalerweise sehr lange Kochzeiten benötigen, schneller gar werden.

Panieren: Umhüllen von Nahrungsmitteln mit einer Mischung aus Mehl, Ei und Semmelbröseln, um sie anschließend in heißem Fett auszubacken, wodurch eine Kruste entsteht, die das Austreten von Saft verhindert.

Passieren: Nahrungsmittel durch ein feines Sieb streichen.

Pochieren: Aufgeschlagene Eier in kochendes Essig-Salzwasser gleiten und bei schwacher Hitze kochen bzw. ziehen lassen, bis das Eiweiß geronnen ist.

Pürieren: Nahrungsmittel zu einem Brei verarbeiten.

Ragout: Gericht aus kleinen, garen Fisch- oder Fleischstückchen in pikanter Soße.

Rösten: Bräunen von Nahrungsmitteln in wenig heißem Fett unter häufigem Rühren oder Wenden. Dient der Geschmacksintensivierung.

Schmoren: Kräftiges Anbraten in heißem Fett bei starker Hitze und Garen unter Zugabe von wenig Flüssigkeit im geschlossenen Topf.

Spicken: Anreichern von Fleisch oder Fisch mit geschmacksintensiven Zutaten wie beispielsweise Speck. Dazu wird die Oberfläche des Fleisches bzw. Fisches eingeritzt und die Zutaten hineingeschoben.

Sud: Gewürzte Kochbrühe von Fleisch, Fisch oder Gemüse.

Ziehen lassen: Garen in Flüssigkeit unter Siedetemperatur (75–95 °C).

BIBLIOGRAFIE

Griechenland allgemein – zum Weiterlesen

Ariès, Philippe/Duby, Georges (Hrsg.): Geschichte des privaten Lebens, Bd. 1: Vom Römischen Imperium zum Byzantinischen Reich. S. Fischer Verlag, Frankfurt am Main 1989

Athenaios von Naukratis: Das Gelehrtenmahl. Dieterich'sche Verlagsbuchhandlung, Leipzig 1985

Baltrusch, Ernst: Sparta. C. H. Beck, München 1998

Banner, Herbert: Homer. Rowohlt, Reinbek 1979

Braudel, Fernand/Duby, Georges/Aymard, Maurice (Hrsg.): Die Welt des Mittelmeers. Zur Geschichte und Geographie kultureller Lebensformen. S. Fischer Verlag, Frankfurt am Main 1987

Boardman, John: Kolonien und Handel der Griechen. C. H. Beck, München 1981

Choisi, Jeanette: Griechenland. Ein politisches Reisebuch. VSA Verlag, Hamburg 1988

Davidson, James: Kurtisanen und Meeresfrüchte. Die verzehrenden Leidenschaften im klassischen Athen. Siedler Verlag, Berlin 1999

De Crescenzo, Luciano: Geschichte der griechischen Philosophie. Diogenes Verlag, Zürich 1985 und 1988

Der Kleine Pauly. Lexikon der Antike in fünf Bänden. dtv, München 1979

Drogidis, Dimitrios A.: Thessaloniki 1897–1997. University Studio Press, Thessaloniki 1996.

Durrell, Lawrence: Bittere Limonen. Erlebtes Zypern. rororo, Hamburg 1967

Durrell, Lawrence: Schwarze Oliven. Korfu, Insel der Phäaken. rororo, Hamburg 1968

Durrell, Lawrence: Leuchtende Orangen. Rhodos, Insel des Helios. rororo, Hamburg 1968

Eideneier, Hans und Niki (Hrsg.): Thessaloniki – Bilder einer Stadt. Romiosini, Köln 1992

Faroqhi, Suraiya: Geschichte des Osmanischen Reichs. C. H. Beck, München 2000

Finley, Moses I.: Die antike Wirtschaft. dtv, München 1977

Finley, Moses I.: Die Griechen. C. H. Beck, München 1983

Finley, Moses I.: Die Welt des Odysseus. dtv, München 1979

Fröhlich, Anne Marie: Inseln in der Weltliteratur. dtv, München 1993

Fuchs, Werner: Die Skulptur der Griechen. Hirmer Verlag, München 1979

Gage, Nicolas: Hellas. Efstathiadis Group, Athen 1987

Gehrke, Hans-Joachim/Schneider, Helmuth (Hrsg.): Geschichte der Antike. J. B. Metzler, Stuttgart 2000

Gericke, Helga: Gefäßdarstellungen auf griechischen Vasen. Bruno Hesseling Verlag, Berlin 1970

Geschichte des Wohnens: 5000 v. Chr. – 500 n. Chr., Vorgeschichte Frühgeschichte Antike. Hrsg. von Wolfram Hoepfner, Deutsche Verlagsanstalt, Stuttgart 1999

Grant, Michael: Klassiker der antiken Geschichtsschreibung. dtv, München 1981

Gruben, Gottfried: Die Tempel der Griechen. Hirmer Verlag, München 1980

Haritopoulos, Stathis: Agion Oros. Macedonias Holy Land. Stathis Haritopoulos Verlag, Thessaloniki 1997

Hemingway, Ernest: 49 Depeschen. rororo, Hamburg 1972

Holst, Geil: Road to Rembetika. Denise Harvey Verlag, o.O. 1995

Homer: Ilias und Odyssee. Vollständige Ausgabe in der Übertragung von Johann Heinrich Voss, München 1971

Kästner, Erhart: Ölberge, Weinberge. Insel Verlag, Frankfurt am Main 1953

Kästner, Erhart: Die Stundentrommel vom heiligen Berg Athos. Insel Verlag, Frankfurt am Main 1956

Kästner, Erhart: Kreta. Insel Verlag, Frankfurt am Main 1975

Kästner, Erhart: Griechische Inseln. Insel Verlag, Frankfurt am Main 1975

Kazantzakis, Nikos: Griechische Passion. rororo, Hamburg 1981

Kerényi, Karl: Die Mythologie der Griechen. Band I und II. dtv, München 1998

Knell, Heiner: Grundzüge der griechischen Architektur. Wissenschaftliche Buchgesellschaft, Darmstadt 1980

Koch-Harnack, Gundel: Knabenliebe und Tiergeschenk. Ihre Bedeutung im päderastischen Erziehungssystem Athens. Gebr. Mann Verlag, Berlin 1983

Kunst der Schale – Kultur des Trinkens: Attische Kleinmeisterschalen des 6. Jahrhunderts v. Chr., Ausstellungskatalog. Antikensammlungen München 1990

Láskari, Ninétta H.: Kerkira. Mia matiá mesa sto hróno. 1204–1864. Verlag I. Sidéris, Athen 1998

Liebe, Klaus/Siegfried-Hagenow, Monika: Griechenland. Verlag C. J. Bucher, München 1997

Mallwitz, Alfred: Olympia und seine Bauten. Wissenschaftliche Buchgesellschaft, Darmstadt 1972

Matthaiou, Anna: Aspects de l'alimentation en Grèce sous la domination ottomane. Des règlementations au discours normatif. P. Lang, Frankfurt am Main 1997

Melas, Spiros: To leondari tis ipirou. Biris, Athen 1972

Miller, Henry: Der Koloß von Maroussi. rororo, Hamburg 1996

Milonás, Kostas: Istorá tou ellinikou tragoudiú. Kedros Verlag, Athen 1995

Myrivilis, Stratis: Die Madonna mit dem Fischleib. dtv, München 1994

Pausanias: Beschreibung Griechenlands. dtv, München 1979

Petrou, Nikos: Images of Dadia. Koan Verlag, Athen 1994

Platon: Symposion. In: Sämtliche Werke, Bg. II. Rowohlt, Reinbek 1961

Plinius der Ältere: Naturkunde. Hrsg. v. Roderich König und Gerhard Winkler, 37 Bde. Wissenschaftliche Buchgesellschaft, Darmstadt 1975ff.

Plommer, William: To diamanti ton ioanninon. Ali Pascha 1741–1822. Dodoni Verlag, Athen 1994

Satelli, Siranna: Und mit dem Licht des Wolfes kehren sie wieder. Kiepenheuer und Witsch, Köln 1997

Scheibler, Ingeborg: Griechische Töpferkunst. Herstellung, Handel und Gebrauch der antiken Tongefäße. C. H. Beck, München 1983

Scheler, Max/Harder, Matthias: Herbert List. Die Monographie. Verlag Schirmer und Mosel, München 2000

Schneider, Lambert/Höcker, Christoph: Die Akropolis von Athen. Antikes Heiligtum und modernes Reiseziel. DuMont Verlag, Köln 1990

Schoder, Raymond V.: Meisterwerke griechischer Kunst. Verlag Artemis, Zürich 1961

Simon, Erika: Die Griechischen Vasen. Hirmer Verlag, München 1976

Smaragdis, N.: Geografia tou mi oratou. Kedros, Athen 1995

Spitzing, Günter: Athos. Der Heilige Berg des östlichen Christentums. DuMont Verlag, Köln 1990

Storace, Patricia: Ein Abend mit Persephone. Fest-Verlag, Berlin 1998

Theophrastos: Theophrasts Naturgeschichte der Gewächse. Wissenschaftliche Buchgesellschaft, Darmstadt 1971

Toynbee, J. M. C.: Tierwelt der Antike. Philipp von Zabern Verlag, Mainz 1983

Trelawny, Edward John: Letzte Sommer. Siedler Verlag, Berlin 1986

Tripp, Edward: Lexikon der antiken Mythologie. Reclam Verlag, Stuttgart 1991

Venesis, Elias: Äolische Erde. Philipp von Zabern Verlag, Mainz 1969

Weithmann, Michael W.: Griechenland. Verlag Friedrich Pustet, Regensburg 1984

Xenophon: Das Gastmahl. Hrsg. v. E. Stärk, Stuttgart, Reclam 1998

Reise

Adams, Nicoletta: Santorin. DuMont Reise-Taschenbuch, Köln 2000

Aigner, Gottfried: Zypern. Endecken und erleben. Verlag abenteuer & reisen, München 1998

Bent, J. Theodore: The Cyclades or Life among the insular Greeks. Longmans, Green and Co., London 1885

Boetticher, Adolf: Auf griechischen Landstraßen. Berlin 1883

Bown, Deni/The Royal Horticultural Society: DuMont's große Kräuterenzyklopädie. DuMont Verlag, Köln 1996

Bötig, Klaus: Samos, Chios, Lesbos. Reise-Taschenbücher. DuMont Verlag, Köln 1995

Bötig, Klaus/Steinhoff, Marion: Nördliche Sporaden und Pilion. DuMont Reise-Taschenbuch, Köln 2000

Bötig, Klaus: Chalkidiki und Thessaloniki. DuMont Reise-Taschenbuch, Köln 2000

Bötig, Klaus: Griechenland. Festland und Peloponnes. DuMont Richtig Reisen, Köln 2000

Bötig, Klaus: Korfu, Lefkas, Kefallinia, Ithaki, Zakinthos. DuMont Reise-Taschenbuch, Köln 2000

Bötig, Klaus: Kos, Nissyros, Kalymnos, Lipsi, Leros, Patmos, Astypalera. DuMont Reise-Taschenbuch, Köln 2000

Bradford, Ernle: Die Griechischen Inseln. Ein Führer. Prestel Verlag, München 1976

Bramsen, Johannes: Bramsens Reise durch die ionischen Inseln, Ägypten, Syrien, Palästina und Griechenland in den Jahren 1814 und 1815. Jena 1819

Chandler, Richard: Reisen in Griechenland. Leipzig 1777

Choiseul-Gouffier, Marie Gabriel Auguste, Voyage pittoresque de la Grèce. 3 Bde. Paris 1782, 1809, 1818

Curtius, Ernst: Peloponnesos. Eine historisch-geographische Beschreibung der Halbinsel, 2 Bde. 1851/52

Dalby, Andrew/Grainger, Sally: Küchengeheimnisse der Antike. Flechsig für Stürtz Verlag, Würzburg 1996

Deschamps, G.: I Ellada símera. La Grèce d'aujourd'hui. Reiseführer 1890. Trochalía Verlag, Neuauflage Athen 1992

Detienne, Marcel: Die Adonis-Gärten. Gewürze und Düfte in der griechischen Mythologie. Wissenschaftliche Buchgesellschaft, Darmstadt 2000

Dieterich, Karl: Aus Briefen und Tagebüchern zum deutschen Philhellenismus. Heft 2 der hist.-lit. Schriftenreihe der deutsch-griechischen Gesellschaft, Hamburg 1929

Dodwell, Edward: Klassische Stätten und Landschaften in Griechenland, erläutert und mit einem Nachwort von Ulrich Sinn. Dortmund 1982

Dörfler, Hans-Peter und Roselt, Gerhard: Heilpflanzen. Ferdinand Enke Verlag, Stuttgart 1984

Duhn, Friedrich von: Ein Ritt durch den nördlichen Peloponnes vor 40 Jahren. In: Deutsche Revue, 1917, 42. Jg., 2. Bd.

Essen und Trinken in Mittelalter und Neuzeit. Hrsg. von Irmgard Bitsch, Trude Ehlert und Xenia von Ertzdorff. Thorbecke, Sigmaringen 1990

Flaubert, Gustave: Notes de voyage II. Paris 1910

Gregorovius, Ferdinand: Geschichte der Stadt Athen im Mittelalter. Stuttgart 1889

Guanella, Hanni: Kreta. Reise- und Kunstführer. Flamberg Verlag, Zürich 1972

Hautumm, Wolfgang (Hrsg.): Hellas. Die Wiederentdeckung des klassischen Griechenland. Köln 1983

Hautumm, Wolfgang: Peloponnesische Wanderungen. Fulda 1980

Hettner, Hermann: Griechische Reiseskizzen. Braunschweig 1853

Johann Martin von Wagners Beschreibung seiner Reise nach Griechenland. Hrsg. von Reinhard Herbig. In: Würzburger Studien zur Altertumswissenschaft, 13. Heft, Würzburger Festgabe für Heinrich Bulle. Stuttgart 1938, lff.

Jongh, Brian de: Griechenland – Festland und Peloponnes. Prestel Verlag, München 1995

Harris, Andy: A Taste of the Aegean. Greek Cooking and Culture. Pavilion Books, London 1999

Heiderich, Lenia und Barnim: Zypern. Der Süden der Republik. DuMont Reise-Taschenbuch, Köln 1997

Kalpaka, Anita/Dudek, Brigitte: Griechenland. Ein politisches Reisebuch. Hamburg 1982

Kautzky, Johannes: Griechenland. Festland und Küste. blv Verlagsgesellschaft, München 1993

Kerényi, Karl: Auf den Spuren des Mythos. München/Wien 1967

Klassiker der Archäologie, Bd. 1: Ludwig Roß, Inselreisen. Halle 1912/13

Klenze, Leo von: Aphoristische Bemerkungen, gesammelt auf einer Reise nach Griechenland. Berlin 1838

Kraiker, Kirsten: Griechenlandkunde. Carl Winter Universitätsverlag, Heidelberg 1967

Kremezi, Aglaia: The Foods of Greece. Steward, Tabori & Chang, New York 1999

Krumbacher, Karl: Griechische Reise. Berlin 1886

Lambraki, Myrsini: Olivenöl, das Elexier der Langlebigkeit. Athen 1999

Lang, Wilhelm: Peloponnesische Wanderung. Berlin 1878

Latzke, Hans E.: Rhodos. Reise-Taschenbuch. DuMont Verlag, Köln 1996

Le Roy, Julien David: Ruines des plus beaux monuments de la Grèce. Paris 1758

Michaelis, Adolf: Ein Jahrhundert kunstarchäologischer Entdeckungen. Leipzig 1908

Müller, Horst: Fische Europas. Ferdinand Enke Verlag, Stuttgart 1983

Nagels Enzyklopädie-Reiseführer: Griechenland. Nagel Verlag, Genf 1962

Neumann, Sabine/Schwartz, Horst: Kreta. DuMont Richtig Reisen, Köln 2000

Oikos. Von der Feuerstelle zur Mikrowelle – Haushalt und Wohnen im Wandel. Anabas Verlag, Gießen 1992

Ogrizek, Doré: Griechenland. Verlag Kurt Desch, München 1955

Paczensky, Gert v./Dünnebier, Anna: Kulturgeschichte des Essens und Trinkens. btb, München 1997

Pausanias Beschreibung Griechenlands. Ein Reise- und Kulturführer aus der Antike. Manesse Verlag, Zürich 1999

Prokesch-Osten, Anton Ritter von: Geschichte des Unabhängigkeitskampfes der Griechen. Denkwürdigkeiten und Erinnerungen aus dem Orient, Bd. I–III. Stuttgart 1837

Reisinger, Ernst (Hrsg.): Griechenland. Schilderungen deutscher Reisender, 2. Auflage. Leipzig 1923

Reumont, Alfred von: Reiseschilderungen und Umrisse aus südlichen Gegenden. Stuttgart/Tübingen 1835

Ross, Ludwig: Reisen auf den griechischen Inseln des Ägäischen Meeres, 2 Bde. Stuttgart/Tübingen 1840. Neue Ausgabe: 1912

Ross, Ludwig: Wanderungen in Griechenland im Gefolge des Königs Otto und der Königin Amalie, mit besonderer Rücksicht auf Topographie und Geschichte, 2 Bde. Halle 1848, 1851

Scharfenberger, Beo/Steinhoff, Marion: Kykladen. DuMont Reise-Taschenbuch, Köln 1997

Schliemann, Heinrich: Ithaka, der Peloponnes und Troja. Archäologische Forschungen. Leipzig 1869, Nachdruck: Darmstadt 1963

Schliemann, Heinrich: Mykenae. Bericht über meine Forschungen und Entdeckungen in Mykenae und Tiryn. Leipzig 1878, Nachdruck: Darmstadt 1964

Schneider, Lambert/Höcker, Christoph: Griechisches Festland. Kunst-Reiseführer. DuMont Verlag, Köln 1996

Schneider, Andreas: Kreta. DuMont Reise-Taschenbuch, Köln 2000

Schneider, Lambert/Höcker, Christoph: Griechisches Festland. DuMont Kunst-Reiseführer, Köln 2000

Schneider, Lambert: Kreta. 5000 Jahre Kunst und Kultur. DuMont Kunst-Reiseführer, Köln 1998

Schreiner, Kurt/Bötig, Klaus: Griechische Inseln. Richtig Reisen. DuMont Verlag, Köln 1996

Seidemann, Johannes: Würzmittel-Lexikon. Behr's Verlag, Hamburg 1997

Siewek, Fred: Exotische Gewürze. Herkunft, Verwendung, Inhaltsstoffe. Birkhäuser Verlag, Basel 1990

Spon, Jacques/Wheler, George: Voyage d'Italie, de Dalmatie, de Grèce et du Levant. Amsterdam 1679

Stackelberg, Otto Magnus von: Bilder aus dem Leben der Neugriechen. Dresden 1884

Stephani, Ludolf: Reisen durch einige Gegenden des nördlichen Griechenlands. Leipzig 1843

Stobart, Tom: Lexikon der Gewürze, Kräuter und Würzmittel. Hörnemann Verlag, Bonn 1970

Ulrichs, Heinrich Nikolaus: Reisen und Forschungen in Griechenland, I. Teil: Reise über Delphi durch Phokis und Boiotien bis Theben. Bremen 1840

Ussing, J. L.: Griechische Reisen und Studien. Kopenhagen 1857

Vischer, Wilhelm: Erinnerungen und Eindrücke aus Griechenland. Basel 1857

Waiblinger, Wilhelm: Taschenbuch aus Italien und Griechenland auf das Jahr 1830. Berlin o. J.

Warsberg, Alexander von: Homerische Landschaften. Wien 1884

Warsberg, Alexander von: Odysseische Landschaften, 3 Bde. Wien 1878

Weiß, Günther: Peloponnes. DuMont Kunst-Reiseführer, Köln 1994

Welcker, Friedrich Gottlieb: Tagebuch einer griechischen Reise, 2 Bde. Berlin 1865

Wolf-Crome, Editha (Hrsg.): Zwischen Olymp und Acheron. Berichte und Dokumente aus der griechischen Welt von deutschen Reisenden des 19. Jahrhunderts. Zürich 1971

Küche

Bauerle, Heidi: Santorin. Rezepte und Bilder aus der Ägäis. Walter Hädecke Verlag, Weil der Stadt 1991

Bauerle, Heidi: Athen. Kulinarische Streifzüge. Walter Hädecke Verlag, Weil der Stadt 1999

Baumann, Helmut: Die griechische Pflanzenwelt in Mythos, Kunst und Literatur. Hirmer Verlag, München 1999

Bozi, Soula: Kappadokia, Ionia, Pontos. Gevsis kai Paradosis. Asterismos L. Evert Verlag, Athen 1997

Dalby, Andrew: Essen und Trinken im alten Griechenland. Von Homer bis zur byzantinischen Zeit. Reclam Verlag, Stuttgart 1998

Dausien's Großes Buch der Fische. Verlag Werner Dausien, Hanau 1987

Debelius, Helmut: Fischführer Mittelmeer und Atlantik. Jahr Verlag, Hamburg 1998

Dositheou, Archim: Kalojiriki Magiriki. Verlag Ieras Monis Tatarnis, Athen 1995

Feißt, Werner O./Wackershauser, Annette: Griechenland. Kulinarische Streifzüge. Sigloch Edition, Künzelsau 1996

Franke, Wolfgang: Nutzpflanzenkunde. Nutzbare Gewächse der gemäßigten Breiten, Subtropen und Tropen. Thieme, Stuttgart und New York 1997

Frimodt, Claus: Coldwater Fish. Fishing News Books, Oxford 1995

Frohne-Christidis, Doris: Griechisch kochen. Gräfe & Unzer Verlag, München 1993

Grigoriadou-Bakirtsoglou, Afrosini A.: I Filoxenia tou Awraam. Nistisimes Sintajies. Ambrosia Verlag, Thessaloniki o.J.

Haitalis, Dimitris: Die besten traditionellen Rezepte der griechischen Küche. D. Haitalis Edition, Athen o.J.

Hess, Reinhardt: Griechische Inselküche. Gräfe & Unzer Verlag, München 1998

Kitsakis, Elisabeth und Tassos: Zu Gast in Griechenland. Kunstverlag Weingarten, Weingarten 1986

Kontaratos, Stelios: Traditionelle Rezepte der griechischen Küche. Greco Edition Verlag, Athen 1997

Krasberg, Ulrike: Nahrung und Ernährung als Ausdruck des kulturellen Geschlechterverhältnisses im ländlichen Griechenland. In: Teuteberg, Hans Jürgen/Neumann, Gerhard/Wierlacher, Alois: Essen und kulturelle Identität. Europäische Perspektiven. Akademie Verlag, Berlin 1997

Kremezi, Agleas: Sintajies kai istories. Okeanida Verlag, Athen 1993

Lambraki, Mirsini: Ladi. Gevsis ke politismos. Ellinika Grammata, Athen 1999

Likidis-Königsfeld, Kristina: Griechenland. Gräfe & Unzer Verlag, München 1994

Maitland, Peter S.: Der Kosmos-Fischführer. Franckh'sche Verlagshandlung, Stuttgart 1983

Mamalakis, Ilias: Elliniko Tyri. Ellinika Grammata. Athen 1999

Maxwell, Sarah: Griechische Meze-Gerichte. Könemann Verlagsgesellschaft mbH, Köln 1995

Migdalski, Edward C./Fischer, George S.: Fische. Das große Buch der Süßwasser- und Meeresfische in Farbe. Mosaik Verlag, München 1978

Nikolaou, Nearchos: Gerichte aus Zypern. Vraka Publishing, Nicosia 1980

Papanikolau, Athanasiou: Krokos – Safran. Thessaloniki 1997

Papapostolou, Nina: I Sintajies tis kirias Magdas. Agra Verlag, Athen 1995

Paradissis, Chrisa: Das beste Kochbuch der griechischen Küche. Efstasiadis und Söhne, Athen 1972

Potschinkova, Pavlina: Apitherapie. Die Heilkraft von Honig & Co. Ehrenwirth Verlag, München 1999

Prince, Thane: Food from the Village. Thanos Press, Paphos 1998

Psilakis, Maria u.a.: Kritiki paradosiaki kouzina. Karmanor Verlag, Heraklion 1999

Rob, Gerda: Ein kulinarisches Rendezvous mit Griechenland. Mira Verlag, Künzelsau 1990

Schmid, Claudia und Peter: Meeresfrüchte. Ulmer, Stuttgart 1995

Sfikas, G.: Medizinal-Pflanzen in Griechenland. Efstathiadis Group, o.O. 1995

Sitas, Amaranth: Kopiaste. K. P. Kyriakou, Limassol 1986

Souli, Sofia: Griechische Küche und Weine. Michalis Toubis S.A. Verlag, Athen o.J.

Stavroulakis, Nicholas: Cookbook of the Jews of Greece. Lycabettus Press, Athen 1990

Tselementes, Nikos: Elliniko Jevma. Maniatea Verlag, Athen o.J.

Valavanis, Alexandros: Echt Griechisch kochen. Fotorama Verlag, Athen 1993

Voutsina, Evi L.: Krokos – Safran. Aus der Safrangenossenschaft von Kozani. Kozani 1999

Wefa, Alexiadou: Elliniki Kouzina. Magiriki. Alexiadou Verlag, Thessaloniki 1988

Wefa, Alexiadou: Elliniki Kouzina. Zacharoplastiki. Alexiadou Verlag, Thessaloniki 1998

Witzigmann, Eckhart: Witzigmanns Kreta-Kochbuch. Mosaik Verlag, München 1999

Getränke, Wein

Anagnostakis, Ilias: Oinos o Bizantinós. O oinos stin piisi. Idrima Fani Boutari, Athen 1995

Clarke, Oz: Knaurs großer Weinatlas. Droemer/Knaur, München 1995

Dominé, André (Hrsg.): Wein. Könemann Verlagsgesellschaft mbH, Köln 2000

Foulkes, Christopher/Broadbent, Michael: Weinenzyklopädie. Die Weinregionen der Welt. eco Verlag, Eltville 2000

Griechenland Spezial. Meininger Verlag, Neustadt an der Weinstraße November 1998

Hagenow, Gerd: Aus dem Weingarten der Antike. Der Wein in Dichtung, Brauchtum und Alltag. Philipp von Zabern Verlag, Mainz 1982

Höschen, Ulrich: Das große Buch der feinen Spirituosen. Ein Führer durch die wichtigsten Erzeugerländer in Europa und Übersee. Naumann & Göbel, Köln 2000

Johnson, Hugh: Der kleine Johnson für Weinkenner 2001. Hallwag Verlag, Bern und München 2001

Johnson, Hugh: Hugh Johnsons Weingeschichte. Von Dionysos bis Rothschild. Hallwag-Verlag/Gräfe & Unzer, Bern und München 1990

Johnson, Hugh: Der neue Weinatlas. Länder, Lagen, Qualitäten, Trauben, Traditionen, Produzenten, Etiketten. Hallwag-Verlag/Gräfe & Unzer, Bern und München 1999

Johnson, Hugh: Der große Johnson. Die Enzyklopädie der Weine, Weinbaugebiete und Weinerzeuger der Welt. Hallwag-Verlag, Bern und München 2001

Knaurs großes Lexikon der Weine. Rebsorten, Weine, Anbaugebiete und Erzeuger aus aller Welt. Droemer/Knaur, München 2000

Kopidakis, M. Z.: Oinos Epenó. O oinos stin piisi. Idrima Fani Boutari, Athen 1995

Le Grand Atlas du Vin. Editions Atlas, Bruxelles 1998

Manessis, Nico: The Greek Wine Guide 1996. Olive Press, Corfu 1996

Priewe, Jens: Wein, die neue große Schule. Alles über die Welt des Weins. Zabert Sandmann, München 1999

Priewe, Jens: Wein. Zabert Sandmann, München 2000

Robinson, Jancis: Das Oxford Weinlexikon. Hallwag Verlag, Bern und Stuttgart 1995

Das große Weinbuch. Vom Weinliebhaber zum Weinkenner. Naumann & Göbel, Köln 2000

Das Weinbuch: Alles über die großen Anbaugebiete in Deutschland, Europa und Übersee. Eine Reise durch die Welt des Weins für alle Freunde edlen Genusses. Naumann & Göbel, Köln o.J.

Das Weinlexikon. Fischer Verlag, Frankfurt 1997

Die Welt des Weins. Der umfassende Führer durch 55 Weinländer. Südwest-Verlag, München 1999

BILDNACHWEIS

Herausgeber und Verlag haben sich bis Produktionsschluss intensiv bemüht, alle Inhaber von Abbildungsrechten ausfindig zu machen. Personen und Institutionen, die möglicherweise nicht erreicht wurden und Rechte an den verwendeten Abbildungen beanspruchen, werden gebeten, sich nachträglich mit dem Verlag in Verbindung zu setzen.

Legende:
li. = links, re. = rechts, Mi. = Mitte, o. = oben, u. = unten, Abb. = Abbildungen, kl. Bild = kleines Bild

Foto: Günter Beer
55 u.r., 59 u. (alle Muscheln außer braune Venusmuschel, 4 Abb.), 94 u.l., 166/167 (6 Abb.: Zitronenmelisse, Salbei, Oregano, Rosmarin, Basilikum, Thymian), 300/01 (Hintergrund)

Foto: Saša Fuis
34 o.l., 250 (Lorbeer)

Foto: Peter Medilek
130 o. (Hintergrund)

Foto: Zeva Oelbaum
368/69 (Hintergrund)

Foto: Werner Stapelfeldt
1, 2/3, 6 (3 Abb.), 7 (5 Abb.), 8, 10/11 (2 Abb.), 13, 14/15 (5 Abb. außer 14 u.), 16/17 (4 Abb.), 20/21 (5 Abb.), 22/23 (außer 22 u.l., o.r., 5 Abb.), 24 u.l. (kl. Bild), 24/5 (Hintergrund), 25 o.r., 26, 27, 28 (9 Abb.), 29 (9 Abb.), 30/31 (7 Abb.), 32 (2 Abb.), 33 o., 34 (4 Abb.), 35 (4 Abb.), 36/37 (2 Abb.), 40/41 (13 Abb.), 42 (4 Abb.), 43 (alle außer Hintergrund, 3 Abb.), 44/45 (6 Abb.), 46 (5 Abb.), 47 (2 Abb.), 48 u. (Hintergrund, kl. Bild), 49 o.l., 49 o.Mi., 49 o.r., 50/51 (alle außer Etiketten, 7 Abb.), 53 o.r., 54/55 (alle außer 55 u.r., 4 Abb.), 56 (3 Abb.), 57 o. (Bier), 58 (2 Abb.), 59 o., 60 o.l., 60 o.r., 62/63 (8 Abb.), 63 (kl. Bild), 64/65 (2 Abb.), 67, 68 (2 Abb.), 69 o., 69 u. (Hintergrund), 70, 71 (kl. Bild), 72/73 (8 Abb.), 74/5 (Hintergrund), 76 u., 77 (2 Abb.), 78 (6 Abb.), 79 (3 Abb.), 80/81 (19 Abb.), 82/3 (Hintergrund), 84 (kl. Bild), 84/5 (Hintergrund), 85 l. (2 kl. Bilder), 87 u. r., 88/89 (5 Abb.), 90/91 (8 Abb.), 94 (Rhodítis), 96 o., 97 u. (Hintergrund, kl. Bild), 98 u., 99 o., 99 u., 100/101 (2 Abb.), 104/105 (alle außer 105 o.r., 7 Abb.), 106 o., 106/07 (Hintergrund), 108 (4 Abb.), 109, 110 o.l., 110 u.Mi., 112 o., 114, 115 (5 Abb.), 118 u.l., 122 (kl. Bild), 122/23 (Hintergrund), 124 o.l., 124 u.l., 124/25, 125 r. (3 Abb.), 126 (Hintergrund), 127 (5 Abb.), 128 u.l., 128/29 (Hintergrund), 129 o.l. (kl. Bild), 129 o.r., 130 o.r. (kl. Bild), 130 u.Mi., 130 u.r., 131 (2 Abb.), 132/33 (2 Bilder Hintergrund), 133 u. (kl. Bild), 135, 136/137 (7 Abb.), 138, 139 (Hintergrund), 140/141 (8 Abb.), 142 (2 Abb.), 143, 144/145 (alle außer 144 o.r., 5 Abb.), 146 (10 Abb.), 147 (4 Abb.), 148 o. (Hintergrund), 148 u. (4 Abb.), 149 (5 Abb.), 150 (3 Abb.), 151 (3 Abb.), 152 (3 Abb.), 153 (2 Abb.), 154/155 (6 Abb.), 156/157 (alle außer 157 u.r., 4 Abb.), 158/59 (Hintergrund), 159 (kl. Bild), 161, 162/63, 164 (8 kl. Bilder), 164/65 (Hintergrund), 166/67 (Hintergrund), 170 o., 172 o.r. (kl. Bild), 172/73 (Hintergrund), 173 u.l., 173 u.Mi., 173 u.r., 174 o., 174 Mi., 175 (3 Abb.), 176/177 (5 Abb.), 178, 179 (7 Abb.), 180/81 (Hintergrund), 181 (kl. Bild), 183, 184/185 (13 Abb.), 186/187 (6 Abb.), 188 o., 188 u. (Hintergrund), 189 (7 Abb.), 190 o.l., 190 u.r., 191 o.r., 191 o.Mi., 191 o.l., 192/193 (12 Abb.), 194/195 (alle außer 194 u.Mi., 195 u.r., 15 Abb.), 196/97 (Hintergrund), 197 (kl. Bild), 199, 200/201 (alle außer 200 u.l., 8 Abb.), 203 (kl. Bild), 204/205 (20 Abb.), 206, 209, 210/211 (alle außer Karte, 12 Abb.), 212/213 (alle außer 213 o.r., 213 o.Mi, 5 Abb.), 214/215 (7 Abb.), 216/217 (alle außer Etiketten, 5 Abb.), 218 o.r., 218 u., 219 o. (kl. Bild), 220/221 (13 Abb.), 222/23, 224/25 (Hintergrund), 225 (kl. Bild), 227, 228/229 (7 Abb.), 230/231 (9 Abb.), 232 (6 Abb.), 233 (2 Abb.), 234/235 (7 Abb.), 236 u.Mi., 236/37 o, 236/37 u., 242/243 (5 Abb.), 244/245 (7 Abb.), 246 (4 Abb.), 247 (6 Abb.), 248/249 (8 Abb.), 250/51 (Hintergrund), 6 kl. Bilder (Kardamom, Zederneichel, Wilde Rosen, Mispel, Wermut, Ysop), 251 o.r., 251 u.r., 252 (kl. Bild), 255, 257 (2 kl. Bilder), 258 (3 Abb.), 259 (30 Abb.), 260 (2 Abb.), 261 (5 Abb.), 262/263 (alle außer 262 u.l., 6 Abb.), 266/267 (12 Abb.), 268/269 (alle außer 269 u.r., 7 Abb.), 270 (kl. Bild), 271 o.l., 271 u., 272 (5 Abb.), 273 o.l., 274 (kl. Bild), 275 u., 275 Mi.r., 280/81 (Hintergrund), 281 (3 kl. Bilder), 284/285 (8 Abb.), 286/287 (6 Abb., Zigaretten), 288/289 (alle außer 289 o.r., 3 Abb.), 292 o., 293 o.r., 296/97 (Hintergrund), 299, 300 (4 Abb. im Kasten), 302/03 (Hintergrund), 303 u.l. (kl. Bild), 303 o.Mi., 304/305 (alle außer 305 o.l., 305 o.r., 11 Abb.), 306 (kl. Bild), 306/07 (Hintergrund), 308/309 (alle außer »Lazari«, 20 Abb.), 311 (4 Abb.), 312 u., 313 (kl. Bild), 314/315 (alle außer 315 u.r., 6 Abb.), 316 u., 318/19 (Hintergrund), 319 (kl. Bild), 321, 322 o.r., 322 u.Mi., 323 r. (4 Abb.), 324/25 (Hintergrund), 325 r. (3 Abb., Flaschen), 326 (2 Abb.), 328 u.r., 328 u.l., 329 (5 Abb.), 330/331 (2 Abb.), 332/333 (6 Abb.), 334/335 (6 Abb.), 336 (2 Abb.), 337 (alle außer u.r., 3 Abb.), 338/39 (Hintergrund), 339 (kl. Bild), 341, 344/345 (alle außer 344 u.l., 345 o.r., 5 Abb.), 346 o.r., 348/349 (alle außer 349 o.r., 3 Abb.), 350/351 (5 Abb.), 353 (kl. Bild), 354 o., 355 (3 Abb.), 356 u.l., 358 u.l., 358 o.M., 348/59 (Hintergrund), 359 r. (3 Abb.), 360 (4 Abb.), 361 (3 Abb.), 362 (kl. Bild), 362/63 (Hintergrund), 363 o.r., 363 u.r., 364/65 (Hintergrund), 365 (kl. Bild), 367, 368/369 (alle außer Hintergrund, 4 Abb.), 370 (2 Abb.), 372/73 (Hintergrund), 378/379 (9 Abb.), 380 (5 Abb.), 382/383 (4 Abb.), 384/85 (Hintergrund), 385 (kl. Bild), 387, 390/391 (5 Abb.), 392 (3 Abb.), 393 (9 Abb.), 397 u.r., 398 o.r., 398 Mi.r., 398 u., 399 (3 Abb.), 400 (2 Abb.), 401 o., 402/03 (2 Abb.), 404/405 (alle außer Zitrone, 6 Abb.), 408 (kl. Bild), 408/09 (Hintergrund), 411, 412/413 (7 Abb.), 414 o. (Hintergrund, kl. Bild), 415 u., 416 (5 Abb.), 417 (2 Abb.), 418/419 (6 Abb.), 420 (7 Abb.), 421 (2 Abb.), 422 (4 Abb.), 423 (5 Abb.), 424, 425 (5 Abb.), 426/427 (alle außer 427 o.r., 8 Abb.), 428/429 (alle außer 428 o.r., 429 o.r, 429 u.r., 7 Abb.), 430/431 (5 Abb.), 432/433 (9 Abb.), 434 (3 Abb.), 435 (3 Abb.), 436 (kl. Bild), 436/37 (Hintergrund), 438, 439

Foto: Ruprecht Stempell
166/167 (3 Abb.: Minze, Kamille, Koriander), 250 (5 Abb.: Fenchel, Anis, Zimt, Nelken, Pfeffer), 274/75 (Hintergrund), 404 u. (Zitrone)

Foto: Heinz Troll
18/9 (Hintergrund), 33 u., 42/3 (Hintergrund), 53 o.l., 53 u.l., 57 u.r., 60 u.r., 61 (2 Abb.), 71 (Hintergrund), 74 (kl. Bild), 82 o.l., 82 u.r. (kl. Bild), 83 r. (4 Abb. untereinander), 85 u.r., 87 l., 107 o.r., 107 u.l., 110 r., (Hintergrund), 112 u., 113 (2 Abb.), 116/17, 118/19, 120/121 (2 Abb.), 165 u.r., 168/69, 171 (2 Abb.), 172 u.l., 173 o.r., 174 u.l., 190 u.l., 191 u.r., 194 u.l., 195 u.r., 202 u.r., 203, 208, 213 o.r., 213 o.Mi., 237 o.r., 237 u.r., 238/39, 241 r., 256/27 (Hintergrund), 264/265 (3 Abb.), 269 u.r., 270 (Hintergrund), 271 o.r., 273 (alle außer o.l., 4 Abb.), 276, 277 (2 Abb.), 278/279 (10 Abb.), 289 o.r., 290/91, 292 r., 294/295 (alles außer 294 l., 8 Abb.), 302 o.l., 303 u.r., 305 o.r., 310 u.l., 312 o., 313, 317, 322 o.r., 322 u.r., 324 u.l. (kl. Bild), 327, 342/43 (Hintergrund), 346 (alle außer o.r., 3 Abb.), 347 (2 Abb.), 352/53 (Hintergrund), 354 u.r., 356 o.r., 356 o.l., 357 (2 Abb.), 372/73, 374 (5 Abb.), 375 (5 Abb.), 376/77, 381 o.l., 381 u., 394/95, 401 u., 415 o.l., 415 o.r., 429 u.r.

Grafik: Rolli Arts, Essen: 69, 139, 188, 211

Karten: Maiwald, Hamburg: 5, 12, 38, 66, 92, 102, 134, 160, 182, 198, 226; 254, 298, 320, 340, 366, 387, 410

© AKG, Berlin
389 o.l. (2 kl. Fotos), Foto: Erich Lessing: 280 o.l., 280 u.l., 337 u.r.

© Arcturos (Civil Society for the Protection and Management of Wildlife and Natural – Environment/Life Project »Lycos«), Griechenland
293 u.r.

© Helmut Baumann, Zürich
129 u.r.

© Bildarchiv Staatliche Museen Preußischer Kulturbesitz, Berlin
157 u.r., 240 u.l., 297 (kl. Bild), 363 o.l., 363 u.l., Foto: Ingrid Geske-Heiden: 14 u., 76 o., Foto: Johannes Laurentius: 86 u.l., Foto: Reinhardt Saczewski: 162 u.l., Foto: Lutz Braun: 294 l., Foto: U. Hoffmann: 388/89 (Hintergrund), Foto: Félicien Faillet: 429 o.r.

© Bildarchiv Steffens/Bridgeman Art Library
305 o.l. (kl. Foto), 345 o.r., 389 u.r.

© Klaus Bötig, Bremen
75 o.l. (kl. Bild), 349 o.r., 414 u.r.

© The Bridgeman Art Library, London
105 o.r., 371 u. (kl. Bild), 381 o.r.

© Cinetext, Frankfurt
200 u.l.

© Flora Foto, Langenhagen
166/167 (3 Abb.: Tausendgüldenkraut, Wilde Malve, Dill)

© Heather Angel, England
428 o.r. (kl. Bild, Hintergrund)

© Hulton Archive, London, England
52

© Ikan-Unterwasserarchiv, Frankfurt
342 (3 kl. Bilder), 343 (3 kl. Bilder)

© Yiorgos Karahalis, Piräus, Griechenland
240/41 (Hintergrund)

© laif, Köln
Foto: Velissarios Voutsas/On Location: 74/5 (Hintergrund), 126 o.l., 241 o.l., 252/53 (Hintergrund)

© Marianthi Milona, Köln
310 o.

© Okapia, Frankfurt
Foto: O.Cabrero i Roura: 371 o., Foto: H.P. Fröhlich: 371 u. (Hintergrund), Foto: Wolfgang Buchhorn: 427 o.r.

© Nikos Petrou, Athen, Griechenland
170 u.l.

© Photo Press, München, Foto: Bartsch
388 u.l. (kl. Bild)

© Konstantinos Pittas, Illoupolis Attkis, Griechenland
82/3 (Hintergrund), 94/95 (alle Trauben außer Limnio, Savatianó, Malagousia, Rhodítis, 10 Abb.)

© Scala, Florenz, Italien
307 o.r. (kl. Bild)

© Semper Idem Underberg
22 u.l., 22 o.r.

© Sipa Press, Paris, Frankreich
Foto: Argyropoulos: 86 o.l.

© Marion Steinhoff, Dortmund
75 r.

© Stock Food, München
Foto: S. & P. Eising: 33 u.r., Foto: Robert Kanngießer: 83 o.l. (kl. Foto), Foto: TH Foto-Werbung: 166/167 (3 Abb.: Schafgarbe, Johanniskraut, Sommerlinde), 250 (Eukalyptus), Foto: Maximilian Stock LTD: 166 (Duftgeranien), 396 (3 Abb.), 397 (alle außer u.r., 3 Abb.), Foto: Karl Newedel: 250 (Kreuzkümmel)

© Studio Kontos, Athen, Griechenland
24 o.r. (2 kl. Bilder), 25 o.l., 25 u.l., 240 o. (kl. Bild), 262 u.l., 328 o.r., 344 u.l., 389 o.r., 398 o.l.

© Heinz Troll, Thessaloniki, Griechenland
95 (Malgousia, auch Hintergrund), 207 (4 Abb.), 219 (Hintergrund), 219 u. (kl. Bild), 315 u.r., 316 o., 324 o.l. (kl. Bild), 359 o.l., 406/07 (Hintergrund)

Wir danken folgenden Weingütern, Kellereien und Destillerien, Genossenschaften und Kooperativen für ihren Beitrag:

Achaia Clauss: Patras, Peloponnes
Antonopoulos: Vassiliko, Peloponnes
Archanes: Heraklion, Kreta
Asimina Fragou: Spata, Attika
John Boutari & Son: Thessaloniki, Makedonien
Cosmetatos: Athen, Attika
Creta Oylmpias: Athen, Attika
Gerovassilou: Epanomi, Makedonien
Hadjidakis: Pyrgos Kallistis, Santorini
Hatzimichalis: Atalantis, Zentralgriechenland
Katogi: Métsovon, Epirus
Keo: Lemesos, Zypern
Kir-Yianni: Yianakohori, Makedonien
Kourtaki: Markopoulo, Attika
Lazaridi: Adriani Drama, Makedonien
Lyrarakis: Heraklion, Kreta
Markovitis: Naoussa, Makedonien
Minos: Heraklion, Kreta
Monte Royia: Chryssorroyiatissa Monastery, Zypern
Önoforos: Selinous, Peloponnes
Papaioanno: Nemea, Peloponnes
Parparoussis: Patras, Peloponnes
Peza: Heraklion, Kreta
Samos Coop: Malagari, Samos
Semeli: Stamata, Attika
Sigalas: Baxedhes Oia, Santorini
Sitia: Heraklion, Kreta
Sodap: Limassol, Zypern
Spiropoulos: Mantinia, Peloponnes
Tsantalis: Agios Paulos, Chalkidikí
Vassiliou: Koropi, Attika
Zitsa: Ioannina, Epirus

VERZEICHNIS DER ABGEBILDETEN KUNSTWERKE

S. 14: Athene: Vasenmalerei auf einer attischen Amphora des Andokides-Malers, um 525 v. Chr., Staatliche Museen zu Berlin, Preußischer Kulturbesitz, Antikensammlung.

S. 52: Lord Byron: ca. 1810, after a painting by Thomas Phillips.

S. 76: Pan: Statuette des bocksköpfigen Pan aus Lusoi, Arkadien, um 440 v. Chr., Staatliche Museen zu Berlin, Preußischer Kulturbesitz, Antikensammlung.

S. 86: Amphora: Panathenäische Preisamphora, Wettlaufszene, um 475 v. Chr., Staatliche Museen zu Berlin, Preußischer Kulturbesitz, Antikensammlung.

S. 105: Odysseus: John William Waterhouse; Ulysses and the Sirens, 1891, National Gallery of Victoria, Melbourne, Australia.

S. 157: Artemis: Artemis von Versailles, Kopie einer griech. Marmorstatue, um 320 v. Chr., Musée du Louvre.

S. 162: Hydria: Wasserholende Mädchen am Brunnen, Ende 6. Jh. v. Chr., Staatliche Museen zu Berlin, Preußischer Kulturbesitz, Antikensammlung.

S. 240 (oben): Badeszenen: Frauen beim Bad. Darstellung auf einem attischen Stamnos aus Ton, 440–430 v. Chr., Staatliche Antikensammlung München.

S. 240 (unten): Griechische Amphora aus dem 6. Jh. v. Chr., Staatliche Museen zu Berlin, Kriegsverlust.

S. 262: Zeus: Maler Oltos, 515–510 v. Chr., Tarquinia Museum, Italien.

S. 280 (oben): Archivbild: Szene mit Aulosspielerin mit einem Gelage, Griech. Vasenmalerei, rotfigurig, Anfang 4. Jh. v. Chr., Kelchkrater der Telos-Malergruppe, Paris, Musée du Louvre.

S. 280 (unten): Dionysos, Griechische Vasenmalerei, attisch, rotfigurig, um 490 v. Chr., München, Staatliche Antikensammlung und Glyptothek.

S. 294: Hephaistos, Gemälde von Peter Paul Rubens, Spätwerk, Madrid, Museo del Prado, 1676.

S. 297: Nike, ›Nike von Samothrake‹, Marmorstatue, um 200 v. Chr., Musée du Louvre, vermutlich geschaffen von Bildhauern aus Rhodos.

S. 305: Dimitra: Claude Lorrain: Homage to Ceres, Privatsammlung, 17. Jahrhundert.

S. 307: Hestia: Correggio, Lunetta con Vesta, Fresco from Camera di S. Paolo, Parma, 1519.

S. 328: Theophilos: Olive harvesting in Mytilini Island, 1933, Varias Museum, Mytilini Island.

S. 337: Sappho: James Pradier, 1852, Paris, Musée d'Orsay.

S. 344: Boreas: The north wind ›Boreas‹. From the frieze of ›Andronikos clock‹ in the Roman Market, Athens, also known as ›Tower of winds‹. Believed to be a hydraulic clock and planetarium, 1st century BC.

S. 345: Neptun: Neptune calming the waves: sculpture by Lambert-Sigisberg Adam, Musée du Louvre, Paris, 1737.

S. 363 (oben): Marmorgefäß, Peloskultur, 3000–2500 v. Chr, Karlsruhe, Badisches Museum.

S. 363 (unten): Marmorbecher und -pyxis, Peloskultur, 3000–2500 v. Chr, Karlsruhe, Badisches Museum.

S. 371: Persephone: 5th century BC, Woman standing with Pomegranate, possibly the Goddess Persephone from Cyprus, Fitzwilliam Museum, University of Cambridge, UK.

S. 381: Hippokrates: Portrait Buste of Hippokrates (s.460 – c. 377 BC), copy of Greek 4th century original, Museo archeologico nazionale, Naples.

S. 389 (links): Mittelminoische Keramik, um 1850–1700 v. Chr., Kamares-Stil. Tassen aus den Alten Palästen von Phaistos (links) und Knossos (rechts). Ausgussgefäß aus dem Alten Palast von Knossos, Heraklion, Archäologisches Museum.

S. 389 (rechts): Zeus und Europa: 400 v. Chr. British Museum, London.

S. 429: Die Geburt der Venus, Alexandre Cabanel, 1863, Paris, Musée d'Orsay.

DANKSAGUNG

Die Herausgeberin dankt folgenden Personen und Institutionen:

Agnes Tsara, Macedonia Palace, Thessaloniki
Angeliki Perdikari, Griechisches Presseministerium, Athen
Anna Schönebeck-Sych, Ithaka
Archäon Gefsis, Maria Karaméri, Athen
Boutaris Weingut, Makedonien
Boutla Ioanna, Pilion, Thessalien
Chandris Hotel, Chios
Chris Tsolakis, Zypern
Christian Herrmann, Köln
Cronus Airlines, Frankfurt, Frau Partsch
Cyprus Airways, Frankfurt, Frau Lazaridou
Darzentas Mathäus, Santorin
Dimitris Andritsos, Makedonien
Dimitris Dimitriou, Zypern
Dimitris Katsouras, Tsantali, Chalkidiki
Dimitris und Michalis Mavrikos, Rhodos
Dr. Josef Schnelle, für das Athoskapitel, Chalkidiki
Dr. Sabine Wollnik Krusche, Köln
Evangelou Sotiris, Chef Macedonia Palace, Thessaloniki
Feigengenossenschaft Kalamata, Peloponnes
Fischspezialist Papazoglou, Uni Athen
Frau Dr. Thekla Keuck, Köln
Frau Konstantinidou, Metaxa, Athen
Giorgos Nikolaidis, A.S.M, Makedonien
Griechische Fremdenverkehrszentrale, Frankfurt
Griechisches Presseministerium, Athen
Günter Beer, Köln
Haitoglou Bros. S. a., Thessaloniki
Heinz Troll, Thessaloniki
Hotel Anassa, Maria Constantinidou, Zypern
Hotel Athens Plaza, Athen
Hotel Evdokia, Giorgos Tsounos, Ikaria
Hotel Makedonian Palace, Thessaloniki
Hotel Palladion, Nikos Sourelis, Ioaninna
Hotel Paphos Amathous Beach, Zypern
Hotel Skites, Ouranoupolis
Ilias Milonas, Meliki
Ioannis Stamatakis, Skopelos
Irini Androutsou, Ouranoupolis
Kai Hasse, Rinderzucht, Köln
Katerina Jiannouka, Makedonien
Kitro Unternehmen Promponas, Kykladen
Konditorei Terkenlis, Thessaloniki
Konstantinos Stoupas, Koch im Ägli, Korfu
Kostas Drosinos, Ouranoupolis
Kostas Pistolas, Thrakien

Kostas Trikalopoulos, Makedonien
Kotsolis, Milchkaffee, Athen
Kourtakis, Frau Terti, Attika
Loukoumi Unternehmen, Krambidou, Zypern
Makis Efraimidis, Boutari, Makedonien
Markos Kafouros, Santorin
Mary Skinner, Friends of the Cyprus Donkey, Zypern
Mike Dinos, Skopelos
Molho Buchhandlung, Thessaloniki
Musikrestaurant, I Stoa to athanaton, Athen
Nikolaides Bros Winery Ltd., Zypern
Nikos Jiannakis, Schiffsbauer, Chalkidiki
Nikos Katsanis, Chalkidiki
Nikos Sarantos, Chef im Athens Plaza, Athen
Pamela Ahrens, Thessaloniki
Panagiotis Drakakis, Chalkidiki
Panagiotis Georgiadis, Thessaloniki
Panagiotis Papageorgiou, Feigengenossenschaft, Peloponnes
Pandelis Taptas, Ouranoupolis
Pangiota Milona, Makedonien
Panos Deligiannis, Athenorama, Athen
Pantelis Lambadarios, Ägina
Paola Maier, Pilion
Pater Athanasios, Kloster Agias Triadas, Kreta
Pater Dionyssos, Kloster Chrisorroyiatissa, Zypern
Pater Epiphanios, Mönchsrepublik Athos
Pavlos Protopapa, Anopolis, Kreta
Peter Simon, Köln
Petroula Lütz, Köln
Reisebüro Kouklinos, Köln
Restaurant Ägli, Maria Gisdakis, Korfu
Restaurant Al Halili, Zypern
Restaurant Baroulko, Lefteris Lazarou, Piräus
Restaurant Bosporon Megaron, Thessaloniki
Restaurant Dafne, Athen
Restaurant Esai, Manos Chronakis, Ioannina
Restaurant Kritikos, Ouranoupolis
Restaurant Mirovolos Smirni, Thessaloniki
Restaurant Monastiri, Ioanna Darkadaki, Kreta
Restaurant Selini, Santorin
Restaurant Tamam, Eva Sirri, Kreta
Seven Georges, Zypern
Sinodis Taptas, Thessaloniki
Sotiris und Katerina Baswekopoulos, Makedonien
Tasos Andreou, Jägerverein Ioannina
Taverna 1912, Lesbos
Taverna Arap Memis, Kos
Theodosis Theodosiou, Zypern
Thomas und Maria Harisouda
Tsantalis Weingut, Athos
Vassilakis & Sons S.A., Korfu
Vasso Kritaki, Chios
Weingut Achäia Clauss, Peloponnes
Weingut Antonopoulos, Peloponnes
Weingut Cosmetatos, Kefallonia
Weingut Fragou, Attika
Weingut Hatzimichalis, Attika
Weingut Oinoforos, Peloponnes
Weingut Papaioannou, Peloponnes
Weingut Samos, Giorgos I. Roussos, Samos
Weingut Semeli, Attika
Weingut Spyropoulou, Peloponnes
Weingut Vassiliou, Attika
Zypriotische Fremdenverkehrszentrale, Frankfurt
Zypriotische Handelsabteilung, Köln

Der Fotograf dankt für die aktive Mithilfe:

Makedonien
Weingut Boutaris, Cooperative in Meliki, Soulis Furs in Kastoria
Chalkidiki
Hotel ›Skites‹ in Ouranoupolis, Restaurant ›Kritikos‹ in Ouranoupolis, Weingut Tsantalis, Pater Ephanios Agion Oros
Ikaria
Hotel Evdoxia
Thessaloniki
Ouzeri ›Aristoteleus‹, Firma Agrolab, Konditorei Tepketidis, Prof. Gertsis von der American Farm School, Kaffeeladen ›Loumidis‹, Firma Haitoglou, Loula Siouti, Taverne ›Mirovolos Smirni‹, Käseladen ›Tiropolio‹, Bar ›Status‹ in Epanomi, Familie Papanikolaou in Epanomi, Retsinaproduzent ›Kechris Otelios‹, Weingut Gerovasiliou, Buchhandlung Molho
Epirus
Taverne ›Prassini Akti‹ in Ioannina, Jagdverein Ioannina, Hotel Paladion Ioannina, Panagiotis Purnaropulos in Preveza, Restaurant ›Esaei‹ in Ioannina, Safrancooperative in Krokos, Restaurant ›I Gastra‹ in Ioannina
Skopelos
Ioannis Stamatakis, Kostas und Michalis Dinos
Zentralgriechenland
Taverne ›Albatros‹ in Galaxidi, Restaurant ›I orea Ellada‹ in Galaxidi, Apfelgenossenschaft in Zagora
Peleponnes
Feigencooperative von Kalamata, Schweinezuchtbetrieb Georga in Alt Epidaurus
Athen
Restaurant ›Daphne's‹, Restaurant ›Archeon Gevsis‹, Restaurant ›Baroulko‹ in Piräus, Metaxa Destillerie, Rembetiko ›I Stoa ton Athanaton‹, Konditorei ›Kotsolis‹
Santorin
Restaurant ›Selene‹, Weingut Roussos, Taverne ›Bonatsa‹ in Perivolos
Kos
Taverne ›Arap‹
Kreta
Estiatorio ›Tamam‹, Restaurant ›Monastyri‹, Kräuterladen Panajiotis Kontojianis in Rethymon
Korfu
Restaurant ›Aigli‹
Zypern
Mezedion ›7 saint Georges‹ in Paphos, Hotel Anassa, Amatheus Beach Hotel, Weinproduzent SODAP, SEDIGEP Agriproducts Cooperative, Taverne ›Al Hallil‹ in Larnaca, Kafkalia LTD Agros, Adelfi Nikolaidi LTD Anogira, Rosewater and Pottery in Agros
Rhodos
Michalis Mavrikos in Lindos
Ägina
Familienbetrieb Lambadaros
Ithaki
Frau Schönebeck-Sych
Keffalonia
Weingut Centilini
Chios
Estiatorio ›Messaionas‹ in Mesta
Lesbos
Taverne ›1912‹ in Molivos, Elsa Eglesopoulou, Ouzo Kouroumichali in Petra, Ouzo Mini
Naxos
Restaurant ›Palatia‹, Familie Promponas

Heinz Troll bedankt sich für die Unterstützung bei der Food-Fotografie bei:

Elina Steletari für Props, Organisation und gute Laune, **Christos Raptis** für Fotoassistenz, **Dimitra Barda** für Fotostyling im Makedonia Palace, **Irene Fotiadis, Nikos Katsanis** und **Sotiris Evangelou** dafür, dass sie ihr großes Können als international renommierte Köche für dieses Buch eingesetzt haben.

Der Verlag dankt besonders:

Dr. Ioanna Mylonaki für ihre Beratung in allen Angelegenheiten griechischer Sprache und Kultur, **Anastasia Sioutis** für das Rezeptlektorat und ihre vielen Hinweise auf griechische Speise- und Essgewohnheiten, **Aicha Becker** für das Register und jede Menge Hilfe, wo sie nötig war, **Berthold Bartel** für die Schlusskorrektur, **Mareile Busse** für Korrektureingaben, **Martina Gäbelein** für Bilderscans, **Maria Netsika** für Beratungen in Weinfragen, **Paola Maier** für Beratungen in Kräuterfragen, **Agni Tsara** vom Hotel Makedonia Palace für ihre Hilfe bei der Abwicklung der Fotoarbeiten, **Lisa Georgoula** für Übersetzungen und Beratung in Fischfragen, **Petra Sparrer** für das Lektorat Zypern, **Elke Teubler** für das Anhang-Layout.

REZEPTVERZEICHNIS NACH GERICHTEN

Abgebildete Gerichte haben fette Seitenzahlen

Brot

Desserts und Süßspeisen

Eierspeisen

Fisch und Meeresfrüchte

Fleischgerichte

Geflügel

Gemüse

Getränke

Kuchen und Gebäck

Nudel- und Reisgerichte

Salate

Soßen und Dips

Suppen

REZEPTREGISTER DEUTSCH

Abgebildete Gerichte haben fette Seitenzahlen

REZEPTREGISTER GRIECHISCH

Abgebildete Gerichte haben fette Seitenzahlen

STICHWORTVERZEICHNIS